NATIONAL GEOGRAPHIC TRAVELER

KARIBIK

NATIONAL GEOGRAPHIC TRAVELER

KARIBIK

Emma Stanford & Nick Hanna
Fotos von Matt Propert

INHALT

RÜCKSICHTSVOLL REISEN 6

DIE REISE PLANEN 8

Geschichte & Kultur 15
Die Karibik heute **16**
Geschichte & Kultur **20**
Special: Essen & Trinken **24**

Jamaika 29
Erster Überblick **30**
Special: Der Rastakult **58**
Mit dem Auto: Mandeville-Rundtour **62**

Cayman Islands 69
Erster Überblick **70**
Special: Korallenriffe in der Karibik **78**

Turks & Caicos Islands 83
Erster Überblick **84**

Dominikanische Republik 97
Erster Überblick **98**
Spaziergang durch das Kolonialviertel **106**

Puerto Rico 125
Erster Überblick **126**
Rundgang durch Old San Juan **132**
Special: Kreuzfahrten **136**
Mit dem Auto: Die Panoramaroute **144**

Jungferninseln 149
Erster Überblick **150**

Karibische Niederlande & Aruba 173
Erster Überblick **174**

Inseln unter dem Winde 197
Erster Überblick **198**

Französische Antillen 227
Erster Überblick **228**
Mit dem Auto durch den Norden von Basse-Terre **240**
Special: Sklaverei **250**
Mit dem Auto durch die Pitons du Carbet nach St-Pierre **256**

Inseln über dem Winde 259
Erster Überblick **260**

Barbados 297
Erster Überblick **298**
Special: Zucker **304**

Trinidad & Tobago 313
Erster Überblick **314**
Special: Kricket in der Karibik **318**

REISEINFORMATIONEN 331
Hotels & Restaurants **352**
Einkaufen **384** Freizeitaktivitäten **390**

REGISTER 401
BILDNACHWEIS 406

Seite 2–3: Auf der Suche nach Stachelrochen vor Grand Cayman Island

RÜCKSICHTSVOLL REISEN

Umsichtige Urlauber brechen voller Neugierde auf und kehren reich an Erfahrungen nach Hause zurück. Wer dabei rücksichtsvoll reist, kann seinen Teil zum Schutz der Tierwelt, zur Bewahrung historischer Stätten und zur Bereicherung der Kultur vor Ort beitragen. Und er wird selbst reich beschenkt mit unvergesslichen Erlebnissen.

Möchten nicht auch Sie verantwortungsbewusst und rücksichtsvoll reisen? Dann sollten Sie folgende Hinweise beachten:

- Vergessen Sie nie, dass Ihre Anwesenheit einen Einfluss auf die Orte ausübt, die Sie besuchen.
- Verwenden Sie Ihre Zeit und Ihr Geld nur auf eine Weise, die dazu beiträgt, den ursprünglichen Charakter eines Ortes zu bewahren.
- Entwickeln Sie ein Gespür für die ganz besondere Natur und das kulturelle Erbe Ihres Urlaubslandes.
- Respektieren Sie die heimischen Bräuche und Traditionen.
- Zeigen Sie den Einheimischen ruhig, wie sehr Sie das, was den besonderen Reiz ihres Landes ausmacht, zu schätzen wissen: die Natur und die Landschaft, Musik, typische Gerichte, historische Dörfer oder Bauwerke.
- Scheuen Sie sich nicht, mit Ihrem Geldbeutel Einfluss zu nehmen: Unterstützen Sie möglichst solche Einrichtungen oder Personen, die sich um die Bewahrung des Typischen und Althergebrachten bemühen. Entscheiden Sie sich für Läden, Restaurants, Gaststätten oder Reiseanbieter, denen offensichtlich an der Bewahrung ihrer Heimat gelegen ist. Und meiden Sie Geschäfte, die den Charakter eines Ortes stören.
- Wer auf diese Weise reist, hat mehr von seinem Urlaub, und er kann sicher sein, dass er seinen Teil zum Erhalt und zur Verbesserung eines Ortes oder einer Landschaft beigetragen hat.

Diese Art des Reisens gilt als zeitgemäße Form eines sanften, auf Nachhaltigkeit bedachten Tourismus. NATIONAL GEOGRAPHIC verwendet dafür auch den Begriff des „Geo-Tourismus". Gemeint ist damit ein Tourismus, der den Charakter eines Ortes – seine Umwelt, seine Kultur, seine natürliche Schönheit und das Wohlergehen seiner Bewohner – nicht aus den Augen verliert. Weitere Informationen zum Thema gibt es im National Geographic's Center for Sustainable Destinations unter *www.nationalgeographic.com/travel/sustainable*

NATIONAL GEOGRAPHIC TRAVELER

KARIBIK

ÜBER DIE AUTOREN UND DEN FOTOGRAFEN

Emma Stanford lebte in Australien, Frankreich und Großbritannien; seit 30 Jahren arbeitet sie als Reiseschriftstellerin. Sie hat mehr als drei Dutzend Reiseführer zu Zielen in Europa und Nordamerika geschrieben, außerdem eine Zusammenstellung von Kreuzfahrten in die Karibik verfasst und einen Motorradreiseführer herausgegeben. Ihre Zeitungsartikel behandelten so aufregende und vielfältige Themen wie Kit-Car-Rennen durch die Sahara, eine Reise durch den Hindukusch zu Pferd und eine Mountainbike-Tour durch Frankreich und Spanien nach Santiago de Compostela. Stanford überarbeitete den Text und schrieb neue Kastentexte für die vorliegende Ausgabe dieses Reiseführers.

Nick Hanna ist seit 30 Jahren hauptberuflich Autor von Reiseführern und Fotograf. Er schreibt Artikel für die Reisejournale zahlreicher Zeitungen und Zeitschriften im In- und Ausland und hat bereits neun Reiseführer veröffentlicht, darunter einen über die 200 schönsten tropischen Strände der Welt. Er ist Mitautor eines Bandes über den Schutz von Korallenriffen und publiziert regelmäßig Texte zum Thema Unterwasserwelt und Tauchen.

Der Fotograf **Matt Propert** lebt in Washington, D.C. Seine Arbeiten erschienen in vielen Publikationen weltweit und wurden auch in Einzelausstellungen gezeigt. Für die National Geographic Society hat Propert außer der Karibik auch Miami und die Florida Keys sowie weite Teile Italiens fotografiert.

Die Reise planen

Ein tropisches Paradies mit Sandstränden, türkisfarbenem Meer, Korallenriffen und Regenwald – die Karibik ist das ultimative Reiseziel im Winter. Die mehr als 50 Inseln, die weder die Bahamas noch Bermuda umfassen, und Tausende von unbewohnten Inselchen, Felsen und Riffen bilden einen 4000 Kilometer langen Bogen. Er reicht von Kuba, 145 Kilometer südlich von Key West an der Spitze Floridas, bis Trinidad, 11 Kilometer vor der Küste Venezuelas.

Die Inseln der Karibik, die 2,6 Millionen Quadratkilometer des karibischen Meers umfassen und im Westen vom Atlantik begrenzt werden, teilen sich in zwei Hauptgruppen: die Großen und die Kleinen Antillen. Die Großen Antillen im Westen reichen von Kuba (in diesem Reiseführer nicht beschrieben) über die Cayman Islands, die Turks and Caicos Islands, Jamaika, Hispaniola (Dominikanische Republik/Haiti; Haiti ist in diesem Reiseführer nicht beschrieben) und Puerto Rico bis zu den Jungferninseln (Amerikanische und Britische). Die Kette der Kleinen Antillen umfasst die Inseln unter und über dem Winde, die Französischen Antillen, die Niederländischen Antillen, Barbados sowie Trinidad und Tobago.

Wahl des Reiseziels

Die richtige Mischung für den perfekten Karibikurlaub zu wählen, bedarf ein wenig Planung. Die typische karibische Insel gibt es nicht. Jede hat ihren eigenen Stil, der sich durch Geologie, historische Einflüsse und Lebenseinstellung dramatisch von den Nachbarinseln, die nur wenige Seemeilen entfernt liegen, unterscheiden kann. Wenn Ihr Urlaub vor allem eine Erholung für Körper und Seele im tropischen Ambiente auf feinem Sand unter Palmen sein soll, sind fast alle karibischen Inseln perfekt. Doch wenn Sie wirklich ein Gefühl für die Inseln bekommen möchten, sollten Sie historische Orte und Festungen der Kolonialzeit besuchen, in den Regenwald vordringen,

Die Helikonie, eine tropische Blume, die es überall in der Karibik gibt, wird meist von Kolibris bestäubt

NICHT VERSÄUMEN

Historische Städte: die kopfsteingepflasterten Straßen von Santo Domingo (Dominikanische Republik) oder San Juan (Puerto Rico) **100, 128**

Segeln: den Sir Francis Drake Channel (Britische Jungferninseln) oder die Tobago Cays (St. Vincent & die Grenadinen) **169, 287**

Wandern: Morne Trois Pitons National Park (Dominica) oder Papageienbeobachtung im Regenwald von St. Lucia **266, 275**

Tauchen: Saba Marine Park oder die North Wall vor Bonaire **184, 191**

Strände: Salt Cays einsamer North Beach (Turks & Caicos Islands) oder der weiche Sand der Shoal Bay (Anguilla) **88, 213**

Lokalkolorit: Karneval in Trinidad (Feb.) oder Crop Over in Barbados (Juli–Aug.) **317, 301**

Musik: Reggae Sunfest in Jamaika (Juli) oder Santo Domingos Merengue Festival (Dominikanische Republik, Juli–Aug.) **52, 102**

Tiere: Walbeobachtung auf Dominica oder Vogelbeobachtung auf Trinidad & Tobago **268, 325**

Essen: Kaffee auf Jamaika oder kreolische Küche auf Guadeloupe **39, 230**

tauchen, schnorcheln und durch die fantastische Inselwelt segeln. Die Übersicht auf Seite 12 zeigt die besten Möglichkeiten.

Die Wahl der Unterkunft ist ein guter Ausgangspunkt für die Reiseplanung (siehe Reiseinformationen S. 352–383). Soll es ein romantisches Plantagenhotel auf St. Kitts and Nevis sein oder eine familienfreundliche Ferienanlage mit reichem Wassersportangebot? Auf den Inseln der Großen Antillen gibt es herrliche Strände und die besterschlossenen Ziele der Region. **Jamaika**, die **Dominikanische Republik** und **Puerto Rico** haben außerdem eine tolle Bergkulisse und zahlreiche Sportmöglichkeiten zu bieten. Unter den Kleinen Antillen sind **Aruba**, **Anguilla**, **Antigua** und die **Grenadinen** wegen ihrer Traumstrände eine gute Wahl.

Touristeninformation

Alle wichtigen karibischen Inseln haben ein Fremdenverkehrsbüro und eine Website, sodass Sie sich vor Ihrer Reise informieren können. Viele besitzen auch Vertretungen in Europa. (Kontaktadressen finden Sie bei der jeweiligen Insel in den Reiseinformationen, S. 332–351). Wenn Sie an Ihrem Ziel ankomen, finden Sie die aktuellste Information zu Sehenswürdigkeiten, ebenso Landkarten, Fahrpläne und Taxitarife an Touristeninformationen am Flughafen oder am Schiffsanleger. Häufig gibt es auch kostenlose Zeitschriften mit Beschreibungen von Touren und Aktivitäten.

Aktivurlaub

Früher bedeutete ein Karibikurlaub vor allem am Strand liegen. Heute stellt Aktivurlaub ein wesentliches Marktsegment dar. Tauchen ist für viele Besucher die Hauptattraktion . Die Cayman Islands liegen am Rand des Kaimangrabens und bieten spektakuläre Tauchreviere. Die Niederländischen Antillen, **Bonaire**, **Saba** und **Sint Eustatius** bieten bessere Tauchplätze als Strände. Oder Sie besuchen die Inseln über dem Winde, wo **Dominica** gerade in Mode

Reisezeit

Die Karibik liegt in den Tropen, daher bleiben die Temperaturen ganzjährig an der Küste ziemlich gleichmäßig bei 26–30 °C am Tag und 15–18 °C in der Nacht. Hochsaison ist in der Karibik in der Regel die kühlere, trockenere Zeit zwischen Dezember und April; dann verlangen die Hotels die höchsten Preise und Reservierungen sollten vor allem für Weihnachten und Neujahr weit im Voraus gemacht werden. Die Feuchtigkeit steigt hin zur Regenzeit (Juni–Nov.), obwohl Schauer das ganze Jahr über auftreten, im Regenwald des Hochlandes täglich. Im Sommer fallen die Preise deutlich; dann ist es möglich echte Schnäppchen zu finden.

kommt (Walbeobachtung ist dort die Spezialität) und reisen weiter südlich nach **Tobago**.

Die Inseln unter dem Winde, einschließlich **St. Lucia** und **Grenada,** sind bekannt für ihren üppigen Regenwald mit fantastischen Wandermöglichkeiten, während **Trinidad** am Ende der Inselkette ein Paradies für Ornithologen und eine der wichtigsten Legeplätze von Schildkröten weltweit ist. Die benachbarten französischen Inseln **Guadeloupe** und **Martinique** ähneln einander, und sie bilden das Zentrum der lebendigen kreolischen Kultur. Frankophile werden dagegen die kleine Insel **St-Barthélemy** vorziehen, deren Jetset an die französische Riviera erinnert.

Egal ob Sie auf **St. Thomas** Marline angeln möchten, in **Stingray City** auf den **Cayman Islands** schnorcheln oder eine Kaffeeplantage in den Blue Mountains von Jamaika besuchen, planen Sie im Voraus.

Dieser kurze Überblick gibt nur einen ersten Eindruck von allem, was möglich ist. Weitere Ideen finden Sie auf der Website der Caribbean Tourism Organization *(www.onecaribbean.org).*

In einer Woche

Zu den Zielen, die direkt international angeflogen werden und eine Menge an Sehenswürdigkeiten und Aktivitäten bieten, gehören **Puerto Rico**, **Jamaika**, die **Cayman Islands** und die **Dominikanische Republik** in der westlichen Karibik; in der östlichen Karibik sind **St. Thomas** (USVI), **Antigua** (Inseln über dem Winde) und **Aruba** (Karibische Niederlande) Verkehrsknotenpunkte.

Sprache

Als Erbe der Kolonialzeit werden in der Karibik Englisch, Spanisch, Französisch und Niederländisch gesprochen. Am weitesten verbreitet ist Englisch: von Jamaika, den Cayman Islands und Turks & Caicos Islands im Norden über die Jungferninseln, Inseln unter und über dem Winde (wo auf Dominica und St. Lucia ein französisches Patois gesprochen wird) bis nach Trinidad & Tobago. Die meisten der spanischsprachigen Puerto Ricaner sprechen auch Englisch, während abseits der Touristenzentren in der Dominikanischen Republik ein spanischer Sprachführer vonnöten ist. Die Bewohner der Karibischen Niederlande sind im Allgemeinen zweisprachig: Deutsch und Englisch. Auf den französischen Antillen wird außerhalb der besseren Hotels meist nur Französisch gesprochen.

Die von zwei Bergen flankierte Hauptstadt von Saba heißt „The Bottom"

Das klassische karibische Inselhüpfen ist in einer Woche eigentlich nur bei einer Kreuzfahrt möglich (siehe S. 136 f.), bei der Sie im Schlaf von Insel zu Insel gebracht werden. Die wichtigsten Häfen für Kreuzfahrtschiffe liegen auf Puerto Rico und Barbados. Mit einer gecharterten Yacht können Sie in einer Woche die Jungferninseln (siehe S. 169) erkunden. Und von den meisten zentralen Zielen lassen sich Tagesausflüge zu anderen Inseln unternehmen. Wer nach Puerto Rico reist, kann einen Ausflug auf **Vieques Island** unternehmen (etwa 75 Min. mit der Fähre ab Fajardo/10 Min. mit dem Flugzeug ab Ceiba); häufige, preiswerte Fährverbindungen bestehen zwischen den Amerikanischen und den Britischen Jungferninseln. In nur etwa 40 Minuten bringt Sie ein Flugzeug für einen ein- oder zweitägigen Aufenthalt vom touristischen **Grand Cayman** auf das ruhige **Cayman Brac**. **Antigua** eignet sich auch gut als Standort; von dort gibt es eine schnelle Fährverbindung (90 Min.) ins Vogelparadies **Barbuda** und Flugverbindungen (unter einer Stunde) zum stark vulkanisch geprägten **Montserrat** und den historischen Inseln **St. Kitts & Nevis**.

Kleidung

Der Dress Code auf den karibischen Inseln ist sehr leger. Shorts, T-Shirts und Sandalen sind absolut in Ordnung; Badekleidung abseits des Strandes ist nicht gern gesehen. Elegante Restaurants lassen möglicherweise keine Jeans oder Sandalen bei Herren zu. Wenn Sie Aktivitäten wie Golf, Tennis, Reiten, Segeln, Wandern oder Tauchen planen, sollten Sie die entsprechende Ausrüstung und Schuhe mitbringen. Wanderer werden merken, dass es in den Bergen kühl und feucht sein kann. Sonnencreme und Mückenschutz sind unabdingbar.

Welche Aktivität auf welcher Insel	STRÄNDE	VOGELBEOBACHTUNG	KOLONIALE ARCHITEKTUR	TAUCHEN	KULINARISCHE SPEZIALITÄTEN	GOLF	WANDERN	REGENWALD	MUSIKFESTIVALS	SEGELN	ANGELN	SCHILDKRÖTENBEOBACHTUNG	WALBEOBACHTUNG
Anguilla	✔			✔		✔					✔	✔	
Antigua & Barbuda	✔	✔	✔	✔		✔			✔	✔			
Aruba	✔			✔		✔	✔				✔		
Barbados	✔		✔	✔	✔	✔			✔		✔		
Bonaire				✔			✔					✔	
Britische Jungferninseln	✔			✔						✔			
Cayman Islands	✔	✔		✔	✔		✔				✔		
Curaçao	✔		✔	✔		✔	✔				✔		
Dominica		✔		✔			✔	✔			✔	✔	✔
Dominikanische Republik	✔		✔	✔		✔	✔		✔		✔	✔	✔
Grenada	✔			✔	✔		✔	✔		✔	✔	✔	
Guadeloupe	✔			✔	✔		✔	✔	✔	✔	✔		✔
Jamaika	✔	✔	✔	✔	✔	✔	✔			✔			
Martinique	✔		✔	✔	✔	✔	✔	✔			✔		
Montserrat		✔		✔			✔	✔					
Puerto Rico	✔	✔	✔	✔	✔	✔	✔	✔			✔	✔	✔
Saba				✔			✔						
St.-Barthélemy	✔			✔	✔					✔	✔		
Sint Eustatius				✔			✔						
St. Kitts & Nevis	✔	✔	✔	✔		✔	✔	✔					
St. Lucia	✔	✔	✔	✔		✔	✔	✔	✔	✔		✔	✔
St.-Martin/ Sint Maarten	✔			✔	✔					✔	✔		
St. Vincent & die Grenadinen	✔	✔		✔		✔	✔	✔		✔	✔		✔
Trinidad & Tobago	✔	✔		✔		✔	✔	✔	✔		✔	✔	
Turks and Caicos	✔	✔		✔		✔					✔		✔
U.S. Virgin Islands (Amerikanische Jungferninseln)	✔		✔	✔		✔	✔	✔		✔	✔		

Mit mehr Zeit

Für einen Karibikurlaub, der länger als eine Woche dauert, bieten die größeren Inseln der Großen Antillen perfekte Möglichkeiten. Teilen Sie Ihre Zeit zwischen den Stränden **Jamaikas** und den Blue Mountains, so lernen Sie auch die Landschaft der Insel kennen. Auch in der **Dominikanischen Republik** lässt sich viel unternehmen. Das Kolonialviertel von **Santo Domingo** ist ein Muss, dann gibt es Whale Watching vor **Samaná** und Vogelbeobachtung am **Lago Enriquillo**.

Wer auf den Kleinen Antillen mehr Zeit hat, sollte wenigstens einmal die Insel wechseln. **St. Vincent** ist einzigartig mit der Verbindung von Vulkanwanderungen und Segeltörns durch die Inselwelt der **Grenadinen**. Die Zwillingsinseln **Trinidad & Tobago** locken Naturliebhaber. Wanderungen durch den Nationalpark von **Guadeloupe** lassen sich mit einem Aufenthalt auf **Marie-Galante** verbinden. Abenteuerlustige können eine ganze Woche auf dem Wai'tukubuli Trail auf **Dominica** verbringen, gefolgt von Tauchgängen und Whale Watching. ■

Sicherheit

Die größte Gefahr für Reisende in der Karibik ist Diebstahl (Gewaltverbrechen betreffen meist Einheimische) und die beste Sicherheitsvorkehrung ist der gesunde Menschenverstand. Seien Sie achtsam in Menschenmengen und am Flugplatz, lassen Sie nichts im Auto liegen (Mietwagen werden gern aufgebrochen). Dokumente oder größere Geldbeträge tragen Sie am besten in einem Geldgürtel. Kreditkarten werden fast überall akzeptiert und lassen sich bei Verlust leicht sperren. Alleinreisende Frauen werden oft angebaggert, aber ein festes „Nein" oder „Ich bin verheiratet" reicht in der Regel. Es ist unklug, einsame Strände allein zu besuchen.

Segeln, ob als Sport oder zum Vergnügen, ist in der Karibik sehr beliebt

Geschichte & Kultur

Die Karibik heute 16–19
Geschichte & Kultur 20–28
Special: Essen & Trinken 24–25

Eine Kanone wacht vor der Brimstone Hill Fortress auf St. Kitts
Gegenüberliegende Seite: Erfrischung für die Besucher im Stil einer Insel – die Annandale Falls auf Grenada

Die Karibik heute

Bei den meisten Deutschen weckt allein das Wort Karibik Urlaubsträume: Bilder von endlosen weißen Sandstränden, Kokospalmen und blauem Meer tauchen auf. Doch dieser wundervolle Tagtraum wird von der Wirklichkeit noch übertroffen, von dem Gefühl des weichen Sandes unter den Füßen, dem Kreischen und der Farbenpracht eines Papageis im Urwald oder dem Geschmack einer frischen Mango.

Karibische Kultur

Unsere Vorstellungen von der Karibik entsprechen den Gegebenheiten: Sonne, Strände, Hochland mit Regenwald und Meereskorallen. Wer jedoch an der Oberfläche kratzt, entdeckt schnell, dass die karibischen Inseln wesentlich vielschichtiger und interessanter sind. Neben dem Klima und der Topografie gibt es eine Fülle an historischen und kulturellen Einflüssen, die viel zur Atmosphäre der Inseln und der Einstellung der Menschen beitragen.

Sprache, Architektur, Religion, Feste und, vor allem, die karibischen Menschen selbst lassen sich in ihren Ursprüngen auf die Kolonialherren der Region zurückführen.

Noch heute erschließen sich Kultur und Traditionen der Inseln nicht ohne das koloniale Erbe. Sprache, Architektur, Religion, Feste und, vor allem, die karibischen Menschen selbst, die zumeist von afrikanischen Sklaven abstammen, lassen sich in ihren Ursprüngen auf die Kolonialherren der Region zurückführen. Manche Verhaltensweisen sind auch nach Jahrhunderten noch fest verwurzelt, wie die höflichen Begrüßungen auf den französischen Inseln oder die leichte Steifheit des britischen Einflusses auf Barbados, wo Nachmittagstee und Umziehen zum Abendessen in gewissen Kreisen zum guten Ton gehören. Trotz des bunten Karnevalsspektakels oder der von Rum beflügelten Reggae-Sessions sind die Bewohner im Grund ihres Herzens konservativ. Meist sind sie freundlich, hilfsbereit und teilen ihr regionales Wissen gern. Dafür erwarten sie höfliche, respektvolle Behandlung.

Nachhaltiger Tourismus

In der Karibik gibt es einige unabhängige Inselstaaten und mehrere abhängige Inseln. Tourismus ist die wirtschaftliche Hauptstütze, obwohl auch Zucker, Bananen und Ölprodukte wesentlich zur jeweiligen nationalen Wirtschaft beitragen. Nachhaltiger Tourismus ist heute das Schlagwort in der Karibik, und es werden beträchtliche Anstrengungen unternommen, um die natürlichen Lebensräume an Land und im Meer zu bewahren. Leider wurden die Korallenriffe, die Mangrovengebiete der Küsten und die einheimische Tierwelt durch den Raubbau in der Region bereits deutlich geschädigt, doch die wachsende Nachfrage nach Ökotourismus weckte das Bewusstsein der Behörden für den Schutz der Natur.

Das Zunehmen des Ökotourismus hat dazu geführt, dass Besucher sich stärker für die regionale Kultur interessieren. Wanderungen, Mountainbike-Touren und andere Aktivitäten sowie das Tourismusangebot einzelner Orte ermuntern Touristen, das Areal ihres Hotels zu verlassen und den Charme der Inseln und ihrer Bewohner zu entdecken. Solche Ausflüge bauen Brücken zwischen Einheimischen und Besuchern und bringen den Kommunen ein willlkommenes Einkommen, das in der Vergangenheit direkt an Schifffahrtslinien und ausländische Hotelgruppen ging.

Ein Sprung ins kühle Nass auf Martinique

Flora & Fauna

Dichter Regenwald bedeckt die Berge der karibischen Inseln. Besonders gut gedeiht er auf der fruchtbaren Vulkanerde. Echter Regenwald gilt als reichster natürlicher Lebensraum der Erde und benötigt eine hohe jährliche Niederschlagsmenge (ca. 1800 mm), für die unter anderem die tropische Lage des Karibischen Meeres und die jeweilige Lage der Inseln zum vorherrschenden Nordostpassat verantwortlich ist. Im Treibhausklima unter dem dichten Blätterdach wachsen Dutzende von Farnarten, Kletterpflanzen und Bambus zu Füßen riesiger Kapokbäume, Mahagonis, karibischer Kiefern und Eibische.

Im Gebirgsregenwald leben Bromelien oder Orchideen in Symbiose auf den Bäumen. In höheren Lagen bedecken Flechten die Bäume und Felsen, darüber erstrecken sich Grasflächen, die oft in Wolken und im Nebel verschwinden.

Im Regenwald sind nur wenige Säugetiere heimisch; selten erspäht man einheimische Arten wie Gürteltiere, Opossums und Agutis. Deutlich häufiger bekommt man Baumfrösche, Leguane und Eidechsenarten zu Gesicht, ebenso natürlich Insekten wie Schmetterlinge und Fliegen. Auf den meisten Inseln leben ungiftige Schlangen, eine Ausnahme bildet die Lanzenotter auf Martinique und St. Lucia.

Vogelliebhaber kommen in der Karibik mit Sicherheit auf ihre Kosten. Auf den Inseln über dem Winde leben einige äußerst seltene Papageienarten, in flacheren Regionen tummeln sich zahlreiche Kolibris und Nektarvögel, die den Regenwald häufig verlassen und in den Gärten der Menschen umherschwirren.

Viele Reiher, Watvögel, Enten und andere Wasservögel bevölkern die Mangrovensümpfe an den Küsten von Jamaika und Trinidad, während auf Bonaire und am Lago Enriquillo in der Dominikanischen Republik vor allem große Flamingokolonien leben. Seevögel, darunter Tölpel, Fregattvögel, Pelikane und Tropikvögel, bewohnen die Felsküsten.

Vulkanismus

Die Inseln liegen am Rand der Karibischen und der Amerikanischen Platte. Die meisten von ihnen sind vulkanischen Ursprungs, Ausnahmen bilden niedrige Korallenatolle wie die Cayman Islands und Anguilla oder die wüstenähnlichen niederländischen Inseln unter dem Winde. Die ältesten Inseln der Region befinden sich im Norden: Jamaika, Hispaniola (Haiti und Dominikanische Republik) und Puerto Rico entstanden bereits vor etwa 70 Millionen Jahren.

In der östlichen Karibik gibt es auf Montserrat, Guadeloupe, Martinique, Dominica, St. Lucia, St. Vincent und Grenada noch aktive Vulkane mit brodelnden Lavatöpfen und Felsspalten, aus denen Schwefeldämpfe entweichen.

Einer der Seven-Sisters-Wasserfälle im Grand Étang National Park auf Grenada

Nicht nur im Regenwald gedeihen unzählige Pflanzenarten; viele Inselbewohner legen zudem wundervolle Blumengärten an. Touristen sollten am besten einen der zahlreichen botanischen Gärten besichtigen, denn dort wachsen mächtige Helikonien und Ingwerbäume, Gewürzbäume wie Muskatnuss- und Zimtbäume sowie gelb oder rosa blühende Mimosen, scharlachrote Ixonen und Immergrüne, die sich im Januar und Februar in voller Pracht präsentieren.

Wirbelstürme

Es gibt in der Karibik kaum klimatische Extreme, doch das Gebiet liegt in der Zone der tropischen Wirbelstürme. In den vergangenen Jahren haben Hurrikane mehrfach den Norden der Region verwüstet, 2004 erreichte der Hurrikan Ivan selbst Grenada im Süden. Die offizielle Hurrikan-Saison dauert von Juni bis November. Laut Statistik besteht Mitte September die größte Wahrscheinlichkeit, dass in der Karibik ein Hurrikan auftritt. ■

Geschichte & Kultur

Am 12. Oktober 1492 sichtete Christoph Kolumbus San Salvador, eine der Bahamasinseln. Im Irrglauben, auf dem Seeweg nach Indien zu sein, erreichte er das Karibische Meer. Mit der Ankunft der Europäer begann ein neues Kapitel in der Geschichte der Region. Die Inseln erhielten den Namen Antillen nach dem legendären Eiland Antillia.

Die präkolumbische Zeit

Die ersten Siedler, Indianer aus Mittelamerika oder Florida, kamen Tausende von Jahren vor Kolumbus über das Meer. Auf den Großen Antillen gehen die ältesten Spuren menschlicher Besiedlung durch Ciboney-Indianer bis in die Steinzeit zurück. 6000 Jahre alte Ciboney-Stätten förderten Archäologen auf Kuba zutage; die frühesten Überreste auf Hispaniola sind etwa 4000 Jahre alt. Als Nomaden ernährten sich die Jäger und Sammler von Fisch und Meerestieren, Vögeln, Leguanen, Schlangen, Wurzeln und Beeren. Sie fertigten Werkzeuge und Geräte aus Stein, Holz, Knochen und Muscheln.

Mit der Ankunft der Europäer im Jahr 1492 begann ein neues Kapitel in der Geschichte der Region.

Um 300 v. Chr. wanderten die ersten Arawak-Indianer ein. Sie stammten vermutlich ursprünglich aus dem Amazonasbecken, waren von dort aus in den Nordosten Südamerikas gewandert und setzten dann von den heutigen Staaten Venezuela und Guyana zu den Inseln über. Sie bewegten sich nordwärts von einer Insel zur nächsten, und bei Ankunft von Kolumbus lebten auf den Großen Antillen und den Bahamas drei große Arawak-Stämme: die Taino (Kuba, Jamaika und Hispaniola), die Borequio oder Borinquen (Puerto Rico) und die Lucayan (Bahamas).

Die Arawak verfügten über differenziertere Fertigkeiten als die Ciboney. Sie pflanzten Maniok, Yams, Mais, Bohnen, Kakao, Erdnüsse, Tabak und Baumwolle an und fingen Fische. Außerdem stellten sie Tongefäße für den Alltag und für religiöse Zwecke her.

Die Arawak besaßen klar geordnete Gesellschaftsstrukturen. Über jede Gemeinschaft herrschte ein Kazike (Dorfhäuptling), der über weltliche und religiöse Angelegenheiten entschied. Die Dörfer lagen meist an der Küste; in ihrer Mitte gab es einen großen offenen, mit Stroh gedeckten *carbet* (Unterstand), in dem der Kazike mit dem Ältestenrat tagte. Frauen und Kinder durften diesen Bereich nur auf Einladung hin bei besonderen Zeremonien betreten. Bis zu hundert unverheiratete Männer schliefen in Hängematten hier oder in einem anderen Unterstand. Die Religion spielte im Alltag eine wichtige Rolle. Götter und Geister in Gestalt von Pflanzen und Tieren sorgten für eine gute oder schlechte Ernte. Bei religiösen Zeremonien versetzten sich die Teilnehmer mit narkotisierenden Pflanzen und durch Tänze in Trance. Sie huldigten *zemi*, Statuetten aus Holz, Knochen oder Stein. Die Arawak glaubten an ein Weiterleben nach dem Tod und bestatteten ihre Verstorbenen sehr sorgfältig. Sie gaben ihnen ihre persönliche

Habe mit ins Grab (starb ein Häuptling, wurden seine Frauen lebendig mit ihm begraben), außerdem Proviant für die Reise nach Coyaba, ein paradiesischer Ort ewiger Freuden und Tänze.

Ankunft der Kariben

Nach etwa 1000 Jahren bereiteten die kriegerischen Kariben dem friedlichen Dasein der Arawak ein jähes Ende. Sie stammten ebenfalls aus Südamerika und zogen über die Kleinen Antillen nordwärts. Auf ihrem Weg töteten sie die Arawak-Männer und gliederten Frauen und Kinder in

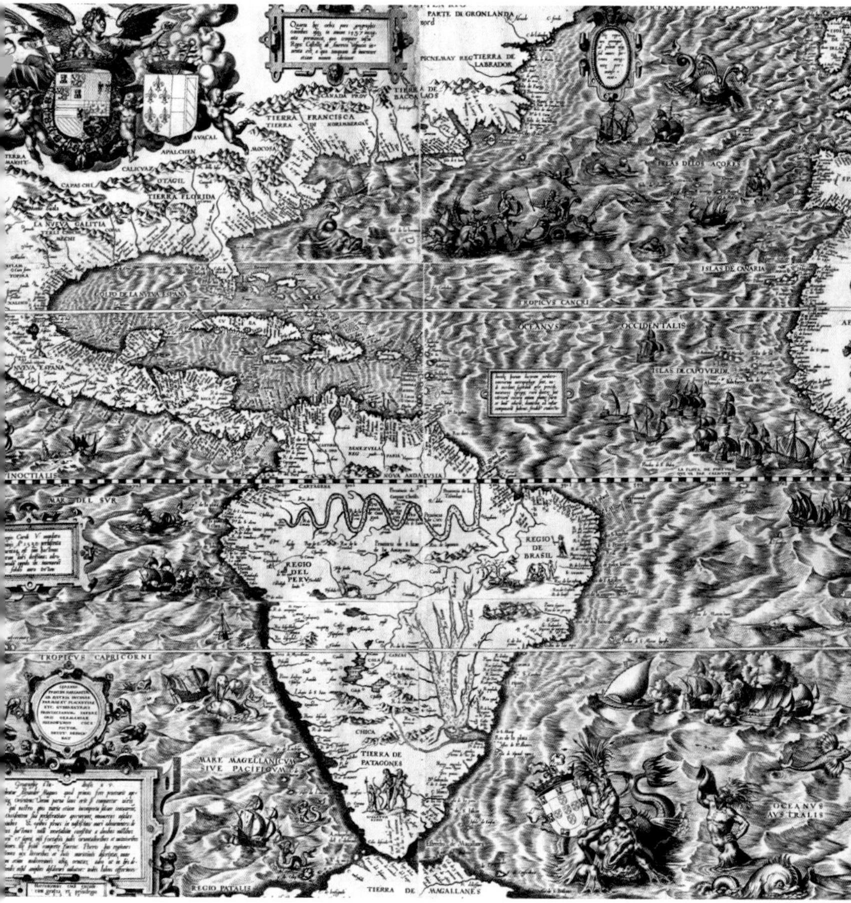

Eine spanische Karte von 1562 zeigt Amerika

ihre eigenen Stämme ein. Angeblich waren die Kariben sogar Kannibalen, die nicht nur gefangene Arawak aßen, sondern auch die ersten Europäer verspeisten, die ihnen in die Hände fielen. Sie waren hervorragende Bogenschützen und griffen spanische Segelschiffe mutig von hölzernen Kanus aus an. Von ihren Einbäumen *(piragua)* leitet sich das Wort Piroge ab, wie man auf den Inseln über dem Winde noch immer ein Fischerboot bezeichnet. Die Europäer drängten die Kariben zurück in die kargen Regionen der Inseln über dem Winde, wo sie noch weitere 200 Jahre lang lebten. Auf Dominica und St. Vincent soll es noch einige ihrer Nachfahren geben.

Die Ankunft der Europäer

Kolumbus reiste viermal in die Karibik; auf seiner vierten Reise (1502–04), erkundete er schließlich das mittelamerikanische Festland und sicherte es dem Königreich Spanien.

Im frühen 16. Jahrhundert entstanden auf den Großen Antillen spanische Siedlungen, zunächst auf Hispaniola, dann auf Kuba, Jamaika und Puerto Rico. Die Arawak wurden versklavt und in nur 50 Jahren vollständig ausgerottet. Die meisten starben an eingeschleppten Krankheiten oder bei der Arbeit in Bergwerken auf dem amerikanischen Festland.

Seeräuber und Freibeuter hatten es auf die mit Schätzen beladenen Flotten abgesehen, die von Amerika nach Spanien segelten. Während des 16. und 17. Jahrhunderts überfielen Franzosen, Briten und Holländer immer wieder spanische Schiffe und freuten sich über die reiche Beute. Bald schon kamen die Länder auf den Gedanken, selbst Kolonien in der Karibik zu gründen. Dies gelang umso leichter, als der spanische Einfluss in Europa im 17. Jahrhundert zurückging. Engländer und Franzosen beanspruchten die Kleinen Antillen und kämpften 250 Jahre lang um die Vorherrschaft über die östliche Karibik. Die Niederländer besetzten nur wenige, dafür aber strategisch wichtige Inseln entlang der Handelswege.

Die Quedagh Merchant

Jahrhunderte nach Kolumbus überfielen Piraten, die sogenannten Freibeuter, reich beladene Handels- und Piratenschiffe. Im Jahr 1698 kaperte der Freibeuter Captain Kidd im Indischen Ozean die *Quedagh Merchant*, die Gold, Silber, Seide und Opium geladen hatte. Bei seiner Flucht versenkte Kidd das Schiff vor der Isla Catalina (Dominikanische Republik). Dort liegt die *Quedagh Merchant* noch immer, gerade mal drei Meter unter Wasser; sie soll zukünftig ein Unterwassermuseum werden.

Die Kolonialzeit

Um 1630 führten niederländische Pflanzer Zuckerrohr aus Brasilien auf den Antillen ein (siehe S. 304). Bald schon entwickelte sich die Zuckerproduktion zu einem einträglichen Geschäft, und immer mehr Europäer ließen sich in der Karibik nieder, um Gewinn aus dem „weißen Gold" zu schlagen. Für den arbeitsintensiven Anbau von Zuckerrohr benötigten sie jedoch sehr viele billige Arbeitskräfte. Die Spanier hatten damit begonnen, Sklaven aus Westafrika nach Südamerika und in die Karibik zu verschiffen,

Freundliche Gesichter muss man in der Karibik nicht lange suchen

doch erst mit dem Zuckerrohr kam der Dreieckshandel richtig in Schwung. Millionen von Afrikanern wurden versklavt und über den Atlantik gebracht. Tausende starben bereits auf dem Weg (siehe S. 250).

Zu Beginn des 19. Jahrhunderts sank der Absatz von Zuckerrohr aus der Karibik, denn die europäische Produktion aus Zuckerrüben deckte nun die Nachfrage. 1808 verbot in Großbritannien erstmals ein Gesetz den Sklavenhandel. 1834 folgte der Emancipation Act, der den Besitz von Sklaven unter Strafe stellte. Die übrigen europäischen Nationen schlossen sich dem nach und nach an, und bald verlor der Zucker aus den Kolonien an Bedeutung.

Nachdem die befreiten Sklaven die Plantagen verlassen hatten, stellten große Pflanzer auf Jamaika, Trinidad und anderen Inseln indische Kontraktarbeiter ein, doch ihre einstige wirtschaftliche Bedeutung erlangten die Kolonien nie wieder.

Als erste Insel eroberten die USA 1898 Puerto Rico, 1917 folgte der Kauf der Virgin Islands, die vorher Dänemark gehört hatten.

Moderne Zeit

Durch den Spanisch-Amerikanischen Krieg von 1898 dehnten die USA ihre Einflusssphäre auf die Karibik aus. Als erste Insel eroberten sie Puerto Rico, 1917 folgte der Kauf der Virgin Islands, die vorher Dänemark gehört hatten. Die Weltwirtschaftskrise der 1930er Jahre wirkte sich auch auf die Antillen aus – die ökonomischen Probleme der Inseln verschärften sich.

(Fortsetzung S. 26)

Essen & Trinken

Die karibische Küche spiegelt, wie viele Aspekte der karibischen Kultur, das vielfältige Erbe wider und vermischt afrikanische, spanische, französische, englische und indische Einflüsse. Ein Getränk mit Rum oder ein kaltes Bier sind an einem Sommerabend die perfekte Ergänzung zum Essen.

Eine Räucherhütte bei Ocho Rios, Jamaika

Die traditionelle karibische Küche ist einfach, nahrhaft und nützt einheimische, sättigende Zutaten. Frischer Fisch und Meeresfrüchte stehen ebenso auf jeder Karte wie verschiedene tropische Früchte und Gemüsesorten. Hühnchen gibt es häufiger als Rindfleisch. Zu den auf allen Inseln verbreiteten Gerichten gehören Reis und rote Bohnen, Kochbananen, die spinatähnliche Suppe Callaloo, Brotfrüchte und Wurzeln wie Yams und Maniok. Letztere dienen vor allem bei der ärmeren schwarzen Bevölkerung als Grundnahrungsmittel. Mutige Touristen sollten ruhig einmal Bataten oder Huhn mit Melasse probieren.

Guadeloupe und Martinique sind für ihre gute kreolische Küche berühmt (siehe Kasten gegenüber). Auf Puerto Rico sollten Sie *lechón asao* (Spanferkel) probieren, in der Dominkanischen Republik verheißt *locrio,* eine Paellavariation, kulinarische Genüsse. Auf Trinidad verweisen Currys und Chapatirollen mit gewürztem Fleisch, Meeresfrüchten oder Gemüse auf indische Einflüsse. Auf den Nachbarinseln genießt man die gleichen Gerichte als Snacks. Jerk, die typisch jamaikanische Kochmethode,

INSIDERTIPP

Immer mehr karibische Restaurants bieten eine naturbelassene Küche mit heimischen Produkten. Eine Liste der *locavore*-Lokale finden Sie unter www.happycow.net.

LARRY PORGES
NATIONAL GEOGRAPHIC-Redakteur

Frische Tropenfrüchte auf einem Markt in Fort-de-France, Martinique

soll von entlaufenen Sklaven entwickelt worden sein.

Rum und Bier

Seit dem 17. Jahrhundert produzierte man auf den Zuckerrohrplantagen Rum, zunächst als Abfallprodukt. Der beste Rum stammt aus Barbados, Jamaika, Guadeloupe und Martinique. Die bekanntesten Rum-Cocktails sind Piña Colada mit Sahne, Ananas und Kokosnuss; Cuba Libre, Daiquiris und Planter's Punch. Darüber hinaus gibt es diverse alkoholfreie Cocktails auf Saftbasis.

In der Karibik wird kein Wein angebaut; er ist deshalb teuer. Dafür stellen einige Brauereien recht gutes Bier her. Als besonders empfehlenswert gelten Banks aus Barbados, Carib aus Trinidad mit Lizenzbrauereien auf einigen Inseln sowie Presidente aus der Dominikanischen Republik und Red Stripe aus Jamaika.

Kreolische Küche & Essengehen

Die kreolische Küche von Guadeloupe und Martinique vereint französische kulinarische Tradition, traditionelle afrikanische Küche und karibische Zutaten. Fisch und Meeresfrüchte tauchen in kreolischen Speisen in allen möglichen Varianten und Formen auf, von einfachen *accras* (Stockfischkroketten) bis zu *blaff* (Eintopf aus Fisch oder Meeresfrüchten in einem Sud aus Wein und Kräutern).

Spezialitäten sind auch *cirique* oder *étrille* (kleine Meereskrebse), *chatrou* (Tintenfisch), *lambi* (Muscheln mit Limettensaft als Salat). *Crabe farcis* sind gefüllte Krebse; die Einheimischen füllen sie mit getrockneter Kokosnuss und scharfem Pfeffer, damit sie besser schmecken. Kosten Sie *colombo*, einen Eintopf aus Hähnchen- oder Ziegenfleisch, gewürzt mit Koriander, Kreuzkümmel, Senf, Ingwer und Pfeffer.

Traditionelle Beilagen sind *fruit à pain*, die Frucht des Brotfruchtbaums, und *christophene*, ein tropischer Kürbis, der roh oder gekocht verzehrt wird.

Essengehen kann teuer sein; kreolisches Essen kostet meist weniger als französisches. Menüs *(menu touristique)* sind eine gute Wahl, der Service ist inbegriffen *(compris)*. Ein Digestif muss ganz einfach das Essen abschließen, zur Wahl stehen Dutzende örtlich produzierter Rumsorten.

Die katholische Kathedrale in Roseau, Dominica. Die Inseldiözese besteht seit 1850

Dies führte zur Entstehung erster Arbeiterbewegungen, deren Mitglieder sich für eine größere Autonomie gegenüber den europäischen Mutterländern einzusetzen begannen.

1962 erlangte Jamaika als erste britische Kolonie die Unabhängigkeit, die übrigen Besitzungen folgten in den 1970er und 1980er Jahren. Einige kleinere Inseln entschieden sich für den Status einer Kronkolonie (heute britische Überseegebiete), andere schlossen sich als unabhängige Staaten dem British Commonwealth an. Niederländer und Franzosen halten noch engere Bande zu ihren Besitzungen.

Das koloniale Erbe

Die europäischen Kolonialherren versuchten auf den Inseln, die sie in Besitz genommen hatten, möglichst viele heimattypische Elemente einzu-

führen. In der Dominikanischen Republik und in Puerto Rico spiegeln Kirchen und historische Städte das katholische Erbe wider. In den ehemaligen britischen Kolonien auf den Inseln unter und über dem Winde stehen zahlreiche Schmuckstücke georgianischer Architektur. Das typische Savoir vivre prägt das Bild vieler Orte auf den französischen Antillen. Und das ehemals niederländische Curaçao mit seinen eleganten Giebelbauten wurde zum Weltkulturerbe ernannt.

Auch die Sprache zählt zum Erbe der Kolonialzeit – Englisch, Französisch, Niederländisch und Spanisch sind die wichtigsten Sprachen der Region (siehe Kasten S. 10).

Die überwiegende Mehrheit der Antillenbewohner stammt von Afrikanern ab, und obgleich sich die europäischen Kolonialherren bemühten, das afrikanische Erbe auszulöschen, verschwand es nicht völlig. Heute ist sein Einfluss gerade in der Musik und Küche wieder spürbar und prägt vor allem die pankaribischen Kulturbewegungen. Afrikanische animistische Glaubensvorstellungen, überlagert mit christlichen Elementen, hielten sich stets, wodurch der für die Karibik typische Synkretismus entstand.

Musik

Das Herz der Karibik, so heißt es oft, schlägt im Rhythmus der Musik. Calypso, Reggae und Soca (Soul-Calypso) gehören zu den charakteristischen Klängen; typischstes Instrument sind die Steel-Drums. Auf Puerto Rico tanzt man Salsa, in der Dominikanischen Republik Merengue und auf den Französischen Antillen ertönt überall der afrokaribische Zouk.

Die Ursprünge des Calypso lassen sich bis zu den aus Westafrika stammenden Sklaven zurückverfolgen.

Die Ursprünge des Calypso lassen sich bis zu den aus Westafrika stammenden Sklaven zurückverfolgen. Zwar hatte man ihnen verboten, ihre Muttersprache zu sprechen, aber am Singen mochte man sie nicht hindern, förderte es doch ihre Arbeitsbereitschaft. Die Sklaven nutzten die Musik, um ihre Überlieferungen zu bewahren und weiterzugeben, aber auch, um wichtige Informationen unbemerkt weiterzugeben.

Im Hafen von Port of Spain auf Trinidad entstand während des Zweiten Weltkriegs die Steel-Drum-Musik, als junge Männer auf leeren Ölfässern zu trommeln begannen. Der Reggae stammt aus dem Ghetto Trenchtown in Kingston auf Jamaika. Sein prominentester Vertreter war Bob Marley.

Auf allen Inseln bieten Clubs und Bars regelmäßig Livemusik. Darüber hinaus gibt es viele Musikfestival. Zu den berühmtesten gehören das Reggae Sunfest auf Jamaika (Juli/Aug.), das International Jazz Festival auf St. Lucia (Mai) und das St. Kitts Music Festival (Juni).

Karneval

Die Europäer führten den Karneval, der traditionell den Beginn der Fastenzeit vor Ostern einläutet, in der Karibik ein.

Der Karneval wird in der Karibik mit farbenprächtigen Kostümen, Musik, Gesang und Tanz ausgelassen gefeiert. Die Europäer führten den Karneval, der traditionell den Beginn der Fastenzeit vor Ostern einläutet, in der Karibik ein, doch erhielt er hier eine ganz eigene Bedeutung. Nach dem Ende der Sklaverei veranstalteten die ehemaligen Sklaven ihre eigenen Umzüge mit folkloristischen Tänzen, afrikanischen Trommeln und Gesängen.

Die Vorbereitungen zum Karneval in der Fastenzeit, wie in Trinidad (siehe Kasten S. 317), beginnen kurz nach Weihnachten. Die heiße Phase des Karnevals beginnt am Freitag vor der Fastenzeit; Wettbewerbe am Wochenende küren die besten Calypso- und Steel-Band-Musiker sowie die schönsten Kostüme. Die Umzüge starten am Montagmorgen mit einem Straßenfest, dem Jouvert (*jour ouvert* = Tagesanbruch auf Kreolisch), gefolgt am Dienstag von einem Mardi-Gras-Umzug. ■

Karneval in der Küstenstadt Grand Anse auf Martinique

Herrliche Wasserfälle, Berge und faszinierende historische Stätten, dazu ein interessantes Kulturangebot

Jamaika

Erster Überblick 30–31

Kingston 32–35

Port Royal 36–37

Blue Mountains 38–39

Erlebnis: Wandern & Biken in den Blue Mountains 39

Port Antonio 40–41

Rund um Port Antonio 42–44

Oracabessa 45

Ocho Rios 46–48

Erlebnis: Begegnungen mit Einheimischen 47

Rund um Ocho Rios 49

Falmouth & Umgebung 50–51

Montego Bay 52–54

Negril 55–57

Special: Der Rastakult 58–59

Mandeville 60–61

Mit dem Auto: Mandeville-Rundtour 62–63

Kaffeefässer auf dem Craighton Estate in den Blue Mountains von Jamaika

Die Südküste 64–65

Weitere Sehenswürdigkeiten im Süden 66–67

Spanish Town 68

Hotels & Restaurants 352–354

Jamaika

Die Taíno, die sich auf Jamaika niederließen, nannten ihre Insel Xaymaca („Land von Holz und Wasser"), eine Beschreibung, die noch immer passt. Das bergige Inselinnere ist weitgehend unberührt, trotz langer Kolonialherrschaft, die mit den Spaniern 1510 begann. Die meisten Inselbewohner stammen von Sklaven ab, die im 17. und 18. Jahrhundert auf die Plantagen gebracht wurden. Die lebendige Kultur mischt afrikanische und europäische Einflüsse.

Unter britischer Herrschaft erreichte der Sklavenhandel seinen Höhepunkt. Auf Jamaika hielten sich auch Piraten und Freibeuter auf, die Kingstons Port Royal mit Einverständnis der Briten zu ihrem Heimathafen machten und von dort aus spanische Schiffe angriffen. Mehrfach kam es zu Sklavenrevolten, bis die Briten 1834 die Sklaverei verboten. 1866 erhielt die Insel den Status einer britischen Kronkolonie, ab 1890 reisten die ersten Touristen aus Nordamerika an. In den 1930er Jahren entstanden die ersten Gewerkschaften und die sozialistische People's National Party (PNP) unter Norman Manley. 1944 kam das allgemeine Wahlrecht, 1962 die Unabhängigkeit.

Rastafaris und Reggae prägen die Kultur. Frech klingt das Jamaican Patois, der Dialekt der Insel. Armut und fehlende Perspektiven führten in der Vergangenheit zu Aufständen und bestimmen die Lage nach wie vor.

Mit rund einer Million Besuchern pro Jahr gehört Jamaika zu den wichtigs-

ten Touristenzielen der Karibik. Das Angebot an Unterkünften reicht von Luxusvillen über einfache Hütten am Strand bis hin zu Bergbauernhöfen. Die wichtigsten Touristenziele (Montego Bay, Ocho Rios und Negril) liegen im Norden und Westen der Insel.

Die 10 992 Quadratkilometer große Insel umfasst unterschiedliche Landschaften. Jamaika ist vulkanischen Ursprungs. Aus Vulkangestein bestehen die Blue Mountains, die sich im östlichen Drittel der Insel erstrecken. Höchster Gipfel ist mit 2256 Metern der Blue Mountain Peak. Rings um die Berge erstrecken sich Kalksteinplateaus. Im Lauf der Zeit entstanden durch die Erosion Höhlen und tiefe Spalten. Geologisch interessant ist das Cockpit Country.

Vor der Nordküste mit weißen Sandstränden und zahlreichen Ferienorten liegt ein schützendes Korallenriff. Die Ostküste ist viel rauer. Schwarze Vulkansandstrände kennzeichnen die Süd- und Westküste. Die Hälfte der Insel wird landwirtschaftlich genutzt. Obwohl die Landwirtschaft nicht einmal zehn Prozent des BIP ausmacht, gibt es große Plantagen.

Auf Jamaika leben rund 2,7 Millionen Menschen, fast ein Drittel davon in der Hauptstadt Kingston. ■

NICHT VERSÄUMEN

Eine Wanderung in den Blue Mountains 38–39

Eine Portion *jerk pork* an den Ständen der Boston Bay 43

Den Blick von Noël Cowards Haus „Firefly" 45

Die Besteigung der Dunn's River Falls 47–48

Die Besichtigung des Bob Marley Centre und Mausoleum, Nine Mile 51

Ein Konzert im Greenwood Great House 54

Die hinreißenden Strände von Negril 55–56

Eine Rumverkostung auf dem Appleton Estate 66–67

Kingston

In Jamaikas dynamischer Hauptstadt an der Südküste leben rund 800 000 Menschen. Die größte englischsprachige Stadt der Karibik ist kulturelles und politisches Zentrum der Region sowie ein wichtiger Hafen.

Die meisten Besucher von Jamaikas Hauptstadt bleiben im Viertel New Kingston

Kingston
31 F2

Besucherinformation
64 Knutsford Blvd.
876/929-9200
Geschl. So, Mo
www.visitjamaica.com

Kingston verdankt seine Bedeutung dem natürlichen Hafen, dem siebtgrößten der Welt. Schon früh erkannten die Briten seine strategische Bedeutung und legten im 17. Jahrhundert auf der sandigen Landzunge von Port Royal fünf Festungen an (siehe S. 36f). Als am 7. Juni 1692 ein Erdbeben Port Royal zerstörte, flohen die Bewohner nach Kingston. Fortan konzentrierte sich hier die ökonomische und politische Macht, sodass man 1872 die Hauptstadt von Spanish Town nach Kingston verlegte. Das Stadtgebiet dehnt sich heute bis zu den Ausläufern der Blue Mountains aus.

Die Unterstadt von Kingston umfasst die Uferpromenade, mehrere historische Stätten und nach Westen hin einige der berüchtigtsten Slums. Im Zentrum liegt die **Parade**, der ehemalige Exerzierplatz der britischen Truppen. Heute bieten Verkäufer hier zu Reggae-Klängen Zuckerrohrsaft, CDs, Busfahrscheine und Nippes aller Art feil. Der **Sir William Grant Park**, ein schattiger Platz mit einem Brunnen und Statuen von Königin Viktoria, Norman Manley (siehe S. 30) und Alexander Bustamante (1884–1977), dem Gründer der ersten jamaikanischen Gewerkschaft, bildet das grüne Herz des Areals. Auf der Nordseite steht das **Ward Theatre** (Tel. 876/922-3213), ein 1911 vollendeter, eleganter Bau, in dem Amateurgruppen und die nationale Balletttruppe auftreten. Am Westende der Parade findet der farbenprächtige **Jubilee Market** statt.

Nach Osten sind es von hier nur wenige Minuten Fußweg durch die Duke Street bis zum **Headquarters House**. 1755 erbaute der Kaufmann Thomas Hibbert die Villa mit der weißen Fassade und dem großen Fächerfenster. Sie diente u. a. als Hauptquartier der Armee und war bis 1960 Sitz des Parlaments. Heute beherbergt sie die Büros des **National Heritage Trust**; einige Teile wie der Parlamentssaal und ein Aussichtspunkt auf dem Dach mit herrlichem Blick auf Kingston, den Hafen und die Berge stehen Besuchern offen. Nebenan liegt das **Gordon House** *(Ecke Beeston/Duke Street, Tel. 876/922-0200)*, der Sitz des Senats und der Abgeordnetenkammer (bei Tagungen freier Eintritt zur Besuchertribüne).

Jubilee Market
- 33 A2
- Spanish Town Rd.
- Geschl. So, Mo

National Heritage Trust
- 33 B2
- 79 Duke St.
- 876/922-1287
- Geschl. So, Mo

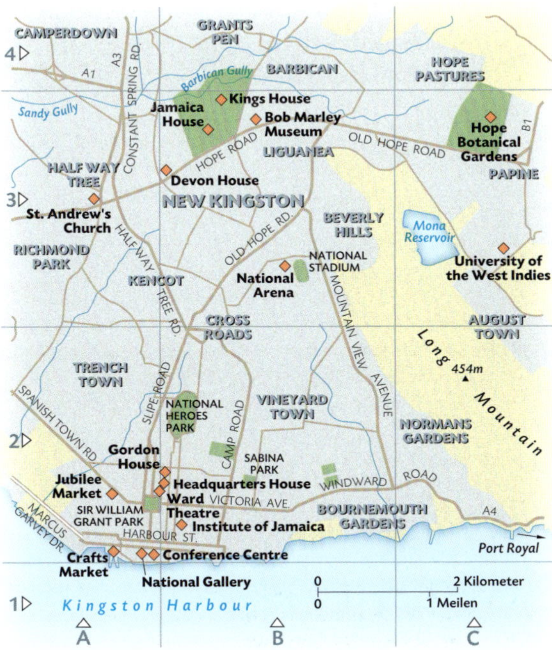

National Gallery
- 33 A2
- 12 Ocean Blvd.
- 876/922-1561
- Geschl. So, Mo
- $

Institute of Jamaica
- 33 B2
- 12 East St.
- 876/922-0620
- Geschl. So, Mo

National Heroes Park
- 33 B2
- Duke St.

Die Partie am alten Hafen von Kingston wurde in den 1960er Jahren umgestaltet. Zeitgleich entstand weiter westlich der neue Hafen. Bürogebäude, Läden, Hotels und Apartmenthäuser säumen den **Ocean Boulevard**, die Uferpromenade. Auf halber Höhe steht die Bronzeskulptur „Negro aroused", ein Werk von Edna Manley (1900–87), der Ehefrau des Politikers Norman Manley: Die Darstellung eines schwarzen Arbeiters, der sich aus den Fesseln der Sklaverei befreit, fängt den Geist der frühen Arbeiterbewegung ein. Das Original befindet sich in der **National Gallery**, dem schönsten Gebäude an der Uferpromenade. Die interessante Dauerausstellung präsentiert Holzschnitzereien, darunter besonders sehenswerte Stücke von Edna Manley, außerdem Gemälde afrikanischer Prägung und im Rastastil, Veduten sowie zeitgenössische Fotografien.

INSIDERTIPP

Im Bob Marley Museum darf nicht fotografiert werden, auf dem Gelände sind Fotos kein Problem.

MATT PROPERT
National Geographic-Fotograf

Zwei Straßen weiter westlich findet der **Crafts Market** *(Ocean Blvd., geschl. So)* statt, auf dem man neben Holzschnitzereien auch T-Shirts, Souvenirs und Schmuck erwerben kann. In der anderen Richtung befindet sich in der East Street das **Institute of Jamaica**, das seit 1879 Literatur, Wissenschaft und Künste fördert. Im Gebäude sind auch die Nationalbibliothek und das **Museum für Naturgeschichte** untergebracht.

National Heroes Park

Zwischen der Unterstadt und der New Kingston genannten Oberstadt liegt der **National Heroes Park**, ein rund 30 Hektar großer offener Platz, auf dem einst Pferderennen stattfanden. Nach der Unabhängigkeit wandelte die Regierung Teile von ihm in einen Gedächtnispark zu Ehren nationaler Helden um.

New Kingston

New Kingston erstreckt sich von den verkehrsreichen Kreuzungen der Half Way Tree Road bis Vale Royal. Im 18. Jahrhundert ließen sich hier zunächst reiche Kaufleute nieder. Heute befinden sich in dem Stadtviertel Firmen und Privathäuser sowie Hotels.

Viele Touristen kommen nach New Kingston, um das **Bob Marley Museum**, die wohl beliebteste Sehenswürdigkeit der Stadt, zu besichtigen. In dem Gebäude hatte früher das Aufnahmestudio

Eine Statue vor seinem Museum zeigt Bob Marley mitsamt seiner Lieblingsgitarre

von Marleys Plattenlabel Tuff Gong seinen Sitz; außerdem wohnte der Musiker hier von 1975 bis zu seinem Tod 1981. Eine Skulptur von Bob Marley mit seiner Lieblingsgitarre und einem Fußball steht vor dem Eingang. Kameras sind übrigens im gesamten Gebäude verboten. Die einstündige Führung schließt das Grundstück und das Haus mit zahlreichen Erinnerungsstücken aus Marleys Leben ein, darunter seine Goldenen und Platinschallplatten sowie einige ungewöhnliche Gitarren. Auch Wail'n'Soul, die Hütte im Armenviertel Trenchtown, in der Marley in Kingston zunächst lebte, wurde im Museum rekonstruiert. Die Führung endet mit einem Film über sein Leben. Im Komplex liegen noch eine Fotogalerie, ein Restaurant und Andenkenläden.

Auch die zweite wichtige Sehenswürdigkeit von New Kingston, **Devon House**, zieht viele Besucher an. Jamaikas erster schwarzer Millionär, George Stiebel (1820–96), baute es 1881. Sein Vermögen hatte er mit einer Goldmine in Südamerika erworben. Die georgianische Villa wurde wieder im Stil ihrer Bauzeit ausgestattet. Im Hof, in dem einst die Baracken der Sklaven standen, befinden sich heute ein Kunsthandwerksladen, eine ausgezeichnete Bäckerei und eine Eisdiele. In den Stallungen lädt ein Restaurant ein.

Ebenfalls an der Hope Road können Sie durch das Tor einen Blick auf das **Jamaica House** werfen, den Sitz des Ministerpräsidenten.

Die **Hope Botanical Gardens** gelten als größter botanischer Garten der Karibik, sie ziehen sich an der Peripherie von New Kingston entlang. Ursprünglich befand sich hier der Sommersitz des Majors Richard Hope, der 1655 mit Oliver Cromwells Truppen nach Jamaika kam. Pfade durchziehen den 81 Hektar großen Garten mit seinen Teichen, Gewächshäusern und blühenden Bäumen. Kinder dürfen sich auf das Aquarium, den kleinen Zoo und einen Spielplatz freuen, außerdem gibt es ein Kokosnussmuseum, ein Orchideenhaus, ein Labyrinth und eine Palmenallee. ■

Bob Marley Museum
- 33 B3
- 56 Hope Rd.
- 876/927-9152
- Geschl. So
- $$$

Devon House
- 33 B3
- 26 Hope Rd.
- 876/929-6602
- Geschl. So, Mo
- Führungen: $$

Hope Botanical Gardens
- 33 C3
- Old Hope Rd.
- 876/927-1736
- $

Port Royal

Im 17. Jahrhundert gehörte Port Royal zu den reichsten Hafenstädten der Karibik. Die Stadt lag auf einer kleinen Insel im Hafen von Kingston und war über einen Damm mit dem Festland verbunden. Zunächst reparierten die Spanier hier ihre Schiffe. Als die Engländer die Insel 1655 eroberten, bauten sie fünf Festungen über dem heutigen Fischerdorf.

Der Innenhof von Fort Charles, das zum Schutz von Port Royal entstand

Port Royal
31 F1

Händler schätzten die Vorzüge des sicheren Hafens, und bald schon lebten in Port Royal 6000 Menschen. Kaufleute und Piraten machten die Stadt zu einer der reichsten der Karibik, was sich in eleganten Backsteinbauten, Wasserleitungen sowie unzähligen Kneipen, Spielhöllen und Bordellen äußerte.

Die katholische Kirche bezeichnete Port Royal einmal als »verderbteste Stadt der Christenheit«, und viele glaubten an ein Strafgericht Gottes, als ein heftiges Erbeben am 7. Juni 1692 große Teile der Stadt im Meer versinken ließ. 2000 Menschen kamen dabei ums Leben, und sämtliche Schiffe im Hafen sanken. Die Überlebenden flohen nach Kingston. 1702 brannte der Ort ab, 1907 folgte ein weiteres Erdbeben.

Heute ist Port Royal ein Fischerdorf und Stützpunkt der jamaikanischen Küstenwache. Von Kingston aus gelangen Sie mit dem Auto oder mit der Fähre *(mehrmals täglich)* dorthin. Sie können die Strecke auch als Wande-

INSIDERTIPP

Vereinbaren Sie in der Y-Knot Bar mit einem Fischer eine Überfahrt zum Lime Cay, einer Landzunge 3 Kilometer vor Port Royal, wo man gut schnorcheln kann.

CHARLES KULANDER
Autor, National Geographic Traveler-Magazin

rung *(2–3 Stunden)* einplanen. Von den erhaltenen Gebäuden beeindruckt Fort Charles, die erste der fünf um den Hafen erbauten Festungen, am stärksten. Wegen des Erdbebens von 1692 ist es heute von Land umschlossen, doch die Läufe der alten Kanonen weisen noch zum Meer hin.

In der Festung befindet sich das **Meeresmuseum** mit Dokumenten zur Geschichte von Port Royal und aus dem Wasser geborgenen Artefakten. An einer Seite des Exerzierplatzes erhebt sich eine Plattform, die den Namen „Nelsons Achterdeck" trägt. Als 1779/80 eine Invasion der französischen Flotte drohte, überwachte der junge Admiral von hier aus den Hafen. Zwischen Festung und Wasser steht Giddy House, ein Munitionsdepot, das fast umzukippen scheint. In der Nähe liegt die Victoria and Albert Battery, die durch das Erdbeben von 1907 beschädigt wurde.

Auch das **Old Naval Hospital**, ein 1819 aus Stein und Gusseisen errichtetes Gebäude, lohnt einen Besuch. Auf dem Friedhof von **St. Peter's Church** erzählt ein Grabstein vom Franzosen Lewis Galdy, der beim Erdbeben verschluckt und von der anschließenden Druckwelle hinaus ins Meer gerissen wurde.

Der versunkene Teil von Port Royal, 13 Hektar groß, liegt heute zwölf Meter unter Wasser. Meeresarchäologen der Universität von Texas förderten eine Uhr zutage, deren Zeiger am 7. Juni 1692 um 11.43 Uhr stehen blieben.

Port Royal gehört zu einer kleinen Gruppe archäologischer Stätten, die über viele Jahrhunderte unberührt blieben. Alltagsgegenstände wie Möbel, Geschirr und Werkzeuge sind noch an Ort und Stelle – allerdings unter Wasser. ■

Piraten in der Karibik

Die ersten Piraten der Karibik waren eine Gruppe skrupelloser Verbrecher. Hauptobjekt ihrer Begierde waren die spanischen Galeonen, die reich mit dem Gold der Neuen Welt beladen waren, doch auch andere Schiffe waren vor ihnen nicht sicher. In Kriegszeiten dienten die britischen Piraten offiziell der britischen Marine. Einer der berüchtigtsten, Henry Morgen (1635–88), wurde sogar Vizegouverneur von Jamaika und nahm seinen früheren Rivalen „Calico Jack" Rackham und die Piratinnen Anne Bonney und Mary Read gefangen.

Fort Charles
✉ nahe der Elizabeth Ave.
☎ 876/967-8438
$ $$

Y-Knot Bar
✉ Bei Morgan's Harbour Hotel

Blue Mountains

Die mächtigen Blue Mountains, eine der längsten zusammenhängenden Bergketten der Karibik, durchziehen das östliche Drittel von Jamaika. Mit 2256 Metern ist der Blue Mountain Peak der höchste Gipfel. An den Hängen wächst zwischen üppigen Waldgebieten eine der besten Kaffeesorten der Welt.

Kaffeeanbau an den Hügeln des Craighton Estate in den Blue Mountains von Jamaika

Blue & John Crow Mountains National Park
31 G2
876/920-8278

Hinter Kingston bilden die 45 Kilometer langen Blue Mountains einen deutlichen Kontrast zu der quirligen Stadt. Hohe Niederschlagsmengen lassen eine üppige Vegetation sprießen, darunter Epiphyten wie Flechten, Moos und Bromelien, aber auch Bambus und Farne sowie über 500 Blütenpflanzen. In den Bergen leben auch Riesenschwalbenschwänze, mit Spannweiten bis zu 15 Zentimetern die größten Schmetterlinge Amerikas, Coneys (eine Ferkelratte), Baumfrösche und ein vielfältiges Spektrum an Vogelarten, darunter Pirole, Papageien und Kolibris wie etwa der Wimpelschwanz. Die Männchen dieser nur auf Jamaika vorkommenden Vogelart tragen bis zu 17 Zentimeter lange Schwanzfedern.

Im Jahr 1993 wurde ein 78 100 Hektar großes Gebiet, der heutige **Blue & John Crow Mountains National Park**, unter Schutz gestellt. Die am leichtesten zugänglichen Teile des Parks erreicht man im Westen über die B1, die von Kingston nordwärts nach Buff Bay führt. Die **Cinchona Botanical Gardens** *(Tel. 876/927-1257)* entstanden 1886 als Chininplantage. Heute wächst hier auf vier Hektar Fläche eine Vielzahl teils endemischer Pflanzen. Die kurvenreiche Straße ist schwierig.

INSIDERTIPP

Die Cinchona Botanical Gardens sind einer meiner Lieblingsplätze in Jamaika. Der höchstgelegene botanische Garten der Welt ist einfach magisch.

CHARLIE BURBURY
Eigentümer/Manager, Lime Tree Farm Plantation Resort

Leichter gestaltet sich der Besuch des **Hollywell National Recreational Park** *(Tel. 876/920-8278)* drei Kilometer nördlich von Newcastle. In dem 121 Hektar großen Bergwald leben zahlreiche Vögel in den häufig in Nebel gehüllten Bergkiefern und Eukalyptusbäumen.

Besonders berühmt ist der Blue-Mountains-Kaffee, der seit dem 18. Jahrhundert in der Region angebaut wird. Die Bohnen erzielten in Europa Höchstpreise, doch nach Abschaffung der Sklaverei 1834 erlitt der Kaffeeanbau einen empfindlichen Rückschlag. In den 1950er Jahren versuchte die Regierung die Plantagen zu retten und schuf unter anderem das Blue-Mountain-Label, das nur an Bohnen aus dem Hochland (1525 Meter) vergeben wird.

In der **Mavis Bank Coffee Factory** erhält jeder Besucher eine Tasse des köstlichen Gebräus. Die schon seit über einem Jahrhundert existierende Firma Mavis Bank ist Hauptproduzent des Blue-Mountain-Kaffees. ■

ERLEBNIS: Wandern & Biken in den Blue Mountains

Dutzende von Wanderwegen überqueren die Blue Mountains, viele folgen alten Maultierpfaden. Am tollsten ist der Blue Mountain Trail (11 km) von Mavis Bank zum Blue Mountain Peak. Führer sind empfehlenswert *(beim Jamaican Tourist Board, Tel. 876/929-9200, oder in örtlichen Hotels)*; das Forestry Department *(Tel. 876/924-2667)* betreibt Hütten und Campingplätze, falls sie früh aufbrechen wollen, um in der Morgendämmerung den Gipfel zu erreichen. Bringen Sie Lebensmittel und Vorräte mit; es kann kühl und feucht sein, sogar in der Trockenzeit *(Dez.–April)*. Blue Mountain Bicycle Tours *(Tel. 876/974-7075, www.bmtoursja.com, $$$$$)* bieten populäre Radtouren den Berg hinunter; Teilnehmer werden in den Feriengebieten abgeholt.

Mavis Bank Coffee Factory

- 31 F2
- Mavis Bank, St. Andrew
- 876/977-8528
- Geschl. So, Mo; Führungen
- $$$

www.jablumonline.com

Port Antonio

Die glorreichen Tage des einstigen Bananenhafens und luxuriösen Ferienortes liegen weit zurück. Heute dient das verträumte Örtchen vor allem Individualtouristen als Basis für Ausflüge in die Region. Zwischen den beiden Häfen erstreckt sich die Region Portland Parish in die Ausläufer der östlichen Blue Mountains und eine tropische Landschaft mit Wasserfällen und trägen Flüssen.

Port Antonio
31 G2
Besucher-information
City Center Plaza
876/993-3051

Port Antonio war einst Jamaikas Hauptbananenhafen, unsterblich geworden durch Harry Belafontes „Banana Boat Song" („Day-O"). Als Errol Flynn 1946 hier während eines Hurrikans seine Yacht auf Grund setzte und die in der Bucht gelegene Navy Island erwarb, kam ein Hauch von Hollywood in diese entlegene Gegend der Insel. Auch heute kann man gelegentlich Promis sehen, vor allem Musiker, die bei Plattenaufnahmen im Geejam Studio in San San Beach eine Pause einlegen.

Ein Touristenboot bei den Somerset Falls in Port Antonio

Hafenbereich & Innenstadt

Die Errol Flynn Marina soll Port Antonio wieder einen Platz auf der touristischen Landkarte verschaffen. Anlegeplätze für Yachten befinden sich neben einem Pier, an dem kleine Kreuzfahrtschiffe festmachen können. Es gibt Läden, Restaurants und eine hölzerne Uferpromenade.

Ein Platz mit Uhrturm bildet den Mittelpunkt des Stadtzentrums. Von hier aus können Sie alle Sehenswürdigkeiten leicht erreichen. Am Platz selbst lädt der geschäftige **Musgrave-Markt** zum Stöbern ein. Von dort aus sind es nur wenige Schritte zur **Titchfield Peninsula**, welche die beiden Häfen voneinander trennt. An ihrer Spitze liegen die Überreste von **Fort George** *(Fort George St.)* von 1791. Heute erinnern lediglich noch einige Kanonen und Teile der drei Meter dicken Mauern daran, dass die Festung einst als mächtigste der Region galt. Werfen Sie im Vorübergehen einen kurzen Blick in die sehenswerte **DeMontevin Lodge** *(21 Fort George St., Tel. 876/993-2604)*, ein Gebäude im Kolonialstil von 1881.

INSIDERTIPP

Ein Besuch in Port Antonio wäre nicht vollständig ohne „da jelly" (gefrorenen Kokossaft). Angeboten wird er am Musgrave Market.

CHARLES KULANDER
Autor, National Geographic Traveler-Magazin

Port Mall & vor der Küste

Wieder im Stadtzentrum angelangt, sollten Sie die Port Mall, einen ungewöhnlichen Gebäudekomplex an der Uferpromenade *(Gideon Ave.)*, besuchen. Der jamaikanische Architekt Ziggy Fahmi plante das Ensemble, das mehrere typische Stadthäuser verschiedener Zeiten und Baustile vereint. Im Innern befinden sich Läden.

Gegenüber steht die **Christ Church** *(Gideon Ave.)*, ein neuromanisches Gebäude aus rotem Backstein, das um 1850 eine ältere Kirche ersetzte. Sie birgt einige imposante Grabmäler aus dem 17. Jahrhundert.

Direkt vor der Küste bei Port Antonio liegt **Navy Island**, wo sich im 18. Jahrhundert Werften und Kasernen der britischen Marine befanden. Errol Flynn kaufte das 24 Hektar große Eiland, als er Port Antonio erstmals besuchte, und kam dann regelmäßig hierher. Heute gehört die Insel der Hafenbehörde; die Strände sind öffentlich nicht zugänglich.

Nonsuch Caves und Athenry Gardens

Lange vor der Ankunft von Columbus bewohnten Arawaks die Höhlen in den Kalksteinausläufern der Berge. 9,5 Kilometer südlich von Port Antonio wurden in den **Nonsuch Caves und den Athenry Gardens** *(Tel. 876/993-740, zurzeit geschlossen – telefonisch nachfragen)* Arawak-Relikte entdeckt. Die Höhlen bergen beeindruckende Gesteinsformationen, die Tieren und anderen Gestalten gleichen. In der Cathedral Cavern haust eine Fledermauskolonie.

Gut beschilderte Pfade führen durch den einen Hektar großen Garten mit tropischen Pflanzen. In 183 Metern Höhe befindet sich ein Aussichtspunkt, der herrliche Blicke auf die Küste und Port Antonio freigibt. ■

Nonsuch Caves & Athenry Gardens

- 31 G2
- Nonsuch, Portland
- 876/993-3740
- Zurzeit geschl. Vor dem Besuch telefonisch nachfragen.
- $$$

Rund um Port Antonio

Die Küste im Osten von Port Antonio gehört zu den reizvollsten Landstrichen der Insel. Raue Felsen wechseln hier ab mit goldenen Sandstränden, an denen einige besonders hübsche Hotels stehen. (Tagesbesucher müssen einen geringen Betrag zahlen, der die Nutzung der Hoteleinrichtungen einschließt.)

Junge Jamaikaner baden und surfen an der Boston Bay

Frenchman's Cove

- 31 G2
- Rte. A4 (3 km östlich von San Antonio)
- $$ für Besucher, die nicht Gäste des Frenchman's Cove Hotels sind

Wenn Sie Port Antonio auf der A4 verlassen, passieren Sie zunächst das imposante **Trident Castle**, ein Fantasiegebäude, das zum benachbarten Trident Hotel gehört *(P.O. Box 119, Port Antonio, Tel. 876/993-2602)*. Eineinhalb Kilometer weiter liegt **Frenchman's Cove**. Ein Gebirgsbach mündet an dem kleinen Strand ins Wasser, der sich malerisch zwischen zwei felsigen Landzungen erstreckt. Noch einen Kilometer weiter können Sie vom **San San Beach**, einem Sandstreifen vor einer breiten Bucht, zu Schnorcheltouren ums Riff aufbrechen oder zur winzigen Pelew Island an der Ostseite der

INSIDERTIPP

Besuchen Sie in Charles Town, 24 Kilometer östlich von Port Antonio den Safu Yard für eine Jam Session der Charles Town Drummers, eine Schlagzeug- und Tanzgruppe im Stil der Maroons.

JENNIFER ALLARD
National Geographic-Mitarbeiterin

Bucht hinüberschwimmen. Gleich hinter dem San San Beach dehnt sich die **Blaue Lagune** aus *(Tel. 876/993-7791)*, eine von üppigem Wald umrahmte Doline, die von unterirdischen Quellen gespeist wird. Hier wurde Film *Die Blaue Lagune* (1980) mit Brook Shields gedreht. Im Restaurant mit Bar direkt am Wasser entstand der Streifen *Club Paradise* (1986). In der Blauen Lagune lässt es sich herrlich baden.

Drei Kilometer weiter östlich liegt die **Dragon Bay** *(P.O.Box 176, Port Antonio, Tel. 876/993-8751)*. Im Hotel können Sie einen Rumpunsch an der Strandbar trinken, die bereits Tom Cruise in dem Film *Cocktail* (1988) als Kulisse diente.

Entlang der Küste

Von hier aus ist es nicht mehr weit bis zur **Boston Bay,** einem großen öffentlichen Strand, an dem man leckere Jerk-Gerichte (siehe Kasten) kosten kann. In erster Linie legen hier Fischerboote an, doch bei rauer See können Sie dort auch wunderbar surfen. Am Strand und entlang der Hauptstraße stehen zahlreiche Imbissstände.

Wiederum drei Kilometer weiter liegt die **Long Bay**, ein breiter Sandstreifen, der als bestes Surfgebiet Jamaikas gilt. An der Straße gibt es einige Strandbars, Pensionen und Diskotheken, die Individualreisenden die nötigen Annehmlichkeiten bieten. Die Wellen sind toll, der Strand selbst lässt ein wenig zu wünschen übrig.

Zu den Hauptattraktionen an diesem Küstenab-

Jerk-Spezialitäten

Maroons (siehe Kasten S. 54) sollen die Jerk-Küche im 17. Jahrhundert eingeführt haben. Sie jagten in den Bergen Wildschweine und legten sie in eine scharfe Würzmischung ein. Heute gibt es die berühmten Jerk-Gerichte in ganz Jamaika. Das Fleisch (meist Huhn oder Schwein) wird mit einer speziellen Würzmischung (darunter Pfeffer, Zimt und Muskat) mariniert und dann langsam über einem offenen Feuer gegrillt. Am Boston Beach können Sie die Marinade in Flaschen als Souvenir kaufen. Zu zehn der besten Jerk-Stände führt der Jamaica Jerk Trail *(www.visitjamaica.com/jerk)*.

Reach Falls

- 31 G2
- 14 km östlich von San Antonio
- Geschl. Mo, Di
- $

Zubereitung einer Jerk-Spezialität an der Boston Bay

schnitt zählen die **Reach Falls**, die man von Manchioneal aus über eine gute Straße erreicht. Die Wasserfälle gehören zum Driver River, der sich in Kaskaden von den John Crow Mountains hinab in kristallklare Becken ergießt, wo Sie schwimmen und sich entspannen können.

Planung einer Floßfahrt

Bei einem Aufenthalt in Port Antonio können Sie die 13 Kilometer lange Floßfahrt auf dem Rio Grande in Ihrem Hotel buchen. Individualreisende müssen überlegen, wie sie ihr Auto vom Ausgangspunkt in Berrydale zum Endpunkt in Rafter's Rest bringen. Am günstigsten ist es nach Rafter's Rest zu fahren und von dort eine preiswerte Taxifahrt nach Berrydale zu unternehmen. Wenn Sie das Auto in Berrydale lassen, müssen Sie einen versicherten Fahrer finden, der es zum Ziel bringt.

Rio Grande

Im Hinterland von Port Antonio dehnt sich das Rio Grande Valley aus, eine üppige Wildnis vor der Kulisse der mächtigen Blue Mountains. Auf dem Rio Grande können Sie Floßfahrten unternehmen. Heute gehören diese zu den beliebtesten Freizeitaktivitäten in der Gegend. Die zweistündige Fahrt von Berrydale an die Küste führt durch wildromantische Landstriche mit Schluchten, Sandbänken und kleinen Dörfern. Die etwa neun Meter langen Flöße bestehen aus zusammengebundenen Bambusstangen mit zwei Sitzmöglichkeiten im hinteren Teil. Der Flößer selbst lenkt das Wasserfahrzeug stehend. Die Fahrt wird mehrfach zum Baden und Picknicken unterbrochen. ■

Oracabessa

Kaum einer würde vermuten, dass das verträumte Städtchen 24 Kilometer östlich von Ocho Rios einst ein umtriebiger Hafen war. Seit den späten 1960er Jahren dämmert Oracabessa friedlich vor sich hin. Für Abwechslung sorgt heute nur der tägliche Markt, doch in der Blütezeit der Stadt kamen Könige, Dichter und Politiker hierher.

In neuerer Zeit hat der Impresario Chris Blackwell mit dem exklusiven Golden Eye Hotel (siehe Reiseinformationen S. 353) das Interesse wieder geweckt.

Zwei bekannte Autoren hielten sich häufig in Oracabessa auf. Der britische Dramatiker Sir Noël Coward (1899–1973) errichtete sein Haus in den 1950er Jahren in den Hügeln auf halbem Weg zwischen Oracabessa und dem benachbarten Hafenstädtchen Port Maria. Bis zu seinem Tod lebte er in **Firefly** („Glühwürmchen"). Im Atelier stehen Gemälde auf Staffeleien, das Musikzimmer birgt zwei Flügel, und auf dem Tisch steht das Geschirr, von dem die Königinmutter bei ihrem Besuch am 28. Februar 1965 speiste. Von Cowards schlichtem Grab auf dem Hügel eröffnen sich herrliche Blicke über die Insel mit den Blue Mountains im Süden und der Küste.

Die Bond Connection

Der zweite Schriftsteller, Ian Fleming (1908–64), schrieb in der Villa **Goldeneye** am Rand von Oracabessa die meisten seiner James-Bond-Romane. Zwischen 1946 und 1964 verbrachte Fleming jeden Winter auf Jamaika und lud berühmte Gäste wie Graham Greene (1904–91), Truman Capote (1924–84) oder Sir Anthony Eden (1897 bis 1977) ein. Das Haus gehört heute der Island Outpost Hotelgruppe und wurde zum GoldenEye *(www.goldeneyehotel.com)*, einem luxuriösen Hotel ausgebaut.

In Oracabessa Bay setzt sich die Verbindung zu 007 mit dem James Bond Beach fort. Filmfans erkennen die Landschaft aus dem ersten Bond-Film von 1962: *James Bond – 007 jagt Dr. No.* ■

Oracabessa
31 E3

Firefly
31 F3
Grants Pen St. Mary
876/725-0920
Geschl. Fr & So
$$$
www.islandoutpost.com

Der Blick von Firefly, dem einstigen Wohnhaus Noël Cowards

Ocho Rios

In der Mitte von Jamaikas Nordküste liegt Ocho Rios, der nach Montego Bay größte Ferienort des Landes. Die Stadt befindet sich am Kreuzpunkt zwischen der wichtigsten nördlichen Küstenroute und der A3 nach Kingston. Am Wochenende erholen sich die Einwohner von Kingston gerne in Ocho Rios. Wesentlich mehr Besucher bringen die Kreuzfahrtschiffe, die am Pier anlegen.

Für viele Besucher von Ocho Rios ist das Bad in den Dunn's River Falls ein Muss

Ocho Rios
31 E3
Besucher-information
Ocean Village Shopping Centre
876/974-2582

Die Spanier, die hier siedelten, nannten das Gebiet Las Chorreras, was sich auf das sprudelnde Wasser der Dunn's River Falls (siehe S. 47) bezog. Die Briten verstanden fälschlich Ocho Rios (acht Flüsse), obgleich diese gar nicht existierten. Heute sagt man oft kurz Ochi.

Trotz der weit geschwungenen Bucht vor romantischer Gebirgskulisse gilt Ocho Rios nicht als besonders attraktiver Ferienort. Es gibt nur wenige Zeugnisse der Vergangenheit: zwei einsame Kanonen, die von den Resten eines britischen Forts (18. Jh.) meerwärts zeigen.

Im 19. Jahrhundert umgaben Ocho Rios Zuckerrohr- und Pimentplantagen. In den 1920er Jahren baute man das alte Herrenhaus von Shaw Park zum ersten Luxushotel des Landes um, wenig später folgten weitere. In den

INSIDERTIPP

Legen Sie längs der Straße an der Nordküste eine Pause für ein jamaikanisches Pastetchen, gefüllt mit Fleisch, Fisch oder Gemüse, ein.

CHRIS BLACKWELL
Hotelier & Unternehmer

1960er Jahren entstand der Pier für Kreuzfahrtschiffe. Die Sümpfe hinter der Stadt wurden trockengelegt und Tausende Tonnen weißen Sandes importiert, um einen Strand zu schaffen.

Heute zieht der **Turtle Beach** viele Badegäste und Wassersportler an. Rings um den Strand laden zahlreiche Restaurants, Bars und Diskotheken ein. Auch in Ocho Rios können Sie gut und gern ein bis zwei Stunden bummeln gehen. Boutiquen und Souvenirshops mit Kunsthandwerk, Kleidern und zollfreier Ware für Kreuzfahrttouristen säumen mehrere Straßen. Günstig nahe beim Pier für Kreuzfahrtschiffe gelegen hat der Impresario von Island Records Chris Blackwell **Island Village** geschaffen, einen zwei Hektar großen Komplex zum Einkaufen, Essen und Ausgehen. Straßenhändler dürfen sich hier nicht aufhalten. Das lohnendste Ziel im Village ist **Reggae Xplosion**, ein Museum mit jamaikanischer Musik und der obligatorischen Hommage an Bob Marley.

Alle anderen Sehenswürdigkeiten von Ocho Rios liegen etwas außerhalb des Zentrums, doch ideal für Kreuzfahrtpassagiere, um sie auf ihren kurzen Landgängen zu besuchen.

Am beliebtesten sind wohl die **Dunn's River Falls**. Die beeindruckenden Wasserfälle

Turtle Beach
$ $

Reggae Xplosion
✉ Main Street, Island Village
☎ 876/675-8995
🕒 Geschl. So
$ $$

ERLEBNIS: Begegnungen mit Einheimischen

Allzu oft schafft der Tourismus in der Karibik eine Kluft zwischen Einheimischen und Besuchern, vor allem wenn Letztere sich in Resorts aufhalten, die ihnen alles bieten – bis auf Kontakt mit dem wirklichen Inselleben. Wer Jamaika gründlicher kennenlernen will, kann das mithilfe zweier Programme. **Meet the People** ist eine Initiative des jamaikanischen Fremdenverkehrsamtes: 700 Freiwillige, darunter Ärzte, Lehrer, Musiker und Bauern, bieten Touristen Einblick in ihr Leben. Sie können sich online anmelden *(www.visitjamaica.com/about-jamaica/meet-people.aspx, keine Gebühr)* oder bei einer Touristeninformation nachfragen. Machen Sie Angaben zu Beruf, Hobbys und Interessen und man wird einen passenden Gastgeber für einen Tag auswählen. In Mandeville öffnet **Countrystyle Community Tourism** *(Tel. 876/488-7207, www.countrystyle communitytourism.com, $$$$$)* die Türen zu Stätten wie dem Cecil C. Charlton Mansion (siehe S. 61). Dort werden auch Vogelbeobachtungen, ein Tag mit einer Rasta-Familie und drei- bis siebentägige Touren mit Unterkunft organisiert.

Einer von vielen Ständen auf dem Markt von Ocho Rios

Dunn's River Falls
31 E3
Rte. 1A zwischen St. Ann's und Ocho Rios
876/974-2857
$$$$

Dolphin Cove
31 E3
876/974-5335
Reservierung empfohlen
$$$$$
www.dolphincovejamaica.com

Mystic Mountain
31 E3
Balmoral Rd., Ocho Rios
876/974-3990
$$$$$
www.rainforestadventure.com

stürzen aus 183 Metern Höhe über die glitschigen Felsen und ergießen sich schließlich auf den darunter liegenden Strand. Den ganzen Tag machen sich Touristen auf den Weg nach oben und werden dabei gründlich nass (Badekleidung ist erforderlich). Bei einer Führung kann man den Wasserfall genauso gut von der Holztreppe aus sehen, die an einer Seite verläuft.

Neben den Dunn's River Falls liegt **Dolphin Cove**, wo Sie mit Delfinen, Haien und Stachelrochen schwimmen können. Es gibt täglich mehrere interaktive Programme mit den Delfinen, einen Urwaldpfad, der eine Einführung in die heimische Vogel- und Reptilienwelt bietet, einen Grillplatz am Strand und eine Bar. Eine entsprechende Einrichtung – **Dolphin Cove Negril** – gibt es in Lucea, 45 Minuten westlich der Mo-Bay und nordöstlich von Negril (siehe Karte 31 B3).

Die neueste Touristenattraktion ist **Mystic Mountain**, 40 Hektar sanft erschlossenen Regenwaldes mit vier familienfreundlichen Fahrgeschäften. Besucher können mit dem SkyExplorer bergauf fahren, einem modernen Sessellift, der sie auf 213 Meter Höhe bringt. Von dort geht es mit einer Art Bob blitzschnell wieder hinunter. Das obere Stockwerk des Regenwalds kann von einer Gleitrutsche aus betrachtet werden. Am oberen Ende des Sessellifts gibt es ein Panoramarestaurant, dazu einen Schmetterlingsgarten und jede Menge Verkäufer. ■

Rund um Ocho Rios

Die Umgebung von Ocho Rios bietet Gärten, Wanderwege und Plantagen, die Gästen einen Einblick in die tropische Fauna ermöglichen.

Coyaba River Garden & Museum

Nahe den Shaw Park Gardens führen die hölzernen Pfade dieses Landschaftsgartens vorbei an gepflegten Beeten, Miniaturwasserfällen und Teichen. Hier lag einst eine Arawak-Siedlung (*coyaba* bedeutet in der Sprache der Arawak „Himmel"). Das kleine Museum informiert über die ältere und neuere Geschichte Jamaikas. Zum Park gehören ein Café, ein Kunsthandwerksladen und ein Aussichtspunkt mit Blick über die Ocho Rios Bay.

Cranbrook Flower Forest

Cranbrook präsentiert die Vielfalt der tropischen Fauna. Fantasievoll angelegte Blumengärten und Rasenflächen sind in den umgebenden Wald eingepasst. Es gibt einen schönen Wanderweg durch den Wald oder einen Reitweg am Little River und weitere gemächliche Aktivitäten wie Vogelbeobachtung, Angeln, Schwimmen und Paddeln. Es darf auch gepicknickt werden.

Prospect Plantation

Drei Kilometer östlich von Ocho Rios liegt die Prospect Plantation ab. Mit offenen Bussen gelangen Sie zu einer Plantage, auf der Kakao, Stachelannonen, Akee, Piment und Limetten wachsen. Erkunden Sie in Begleitung eines Führers das Gelände, und kosten Sie einige der angebauten Pflanzen.

Ausritte zu Pferd oder auf einem Kamel sind ein aktiverer Weg, die Plantage zu besichtigen. Spaß bringt auch ein Bummel durch das Butterfly Aviary (Schmetterlingshaus) oder die Ersteigung der nahen Dunn's River Falls. ■

Coyaba River Garden & Museum

- 31 E3
- Shaw Park Ridge Rd.
- 876/974-6235
- $$$

www.coyabagardens.com

Prospect Plantation

- 31 E3
- Prospect
- 876/994-1058
- $$$$

www.prospectplantationtours.com

Cranbrook Flower Forest

- 29 km westlich von Ocho Rios, ab dem North Coast Hwy. ausgeschildert
- 876/770-8071
- $$$

www.cranbrookff.com

Shaw Park Gardens

In wenigen Minuten gelangen Sie von Ocho Rios zu den Shaw Park Gardens (*Shaw Park Rd., Tel. 876/974-2723, www.shawgardens.com, $$$*) in den Hügeln oberhalb der Stadt. Auf dem Grundstück des 1937 abgebrannten Shaw Park Hotel erstreckt sich heute ein zehn Hektar großer Garten mit Pagodenbäumen, Bougainvilleen, Crotonsträuchern und Bambusbüschen. Ein Wasserfall stürzt fast senkrecht in die Tiefe. Ein achtzigjähriger Banyan-Baum reckt seine mächtigen Äste über einen großen Teich. Von den Wiesen blickt man auf die 168 Meter tiefer gelegene Küste. Im Park gibt es eine Bar und einen Souvenirladen.

Falmouth & Umgebung

Das Städtchen Falmouth 37 Kilometer östlich von Montego Bay gehörte einst zu den größten Häfen Jamaikas, denn hier kamen afrikanische Sklaven an, und der Zucker von den nahe gelegenen Plantagen nahm seinen Weg nach Europa. Heute wirkt der Ort etwas heruntergekommen, doch einige elegante Stadthäuser im georgianischen Stil erinnern noch an wohlhabendere Zeiten. Unweit von Falmouth liegt Nine Miles. In dieser Gegend wuchs Bob Marley auf.

Der Eingang zu den Green Grotto Caves bei Falmouth scheint in eine andere Welt zu führen

Falmouth
30 C3

Good Hope Great House
30 C3
Trelawny
876/469-3444
www.goodhopejamaica.com

Der **Water Square** im Zentrum erinnert daran, dass Falmouth als erster Ort auf Jamaika Wasserleitungen erhielt. Gleich in der Nähe befindet sich die **Market Street**, gesäumt von Baptist Manse, Barrett House, Tharp House, William Knibb Memorial Baptist Church und St. Peter's Anglican Church von 1791.

Östlich von Falmouth liegt an der A1 die auch als Leuchtende Lagune bekannte **Oyster Bay.** Sie soll eine der stärksten Konzentrationen leuchtender Mikroorganismen enthalten. Wenn man das Wasser aufwirbelt, leuchtet es in hellem, phosphoreszierenden Grün. Wenn Sie die Bucht näher erkunden möchten, dann können Sie mit einem Fischerboot hinausfahren. Auch Glistening Waters *(Tel. 876/954-3229)*, ein Restaurant und Yachtclub am Ufer der Lagune, bietet Touren an.

Südlich von Falmouth steht das **Good Hope Great**

House, eines der eindrucksvollsten noch erhaltenen Herrenhäuser der Region. Das 1755 errichtete Gebäude bildete den Mittelpunkt einer 4050 Hektar großen Zuckerrohrplantage, auf der 3000 Sklaven arbeiteten. Heute befindet sich hier eine Luxuspension, die Vogelbeobachtung, Schwimmen im Fluss und Ausritte anbietet.

Durch das Gelände verläuft der **Martha Brae River**, der im Cockpit Country entspringt und östlich von Falmouth ins Meer mündet. In **Rafter's Village** (*Tel. 876/952-0889*) beginnen Floßtouren. Auf Zwei-Mann-Flößen aus zusammengebundenen Bambusrohren geht es mit einem Führer in 90 Minuten durch dichte Tropenvegetation zwei Kilometer den Fluss hinunter.

Discovery & Runaway Bay

Auf halbem Weg zwischen Falmouth und Ocho Rios liegen diese beiden Badeorte mit zahlreichen Hotels.

Direkt westlich von Discovery Bay liegt der **Columbus Park**, ein Freilichtmuseum mit historischen Artefakten und einem Wandgemälde, das an die Landung des Seefahrers 1494 ganz in der Nähe erinnert.

Ein Stückchen landeinwärts erstrecken sich die **Green Grotto Caves** (*an der B3*), ein großes unterirdisches Höhlensystem, in dem einst Taíno-Indianer lebten. Im 17. Jahrhundert flohen die Spanier vor den Briten hierher. Die 45-minütige Tour schließt eine Bootsfahrt auf dem unterirdischen See ein.

Über die B3 landeinwärts Richtung Alexandria gelangen Sie zum **Bob Marley Center und Mausoleum** in Nine Miles. Ein hoher Zaun, geschmückt mit rot-gold-grünen Flaggen, schützt das Monument, zu dem Rastafaris und Fans des Musikers aus aller Welt pilgern. Im Zentrum des Geländes steht die Hütte, in der Marley aufwuchs. Sie birgt noch das Bett, das er in „Is This Love" besang. Hinter der Hütte liegt der Meditationsstein, auf dem der Sänger innere Einkehr und Ruhe suchte.

Das Mausoleum selbst befindet sich in einer kleinen Kapelle im äthiopischen Stil. Es gibt ein vegetarisches Restaurant und einen Souvenirladen (*Chukka Caribbean Adventures, Tel. 876/953-6699 organisiert Touren von den nahen Badeorten aus*). ■

INSIDERTIPP

Um die Sicherheit zu garantieren, sollten Sie für eine Floßfahrt auf dem Martha Brae River nur lizenzierte Führer wählen.

MATT PROPERT
National Geographic-Fotograf

Columbus Park
Rte. A1
$

Green Grotto Caves
30 D3
876/973-2841
$$$$$
www.greengrottocavesja.com

Bob Marley Centre & Mausoleum
30 D2
Nine Mile
876/995-1763
$$$

Montego Bay

Montego Bay ist die zweitgrößte Stadt der Insel und ihr beliebtester Ferienort. An keiner anderen Stelle der Insel sammeln sich so viele touristische Einrichtungen wie hier. Die Strände können sich zwar nicht mit jenen in Negril messen, doch liegt die Stadt immerhin malerisch in einem Hafen vor welliger Hügellandschaft. Mo'Bay, wie die Stadt allgemein genannt wird, bietet schöne historische Bauten, tolle Golfplätze und das Reggae Sumfest (Juli).

Um Montego Bay gibt es jede Menge einladender Strände

Montego Bay
30 C3
Besucher-information
Cornwall Beach
876/952-4425
Geschl. So

Als Kolumbus 1494 in der Bucht ankerte, taufte er sie treffend El Golfo del Buen Tempo (Gutwetterbucht). Der moderne Name leitet sich aus der Zeit ab, als die Spanier in den umliegenden Bergen Wildschweine jagten. Sie nannten die Bucht Manteca Bahia, Speckbucht, und die Engländer machten daraus Montego Bay.

Im 19. Jahrhundert eine Zucker- und Bananenstadt erwarb Montego Bay sich um 1900 einen Ruf als Kurort, als der einheimische Arzt Alexander MacCatty die Vorzüge des Schwimmens in Salzwasser in seinem Sanatorium Caribee bewies. Die Entdeckung von Mineralquellen am später Doctor's Beach genannten Strand kurbelte den Fremdenverkehr in Montego Bay an.

Heute gehört der **Doctor's Cave Beach** zum Hip Strip an der Gloucester Avenue. Der Strandclub bietet gute Schwimmgelegenheiten. Am benachbarten **Walter Fletcher Beach** gibt es Tennisplätze, Wassersport und ein Strandlokal. Beide Strände sind täglich von 9 Uhr bis Sonnenuntergang geöffnet, ein kleiner Eintritt wird verlangt.

Abseits der Strände

Ein ausgedehntes Riff schließt sich um den Strand. Es ist Teil des **Montego Bay Marine Park**, der ein etwa 23 Quadratkilometer großes Gebiet mit Korallenriffen, Seegrasfeldern und Mangroven umfasst. Am Riff können Sie tauchen und schnorcheln, es fahren aber auch Glasbodenboote hinaus.

Etwa 1,5 Kilometer südlich der Hotelzone an der Gloucester Avenue liegt das Stadtzentrum, ein fröhlich-ausgelassenes und typisch karibisches Viertel. Der **Sam Sharpe Square** bildet den Mittelpunkt; sein Name erinnert an den Anführer des Sklavenaufstandes zu Weihnachten 1831 (siehe Kasten), der an diesem Platz am Galgen starb. Am Nordwesteck des Platzes steht **The Cage**, ein kleines Gebäude, in dem man einst betrunkene Matrosen und Sklaven ausnüchterte, wenn sie sich nach der Ausgangssperre sonntags um drei Uhr noch draußen herumtrieben. Ganz in der Nähe befindet sich das **Sam Sharpe Memorial**, eine Bronzegruppe. Nur wenige Schritte sind es von hier aus zum **Crafts Market**, einem großen Kunsthandwerksmarkt mit rund 200 Ständen *(Harbour St., 7–19 Uhr)*.

Sklavenaufstand an Weihnachten

Jamaikas unrühmlicher Sklavenaufstand begann an Weihnachten 1831. Samuel Sharpe, ein Sklave und Baptistenprediger, plante die Revolte ursprünglich als friedlichen Generalstreik. Da die Bewegung für die Sklavenbefreiung, die zu dieser Zeit in London erstarkte, auch in die Karibik ausstrahlte, wollte er damit Solidarität demonstrieren. Es kam zu gewalttätigen Übergriffen, die rasch niedergeschlagen wurden und die jamaikanische Regierung reagierte mit aller Härte. Hunderte von Sklaven wurden getötet; Sharpe wurde als Anführer am Hauptplatz von Montego Bay gehängt.

Einen Besuch lohnt auch die hübsche weiße Kalksteinkirche **St. James** aus dem 18. Jahrhundert. Sie gilt als einer der schönsten Sakralbauten auf Jamaika und wurde nach dem schweren Erdbeben aus dem Jahr 1957 aufwendig restauriert.

Reggae Sumfest
☎ 876/953-2933
www.reggaesumfest.com

Rose Hall Great House
30 C3
✉ Rose Hall
☎ 876/953-2323
$ $$$$$
www.rosehall.com

Scotchies Jerk Centre
✉ Falmouth Rd., Rose Hall
☎ 876/953-8041
$ $

Greenwood Great House
30 C3
✉ Greenwood (23 km östlich von Montego Bay)
☎ 876/953-1077
$ $$$$$

www.greenwoodgreathouse.com

Herrenhäuser

13 Kilometer östlich von Mo'Bay steht eines der berühmtesten Herrenhäuser Jamaikas. Das **Rose Hall Great House** erhebt sich majestätisch aus den Hügeln, weitläufige Rasenflächen ziehen sich bis zum Meer hinab. Das Gebäude entstand zwischen 1770 und 1780. Einer Legende zufolge spukt dort der Geist einer der Ahnherrinnen, Annie Palmer, die hier 13 Jahre lang lebte und in dieser Zeit mehrere Ehemänner umbrachte. Angeblich praktizierte sie Voodoo-Zaubereien und wurde im Bett von einem ihrer schwarzen Liebhaber erdrosselt. Herbert Lisser erzählte ihre Geschichte in seinem 1958 erschienenen Buch „The White Witch of Rose Hall".

Etwas abgelegener, weniger besucht und daher stimmungsvoller ist das **Greenwood Great House**, das zwischen 1780 und 1800 für die Familie Barrett erbaut wurde, Verwandte der britischen Dichterin Elizabeth Barrett Browning. Das Haus ist sehr stilvoll eingerichtet und hat eine Bibliothek, deren älteste Werke von 1697 stammen. Ein Highlight ist eine Sammlung alter Musikinstrumente, die von den Führern auch gespielt werden. Es gibt eine kleine Bar und einen fantastischen Blick von der Veranda. ■

INSIDERTIPP

Das Restaurant Scotchies Jerk Centre in Montego Bay würzt das Fleisch immer noch nach einem jahrhundertealten Rezept von Maroons (entflohenen Sklaven).

LARRY PORGES
National Geographic-Redakteur

ERLEBNIS: Cockpit Country

Südlich von Montego Bay liegt das Cockpit Country, ein 1300 Quadratkilometer großes Gebiet mit ungewöhnlichen Kalksteinformationen, Höhlen und Karstquellen. Der dichte Regenwald diente entlaufenen Sklaven, den sogenannten Maroons (vom spanischen *cimarrón,* wild) als Zuflucht. Sie kannten das Gelände genau und beherrschten sämtliche Guerillataktiken, sodass man nur wenige von ihnen einfing. Das Cockpit Country heißt auch District of Look Behind („Schau-hinter-dich-Gebiet"), weil die britischen Soldaten hier stets auf der Hut sein mussten. Viele Orte tragen kuriose Namen, etwa Me No Sen You No Come oder Rest and Be Thankful District. Erfahren Sie mehr über die Geschichte und Kultur der Maroons bei einer Cockpit Country Adventure Tour *(Tel. 876/610-0818, www.stea.net, $$$$$).* Die kleine Ökotourismusfirma in Albert Town wird von der Southern Trelawny Environmental Agency betrieben, die einheimische Führer ausbildet, um für Touristen Naturführungen durchzuführen.

Negril

An der äußersten Westspitze Jamaikas liegt Negril, angeblich der toleranteste Urlaubsort der Insel. Heute sieht alles nüchterner aus, doch mindestens zwei Jahrzehnte lang profitierte Negril von seinem Image.

Die Klippen und das klare blaue Wasser am Rockhouse Resort in Negril

Wie viele Ferienorte war auch Negril ein Fischerdorf. Ein Sumpfgebiet trennte es vom Rest der Insel, und so kamen Touristen erst, als 1965 die 84 Kilometer lange Straße nach Montego Bay fertig war. Wenig später nahmen die Hippies den elf Kilometer langen Strand in Beschlag. Sie hausten in einfachen Hütten unter Kokospalmen, rauchten Marihuana und machten meditative Erfahrungen (immer noch bieten einige Strandcafés den „Mushroom-Tee" der Hippiezeit an).

Ende der 1970er Jahre entstand am östlichen Ende von Negrils Hauptstrand Long Bay eine der ersten All-inclusive-Anlagen Jamaikas, Hedonism II (Hedonism I gab es nie). Schon bald galt Negril als Lasterhöhle. In den 1980er Jahren setzte angesichts der wachsenden Touristenströme ein Bauboom ein. Er beschränkte den Geist der Freizügigkeit, den Negril zu bewahren versuchte.

Negril
30 B2

Besucher-information
Coral Seas Plaza
876/957-9314
www.negril.com

Picknick mit Aussicht

Der Leuchtturm von Negril steht am westlichsten Punkt von Jamaika und bietet Besuchern einen herrlichen Blick auf die Klippen und das Meer. Es ist nur ein kurzer Weg vom Zentrum Negrils aus und am Weg verkaufen Straßenhändler Obst, Käse und Getränke. Das Gelände um den Leuchtturm ist perfekt für ein Picknick. Für einige Dollar erläutert der Wärter kurz die Geschichte des Leuchtturms und führt Besucher nach oben.

In der Bucht tummeln sich Wasserskiläufer, Parasailboote und Katamarane, Glasboden- und Tauchboote. Schwimmen kann man deshalb nur in einer durch Bojen abgegrenzten Zone. Darüber hinaus gibt es einen Wasser- und Themenpark.

Trotz neuer Bauten und eines veränderten Publikums konnte sich Negril eine gewisse Lässigkeit erhalten, zu der die Strandbars mit Reggae-, Red-Stripe-Bier und Marihuana beitragen. Hier gibt es häufig Livekonzerte.

Long Bay

Die meisten Aktivitäten konzentrieren sich auf **Long Bay**. Hier befinden sich auch die meisten Hotels, Strandbars, Diskos und Boutiquen. Beauty-Shops bieten alles von Aloe-Massagen bis hin zum Zöpfchenflechten. Im Norden von Long Bay liegt **Bloody Bay**, ein halbmondförmiger Strand. Vor der Küste liegt **Booby Cay**, eine kleine Insel, auf der Tölpel (Booby Birds) nisten. Der **Kool Runnings Water Park** *(Norman Manley Blvd., Tel. 876/957-5418, www.koolrunnings.com, $$$$$)* fügt den üblichen Wasserrutschen, Schlauchbootfahrten und dem Planschbereich für die Kleinen noch einige Aktivitäten hinzu: Paintball, Gokart-Fahren, Trampolinspringen, einen Kajakausflug zum Great Morass oder eine Floßfahrt auf dem Martha Brae River.

Das Great Morass

Hinter dem Strand trennt der Norman Manley Boulevard die Hotels von dem Sumpfgebiet Great Morass. Jamaikas zweitgrößtes Feuchtgebiet umfasst 2300 Hektar und bietet Krokodilen, Landkrabben sowie zahlreichen Vogelarten wie Reihern, Sittichen, Blatthühnchen und Gimpelorganisten Schutz.

Im Great Morass liegt das 130 Hektar große **Royal Palm Reserve** *(Sheffield, Tel. 876/364-7407, $$$)*. Hier wurden 113 verschiedene Pflanzenarten und über 300 verschiedene Vogel-, Schmetterlings- und Reptilienarten gefunden. Das wunderschöne Schutzgebiet eignet sich hervorragend zum Wandern, Vogelbeobachten und Fischen. Der Norman Manley Boulevard führt in den alten Stadtkern von Negril, der außer Einkaufsstraßen und einem kleinen Kunsthandwerksmarkt wenig Sehenswertes bereithält.

West End

Hinter dem Ort erstreckt sich Negrils **West End**, ein fünf Kilometer langer Küstenstreifen, gesäumt von Hotels und Pensionen. Mittlerweile erfreut sich dieses Gebiet etwas abseits der Touristenströme und des Strandtrubels wieder größerer Beliebtheit, zumal sich hier einige der originellsten Ferienanlagen wie etwa das Rockhouse und The Caves *(siehe Reiseinformationen S. 353)* befinden. Einen Strand gibt es nicht, doch über Steinstufen, Eisenleitern und Sprungbretter gelangen Sie ins Wasser.

Zu den Hauptattraktionen an diesem Küstenabschnitt zählt das Klippenspringen, vor allem bei Rick's Café. Jeden Abend kommen Busladungen von Touristen, um hier den Sonnenuntergang zu genießen. Das Ende des Küstenabschnitts bildet **Negril Point** mit einem historischen Leuchtturm von 1894.

Ein beliebter Ausflug führt zu den **Mayfield Falls** *(Glenbrook, Westmoreland, Tel. 876/ 610-8612, www.mayfieldfalls.com, $$)*, in einem zwei Hektar großes Regenwaldgebiet in den Dolphin Head Mountains. Bei einer geführten Wanderung flussaufwärts kommt man an 21 Teichen und zwei Wasserfällen vorbei. Es ist eine ziemliche Kletterei (achten Sie auf gutes Schuhwerk und bringen Sie Kleidung zum Wechseln mit), doch die Führer sind sehr hilfsbereit und wissen viel über Pflanzen und Tiere. Nehmen Sie Badezeug mit, um in einem der Teiche zu schwimmen. ■

Der Leuchtturmwärter am 1894 erbauten Leuchtturm von Negril

Der Rastakult

Die typischen Rastafarben – Rot, Schwarz, Grün und Gold – schmücken auf Jamaika Fenster, Bushaltestellen und Kleider. Die Rastas selbst erkennt man an der typischen Frisur mit Dreadlocks unter hohen Hüten oder verknoteten Tüchern. Wenn sie auch nach wie vor zu den Randgruppen der Inselbevölkerung gehören, sind sie doch aus dem Leben Jamaikas nicht wegzudenken.

Arbeit in den Zuckerrohrfeldern mit den typischen Rastafarben: Rot, Schwarz, Gelb und Grün

Afrikanische Wurzeln

Die Rastabewegung gründet sich auf die Lehre des schwarzen Freiheitskämpfers Marcus Garvey (1887–1940), den seine Anhänger als Nationalhelden verehren. Er rief die Schwarzen dazu auf, nach Afrika zu blicken, wo „ein Schwarzer König gekrönt werden würde". 1930 bestieg Ras Tafari Makonnen (Ras war der königliche Ehrentitel, Tafari der Familienname) als Negus von Äthiopien den Thron. Er nannte sich selbst Kaiser Haile Selassie, König der Könige, Herr der Herren, Macht der Dreifaltigkeit und behauptete, der in der Bibel verheißene Messias zu sein, der von Leid und Unterdrückung befreien würde.

Die Rastas stießen zunächst auf Widerstand, denn sie stammten überwiegend aus den Armenvierteln von Kingston und galten als Junkies. Immer wieder gerieten sie in Konflikt mit Polizei und Obrigkeit. In den 1970er Jahren besserte sich ihr Image, als der Politiker Norman Manley nach Äthiopien zu Haile Selassie reiste. Der Kaiser schenkte ihm eine heilige Rute, die Manley nach seiner Rückkehr massenwirksam einzusetzen wusste. Er erklärte sich selbst zum Retter des Volkes und wurde mit

Unterstützung der Rastas 1972 tatsächlich zum Premierminister gewählt.

Musikalischer Durchbruch

Salonfähig wurden die Rastas jedoch letztlich durch die Erfolge von Bob Marley und den Wailers, deren Musik sich über die Grenzen der Bewegung hinaus in aller Welt verbreitete.

Die Rastas halten sich für einen der verlorenen Stämme Israels und glauben, dass sie eines Tages das babylonische Exil (die korrupte Welt der Weißen) überwinden und ins gelobte Land Zion (in ihrer Vorstellung Äthiopien) zurückkehren werden. Gemäß der Bibelstelle im Buch Levitikus (21, 5) »Sie sollen auch keine Glatze scheren auf ihrem Haupt noch ihren Bart stutzen und an ihrem Leibe kein Mal einschneiden« lassen die Rastas ihre Haare wachsen, bis die berüchtigten Dreadlocks entstehen. Auch akzeptieren sie nur pflanzliche Medikamente, sind strenge Vegetarier und verzehren nur natürliche Nahrung. Sie verzichten auf Fleisch, Milchprodukte und Alkohol und bevorzugen Hülsenfrüchte und Gemüse. Rastas rauchen angeblich in großen Mengen Marihuana („Gras"), das indische Kontraktarbeiter Ende des 19. Jahrhunderts auf Jamaika einführten. Rauchen gilt als heiliges Sakrament, gemäß Psalm 104, 14: »Du lässest Gras wachsen für das Vieh und Saat zu Nutz den Menschen.« Die Rastafaris glauben, dass sie durch den Genuss von Marihuana in eine höhere Bewusstseinssphäre gelangen. Sie pflegen das Rauchen als Gemeinschaftserlebnis, bei dem sie beten oder Gedichte rezitieren, während die Pfeife („der Heilige Kelch") im umgekehrten Uhrzeigersinn kreist. Heutige Rastas leben nicht mehr allzu streng nach den Vorschriften. Sie rauchen Gras, wann immer es ihnen gefällt, essen und tragen ihre Locken offen. Auf Jamaika gibt es noch etwa 100 000 Rastas. Viele gehören der Äthiopisch-Orthodoxen Kirche an. Wofür aber stehen die Rastafarben? Rot erinnert an das im Laufe der jamaikanischen Geschichte vergossene Blut, Schwarz repräsentiert die Hautfarbe, Gold symbolisiert den Sieg über die Unterdrücker und Grün die Fruchtbarkeit Jamaikas und Äthiopiens.

INSIDERTIPP

Jamaikanische Restaurants mit den Farben Rot, Gelb und Grün servieren Ital – Rasta-Küche –, die lecker, gesund und dabei preiswert ist.

CHARLES KULANDER
Autor, National Geographic Traveler-Magazin

Der Reggae-Musiker Crucial Bankie beim St. Kitts Music Festival

Mandeville

Jamaikas fünftgrößte Stadt liegt 600 Meter über dem Meeresspiegel. Sie wurde zu Beginn des 19. Jahrhunderts gegründet und beherbergte häufig britische Soldaten, die aus den heißen Küstenregionen in die Kühle der Berge flüchteten. Bauxitgruben bestimmten lange Zeit das landschaftliche Bild rund um Mandeville; heute gedeihen dort vor allem Kaffeepflanzen, Kakao und Gewürze.

Marktbummel nahe der Pfarrkirche St. Mark in Mandeville

Mandeville
- 30 D2

Marshall's Pen Great House
- 30 D2
- Winston Jones Hwy.
- 876/877-7335
- Führungen (mind. 6 Personen) und Vogelbeobachtung nur nach Vereinbarung
- $$$$

Mandeville, die Hauptstadt des Landkreises Manchester, ist das Zentrum der jamaikanischen Bauxitindustrie. Jedem Besucher springen sogleich die mächtigen Fabriken aus rotem Stein und die großen Gruben ins Auge, die beim Abbau von Jamaikas „rotem Gold" entstanden. Die ganze Region ist stets mit einer dünnen roten Staubschicht aus dem Boden überzogen. Die weltweite Rezession bedroht auch die Zukunft dieser Fabriken, doch in der Blütezeit errichteten die Bauxitgesellschaften Unterkünfte für ihre Arbeiter außerhalb der Stadt. Viele Jamaikaner, die jahrelang im Ausland gelebt haben, ziehen sich ins ruhige, wohlhabende Mandeville zurück, wenn sie auf ihre Insel heimkehren.

Die ältesten Gebäude der Stadt konzentrieren sich auf das Gebiet rund um den Mandeville Square, der zur Erinnerung an einen ehemaligen Bürgermeister in **Cecil Charlton Park** umbenannt wurde. An der Südseite des Platzes steht die Pfarrkirche

St. Mark von 1819. Ihr gegenüber erhebt sich das im darauf folgenden Jahr erbaute **Gerichtsgebäude** im georgianischen Stil. Das bekannte **Mandeville Hotel** weiter östlich diente ab 1875 als Offiziersquartier und -messe. Es gilt als ältestes Hotel Jamaikas. Drei zur gleichen Zeit gepflanzte Tropenbäume spenden vor dem Eingang Schatten. Der Manchester Golf Club (gegr. 1868) zählt zu den ältesten Golfclubs in der Karibik. Oberhalb des Zentrums im grünen Bloomfield District liegt das **Bloomfield Great House and Art Gallery** *(Tel. 876/962-7130)*. Dieses wunderbar renovierte georgianische Haus bietet sich auch für eine Pause zum Mittagessen an (siehe Reiseinformationen S. 352); an den Wänden hängt einheimisches Kunsthandwerk.

Der Süden der Stadt wartet mit einer weiteren Villa auf. In Huntingdon Summit liegt **das Cecil C. Charlton Mansion**, dessen Eigentümer es vom Tellerwäscher zum Millionär gebracht hatte und zudem auch noch 20 Jahre lang Bürgermeister von Mandeville war. Ein unterirdischer Tunnel verbindet das Schwimmbad im Innern des Gebäudes mit dem Außenpool.

Wenn Sie wissen möchten, wodurch Mandeville in im 20. Jahrhundert zu Reichtum gelangte, können Sie über Countrystyle Community Tourism (siehe Kasten S. 47) eine Tour zu den **Kirkvine Works** buchen. Diese größte Aluminiumfabrik Jamaikas liegt im Nordosten der Stadt.

Mit Countrystyle können Sie auch die **High Mountain Coffee Factory** in Williamsfield besuchen. Hier röstet, mahlt und verpackt JSP einige von Jamaikas besten Kaffeesorten. In der Nachbarschaft lädt die **Pioneer Chocolate Factory** nicht nur Schokoladenfans zu einem Besuch ein.

Um diese kleine Genusstour abzurunden kann die **Pickapeppa Factory**, Shooter's Hill, die die scharfen Pickapeppa-Soßen produziert, besichtigt werden (siehe Kasten). ■

Cecil C. Charlton Mansion

✉ George's Valley Rd., Huntingdon Summit

☎ 876/962-0585

High Mountain Coffee Factory

✉ Williamsfield

☎ 876/963-4211

🕒 Nur nach Vereinbarung; geschl. Sa, So

Pickapeppa Factory

✉ Shooter's Hill

☎ 876/603-3439

🕒 Nur nach Vereinbarung; geschl. Sa, So

Pickapeppa Sauce

Die Pickapeppa Factory stellt eine weltberühmte, sehr scharfe Soße her, die in den meisten jamaikanischen Haushalten zu finden ist. Besucher können bei einer 30-minütigen Führung durch die Fabrik die Herstellung dieser Soße kennenlernen. Sie schmeckt immer noch so wie vor hundert Jahren, als Norman Nash, die Firma gründete. Die Soße besteht nur aus natürlichen Zutaten wie Tomaten, Zwiebeln, Zucker, Mangos, Rosinen, Tamarinden, Pfefferschoten und Gewürzen, dazu Essig als Konservierungsmittel. Nachdem sie in Eichenfässern gereift ist, wird sie in alle Welt versandt. Sie war zweimal „offizielle Soße" der Olympischen Sommerspiele von 1984 und von 1996.

Mit dem Auto: Mandeville-Rundtour

Die Fahrt von Mandeville in den benachbarten Distrikt St. Elizabeth führt durch landschaftlich reizvolle Gegenden. Die Straße ist in gutem Zustand, die Strecke relativ problemlos zu bewältigen.

Folgen Sie nördlich von Mandeville aus den Wegweisern nach Christiana, und biegen Sie am Schild mit der Aufschrift Kendall links ab. Nach drei Kilometern sehen sie die riesigen, Bauxit verarbeitenden **Kirkvine Works** ❶. Einige stillgelegte Gruben werden wieder in Weideland umgewandelt.

Folgen Sie der Straße etwa 1,5 Kilometer lang, und biegen Sie dann l inks nach Christiana ab. Fahren Sie in Shooter's Hill, Heimat der Pickapeppa Sauce, links auf die B6.

Die Strecke bis **Balaclava** ❷ erinnert an ländliche Gebiete in England. Schafe und Kühe weiden auf üppigen Wiesen, um die sich niedrige Steinmauern mit schattigen Tropenbäumen schließen. Gelegentlich kann man einen einzelnen Kapokbaum mit einem dichten Behang von Bromelien und Flechten mitten auf einem Feld entdecken.

Etwa 34 Kilometer nach Beginn der Tour gibt die Straße den Blick auf die Hügellandschaft frei, die sich in einiger Entfernung nach Süden erstreckt. Im Norden erheben sich die höheren, dicht bewaldeten und kaum zugänglichen Gipfel des Cockpit Country (siehe S. 54).

Von Balaclava zieht sich die B6 bis ganz ins Tal hinab. Hier schließt sich eine gute breite Straße um die weitläufigen Zuckerrohrfelder, welche die Ebene wie ein großer grüner Teppich bedecken. Drei Kilometer hinter dem baufälligen Dorf Siloah liegt das **Appleton Estate** ❸ (siehe S. 67). Besichtigen Sie den

NICHT VERSÄUMEN

Kirkvine Works factory • Balaclava • Appleton Estate • Bamboo Avenue • YS Falls

Landsitz, und fahren Sie anschließend weiter nach **Maggotty.** Von hier aus geht es nach Süden bis zur Kreuzung mit der A2 (13 km). Biegen Sie nach

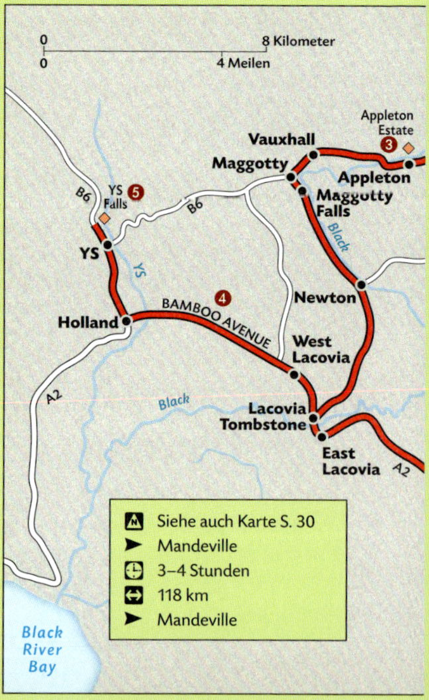

Die Bamboo Avenue trägt ihren Namen zu Recht: Bambus bildet ein Blätterdach

rechts auf die **Bamboo Avenue** 4 ab, einen drei Kilometer langen Straßenabschnitt unter Bambusbäumen. Eineinhalb Kilometer weiter westlich zweigt ein Weg zu den **YS Falls** 5 (siehe S. 65) ab, die zu einer großen Rinderfarm gehören. Kehren Sie von den YS Falls auf die A2 zurück, und fahren Sie in Richtung Mandeville. Die Strecke ist viel befahren, aber gut zu bewältigen.

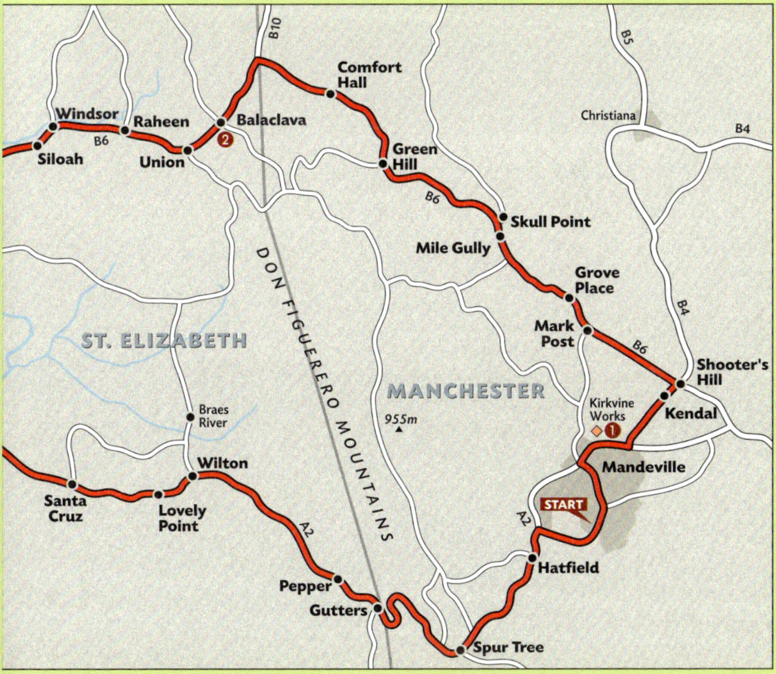

Die Südküste

Die Südküste Jamaikas liegt fernab der Touristenpfade, bietet abenteuerlustigen Reisenden aber schöne Gebirgslandschaften, geschäftige Fischerstädtchen, lauschige Fleckchen und abgelegene Ferienorte in ruhigen Buchten.

Gelassenheit herrscht in Calabash Bay am Treasure Beach

Black River
30 C2
Besucherinformation
2 High St.
876/965-2074

Die Landschaft in Jamaikas Süden umfasst sowohl karge Savannen mit vereinzelten Kakteen als auch üppige Viehweiden und ausgedehnte Sumpfgebiete. Hauptort des östlichsten Distrikts, St. Elizabeth, ist **Black River**, ein ruhiges Hafenstädtchen an der Black River Bay. An der Hauptstraße stehen einige Fachwerkhäuser mit Arkaden, die noch aus der Blütezeit im 19. Jahrhundert stammen, als von hier aus Blauholz zur Herstellung von Textilfarbstoffen exportiert wurde. Black River besaß als erster Ort auf Jamaika Strom, Telefone und Autos. Die Entwicklung synthetischer Textilfarbstoffe leitete den wirtschaftlichen Niedergang ein.

Main Street

Das Leben spielt sich heute überwiegend um den Hafenkai und entlang der Hauptstraße ab, wo einige Schmuckstücke wie das Waterloo Guesthouse, das Invercauld Great House und Hotel mit seiner Fassade im Kolonialstil und die Kirche St. John's aus gelbem Backstein an bessere Zeiten erinnern. An der Brücke steht **Hendrick's Building**, das von 1813 stammt.

Flusssafaris

Die meisten Besucher kommen ohnehin, um an einer **Bootsafari** *(tägl.)* auf dem Black River teilzunehmen. Der mit 71 Kilometern längste Fluss Jamaikas trägt seinen Namen wegen des Torfmoores am Uferrand, das dem Wasser die charakteristische tiefschwarze Farbe verleiht. Der Fluss entspringt im Cockpit Country (siehe Kasten S. 54) und speist das Great Morass (siehe S. 56), ein 324 Quadratkilometer großes Sumpfgebiet zu beiden Seiten des Unterlaufs.

Die Boote fahren etwa zehn Kilometer weit unter schattigen Mangobäumen durch große Flächen mit Wasserhyazinthen. Mit etwas Glück entdecken Sie Pfeifgänse, Fischadler und Blatthühnchen. Hauptattraktion aber sind die Krokodile. Einst tummelten sie sich zahlreich in den Küstenregionen von Jamaika, doch heute gibt es nur noch wenige, weil ihr Lebensraum kleiner wird. Am Black River leben noch etwa 300. Sie alle sind daran gewöhnt, dass Boote sich ihnen nähern und dass man ihnen Futterbrocken zuwirft.

Die **YS Falls** liegen 16 Kilometer nördlich von Black River an einer Abzweigung von der A2. Der malerische Wasserfall befindet sich im Herzen des **YS Estate** (1000 ha), dessen Eigentümer reinrassige Red-Poll-Rinder und Rennpferde züchten. Einige meinen, dass „YS" vom gälischen Wort *wyess* („gewunden") abstammt und den Fluss bezeichnet. Andere glauben, dass YS für die Initialen von John Yates und Richard Scott steht, die die Farm im 17. Jahrhundert besaßen. Die Tour beginnt am Besucherzentrum, von wo ein traktorgezogener Bus die Teilnehmer innerhalb von zehn Minuten über Weiden zu den Wasserfällen bringt. Auf dem gut gepflegten Areal gibt es Picknickplätze und schattige Gartenlauben. Eine hölzerne Treppe führt zum obersten spektakulärsten Wasserfall. Hinter einigen Kaskaden liegen Höhlen, die man vor dem erfrischenden Bad in den Wasserbecken erkunden kann. ■

INSIDERTIPP

Eine Kanutour mit Führer auf dem Black River ist ein einzigartiges Erlebnis. Fragen Sie an der Brücke in der Stadt nach einem Führer.

JENNIFER ALLARD
National Geographic-Mitarbeiterin

YS Estate & Falls

- 30 C2
- Off Rte. A2
- 876/997-6360
- Geschl. Mo
- $$$$

www.ysfalls.com

Weitere Sehenswürdigkeiten im Süden

Jamaikas Süden bietet vieles: Strände, Flüsse, Teiche und Savannen. Besucher können Manatis (Seekühe) beobachten, bei der Herstellung von Rum in einer uralten Fabrik zusehen oder sich einfach entspannen.

Auf dem Appleton Estate wird Zuckerrohr auf traditionelle Weise gemahlen

Alligator Hole
30 D1

Appleton Estate Rum Tour
30 C2
876 963 9215
Geschl. So
$$$$ oder $$$$$ für eine Führung mit Mittagessen

www.appletonrumtour.com

Alligator Hole

Gleich hinter Gut River Pool bei Milk River Spa liegt ein kleiner Naturpark namens Alligator Hole, der den gefährdeten Manatis Schutz bietet. Die Tiere leben im Riedgras an der Mündung des Flusses und kommen bis dicht an den Anleger heran, um sich ihr Futter abzuholen.

An der Südküste

Am äußersten Ende der Great Pedro Bay liegt **Great Pedro Bluff**, eine der wenigen karibischen Trockensavannen im Küstengebiet. Gleich dahinter (ab Southfield ausgeschildert) beginnen die Klippen mit dem Leuchtturm von **Lover's Leap**. Der Legende zufolge sprangen hier zwei Sklaven, die einander nicht sehen durften, in den Tod, damit keiner sie mehr trennen konnte. Der Aufgang zu den Klippen ist im Gebäude des Café-Restaurants. Von den 518 Meter hohen Santa Cruz Mountains, die hier steil ins Meer abfallen, blickt man auf den Rocky Point und Clarendon sowie zurück zum Great Pedro Bluff und zum Treasure Beach in der anderen Richtung.

16 Kilometer östlich des Treasure Beach liegt das Fischerdorf Alligator Pond. Von hier aus windet sich eine Panoramastraße 29 Kilometer an der Südküste entlang bis zum Alligator Hole und nach Milk River Spa. Dieser unberührte Teil des Landes umfasst trockene Savanne, aber auch die ausgedehnten Long-Bay-Morass-Sümpfe.

Dazwischen liegt der **Gut River Pool**, an dem der Fluss unter der Straße hindurch und weiter in eine kleine Oase mit Palmen, Rohrkolben und Seerosen in kristallklaren Teichen fließt. Vom Felsen aus können Sie direkt ins Nass springen.

Appleton Estate

Fünf Kilometer östlich der YS Falls liegt hinter dem Örtchen Maggotty das Appleton Estate. Der 250 Jahre alte Herrensitz inmitten der Zuckerrohrfelder des Black-River-Tals ist die älteste Rumbrennerei der englischsprachigen Karibik, 1749 gegründet, und ihre Produkte gehören zu den beliebtesten der Insel. Heute laufen die meisten Verarbeitungsprozesse mechanisch ab, doch einige der noch immer verwendeten Kupferkessel sind über ein Jahrhundert alt. Ein Esel demonstriert, wie man früher mit Hilfe eines Mahlsteins den Saft aus dem Zuckerrohr presste. Im Lagerhaus stapeln sich mehr als 8400 Rumfässer bis an die Decke. Die Führung endet mit einer Kostprobe.

Treasure Beach

Über etwa 30 Kilometer von Black River führen Nebenstraßen nach Treasure Beach, einer Sammelbezeichnung für eine Reihe von Fischerdörfern, Stränden, Buchten und Klippen an der Küste der Landzunge von Great Pedro Bluff. Die lässige Strandgemeinde erinnert stark an Negril in den 1970er Jahren, wenn auch mit besserer Infrastruktur. Sogar einen kleinen Privatflugplatz gibt es bei Jake's Hotel (siehe Reiseinformationen S. 354) an der Calabash Bay. Calabash ist das Zentrum von Treasure Beach mit der größten Auswahl an Restaurants, Bars und Unterkünften. ■

INSIDERTIPP

Versäumen Sie auf keinen Fall Floyd's Pelican Bar, die auf Stelzen etwa einen halben Kilometer vor der jamaikanischen Küste zwischen Black River und Treasure Beach steht.

MELINA BELLOWS
Creative Director, National Geographic Books, Kids and Family

Floyd's Pelican Bar

30 C1

Vor der Küste zwischen Black River und Treasure Beach

Spanish Town

Über 300 Jahre lang war Spanish Town die Hauptstadt Jamaikas. Heute erinnert an dem großen Industriestandort nur noch wenig an den einstigen Glanz. 1523 gründeten die Spanier hier die Siedlung St. Jago de la Vega; 1596 und 1643 richteten britische Soldaten dort schwere Verwüstungen an. Dennoch blieb Spanish Town bis 1872 Hauptstadt der Insel. Das alte Zentrum im Herzen der modernen Stadt birgt noch einige Überbleibsel der kolonialen Vergangenheit.

Eine verzierte Kanone am Rodney Memorial

Spanish Town
- 31 E2
- 19 km westlich von Kingston

People's Museum of Craft & Technology
- Old King's House, Emancipation Sq.
- 876/907-0322
- Geschl. Sa, So
- $

Im Herzen der Stadt liegt der **Emancipation Square**, ein von baufälligen georgianischen Gebäuden gesäumter Park. An der Nordseite steht das **Rodney Memorial**, das an Admiral Rodneys Sieg über die französische Flotte vor Guadeloupe 1782 erinnert. Die von John Bacon entworfene Marmorstatue zeigt Rodney in klassischer Pose und wird von zwei Kanonen flankiert, die die Briten von einem französischen Flaggschiff erbeuteten. Ein Kuppelbau beherbergt die Statue. Ein Portikus führt zu den Gebäuden neben dem Denkmal, in denen sich das **Nationalarchiv** befindet *(geschl. Sa, So)*.

Die rote Backsteinfassade an der Westseite des Platzes gehörte zum **Old King's House**, der 1762 errichteten Residenz des Gouverneurs, die 1925 einem Brand zum Opfer fiel. In den Stallungen hat das **People's Museum of Craft and Technology** mit landwirtschaftlichem Gerät und Maschinen eine Bleibe gefunden. Zu den Ausstellungsstücken gehören eine alte Zuckerpresse, Mahlsteine und Geräte zum Enthülsen der Kaffeebohnen.

Südlich des Emancipation Square steht die **Kathedrale St. Jago de la Vega** *(White Church St.)*. Sie ersetzte 1714 als älteste anglikanische Kirche außerhalb Englands eine spanische Kirche aus dem 16. Jahrhundert. Der schwarzweiße Boden mit Schachbrettmuster im Querschiff stammt noch aus der katholischen Kirche. Im Inneren finden sich Zeugnisse aus der Kolonialzeit sowie schön gearbeitete Kirchenbänke und Chorstühle. ■

Eines der wohlhabendsten Gebiete der Region, gelegen über dem tiefsten Punkt des Karibischen Meers

Cayman Islands

Erster Überblick 70–71

Grand Cayman 72–75

Erlebnis: Küche der Caymans 73

Erlebnis: Blaue Leguane 75

Little Cayman 76–77

Special: Korallenriffe in der Karibik 78–81

Erlebnis: Erkundung des Riffs 79

Cayman Brac 82

Hotels & Restaurants 354–356

Eine Karettschildkröte schwimmt vor der Küste von Cayman

Cayman Islands

Die Cayman Islands sind ein britisches Überseegebiet in der westlichen Karibik, 772 Kilometer südwestlich von Miami. Die größte der drei Inseln, Grand Cayman, ist Sitz der Hauptstadt, George Town. Etwa 145 Kilometer nordöstlich liegen die beiden kaum erschlossenen Schwesterinseln Cayman Brac und Little Cayman, die einen ganz anderen Charakter haben.

Die drei Inseln, Spitzen unterseeischer Berge, ähneln einander – sie sind flach und mit trockenem Buschwerk und Mangrovenwäldern überzogen. Sie erstrecken sich am Rande des Cayman-Grabens, eines bis zu 7620 Meter tiefen Grabens im Karibischen Meer. Die Caymans zählen zu den beliebtesten karibischen Zielen für Taucher.

Stingray City, die Unterwasserattraktion der Caymans, ist die Heimat von über 100 Stachelrochen, die im offenen Wasser gestreichelt und beobachtet werden können. Glasbodenboot und Mini-U-Boote, die bis in 30 Meter Tiefe tauchen, ermöglichen einen Blick in die Unterwasserwelt.

Als erster Europäer sichtete Kolumbus auf seinem Weg nach Hispaniola am 10. Mai 1503 die beiden kleineren Inseln, Cayman Brac und Little Cayman. Zwar ging Kolumbus nicht an Land, doch bemerkte er die große Zahl von Schildkröten in den Gewässern und nannte diese deshalb Las Tortugas. Hundert Jahre später taufte man sie Las Caymanas, nach den Salzwasserkrokodile, die sich hier ebenfalls häufig zeigten.

Im 16. Jahrhundert steuerten Holländer, Franzosen, Briten und Spanier die Inseln an, um Süßwasser aufzunehmen und Meeresschildkröten zu fangen, die auf der Reise zurück nach Europa als Frischfleischreserven dienten. Obgleich sogar Sir Francis Drake 1586 Grand Cayman besuchte und berichtete, dass auch die Kaimane essbar seien, blieben die Inseln zu-

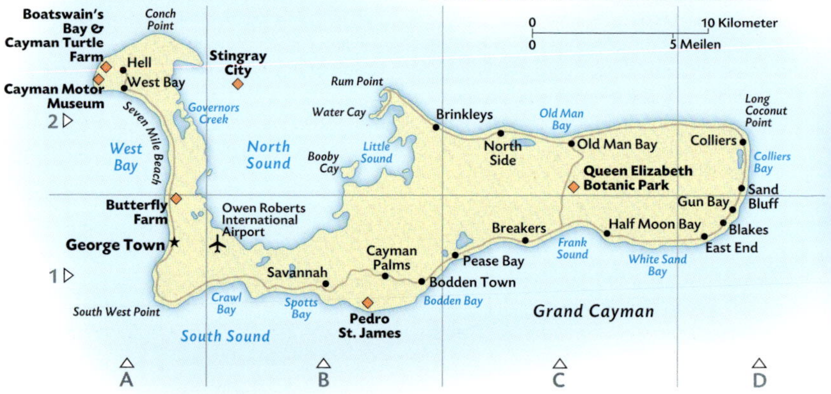

nächst unbewohnt. Als die Briten 1655 Jamaika und die Nachbarinseln von den Spaniern übernahmen, unterstellten sie auch die Cayman Islands ihrer Hoheit; ab 1670 gehörten sie offiziell zu den britischen Kolonien. Bereits ab 1665 kamen die ersten Siedler von Jamaika und errichteten auf Little Cayman und Cayman Brac Gelegenheitsquartiere, von denen aus sie Schildkröten, Gemüse, Wasser, Holz und Kokosnüsse an vorbeifahrende Schiffe verkauften. Grand Cayman, das den besten Schutz vor Angriffen durch Seeräuber bot, wurde zu Beginn des 18. Jahrhunderts dauerhaft besiedelt.

Die Wirtschaft der Caymans ruhte nahezu ausschließlich auf dem Meer. Im ausgehenden 19. Jahrhundert arbeitete ein Drittel der Bevölkerung als seefahrende Händler, Fischer oder Schildkrö-

NICHT VERSÄUMEN

Einen Besuch von Boatswain's Beach & Cayman Island Turtle Farm, Grand Cayman 73

Eine Besichtigung von Pedro St. James auf Grand Cayman 74

Eine Safari zu den Blauen Leguanen von Grand Cayman 75

Einen Tauchgang im Bloody Bay Marine Park, Little Cayman 76–77

Die Seevögel-Brutkolonien im Booby Pond Nature Reserve auf Little Cayman 77

Einen Besuch im Brac Parrot Reserve, Cayman Brac 82

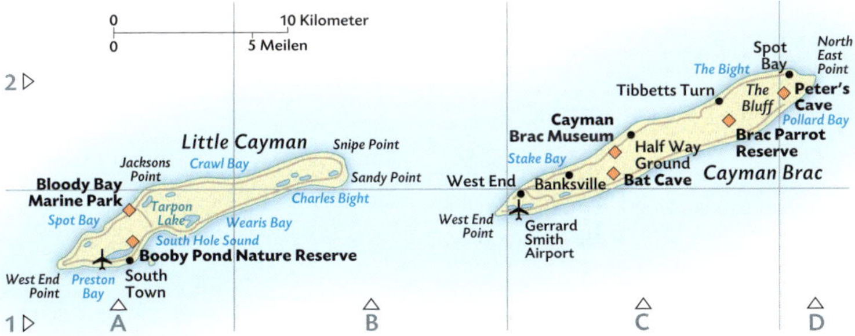

tenjäger. Die Inselbewohner retteten zahlreiche Seeleute, deren Schiffe auf die Riffe vor der Küste gelaufen waren, und nutzten Holz und Fracht für ihren Bedarf. Etwa ab 1780 bauten sie auch Schiffe und machten sich damit einen Namen im karibischen Raum. Das letzte auf traditionelle Weise erbaute Schiff lief 1967 vom Stapel.

Die erste gesetzgebende Versammlung trat 1832 zusammen, doch bis 1959 gehörten die Inseln offiziell zu Jamaika. Als die Briten Jamaika 1962 in die Unabhängigkeit entließen, entschieden sich die Caymans für den Status eines britischen Überseegebiets. 1966 schufen sie Gesetze, um das entstehende Offshore-Banking-Zentrum zu begünstigen, das die Wirtschaft der Inseln entscheidend prägt.

Die ersten Touristen kamen 1937 an Bord des Kreuzfahrtschiffes Atlantis und seither ist der Touristenstrom nicht abgerissen. Die von den Hurrikanns Omar und Paloma 2008 verursachten Schäden sind weitgehend behoben und einige neue Attraktionen haben ihre Pforten geöffnet. ■

Grand Cayman

Die größte und reichste der drei Cayman Islands, Grand Cayman, ist über 35 Kilometer lang und 6 bis 13 Kilometer breit. Hier leben etwa 96 Prozent aller Inselbewohner. Hinter dem Küstenstreifen mit seinen Läden, Hotels und Wohnblöcken erstrecken sich Mangroven, Seen und Wälder.

Auf Tuchfühlung mit einem riesigen Stachelrochen in der beliebten Stingray City auf Grand Cayman

George Town
70 A1
Besucher-information
Regatta Office Park, Windward 3, West Bay Rd.
345/949-0623
www.caymanislands.ky

Der erschlossene Teil von Grand Cayman konzentriert sich auf das zurzeit etwa neun Kilometer lange Gebiet des **Seven Mile Beach**, einen Sandstreifen, der sich auf der Westseite der Insel ins seichte Gewässer der West Bay hineinzieht. Hier stehen Hotels und Wohnblöcke. Hinter dem Strand gibt es Einkaufsstraßen mit Boutiquen, Fastfoodketten, Bars und Restaurants. Die große Attraktion, zumindest für Taucher, ist die ehemalige **U.S.S. *Kittiwake***, ein 77 Meter langes Forschungs-U-Boot, das 2011 als künstliches Riff und Tauchziel versenkt wurde *(www.kittiwake cayman.com)*.

George Town

In der Hauptstadt von Grand Cayman, George Town, drängen sich Läden und Büros um den Hafen. Hier legen oft Kreuzfahrtschiffe an, aus denen dann Tausende von Passagieren zum Dutyfree-Shopping strömen. In einem Gebäude aus dem 19. Jahrhundert ist das **National Museum** untergebracht. Hier erfahren Sie allerlei über Natur und Geschichte der Insel.

ERLEBNIS: Küche der Caymans

Der Cayman Islands National Trust *(Dart Park, 558 S. Church St., George Town, www.nationaltrust.org.ky)* ist eine großartige Informationsquelle über die Inseln. Im Laden gibt es gute Landkarten und Infoblätter, auch besteht die Möglichkeit, sich für Aktivitäten, wie etwa Kochkurse, bei örtlichen Küchenchefs anzumelden. Die Einheimischen sind Gourmets (im Januar findet das Festival Taste of Cayman statt; siehe *www.tasteofcayman.org*) und jeden zweiten Mittwoch im Monat gibt der Trust den Gästen Gelegenheit, heimischen Köchen bei der Zubereitung typischer Gerichte über die Schulter zu schauen. *(Information und Buchung: Tel. 345/749-1123, E-Mail: dbodden@nationaltrust.org.ky.)*

INSIDERTIPP

Der Calypso Grill in West Bay, rund acht Kilometer nördlich von George Town, gilt bei Einheimischen als bestes Restaurant. Blick und Atmosphäre, dazu eine Hummercremesuppe – und Sie fühlen sich wie im Himmel.

ALAINA APPLEMAN
National Geographic Channels

Westküste

Nördlich des Seven Mile Beach liegt der Meerespark **Boatswain's Beach**, zu dem auch die **Cayman Island Turtle Farm** gehört. Zu den Attraktionen zählen ein Salzwasserpool mit tropischen Fischen, eine Süßwasserlagune, eine Voliere, eine Leguanstation und eine Forschungseinrichtung. Doch Hauptanziehungspunkt sind Tausende von Suppenschildkröten.

Die Straße hinunter präsentiert das **Cayman Motor Museum** eine Sammlung alter Autos und Motorräder, die dem norwegischen Millionär Andreas Ugland gehört. Zu den Schätzen zählen ein Benz von 1886, das originale Batmobile aus den 1960er Jahren und der Daimler von Königin Elizabeth II.

Ein kleines Stück landeinwärts liegt **Hell** (die Hölle). In den 1930er Jahren soll ein britischer Polizist hier auf der Jagd einen Vogel verfehlt haben. Sein Ausruf »Zur Hölle!« gab

National Museum
✉ Harbour Dr., George Town
☎ 345/949-8368
🕒 Geschl. So
$ $$
www.museum.ky

Boatswain's Beach & Cayman Island Turtle Farm
M 70 A2
✉ North West Point
☎ 345/949-3894
$ $$$$$
www.boatswainsbeach.ky

Calypso Grill
✉ Morgan's Harbour, West Bay
☎ 345/949-3948
www.calypsogrillcayman.com

Cayman Motor Museum
70 A2
86 North West Point Rd., West Bay
345/947-7741
Geschl. So
$$$$$
www.caymanmotormuseum.com

Pedro St. James
70 B1
Savannah, abseits der Küstenstraße
345/947-3329
$$$
www.pedrostjames.ky

Queen Elizabeth II Botanic Park
70 C2
North Side
345/947-9462
$$$
www.botanic-park.ky

dem Ort seinen Namen. Hier gibt es das **Hell-Postamt** und einen Souvenirladen.

Südküste

Etwas außerhalb von Savannah liegt **Pedro St. James,** das älteste Gebäude der Insel aus dem Jahre 1780, das auf eine interessante Geschichte zurückblickt. Sklaven errichteten das solide Steinhaus, das zunächst St. James Castle hieß. Im Esszimmer tagte einst das Gericht der Caymans, und hier beschloss man auch, eine gesetzgebende Versammlung zu wählen. im Jahr 1835 verkündete man von der Freitreppe die Abschaffung der Sklaverei. Das Gebäude wurde restauriert und mit Möbeln der Zeit ausgestattet. Pedro St. James besitzt ein Besucherzentrum und einen Kinosaal, in dem eine 20-minütige Multimedia-Show gezeigt wird. Ein Bummel in den gepflegten Gärten lohnt, vom Great Pedro Bluff bietet sich ein toller Blick.

Die Straße entlang der Südküste führt weiter nach **Bodden Town**, einst Inselhauptstadt. Das Mission House zeigt, wie man früher hier lebte.

INSIDERTIPP

Nach der Schließung des Parks fahre ich nach Nordwesten zum Rum Point, sitze dort in der Sonne des Spätnachmittags auf dem Steg, schaue den Rochen zu und beobachte den Mondaufgang – pure Magie!

JOHN LAWRUS
Manager, Queen Elizabeth II Botanic Park

Caymanit

Caymanit, ein seltener Halbedelstein, kommt nur auf Cayman Brac und an der Ostspitze von Grand Cayman vor. Der harte Dolomit ähnelt in der Zusammensetzung den Mangan-Klümpchen, die sich auf dem Meeresboden finden. Die farbigen Gesteinsschichten kommen durch unterschiedliche Metallgehalte zu Stande, wobei in den schwarzen Schichten Mangan, in den roten Eisen, Nickel, Titan und Kupfer dominieren. Der geschliffene Stein wird zu Schmuck verarbeitet.

Queen Elizabeth II Botanic Park

Weiter östlich kurz vor Breakers am Frank Sound der Queen Elizabeth II Botanic Park. Der 26 Hektar große botanische Garten bietet eine üppige tropische Pflanzenpracht, ursprünglichen Wald und ein Naturschutz-

Ein Haus aus dem 19. Jahrhundert in George Town beherbergt das National Museum der Caymans

gebiet am Seeufer. Ein Pfad führt durch das Gelände, zu dem auch ein Schutzgebiet für Leguane gehört. Mit etwas Glück können Sie einige der bedrohten Blauen Leguane (s. Kasten rechts) beobachten.

Zu den Highlight des Parks zählt der neue **Orchid Garden** und der herrliche **Floral Colour Garden** mit Blumen und Grasflächen zwischen einheimischen Bäumen

Der bezaubernde **Heritage Garden** präsentiert vor allem Pflanzen, die in der Geschichte der Caymans von Bedeutung waren, etwa Heilpflanzen und sonstige Gewächse. Das Erbe der Insel zeigt auch ein altes, für die Caymans typisches Haus, das dem Park gestiftet wurde.

ERLEBNIS: Blaue Leguane

Die auf den Caymans lebenden Blauen Leguane *(Cyclura lewisi)* gehören zu den am stärksten bedrohten Felsenleguanen Westindiens. Weil ihre natürlichen Lebensräume schrumpfen, gibt es heute nur noch wenige Exemplare der bis zu 1,80 Meter langen Riesenechse. Im Rahmen eines Schutzprogrammes wurde im Queen Elizabeth II Botanic Park ein spezielles Areal eingerichtet, in dem Leguane aufgezogen und bis zu ihrer Freilassung unversehrt leben können. Der Park bietet Führungen durch das Gelände an *(Tel. 345/925-7599 für Reservierungen, www.blueiguana.ky, geschl. So, $$$$$).*

Das Haus, das etwa um das Jahr 1900 entstand, ist restauriert und von einem Sandgarten umgeben. ■

Little Cayman

Kaum etwas erinnert auf der kleinsten und unberührtesten Insel der Caymans an das hektische Treiben des Seven Mile Beach auf Grand Cayman. Niedriges Buschwerk bestimmt die Landschaft auf dem 15 Kilometer langen und maximal 1,5 Kilometer breiten Eiland; Palmenhaine säumen die Küste.

Ährenfische, die alljährlich durch die Gewässer vor den Caymans ziehen, weichen einem Tarpon

Little Cayman
71 A1

Booby Pond Nature Reserve
71 A1
Außerhalb von Blossom Village
Geschl. So

Die ersten Siedler, eine Gruppe entlaufener Sklaven und schiffbrüchiger Seeleute, gründeten um 1660 hier eine Schildkrötenzuchtfarm. Um 1900 lebten kaum mehr als 200 Menschen auf der Insel, die sich vor allem als Arbeiter in Phosphatgruben, Schiffskonstrukteure und Schildkrötenjäger ihr Geld verdienten. 1932 zerstörte ein Hurrikan die meisten Gebäude, und viele Bewohner zogen auf Arbeitssuche nach Cayman Brac oder Grand Cayman.

Über Jahrzehnte blieb Little Cayman (150 Einw.)von den übrigen Inseln isoliert und weitgehend unerschlossen. Inzwischen kommen immer mehr Touristen, um hier zu tauchen, Vögel zu beobachten oder zu angeln.

An der Nordküste der Insel erstreckt sich der Bloody Bay Marine Park, eines der besten Tauchreviere der

Karibik (siehe Reiseinformationen S. 390). Das Riff beginnt in nur sechs Metern Tiefe und fällt 1830 Meter bis zum Meeresboden ab. An den Riffwänden leben riesige Becherschwämme, große Elchgeweihkoralle, Seefächer und zahllose Fische. Rochen und Schildkröten lassen sich gemächlich durch das tiefblaue Wasser treiben, und zwischen Felsspalten und Korallen leben Grundeln, Blennis, Barsche und Brassen. Wissenschaftler überwachen Little Cayman vom Research Center in Jackson Point, das nach Vereinbarung besucht werden kann (siehe Kasten S. 79).

Auf der Insel

Das Leben auf Little Cayman, wo Leguane auf den Straßen Vorfahrt haben, erscheint recht geruhsam. Zentrum der Insel ist Blossom Village, gelegen zwischen der Südküste und dem Booby Pond Nature Reserve mit der größten Rotfußtölpel-Kolonie der westlichen Hemisphäre. Etwa 20 000 Exemplare der seltenen Seevogelart nisten hier. Auch die prächtigen Fregattvögel brüten auf keiner anderen Cayman-Insel; sie jagen den Tölpeln gern ihr Abendessen ab. Als im Jahr 1971 das RAMSAR-Abkommen in Kraft trat, wurde das Areal zum international bedeutenden Feuchtgebiet erklärt. Statten Sie dem Little Cayman National Trust House *(Tel. 345/749-1121, www.nationaltrust.org.ky)* einen Besuch ab, und werfen sie von der Aussichtsplattform aus einen Blick durch eines der Teleskope. Sie finden hier auch eine Auswahl an Kunsthandwerk und ein nettes Café. In der Nähe öffnet das Little Cayman Museum *(Tel. 345/948-1033)* mehrmals wöchentlich seine Pforten. Seit 1988 lebt im Tarpon Lake eine Unterart von Tarponen, die Hurrikan Gilbert 1988 dorthin brachte. Die Straße führt weiter zum East End Point Lighthouse und zum herrlichen Strand von Point of Sand mit Blick auf die Schwesterinsel Cayman Brac.

Für begeisterte Angler bietet sich besonders das Bone-Fischen am South Hole Sound an. Hochseefischer können sich vor allem über Fächerfische, Thunfische und Wahoos erfreuen. ■

Die Legende der Bloody Bay

Angeblich versteckten sich einst Freibeuter und Piraten auf Little Cayman und griffen vom Nordufer aus vorbeifahrende Schiffe an. Schließlich entsandten die Briten ein Geschwader, das mit den Seeräubern kurzen Prozess machen sollte. Der Überraschungsschlag gelang: Die Engländer schnitten den Piraten den Weg ab, als diese sich aus dem Staub machen wollten. Das anschließende Massaker färbte die Bucht rot und verlieh ihr ihren Namen.

Korallenriffe in der Karibik

Im karibischen Raum gibt es zahlreiche farbenprächtige Korallenriffe. Diese geheimnisvolle und faszinierende Unterwasserwelt ist viel bunter als das Leben zu Lande. Nur im Regenwald gibt es mehr Arten als dort.

Ein Riff vor den Caymans. Etwa tausend Fischarten leben in der Karibik

Das Korallenriff

Korallenriffe existieren bereits seit etwa 450 Millionen Jahren und gehören somit zu den ältesten Ökosystemen unserer Erde. Kolonien winziger Polypen bauen im Laufe von Jahrhunderten die bemerkenswerten Strukturen, indem sie mit Hilfe von symbiotischen Algen (den Zooxanthellen) Sonnenlicht und Kohlenstoff des Meerwassers in einem Fotosyntheseprozess zu Kalk umwandeln. Das funktioniert nur in warmen, klaren tropischen Gewässern.

Wie fast alle Riffe rund um den Globus sind auch die karibischen Riffe verschiedenen Stresssituationen ausgesetzt: Schäden durch Anker, Luftverschmutzung, Sedimentation und Korallenbleiche durch die zunehmende Erwärmung des Ozeans.

In der Karibik leben etwa 50 unterschiedliche stockbildende Korallen, darunter bis zu 1,80 Meter hohe Hirnkorallen, Hirschgeweih- und Elchgeweihkorallen, die in Brandungsnähe dichte Felder bilden, die bei der Riffbildung bedeutenden Sternkorallen, Säulenkorallen, die sich zu drei Meter hohen Säulen auftürmen, und die weit verbreiteten Steinkorallen.

Außerdem gibt es rund 20 verschiedene Weichkorallenarten, wie zum Beispiel riesige Seefächer oder Gorgonien, Schwarze Korallen, Peitschenkorallen und Seefedern. Farbige Schwämme, etwa blaue Vasen-, blutrote Becher- oder leuchtend gelbe Röhrenschwämme gehören ebenfalls zum Riff-Inventar; sie beherbergen winzige Wirbellose und bieten zahlreichen Fischarten Schutz.

Rifffische

In der Karibik leben etwa tausend Fischarten, die über 140 verschiedenen Familien angehören. Viele leuchten in allen Regenbogenfarben, wenn sie durch die Korallenriffe flitzen. Am bekanntesten sind wohl die Falterfische, besonders der Vieraugen- und der Gestreifte Falterfisch, aber auch Kaiserfische wie der Diadem-Kaiserfisch, der gelb-graue Franzosen-Kaiserfisch und der schwarz-gelbe Dreifarben-Kaiserfisch. In seichten Gewässern schießen Riffbarsche aus ihren Verstecken zwischen den Korallen hervor, um Algen abzuweiden. Eine Art, der Gestreifte Sergeant, legt ihre Eier in runden Mulden ab und verteidigt sie gegen jeden potenziellen Feind.

Brassen ernähren sich von Aas und zeigen immer wieder überraschende Verhaltensweisen. Die Männchen herrschen über einen ganzen Harem, doch wenn das dominante Männchen

Farbenprächtige Korallen und Schwämme an einem Riff vor Bonaire

gefressen wird, wechselt ein Weibchen das Geschlecht und tritt an seine Stelle. Mit den Brassen verwandt sind die bunten Papageifische (14 Arten). Sie fressen große Mengen von Algen an

ERLEBNIS: Erkundung des Riffs

Das dem gemeinnützigen Central Caribbean Marine Institute angeschlossene Little Cayman Research Center versucht der Öffentlichkeit stärkeres Umweltbewusstsein zu vermitteln und in einem ganzjährigen Forschungsprogramm die Gesundheit des regionalen Meereslebensraums und seiner Bewohner zu überwachen. Erfahrene Taucher, die ihr Wissen über Riffe erweitern möchten, können sich dem Programm Dive With a Researcher (DWAR) anschließen und die Experten des Centers beim Sammeln von Unterwasserdaten für eine Reihe von Projekten begleiten *(Information und Reservierung gibt es unter www.reefresearch.org, $$$$$).*

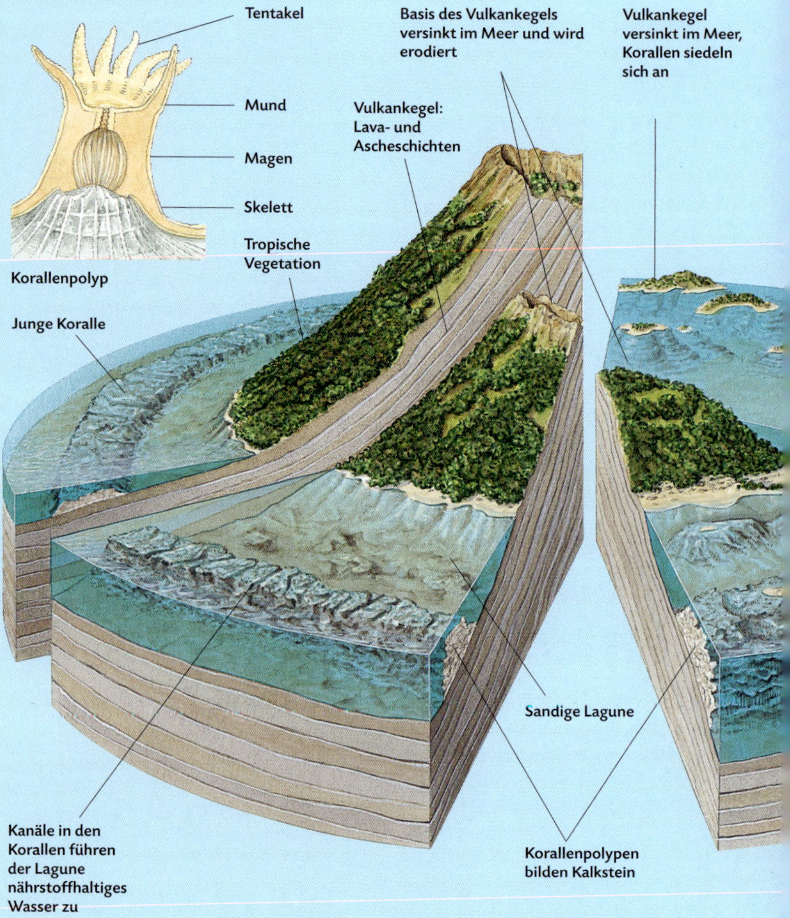

den Korallenstöcken und scheiden sie als Korallensand wieder aus. Zu den Raubfischen gehören Makrelen, Haie sowie die allgegenwärtigen Schnapper (19 Arten). Letztere bleiben meist unbeweglich in der Strömung stehen und verschlingen alles, was ihnen zuströmt. Barsche gehören wie die Schnapper zu den beliebten Speisefischen und sind heute schon überfischt. Sie werden bis zu 2,50 Meter lang und 300 Kilogramm schwer. Der Große Barrakuda jagt meist allein in seinem Revier rund um ein bestimmtes Riff oder in der Nähe eines Wracks. Die kleineren Riffbarrakudas tauchen zumeist als Schwarm auf.

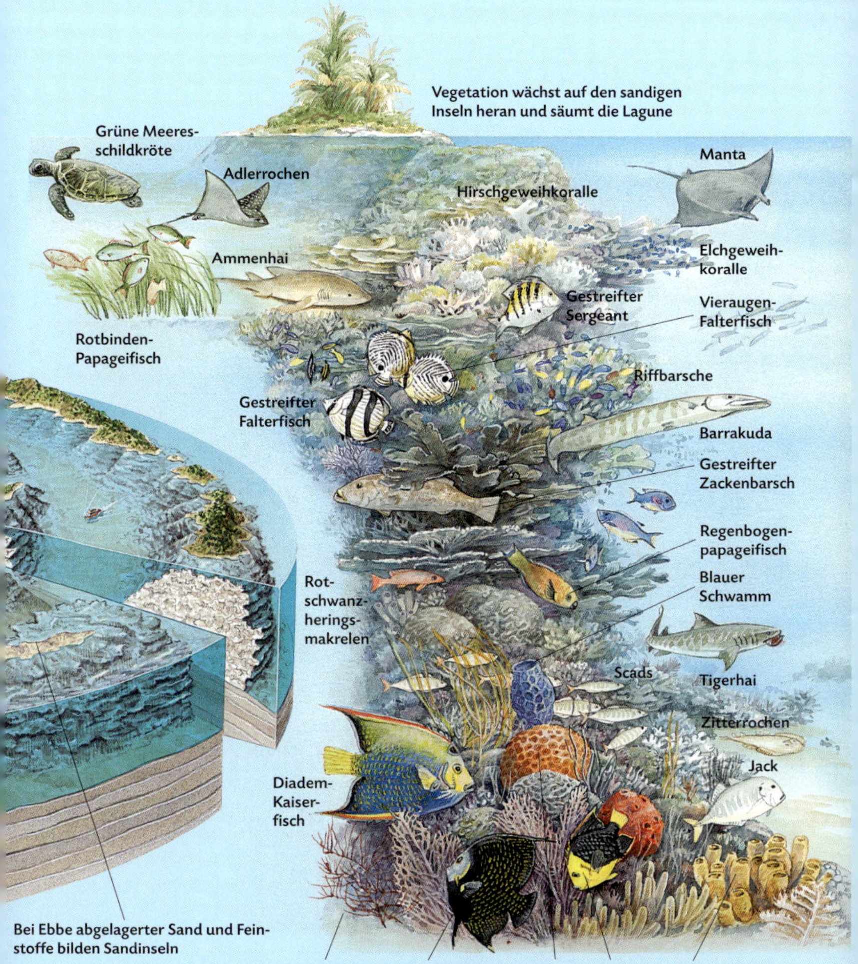

Haie, Rochen & Schildkröten

44 unterschiedliche Haiarten wurden bis heute im karibischen Raum festgestellt, die Mehrzahl gelangt selten in die Nähe von Menschen. Am häufigsten ist der ungefährliche, bodenbewohnende Ammenhai. Zu den 22 Rochenarten gehören der Stachelrochen, der Grand Caymans berühmte Attraktion, das Tauchrevier Stingray City, bevölkert; der Gepunktete Adlerrochen und der Atlantische Zitterrochen. Am imposantesten wirkt der Manta, doch begegnet man ihm eher selten. Schließlich wären noch die Karett- und die Grüne Meeresschildkröte zu nennen.

Cayman Brac

Cayman Brac ist zwar nur 145 Kilometer von der Nordostküste Grand Caymans entfernt, doch vom hektischen Treiben der Hauptinsel spürt man hier überhaupt nichts. Wer Ruhe, Entspannung und lockere Atmosphäre sucht, wird sich auf der kleinen Insel, die meist nur kurz „The Brac" heißt, wohlfühlen.

Cayman Brac
71 C2
Besucher-information
Department of Tourism, West End Community Park
345/948-1649
www.itsyourstoexplore.com

Auf Cayman Brac leben etwa 1800 Menschen. Die Einwohner, Brackers genannt, gelten als besonders gastfreundlich. Die Touristeninformation bietet jedem Besucher eine kostenlose Tour in die Natur.

The Brac ist 19 Kilometer lang und nur 1,5 Kilometer breit. Im Westen erstreckt sich eine Ebene, im Osten ragen Klippen bis zu 42 Meter hoch über dem Strand empor. Ihnen verdankt die Insel ihren Namen – *brac* ist das gälische Wort für Klippe. In dieser Gegend wachsen zum Beispiel Saguaro- und Kandelaber-Kakteen; außerdem leben hier Brauntölpel, Fregattvögel, Reiher und Zuckervögel.

Auf der Insel lebt auch eine kleine Population von Brac-Papageien. Am besten kann man sie vom **Brac Parrot Reserve** aus beobachten, einem 73 Hektar großen Gebiet auf den Klippen. Sie erreichen es, wenn Sie der Hauptstraße folgen und dann auf den Major Donald Drive (auch Lighthouse Road genannt) abbiegen, der über die Klippen bis zum Leuchtturm an der Nordostspitze der Insel führt.

Von der Hauptstraße zweigen beschilderte Wege zu Kalksteinhöhlen am Klippenrand ab. In **Peter's Cave** suchten die Insulaner oft Schutz vor Hurrikanen.

Viele Urlauber kommen wegen der 60 Tauchreviere nach Cayman Brac. Ein Tauchgang führt zum Wrack eines russischen Kriegsschiffes, das hier seit September 1996 liegt. Die Russen versenkten das Schiff in der Absicht, ein künstliches Riff zu schaffen. Das zu Ehren einer Persönlichkeit der Insel in **M.V. *Captain Keith Tibbets*** umbenannte Schiff liegt vor der Nordküste. ■

Schiffbau auf Brac

Zu den frühesten Siedlern gehörten jamaikanische Pflanzer, gestrandete Seeleute und Abenteurer. 1833 gelangten die ersten afrikanischen Sklaven nach Cayman Brac, und bald schon machten sich die Inselbewohner einen Namen als Schiffskonstrukteure. Der Wirtschaftszweig hatte Bestand, bis in den 1960er Jahren Motoryachten die traditionellen Segelboote ersetzten. Die Inselbewohner bauten auch kleine Jollen für die Schildkrötenjagd, die „Katzenboote" hießen, weil man sich mit ihnen den ahnungslosen Tieren unbemerkt nähern konnte. Das Cayman Brac Museum dokumentiert die Geschichte der Insel *(Stake Bay, Tel. 345/ 948-2622, geschl. am Wochenende, Spende).*

Ein unberührtes natürliches Juwel – rund 40 Inseln und Inselchen über eine Fläche von etwa 650 Quadratkilometern verstreut

Turks & Caicos Islands

Erster Überblick 84–85

Grand Turk 86–87

Inseln rund um Grand Turk 88–89

Middle Caicos 90–91

Erlebnis: Im Herzen der Insel 91

North Caicos 92

Providenciales (Provo) 93–94

Erlebnis: Auf Angeltour 94

Inseln rund um Providenciales 95–96

Hotels & Restaurants 356–358

Ein abgeschiedener Sandstrand auf den Turks & Caicos Islands

Turks & Caicos Islands

Die Turks & Caicos Islands liegen rund 926 Kilometer südöstlich von Miami und bestehen aus zwei Inselgruppen, die durch die 35 Kilometer breite Columbus Passage voneinander getrennt sind. Im Westen der Inselgruppe befinden sich West Caicos, Providenciales, North Caicos, Middle Caicos, East Caicos sowie South Caicos. Im Osten liegt die Turks-Gruppe mit den Inseln Grand Turk und Salt Cay. Alles auf einer Landfläche von etwa 500 Quadratkilometern.

Mehr Wasser als Land: Die Turks & Caicos Islands (TCI) liegen auf zwei flachen, sandbedeckten Kalksteinbänken, die dreizehnmal so groß sind wie die Gesamtfläche der Inseln. Diese ausgedehnten Riffe bieten reiche Fischgründe und Lebensraum für Seeigel, Seegurken und Weichtiere. Auch Meeresschildkröten, Rochen und Delfine sind in dieser Region beheimatet. Ferner machen Buckelwale auf ihren Wanderungen hier Halt, um das reiche Nahrungsangebot zu nutzen. Die Unterwasserwelt zählt zu den schönsten Taucherparadiesen.

Die ersten Inselbewohner, die Lucaya, kamen vor etwa 1200 Jahren aus Haiti hierher und siedelten auf Sand Cay oder den Seal Cays, bevor sie sich im Nordwesten der Insel Grand Turk niederließen. Dort entstand die älteste bekannte Siedlung, die etwa zwischen 700 und 1170 n. Chr. bewohnt war. Analysen von Knochenfunde belegen, dass sich die Bewohner hauptsächlich von Meeresschildkröten ernährten. Ausgrabungen förderten Gebrauchsgegenstände zu Tage, z.B. perlmuttähnliche Perlen, eine fast vollständig erhaltene Axt aus grünem Stein und Muschelwerkzeuge. Als wichtigster Fund auf Grand Turk aus präkolumbischer Zeit gilt ein Holzpaddel

NICHT VERSÄUMEN

Einen Besuch des Turks & Caicos National Museum 87

Einen Tauchgang vor Salt Cay und South Caicos 88–89

Beobachtung der wandernden Buckelwale (Jan.–März) von Salt Cay aus 89

Eine Fahrt mit dem Fahrrad über den Damm von Middle Caicos nach North Caicos 90

Die feinsandigen Strände von Provo 93

Die Erkundung der Geheimnisse der Großen Fechterschnecke in der ConchWorld 94

(um 1100), das heute im Turks and Caicos National Museum zu bewundern ist.

Als die ersten Europäer auf den Inseln landeten, waren diese unbewohnt. Im 17. Jahrhundert kamen Siedler von den Bermudas nach Grand Turk, Salt Cay und South Caicos, ließen Sklaven in den Salinen arbeiten, betrieben Salzhandel und rodeten die Insel, um die Verdunstung und damit den Salzgewinn zu beschleunigen.

Während des amerikanischen Unabhängigkeitskrieges errichteten geflohene königstreue Kolonisten Sisal- und Baumwollplantagen auf den Inseln. Als man die Sklaverei 1834 abschaffte, brach das Plantagensystem zusammen. Die Sklaven lebten fortan vom Ackerbau und Fischfang.

Trotz ihrer Verbindungen zur Salzindustrie der Bermudas standen die Inseln ab dem 18. Jahrhundert unter Verwaltung der Bahamas, bis Jamaika sie im Jahr 1873 annektierte. Mit der Unabhängigkeit Jamaikas 1962 wurden die TCI zur britischen Kronkolonie erklärt. Der Salzabbau ging zurück.

In jüngerer Vergangenheit entwickelte sich der Tourismus stark, wenn auch unter strenger Kontrolle im Hinblick auf den Erhalt der Ökosysteme. In der Lokalpolitik gehen die Meinungen über die Folgen des Tourismus z. B. auf Providenciales weit auseinander. ■

Grand Turk

Obwohl Grand Turk nur 18 Quadratkilometer umfasst, ist sie die am zweitdichtesten besiedelte Insel. Die meisten Einwohner leben in Cockburn Town, Hauptsitz der Inselregierung. Wie auch auf anderen Inseln der Turks & Caicos besteht die Vegetation meist aus Buschwerk und Kakteen, unterbrochen von ungenutzten Salzfeldern.

Ein Junge zeigt einen Papageifisch, der Geschlecht und Farbe wechseln kann

Grand Turk
85 E2
Besucherinformation
Front St., Cockburn Town
649/946-2321
www.turksandcaicostourism.com

Nur einen Steinwurf vom Strand der Westküste von Grand Turk entfernt fällt ein steiles Riff von zwölf auf 2134 Meter ab und bietet eines der aufregendsten Tauchgebiete der Karibik. Alle Tauchareale auf Grand Turk sind innerhalb von zehn bis 15 Minuten vom Strand aus zu erreichen. Je nach Bedarf bringen Bootsführer Interessierte direkt von den Hotelstränden zu den schönsten Plätzen.

Zu den beliebtesten Ausflügen zählt die halbtägige Sea Eye's Barbecue-Bootsfahrt zur unbewohnten Insel **Gibb's Cay.** Hier kann man schnorcheln, Stachelrochen füttern und nach Fechterschnecken tauchen, aus denen die Mannschaft dann einen Salat zubereitet.

Wer vor allem Nachtleben oder Geschäfte sucht, sollte nicht unbedingt Grand Turk als Urlaubsziel wählen. Dort kann man aber vom Beobachtungsposten beim alten Leuchtturm Buckelwale bei ihren Streifzügen durch die Küstengewässer beobachten.

Mit dem Fahrrad lässt sich die Insel entlang der Strände und Salzfelder erkunden.

Cockburn Town

Die Verwaltung von Grand Turk befindet sich in Cockburn Town, dem Regierungssitz. Der historische Stadtkern, rund um die Duke Street und die Front Street, lädt mit seinen zahlreichen Kneipen zu einem Drink ein. In nördlicher Richtung steht die blau gestrichene **Odd Fellows Lodge**, eines der ältesten Häuser der Insel. Hier soll 1832 die Freiheit der Sklaven erklärt worden sein.

Sehenswert ist das großartige **Turks & Caicos National Museum** in einem der ältesten Steinhäuser der Insel, dem Guinep House. Man vermutet, dass das vor 1825 erbaute Haus von einem Schiffsbauer stammt, der es nach dem Guinepbaum vor seiner Tür benannte.

Das Herzstück des Museums bildet die umfangreiche Ausstellung des Molasses Reef Wreck, des ältesten bislang entdeckten europäischen Schiffswracks in der Karibik. Die vom Beginn des 16. Jahrhunderts stammende spanische Karavelle lief auf die Caicos-Sandbank auf. Überreste des Schiffsrumpfs und der Segel, daneben Kanonen, Geschosse, Werkzeuge und die persönliche Habe der Besatzung vermitteln einen spannenden Einblick in den frühen lateinamerikanischen Alltag. Das obere Stockwerk der Ausstellung ist der Naturkunde, der Geschichte des Salzhandels und den Lucaya-Indianern gewidmet.

Das Büro des Gouverneurs, das **Waterloo** *(Front St., Tel. 649/ 946-2308)*, wurde 1815 als Privathaus errichtet. Weiter unten an der Front Street liegt die South Base, eine ehemalige Luftabwehrbasis der Air Force. Sie erlangte im Jahr 1962 Berühmtheit, als John Glenn, der erste US-Astronaut, hier an Land gebracht wurde, nachdem seine Raumkapsel „Mercury" direkt vor der Küste niedergegangen war. ■

INSIDERTIPP

Ich empfehle Besuchern Parasailing oder einen Hubschrauberflug – beides bietet einen Blick aus der Vogelperspektive auf die Schönheit der Insel.

KIMO TYNES
Turks & Caicos Tourist Board

Muschelwelten

Eine der beliebtesten Attraktionen auf Providenciales (siehe S. 94) hat auf Grand Turk eine Filiale eingerichtet. ConchWorld *(Matheson's Point, Tel. 646/242-5797, www.conchworld.com, $$$$)* gibt einen Einblick in die Muschelzucht auf den Inseln, öffnet aber nur, wenn ein Kreuzfahrtschiff im Hafen liegt.

Turks & Caicos National Museum

- Guinep House, Front St.
- 649/946-2160
- Geschl. So
- $$

www.tcmuseum.org

Inseln rund um Grand Turk

Die dünn besiedelten Inseln East Caicos, Salt Cay und South Caicos haben eine reiche Geschichte mit Plantagen und Salzgewinnung. Hier kann man Vögel, Wale, schöne Strände und faszinierende Tauchreviere entdecken.

Die Salzpfannen auf Salt Cay erinnern an die einst ertragreiche Industrie

East Caicos
85 D3
649 946 2321

Salt Cay
85 E2
649 946 2321

South Caicos
85 D2
649 946 2321

East Caicos

Mit etwa 47 Quadratkilometern Fläche ist das unbewohnte East Caicos eine der größten Inseln der Gruppe. Der **Flamingo Hill** an der Nordseite bildet den höchsten Punkt (48 Meter) der Turks und Caicos, doch besteht die restliche Insel wesentlich aus Sümpfen, Mangroven und Gezeitenschlammzonen.

Zu Beginn des 20. Jahrhunderts entstand durch die Besiedlung von Jacksonville eine 20 000 Hektar große Sisalplantage; zudem begannen die Einwohner, Vieh zu züchten. Bei Jacksonville gibt es einige Höhlen mit Petroglyphen, die eine Anwesenheit der Lucaya beweisen.

Salt Cay

Die einzige andere bewohnte Insel der Turk-Gruppe, Salt Cay, liegt elf Kilometer südlich von Grand Turk. 1645 kamen die ersten Siedler aus Bermuda hierher. 1673 begann die Salzproduktion, die in den 1960er Jahren endete.

Salt Cay ist geprägt von den Überresten seiner alten Industrieanlagen und wurde von der Unseco zum Welterbe erklärt. Flache, weit verzweigte Steinmauern und Kanäle, die zur Verdunstung genutzt wurden, sind bis heute erhalten, ebenso zahlreiche verlassene Windmühlen. Die alten Salzteiche bieten heute Watvögeln und Fischadlern einen Lebensraum. Architektonisch lehnt sich die Insel an den Stil der Bermudas an, wovon etwa das 1830 in **Balfour Town** erbaute **White House** zeugt, das man unter anderem aus Steinen errichtet hat, die einst Transportschiffen als Gegenballast dienten.

Im 19. Jahrhundert war Salt Cay ein Zentrum des Walfangs. Heute sind lebende Wale wertvoller; zwischen Januar und März ziehen Buckelwale vorbei.

Ein Ziel für Taucher bietet das Wrack der **H.M.S. *Endymion***, eines britischen Kriegsschiffs von 1790 in rund sieben Metern Tiefe.

South Caicos

Selten nur verirren sich Touristen hierher. Früher war das anders. Auf South Caicos steht mit dem Admiral's Arms Inn das erste Hotel der Inseln. Im 19. Jahrhundert eröffnet, bot es später brasilianischen Piloten Unterkunft, die hier einen Zwischenstopp auf ihrer Route zwischen Miami und Südamerika einlegten.

Im 19. Jahrhundert, als die Salinen von Grand Turk und Salt Cay der Nachfrage des nordamerikanischen Marktes nicht mehr genügen konnten, besaß South Caicos Salinen gespeist von einer kochenden Quelle. Durch einen unterirdischen Kanal floss das Salzwasser auf die Felder, von wo es Windmühlen in die Auffangbecken pumpten. South Caicos hatte mehr Salz als alle anderen Inseln und sogar drei dampfbetriebene Salzmühlen.

Heute ist South Caicos ein Fischereizentrum, das sich noch von den Zerstörungen eines Hurrikans 2008 erholt. **Cockburn Harbour** besitzt einen der besten Ankerplätze der Inselgruppe, großartige Strände (vor allem Long Beach) und herausragende Tauchreviere vor der Ostküste. Außerdem gibt es wundervolle unbewohnte Inseln in der Nähe (Long Cay, Ambergris Cay, Fish Cay und Bush Cay), die nur mit dem Boot erreichbar sind. Sie haben zwar keine Unterkünfte, laden aber zu Tagesausflügen ein. ■

Die Esel der Insel

Grand Turk war einst für seine Esel berühmt, denen man überall begegnete, wie sie durch Gebüsch streiften, in Gärten fraßen, im Schatten standen oder den Verkehr auf der Straße aufhielten. Siedler führten sie im 17. Jahrhundert ein, um die Salzsäcke zu den wartenden Schiffen zu tragen. Gegen 1800 lebten mehr als 800 der Langohren auf der Insel. Mit dem Zusammenbruch des Salzhandels 1964 empfand man sie vor allem als Plage. Einige wurden auf Inseln exportiert, die sie brauchten, wie etwa Jamaika. Die meisten anderen bewohnen heute ein Eselreservat an der Nordküste. Etwa 50 Tiere leben jedoch noch immer frei auf der Insel.

Middle Caicos

Mit 124 Quadratkilometern ist Middle Caicos die größte Insel des Archipels, die ein Damm mit North Caicos verbindet. Die 275 Einwohner von Conch Bar, Lorimers und Bambarra leben vom Fischfang und bescheidenem Tourismus.

Delfine tollen oft in den Gewässern der Turks & Caicos Islands herum

Middle Caicos
85 C3

Besucher-information

Front St., Cockburn Town, Grand Turk

649 946 2321

www.turksandcaicostourism.com

Seit dem Bau des Damms sind kombinierte Tagesausflüge nach Middle und North Caicos von Providenciales und Grand Turk aus beliebt (siehe Kasten auf der gegenüberliegenden Seite). Wer auf eigene Faust losziehen möchte, kann ein Fahrrad oder ein Auto mieten, doch geführte Touren bieten leichteren Zugang, etwa zu den Höhlen von Conch Bar oder den Ruinen von Plantagen.

Von 750 bis 1500 n. Chr. siedelten auf Middle Caicos Taino-Indianer, welche die Insel Aniyana nannten. **Armstrong Pond** im Süden von Bambarra ist eine von insgesamt 38 Taino-Siedlungen der Insel. Sehenswert sind der einzige zeremonielle Ballspielplatz der Region

Die Tierwelt der Insel

Middle Caicos ist eine der größten Brutstätten für den Fregattvogel, der auch auf Penniston Cay nistet. Wie ihm dienen andere unbevölkerte Inseln auch verschiedenen Arten von Seeschwalben, wie Ruß- und Seeschwalbe, sowie Noddis und Schuppensturmtauchern als Brutplätze. Vier Arten von Meeresschildkröten (Suppen-, Leder- sowie Echte und Unechte Karettschildkröten) tummeln sich im umliegenden Gewässer, doch ist der Verzehr der vom Aussterben bedrohten Tiere auf der Insel leider nach wie vor üblich. Zahlreiche Delfine und Tümmler leben in der Region. Im Winter (Jan.–März) passieren Buckelwale die Insel auf dem Weg vom Norden zu ihren Geburt- und Aufzuchtplätzen südöstlich von Grand Turk. Taucher können ihren Gesängen lauschen.

INSIDERTIPP

Die Strände von Middle Caicos sind abgelegen und einfach fantastisch. Um dorthin zu gelangen, nehmen Sie einen Mietwagen am Fähranleger.

CLARE JARDINE
Eigentümerin, Dive Provo

sowie eine Steinformation, die wohl zur Sterndeutung diente.

In **Conch Bar** an der Nordküste gibt es Tropfsteinhöhlen und Lagunen zu erkunden. Arbeiten der Lucaya wurden hier gefunden.

Charakteristisch für die Nordwestküste der Insel sind die Sandsteinklippen, zwischen denen wunderschöne einsame Strände liegen. An der Küste schlängelt sich der **Crossing Place Trail** (19 km) entlang bis zum Damm nach North Caicos. Jahrhundertelang war der Pfad der Hauptverkehrsweg der Insel. Er führt durch schöne Insellandschaft. Weiterhin sehenswert ist das **Ocean Hole,** ein Meerwasserbassin an der Südwestküste der Insel. Wahrscheinlich war das 366 Meter breite und 60 Meter tiefe Becken eine Landhöhle, bevor es vor Jahrtausenden überflutet wurde und seine Decke herabstürzte. Es ist nur per Boot erreichbar. ■

ERLEBNIS: Im Herzen der Insel

Der Spezialist für Inseltouren **Big Blue Unlimited** *(Tel. 649/946-5034, www.bigblue.tc, $$$$$)* bietet einen perfekten Tagesausflug nach Middle und North Caicos, der Sightseeing und Aktivitäten verbindet. Abfahrt ist in Providenciales und als Erstes ist Schnorcheln an den Riffen der Caicos Bank angesagt. Auf North Caicos steht ein Besuch von Wade's Green und ein leckeres Mittagessen, gefolgt von Flamingobeobachtung auf dem Programm. Auf Middle Caicos rundet nach einer Höhlenerkundung und dem Einkauf von Kunsthandwerk ein Bad im Meer den Tag ab. Big Blue bietet auch Kajak- und Fahrradtouren, Vogelbeobachtung und Wanderungen an.

North Caicos

North Caicos ist um vieles grüner als die anderen Inseln und gilt daher als das Gewächshaus des Landes. Es fällt hier mehr Regen, sodass der fruchtbare Boden eine Fülle von Tomaten, Mais, Papayas, Jamswurzel, Kürbis, Limetten und Avocados hervorbringt. Die landwirtschaftlichen Betriebe liegen allesamt im Landesinneren.

North Caicos
85 C4
Besucher-information
Front St., Cockburn Town, Grand Turk
649/946-2321
www.turksandcaicostourism.com

Die meisten der etwa 1400 Einwohner leben in fünf Siedlungen. **Bottle Creek** ist das Wirtschaftszentrum der Insel. Die meisten Hotels und Pensionen gibt es in **Whitby** an der Nordküste.

North Caicos ist in zehn Minuten mit dem Flugzeug von Providenciales aus zu erreichen; Boote benötigen eine halbe Stunde. Mit dem Fahrrad kommt man gut auf der Insel voran; auch gibt es einige Mietwagen.

Die Ortsnamen geben kleine Geschichten wieder: Hungry Hole („Hungriges Loch", eine versteckte Lagune); Ready Money („Bargeld" – ein Stückchen Land, das seinen Besitzer oft wechselte); Pumpkin Bluff Pond („Kürbisbergteich") sowie Laughland („Lachland"). Vor knapp 200 Jahren wurden dem regierungstreuen Wade Stubbs aus Florida für eine Plantage 340 Hektar Land bei Belleville übertragen. Als er im Jahr 1821 starb, arbeiteten fast 400 Sklaven auf seiner **Plantage Wade's Green**. Sie ist sehr gut erhalten.

North Caicos besitzt die zweitgrößte Flamingopopulation der gesamten Karibik. Von Weitem nimmt man die Vögel im riesigen **Flamingo Pond Nature Reserve** nur als rosa Punkte wahr. Daher empfiehlt sich ein Fernglas. Flamingos können auch am **Three Mary's Cays Sanctuary** beobachtet werden, wo auch der Fischadler nistet. Leguane leben im **East Bay Island National Park.**

Das **Caicos Nature Reserve** (siehe Kasten), das unter dem Schutz der RAMSAR-Konvention steht, beherbergt eine beachtliche Zahl an Kuba-Flamingos und andere Wasservögel, etwa die Kubapfeifgans sowie Brutkolonien der Fregattvögel. ■

Caicos Nature Reserve

Das Naturschutzgebiet von North, Grand und East Caicos erstreckt sich über mehr als 540 Quadratkilometer und ist damit eines der größten in der Karibik. Eine Mischung aus Watt, Mangroven, Sümpfen und Salzseen verbindet das Inland mit dem Meer. Überschwemmte Ufer, Teiche und Lagunen bieten Flamingos, gerade in der schwierigen Brutphase, Hummern, Schildkröten sowie Schalen- und anderen Meerestieren einen Lebensraum.

Wade's Green Plantation
649 941 5710
Führungen nach Vereinbarung
$
www.tcinationaltrust.org

Providenciales (Provo)

An wolkigen Tagen kann man mitunter einen grünen Glanz unter der Wolkendecke über Providenciales erkennen. Dieses einzigartige Phänomen ist eine Reflexion von flachen Lagunen im Chalk Sound National Park.

Providenciales erstreckt sich auf 40 Kilometer Länge und fünf Kilometer Breite und ist die touristisch am besten erschlossene Insel der Gruppe. Provo, wie sie gemeinhin genannt wird, bietet breite Sandstrände und atemberaubende, strandnahe Tauchgebiete.

Die **Grace Bay,** ein wundervoller, 19 Kilometer langer feinsandiger Strand, gehört zu den schönsten Badeplätzen der Karibik. Hier befinden sich auch die meisten Inselhotels. Vor Grace Bay liegt der **Princess Alexandra Marine Park,** ein riesiges Gebiet mit Riffen und Lagunen. Der Park eignet sich ausgezeichnet zum Tauchen, wie auch der weiter im Norden gelegene Northwest Point.

Parks & Plantagen

Der im Süden gelegene **Chalk Sound National Park** bietet mit seinem fischreichen Küstengewässer und seinen grünen Felsklippen einer Vielzahl von Vogelarten einen Lebensraum. Einen schönen Strand findet man an der Sapodilla Bay.

Providenciales besaß früher insgesamt drei große Sisal- und Baumwollplanta-

Schnorchler tummeln sich im klaren Wasser vor Provo

ERLEBNIS: Auf Angeltour

Die TCI sind ein Paradies für Angler. Hochseeangeltouren gehen auf die Suche nach Thunfisch, Speerfisch, Wahoo und anderen. Näher an der Küste werden häufig Zackenbarsche, Schnapper und Stachelmakrelen gefangen, im Flachwasser sind Grätenfische zu Hause. Letztere ernähren sich von Krabben und Krebsen und können fünf bis sechs Kilo auf die Waage bringen.

Wer sein Anglerglück versuchen möchte, sollte sich erfahrener Führung wie Silver Deep *(Grace Bay, Tel. 649/946-5612, www.silverdeep.com, $$$$$)* oder Beyond the Blue *(Tel. 649/231-1703, www.beyond theblue.com, $$$$$)* anvertrauen.

Providenciales
84 B3

Besucherinformation
Stubbs Diamond Plaza, Le Deck Rd., The Bight
649/946-4970

www.turksand caicostourism.com

ConchWorld
84 B3
Heaving Dock Rd.
649/946-5330
Geschl. So
$$$

www.conchworld.com

gen. Die Ruine einer dieser ehemaligen Plantagen, die sogenannte Cheshire Hall, kann man vom Leeward Highway, nahe dem neuen staatlichen Krankenhaus, aus sehen.

Blue Hills

Die landschaftlich schönste der drei ursprünglichen Siedlungen von Provo – Five Cays, Blue Hills und The Bight („die Bucht") – ist Blue Hills, ein kleiner Fischerhafen an der Nordküste. Der Regierungssitz und zahlreiche Geschäfte befinden sich in der Innenstadt nahe dem Flughafen. Doch im Grunde hat die Insel kein wirkliches Zentrum; Einkaufspassagen und Geschäfte liegen entlang der Hauptstraße, dem Leeward Highway. Eine Art Inselmittelpunkt bildet eher die **Turtle Cove**, wo sich Hotels, einige Restaurants und ein Touristenbüro rund um den Yachthafen gruppieren. Der 72-Loch-Golfplatz am Ostende der Insel wurde von Karl Litton entworfen und gilt als einer der besten in der Karibik.

Im äußersten Osten der Insel trennt ein Kanal Provo von einer Mangroveninsel. Von diesem natürlichen Hafen, der belebten **Leeward Marina,** legen Fähren und Ausflugsschiffe ab.

INSIDERTIPP

Es gibt mehrere ausgezeichnete Restaurants auf Providenciales – doch die Preise sind geradezu schockierend.

ROBERT GIROUX
Programmierer, National Geographic Global Media

Daneben befindet sich die **ConchWorld**, die 1984 als weltweit einzige Anlage dieser Art eingerichtet wurde. Sie ist bemüht Techniken der kommerziellen Zucht der bedrohten Fechterschnecken zu entwickeln. Ein Rundgang durch die Farm zeigt alle Entwicklungsstadien der Tiere: von der Eiablage bis zur Ernährung unter der Wasserlinie, wo sich die Tiere bis zu ihrer Reife aufhalten. Die Farm exportiert lebende Fechterschnecken nach Florida und beliefert auch regionale Restaurants. ■

Inseln rund um Providenciales

Diese Inseln sind per Schiff von Provo aus leicht zu erreichen und erfreuen jeden Naturliebhaber. Auf Little Water Cay leben die bedrohten Leguane, auf West Caicos Flamingos. Parrot Cay bietet Tauchen, Segeln, Ausflüge und ein Spa.

Little Water Cay

Die unbewohnte Insel, die unter dem Schutz des Turks & Caicos National Trust steht, ist ein beliebtes Ziel für Tagesausflügler, die Leguane bewundern möchten (siehe Kasten S. 96). Tagesausflüge zur Insel bietet u. a. Sail Provo an *(Tel. 649/946-4783, www.sailprovo.com)*.

Parrot Cay

Die 526 Hektar große Privatinsel wurde einst als Großplantage genutzt. Ursprünglich hieß die Insel Pirate Cay, da man annimmt, dass hier von 1718 bis 1720 die berüchtigte Piratin Anne Bonney und ihr Liebhaber Calico Jack Rackham lebten. Heute ist dort weniger berüchtigte Prominenz anzutreffen *(Parrot Cay Resort, Tel. 649/946-7788, www.parrotcay.com)*.

Eine einsame Hütte am Strand

West Caicos

Das unbewohnte West Caicos ist für seine ausgezeichneten Tauchplätze

Little Water Cay
84 B3

Parrot Cay
84 B4

West Caicos
84 A3

Island Conchs

Lange bevor Kolumbus in Amerika landete, war die schöne, rosalippige Fechterschnecke *(Strombus gigas)* eines der Hauptnahrungsmittel in der Karibik. Heute werden jährlich mehr als 40 Millionen Exemplare der Fechterschnecken aus den flachen Gewässern rund um Florida, den Bahamas, den Bermudas sowie den Turks & Caicos Islands gefischt. Die Schneckenhäuser werden als Souvenir verkauft, auf Gräber gelegt oder sogar als Baumaterial verwendet.

Die Nachfrage ist hoch und die Überfischung der Gewässer um die Caicos Bank hat zu einem deutlichen Nachlassen des Ertrags geführt; heute gilt die Fechterschnecke als bedroht. Einige karibische Länder haben den Export der Schneckenhäuser verboten und nicht selten müssen Touristen ihre Beute bei der heimischen Zollkontrolle abliefern. Es ist viel besser die Tiere in ihrem Lebensraum zu bewundern und keine Schneckenhäuser mitzunehmen.

Dieser Wirtelschwanzleguan sieht vielleicht wild aus, doch die Art ist sanft und scheu – und bedroht

bekannt, die per Schiff ab Providenciales besucht werden können. Mitte des 18. Jahrhunderts nutzte der Korsar Jean Thomas Dulaien die Insel als Basis. In den 1890er Jahren, unter dem Namen Yankee Town, wurde die Insel dann für Salinen und Sisalplantagen gerodet. Noch heute sind Ruinen von Fabriken, Bahngleisen und Dampfmaschinen zu sehen. Im Zentrum der Insel liegt das Naturschutzgebiet **Lake Catherine** – Heimat von Fischadlern und Flamingos.

Turks-und-Caicos-Leguane

Der Turks-und-Caicos-Leguan *(Cyclura carinata)*, der auf Little Water Cay zu sehen ist, kommt nur auf diesen Inseln vor. Das langlebige Reptil paart sich einmal pro Jahr und legt sieben bis zwölf Eier pro Gelege. Wirtelschwanzleguane sind von vielen bewohnten Inseln verschwunden, weil sie von Menschen, Katzen und Hunden verfolgt werden. Etwa 50 000 Turks-und-Caicos-Leguane gibt es noch, davon leben etwa 2000 auf Little Water Cay der Rest in Schutzgebieten auf Ambergris Cay, in Fort und George sowie anderen Refugien.

Tauchen auf West Caicos

West Caicos hat auf seiner Leeseite ein rund zehn Kilometer langes Riff mit einer Riffwand, die in 11 bis 14 Metern Tiefe beginnt und bis auf 1800 Meter abfällt. Die Tauchplätze sind berühmt für ihre farbenfrohen Schwämme, die bizarren Korallenstöcke, die schwarzen Korallen und Gorgonien, aber auch Fische wie Stachelmakrelen, Zackenbarsche, Muränen und Kaiserfische. ■

Ort der ersten spanischen Kolonie in Amerika mit einem reichen Angebot: von kolonialer Architektur bis zu herrlichen Stränden

Dominikanische Republik

Erster Überblick 98–99

Santo Domingo 100–105

Spaziergang durch das Kolonialviertel 106–107

Die Südostküste 108–112

Erlebnis: Showtime 110

Die Samaná-Halbinsel 113

Die Nordküste rund um Puerto Plata 114–115

Von Puerto Plata nach Playa Grande 116–117

Erlebnis: Hart am Wind 117

Santiago de Los Caballeros 118–120

Cordillera Central 121–122

Erlebnis: Besteigung des Pico Duarte 122

Westlich von Santo Domingo 123–124

Hotels & Restaurants 358–360

Ein Buntglasfenster in Santo Domingos Basilica Santa Maria la Menor

Dominikanische Republik

Die Dominikanische Republik nimmt zwei Drittel der Insel Hispaniola ein (ein Drittel bildet Haiti). Sie war die erste europäische Kolonie in der Neuen Welt, auf ihr erhebt sich der höchste Berggipfel der Karibik, außerdem verfügt sie über den größten See und die größte Stadt der Region. Die vielgestaltige Republik ist wegen ihrer weißen Sandstrände bekannt.

Taíno-Indianer bewohnten die fruchtbare Region, als Kolumbus 1492 hier erstmals an Land ging. Er nannte die Insel Isla Española (oder Hispaniola) und erklärte sie zu einer idealen Kolonie, zumal er dort auf Gold gestoßen war.

Die heutige Hauptstadt Santo Domingo wurde 1496 an der Mündung des Ozama-Flusses errichtet. Bis die Goldreserven um 1515 erschöpft waren, florierte der Handel. Doch dann verloren die Spanier das Interesse an Hispaniola und wendeten sich den lukrativen Minen in Südamerika und Mexiko zu.

Im 17. Jahrhundert hatten Piraten und französische Seeräuber im nordwestlichen Teil der Insel Fuß gefasst und sich erfolgreich gegen spanische Angriffe behauptet. Frankreich profitierte davon, indem es das westliche Drittel der Insel für sich beanspruchte. Im folgenden Jahrhundert erblühte der französi-

NICHT VERSÄUMEN

Santo Domingos altes Kolonialviertel **106–107**

Die Galerien, Läden und Restaurants von Altos de Chavón **110**

Die Beobachtung von Walen von der Peninsula de Samaná aus **113**

Informationen über Bernstein im Museo del Ambar Dominicano, Puerto Plata **115**

Den Zigarrenarbeitern bei ihrer Tätigkeit in Santiago de Los Caballeros zusehen **118**

Wandern und Floßfahren in der Cordillera Central **121–122**

sche Teil Saint Domingue dank seiner Zuckerrohrplantagen zu einer der reichsten Kolonien der Karibik. Die Entwicklung im östlichen Teil stagnierte.

In den 1790er Jahren führte Toussaint L'Ouverture (1743–1803) eine Sklavenrevolte in Saint Domingue an. Damit begannen einige unruhige Jahrzehnte, in denen Unabhängigkeitskämpfe gegen Frankreich und Spanien stattfanden. Am 1. Januar 1804 wurde im westlichen Teil der Insel die Republik Haiti ausgerufen; 1821 erklärte der östliche Teil seine Unabhängigkeit. Doch sie war nicht von Dauer. Haitianer besetzten das Land 22 Jahre lang. 1844 übernahm eine Untergrundbewegung, La Trinitaria, die Kontrolle und erklärte die Unabhängigkeit des neuen Landes, der Dominikanischen Republik.

Seit der Unabhängigkeit und den dunklen Jahren unter General Rafael Leonidas Trujillo (1891–1961) zwischen 1930 und 1961 hat sich die Dominikanische Republik allmählich zu einer stabilen Demokratie entwickelt. Die Wirtschaft der Insel basiert heute auf Tourismus, Landwirtschaft und Mineralexporten. Mit den Haupturlaubsgebieten an der Nord- und Ostküste bildet der Tourismus den wichtigsten Wirtschaftsfaktor. Die Dominikanische Republik ist mit 500 Millionen Stück jährlich weltweit führend im Export von handgerollten Zigarren. ■

Santo Domingo

Als Hauptstadt der Dominikanischen Republik verfügt Santo Domingo über den größten Hafen der Region und ist gleichzeitig die älteste Stadt der gesamten Neuen Welt. Christoph Kolumbus' Bruder Bartoloméo gründete die Stadt 1498. Im Wirtschaftszentrum der Republik leben 2,5 Millionen Menschen.

Schüler der nahe gelegenen Schulen treffen sich oft im Parque Colón in Santo Domingos Kolonialviertel

Als die Stadt am östlichen Ufer des Rio Ozama errichtet wurde, hieß sie noch Nueva Isabel. Den Namen Santo Domingo erhielt sie erst, als man sie nach einem Wirbelsturm 1502 am westlichen Ufer des Flusses neu aufbaute. Der Hafen brachte ihr Wohlstand; von hier unternahmen die Spanier ihre Expeditionen nach Mexiko, Puerto Rico, Kuba und in den Pazifik. Santo Domingo verlor seine führende Rolle in der Karibik, als die Reichtümer des Festlands entdeckt wurden. 1562 traf die Stadt ein verheerendes Erdbeben. 1586 richtete ein Angriff des Freibeuters Sir Francis Drake (um 1540–1596) schwere Zerstörungen an.

Trotz des Niedergangs spielte Santo Domingo immer eine wichtige Rolle als politisches und wirtschaftliches Zentrum des Landes. Unter dem Regime von Rafael Trujillo hieß die Stadt Ciudad Trujillo, nahm aber nach dem Tod des Diktators ihren alten Namen wieder an.

Heute ist Santo Domingo das Wirtschaftszentrum der Dominikanischen Republik. Die Ciudad Colonial (Altstadt aus der Kolonialzeit) gehört

Dominikanische Merengue

Überall in der Dominikanischen Republik erklingen die schnellen Rhythmen der Merengue-Musik, beim Karneval, bei Fiestas und bei Tanzveranstaltungen. Die ursprünglich von einer Drei-Mann-Kombo gespielt wurde. Dazu gehörten entweder eine *tres* oder eine *cuatro* (beides gitarrenähnliche Instrumente), eine *tambora* (Trommel) und eine *güira* (Kalebasse).

Das jährliche Merengue Festival findet zwischen Ende Juli und Anfang August statt. Santo Domingos Malecón wird dabei zu einer riesigen Freiluft-Bühne für die Tänzer.

Einige Tage lang legen mehrere DJs auf, der temperamentvollste Merengue der Dominikanischen Republik wird getanzt und ein hoher Geldpreis geht an die besten Interpreten.

zum Weltkulturerbe. Das Viertel ist mit seinen gepflegten Plätzen, Straßencafés und einer Fülle historischer Gebäude der attraktivste Teil der Stadt.

Das Kolonialviertel

Das historische Kolonialviertel liegt am westlichen Ufer des Rio Ozama mit Blick auf den Pier der Kreuzfahrtschiffe und den Puerto Ozama. Man sollte einen Tag für die Sehenswürdigkeiten einplanen (siehe S. 106 f.).

Zu den wichtigsten historischen Gebäuden dieses Stadtteils gehört die **Fortaleza Ozama**. Gouverneur Nicolas de Ovando erbaute das Fort 1503 auf einer steilen Böschung an der Mündung des Rio Ozama. Seit dem 16. Jahrhundert war es die wichtigste Festung Santo Domingos und wurde vom Militär bis in die 1970er Jahre hinein genutzt.

Dem Eingang direkt gegenüber liegt der beeindruckende **Torre del Homenaje** (Ehrenturm). Der massive Bau ähnelt mit seinen zwei Meter dicken Mauern und den Zinnen einer mittelalterlichen Burg – einzigartig in Amerika.

Neben dem Turm findet man eine Waffenkammer aus dem 18. Jahrhundert, hinter der die Überreste einer Festungsmauer liegen, die aus der Zeit vor dem Bau des Turms stammt .Eine Statue zeigt Gonzalo Fernandez de Oviedo, der von 1533 bis 1557 das Fort befehligte.

Einen interessanten Einblick ins Leben der Kolonialzeit gibt das **Museo Alcázar de Colón**, erbaut zwischen 1511 und 1516 von Diego de Colón, dem Sohn von Kolumbus, der erster Vizekönig der Neuen Welt wurde. Eine Renaissance-Fassade mit Arkaden schmückt das Gebäude; sie ist die Kopie des Alcázar im spanischen Toledo. Der größte Teil des Mobiliars und der Kunstwerke im Palast stammt aus dem 16. Jahrhundert. Die spanische Regierung stiftete diese Gegenstände, als der Palast in den 1950er

Santo Domingo
99 D2
Besucherinformation
Calle Isabel La Catolica 103, Ciudad Colonial
809/686-3858

Fortaleza Ozama
Calle Las Damas
809/686-0222
$

Museo Alcázar de Colón
Plaza de España
809/682-4750
Geschl. Mo
$

Museo de las Casas Reales
Calle Las Damas
809/682-4202
Geschl. Mo
$

Panteón Nacional
Calle Las Damas
809/689-6010
Geschl. Mo

Plaza de la Cultura
Ave. Cesar Nicolas Penson, Gazcue
809/686-2472

Museo del Hombre Dominicano
Plaza de la Cultura
809/687-3622
Geschl. Mo
$

Jahren restauriert wurde. Beachtenswert sind die Holzdecken, vor allem in der Eingangshalle mit ihren 42 geschnitzten Tierköpfen, die böse Geister vertreiben sollten.

Das **Museo de las Casas Reales** bietet einen historischen Überblick über die Geschichte der Dominikanischen Republik. Seine Sammlung erzählt die Geschichte von den Taíno-Indianern bis zur Ankunft Kolumbus', der Kolonialisierung, der Plantagenwirtschaft und der Sklaverei. Bemerkenswert ist der Aufbau einer Apotheke aus dem 18. Jahrhundert. Eine antike Waffensammlung birgt unter anderem reich verzierte türkische und marokkanische Musketen, japanische Samuraischwerter und englische Armbruste. Im Innenhof steht der mit Schnitzereien verzierte Stoßzahn eines Elefanten von 1552.

INSIDERTIPP

Tolle Fotos vom Kolonialviertel können Sie in der Dämmerung an der Plaza de España nördlich vom Panteón Nacional schießen.

RAUL TOUZON
National Geographic Traveler-Magazin-Fotograf

Für das **Pantéon Nacional** am nördlichen Ende der Calle Las Damas sollte man sich Zeit nehmen. Das Pantheon war um 1750 ein Jesuitenkonvent, diente dann als Tabaklager und sogar als Theater. In den 1950er Jahren machte Trujillo daraus einen Erinnerungsort für die Helden der dominikanischen Geschichte. Der spanische Diktator General Franco schenkte den riesigen Kandelaber. Alle zwei Stunden findet ein Wachwechsel statt.

Die moderne Stadt

Der neue Teil von Santo Domingo befindet sich im Norden und Westen der kolonialen Altstadt; er reicht hinunter zum Wasser und zur Avenida George Washington (normalerweise nur **Malecón** genannt). Das Leben an der Uferstraße erwacht besonders in den Abendstunden, wenn die Dominikaner hier bummeln oder zur Merengue-Musik (siehe Kasten S. 101) tanzen, die aus tragbaren Stereoanlagen über die Straße schallt.

Im Herzen der Innenstadt liegt die **Plaza de la Cultura**, eine Anlage, zu der vier große Museen *(alle Mo geschl.)*, das **Teatro Nacional** *(Tel. 809/687-3191)* und die **Biblioteca Nacional** *(Tel. 809/688-4086)* gehören. Herausragend ist das **Museo del Hombre Dominicano**, das größte archäologische und anthropologische Museum der Karibik. Es nimmt den dritten und vierten Stock eines großen Gebäudes ein und besitzt reiche Sammlungen zur präkolumbischen Zeit. Vor allem die dritte Etage lohnt den Besuch: Hier findet man etwa die Fossilien eines ausgestorbenen Bären, des *Megatorio,* den einst die Ureinwohner, die Taíno-Indianer, jagten. Zu sehen sind weiterhin Kultgegenstände wie Äxte aus der Zeit von etwa 2000 v. Chr. Vergleiche mit anderen eingeborenen Kulturen Südamerikas verdeutlichen die Zusammenhänge. Ausstellungsstücke zu Beerdigungsriten zeigen Skelette in Embryonalhaltung, glaubten die Taíno doch an die Reinkarnation und beerdigten ihre Toten daher zur Vorbereitung auf die Wiedergeburt in dieser Haltung. Ein Schädel ist zu sehen, der Kiefer wie zum Luftholen weit heruntergeklappt (beim Tod der polygamen Taíno-Häuptlinge wurden deren jeweilige Frauen lebendig mit begraben). Das vierte, etwas weniger interessante Stockwerk dokumentiert die zeitgenössische Kultur des Landes.

Nebenan, im **Museo Nacional de Historia y Geografía**, kann man Relikte der Trujillo-Ära besichtigen: seine Aktentasche, sein Portemonnaie, Kamm, Fotos und andere Memorabilien des Diktators. Außerdem sind Schiffsmodelle aus der Zeit des haitisch-dominikanischen Konflikts im 19. Jahrhundert ausgestellt.

Das **Museo de Arte Moderno** dagegen lohnt einen Besuch. Die Dauerausstellung enthält moderne Werke dominikanischer und ausländischer Künstler.

Moderne Skulpturen präsentiert das Museo de Arte Moderno

Der hübsche Jardín Botánico liegt im Nordwesten von Santo Domingo

Museo de Arte Moderno
☎ 809/682-2153
🕒 Geschl. Mo
$ $

Palacio Nacional
✉ Calle Dr. Delgado
☎ 809/686-4771
🕒 Nach Vereinbarung

Jardín Botánico
✉ Ave. República de Colombia
☎ 809/385-2611
$ $$
www.jbn.gob.do

Parque Zoológico
✉ Ave. Nacional, Los Arroyos
☎ 809/378-2149
🕒 Geschl. Mo
$ $$
www.zoodom.gov.do

Östlich der Plaza de Cultura liegt der **Palacio Nacional**, ein imposantes neoklassizistisches Gebäude von 1947. Obwohl hier Regierungsbüros untergebracht sind, besteht die Möglichkeit für Besichtigungen.

Eine willkommene Abwechslung zur Hitze und Hektik in Santo Domingo bietet der **Jardín Botánico** am nordwestlichen Stadtrand. Die im Jahr 1976 eingerichteten Gärten erstrecken sich über zwei Quadratkilometer, sodass man leicht einen halben Tag dort verbringen kann. Eine kleine Bahn fährt die Besucher rund um die Gärten, aber bei einem Spaziergang lassen sich die tropischen Pflanzen und Bäume eingehender genießen. Es gibt Bereiche mit Orchideen, Wasserpflanzen, Bromelien, Palmen, Kakteen und Heilpflanzen; ein besonderer Höhepunkt ist der japanische Garten mit seinen Bambushainen und Zierteichen.

Der **Parque Zoológico** liegt östlich der Gärten in einem ehemaligen Kalksteinbruch. Auf 9,5 Hektar tummeln sich die meisten Tiere in offenen Gehegen, etwa Zebras, Elenantilopen, Nashörner; außerdem gibt es Volieren mit Aras und anderen Papageien sowie ein Reptilienhaus. Das Symboltier des Zoos ist der seltene Schlitzrüssler, Repräsentant einer eigenen Insektenfressergruppe. Er wirkt wie eine nasenlastige, struppige Riesenratte.

Östliche Stadtviertel

In den östlichen Stadtvierteln Santo Domingos steht das Prunkstück der Stadt, der **Faro a Colón** (Kolumbus-Leuchtturm, *Tel. 809/591-1492*). Er wurde anlässlich des 500. Jahrestages der Entdeckung Amerikas 1492 durch Kolumbus errichtet.

Das monumentale Gebäude ist nicht unumstritten. Wenngleich das Äußere an einen hässlichen Wohnsilo erinnert (für den Bau des Denkmals wurde ein Slumviertel „entsorgt"), lohnt das Innere durchaus einen Besuch. Die Idee, Kolumbus ein Denkmal zu setzen, gab es seit mehr als einem Jahrhundert. 1929 gewann der britische Architekturstudent J. Cleave einen eigens ausgeschriebenen Wettbewerb. Die Gedenkstätte in Form eines Kreuzes wurde dann aber erst 1992 fertiggestellt.

Das Gebäude nimmt 10 000 Quadratmeter ein; an den Außenwänden prangen auf Tafeln die Namen aller lateinamerikanischen Staaten. In seinem Zentrum steht das marmorne **Grab des Kolumbus**, bewacht von uniformierten Posten. In einem Sarkophag befinden sich angeblich die sterblichen Überreste des Entdeckers; sie wurden am 6. Oktober 1992, dem Tag der Eröffnung des Denkmals, von der Kathedrale überführt. In den Fluren ist eher unspektakuläre Kunst und Kultur aus 50 Ländern ausgestellt. Ein Exponat verdient jedoch Beachtung: ein original **Maya-Almanach** (es existieren nur vier dieser Art), der auf das 14. Jahrhundert zurückgeht. Auch der Anker von Kolumbus' Flaggschiff, der *Santa Maria*, gehört zu den wertvollen Stücken der Sammlung. Er wurde vor der nördlichen Küste Haitis geborgen, wo das Schiff im Jahr 1492 sank.

Beim Faro a Colón bildet das **Acuario Nacional** einen Anziehungspunkt für Familien; besonders beliebt ist der Haifischtunnel.

Einige Fahrminuten die Avenida de las Américas hinunter findet sich eine Reihe von Höhlen, **Los Tres Ojos** („Die drei Augen"). Die eingestürzten Höhlen bilden dramatische Felsformationen und Untergrundseen. Der dritte See ist mit einem an einer Seilwinde geführten Floß zu erreichen. Die üppige tropische Vegetation verstärkt das Gefühl, sich in einer verlorenen Welt zu bewegen, obgleich die große Stadt so nahe liegt. ■

Acuario Nacional
Avenida España
809/592-1509
Geschl. Mo
$

Das Rätsel um Kolumbus' Asche

Im Faro a Colón soll die Asche des Kolumbus liegen – doch stimmt das? Als der Entdecker 1506 starb, begrub man ihn im spanischen Valladolid. Drei Jahre später wurden seine sterblichen Überreste nach Sevilla überführt und um 1540 nach Santo Domingo gebracht. Als Frankreich die Stadt 1795 unter Kontrolle brachte, verlegte man das Grab nach Kuba und von dort 1898 wieder zurück nach Sevilla. Doch fand man 1877 bei Bauarbeiten in der Kathedrale von Santo Domingo unter dem Altar eine Kiste voll Asche mit der Aufschrift „Almirante Cristobal Colón". Diese Asche liegt heute im Faro a Colón. Ob es tatsächlich jene von Kolumbus ist, wird sich wohl nie nachweisen lassen.

Los Tres Ojos
Parque Los Tres Ojos, Ave. de las Américas
809/472-4204
$

Spaziergang durch das Kolonialviertel

Der Spaziergang beginnt und endet am Parque Colón, einem lebhaften Platz, umgeben von alten Steinbauten und Arkaden mit einer Statue des Kolumbus in seiner Mitte. Die Tour vermittelt einen Eindruck des stolzen kolonialen Erbes.

Vor der Catedral Basilica Santa María la Menor, Amerikas ältester Kathedrale

Am Südende des Platzes liegt die **Catedral Basilica Santa María la Menor** ❶ *(keine Shorts oder kurzen Röcke erlaubt)*. 1514–40 errichtet, war sie die erste Kathedrale der Neuen Welt und die älteste Kirche der Karibik. Angeblich entdeckte man hier 1877 bei Bauarbeiten die Asche des Kolumbus (s. Kasten S. 105). Im Kirchenschiff steht ein Thron aus Mahagoniholz aus dem 17. Jahrhundert unter Buntglasfenstern.

Der **Palacio de Borgella** ❷ aus der haitianischen Zeit Mitte des 19. Jahrhunderts begrenzt den Platz im Osten. Sein Markenzeichen ist eine elegante zweistöckige Säulenveranda. Bis 1947 tagte hier der Kongress.

Weiter geht es zur El Conde im Herzen des Kolonialviertels, einer belebten Fußgängerzone voller Geschäfte. El

NICHT VERSÄUMEN

Catedral Basilica Santa María la Menor • Museo de las Casas Reales • Monasterio de San Francisco

Conde führt hinunter zum Ufer und zur Calle las Damas, einer hübschen Promenade, auf der die Damen in der Kolonialzeit gegen Abend zu flanieren pflegten. Ausgefallen schöne Kolonialarchitektur prägt das Straßenbild.

Das Herz der Altstadt

Wenn man rechts auf die Calle las Damas einbiegt, gelangt man zur **Fortaleza Ozama** (siehe S. 101). In entgegengesetzter Richtung, im Norden, liegt **das Hospital Palacio Nicolás de Ovando** 3. Es war nach seiner Fertigstellung 1502 Residenz des Gouverneurs, nach dem es benannt ist. Heute beherbergt es das 5-Sterne-Sofitel-Hotel Nicolás de Ovando *(53 Calle las Damas)*. Ihm gegenüber liegt das **Pantéon Nacional** (siehe S. 102).

Folgen Sie weiter der Calle las Damas zum Palast **Casas Reales** 4 *(Calle las Mercedes, Ecke Calle las Damas)*. Im 16. Jahrhundert waren hier der Gouverneur, der königliche Gerichtshof (Real Audiencia), die Schatzkanzlei und die Militärverwaltung untergebracht. Heute lockt das **Museo de las Casas Reales** (siehe S. 102). Bei der Sonnenuhr (1753) gegenüber bietet sich ein schöner Blick auf den Hafen.

Ein paar Schritte weiter öffnet sich die Straße auf einen großen Platz. Auf der Ostseite liegt das **Museo Alcázar de Colón** (siehe S. 101 f.), gegenüber **Las Reales Atarazanas** 5, in denen sich einst die königliche Waffenkammer, der Zoll und Speicher befanden. Heute sind hier Läden, Restaurants und Bars.

Wenden Sie sich nach links auf die Calle Isabel la Católica zur **Casa del Cordón** 6 *(Ecke Calle Emiliano Tejera)*. Der Bau von 1509 war einer der ersten Steinbauten der Insel und beherbergt heute eine Bank. Er wurde nach der Kordel benannt, welche die Franziskaner um ihre Kutte binden.

Folgen Sie der Calle Emiliano Tejera über die Calle Arzobispo Merino bis zur Calle Hostos. Hier liegen die Ruinen des **Monasterio de San Francisco** 7, dem ersten Kloster der Neuen Welt aus dem frühen 16. Jahrhundert. Sir Francis Drake plünderte es, Erdbeben beschädigten es 1673 und 1751. Über die Calle Arzobispo Merino geht es zurück zum Parque Colón.

- Siehe Karte S. 99
- Parque Colón
- 2–3 Stunden
- 5 Kilometer
- Parque Colón

Die Südostküste

An der Südostküste liegen einige der weißen, palmengesäumten Sandstrände der Insel, umspült vom azurblauen Wasser. An viele der schönsten Strände wurden in den letzten Jahren Großhotels gesetzt. Zudem bauten sich reiche Dominikaner dort, nur zwei bis drei Stunden Fahrt von Santo Domingo, Luxusvillen.

Die Strände von Boca Chica, nahe der Hauptstadt, sind ein beliebtes Wochenendziel für Familien

Boca Chica
99 D2
Besucherinformation
Calle Duarte, esquina Caracol, 2da, Plaza Boca Chica
809/523-5106

Während sich im Norden eine Bergkette, die Cordillera Oriental, sanft erhebt, sind das Inselinnere und der Süden völlig flach und von Zuckerrohrplantagen bedeckt. Die wichtigsten Städte dieser Region (z. B. San Pedro de Macoris und La Romana) verdanken ihren Wohlstand.

Küstennahe Inseln und der Parque Nacional del Este (siehe S. 111) bilden die natürlichen Reize – künstliche Reize versuchte man etwa durch das pseudo-italienische Dorf Altos de Chavón hinzuzufügen.

Von Santo Domingo fährt man über die Autopista de las Américas nach Osten, teilweise an der Küste entlang, bevor man die internationale Drehscheibe der Insel erreicht, den Flughafen Las Américas. Ein wenig weiter liegt **Boca Chica**, ein Strandort an einer seichten Bucht mit einer Wassertiefe von höchstens 1,5 Metern. Am Wochenende strömen die Hauptstadtbewohner in

Scharen hierher Ein Stückchen westlich des Ortes kommen Taucher zum Parque Nacional Submarino La Caleta, wo einige der 28 Tauchplätze auch Schiffswracks zu bieten haben.

Die Strände in Juan Dolio, 40 Kilometer östlich von Santo Domingo auf der Rte. 3, sind wohl eine bessere Wahl. Die wichtigsten sind **Embassy Beach** (die Bucht ist beliebt bei Bodysurfern), die ruhigere und längere **Playa Guayacanes** sowie die **Playa de Juan Dolio**.

INSIDERTIPP

Neugierige Aficionados sollten an einer Führung durch die Tabacalera de García in La Romana teilnehmen, der größten Fabrik der Welt für handgerollte Zigarren.

JENNIFER ALLARD
NATIONAL GEOGRAPHIC-Mitarbeiterin

Eine der größeren Städte an der Südküste, **San Pedro de Macorís**, liegt an der Mündung des Rio Higuama, rund 14 Kilometer östlich von Juan Dolio. Zucker ließ diese Stadt um die Jahrhundertwende zu Reichtum gelangen. Der vergangene Glanz erscheint noch in den Häusern, der Feuerwache oder der klassizistischen Kirche **San Pedro Apostol** am Ufer des Flusses.

San Pedro de Macorís ließ sich von den umliegenden Inseln kulturell beeinflussen. So holte man im 19. Jahrhundert Handwerker und Baumeister von den kleineren britischen Inseln, um jene viktorianischen Holzhäuser zu errichten, die man heute noch auf der Avenida Independencia bewundern kann. Die Fremden brachten ihre Tänze *(guyolas)* und ihre Musik *(cainanés)* mit, die beide bei den jährlichen **Fiestas Patronales** im Juni zu erleben sind.

La Romana

Die Hauptstadt der Provinz, La Romana, lebt ebenfalls vom Zucker. Der Lärm der Dieselmotoren, die Anhänger voller Zuckerrohr zur wichtigsten Fabrik schleppen (Central Romana Corporation), wird während der Erntesaison zur vertrauten Geräuschkulisse (Nov.–Juli). Der Fabrikname geht auf die einst verwendete Römische Waage *(la balanza romana)* zurück. Das Unternehmen gehört zu den größten Zuckerproduzenten der Welt. Geschäftig geht es auf dem **Mercado Municipal** *(Calle Frey Juan de Utrera und Calle Dr. Teófilo Ferry)*, dem Markt der Stadt zu.

Casa de Campo

Als die Zuckerpreise in den 1970er Jahren drastisch zurückgingen, schuf man östlich

San Pedro de Macorís
99 D2

La Romana
99 E2

Besucherinformation
Avenida Libertad 7
809/550-6922

Tabacalera de García
Zona Franca, Casa de Campo, La Romana
809/552-2127
$–$$$

Casa de Campo, Altos de Chavón und Museo Arqueológico Regional
99 E2
809/523-3333
www.casadecampo.com.do

von La Romana den gigantischen Komplex **Casa de Campo** (Landhaus). Als größter touristischer Anziehungspunkt der Region verfügt die Anlage (28 km^2) über einen eigenen Flughafen mit Direktverbindungen in die USA. Außerdem finden sich auf dem Gelände vier Golfplätze (die von Pete Dye gestaltete Anlage „Teeth of the Dog" zählt zu den schönsten der Karibik), ein Schießplatz (100 ha), Ställe mit Reitpferden und Polo-Ponys, 19 Schwimmbecken, ein Privatstrand und ein Yachthafen, 13 Tennisplätze, 20 Restaurants und vieles mehr. Das Gelände ist riesengroß, sodass man sich mit Golf-Carts fortbewegen muss.

ERLEBNIS: Showtime

Im malerischen Amphitheater von Altos de Chavón können Sie unter freiem Himmel regionale und internationale Musik- und Tanzstars erleben. Als Erster trat Frank Sinatra 1982 hier auf, gefolgt von weltbekannten Künstlern wie Julio Iglesias und Sting.

Zwischen den Auftritten der Superstars trifft bei den farbenprächtigen Kandela-Musik-und Tanzvorstellungen (*Tel. 809 523 2424, www.kandela.com.do, $$$$$*) die Kultur der Karibik auf Las Vegas. Die Künstler auf der Bühne animieren die Zuschauer zum Mitmachen. Es ist eine einmalige Chance an einer Show teilzunehmen, die es an Glamour mit jeder Produktion in Las Vegas aufnehmen kann.

Altos de Chavón

Demselben Besitzer gehört das **Altos de Chavón,** ein pseudoitalienisches Dorf aus den 1970er und 80er Jahren. Es soll einem Dorf aus dem 16. Jahrhundert nachempfunden sein. Gebaut wurde mit Korallenstein. In der Ortsmitte bietet ein Amphitheater 5000 Besuchern Platz. Daneben befinden sich Kunstgalerien, eine Designerschule, Läden für Kunsthandwerk, eine Kirche und etliche Restaurants. Das **Museo Arqueológico Regional** stellt Kunst- und Kultobjekte der Taíno aus. Nur das Museo del Hombre Dominicano in der Hauptstadt kann damit konkurrieren. Glanzstück des Museums ist ein geschnitztes Götzenbild *(geschl. Mo).*

Östlich von La Romana

Vor La Romanas Küste liegt die unbewohnte Isla Catalina mit herrlichen weißen Strände und Tauchplätzen am Riff. Das Museo Vivos del Mar (Lebendes Museum des Meeres) präsentiert das unter Wasser liegende Wrack von Kapitän Kidds Piratenschiff (1699), der *Cara Merchant.* Für Informationen zum Tauchen wenden Sie sich an die Casa de Campo. Ausflüge organisiert auch die Tauchschule in Punta Cana.

Das Fischerdorf **Bayahibe** gilt als Geheimtipp unter Individualreisenden. Es liegt 25 Kilometer südöstlich von La Romana auf der Rte. 3. Im

Karneval

Die Karnevalstradition der Dominikanischen Republik bezieht sich auf zwei historische Daten: auf den 27. Februar 1844, als Juan Pablo Duarte Santo Domingo von den Spaniern zurückeroberte, und auf den Unabhängigkeitstag am 16. August 1865. Karneval wird gefeiert, egal ob gerade Fastenzeit ist oder nicht. Tanz auf den Straßen, Paraden und Partys prägen die ersten Tage, auf welche dann der Höhepunkt folgt: Die *diablos cojuelos*, die „lahmen Teufel", treiben in ihren aufwendigen Kostümen Leute durch die Stadt. Man kennt diesen Brauch in Gestalt von *lechones* in Santiago, *cachuas* (gehörnte Teufel) in Cabral, *toros* (Bullen) in Montecristi, *papeluses* (Papierteufel) in Cotui, *diablos de hojas de platano* (Bananenblatt-Teufel) in Barahona und *mascaros* (maskierte Teufel) in Bonao. Jede Teufelsart verfügt über eine entsprechend gestaltete Maske. Die schönsten sind im Museo Folklórico de Tomás Morel in Santiago ausgestellt (siehe S. 119).

Dorf finden sich einige preiswerte Hotels. Bayahibe liegt an einem knapp zwei Kilometer langen, palmenbestandenen Strand und ist beliebt als Zwischenstopp, bevor man auf die Isla Saona vor der Küste übersetzt.

Die **Isla Saona** ist Bestandteil des **Parque Nacional del Este**, zu welchem außerdem der Küstenstreifen zwischen Bayahibe und Bahía de Yuma gehört. Auf der 137 Quadratkilometer großen Insel liegen nur zwei Fischerdörfer, Adamanay und Punta Gorda. Dass sie trotzdem täglich Hunderte von Besuchern anzieht, liegt an den herrlichen weißen Sandstränden, an denen Christoph

Parque Nacional del Este
99 E2

Holzgeschnitzte Aras in Altos de Chavón

Higüey
99 E2
Besucherinformation
Calle de la Altagracia
809/554-2672

Manatí Park Bávaro
99 E2
Plaza Bávaro
809/552-6100
$$$$$
www.manatipark.com

Kolumbus angeblich gelandet sein soll.

Etwa 30 Kilometer landeinwärts von La Romana liegt **Higüey**, das 1502 entstand und damit eine der ältesten Städte der Insel ist. Es hat dem Touristen nicht viel zu bieten, ist aber ein gern besuchter Wallfahrtsort. Mittelpunkt ist die **Basilica de Nuestra Señora de la Merced** (16. Jh.). Nur 500 Meter weiter erhebt sich die massive **Basilica de Nuestro Señora de Altagracia**, nach der Schutzheiligen des Landes benannt. Ihr Betonbau stammt aus den 1950er Jahren und soll in Form und Größe (60 m hoch) betenden Händen nachgebildet sein. Die Pilgerfahrt findet am 21. Januar statt.

Delfine in Gefangenschaft

Delfine sind sehr empfindsame Tiere, die sehr unter der Gefangenschaft leiden. Durchschnittlich wird ein Tier 45 Jahre alt, mehr als die Hälfte aller gefangenen Tiere stirbt aber innerhalb der ersten zwei Jahre. Ein Delfin schwimmt in Freiheit bis zu 65 Kilometer am Tag.

Sehenswürdigkeiten an der Küste

Östlich von Higüey liegt die **Kokosnuss-Küste**, eine zusammenhängende Kette von Bilderbuch-Stränden, die von der **Punta Espada** über die **Punta Cana** und **Bávaro** fast bis nach **Punta Sabaneta** reicht. Hier finden sich weißer Sand, Kokospalmen sowie riffumstandene Lagunen, die zum Schwimmen, Schnorcheln, Tauchen und zu anderen Wassersportarten einladen. Entlang der Strände reihen sich viele teils erstklassige Hotels, ist die Gegend doch in letzter Zeit intensiv für den Tourismus entwickelt worden.

Hinter den Strandhotels liegt der **Manati Park Bávaro**, der außer Leguanen, Papageien, Geiern, Schmetterlingen und Störchen in den Gehegen auch ein Aquarium mit Haien und Rochen zu bieten hat. Zur Unterhaltung finden Vorstellungen mit Papageien, Pferden, Seelöwen und auch Delfinen statt (viele Menschen machen sich über die in Gefangenschaft lebenden Delfine Gedanken, siehe Kasten auf dieser Seite).

Im Park gibt es auch die Rekonstruktion eines Taíno-Dorfes, das Besuchern die Kultur und Folklore der Insel präsentiert. Traditionelle Tanzrituale werden dort gezeigt. Ein Museum zeigt Statuen, Gemälde und traditionelle Kleidung. Der Souvenirladen verkauft Reproduktionen der Exponate des Museums, die von örtlichen Kunsthandwerken hergestellt werden. ■

Die Samaná-Halbinsel

Die Samaná-Halbinsel ist eine der schönsten Gegenden der Dominikanischen Republik. Sie ragt aus dem nordöstlichen Zipfel der Insel hervor und wird durch einen Gebirgszug, die Cordillera de Samaná, unterteilt. Mit Palmen und Fichten bewachsene Ausläufer reichen auf der einen Seite bis zum azurblauen Meer der Bahia de Samaná, auf der anderen Seite führen sie bis zur Karibik hinunter.

Gemälde bringen Farbe in die Straßen von Las Terrenas

Auswanderer von den Kanaren gründeten 1756 die Stadt Santa Bárbara de Samaná. Eine Autobahn ab Santo Domingo bringt seit Kurzem den Tourismus ins ruhige **Samaná** und in einige Küstenorte. Samaná ist Ausgangspunkt für Bootstouren zur Beobachtung von Buckelwale. Bis zu 3000 Wale kommen zur Paarungszeit (Jan.–März) in die Bucht und kalben dort auch *(Tel. 809/538-2494, www.whalesamana.com)*. Ausflüge zur küstennahen Insel **Cayo Levantado** starten ebenfalls in Samaná.

Von Sanchez aus können Sie auch Tagestouren zum **Parque Nacional Los Haitises** auf der Südseite der Bucht unternehmen. Der Park, die Mangroven und die Eilande sind Vogelschutzgebiet. In einem anderen Teil des Parks liegen Höhlen, zum Teil Felsmalereien. Ausflüge werden von Puerto Plata, Sosúa und Cabarete aus angeboten.

Im Norden der Halbinsel liegt der Urlaubsort **Las Terrenas.** Auch hier finden sich auf zwölf Kilometer wunderbare Strände. ■

Samaná
99 D3
Besucherinformation
Calle Santa Bárbara, Edificio Gubernamental
809/538-2332

Parque Nacional Los Haitises
99 D3
809/472-4204

Las Terrenas
99 D3

Die Nordküste rund um Puerto Plata

Die Atlantikküste der Dominikanischen Republik erstreckt sich über gut 240 Kilometer von Monte Cristi an der haitianischen Grenze im Westen bis zur Peninsula de Samaná im Osten. Im Hinterland liegen Zuckerrohrfelder am Fuß der Cordillera Septentrional. An der Küste gibt es einige wunderbare Strände, die auf der Atlantikseite stärkeren Wellengang haben.

Kleinere Fische wie Tarpun und Stachelmakrele erwarten Angler an der Nordküste

Puerto Plata
99 C4
Besucherinformation
Calle Harmanas, Mirabel 8
809/586-3676

Fortaleza de San Felipe
Ende des Malecón
$

Die wichtigste Küstenstadt ist **Puerto Plata** (Silberhafen) aus dem 16. Jahrhundert. Der Berg **Pico Isabel de Torres** (779 Meter) gehört teilweise zu einem Naturschutzgebiet, der Reserva Científica Isabel de Torres. Eine Seilbahn führt zum botanischen Garten auf dem Gipfel. Fahren Sie am besten am frühen Morgen hinauf, dann ist der Himmel klar und die Sicht geht weit ins Land. In Puerto Plata erstreckt sich eine Promenade, der Malecón. An deren Ende liegt die **Fortaleza de San Felipe**. Dieses Fort ist eines der ältesten in der Karibik, erbaut als Schutz gegen Piraten zwischen 1564 und 1577. 1659 teilweise zerstört, ließ es der spanische König Philipp II. wiederaufbauen.

In den 1970er Jahren folgte eine komplette Renovierung. Die Festung verfügt über kleine Aussichtstürme zum Meer und beherbergt ein Museum. Die Ausstellungsstücke der Sammlung, meist Waffen aus dem 16. Jahrhundert, sind allerdings weniger interessant als das Gebäude selbst.

Um Puerto Platas Zentrum, den **Parque Central**, stehen einige Holzhäuser aus der Zeit um die Jahrhundertwende zum 20. Jahrhundert. In der Mitte findet sich ein Pavillon, genannt **La Glorieta**. Am Südende schließt sich die moderne, im Art-déco-Stil gehaltene **Catedral de San Felipe** an.

Neben der Festung und direkt am Parque Central befindet sich die Hauptsehenswürdigkeit der Stadt: das gute, aber stark kommerzialisierte **Museo de Ambar Dominicano** (Bernstein-Museum). Dort kann man unter anderem Insekten und weitere Tiere bestaunen, die vor 50 Millionen Jahren in Harz eingeschlossen wurden.

Nach Haiti

Von Puerto Plata erstreckt sich eine trockene, kakteenbewachsene Landschaft bis zur haitianischen Grenze. Ein beliebtes Ausflugsziel für Familien ist der **Ocean World Park** *(Tel. 809/291-1000, www.oceanworld.net, $$$$$)* bei Cofresí. Dort gibt es, in einem Komplex, zu dem auch ein Kasino und ein Yachthafen gehören, die verschiedensten Shows mit Wassertieren, begehbare Volieren und eine Ausstellung über den tropischen Regenwald zu sehen.

Östlich des Fischerdorfs **Luperón** stößt man auf die Stelle, an der die erste europäische Siedlung in der Neuen Welt, **La Isabela**, entstand. Kolumbus gründete sie 1493 und benannte sie nach der spanischen Königin. Heute befindet sich dort der **Parque Nacional Histórico La Isabela**. Ausgrabungen legten die Fundamente der Kirche und des Hauses von Kolumbus frei.

Die letzte Stadt vor der Grenze zu Haiti ist **Monte Cristi**. Der verblichene Glanz vergangener Tage erinnert an die Blütezeit der Stadt um die Wende vom 19. zum 20. Jahrhundert.

Interessanter ist der nahegelegene **Parque Nacional Monte Cristi** (528 km^2), der Teile des Küstengebiets ebenso wie die Inseln Cayos Siete Hermanos einschließt. Dieses Schutzgebiet bietet Alligatoren und seltenen Vogelarten Lebensraum. ■

Die Bernsteinküste

Die nördliche Küste wird wegen der riesigen – teils im Museum von Puerto Plata ausgestellten – Bernsteinfunde mitunter auch Bernsteinküste genannt. Dieser Name ist jedoch eigentlich nicht richtig, stammt der Bernstein doch aus den etwa 15 Minen in den Schiefer- und Sandsteinformationen zwischen Puerto Plato und Santiago.

Museo del Ambar Dominicano

✉ Calle Duarte 61

☎ 809/586-2848,

🕒 Geschl. So

$ $

www.ambermuseum.com

Von Puerto Plata nach Playa Grande

Etwa fünf Kilometer östlich von Puerto Plata dehnt sich die Feriensiedlung Playa Dorada aus, die von einer Reihe Hotels gesäumt wird. Weiter östlich ist die Küste weniger bebaut. Die reizvolle Lagune bei Río San Juan zieht Besucher an.

Am Strand von Cabarete gibt es Bars und Restaurants

Sosúa
99 C4
Besucher-information
Calle Duarte 1
809/571-3433

Cabarete
99 C4
Besucher-information
Calle Principal
809/571-0962

Sosúa (27 Kilometer östlich von Puerto Plata) lockt mit einem riesigen Strand mit vielen touristischen Angeboten. Fast alle Wassersportarten, vor allem jedoch Tauchen und Schnorcheln, sind hier möglich. Die Stadt ist zweigeteilt: Während im Westen **Los Charamicos,** ein kleines Fischerdorf, liegt, befindet sich im Osten **El Batey** mit zahlreichen Hotels, Restaurants und Geschäften. El Batey geht auf die Ansiedlung von 600 jüdischen Flüchtlingen aus Deutschland zurück, die 1941 vor dem Nationalsozialismus geflohen waren. Sie bauten eine florierende Milchindustrie auf, und obwohl viele von ihnen nach dem Kriegsende wegzogen, blieben ihre Spuren bis heute in Form einiger Erinnerungstafeln, einer Synagoge und Bäckereien sichtbar.

Cabarete

Cabarete, elf Kilometer östlich von Sosúa gelegen, ist ein Mekka für Windsurfer. Sogar Weltmeisterschaften finden hier statt. Dank der

Winde, die auflandig wehen und erschöpfte Windsurfer wieder zum Strand treiben, gilt die Stelle als recht sicher. Von Dezember bis September liegt die Windstärke nachmittags generell bei 15 bis 25 Knoten, mit stärkeren Winden muss man im späten Frühling und besonders im Sommer rechnen.

Dank des ständigen Winds wird in Cabarete auch Kitesurfen angeboten. Man muss aber nicht selbst fanatischer Surfer sein, um das Strandleben genießen zu können. Die Feriensiedlung bietet Hotels aller Preisklassen, darunter auch preiswerte Pensionen.

Cabarete bietet daneben Mountainbike-, Jeep- und Wandertouren sowie Ausritte ins Umland. Die im Jahr 1993 gegründete Firma **Iguana Mama** *(Tel. 809/571-0908, www.iguanamama.com)* bietet gut organisierte Touren an, die den Wünschen der Besucher angepasst werden, und tritt einen Teil ihres Gewinns an einheimische Umwelt- und Bildungsprojekte ab.

ERLEBNIS: Hart am Wind

Die Professional Windsurfers Association und die Professional Kiteboard Riders Association zählen Cabarete zu den Topzielen der Welt. Die Cabarete Race Week im Juni ist der Höhepunkt des Jahres; dann gehört der Ort einem Publikum von jungen, lebhaften, internationalen Surfern und Kiteboardern, die gleichermaßen zu Weltklasse-Wettkämpfen wie zum Partymachen hierher kommen. Wer zu dieser Zeit nach Cabarete kommen will, sollte sich frühzeitig um eine Unterkunft kümmern *(Tel. 809 571 0882, www.cabareteevents.com, $$$$$)*.

Entlang der Küste

Etwa 63 Kilometer östlich von Sosúa liegt das Fischerdorf Río San Juan, Ausgangspunkt für Ausflüge in die nahe Lagune Gri Gri. Boote legen vom Pier am Ende der Hauptstraße, der Calle Duarte, ab. Die Überfahrt dauert zwei Stunden und führt durch einen mit Mangroven bewachsenen Kanal, der in die offene See mündet. Die Boote folgen der Küste, fahren in ein oder zwei Meereshöhlen hinein und gelangen schließlich zu einem natürlichen Schwimmbassin *(piscina natural)*.

Etwa Elf Kilometer hinter Río San Juan gelangt man zur **Playa Grande**, die sich auf mehr als einem Kilometer Länge um die Bucht schlängelt. Die Strömung kann hier manchmal sehr stark und tückisch sein. Achtung beim Schwimmen!

Ein Stück weiter stoßen Sie auf den **Parque Nacional Cabo Francés Viejo**. In diesem Schutzgebiet für den Küstenregenwald führen unbefestigte Wege zu verborgenen Stränden und Buchten. Die Hauptstadt der Provinz, **Nagau**, hat Besuchern nicht viel zu bieten. ■

Río San Juan
99 C4

Besucher-information
Calle Duarte
809/598-2831

Playa Grande
99 D4

Parque Nacional Cabo Francés Viejo
99 D4

Santiago de Los Caballeros

Mit 750 000 Einwohnern ist Santiago des Los Caballeros die zweitgrößte Stadt der Dominikanischen Republik. Sie liegt im fruchtbaren Valle de Cibao und ist Industrie- und Agrarzentrum. Santiago steht für Zigaretten und handgerollte Zigarren. Der Name der Stadt geht auf 30 spanische Edelleute *(caballeros)* zurück, die 1495 die Stadt auf Kolumbus' Geheiß hin gründeten.

Ein Wandgemälde in der Fortaleza San Luís zu Ehren der Frauen der Nation

Santiago de Los Caballeros

99 C3

Besucherinformation

Ayuntamiento Municipal

809/582-5885

Der Wohlstand der ausgedehnten Stadt gründet auf Tabak und Rum. Die Martinez-Fabrik stellt täglich Zehntausende handgerollter Zigarren her und gleichzeitig Millionen Zigaretten. Es ist faszinierend, beim Zigarrenrollen zuzusehen: Die Arbeiter rollen die Blätter und binden sie mit einem Deckblatt in die bekannte Form. Etwa 20 Fabriken befinden sich noch in Betrieb, bei der Touristenauskunft erfährt man Näheres. Führungen gibt es u. a. bei **E. Leon Jiménez Tabacalera**, 1903 gegründet und noch in Familienbesitz. Neben der Fabrik liegt das **Centro Cultural Léon**. Es wurde 2003 zum 100. Jahrestag der Firmengründung eröffnet und zeigt Kunst aus

INSIDERTIPP

Ein großartiges Souvenir sind Reproduktionen indianischer Töpferwaren, die es in vielen Läden und auf Märkten gibt.

ALICE SAMSON
National Geographic-Feldforscherin

der Dominikanischen Republik. Am nordöstlichen Ende des zentralen Platzes von Santiago liegt der **Parque Duarte**, den Schuhputzer, Eisverkäufer und Angestellte, die dort ihre Mittagspause verbringen, bevölkern. Für eine Stadt dieser Größe fällt der Platz fast ein wenig klein aus. Auf der westlichen Seite liegt das **Centro de Recreo** von 1894, das einen Billardclub beherbergt. Nebenan steht der private **Palacio Consistorial**, ein etwas ernsterer Bau aus derselben Zeit. Santiago hat unzählige schöne viktorianische Gebäude, die zumeist von Kaufleuten gebaut wurden. Sie investierten hier ihre Gewinne aus der erfolgreichen Landwirtschaft im Cibao-Tal. Gebaut wurde vor allem im spanischen Kolonialstil.

Museo Folklórico de Tomás Morel

Ein paar Minuten Fußweg entfernt vom Parque findet man das Museo Folklórico de Tomás Morel. Das Museum ist ein wahres Kuriositätenkabinett: Man findet dort indianische Keramik ebenso wie einen Taschenrechner-Prototyp und Hunderte wertvoller Karnevals-Masken mit grotesken, lustigen oder surrealen Gesichtszügen (siehe Kasten S. 111). Prunkstücke sind die Masken aus Santiagos Stadtteil Hoya, die lauter Stacheln auf den Hörnern tragen.

Heldendenkmal

Unübersehbar in der Stadt ist das **Monumento a los Héroes de la Restauración** auf der Avenida Monumental. Selbst schon 67 Meter hoch, steht es zudem auf einem Hügel in Santiagos Zentrum. Es wurde während der Trujillo-Diktatur aus weißem Marmor errichtet. Trujillo widme-

Bachata

Der laute Gitarrensound der *bachata* bildet die allgegenwärtige Begleitung einer Reise durchs Land. Diese extrem populäre Musik entstand vor rund 50 Jahren. Das dominikanische Gegenstück zum Blues stammt vom traditionellen romantischen Bolero ab: *Bachateros* singen von gebrochenen Herzen und Verrat (die ursprüngliche Bezeichnung war *amargue*, Bitterkeit). Es gibt auch eine schnellere Merengue-ähnliche Version.

E. León Jimenes Tabacalera & Centro Cultural León

- ✉ Ave. 27 de Febrero 146, Villa Progresso
- ☎ 809/535-5555; Centro León, 809/582-2315
- 🕒 Centro León geschl. So
- $ $

www.centroleon.org.do

Museo Folklórico de Tomás Morel

- ✉ 174 Calle Restauración
- ☎ 809/582-6787
- 🕒 Geschl. Sa, So
- $ Spende

Zigarren werden in einer Fabrik in Santiago de Los Caballeros von Hand gerollt

te es den Helden von 1844, welche die haitianischen Besatzer vertrieben und wieder eine eigene Regierung in der Dominikanischen Republik eingesetzt hatten. Dabei hatte der Diktator wohl auch ein klein wenig an sich selbst gedacht.

Eine Ausstellung vermittelt Wissenswertes zur Geschichte der Republik. Mit einem Aufzug (fällt oft aus) kann man auf eine Aussichtsplattform gelangen und den Blick über Santiago, den Valle de Cibao und die Berge genießen. Die Fresken am oberen Ende der Treppe stammen vom bekannten zeitgenössischen spanischen Maler Vela Zanetti.

Die meisten Läden und Geschäfte erstrecken sich entlang der Hauptstraße, der **Calle del Sol**, die hinunter zum Parque Duarte führt. Hier haben sich die besseren Geschäfte der Stadt angesiedelt. ■

Die Zigarrenherstellung

Die Zigarrenherstellung hat in der Dominikanischen Republik eine lange Tradition und spielt in Kultur und Wirtschaft des Landes eine wichtige Rolle.

Tabak wird vor allem im Yaque-Tal angebaut, das sich auf 25 Kilometer Länge am Río Yaque del Norte erstreckt, von den Stadtausläufern von Santiago nach Nordwesten bis Esperanza.

Die Zigarrenproduktion erlebte in den 1960er Jahren einen Rückgang, doch seit Zigarren von hoher Qualität wieder in aller Welt gefragt sind, erlebt die Region einen Boom. Die Dominikanische Republik exportiert heute zwei Drittel aller handgerollten Zigarren des Weltmarkts und ist damit vor Honduras und Kuba größter Exporteur der ganzen Region. Produziert wird für international so bekannte Marken wie Dunhill, Partaga und H. Upmann.

Cordillera Central

Unwirtlich und abgelegen erheben sich die Berge der Cordillera Central (Zentrales Hochland) quer über die westliche Hälfte der Dominikanischen Republik. Sie gipfeln im Pico Duarte, dem mit 3087 Metern höchsten Berg der Insel. Zwei Nationalparks (der Parque Nacional Armando Bermúdez und der Parque Nacional José del Carmen Ramirez) liegen in der Cordillera Central.

Relativ leicht zu erreichen ist das Bergdorf **Jarabacoa** über die Rte. 28, die von der Hauptschnellstraße (Rte. 1) abgeht. Die Strecke führt durch dichte Nadelwälder.

Jarabacao liegt in einem breiten Tal, umgeben von den Ausläufern des Hochlandes und bietet ganzjährig angenehm gleich bleibende Temperaturen. Reiche Bürger aus Santiago unterhalten hier Wochenendhäuser. Felder mit Blumen, Erdbeeren, Piment und Maniok breiten sich um das Dorf aus.

Den gepflegten Platz im Zentrum überragt ein riesiger Baum; seitlich erhebt sich eine Kirche mit modernen Fresken des einheimischen Künstlers Roberto Flores.

Jarabacoa lockt mit seiner schönen Lage in einer unberührten Landschaft nahe den Bergen und schnellen Bergflüssen. Eindrucksvoll ist der Wasserfall **Salto de Jimenoa**. Sie erreichen ihn, wenn Sie im Zentrum des Ortes für 6,5 Kilometer auf die Straße nach La Vega abbiegen und noch sechs Kilometer auf ei-

Jarabacoa
99 C3
Besucher-information
Playa Ramírez
809/574-7287

Überquerung des Río Yaque del Norte bei La Ciénega auf dem Weg zum Pico Duarte

Salto de Jimenoa
99 C3
$

ner Schotterpiste bis zu einer Umspannstation unterhalb des Wasserfalles fahren. Nach einer weiteren Viertelstunde zu Fuß über ein paar Hängebrücken gelangt man zu einem natürlichen Amphitheater, in welchem das Wasser kaskadenartig 24 Meter tief in ein Felsbecken stürzt, in dem man auch schwimmen kann.

Auf der anderen Seite der Stadt fließt in drei Kilometern Entfernung der Río Jimenoa in den Río Yaque del Norte. Die Mündung heißt **Balneario La Confluencia** – ein beliebter Badeplatz bei den Einheimischen.

Die Gegend entlang dem Jimenoa ist optimal für sportliche Aktivitäten geeignet: Ein Netz von Wegen und Pisten führt zu entlegenen Dörfern und Gehöften. Am Stadtrand (1,6 km südlich) liegt die **Rancho Baiguate**, eine Art Freizeitpark. Man kann hier reiten, mit dem Mountainbike oder einem Vierrad-Bike die Gegend erkunden, Paragliding wagen, Wildwasser-Kanu fahren, Wanderungen starten, sich mit Kanu oder Schlauchboot auf den Stromschnellen im Canyon mit der Natur messen oder eine Jeep-Safari zur Bergspitze des Pico Duarte buchen. Ganz in der Nähe liegen auch die **Baiguate Falls**, die man in ca. einer halben Stunde mit Vierrad-Bikes und zu Fuß erreicht. Auch hier liegt ein natürliches „Schwimmbad" am Fuß des Wasserfalls. Wildwasser-Fahrten sind am Oberlauf des Río Jimenoa möglich: Man schießt über 13 Kilometer die Stromschnellen hinunter (bis Klasse III). Die Ranch vermietet Unterkünfte und organisiert Ausflüge, z. B. zu einer Kaffeefabrik oder einer indianischen Bäckerei.

Von Jarabacoa Richtung Südosten führt die Rte. 28 nach **Constanza**, eine Stadt in einem höher gelegenen Tal mit Obstbau. Die etwas verschlafen wirkende Stadt verfügt nur über ein paar Hotels und Restaurants. Im Winter können die Temperaturen hier durchaus einmal unter 0 °C fallen (Dezember und Januar). Unternehmungen beschränken sich auf Wanderungen zum 30 Meter hohen Wasserfall **Agua Blanca** (10 km südwärts). Hierher kommen weniger Besucher als nach Jarabacoa. ■

ERLEBNIS: Besteigung des Pico Duarte

Zum Gipfel des Pico Duarte stürmt man besser nicht auf eigene Faust. Die Tour zum höchsten Berg der Karibik dauert drei Tage und wird als geführte Wanderung vom Dorf La Ciénega aus angeboten.

Veranstalter sind u. a. Rancho Baiguate *(Tel. 809 574 6890, www.ranchobaiguate.com, $$$$)* **und Iguana Mama in Cabarete** *(Tel. 809/571-0908, www.iguanamama.com, $$$$$).*

Westlich von Santo Domingo

Die Südwestecke der Insel ist eine trockene Region mit eigentümlicher Küstenlandschaft. Sie war vom Tourismus bislang kaum berührt, doch dürften dies der neue Flughafen in Barahona und die Schnellstraße zur Hauptstadt bald ändern.

La Iglesia Nuestra Señora de la Consolación, San Cristóbal

24 Kilometer westlich von Santo Domingo liegt **San Cristóbal**, wo am 6. November 1844 die erste Verfassung des Landes unterzeichnet wurde. Die Stadt ist jedoch besser bekannt als Geburtsort des Diktators Rafael Trujillo. Dieser ließ eine Kirche und ein Mausoleum erbauen (er ist jedoch in Frankreich begraben), außerdem mehrere Herrenhäuser, darunter das **Castillo del Cerro**, ein protziges sechsstöckiges Haus.

Von San Cristóbal führt die Hauptstraße (Rte. 2) nach Baní. Südwestlich davon liegt das Fischerdorf **Las Salinas**. Gleich beim Dorf findet man die Bahía Las Calderas, die größte Sanddüne der Karibik.

Südlich von Barahona

Drei Stunden Fahrt südlich von Santo Domingo liegt an der Bahía de Neiba **Barahona** mit 80 000 Einwohnern. Der Flughafen Aeropuerto María Montés ist nach einer Dominikanerin benannt, die in den 1940er und 1950er Jahren in Hollywood Karriere machte. Er soll die touristische Entwicklung dieses relativ abgelegenen Landesteils fördern. Hauptanziehungspunkt ist die Küstenlandschaft südlich von Barahona. Hier geht die über 2000 Meter hohe Sierra de Bahoruco

San Cristóbal

99 C2

Barahona

98 B2

Besucherinformation

Ave. Enriquillo

809/524-3650

Besuch im Parque Nacional Jaragua

Der Haupteingang zum Park ist am Highway 44, nördlich von Oviedo. Um die Landbereiche des Parks zu erkunden, brauchen Sie ein Auto. Führer warten am Eingang und bieten zwei- bis dreistündige Bootstouren über die Lagune an *($$$$$, nach Verhandlung)*. Wer jedoch wirklich die Tierwelt des Parks und die sehr verschiedenen Landschaften kennenlernen will, sollte eine Tagestour bei EcoTour Baharona *(Tel. 809/243-1101, www.ecotour-repdom.com, $$$$$)* buchen, wahlweise per Kleinbus, zu Fuß, auf dem Fahrrad oder per Boot auf dem See.

Parque Nacional Jaragua
98 A1
Besucher-information
809/472-1036
www.grupojaragua.org.do

Isla Cabritos
98 A2

fast ins Karibische Meer über; es reihen sich kleine Fischerdörfer, Buchten und Strände aneinander. Hinter dem Fischerdorf Enriquillo biegt die Straße ins Inselinnere ab und führt zur Stadt Pedernales an der haitianischen Grenze.

Naturwunder

Der 1400 Quadratkilometer große **Parque Nacional Jaragua** erstreckt sich an der Südwestspitze der Insel. Er zeichnet sich durch ein trockenes Klima, Kalksteinformationen, Lagunen und Salzwasserseen aus. Man sollte nicht einen Trinkwasservorrat und Landkarte aufbrechen. Der Park, das größte Schutzgebiet des Landes, ist bekannt für Flamingos, Meeresschildkröten und die bedrohten Leguane. Er umfasst auch die küstennahen **Isla Beata** und **Isla Alto Velo**.

Fährt man auf der Rte. 46 von Barahona aus 58 Kilometer ins Landesinnere, so erreicht man den **Lago Enriquillo**, einen großen Salzwassersee. Er liegt etwa 30 bis 40 Meter unterhalb des Meeresspiegels. Zuflüsse aus der Sierra de Neiba und der Sierra de Bahoruco speisen ihn. Er hat keine Verbindung zum Meer. Wasser kann also nur durch Verdunstung abgehen, weshalb der Salzgehalt des Sees dreimal so hoch wie im Karibischen Meer ist. Für eine Vielfalt von Arten, darunter Krokodile, Nashornleguane und Flamingos, ist der See Lebensraum.

In ihm liegen drei Inseln, als größte die acht Kilometer lange **Isla Cabritos** (Ziegeninsel), die als einzige zum Nationalpark erklärt worden ist. Neben Ziegen bevölkern Krokodile und Vögel die Insel, darunter Flamingos, Klapperrallen und Rosalöffler. Die beiden kleineren Inseln heißen **La Islita** und **Barbarita**. Man kann den See vollständig umfahren. Bootstouren legen am Parkeingang ab, der vier Kilometer östlich des verschlafenen Wüstenpostens **La Descubierta** liegt (am frühen Morgen kann man Krokodile sehen).

Etwa 800 Meter östlich von La Descubierta, am westlichen Seeende, sind präkolumbische Zeichnungen in den Stein gehauen. Sie sind ab der Carretera Enriquillo ausgeschildert. ■

Ein assoziiertes Territorium der USA mit moderner Infrastruktur, aber die Bewohner sind im Herzen spanisch geblieben

Puerto Rico

Erster Überblick 126–127

San Juan 128–131

Erlebnis: Der Geschmack Puerto Ricos 130

Rundgang durch Old San Juan 132–133

Der Osten 134–135

Special: Kreuzfahrten 136–137

Erlebnis: Kreuzfahrt mit Kindern 137

Vieques & Culebra 138–139

Ponce 140–142

Westlich von Ponce 143

Mit dem Auto: Die Panoramaroute 144–145

Der Nordwesten 146–147

Mona Island 148

Erlebnis: Expedition nach Mona 148

Hotels & Restaurants 360–362

Die Catedral de San Juan Bautista in der Altstadt von San Juan, Puerto Rico

Puerto Rico

Als östlichste Insel der großen Antillen liegt Puerto Rico 1600 Kilometer südöstlich von Miami zwischen den Virgin Islands und Hispaniola. Die Insel hat eine Länge von 180 Kilometern von Ost nach West und eine Breite von 65 Kilometern in Nord-Süd-Richtung. Das Inselinnere durchzieht eine Bergkette, die Cordillera Central; der Cerro de Punta ist mit 1338 Metern der höchste Gipfel.

Puerto Rico genießt als assoziiertes Übersee-Territorium der Vereinigten Staaten einen besonderen Status. Zwar ist Spanisch offizielle Inselsprache, doch spielt das Englische ins Alltagsleben hinein, und die Puerto-Ricaner besitzen die amerikanische Staatsbürgerschaft. Während die Kultur der Insel lateinamerikanische Züge trägt, ist das Wirtschaftsleben von den USA geprägt.

Weite Teile des Inselinneren sind mit tropischen Regenwäldern bedeckt, obwohl nur ein Prozent des ursprünglichen Regenwaldes von Puerto Rico überlebt hat. Die Berge im Inneren stehen im Kontrast zu den flachen Küstenebenen. Merkwürdige kleine Hügel und Sandsteinkarsthöhlen prägen Puerto Ricos Nordwesten; im trockenen Südwesten gedeihen Kakteen.

Die eingeborenen Taino-Indianer nannten die Insel Boriquen, was „Land des adligen Gottes" bedeutet. Als Kolumbus die Insel auf seiner Amerikareise 1493 erreichte, taufte er sie San Juan

Bautista. Bei ihm war Juan Ponce de Léon, der 1508 auf die Insel zurückkehrte, um sie zu kolonisieren. Er benannte sie in Puerto Rico, „reicher Hafen", um.

Die Spanier versklavten die rund 30 000 Taino und ließen sie in Goldminen arbeiten; die Bevölkerung wurde dezimiert. Nachdem die Goldadern im späten 16. Jahrhundert erschöpft waren, vernachlässigten die Spanier die Insel. Nachdem König Carlos III 1765 einen Gesandten auf die Insel geschickt hatte, um die Zuckerplantagen auszubauen, erlebte der Handel einen Aufschwung, auch Kaffee und Tabak wurden exportiert. 1809 erhielten die Puerto-Ricaner die spanische Staatsbürgerschaft.

1897 wurde Puerto Rico schließlich in die Selbstständigkeit entlassen, doch schon 1898 eroberten die Vereinigten Staaten Puerto Rico im spanisch-amerikanischen Krieg. 1917 erhielten die Inselbewohner die US-Staatsbürgerschaft. Auch wenn die einstige Kolonie 1952 assoziiert wurde, ist ihr Status bis heute umstritten. 1998 entschieden die Wähler gegen eine Angliederung an die USA als 51. Bundesstaat.

Fast ein Drittel der 3,9 Millionen Einwohner leben in und um San Juan. In den letzten 50 Jahren verlagerte sich die agrarisch bestimmte Wirtschaft auf Industrie und Tourismus. ■

NICHT VERSÄUMEN

Einen Bummel durch die Altstadt von San Juan und zum Castillo de San Felipe del Morro 129–130, 132–133

Eine Wanderung im El Yunque National Forest 134

Eine nächtliche Bootsfahrt auf der Mosquito Bay, Vieques 138

Einen Besuch der Kunstsammlung im Museo de Arte, Ponce 141

Eine Führung über die Kaffeeplantage der Hacienda Buena Vista 142

Die großartigen Ausblicke von der La Ruta Panorámica (Panoramastraße) 144–145

San Juan

Seit ihrer Gründung 1510 entwickelte sich die Hauptstadt von Puerto Rico mit mehr als zwei Millionen Einwohnern zu einer der größten Metropolen der Karibik. San Juan ist kulturelles und wirtschaftliches Zentrum der Insel und ein Drehkreuz für den Luft- und Seeverkehr. Von der Mündung des Bahía de San Juan breitete sich San Juan über das Festland und die Laguna San José aus.

Abend in der Altstadt von San Juan

San Juan
127 E3

Besucherinformation

Ochoa Building, 550 Calle Tanca

787/721-2400; 787/250-6064 (Information über öffentliche Verkehrsmittel)

Die Altstadt umfasst nur sieben Häuserblocks auf einer Landzunge im Nordosten der Bucht. Vier Dämme verbinden sie mit dem Festland.

San Juan (Neustadt)

Im Gegensatz zum alten San Juan muss man sich in der eigentlichen Stadt mit öffentlichen Verkehrsmitteln, Taxis oder Mietwagen fortbewegen. Der Aufwand lohnt jedoch, denn neben lebendigen Stränden oder gut besuchten Einkaufsvierteln kann man zuschauen, wie der berühmte Bacardi-Rum hergestellt wird.

Etwa 500 Meter jenseits der Altstadtgrenze liegt **El Capitolio**, ein weißes Marmorgebäude aus den 1920er Jahren, der Sitz von Senat und Repräsentantenhaus der Insel. Auf einem geführten Rundgang kann man die Rotunde mit Gemälden zur Geschichte des Landes besichtigen.

An der atlantischen Küstenseite, dort wo die Altstadt mit dem Rest der Insel verbunden ist, erstreckt sich **Condado**, ein Strandabschnitt mit Hotelburgen und Straßen voller Restaurants, Designerläden, Fast-food-Ketten und Souvenirläden. Diese setzt sich an der Küste entlang fort bis zur **Isla Verde** (zehn Kilometer), einem weiteren beliebten Strand.

Landeinwärts von Condado durchquert man den Innenstadtbezirk **Santurce** und erreicht dann das Finanzviertel der Stadt, **Hato Rey**, wo gläserne Wolkenkratzer die „goldene Meile" säumen.

Fünf Kilometer weiter südlich in Río Piedras hat die Universität von Puerto Rico ihren Sitz. Das **University Museum** *(Ave. Ponce de Léon, Tel. 787/764-0000, Nebenstelle 2452, geschl. Sa und So)* zeigt Ausstellungen zur Geschichte und Archäologie der Insel und präsentiert Werke zeitgenössischer Künstler. Südlich und östlich des Campus dehnt sich auf 80 Hektar der **Botanische Garten** *(Ecke der Rtes. 1 und 847, Tel. 787/763-4408)* aus, eine Oase der Ruhe mit tropischer Vegetation, durchzogen von Pfaden und Wasserläufen. Besonders sehenswert ist der Palmengarten.

Am Rand der Altstadt von San Juan liegt die **Bacardi Rum Distillery** *(Rte. 165, Catano, Tel. 787/788-8400)*. Sie ist mit einer Fähre von Pier 2 in Old San Juan zu erreichen. Die 45-minütige Tour führt zur Abfüllanlage, zu einem Museum und zur Destillerie.

Das alte San Juan

Die Gegend besitzt einen besonderen Charme, zumal viele Teile der Altstadt restauriert wurden und das Flair des 18. Jahrhunderts wieder aufleben lassen. Pastellfarbene Häuser mit schmiedeeisernen Balkonen und Fensterläden säumen das Straßenpflaster.

Um die gesamte Altstadt herum windet sich eine mehr als zehn Kilometer lange, 15 Meter hohe und 6 Meter dicke Mauer mit kleinen, steinernen Wachhäuschen *(garitas)*. San Juan besitzt zwei massive Festungen, die einst zum Schutz vor Piraten und Freibeutern dienten.

Heute wird die Altstadt nur noch von Kreuzfahrttouristen erobert. Unterhalb der Stadt liegen die Piers, und wenn mehrere Ankerplätze belegt sind, überschwemmen Tagesausflügler die ganze Stadt.

INSIDERTIPP

Der erste Dienstag jeden Monats heißt in der Altstadt von San Juan „Noche de Galerias" – Nacht der Kunstgalerien –; vielerorts gibt es Wein gratis.

KATHLEEN SQUIRES
Gastrokritikerin und Reiseautorin

El Capitolio
Ave. Ponce de Léon
787/721-5200 Nebenstelle 4609

ERLEBNIS: Der Geschmack Puerto Ricos

Die besten Köche Puerto Ricos und zahlreiche ihrer auswärtigen Kollegen treffen sich jedes Jahr im April in der Hauptstadt für das Gourmetfestival Saborea. Am Escambrón Beach werden für ein langes Wochenende Stände errichtet und Gäste werden aufgefordert, Puerto Rico zu „kosten". Es gibt eine fantastische Auswahl an Speisen, Weinen und anderen Alkoholika, von der traditionellen *comida criolla* (puerto-ricanische Hausmannskost) bis hin zu Angeboten von San Juans führenden Restaurants. Dazu werden einheimische Biere und die besten Kaffeemischungen Puerto Ricos serviert *(Informationen und Tickets unter www.saboreapuertorico.com/events, $$$$$)*.

Castillo de San Felipe del Morro
- ✉ Calle del Morro
- ☎ 787/729-6754
- $ $$

Museo Casa Blanca
- ✉ 1 Calle San Sebastián
- ☎ 787/725-1454
- 🕒 Geschl. So & Mo
- $ $

Museo de las Américas
- ✉ Calle Norzagaray
- ☎ 787/724-5052
- 🕒 Geschl. So & Mo
- $ $

Mit ihren Festungen und zivilen Gebäuden aus der Kolonialzeit ebenso wie mit ihren zahlreichen Museen vereint die Altstadt von San Juan die größten Inselschätze.

Am auffallendsten ist das gewaltige **Castillo de San Felipe del Morro** (einfach El Morro genannt). El Morro erstreckt sich über felsige Gebirgsausläufer auf der nordwestlichen Spitze der Altstadt; der Bau begann 1540. Auf sechs Ebenen errichtet, bildet das Innere von El Morro einen faszinierenden Komplex aus Tunneln, Labyrinthen, Verliesen, Türmen und Rampen. Ein kleines Museum erzählt die Geschichte des Forts; eine rekonstruierte Armeeunterkunft aus dem 18. Jahrhundert lässt das damalige Soldatenleben lebendig werden. Zusammen mit dem Fuerte San Cristóbal (unten) bildet das Castillo die **San Juan National Historic Site** *(Kombiticket erhältlich)*.

Das **Fuerte San Cristóbal** *(Blvd. Del Valle, Tel. 787/729-6777)* ist nicht so bekannt wie El Morro, doch mit elf Hektar deutlich größer. Der 1678 vollendete Bau sollte die Landseite der Stadt schützen. Er besteht aus fünf durch Tunnel verbundenen Basteien.

In der Innenstadt gibt es zahlreiche restaurierte historische Gebäude. Besonders sehenswert ist **La Fortaleza** *(Calle Recinto Oeste, Tel. 787/721-7000, geschl. am Wochenende)*, von 1533 bis 1540 erbaut, anschließend aber stark verändert. Heute residiert hier der Gouverneur. La Fortaleza gilt als das älteste kontinuierlich genutzte Regierungsgebäude der westlichen Hemisphäre. Empfangsräume und Gärten stehen Besuchern bei Führungen offen.

Ein weiteres Überbleibsel der spanischen Herrschaft ist das **Museo Casa Blanca**, 1521 ursprünglich für Ponce de Léon errichtet. Doch der Entdecker starb, bevor er das Quartier beziehen konnte, und das ursprüngliche Gebäude brannte ab. Der Schwiegersohn von Ponce de Léon erbaute das heutige Haus 1523 – damit ist es das älteste der rund 800 spanischen Kolonialbauten, die San Juans Altstadt durchziehen. Ponce de Leóns Nachfahren bewohnten das Gebäude rund 250 Jahre lang;

heute ist es ein Museum über den kolonialen Alltag, das einige schöne Möbelstücke zeigt. Drei romantische Innenhöfe laden zum Verweilen.

Eines der faszinierendsten Museen der Altstadt ist das **Museo de las Américas**, welches die jahrhundertelange Entwicklung der Kulturen in der Neuen Welt dokumentiert und eine umfangreiche Sammlung von Karnevalskostümen aus verschiedenen Ländern besitzt. Ebenso interessant ist das **Museo de San Juan**, das eine Ausstellung puerto-ricanischer Kunst und eine Multimediashow zur Geschichte der Stadt zeigt. Interessante Exponate präsentiert das **Museo de Nuestra Raíz Africana**, dass sich der Rolle der afrikanischen Sklaven bei der Entwicklung der Stadt widmet. Die **Casa del Libro** *(225 Calle Cristo, Tel. 787/723-0354, geschl. So–Mo)* ist in einem Haus aus dem 18. Jahrhundert untergebracht und zeigt alte Bücher sowie Exponate zur Buchbindekunst. Wer es etwas weniger gedankenschwer mag, sollte im **Museo del Niño** vorbeischauen: Kindheitsträume werden wach beim Betrachten der großen Sammlung von Puppen und Spielzeug.

Sehr beliebt in der Altstadt ist die Präsentation präparierter Schmetterlinge in den oberen Etagen eines Hauses aus dem 18. Jahrhundert. Allerdings handelt es sich bei diesem Angebot der **Butterfly People** *(257 Calle de la Cruz)* um eine rein touristische Attraktion. Wer sich wirklich für die Flora und Fauna von Puerto Rico interessiert, sollte den **Conservation Trust of Puerto Rico** besuchen. ■

Museo de San Juan
- 150 Calle Norzagaray
- 787/723-4317
- Geschl. Mo

Museo de Nuestra Raíz Africana
- Plaza de San José
- 787/724-4294
- Geschl. So & Mo
- $

Museo del Niño
- 150 Calle Cristo
- 787/722-3791
- Geschl. Mo
- $$

Conservation Trust of Puerto Rico
- 155 Calle Tetuán
- 787/722-5834

Eine spontane Serenade auf der Plaza vor der Kathedrale San Juan Bautista in San Juan

Rundgang durch Old San Juan

Dieser schöne Rundweg durch das alte San Juan beginnt und endet an der Plaza de Colón, einem der vielen Orte in San Juan, die an Kolumbus erinnern. Auf dem Weg kann man Sehenswürdigkeiten auf sich wirken lassen – Festungen, Kirchen, Museen und Denkmäler –, die den Kolonialbezirk bilden.

Die Fuerte San Cristóbal ist die größte Festung, die Spanier in der Neuen Welt bauten

Beginnen Sie den Rundgang an der **Plaza de Colón**, am Eingang zur Altstadt, wo eine Statue den Entdecker ehrt. Folgen Sie der Avenida Munoz Rivera bergauf bis zum **Fuerte San Cristóbal** 1 (siehe S. 130). Nach einem Besuch in der Festung folgen Sie dem Boulevard del Valle am Meer entlang: Die Häusergruppe auf dem Ufer unterhalb der Stadtmauern heißt **Barrio La Perla**, ursprünglich ein Dorf, das für die Truppen der Stadt gebaut wurde. Heute leben hier 10 000 Menschen.

Wenden Sie sich der Calle Norzagaray und dem **Museo de San Juan** (siehe S. 131) zu, und Sie gelangen zum **Convento de los Dominicos** 2 (links) aus dem frühen 16. Jahrhundert. Einst Hauptquartier der US-Armee, beherbergt der Bau heute das puerto-ricanische Kulturinstitut *(Tel. 787/721-6866)*. Daneben steht eine Kapelle mit reich verziertem Altarund einer Kunstgalerie *(geschl. So)* Gleich dahinter liegt die **Plaza del Quinto Centenario**, die zum 500. Jahrestag der Entdeckung Amerikas gestaltet wurde. Im Mittelpunkt steht der Totem Telúrico, eine zwölf Meter hohe Skulptur aus schwarzem Granit und Keramik. Dabei handelt es sich um ein Kunstwerk von Jaimé Suarez, einem Künstler des Landes.

An der Westseite des Platzes erhebt sich das **Museo de las Américas** 3 (siehe S. 131). Der schöne klassizistische Bau enthält mit Rundbögen verzierte Emporen rund um einen Innenhof. Um 1850 gebaut und war er damals das größte, von Spaniern errichtete Gebäude in Amerika.

Setzen Sie Ihren Weg in Richtung des weitläufigen Parks fort, der über die Landzunge zum beeindruckenden **Castillo de San Felipe del Morro** 4 (siehe S. 130) führt. Durchqueren Sie den Park, um zurück auf die Straße und hinunter zur **Casa Blanca** 5 (siehe S. 131) zu gelangen. Von hier aus führt die Calle San Sebastián zur Plaza de San José, wo sich in einer Ecke die **Iglesia de San José** 6 *(Tel. 787/725-7501)* befin-

NICHT VERSÄUMEN

Convento de los Dominicos • Museo Pablo Casals • Catedral de San Juan Bautista

det, die schlichte Kirche (16. Jh.) der Familie von Ponce de Léon. Eine Statue des Stadtgründers auf dem Platz wurde aus Kanonen gegossen. De Léon lag hier begraben, wurde aber 1971 in die Catedral de San Juan überführt. Der Altar ist schön geschnitzt und das Fresko von 1550 ganz links sehenswert.

In einer anderen Ecke der Plaza San José liegt das **Museo Pablo Casals** *(Tel. 787/723-9185, geschl. So–Mo)*, das sich dem berühmten spanischen Cellisten widmet, der das Casals Festival gründete. Es findet seit 1957 jährlich im Luis A. Ferré Performing Arts Center *(Tel. 787/620-4444)* statt. Das Museum zeigt Videos seiner Festivalkonzerte.

Folgen Sie der Calle del Cristo bergab, rechts vorbei an der erzbischöflichen Residenz (Nr. 50), bis zur **Catedral de San Juan Bautista** 7 *(Tel. 787/722-0861)*, mit drei Kuppeln und der Marmorgruft von Ponce de Léon.

Wenden Sie sich nach rechts und folgen Sie der Caleta de San Juan, bis Sie die **Puerta de San Juan** 8 erreichen (1520). Treten Sie durch das Tor und gehen Sie links auf der schönen Promenade am Hafen entlang und an **La Fortaleza** (siehe S. 130) vorbei.

Hinter dem Brunnen wenden Sie sich nach Osten und nehmen am Presidio de la Princesa den **Paseo de la Princesa**, um wieder zu den Piers zu gelangen. Folgen Sie dann der Calle Recinto Sur zurück zur Plaza de Colón.

Siehe Karte S. 126–127
Plaza de Colón
2–3 Stunden
2,5–3 km
Plaza de Colón

Der Osten

Der östliche Inselteil ist von San Juan aus leicht erreichbar und daher die von Tagesausflüglern meistbesuchte Region. Hier gibt es einige Naturschutzgebiete wie den 11 000 Hektar umfassenden El-Yunque-Regenwald, mit jährlich rund einer Million Besuchern die beliebteste Sehenswürdigkeit auf Puerto Rico.

26 Meter stürzen die La-Coca-Fälle herab, einer von vielen Wasserfällen in El Yunque

El Yunque
127 F2

El Portal Tropical Forest Center
127 F2
787/888-1810
$$
www.fs.fed.us/r8/caribbean

Das größte Waldgebiet der Insel, **El Yunque,** bietet zahlreiche atemberaubende Wasserfälle, tausend Jahre alte Bäume, farbenreiche, blühende Pflanzen und unzählige Vogelarten. Obwohl man schon viel von der Straße aus sehen kann, lässt sich der Wald am besten auf einem der 13 Wanderpfade erkunden, die auf insgesamt 37 Kilometern Länge durch den Park führen.

Der Regenwald liegt in der Sierra de Luquillo, rund 40 Kilometer östlich von San Juan. Von der Hauptstadt aus fahren Sie auf der Rte. 3 und biegen bei Luquillo nach Süden zu den Bergen auf die Rte. 191 ab. Nach etwa fünf Kilometern erreichen Sie **El Portal Tropical Forest Center:** Dieses hervorragende Besucherzentrum informiert auf 930 Quadratmetern Fläche die Natur. Dabei kann man z. B. etwas über den Coqui-Frosch, das Nationalsymbol, erfahren oder die verschiedenen Waldarten im Park kennenlernen (Colorado-, Palmen-, Nebel- und Tabunuco-Wälder).

Den Taino-Indianern, die zahlreiche Wasserfälle verehrten und Zeichen in die Felsen an Flüssen schnitten, war dieser Ort heilig; so leitet sich der Name Yunque vielleicht von einem Taino-Wort ab, das „guter Geist" bedeutet, wahrscheinlicher ist aber die Herkunft vom spanischen *yunque,* Amboss, wegen der abgeflachten Form der Berge. 1876 erklärte der spanische König Alfonso XII 4800 Hektar des bergigen Gebiets in der Sierra de Luquillo zum Waldschutzgebiet. Nach dem spanisch-amerikanischen Krieg wurde der spanische Kronbesitz 1898 an die USA abgetreten, welche die Gegend 1903 zum Luquillo Forest Reserve deklarierte.

Hinter El Portal führt die Straße (Rte. 191) bergauf zu den **La Coca Falls**, einem 26 Meter in die Tiefe stürzenden Wasserfall. Der **Yokahu Tower** (9 km), einer von mehreren Aussichtstürmen im Park, bietet herrliche Ausblicke über die Berge. Etwa einen Kilometer danach sieht man schon die Hinweisschilder zum Big Tree Trail, einem 1,6 Kilometer langen Pfad, der an den größten Bäumen im Park vorbei zu den **La Mina Falls** führt. Bei Kilometer elf steht das **Sierra Palm Information Center,** wo man auch picknicken kann und eine Station der Parkwächter findet. Etwas weiter hinauf an der Straße liegt das **Palo Colorado Information Center.** Von hier aus windet sich ein Pfad bis zum **Mount Britton Lookout Tower** und auf den El Yunque (1065 Meter). Die Wanderung zum Gipfel und zurück dauert etwa zwei Stunden.

INSIDERTIPP

Tragen Sie beim Besuch von El Yunque unbedingt Schuhe mit griffigen Sohlen. Die Wege im Regenwald können so glatt wie Eis sein.

CAROLINE HICKEY
Redakteurin,
NATIONAL GEOGRAPHIC BOOKS

An der Nordostspitze der Insel, hinter dem Hafen von Fajardo, liegt **Las Cabezas de San Juan Nature Reserve**. Dieses 128 Hektar große Naturschutzgebiet ist wegen der Vielzahl ökologischer Naturformationen einzigartig. Sehenswert ist hier die **Laguna Grande,** eine von drei leuchtenden Lagunen der Insel, in welcher Mikroorganismen das Wasser scheinbar zum Glühen bringen. Am östlichen Ende erhebt sich der Leuchtturm **El Faro** von 1880, der ein Naturlehrzentrum und eine Aussichtsplattform beherbergt. ■

Las Cabezas de San Juan Nature Reserve & El Faro

- 127 G2
- Rte. 987
- 787/722-5882
- Nur nach Vereinbarung. Geschl. Mo, Di
- $$$

Kreuzfahrten

Die Karibik ist das Kreuzfahrtziel schlechthin: Sonne, Meer und vielfältige Landschaften bieten eine perfekte Urlaubskulisse, in der man jeden Morgen mit einer neuen Insel vor dem Bug aufwacht. Christoph Kolumbus und Sir Francis Drake erforschten schon vor 500 Jahren die Karibik. Heute bietet eine Schifffahrt durch die Karibik viel Spaß und Entspannung.

St. Thomas (Amerikanische Jungferninseln), eines der beliebtesten Kreuzfahrtziele der Karibik

In keiner anderen Region der Welt sind mehr Kreuzfahrtschiffe unterwegs als in der Karibik. Touristen können unter mehr als einhundert Schiffen wählen, die sich in Größe, Atmosphäre, Ausstattung und Route erheblich unterscheiden. Wer zum ersten Mal zu einer Kreuzfahrt aufbricht, hat die Qual der Wahl, um eine rundum gelungene Urlaubsreise auszusuchen.

Schiffsgrößen

Einer der wichtigsten Aspekte bei der Auswahl eines Schiffes liegt in dessen Größe. Zwar sagt diese nicht unbedingt etwas über den Preis oder den Grad an Luxus aus, doch bestimmt sie weitgehend die Gestaltung einer Kreuzfahrt: Kleinere Schiffe für bis zu 500 Passagiere können auch entlegenere Inseln ansteuern; sie bieten einen legere Atmosphäre und gestatten ihren Passagieren meist mehr Zeit bei Landgängen. Aber es gibt an Bord natürlich weniger Platz – obwohl die meisten kleinen Schiffe inzwischen auch viele Annehmlichkeiten bieten.

Die meisten Touristen entscheiden sich für mittelgroße (500 bis 1000 Passagiere) oder große (1000 bis 2000 Passagiere) Kreuzfahrtschiffe, die es in drei Kategorien gibt: Luxusliner, die sich an ein zahlkräftiges Publikum wenden und vieles bieten – vom Wassersport bis zu

Wellness-Angeboten, Gourmetrestaurants und geräumigen Kabinen. Schiffe der Oberklasse bieten meist gutes Essen, einen hohen Servicestandard und eine breite Palette an Freizeit- und Unterhaltungsangeboten. Herkömmliche Kreuzfahrtschiffe zielen mit weniger Einrichtungen, einfacheren Mahlzeiten und kleineren Kabinen dagegen auf Touristen mit geringeren Ansprüchen. Eine spezielle Kategorie bilden die Megakreuzfahrtschiffe, schwimmende Ferienresorts für mehr als 2000 Passagiere: Diese Riesenschiffe sind eine Ferienwelt für sich, oft mit aufregendem Nachtleben.

Aktivitäten an Bord

Wenn man einen ein- oder zweiwöchigen Aufenthalt auf See plant, ist das Freizeitangebot an Bord ein wichtiges Entscheidungskriterium: Die meisten mittelgroßen und großen Schiffe bieten rund um die Uhr Aktivitäten an, darunter Sportkurse, Strandausflüge, Quizwettbewerbe, Cocktails mit Live-Musik, Disko-Abende oder sogar eine Varieté-Show à la Las Vegas. Größere Schiffe verfügen fast immer über ein Kino, ein Kasino, über Spielautomaten und einen Fitnessclub – Letzteres ist besonders wichtig, denn der durchschnittliche Kreuzfahrtpassagier nimmt auf der Reise 2,2 Kilo zu. Alle diese Einrichtungen und bis zu fünf Mahlzeiten am Tag (ohne alkoholische Getränke) sind im Preis der Kreuzfahrt eingeschlossen. Familien sollten sich außerdem über Einrichtungen für Kinder auf dem Schiff informieren und auch nach Babysittern, Kindermahlzeiten, Kinderbetten, Babystühlen und anderen wichtigen Extras für Kinder fragen.

Routen

Abgesehen von kürzeren Fahrten zu den Bahamas dauern die meisten Karibik-Kreuzfahrten ein bis zwei Wochen. Sie beginnen und enden in der Regel in Miami oder Port Everglades in Fort Lauderdale im Süden von Florida; andere Kreuzfahrtschiffe legen auch von San Juan in Puerto Rico ab. Auf den meisten Kreuzfahrten steuert man täglich einen neuen Hafen an, zwischendurch ist man bei längeren Fahrten zwei oder drei Tage auf See. Die Hochsaison (mit den höchsten Preisen) liegt zwischen Mitte Dezember und April, allerdings kann man Kreuzfahrten das ganze Jahr über unternehmen, meiden sollte man die Hurrikansaison (Aug.–Okt.). Gute Angebote erhält man bei Reisebüros, die Mitglied der Cruise Lines International Association (CLIA) sind. Im Internet gibt es weitere Informationen zu Kreuzfahrten.

ERLEBNIS: Kreuzfahrt mit Kindern

Heute locken Kreuzfahrten nicht mehr nur Hochzeitsreisende oder Rentner an. Viele Schifffahrtslinien bieten auch ein Programm für Kinder.

Beim Buchen einer Kreuzfahrt sollten sich Familien über die Kabinengrößen informieren; neuere Kreuzfahrtschiffe besitzen oft bessere Unterkünfte für Familien. Eltern, deren Kinder einen Mittagsschlaf halten, sollten eine Kabine mit Balkon oder separatem Wohnraum wählen.

Royal Caribbean *(www.royalcaribbean.com)* **bietet vielfältige Familienaktivitäten, darunter Spiele mit Trickfilmfiguren wie Shrek oder den Tieren aus Madagascar, aber auch Eislaufen oder Minigolf und vieles mehr.**

Die Schiffe der Norwegian Cruise Line *(www.ncl.com)* **laden Kinder zu Nickelodeon-Veranstaltungen ein. Die ganze Familie kann Bowling oder Videogames spielen, die auf eine Großleinwand projiziert werden.**

Vieques & Culebra

Rund elf Kilometer vor dem Hafen von Fajardo liegt die Isla de Vieques, die größte (88 km²) der Puerto Rico vorgelagerten Inseln. Bis 2003 gehörte die Insel der US Navy; sie hat eine weitgehend unerschlossene Insel hinterlassen mit einer trockenen Hügellandschaft sowie spektakulären Stränden mit Tauch- und Schnorchelmöglichkeiten.

Wellen schlagen an die Westküste von Vieques

Isla de Vieques

127 G2

Besucher-information

Casa Alcaldía, 449 Carlos Lebrón St., Isabel Segunda

787/741-0800

El Fortín Conde del Mirasol

787/7411717

Geschl. Mo, Di

$

Die meisten der 10 000 Bewohner von Vieques leben in der größten Stadt, **Isabel Segunda**, wo auch die Fähren vom Festland anlegen. Auf dem schönen Hauptplatz erinnert eine Büste an den Revolutionär Simón Bolívar, der 1816 auf der Insel weilte. Hier ist auch die Touristeninformation. Auf einem Hügel über der Stadt liegt das **Fortin Conde del Mirasol,** eine der letzten von den Spaniern errichteten Festungsanlagen.

Die zweite Siedlung der Insel ist das lebendige **Esperanza** an der Südküste.

Südlich von Esperanza lädt die **Sun Bay** mit einem der größten und beliebtesten Strände zum Campen ein.

Noch weiter südlich stößt man auf die bekannteste Naturschönheit, diesogenannte **Mosquito Bay** (auch als „Bio[luminescent] Bay" bekannt). Diese weite, flache Bucht umranden Mangrovensümpfe; sie ist voll von biolumiszierenden Organismen,

INSIDERTIPP

Island Woman's Hot Sauce, eine regionale Spezialität, mit ungewöhnlichen Aromen wie Chili/Mango mit Honig, Essig, Zwiebeln und Knoblauch, gibt es bei der Stahlbrücke auf Culebra.

KATHLEEN SQUIRES
Gastrokritikerin und Reiseschriftstellerin

die leuchten, wenn sie im Wasser bewegt werden.

Die ehemalige Navy-Basis Camp Garcia ist inzwischen Teil des **Vieques National Wildlife Refuge**. Das Schutzgebiet ist das größte seiner Art in der gesamten Karibik. Einige der ehemaligen Militäranlagen sind für Besucher gesperrt, doch die **Bahía Corcho** (Red Beach) und die **Bahía de la Chiva** (Blue Beach) können besucht werden.

Vieques erreicht man auf einer der regelmäßig verkehrenden Fähren ab Fajardo *(90 Min., Tel. 787/860-2005, am Wochenende frühzeitig kommen)* oder mit dem Flugzeug ab San Juan oder Ceiba *(siehe Reiseinformationen S. 336)*. Auf der Insel selbst verkehren *publicos*, öffentliche Taxis; man kann auch einen Wagen bei Island Car Rentals *(Tel. 787/741-1666)* oder Vieques Car and Jeep Rental *(Tel. 787/435-1323)* mieten.

Isla de Culebra

Noch unberührter als Vieques ist die Insel Culebra, gerade einmal elf Kilometer lang und fünf Kilometer breit. Auf dem ruhigen Eiland, das teilweise von Regenwald bedeckt ist, leben nur 2000 Menschen, die meisten davon in **Dewey**.

Rund 40 Prozent der Insel werden vom **Culebra National Wildlife Refuge** *(El Campamento, Tel. 787/742-0115, www.fws.gov/southeast/refuges)* eingenommen, zu dem auch 23 vorgelagerte kleine Inseln und vier Schutzgebiete auf Culebra selbst gehören. Die wichtigsten Strandnistgebiete für Seeschwalben und Tölpel sind Playa Resaca und die Playa Brava. Informationen zur Beobachtung von Lederschildkröten erteilt das Reservat.

Der bekannteste Inselstrand, die **Playa Flamenco,** erstreckt sich über 1,5 Kilometer an der Nordküste. Empfehlenswert sind auch die **Playa Soni** und die **Playa Resaca** an der Ostküste.

Culebra erreicht man per Flugzeug von San Juan (siehe Reiseinformationen *S. 336)* oder mit der Fähre von Fajardo aus (siehe oben). Auf der Insel kann man sich per Fahrrad oder Mietwagen von Carlos Jeep Rental *(Tel. 787/742-3514)* oder Jerry's Jeep Rentals *(Tel. 787/742-0587)* fortbewegen. Die Touristeninfo ist in der City Hall. Culebra Divers *(Tel. 787/742-0803, www.culebradivers.com)* bietet Tauchgänge. ■

Vieques National Wildlife Refuge

✉ Vieques Office Park, Road 200, KM 0,04, Vieques
☎ 787/741-2138

www.fws.gov/southeast/refuges

Isla de Culebra

127 H2

Besucherinformation

✉ 250 Pedro Márquez St., Dewey
☎ 787/742-1033

Ponce

Ponce ist die zweitgrößte Stadt Puerto Ricos und liegt auf halber Strecke an der Südküste der Insel. Die Stadt wurde 1662 gegründet und hatte ihre Blütezeit im späten 19. Jahrhundert. Aus dieser Zeit stammt auch die Architektur der Stadt. Mehr als 600 der rund 1000 historischen Gebäude der Stadt wurden anlässlich der Fünfhundertjahrfeier der Entdeckung durch Kolumbus restauriert.

Der Parque de Bombas diente mehr als 100 Jahre lang als Ponces Feuerwache

Ponce
126 C1
Besucher-information
Porta Caribe
787/290-2911

Parque de Bombas
Plaza las Delicias
787/284-3338
Geschl. Di

Im Herzen der Stadt liegt die **Plaza Las Delicias** (Platz der Freuden), an der Fontänen und schattige Bäume eine angenehm kühle Atmosphäre schaffen, die zum Ausruhen einlädt. Im Zentrum des Platzes erhebt sich die spanisch-kreolische **Catedral de Nuestra Señora de Guadalupe** *(Tel. 787/843-4322)* aus dem 17. Jahrhundert. Direkt hinter der Kirche steht Ponces berühmtestes Baudenkmal, die schwarz-rot gestreifte **Parque de Bombas**, die frühere Feuerwache. Ursprünglich im Jahr 1882 für eine Landwirtschaftsschau entstanden, wandelte man das bunte Gebäude später zur städtischen Feuerwache um. Diese versetzen zu lassen, gelang den Kirchenbehörden nicht, da die Bevölkerung von Ponce den lieb gewonnenen Blickfang nicht missen wollte. Heute zeigt ein **Museum** darin alte Feuerwehrgeräte und einen alten, massiv gebauten Feuerwehrwagen.

Stadtgeschichte

Im nahe gelegenen **Museo de la Historia de Ponce** wird die Stadtgeschichte lebendig. Ein anstrengender, aber lohnenswerter Rundgang durch die zehn Säle lässt Natur, Wirtschaft, Architektur, Politik und Alltagsleben im Ponce der verschiedenen Jahrhunderte auferstehen.

Calle Isabel

Beim Verlassen des Museums sollte man auf die Gebäude an der Calle Isabel achten. Die dortigen Häuser sind in den vier verschiedenen Baustilen errichtet worden, für welche die Stadt berühmt ist: klassizistisch, kreolisch, kreolischer Poncestil und Art déco. Auch die abgeflachten Straßenpflasterungen sind auffallend: Sie erlaubten es den Kutschen, in Kurven leichter über das Pflaster zu fahren.

In der Calle Isabel dem Museum gegenüber liegt die **Casa Wiechers Villaronga.** Der heute komplett restaurierte Bau stammt von 1911 und weist viele Zugeständnisse an das tropische Klima auf: eine Bodenlüftung, abgeschrägtes Gitterwerk vor den Fenstern, Glaspaneele, die das Sonnenlicht dämpfen, und Decken aus gepresstem Blech – charakteristisch für die Architektur in Ponce. Eine der Besonderheiten ist hier der *mirador,* eine auf Säulen stehende Beobachtungsplattform auf dem Dach unter freiem Himmel. Im Esszimmer gibt es aus Spanien herbeigeschaffte Möbel, Deckenleuchten und Glaskunst im Art-déco-Stil.

Die Stadt ist auf ihr **Museo del Arte** sehr stolz, entwarf es doch der Architekt des Museum of Modern Art in New York, Edward Durell Stone. Das Museo del Arte ist denn auch, neben seinen Ausstellungsstücken wegen seines eleganten Inneren bekannt. Mit mehr als 850 Gemälden, 800 Skulpturen und 500 Drucken aus insgesamt fünf Jahrhunderten beherbergt es die größte Kunstsammlung der Karibik. Schwerpunkte sind die Werke der Präraffaeliten, der Barockzeit und zeitgenössische lateinamerikanische Kunst. Häufig werden auch Wechselausstellungen veranstaltet.

Hoch über der Stadt thront das **Museo Castillo Serrallés.** Um 1930 erbaut, diente die Villa ursprünglich als Wohnsitz der Familie Serrallés, der

Ausflug in die Hügel

In den südwestlichen Ausläufern der Cordillera liegt der malerische Ort San Germán, die zweitälteste Siedlung auf Puerto Rico, gegründet 1573. Ihr begrünter Hauptplatz präsentiert eine beeindruckende Vielfalt regionaler Architekturstile von Herrenhäusern aus der Kolonialzeit bis zu Villen mit Holzschnitzereien, die im 19. Jahrhundert, dem Höhepunkt des Kaffeebooms, entstanden. Hauptsehenswürdigkeit ist die Iglesia Porta Coeli, eine Dominikanerkapelle von 1606, die heute ein Museum religiöser Kunst beherbergt.

Museo de la Historia de Ponce
- ✉ 51–53 Calle Isabel
- ☎ 787/844-7042
- 🕒 Geschl. Mo

Casa Wiechers Villaronga
- ✉ 106 Calle Reina, Ecke Méndez Vigo
- ☎ 787/843-3363
- 🕒 Geschl. Mo
- $ $

Museo de Arte de Ponce
- ✉ 2325 Ave. las Américas
- ☎ 787/848-0505
- 🕒 Geschl. Di
- $ $$

www.museoarteponce.org

Museo Castillo Serrallés
- 17 El Vigía
- 787/259-1774
- Geschl. Mo
- $$$

www.castillo serralles.org

Centro Ceremonial Indigena de Tibes
- Rte. 503
- 787/840-2255
- Geschl. Mo
- $$

Hacienda Buena Vista
- Rte. 10
- 787/722-5882 Nebenstelle. 7020
- Geschl. Mo–Do; 2-stündige Führung nur mit Voranmeldung
- $$$

Besitzer der Rum-Destillerie Dom Q. Das luftige, mehrstöckige Haus vereint spanische und maurische Elemente; die Räume sind mit zeitgenössischen Möbeln ausgestattet.

Der interessante Rundgang liefert Einblicke in die Geschichte der ältesten Rum herstellenden Familie auf Puerto Rico, ein kurzer Film informiert über die Zucker- und Rumindustrie.

Centro Ceremonial Indigena de Tibes

Dieser faszinierende Ort der Taino-Indianer, gleich außerhalb von Ponce, gilt mit Gräbern, die bis ins 7. Jahrhundert zurückreichen, als ältester Friedhof der Karibik. Zwei Tanzplätze und neun Ballspielplätze wurden hier entdeckt . Die Ausrichtung der einstigen Anlage folgte wahrscheinlich astronomischen Ereignissen wie etwa einer Sonnenfinsternis. Der größte Hof misst einhundert Meter und ist damit der längste im gesamten karibischen Raum. Hier grub man 187 Skelette aus.

Ein nachgebautes Taino-Dorf und ein kleines Museum zeigen indianische Zeremonienobjekte, Keramik und Schmuck. Auf spannenden Rundgängen informieren zweisprachige Führer über die präkolumbische Taino-Kultur und decken dabei zahlreiche Parallelen zu den Maya in Mexiko auf.

Hacienda Buena Vista

Knapp nördlich der Stadt liegt eine idyllische alte Kaffeeplantage, die 1833 während des Höhepunktes der Kaffeeproduktion entstand. Sie wurde mithilfe von Techniken und Werkzeugen aus dem 19. Jahrhundert restauriert. Ein raffiniertes Hydrauliksystem treibt die gesamte Anlage an: Die ursprünglichen Besitzer erhielten einst die Erlaubnis, den Río Canas umzuleiten, um dessen Wasserkraft für ihre Maschinen zu nutzen. Sie mussten sich aber verpflichten, alles Wasser in den Fluss zurückzuführen. Tatsächlich verschwenden die Maschinen zur Aufbereitung, zum Enthülsen und Polieren der Kaffeebohnen keinen einzigen Liter. Auch das Herrenhaus ist vollständig restauriert worden. Die Gärten des Anwesens bieten u. a. Kreischeulen, Kolibris und dem Mangrovekuckuck einen Lebensraum. ■

INSIDERTIPP

Wenn Sie mit dem Auto nach Ponce fahren, brauchen Sie eine gute Karte oder GPS. Das Straßennetz gleicht einem Labyrinth und es gibt viele Einbahnstraßen.

MATT PROPERT
National Geographic-Fotograf

Westlich von Ponce

Die südwestliche Inselspitze ist der trockenste Teil von Puerto Rico. Dies gilt vor allem für den 655 Hektar großen Guánica Bosque Seco, nahe dem Hafen Guánica. Der trockene Küstenwald ist UN-Biosphärenreservat mit rund 700 Pflanzenarten: 48 davon gelten als bedroht, weitere 16 sind endemisch.

Ein Kaktus im Licht des späten Nachmittags im Guánica Bosque Seco, Puerto Ricos Trockenwald

Im **Guánica Bosque Seco** leben seltene Reptilien- und Vogelarten. Zehn markierte Wanderpfade führen kreuz und quer durch die Buschlandschaft, zu der auch eine Bucht gehört, die bei Surfern beliebten **Playa de Ventenas**.

Guánica selbst war der Brückenkopf für die US-Truppen während des spanisch-amerikanischen Krieges. Auf dem Hügel über der Stadt erhebt sich ein altes Fort. Vor der Küste liegt **Gilligan's Island**, ein beliebtes Ziel von Tauchern und Tagesausflüglern. Vom Hotel aus lassen sich Touren in die Mangrovensümpfe unternehmen.

Weiter westlich trifft man auf **La Parguera,** ein Fischerdorf, das sich zum Ferienort entwickelt hat. Die Gegend ist für die nahe gelegene **Bio Bay** bekannt: Die Lagune ähnelt der Bucht auf Vieques (siehe S. 138) und enthält ebenfalls Leuchtorganismen. *(Boote legen regelmäßig von La Parguera ab.)*

An der Südwestspitze der Insel erhebt sich der **Cabo Rojo Leuchtturm** *(Tel. 787/851-7070)*, der den Blick auf die Küste ermöglicht. Acht Kilometer landeinwärts bietet das **Cabo Rojo Wildlife Refuge** Wanderwege um die Boquerón-Lagune. ■

Guánica Bosque Seco

- 126 C1
- Rte. 116 bis Rte. 334, ab da ausgeschildert
- Geschl. Mo
- 787/821-5706

Cabo Rojo National Wildlife Refuge

- 126 B1
- Rte. 301
- 787/851-7258
- Geschl. Sa, So

www.fws.gov/southeast/refuges

Mit dem Auto: Die Panoramaroute

Die in der Karibik einzigartige Panoramaroute bahnt sich ihren Weg über die gesamte Insellänge durch einige der schönsten Landschaften Puerto Ricos. Für die Route benötigt man mindestens zwei Tage, allerdings gibt es zahlreiche *paradores* (Landgasthöfe). Viele Straßenabschnitte sind extrem schmal, so dass man vorsichtig fahren sollte.

Die Route beginnt im Küstenstädtchen **Maunabo** und wendet sich dann landeinwärts nach Yabucoa, bevor sie den Río Guayane überquert und in die Gebirgsausläufer hinaufführt. Die Straße schlängelt sich durch eine Hügelkette mit kleinen Siedlungen; die zu beiden Seiten hin abfallenden Täler sind mit Bambus, Baumfarnen und Bananenstauden bewachsen. Nach rund zehn Kilometern geht es noch steiler bergauf: In dieser Höhe gibt es kleine Kaffeeplantagen.

Die Route führt in die **Reserva Forestal Carite** ❶ *(Tel. 787/741-4545)*, ein 2430 Hektar großes Regenwaldgebiet. Dort leben 50 Vogelarten, es gibt mehrere Wasserfälle und einen blauen See, den Charco Azul. Von hier kann man sowohl das Meer und die Küstenebenen im Süden als auch den Lago Carite und

NICHT VERSÄUMEN

Reserva Forestal Carite • Cañón San Cristóbal • Cerro Doña Juana

den Lago Patillas sehen. Die Straße folgt weiter der Sierra de Cayey, macht einen Bogen um den Ort Cayey und erreicht ihren höchsten Punkt am **Mirador Piedra Degetau** ❷. Der Aussichtsturm auf dem Gipfel ist Don Frederico Piedra Degetau y Gonzales (1862–1914) gewidmet, einem Schriftsteller, der sich von der grandiosen Aussicht inspirieren ließ.

Etwas nördlich liegt **Aibonito** ❸, die höchstgelegene Stadt Puerto Ricos und einst ein Refugium für Reiche. Hinter Aibonito beginnt der **Cañón San Cristó-**

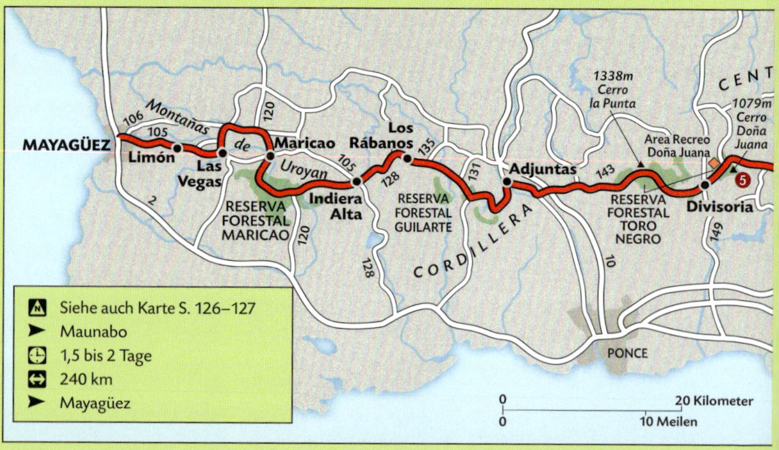

bal ❹, der mit 210 Metern tiefste Canyon der Insel. Es gibt einige Wanderwege hinab, die aber nur für erfahrene Wanderer geeignet sind.

Die Straße windet sich am Gebirgsgrat der Cordillera Central entlang und bietet atemberaubende Ausblicke bis zur Nord- und zur Südküste. Jenseits des Cerro El Malo (902 Meter) führt der Weg zu einem anderen Naturschutzgebiet, der 2830 Hektar großen **Reserva Forestal Toro Negro** *(Tel. 787/867-3040)* mit vielen Wegen und einem Aussichtsturm. Die Straße wird hier von einem Laubdach aus Bambus regelrecht umhüllt.

Zehn Kilometer nordöstlich trifft man auf die **Area de Recreo Doña Juana:** Hier lohnt ein Stopp, um den gegenüberliegenden Wanderpfad zu nutzen, der zu einem riesigen Badesee im Wald führt. Von dort aus klettert die Straße weiter hinauf zu dem 1079 Meter hohen Berg **Cerro Doña Juana** ❺. Der Weg bis zum Gipfel ist gut in rund 90 Minuten (Hin- und Rückweg) zu bewältigen. Oben angekommen, kann man einen kleinen Turm erklimmen, um den Panoramablick über die Berge und die Küste zu genießen. Dahinter passiert man den **Cerro de Punta** (1338 Meter), den höchsten Gipfel der Insel, der mit Funkmasten übersät ist.

Die Straße führt einige Kilometer bergab zum verschlafenen Städtchen Adjuntas, bevor sie wieder ansteigt, durch die Cordillera Central und an den Montañas de Uroyan vorbeiführt, um an der Westküste in **Mayagüez** zu enden.

Der malerische Hafen der kleinen Küstenstadt Maunabo

Der Nordwesten

Der Nordwesten besteht aus einem Labyrinth aus Höhlen, unterirdischen Flüssen und riesigen Dolinen. Man kann bei einer Tour durch den Parque de las Cavernas del Río Camuy Naturwunder bestaunen, im Observatorio de Arecibo Sterne beobachten oder den Parque Ceremonial Indigena Caguana besuchen.

Der Haupteingang zum Río Camuy Cave Park

Parque de las Cavernas del Río Camuy
- 126 C2
- Rte. 129, nördlich von Lares
- 787/893-3100
- Geschl. Mo, Di
- $$$$

Parque de las Cavernas del Río Camuy

Mitten im Sandsteinkarstland in der Nähe von Arecibo liegt der Río Camuy Cave Park. Die Höhlen entstanden im Lauf von Jahrhunderten durch Auswaschungen des Río Camuy, der die Regenfälle der Cordillera Central ins Meer schwemmt.

Eine geführte Tour durch diese Welt hoch gelegener Höhlen, gewaltiger Stalaktiten und großer Dolinen beginnt am Besucherzentrum. Mit einer kleinen Bahn geht es dann einen steilen, gewundenen Hohlweg hinunter zur Haupthöhle, der **Cueva Clara de Empalme** („helle Höhle an der Kreuzung"). Durch eine natürliche Öffnung fällt Sonnenlicht. Die Höhle erreicht eine Höhe von bis zu 60 Metern und Stalaktiten hängen in verschiedensten Formen von der Decke. Fünf verschiedene Fledermausarten leben hier, außerdem Guavas (eine Spinnenart) und fast unsichtbare, kleine Garnelen, die sich im Wasser tummeln. An einer Seite der Cueva Clara öffnet sich eine tiefe Spalte, auf deren Grund der Río Camuy entlangfließt. Auf der östlichen Seite der

Höhle befindet sich eine weitere Doline mit einer Tiefe von 128 Metern. Von den höchsten Felsen hängen Lianen herab, und an den moosbedeckten Wänden strömt das Wasser hinunter.

Von der Cueva Clara aus führt die Besichtigungstour zum **Sumidero Tres Pueblos**; die 2,5 Hektar große Grundfläche könnte die gesamte El-Morro-Festung aus San Juan in sich aufnehmen. In einer seitlich gelegenen Höhle wurden Artefakte entdeckt, die beweisen, dass hier Taino-Indianer lebten. Die letzte Doline des Rundgangs ist **Espiral,** die sich spiralförmig bis zu einem unterirdischen Fluss hinabwindet.

An Werktagen ist es deutlich ruhiger als an Wochenenden. Touren werden in Spanisch und in Englisch angeboten.

Der Parque Ceremonial Indigena Caguana

Südlich des Höhlenparks, zwischen Utuado und Lares, liegt der Parque Ceremonial Indigena Caguana. Caguana geht auf das 13. Jahrhundert zurück und ist eine der größten und bedeutendsten zeremoniellen Taino-Stätten in der Karibik. Neben einem großen zentralen Hof gibt es zehn rechteckige Ballspielplätze. Zwar lebten hier nur wenige der Indianer, doch zu den religiösen Feiern versammelten sich große Menschenmassen.

Die beeindruckende Anlage mit einem Informationszentrum ist von Sandsteinhügeln umgeben und dicht bewachsen. ■

Parque Ceremonial Indigena Caguana

✉ 14,5 km westlich von Utuado an der Rte. 111

☎ 787/894-7300

Observatorium von Arecibo

Wenn Sie durch die zerklüftete Karstlandschaft südlich von Arecibo fahren, kommt ein schlanker Betonturm ins Blickfeld: der erste Hinweis auf das außergewöhnliche Observatorio de Arecibo, wo das größte Radioteleskop der Welt steht, betrieben von Wissenschaftlern der Cornell University.

Die riesige Schüssel, knapp acht Hektar groß, ist von einem Gewirr von Drähten überspannt, die von drei Trägermasten ausgehen. Wie eine Spinne hängt in der Mitte der Reflektor, der fast 1000 Tonnen wiegt. Er ist so groß, dass er nicht bewegt werden kann; die Erddrehung sorgt für eine Positionsveränderung. Der Bau von Arecibo hat sich gelohnt. Bedeutende Entdeckungen wurden hier gemacht, etwa die Existenz von Pulsaren, Eis in den Polarregionen des Merkur und die Rotationszyklen von Venus und Merkur.

Doch Arecibo ist auch durch eine Sache bekannt geworden, die eher mit *Akte X* als mit Radarastronomie zu tun hat – die Suche nach außerirdischer Intelligenz oder SETI. 1974 übermittelte das Teleskop eine binäre Botschaft in den Weltraum, mit der Hoffnung, Kontakt mit außerirdischen Kulturen aufzunehmen.

Besucher werden im Informationszentrum, dem **Angel Ramos Foundation Besucherzentrum** *(Tel. 787/878-2612, www.naic.edu, geschl. Mo, Di, $$$)* empfangen. Es liegt am Fuß eines der riesigen Trägermasten, besitzt eine Aussichtsplattform, einige interessante interaktive Exponate und Schautafeln zur Astronomie.

Mona Island

Mona Island wird wegen der Abgeschiedenheit und der vielfältigen Tierwelt manchmal die „Galapagosinsel der Karibik" genannt. Die Insel befindet sich 74 Kilometer vor der Westküste von Puerto Rico; sie ist eine trockene subtropische Region mit Mangrovenwäldern und weißen Stränden.

Mona Island
Siehe hintere Umschlagseite

Die Insel ist elf Kilometer lang und sieben Kilometer breit und wurde einst von Taino-Indianern bewohnt, welche die Höhlen rund um die steile Inselküste mit Schriftzeichen und Felzeichnungen versahen.

In den1880er Jahren erhielt der deutsche Unternehmer Anton Mobins die Lizenz zum Phosphatabbau auf Mona; rund 200 Menschen arbeiteten damals hier. Zu dieser Zeit wurden auch Straßen angelegt und die Höhlen erstmals erkundet. Die Minengesellschaft gab jedoch 1896 wegen der Konkurrenz aus Peru und den USA auf – seitdem ist die Insel weitgehend unbewohnt.

Mona Island ist jedoch wegen der Vielzahl an Tieren bekannt, wozu Fledermäuse, Seevögel und Leguane, die bis zu 90 Zentimeter lang werden, sowie deren nur 2,5 cm langer Verwandter, *Geco oriundo,* gehören. Zudem gibt es vor allem an der Ost- und Westküste der Insel intakte Korallenriffe mit einem sehr vielfältigen Meeresleben. Schildkröten sind häufige Besucher, im Winter kommen Buckelwale vorbei.

ERLEBNIS:
Expedition nach Mona

Am besten lernen Sie Mona Island bei einer Expedition mit dem Anbieter von Abenteuertouren Nature Adventures *(Tel. 787/706-0695, www.acampapr.com, $$$$$)* kennen. Sie müssen vorausplanen und sich acht Wochen vorher dort melden, damit eine auf Sie zugeschnittene viertägige Tour inklusive Transport und Lebensmitteln vorbereitet wird.

Besuch der Insel

Die Insel liegt zwischen Puerto Rico und der Dominikanischen Republik; sie ist per Schiff erreichbar. Charterboote unternehmen einen sechsstündigen Rundtrip ab Mayagüez und Cabo Rojo, doch für eine Tagestour ist es eine lange raue Fahrt (bei Nacht etwas ruhiger). Besser ist ein Campingausflug mit der Genehmigung des Department for Natural and Environmental Resources *(Tel. 78/722-1726),* das ein neues Besucherzentrum mit Wohnungen für einen Biologen und Ranger unterhält, oder mit einem Touranbieter (siehe Kasten). An drei Stränden im Südwesten der Insel gibt es einfache Campingplätze, doch keine Läden; Wasser und Essen müssen mitgebracht werden. ■

Wie Diamanten liegen vulkanische Inseln, Felsen und Riffe in der türkisfarbenen See verstreut

Jungferninseln

Erster Überblick 150–151

Amerikanische Jungferninseln 152–165

Erlebnis: Den Tauchschein machen 158

Erlebnis: Schnorcheln auf St. John 162

Erlebnis: Klar wie Kristall 165

Britische Jungferninseln 166–172

Erlebnis: Chartern einer Yacht? 169

Hotels & Restaurants 362–367

Fischernetze in Tortola

Jungferninseln

Die mehr als 100 Jungferninseln reihen sich 80 Kilometer östlich von Puerto Rico von der Virgin Passage aus wie eine felsige Spur im Nordosten der Karibik auf. Nur einige der fruchtbarsten und grünsten davon sind bewohnt; der Rest des 2600 Quadratkilometer umfassenden Archipels besteht aus Mini-Inseln.

Christoph Kolumbus segelte auf seiner zweiten Reise in die Neue Welt im Jahr 1493 durch dieses Labyrinth. Er war von der Schönheit der Inseln so beeindruckt, dass er sie Las Once Mil Virgines nach der Legende der hl. Ursula (siehe Kasten S. 155) und der 11 000 Jungfrauen benannte. Die winzigen Inseln waren für die europäischen Großmächte kaum interessant. Im Gegensatz dazu wussten Piraten, Schmuggler und Freibeuter die einsamen Häfen und Ankerplätze zu schätzen, so wie Sir Francis Drake (1540–96), dessen Name im Sir Francis Drake Channel verewigt ist.

Als erste europäische Siedler kamen Mitte des 17. Jahrhunderts holländische *boucaniers,* die nach Tortola zogen und Rinder züchteten, um Schiffe mit Trockenfleisch zu versorgen, das sie in *boucans,* Räucherhäuschen, haltbar machten. Die Briten rissen im Jahre 1672 die Kontrolle über den Archipel an sich und beanspruchten an dessen Ostende rund 60 Felsinseln, die heutigen britischen Jungferninseln (BVI). Die Dänen sicherten sich die westlichen Inseln St. Thomas (1665) und St. John (1684) und kauften 1733 den Franzosen St. Croix ab. Sie

machten St. Thomas zum Freihafen, während auf St. John und St. Croix Zuckerrohrfelder gediehen. 1917 wurden die dänischen Besitzungen für 25 Millionen US-Dollar an die USA verkauft und bilden heute mit 70 weiteren Inseln die amerikanischen Jungferninseln (USVI). Auch wenn St. John (USVI) und Tortola

NICHT VERSÄUMEN

Einen Einkaufsbummel im historischen Ambiente von Charlotte Amalie, St. Thomas (USVI) 155–157

Den feinen Sand an der Magens Bay, St. Thomas (USVI) 159

Die Wanderung über den Reef Bay Trail auf St. John (USVI) 161

Die Erkundung des alten Anwesens im Whim Plantation Museum von St. Croix (BVI) 165

Einen Segeltörn durch den Sir Francis Drake Channel (BVI) 169

Einen Tauchgang zum Wrack der R.M.S. *Rhone* (BVI) 172

(BVI) nur drei Kilometer voneinander entfernt liegen: Zwischen den amerikanischen und den britischen Inseln liegen Welten.

Während St. Thomas und St. Croix wohlhabend und amerikanisch geprägt sind, geht es auf St. John viel ruhiger zu. In 40 Minuten erreicht man via Fähre die britischen Jungferninseln – hier ist der Lebensrhythmus entspannt: Die 25 000 Einwohner (gegenüber 125 000 auf den amerikanischen Jungferninseln) bewahrten ihre karibische Mentalität. ■

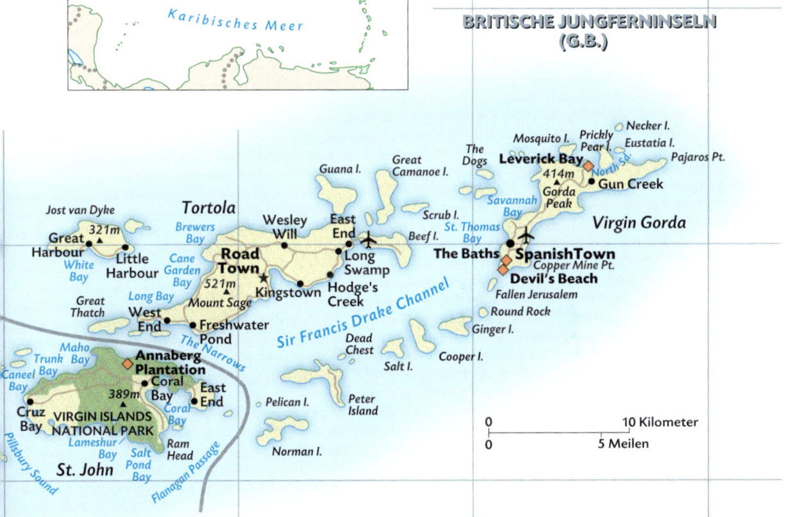

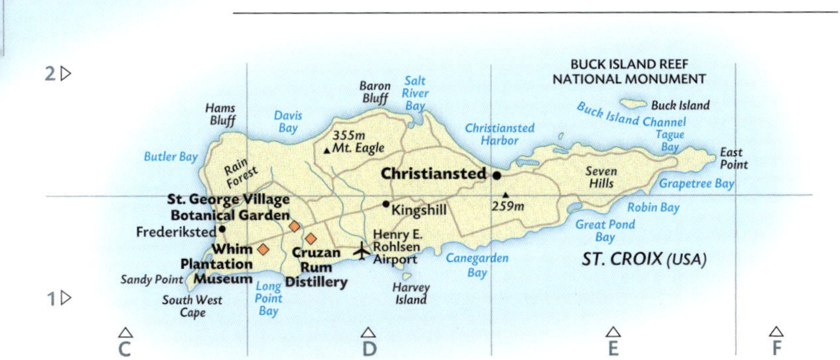

Amerikanische Jungferninseln

Die Inseln St. Thomas, St. John und St. Croix sind unterschiedlich und teilen doch eine gemeinsame Geschichte. In der Kolonialzeit waren sie Dänemarks einzige karibische Besitzung, und sowohl St. Thomas als auch St. Croix bewahrten in ihren Küstenstädten die attraktive dänische Kolonialarchitektur.

Der idyllische Strand an der Cinnamon Bay, St. John

Mit der Befreiung der Sklaven auf den dänischen Inseln 1848 und dem darauf folgenden Zusammenbruch der Zuckerindustrie nahm die Bedeutung der karibischen Besitzungen ab. Die Amerikaner erkannten jedoch in den 1860er Jahren das strategische Potenzial der Inselgruppe und erwarben sie von Dänemark. Von hier aus konnten die USA den 1914 eröffneten Panamakanal schützen; außerdem operierte während des Ersten Weltkriegs die deutsche Kriegsmarine in der Region. Ab 1936 konnten sich die Inseln selbst regieren, allerdings durften die Bewohner erst ab 1968 ihren (bis dahin vom US-Präsidenten eingesetzten) Gouverneur wählen. Die Inseln sind nichtstaatliche Territorien der USA, d.h. die Einwohner sind zwar US-Bürger (und

Steuerzahler), doch ihr 15-köpfiges Inselparlament ist im US-Kongress in Washington nur durch einen Delegierten vertreten.

Auf St. Thomas, der international geprägten Insel, landen die meisten Besucher der Inselgruppe zunächst. Es ist ein wichtiger Anlaufhafen für Kreuzfahrtschiffe und bietet ausgezeichnete zollfreie Einkaufsmöglichkeiten, gute Restaurants und Hotels sowie einige hübsche Strände. Für alle, die Ruhe und Entspannung suchen, ist St. John ein ideales Ferienziel; Unternehmungslustigere können sie aber auch bequem im Rahmen eines Tagesausflugs erkunden. St. Croix ist die unbekannteste der Inseln und dennoch einen Besuch wert. St. John bietet eine Mischung aus schönen kleinen Städten, günstigen Einkaufsmöglichkeiten und darüber hinaus auch interessante Sehenswürdigkeiten.

St. Thomas

St. Thomas verdankt seinen Aufstieg der dänischen West India Company in den 1670er Jahren. Die erste Siedlung befand sich am Ort der heutigen Hauptstadt Charlotte Amalie und zog Kaufleute, aber auch Piraten an, z. B. Edward Teach, der vor seinem Tod im Jahr 1718 als „Blackbeard" bekannt war.

Das aufblühende Charlotte Amalie erhielt 1691 den

St. Thomas

150 B3

Besucherinformation

Tolbod Gade, Charlotte Amalie, USVI 00801

800/372-8784

Inselhüpfen

Es gibt viele Arten, die Jungferninseln zu erkunden. Die Fähren zwischen den Inseln sind eine gute und preiswerte Möglichkeit zum Inselhüpfen. Zwischen St. Thomas und St. John verkehren häufig Fähren; die Überfahrt von Red Hook am Ostende von St. Thomas zur Cruz Bay auf St. John dauert gerade mal 15 Minuten oder 45 Minuten ab Charlotte Amalie (Fahrplan und Information unter Tel. 340/776-6282). Es gibt auch täglich Fähren von St. Thomas und St. John nach Tortola, dem Verkehrsknotenpunkt auf den Britischen Jungferninseln (siehe S. 166 ff.) und seltener nach Virgin Gorda und Jost van Dyke. Für Reisen zwischen USVI und BVI sind Ausweispapiere nötig.

Eintägige Segeltörns sind eine andere Möglichkeit fürs Inselhüpfen. Fahrten mit Mittagessen sowie Schwimmen und Schnorcheln bieten The Charter Boat Center *(Red Hook Plaza, Tel. 340/775-7990, www.charterboat.vi, $$$$$),* **Limnos Charters** *(Compass Point Marina, Tel. 340/775-3203, www.limnoscharters.com, $$$$$)* **oder Treasure Isle Cruises** *(Tel. 340/775-9500, www.treasureislecruises.com, $$$$$).*

Ganz anders und wesentlich extravaganter ist das Angebot von Air Center Helicopters *(Tel. 340 775 7335, www.aircenterhelicopters.com, $$$$$)*: **kurze Flüge mit erstaunlicher Aussicht auf St. Thomas und die nächstgelegenen Britischen Jungferninseln; oder Sie unternehmen einen Einkaufstrip per Hubschrauber nach St. Croix oder Sint Maarten, fliegen zum Fischen nach Anegada (BVI) oder besuchen die in Privatbesitz befindliche Peter Island** *(www.peterisland.com).*

Namen der dänischen Königin, Frau von Christian V. Im frühen 18. Jahrhundert bestimmten Lagerhäuser das Bild am Hafen, voll gestopft mit Seidenstoffen, Gewehren, Gold und Waren, die gegen karibischen Zucker, Rum, Indigo und Baumwolle gehandelt wurden. Da die Dänen sich aus den Kriegen heraushielten, welche die europäischen Kolonialmächte in der Karibik fortsetzten, konnte St. Thomas weiter prosperieren, bis St. Croix ihm in der Blütezeit der Plantagenwirtschaft den Rang ablief und zur wichtigsten Insel des Archipels aufstieg. Deshalb verlegte man die Hauptstadt 1775 nach Christiansted auf St. Croix. Erst 1871 erlangte Charlotte Amalie diesen Status zurück.

Attraktionen: Charlotte Amalie ist das Zentrum der nur 19 mal fünf Kilometer großen Insel. Strände, Buchten und Hotels säumen die zerklüfteten Abschnitte im Zentrum und im Osten der Inselküste (der Westen ist nicht erschlossen). Das Landesinnere steigt mit dem höchsten Gipfel des Crown Mountain auf 474 Meter an. An seinen Bergkämmen und Felsen liegen Häuser und Ferienvillen. Mit mehr als 50 000 Einwohnern ist St. Thomas eine der bevölkerungsreichsten Inseln der Region. Tausende von Kreuzfahrtpassagieren, die täglich zu Aussichtspunkten am Berg und zur beeindruckenden Magens Bay (siehe S. 159) transportiert werden, erhöhen zusätzlich die Zahl der

Was darf's sein? Wegweiser zu den Attraktionen von Charlotte Amalie

Menschen. Auf St. Thomas locken Tauchen und Wassersport, Hochseefischen und der Mahogany Run Golfplatz. Lieblingssport der meisten Besucher ist hier aber die Schnäppchenjagd in Charlotte Amalie.

Charlotte Amalie: Rund um den reizvollen Stadtkern aus der dänischen Kolonialzeit erstreckt sich Charlotte Amalie bis hin zum St. Thomas Harbor und über die umliegenden Hügel. In der Bucht ankern an manchen Tagen bis zu zehn riesige Kreuzfahrtschiffe und entladen ihre menschliche Fracht ins Hafenviertel, wo die Händler an der Main Street schon auf Kundschaft warten. Ihr Verkaufsgeschick ist ebenso ausgeprägt wie das der Kaufleute im 18. Jahrhundert, in deren Lagerhäusern sie heute ihre Ware anbieten.

Die Main Street, auch als **Dronningens Gade** bekannt, lohnt einen Ausflug, um das Labyrinth enger Gassen und

Die Legende der heiligen Ursula

Nach der – wenig glaubwürdigen – mittelalterlichen Legende der Heiligen Ursula wollte sich die christliche Tochter eines englischen Königs nicht mit einem heidnischen Häuptling verheiraten lassen. Sie stimmte der Verbindung nur unter der Bedingung zu, dass sie in Begleitung von Jungfrauen nach Rom reisen dürfte: Sie suchte ihr Gefolge aus und segelte nach Süden. Drei Jahre lang bildete sie die Frauen zu einer Armee aus, mit der sie ihren Verlobten stürzen wollte; doch der Häuptling entdeckte das Komplott und ließ die 11 000 Jungfrauen in Köln umbringen.

99 Steps

Die Dänen stellten fest, dass auf den steilen Hügeln von Charlotte Amalie Stufen günstiger waren, um den Höhenunterschied zu bewältigen, als gewundene Straßen (wie jene in San Francisco) und so bauten sie im 17. Jahrhundert Treppen. Die 99 Steps sind das bekannteste Beispiel für diese Treppenstraßen in der Hauptstadt.

Die ausgetretenen Backsteinstufen führen vom Government House, in dem die Büros des Gouverneurs eingerichtet wurden, zum Hotel 1829, einer Unterkunft, die ursprünglich ein französischer Kapitän als Stadthaus errichten ließ. Am oberen Ende der Stufen stehen die Statuen der Three Queens, die für die Inseln St. Thomas, St. John und St. Croix stehen.

Virgin Islands Museum
✉ Waterfront Hwy., Fort Christian
☎ 340/776-8605
🕒 Geschl. Sa, So

das bunte Treiben der Händler zu erkunden.

Die Main Street bildet das Zentrum von Charlotte Amalies historischem Viertel, das sich zwischen Rothschild Francis Market Square im Westen und dem Emancipation Park im Osten erstreckt. Der Park bietet sich als Ausgangspunkt für einen Rundgang wie auch für einen Besuch im **Fort Christian** an: Die blutrote Festung von 1672 beherbergt heute das **Virgin Islands Museum** in den alten Kerkerzellen. Von den Basteien aus kann man das **dänische Kasernengebäude** (19. Jh.) am Wasser sehen. Es wurde minzgrün gestrichen, als man es zum Sitz des Parlaments umfunktionierte.

Oberhalb des Parks erhebt sich der **Government Hill**, durch welchen sich kreuz und quer enge Straßen und Treppen ziehen. Die Gassen säumen neben ansehnlichen Wohnhäusern öffentliche Gebäude und große Kirchen. In der Nähe des **Government House**, eines weißen, klassizistischen Gebäudes an der Kongens Gade, führen die **99 Steps** (eigentlich sind es 103 Stufen) zu **Blackbeard's Castle**, einem steinernen Wachturm mit herrlichem Ausblick.

Auf dem Hügel ließ 1830 der dänische Kaufmann und Bankier Hans Haagensen sein Domizil, das **Haagensen House**, errichten. Es wurde sorgfältig restauriert und mit Möbeln und Kunst im Stil eines Stadthauses aus dem 19. Jahrhundert ausgestattet und ist heute zusammen mit der **Villa Notman** *(Govern-*

INSIDERTIPP

Am Market Square, wo im 18. Jahrhundert ein Sklavenmarkt stattfand, gibt es heute karibische Spezialitäten, Schmuck, Kleidung und Souvenirs.

MARSHALL KIKER
Stellvertretender Herausgeber, National Geographic Books

ment Hill, Tel. 340/7746-1234, in derNebensaison nur nach Vereinbarung, $$$) ein Museum. Weiter westlich, an der Crystal Gade (unweit der Kreuzung mit der Raadets Gade), steht inmitten von Palmen die **St. Thomas Synagogue** (1833). Die erste jüdische Gemeinde auf St. Thomas bildeten holländische Flüchtlinge aus Sint Eustatius, die wegen ihrer Verwicklung in den Waffenhandel mit amerikanischen Revolutionären das Land verlassen mussten. Der gut erhaltene Bau ist die zweitälteste Synagoge der westlichen Hemisphäre (nach Curaçao); angeschlossen ist ein kleines Museum. An der Hauptstraße, in der **Dronningens Gade 14**, führte die jüdische Familie Pissarro einst ein Handelsgeschäft; hier wurde der impressionistische Maler Camille Pissarro (1830–1903) geboren. Die Kunstgalerie, die heute in diesem Haus ist, zeigt einige Skizzen des Künstlers. Vier Häuserblocks weiter westlich, zwischen der Store Strade und der Strand Gade, liegt am **Market Square** der überdachte Markt, der samstags zum Leben erwacht.

Hafen und Water Island: Im Hafen in den östlichen Vororten erstreckt sich hinter der Havensight Mall das West Indian Company Dock, die Hauptanlegestelle für Kreuzfahrtschiffe.

Gegenüber der Havensight Mall verkehrt die **Seilbahn zum Paradise Point**, einem Aussichtspunkt in 210 Metern Höhe (auch über die Straße erreichbar). Von dort bietet sich ein schöner Blick auf den Hafen, der durch die Hassel Island geschützt wird, und auf Water Island im Hintergrund.

Skyride zum Paradise Point
- Long Bay Rd.
- 340/779-2625 oder 340/775-1555
- $$$$

www.sttparadisepoint.com

Die Statuen am Ende der berühmten 99 Steps, St. Thomas

Coral World Ocean Park
155 C2
Coki Point
340/775-1555
$$$$$
www.coralworldvi.com

Estate St. Peter Great House & Botanical Gardens
155 B2
St. Peter Mountain Rd.
340/774-4999
Geschl. So
$$$
www.greathousevi.com

Am Westrand des Hafens legt die Fähre *(Tel. 340/690-4159)* von **Water Island** zur zehnminütigen Überfahrt nach Phillip's Landing ab. Am ruhigen Honeymoon Beach können Besucher sich vom Trubel erholen.

Unterwegs auf St. Thomas

St. Thomas hat mehr zu bieten als die Sehenswürdigkeiten von Charlotte Amalie.

Coral World Ocean Park: Das an der Nordostküste von St. Thomas gelegene Ocean Park bietet u. a. ein künstliches Riff in einem riesigen Aquarium. Die Hauptattraktion findet sich unter Wasser: Eine Beobachtungsstation, deren Fenster einen 360-Grad-Rundblick auf den Meeresboden freigeben. Täglich steht die Fütterung der jungen Haie an. Das Aquarium liegt gegenüber Coki Beach, der über ein Tauch- und Schnorchelzentrum verfügt.

Estate St. Peter Great House & Botanischer Garten: Dieser zwei Hektar große botanische Garten erstreckt sich auf den Hügeln 305 Meter oberhalb der Magens Bay auf dem Areal einer Plantage aus dem 19. Jahrhundert. Auf hölzernen Bohlen kann man unter Bananenstauden und Brotfruchtbäumen, hoch gewachsenen Helikonien und tropischen Ingwerpflanzen wandern. Am Weg liegen Volieren, ein Fischteich und Wasserfälle.

Das Great House wurde rekonstruiert und mit Möbeln der Zeit eingerichtet. Eine Galerie verkauft karibische Kunst. Der Aussichtspunkt bietet Hinweise zu den umliegenden Sehenswürdigkeiten und zu den mehr als 20 benachbarten Jungferninseln. Seit April 2012 hat **Tree Limin' Extreme Zip Line** geöffnet, die erste Gleitrutsche der USVI.

Magens Bay: Auf der anderen Seite der Bergkette von

ERLEBNIS: Den Tauchschein machen

Den Tauchschein zu machen hilft sehr, um entspannter zwischen den zahlreichen Korallenriffen und Schiffswracks der Jungferninseln zu tauchen. Der **St. Thomas Diving Club** *(7147 Bolongo Bay, Tel. 340/776-2381, www.stthomasdivingclub.com, $$$$$)*, ein Fünf-Sterne-Tauchzentrum, das der Professional Association of Diving Instructors gehört, bietet Touristen die Chance, den Tauchschein fürs Tauchen im offenen Meer zu machen und dem Tauchurlaub einen besonderen Kick zu geben. Vor der Ankunft auf der Insel muss am Computer ein Unterrichtsprogramm bewältigt werden und vor Ort helfen die Tauchlehrer bei den erforderlichen Tauchgängen.

Der Tauchclub bietet Kurse für Taucher mit unterschiedlicher Erfahrung an; die Gruppen sind so klein, dass die Lehrer sich dem Einzelnen widmen können. Es besteht auch Zusammenarbeit mit Kreuzfahrtschiffen für Landgänge.

Der Blick auf St. Thomas und Charlotte Amalie von Bergkamm, der zur Magens Bay führt

Charlotte Amalie liegt St. Thomas' berühmtester Strand – die Magens Bay, eine riesige, rechteckige Bucht, die das Meer an der Nordküste aus dem Stein gespült hat. Der 1,5 Kilometer lange Strand mit feinem Sand ist von Palmen gesäumt.

Mountain Top: Die Spitze des St. Peter Mountain eröffnet einen atemberaubenden Blick auf die Magens Bay, die Insel St. John und die Britischen Jungferninseln. Hier oben soll angeblich der Bananen-Daiquiri erfunden worden sein.

St. John

St. John, das Juwel der USVI, ist nur durch den drei Kilometer breiten Pillsbury Sound von St. Thomas getrennt und per Fähre zu erreichen. Zwei Drittel der Insel nimmt der Virgin Islands National Park ein. Laurance Rockefeller hatte dafür 1956 das erste Stück Land gestiftet – allerdings um zu verhindern, dass jemand in der Nähe seines Caneel Bay Resort bauen würde. Auch der unberührte Rest der Insel ist mit dichten Wäldern bedeckt, Sandbuchten finden sich überall an der Küste.

Zur Kolonialzeit war St. John mit Zuckerrohr und Baumwolle bepflanzt. 1733 wurde hier einer der größten Sklavenaufstände in der Karibik entfacht. Der Aufstand wurde mithilfe französischer

Magens Bay
- 155 C2
- Magens Rd.
- $

Mountain Top
- 155 B2
- Bei Crown Mountain Rd.
- 340/774-2400

www.mountaintopvi.com

St. John
- 151 C3

Besucherinformation
- Cruz Bay St. John USVI 00831 Tourism Office
- 340/776-6450

Truppen niedergeschlagen. Seitdem ist es auf St. John sehr ruhig zugegangen, und unter den 5000 Einwohnern leben auch Amerikaner.

Cruz Bay und rund um die Insel: Die meisten Besucher von St. John kommen am **Cruz Bay Fähranleger** an. Als Erstes fällt eine dichte Ansammlung von Geschäften und Restaurants am Hafen ins Auge. Hinter dem Hügel südlich der Stadt liegt die **Great Cruz Bay**, die größte Urlaubsregion der Insel. Die meisten Touristen beginnen eine Rundfahrt über St. John auf der North Shore Road, die von der Cruz Bay abgeht und die im Stil einer Inselplantage erbaute Mongoose Junction Mall und das **Virgin Islands National Park Visitor Center** *(Tel. 340/776-6201, www.nps.gov/viis)* passiert.

Die Maho Bay auf St. John

Die besten Strände von St. John liegen an der Nordküste –Honeymoon Beach an der Caneel Bay, Hawksnest Bay, Trunk Bay, Cinnamon Bay (mit Campingplatz) und schließlich Maho Bay. Hinter der Mayo Bay biegt eine Seitenstraße zur **Annaberg Plantation** ab *(Tel. 340/776-6201)*, wo man einen Rundgang unternehmen kann. Die North Shore Road trifft auf die Centerline Road, die sich durch Berge zurück zur Cruz Bay windet. Unterwegs bieten sich herrliche Blicke über die Drake's Passage. Die Straße führt östlich zum verschlafenen Dorf Coral Bay, der ersten Siedlung auf St. John.

Rund um drei 300 Meter hohe Berge – darunter der mit 389 Metern höchste Berg Bordeaux Mountain – erstreckt sich jener Teil des **Virgin Islands National Park**, der sich an Land befindet. Die Überreste der mehr als einhundert Plantagen, die hier einst verstreut lagen, wurden längst überwuchert.

INSIDERTIPP

Wandern Sie auf den Spuren der Geschichte zu den Taíno-Felsbildern am Petroglyph Pool abseits des Reef Bay Trail.

RAFE BOULON
Chief of Resource Management, Virgin Islands National Park

Die 20 Wanderwege des Parks bieten große Auswahl von kurzen Spaziergängen um die Cruz Bay bis zu anspruchsvolleren Touren, etwa auf dem **Reef Bay Trail**, der von der Centerline Road zur Südküste verläuft.

Um den anstrengenden Rückweg zu vermeiden, empfiehlt sich ein vom Park-Service geführter Rundgang (Zeiten erfragen): Wanderer werden mit Bussen zum Ausgangspunkt der Route gebracht, die über vier Kilometer durch Regen- und Trockenwälder zu den Ruinen einer Zuckerrohrmühle an der Reef Bay und an Felszeichnungen der Arawak-Indianer vorbeiführt. Per Boot gelangt man zurück zur Cruz Bay.

Das klare Wasser im 2287 Hektar umfassenden **Meeresschutzgebiet** bietet gute Schnorchelmöglichkeiten vor den Stränden an der Nordküste (siehe Kasten S. 162). Auch die Südküste an der Saltpond und Lemeshur Bay ist empfehlenswert – die Riffe und flachen, sandigen Buchten werden von Papageifischen, Kaiserfischen, Doktorfische, Süßlippen, Rochen, Schnappern, Stachelmakrelen und Tarpunen be-

Barrierefreie Wege im Virgin Islands National Park

Eine vorbildliche Initiative hat im VI National Park für die Anlage von barrierefreien Wegen gesorgt, sodass Rollstuhlfahrer, Eltern mit Kinderwagen und alle, die weniger gut zu Fuß sind, auch das Hinterland von St. John genießen können. Eine 185 Meter lange Rampe windet sich durch die Ruinen der Zuckerfabrik an der Cinnamon Bay, ein weiterer barrierefreier Weg ist an der Francis Bay.

St. Croix
151 E1
Besucher-information
Kings St., Christiansted
340/773-1404

ANMERKUNG: Der **Annaly Bay Trail,** an der Nordwestküste von St. Croix ist 3,3 Kilometer lang. Fragen Sie den Wachmann beim Carambola Beach Resort & Spa *(Kings Hill, Tel. 340/778-3800, www.carambolabeach.com)* nach dem Anfang des Weges. Nehmen Sie reichlich Wasser mit und tragen Sie feste Schuhe.

sucht. Die Vielfalt erklärt sich aus den Mangrovesümpfen mit ihren Laichplätzen. Der **Francis Bay Trail**, gleich bei Maho Bay, besteht teilweise aus einem Holzsteg, der in die Mangrovensümpfe führt, wohin Reiher, Kubapfeifgänse, Bahamaenten, Krickenten, Strandläufer und andere Wasservögel kommen.

St. Croix

St. Croix ist mit 217 Quadratkilometern die größte der Jungferninseln und liegt 64 Kilometer südlich von St. Thomas. Die einstige Zuckerrohrinsel ist nur im Westen gebirgig, das Inselinnere wird von fruchtbaren Ebenen und Ackerflächen geprägt. Der **St. Croix Heritage Trail**, eine Autotour, führt zu mehr als 200 Stätten zur Geschichte und Kultur der Insel, etwa zur Cruzan Rum Distillery (siehe Kasten S. 164). Kolumbus landete 1493 in der Salt River Bay an der Nordküste, zog sich aber rasch zurück, als er auf die kriegerischen Kariben traf. Dennoch nahm er das Eiland für Spanien in Besitz und taufte sie Santa Cruz (Heiliges Kreuz). 1650 beanspruchte Frankreich die

INSIDERTIPP

Ein Sprung in die Gezeitentümpel der Annaly Bay an der Nordküste lohnt den Weg über das felsige und teilweise schlammige Gelände ab dem Carambola Beach Resort & Spa.

MARSHALL KIKER
Stellvertretender Herausgeber, National Geographic Books

ERLEBNIS: Schnorcheln auf St. John

Schnorcheln rund um St. John ist etwas Besonderes. Die vielen geschützten Buchten und flachen Küstengewässer bieten zahlreiche Schnorchelplätze, die direkt vom Strand aus zugänglich sind. In der **Trunk Bay** gibt es einen 205 Meter langen Unterwasserlehrpfad durch das Korallenriff. Weniger Schnorchler und farbenprächtigere Korallen gibt es abseits der ausgetretenen Pfade in den Buchten **Hawknest Bay** und am **Watermelon Cay** der Leinster Bay.

Wer sich noch nicht entscheiden kann, unternimmt eine Snuba-Tour mit **Virgin Islands Snuba Excursions** *(Trunk Bay, Tel. 888 294 1083 or 340 693 8063, www.visnuba.com, $$$$$).* Snuba ist eine Mischung aus Schnorcheln und Tauchen; Kinder ab acht Jahren sind zugelassen, so ist es ein Spaß für die ganze Familie. An Ausrüstung sind nur eine Maske und Schwimmflossen nötig, die Teilnehmer sind mit einer Sauerstoffflasche verbunden, die sich über ihnen auf einem Floß befindet. Der Ausflug dauert rund 90 Minuten und beginnt mit einer Einführung. Dann geht es zunächst ins Flachwasser, und das Unternehmen setzt sich fort bis zu einer Tiefe von sechs Metern. Eine Reservierung ist unbedingt erforderlich, jede Gruppe umfasst höchstens sechs Personen.

Insel und der französische Name St. Croix blieb auch, als die Dänen sie 1733 kauften. Christiansted, die Hauptstadt von St. Croix, ist ein idyllisches Städtchen, das an dänische Orte erinnert. Zwischen den mit Bögen verzierten Häusern (18./19. Jh.) liegen Geschäfte und eine kleine Festung. Die Hauptsehenswürdigkeiten der Insel befinden sich an der Centerline Road in westlicher Richtung. Eine weitere Attraktion sind Fahrten durch den Regenwald auf der North Shore Road (Rte. 80) und der Mahogany Road (Rte. 76).

An der Westküste legen in Frederiksted (siehe S. 165) Kreuzfahrtschiffe an. Auch Frederiksted ist eine hübsche Kleinstadt, die 1998 anlässlich des 150. Jubiläums der Abschaffung der Sklaverei in den dänischen Kolonien aufwendig restauriert wurde. Dänemark hatte den Sklavenhandel zwar als erstes Land 1803 abgeschafft, doch erst durch ein Edikt von Frederik VIII. wurde 1848 allen Sklaven die Freiheit ab 1859 zugesichert. Als die Sklaven auf St. Croix und St. John davon erfuhren, kam es zum Aufstand, sodass der Gouverneur Peter von Scholten eigenmächtig die Sklaven in Fort Frederik am 3. Juli 1848 für frei erklärte.

Christiansted: Die winzige Hauptstadt von St. Croix entstand 1733 rund um eine ruhige, durch ein Riff geschützte Bucht und wurde zu Ehren des dänischen Königs Christian VI. benannt. Oberhalb des Hafens, in der **Christiansted National Historic Site**, liegt das gepflegte **Fort Christiansvaern**. Es entstand zwischen 1738 und 1749. Der obere Stock bietet Raum für wechselnde historische Ausstellungen.

Rund um den kleinen Park vor der Festung liegen das **Old Danish Customs House**

Christiansted National Historic Site

✉ Fort Christiansvaern & the Steeple Bldg.

☎ 340/773-1460

$ $$

Eine überdachte Treppe in St. Croix

St. Croix Archaeology Museum
✉ 6 Company St.
☏ 340/692-2365
🕒 Geöffnet Sa–12 Uhr
www.stcroixarchaeology.org

von 1751 und das **Scale House** aus dem 19. Jahrhundert – hier wurden Schiffsladungen kontrolliert und gewogen –, außerdem das **Steeple Building** von 1735, eine protestantische Kirche, in der heute ein Museum untergebracht ist, sowie das alte **West Indies & Guinea Company Warehouse**. In seinem Innenhof wurden einst Sklaven versteigert. Einen kurzen Fußweg westlich die Company Street hinunter steht Apothecary Hall (1832). Sie präsentiert präkolumbische Artefakte von der Insel. Das **St. Croix Archaeology Museum** zeigt, dass die Besiedlung schon 5000 Jahre vor Kolumbus begann. Zu sehen sind Äxte, Töpferwaren, Perlen und Werkzeuge.

Einen Häuserblock nördlich an der King Street liegt das **Government House,** das zwei herausragende Stadthäuser (18. Jh.) umfasst. Die beiden Gebäude wurden um 1830 für Peter von Scholten zur Residenz ausgebaut.

Zwischen der King Street und der Bucht liegt die **Kings Wharf Open Air Mall**, eine Ladenpassage.

Cruzan Rum

Die Cruzan Rum Distillery Distillery (*Rte. 64, bei der Centerline Rd., Tel. 340 692 2280, www.cruzanrum.com, geschl. Sa, So, $$*) ist der größte kommerzielle Rumerzeuger auf den Jungferninseln. Die Familie Nethropp, Inhaber der Brennerei in der achten Generation, hat zwar einiges modernisiert, doch der dunkle Rum reift immer noch in den traditionellen alten Eichenholzfässern. Ein Besuch der Brennerei beginnt mit einem Videofilm und einer Führung, es folgt eine Verkostung.

Unterwegs auf St. Croix

Die Geschichte von St. Croix bis zur Kolonialzeit, lässt sich in Frederiksted und im **St. George Village Botanical Garden** nachvollziehen. Schnorchler schwärmen von den Riffen von Buck Island.

Buck Island Reef National Monument: Die acht Kilometer vor Christiansted gelegene, unbewohnte Insel Buck Island (1 Std. Überfahrt) ist für ihre Schnorchel- und Tauchgründe am Riff bekannt. Korallen wachsen bis zu neun Meter in die Höhe, und an den Riffen wimmelt es nur so vor Meerestieren. Es gibt es Wanderpfade, Sandstrände und Picknickeinrichtungen.

Frederiksted: Die verträumte Kleinstadt westlich von Christiansted ist in einer 30-minütigen Autofahrt zu erreichen. Frederiksted erwacht zum Leben, wenn im Winter die Kreuzfahrtschiffe anlegen. Das dunkelrote **Fort Frederik** *(geschl. Sa, So)* von 1752 wurde nach König Frederik V. benannt: Im Innenhof proklamierte Gouverneur von Scholten die Freilassung aller Sklaven. Das kleine Zentrum lohnt einen Besuch wegen der viktorianischen Pfefferkuchenhäuschen und der gepflegten Arkadenhäuser am Wasser. Nördlich der Stadt liegt ein Sandstrand.

St. George Village Botanical Garden: Inmitten einer Zuckerrohrplantage aus dem 19. Jahrhundert liegt dieser sieben Hektar große Landschaftsgarten. Ein beschilderter Pfad führt durch ein Regenwaldgebiet und durch einen Kaktusgarten.

Whim Plantation Museum
Die dänische Kolonialgeschichte auf St. Croix wird in diesem restaurierten, wundervollen Haus aus dem 18. Jahrhundert noch einmal lebendig: Das Innere ist dank einer gut 90 Zentimeter dicken Steinwand und einem Belüftungsgraben erstaunlich kühl. Die Räumlichkeiten sind mit antiken Mahagoni-Möbeln eingerichtet. Die Überreste der alten Zuckerrohranlage sind ebenfalls noch erhalten. ■

Buck Island Reef National Monument
164 C2
340/773-1460
$$$$$ (einschließlich Fahrt ab Christiansted)
www.nps.gov/buis/

St. George Village Botanical Garden
164 B1
Centerline Rd.
340/692-2874
$$$
www.sgvb.org

Whim Plantation Museum
164 B1
52 Estate Whim, Frederiksted
340/772-0598
Geschl. So
$$$
www.stcroixlandmarks.com

ERLEBNIS: Klar wie Kristall

Was für eine tolle Idee: ein durchsichtiges Kajak! Craig und Bryce Scott von **Sea Thru Kayaks VI** *(Tel. 340 244 8696, www.seathrukayaksvi.com, $$$$$)*, Vater und Sohn und leidenschaftliche Wassersportfans, haben eine Flotte vollständig durchsichtiger Kajaks aus stabilem Polykarbonat zusammengetragen und bieten nun Touren durch die Küstenlagunen und Riffe von St. Croix. Die Erkundung des korallenbesetzten Barriereriffs beginnt an der Cane Bay; die Chancen, Schildkröten und Delfine zu sehen, stehen gut. In den Mangroven der Altoona Lagoon tummeln sich junge Fische und an Land sonnen sich Leguane. Bei der nächtlichen Creepy Crawly Critter Tour ziehen unter beleuchteten Kajaks Feuerfische, Hummer, Krebse und Garnelen ihre Bahnen. In den dunklen Wassern des Salt River lassen sich faszinierende, biolumineszente Organismen beobachten.

Britische Jungferninseln

Die zerklüfteten kleinen Inseln, die zu den britischen Jungferninseln gehören, sind in der Region als „kleine Geheimnisse" bekannt. Die geschützten Höhlen und Buchten boten einst Piraten und Schmugglern Zuflucht, heute sind die zahlreichen Luxushotels auf den Britischen Jungferninseln (BVI) ein Paradies für Urlauber. Doch am schönsten ist es, die BVI wie die Insulaner selbst zu genießen.

The Baths – die mächtigen Felsen auf Virgin Gorda – ragen hoch über den Besuchern auf

Die meisten der BVI reihen sich zu beiden Seiten des fünf Kilometer breiten Sir Francis Drake Channel auf. Nur 15 der etwa 60 Inseln vulkanischen Ursprungs sind bewohnt, darunter auch Anegada, die einzige Koralleninsel des Archipels.

Großbritannien interessierte sich erst spät für diese Inselgruppe, vertrieb dann Piraten wie Blackbeard, Henry Morgan (1635–88) und Jost van Dyke (nach dem eine der Inseln benannt ist). Zur Hochphase der Plantagenwirtschaft im 18. Jahrhundert holten die Pflanzer afrikanische Sklaven, um auf dem schwierigen Boden Baumwolle und Zuckerrohr anzupflanzen. Diese Versuche hatten jedoch kaum Erfolg, sodass viele Plantagenbesitzer die Inseln verließen und ihre Sklaven noch vor deren offizieller Befreiung in den 1830er Jahren einfach zurückließen. Um zu überleben, betrieben die befreiten Sklaven Ackerbau. Bis zur Unabhängigkeit wurstelten sich die Britischen Jungferninseln innerhalb der Leeward Islands Federation britischer Kolonien durch.

Tortola

Tortola ist nach den Turteltauben benannt, deren Zahl die der 23000 Einwohner noch immer übersteigt. Mit einer Länge von 18 Kilometern (West-Ost) und einer Nord-Süd-Ausdehnung von fünf Kilometern ist Tortola die größte der Britischen Jungferninseln. Die Haupstadt Road Town an der Südküste trennt ein Gebirgskamm von den Stränden im Norden. Der Gipfel des Mount Sage ist mit 523 Metern der höchste Punkt des gesamten Archipels.

Wer nach Tortola reist, chartert hier meist eine Yacht oder besucht eine der entfernter liegenden Inseln. Doch einige Tage kann man in Tortola gut beim Ausspannen und Sonnenbaden verbringen.

Die wenigen Straßen von **Road Town**, dem Verwaltungs- und Wirtschaftszentrum der Britischen Jungferninseln, verlaufen parallel zum wiederbelebten Hafen; dort herrscht geschäftiges Treiben der ein- und auslaufenden Fähren und der Yachten.

Die Stadt bietet nur wenig Sehenswürdigkeiten, dabei sollte man die kleinen **J. R. O'Neal Botanic Gardens**

Tortola
151 D3

J.R. O'Neal Botanic Gardens
- 167 C2
- Botanic Rd.
- 284/494-4557
- Geschl. So
- Spende

Old Government House Museum
- Waterfront Dr.
- 284/494-4091
- Geschl. So
- $$

jedoch nicht versäumen. Vom Stadtzentrum führt ein kurzer Weg zum Park voller Palmen, mit einem Seerosenteich, Orchideenhaus und einem Laubengang. In der Nähe bietet das **Old Government House Museum** Führungen durch offizielle Räume und eine Sammlung von Briefmarken der Jungerninseln in der ehemaligen Residenz des Gouverneurs.

Einen weiteren Abstecher lohnt das **Lower Estate Sugar Works Museum** *(Station Ave., geschl. Sa, So)*, das in einer Reihe traditioneller Häuser aus den 1780er Jahren untergebracht ist. Heute werden hier u. a. indianische Artefakte und Gegenstände aus dem Wrack der R. M. S. *Rhone* (siehe S. 172) gezeigt.

Inselrundfahrt: Die schönsten Strände und Hotels auf Tortola liegen an der Nordküste. Im Westen lockt die **Smuggler's Cove** zum Schnorcheln, die über eine unebene Staubpiste von der **Long Bay** aus erreichbar ist. Letztere besitzt einen 1,6 Kilometer langen palmengesäumten Sandstrand mit Hotel. **Apple Bay** ist vor allem bei Surfern beliebt; an der Bomba's Surfside Shack, einer Strandbar, werden legendäre Vollmondpartys gefeiert. Auch an der **Carrot Bay** gibt es einige Bars und ein Restaurant am Wasser. An der **Cane Garden Bay** kann man windsurfen, Wasserski oder Boot fahren. Es gibt auch Strandrestaurants und einige Hotels. **Brewers Bay** lädt bei ruhiger See zum Schnorcheln; die Sandstrände der **Trunk Bay**, **Josiah's Bay**, **Lambert Long Bay** und am **Elizabeth Beach** eignen sich zum Schwimmen. Über eine Brückenstraße erreicht man **Beef Island** mit schönen Stränden an der **Trellis Bay** und der **Long Bay**.

Im Zentrum von Tortola erstreckt sich der 37 Hektar umfassende **Sage Mount National Park**, den man 1964 einrichtete, um die letzten Gebiete des Inselwaldes zu schützen. Der **Rainforest Trail** im Park führt an vielen Regenwaldpflanzen vorbei, Baumfarne, Bromelien und Philodendren unter riesigen Balatabäumen. Der **Mahogany Forest Trail** zweigt vom Hauptpfad ab und schlängelt sich zwischen Feldern verschiedener Mahagoniarten hindurch.

An der westlichen Spitze von Tortola, **Soper's Hole**,

INSIDERTIPP

Genießen Sie einen Bummel entlang der Boutiquen und Cafés am Frenchman's Cay in Soper's Hole am Westende von Tortola.

OLIVIA STREN
National Geographic-Autorin

ERLEBNIS: Chartern einer Yacht

Die Karibik ist ein Paradies für Segler. Seit Kolumbus faszinierten klarer Himmel, ruhige blaue See und herrliche Inseln die Seeleute. Mitten in der Karibik liegt die Insel Tortola, die Seglerhauptstadt der Region, deren zentraler Bergzug einen Windschutz zwischen Atlantik und dem Sir Francis Drake Channel bildet.

Ein Team entspannt bei der Mount-Gay-Rum-Regatta

In dem kleinen Segelzentrum gibt es die weltweite größte Dichte (rund 700) von Schiffen, die ohne Crew gechartert werden können und doch ist es möglich in Road Town Segel zu setzen, das Gedränge schnell zu verlassen und sein eigenes Paradies auf den Dutzenden von Inseln und Inselchen der Umgebung zu finden. Die große Auswahl an Ankerplätzen und besonders die ständig wechselnde Kulisse garantieren einen romantischen Segelurlaub. Die große Frage ist, ob man eine Yacht mit Crew chartert oder allein sein vorzieht.

Chartern mit Crew

Das Chartern eines Schiffs mit Crew bietet viele Vorteile, von der völligen Entspannung über auf Ihre Bedürfnisse zugeschnittene Routen, bis hin zu einem erfahrenen Kapitän und Küchenchef. Die Charterfirma klärt im Voraus mit Ihnen Ihre Wünsche ab, einschließlich Vorlieben beim Essen und gewünschter Aktivitäten (Schnorcheln, Wassersport, Strände). Der Schiffstyp wird anhand der Unterkünfte, die sie wünschen, festgelegt (Kabinenanzahl, Bäder). Die meisten Angebote mit Crew gelten für Mehrrumpfboote (Katamaran oder Trimaran), die mehr Raum bieten und speziell für Familien und Gruppen geeignet sind. Sie liegen auch ruhiger im Wasser und somit ist die Gefahr der Seekrankheit geringer. Es besteht die Möglichkeit, dass sie auch einmal selbst das Ruder übernehmen oder sie können Segelunterricht mitbuchen, um beim nächsten Mal allein loszuziehen.

Chartern ohne Crew

Sie müssen kein altgedienter Navigator oder Kapitän sein, um ein Schiff ohne Crew zu chartern. Die Charterfirma wird Ihre Erfahrung überprüfen (Schiffstyp, Bedingungen) und Sie einem Segeltest unterziehen. Weniger erfahrene Seeleute können für einige Tage einen Kapitän engagieren, um sich wieder mit den Anforderungen vertraut zu machen, bevor sie allein lossegeln. Vorteile des Charterns ohne Crew sind Unabhängigkeit und Ungestörtheit.

Charterfirmen

Allein auf Tortola gibt es Dutzende von Charterfirmen. Um vor dem Buchen einen Überblick über das Angebot zu bekommen, lohnt ein Blick auf die Websites der Virgin Islands **Charter Yacht League** *(www.vicl.org)* und der **BVI Charter Yacht Society** *(www.bvicrewedyachts.com)*. Zu den größeren Anbietern zählen **Bare Boats BVI** *(www.bareboatsbvi.com)*, **BVI Yacht Charters** *(www.bviyachtcharters.com)*, **The Moorings** *(www.moorings.com)* und **Sunsail** *(www.sunsail.com)*.

Sage Mountain National Park
167 B2
Ridge Rd.
284/494-3904
$$

Anegada
151 E5

legen Fähren nach Jost van Dyke und zu den amerikanischen Jungferninseln ab.

Andere Britische Jungferninseln

Mit Fähre oder Flugzeug erreichen Sie die kleineren Britischen Jungferninseln.

Anegada: Nördlich von Virgin Gorda (mit dem Flugzeug von Tortola aus erreichbar) liegt Anegada, die zweitgrößte (15 km^2) der BVI. Der Name bedeutet im Spanischen „die Ertrunkene", denn Anegada erhebt sich nur 8,5 Meter über den Meeresspiegel. Hauptanziehungspunkt sind die Korallenriffe. Auf der Insel gibt es ein kleines Hotel mit Einrichtungen zum Tauchen, einige Pensionen, Restaurants und Campingplätze.

Cooper Island: Der Bootssteg und das Restaurant mit Bar auf Cooper Island werden vor allem von Seglern im Sir Francis Drake Channel angesteuert. Wer etwas verweilt, kann einen guten Strand, ein Tauchgeschäft und einige Ferienhütten an der Manchioneel Bay finden.

Jost van Dyke: Nur 6,5 Kilometer mit der Fähre sind es von Tortolas westlicher Inselspitze nach Jost van Dyke, das wegen seiner Strände beliebt ist. Einer Insellegende zufolge soll van Dyke ein hol-

Ein Anlegeplatz auf Anegada, der zweitgrößten der Britischen Jungferninseln

INSIDERTIPP

Segeln Sie durch die grünen Wasser des Drake Channel zur verlassenen Norman Isle, einem früheren Piratenunterschlupf.

OLIVIA STREN
National Geographic-Autorin

ländischer Pirat des 17. Jahrhunderts gewesen sein, einer von vielen Seeräubern, die damals die Inseln unsicher machten.

Auf der Insel gibt es einige herrliche weiße Sandstrände, wobei nur wenige Besucher über den **Great Harbour** hinausgelangen, wo die Fähre anlegt. Am Hafen gibt es ein einfaches Gasthaus, ein Wassersportzentrum und einige Strandbars. Bei Foxy's, am östlichen Ende des Strandes gelegen, findet eine der wildesten Silvesterpartys in der Karibik statt.

Norman Island: Nur einige Ziegen leben auf Norman Island, das die Vorlage für Robert Louis Stevensons *Schatzinsel* sein soll. Rund um **The Indians**, eine Gruppe von vier Felsklippen, die man mit dem Boot erreicht, lässt es sich gut schnorcheln. Wer Hunger hat geht ins **Pirates Bight** *(Tel. 284/446-7827)*, Bar und Grillrestaurant am Strand oder ins **Willy T** *(Tel. 284/496-8603)*, ein schwimmendes Restaurant, beliebt bei Seglern.

Peter Island: Auf der Insel, die von Tortola nur durch den Sir Francis Drake Channel getrennt ist, liegt das exklusive **Peter Island Resort:** Selbst wer hier nicht wohnt, sollte alles bei einem Tagesausflug mit der Fähre ab Road Town genießen.

Salt Island: Die drei Salzseen auf Salt Island versorgten vorbeifahrende Schiffe einst mit dem lebensnotwendigen Salz – und bis heute entrichtet die Insel eine jährliche Steuer auf jeden Sack Salz an das britische Königreich. Die laut jüngster Zählung zwei Bewohner gewinnen Salz noch nach der traditionellen Methode; die Hauptattrakti-

Flamingo-Renaissance

Einst gab es auf Anegada zahlreiche Flamingokolonien. Ende des 20. Jahrhunderts waren die Vögel ausgerottet, weil Menschen die Jungvögel gefangen und verzehrt hatten.

In den letzten 20 Jahren brachte eine Initiative des National Parks Trust of the Virgin Islands die Flamingos zurück nach Anegada. Einige Vögel wurden im natürlichen Lebensraum der Insel angesiedelt, wo die langbeinigen Vögel Schutz vor Stürmen finden und ihren Nachwuchs (stets nur ein Ei) aufziehen. Die neuen Flamingos bildeten wieder eine Kolonie und heute leben mehr als 200 von ihnen auf Anegada.

Cooper Island
151 D3

Jost Van Dyke
151 C4

Norman Island
151 D3

Peter Island
151 D3

Salt Island
151 D3

Virgin Gorda
151 E4

on der Insel ist jedoch das Wrack der R. M. S. *Rhone*, einer der besten Wracktauchplätze der Karibik. Das britische Postschiff sank hier 1867 mit 300 Mann an Bord in einem Hurrikan und liegt in einer Tiefe zwischen neun und 24 Metern südlich der Insel. Weitere gute Tauchplätze sind **Blonde Rock** und **Painted Walls** im Westen.

Virgin Gorda

Der wenig schmeichelhaft Name der Insel – „fette Jungfrau" – geht auf Christoph Kolumbus zurück. Von ihrem tief gelegenen, felsigen Südende erhebt sich die Insel im **Gorda Peak** auf 414 Meter und soll einer auf dem Rücken liegenden Schwangeren ähneln. Der größte Teil der 2500 Inselbewohner lebt in **The Valley** (auf Karten oft als **Spanish Town** eingetragen), einer weit auseinander gezogenen Siedlung alter karibischer Häuser und moderner Betonvillen an der Südwestküste. Hier befindet sich auch der Fähranleger und ein kleiner Flughafen.

Südlich der Stadt liegt die Hauptsehenswürdigkeit, **The Baths**, eine bizarre Ansammlung riesiger Findlinge. Vom Ausgangspunkt führt ein Weg über 320 Meter bergab zum Strand und zu den Steinen. Unten angekommen, kann man nach links weitergehen und auf den gewaltigen Felsen herumklettern, über klatschende, sprudelnde Gezeitentümpel bis zum einsamen **Devil's Beach**, der sich auf ganzer Länge zum Schnorcheln eignet.

Von The Valley nach Norden passiert die Straße zwei sichelförmige Buchten mit feinem, weißem Sand am Rand der **Savannah Bay** und steigt dann zum **Gorda Peak National Park** auf. (Es gibt Wanderwege zum Gipfel; Auf- und Abstieg dauern etwa 45 Minuten.)

Die Aussicht von der Bergstraße geht über den Sir Francis Drake Channel hinaus nach Süden und über den North Sound – eine herrliche, türkisfarbene Bucht mit der Mosquito und der Prickley Pear Island. Wo sich die Straße teilt, führt die nördliche Spur zur **Leverick Bay**, die andere endet bei **Gun Creek**, wo kleine Motorboote die Fahrgäste zu den Bitter End und Biras Creek Resorts bringen. ■

INSIDERTIPP

The Baths auf Virgin Gorda muss man gesehen haben – Besucher sollten auf dem Devil's Bay Trail wandern, der um und über große Granitblöcke führt.

LYNNE CAMPBELL
Besitzerin, Carefree Yacht Charters

Zwei Inselgruppen: eine, die zu den nördlichen Inseln unter dem Winde gehört, und eine andere vor der Küste von Venezuela

Karibische Niederlande & Aruba

Erster Überblick 174–175

Sint Maarten/St.-Martin 176–179

Sint Eustatius 180–182

Saba 183–185

Erlebnis: Der Meerespark von Saba 184

Curaçao 186–189

Erlebnis: Curaçao 187

Erlebnis: Abenteuerliche Touren 188

Unterwegs auf Curaçao 190

Bonaire 191–192

Erlebnis: Unterwasserfotografie 192

Aruba 193–194

Unterwegs auf Aruba 195–196

Hotels & Restaurants 367–371

Im Karneval von Aruba kann man so manche Überraschung erleben

Karibische Niederlande & Aruba

Die beiden Inselgruppen der Karibischen Niederlande liegen über 800 Kilometer voneinander entfernt. Zur nördlichen Gruppe zählen Sint Maarten, Sint Eustatius und Saba, zur südlichen Aruba, Bonaire und Curaçao, die häufig als „ABCs" bezeichnet werden.

Die früher Niederländische Antillen genannten Inseln dienten den Niederländern von den frühen Tagen der Kolonialisierung an als Handelsstützpunkte. Zwar gelten sie als Begründer der Zuckerindustrie auf den Antillen, doch wählten sie ihre Besitzungen sicher nicht unter diesem Gesichtspunkt, sondern nach ihrer Tauglichkeit als Handelsstützpunkte aus. Sie entschieden sich für das bergige Eiland Sint Maarten, die beiden Vulkane von Sint Eustatius, Saba und die ABCs, drei flache und kakteenbestandene Inseln, die in erreichbarer Nähe zu den niederländischen Besitzungen in Brasilien lagen. Die Rechnung ging auf, und im 17. und 18. Jahrhundert gehörten Sint Eustatius und Curaçao zu den reichsten Handelshäfen der Welt.

Wie bei anderen Karibikinseln wechselten auch bei den Niederländischen Antillen mehrfach die Kolonialherren. Niederländische und französische Kolonisten teilten sich 1648 die Insel Sint Maarten/St-Martin. Heute ist das nur 96 Quadratkilometer große Eiland die kleinste Insel der Welt im Besitz zweier souveräner Staaten.

Nach dem Niedergang der Zuckerindustrie bescherte die Entdeckung von Öl in Südamerika den ABCs ab 1920 neuen Wohlstand, als nordamerikanische und europäische Ölgesellschaften auf Aruba und Curaçao Raffinerien errichteten. Die Hauptstadt von Curaçao, Willemstad, stieg zum Verwaltungszentrum der Niederländischen Antillen und zum Sitz des Parlaments *(staten)* auf, seit 1954 autonom innerhalb des niederländischen Königreiches.

Der Zusammenbruch der lokalen Ölindustrie führte Mitte der 1980er Jahre zu Unruhen auf den ABCs und zwang die Inseln, ihre Wirtschaft stärker auf den Tourismus auszurichten. Aruba forderte lautstark die Unabhängigkeit und bekam 1986 den Status eines autonomen Landesteils der Niederlande. Bei der Auflösung der Niederländischen Antillen 2010 erhielten Sint Maarten und Curaçao den gleichen Status wie Aruba. Bonaire, Saba und Sint Eustatius entschieden sich für eine engere Bindung ans Mutterland und wurden »besondere Gemeinden« *(bijzondere gemeente)*.

Aruba steht im Bereich des Tourismus an der Spitze der Niederländischen Inseln

NICHT VERSÄUMEN

Einkaufen in Philipsburg, der Hauptstadt von Sint Maarten **177**

Eine Wanderung auf den Quill, Sint Eustatius **182**

Tauchen im Saba Marine Park, Saba **184**

Afrikanische Kunst im Museum Kurá Hulanda, Curaçao **189**

Die spektakulären Korallen und tropischen Fische im Bonaire Marine Park **192**

Die Erkundung des Hinterlandes im Arikok National Park, Aruba **196**

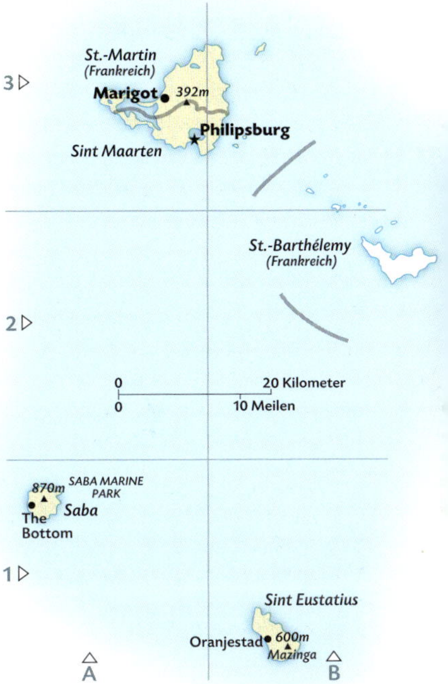

unter dem Winde. Das ruhige Bonaire zählt dagegen zu den besten Tauchzielen der Welt. Auch auf den 800 Kilometer weiter nördlich gelegenen Inseln über dem Winde boomt der Tourismus. Sint Maarten knüpft als zollfreie Enklave an die Tage der Niederländischen Westindischen Kompanie an. Sint Eustatius und Saba genügen schlichteren Ansprüchen. Sie bieten wenige Strände, dafür aber rustikalen Charme, der ruhebedürftige Urlauber reizt. ■

Sint Maarten/St.-Martin

Sint Maarten/St.-Martin, mit 96 Quadratkilometern eine der kleineren Inseln der Region, feierte 1998 den 350. Jahrestag der friedlichen Teilung zwischen Frankreich und Holland. Den Franzosen gehört der etwas größere Nordteil. Zwar gibt es keine Grenzkontrollen, doch sind die Inselbewohner stolz auf ihre jeweilige nationale Zugehörigkeit.

Fort St. Louis liegt oberhalb von Marigot im französischen Teil der Insel

Einer Legende zufolge besiegelten ein Franzose und ein Niederländer die Teilung der Insel. Sie umrundeten das Eiland in entgegengesetzten Richtungen, der eine mit einer Flasche Cognac, der andere mit einer Flasche Genever. Der vom Cognac gestärkte Franzose schritt kräftig aus, und nachdem man die Grenzlinie gezogen hatte, besaß er 54, der Holländer dagegen nur 41 Quadratkilometer.

Trotz ihrer geringen Größe zieht die Insel alljährlich über eine Million Besucher an. Die niederländische Inselhauptstadt Philipsburg bildet das wichtigste Anlaufziel. Als beliebter Kreuzfahrthafen und zollfreies Gebiet verfügt sie vor allem über gute Einkaufsmöglichkeiten. Herrliche Strände erstrecken sich vor dem steilen, mit niedrigem Buschwerk bewachsenen Hinterland. Die Westküste zwischen Philipsburg und der französischen Inselhauptstadt Marigot ist am besten erschlossen. Rund um die Simson Baai drängen

INSIDERTIPP

Zu den lolos – den Imbissständen – von Grand Case (siehe S. 179) kommen viele Einheimische, weil es hier hervorragendes Essen gibt.

CHARLES KULANDER
National Geographic-Autor

sich Hotels und Timeshare-Anlagen. Zwischen den beiden Inselhauptstädten verkehren Minibusse.

Philipsburg

Die Stadt, die aus vier langen, parallel verlaufenden und durch Seitenalleen *(steegjes)* verbundenen Straßen besteht, liegt auf einer schmalen Sandbank zwischen Groot Baai und Great Salt Pond. Ihr Herz schlägt am **Ruyterplein**, auch Wathey Square genannt, wo die Tagesbesucher der vor der Bucht ankernden Kreuzfahrtschiffe an Land gehen. Am Kopfende des Platzes steht das restaurierte **Gerichtsgebäude** (19. Jh.) mit einer geschnitzten Ananas auf dem Giebel. Zu beiden Seiten beginnen die von Dutyfreeläden, Boutiquen und Galerien gesäumten Einkaufsstraßen. Wenn Sie dem *steegje* rechts des Gerichtsgebäudes folgen, gelangen Sie zu einem Straßenmarkt.

Ein zehnminütiger Spaziergang führt zum **Guavaberry Emporium** in einem bunt bemalten, um 1830 erbauten Haus. Hier können

Philipsburg
175 E3
Besucherinformation
Wathey Sq. Kreuzfahrtanleger und Captain Hodge Wharf
721/542-2337

Sint Maarten Museum
7 Front St.
721/542-4917
Geschl. Sa Nachm. & So

Das Gerichtsgebäude von Philipsburg (19. Jh.)

Sint Maarten Park
177 C2
Arch Rd. Madame Estate
721/543-2030
$$

Marigot
177 B2

Besucher-information
Rte. de Sandy Ground
0590/87 57 21

Sie den typischen Guavabeerenlikör, eine aus der Frucht der *Eugenia floribunda* hergestellte Spezialität der Insel, kosten und kaufen.

Etwas weiter steht auf der rechten Seite eines der *steegjes* das **Sint Maarten Museum**. Das winzige Museum hat eine Reliefkarte zeigt, dass Sint Maarten einst mit den Nachbarinseln St-Barthélémy (St. Barts) und Anguilla verbunden war. Aus dem Wrack der 1801 gesunkenen Fregatte H.M.S. *Proselyte* wurde Verschiedenes geborgen und ausgestellt.

Hinter dem Museum endet die Straße an der sandigen Bucht, bei **Bobby's Marina** mit den beliebten Restaurants. Fähren verkehren von hier nach Marigot, Boote legen nach St. Barts und Saba ab. Die Minibusse zur französischen Hauptstadt Marigot fahren von der Back Street (einen Häuserblock hinter der Front Street) ab.

Unterwegs auf Sint Maarten

Die einzige echte Attraktion ist der familienfreundliche Zoo **Sint Maarten Park** am äußeren Ende des Great Salt Pond. In begehbaren Volieren leben tropische Vögel.

Von Philipsburg abgesehen, bietet Sint Maarten vor allem schöne Strände. An der Südseite liegt – leider in der Einflugschneise des Princess Juliana Airport – der **Simson Baai Beach** (Schwimmen und Windsurfen). Wenn Sie an der Küste entlang nach Nordwesten fahren, erreichen Sie die **Mulletbaai** mit ihrem bei Wassersportlern beliebten Strand. Sollten Sie Ruhe suchen, empfiehlt sich **Cupecoy Beach**, der sich vor niedrigen Klippen entlangzieht. Östlich von Philipsburg, direkt vor der Grenze zu St.-Martin führt eine Seitenstraße zum hübschen **Dawn Beach**.

Sehr beliebt bei Besuchern ist ein Tagesausflug zur schicken Nachbarinsel St. Barts (siehe S. 244–246). Es werden Tagesausflüge *(Di–Sa)* ab der Pelican Marina in Philipsburg *(Tel. 721/544-640)* angeboten oder Sie fahren mit einem Wassertaxi (45 Min.).

Marigot

Die reizvolle Hauptstadt von St.-Martin wirkt südfranzösisch. Das Stadtzentrum erstreckt sich zwischen der Uferpromenade und der **Marina Port La Royale**.

Die Ruinen des **Fort St-Louis** aus dem 18. Jahrhundert überragen den Hafen, von dem aus täglich regelmäßige Fähren nach Anguilla (*Tel. 264/497-2231*) und Schiffe nach St. Barts ablegen (*Tel. 0590/87 10 68*).

Durch Einkaufsstraßen gelangt man zurück zur Rue de Hollande, wo die Minibusse nach Philipsburg und Grand Case starten und ankommen. Weiter westlich liegt der Yachthafen mit Cafés und Boutiquen.

Das großartige **Musée de Marigot** präsentiert Exponate zu Geschichte, Geologie und Meeresbiologie der Insel.

Unterwegs auf St.-Martin

Die französische Seite der Insel bietet tolle Strände (auch zum Nacktbaden), beginnend mit der 1,6 Kilometer langen **Baie Longue** westlich der Simson Baai.

Nördlich schließt sich die bei Surfern und Schnorchlern beliebte **Baie aux Prunes** an, dann folgt die **Baie Rouge**, wo man Sonnenschirme und Liegen mieten oder um die Landspitze zu einer geschützten Bucht schwimmen kann.

Die **Baie Nettlé** mit vielen Hotels bietet gute Wassersportmöglichkeiten. Nördlich von Marigot liegt **Grand Case**, ein kleiner Ort mit einigen der besten Restaurants der Insel. Weiter östlich ankern Boote im Hafen vor der **Anse Marcel**, ideal für Wassersportler und Familien.

Vor der Ostküste liegt der **Îlet Pinel** mit wundervollen, der Bucht zugewandten Stränden. Von Cul de Sac aus setzen Fähren zu dieser Insel und zur benachbarten, unberührten **Île Tintamarre** über. Die **Baie Orientale** ist wegen der schicken Restaurants und Läden bekannt.

Die **Loterie Farm** ist ein abgelegenes, privates Waldschutzgebiet und liegt auf der Leeseite des **Pic du Paradis**, dem mit 424 Metern höchsten Berg der Insel. Alte, einstmals noch von Sklaven angelegte Bergpfade wurden extra für Wanderer wiederhergestellt.

Ein Abstecher führt zur **Ferme des Papillons** (Schmetterlingsfarm) an der Baie de l'Embouchure. ■

Schmetterlinge

Einige praktische Hinweise für den Besuch der Ferme des Papillons:

- **Kommen Sie zur Öffnung um 9 Uhr, um zu sehen, wie die frisch geschlüpften Schmetterlinge ausfliegen.**
- **Leuchtende Farben locken Schmetterlinge an; tragen Sie gelb oder rosa, damit sie auf Ihnen landen.**
- **Auch Parfüm auf Zitrusbasis und der tropische Drink, den Sie am Eingang bekommen, lockt die Schmetterlinge.**
- **Heben Sie das Ticket auf; es gilt für Ihren gesamten Urlaub.**

Musée de Marigot
7 rue Fichot
590/56 78 92
$

Loterie Farm
177 B2
Colombier
0590/87 86 16
$

Ferme des Papillons
177 C2
Rte. du Galion
0590/87 31 21
$$
www.thebutterflyfarm.com

Sint Eustatius

56 Kilometer südlich von Sint Maarten liegt Sint Eustatius, ein nahezu unberührtes Eiland im Schatten des Quill, eines mächtigen Vulkankraters. Die Antillaner nennen die Insel kurz Statia (Stej-scha ausgesprochen). Hier stößt man allenfalls auf eine Handvoll neugieriger Tagesbesucher und ein buntes Völkchen von Auswanderern, die das Leben abseits des Massentourismus mit seinen Ferienanlagen, Einkaufsstraßen und Restaurants genießen.

Der Quill/Boven National Park entstand 1998 als erster Nationalpark der Niederländischen Antillen

Auf Sint Eustatius gibt es keine attraktiven Strände, doch gerade das macht seinen Charme aus. Von der hügeligen Nordspitze über die Ebene im Zentrum bis zu den südlichen Ausläufern des Quill misst das drei Kilometer breite Eiland gerade einmal acht Kilometer. Fast alle der rund 3000 Inselbewohner leben in der Hauptstadt Oranjestad an der Westküste.

Die Niederländische Westindische Kompanie errichtete 1636 ein Kontor in Oranjestad und verwandelte den Hafen in ein erfolgreiches Handelszentrum und einen Sklavenumschlagplatz. Schiffe aus aller Herren Länder lagen im Hafen, die Geschäfte blühten, und man versuchte, immer mehr Land für neue Lagerhäuser urbar zu machen. Am 16. November 1776 begrüßte man von Fort Oranje aus mit Salutschüssen das Handelsschiff *Andrea Doria,* das unter dem neuen amerikanischen Sternenbanner segelte, sodass Holland faktisch als erste Nation die Vereinigten Staaten von Amerika anerkannte. Der Insel brachte dies den zusätz-

INSIDERTIPP

Die Temperaturen am Quill können sehr unterschiedlich sein; das Innere des Kraters dampfig, im Gegensatz zur Kühle des Gipfels. Kleiden Sie sich entsprechend.

LARRY PORGES
Redakteur,
NATIONAL GEOGRAPHIC BOOKS

lichen Beinamen „Amerikas Freund aus Kindertagen" ein. 1781 rächten sich die Engländer: Unter Befehl von Admiral George Brydges Rodney (1718–1792) segelte eine Flotte nach Statia, die alle Schiffe und Waren im Hafen konfiszierte.

Von diesem Schlag konnte sich Statia nie ganz erholen. Auf Grund der fehlenden Strände blieben auch die Touristen aus. Heute entwickelt sich die Insel langsam zu einer attraktiven Basis für Tauchurlauber. Rund um den Quill (Mt. Mazinga) kann man außerdem wunderbar wandern.

Oranjestad

Eine schmale Klippe teilt die winzige Hauptstadt. Hurrikane und Admiral Rodneys Angriff zerstörten die Unterstadt rund um den Hafen vollständig, sodass heute alle Bewohner in der **Oberstadt** leben. Sie liegt auf der Klippe und wird von **Fort Oranje**, einer Festung aus dem 17. Jahrhundert, bewacht. In einem restaurierten Backsteinbau, in dem Rodney während seines Aufenthaltes Quartier nahm, ist heute das **Simon Doncker Museum** der Sint Eustatius Historical Foundation. In prachtvoll mit Möbeln aus der Kolonialzeit ausgestatteten Räumen präsentiert es präkolumbische Funde.

In der Stadt gibt es einige Ruinen von historischer Bedeutung, etwa die **Honen-Dalim-Synagoge,** die zweitälteste Synagoge der westlichen Hemisphäre aus dem Jahr 1742. Sie verfiel, nachdem Rodney das Geld der jüdischen Gemeinde beschlagnahmt und deren Mitglieder deportiert hatte.

Jüdisches Erbe

Im 17. Jahrhundert boten die Niederländer europäischen Juden finanzielle Anreize, um sich auf Sint Eustatius anzusiedeln. Sie sollten die Wirtschaft der Besitzung ankurbeln. Spanische, portugiesische und osteuropäische Juden kamen, die jüdischen Gemeinden wuchsen und wurden für rund ein Jahrhundert fester Bestandteil des wirtschaftlichen Erfolgs von Statia. Als die Briten im 18. Jahrhundert die Insel angriffen, vertrieben sie die Juden. Die Ruinen der Honen-Dalim-Synagoge zeigen, dass sich die jüdische Gemeinde von Sint Eustatius davon nie erholt hat. Die Synagoge wird als Zeugnis des jüdischen Beitrags wieder aufgebaut.

Sint Eustatius
175 B1
Besucher-information
Fort Oranjestraat
599/318-2433
www.statiatourism.com

Simon Doncker Museum
Wilhelminaweg, Oranjestad
599/318-2288
Geschl. Sa Nachm. & So Nachm.
$$
www.steustatiushistory.org

Unterwegs auf der Insel

Jeder Besucher von Sint Eustatius sollte eine Wanderung zum Quill (Mount Mazinga) einplanen. Mehrere Wege führen direkt bis zum Kraterrand; die meisten Urlauber wählen einen etwa 45-minütigen Pfad. Von der höchsten Stelle des **Mount Mazinga** (600 m) aus blickt man in den 168 Meter tiefen, dicht bewachsenen Krater hinein. An der Südwestküste liegen die Ruinen des **Fort de Windt**.

An der Südostseite liegt der **Miriam C. Schmidt Botanical Garden** an den Hängen des Quill. Freiwillige haben Bereiche mit einheimischen Pflanzen, einen Küchengarten im karibischen Stil, einen Vogelbeobachtungspfad und einen Lookout Garden mit großartigem Blick auf St. Kitts angelegt; der Blick geht über die schmale Wasserstraße, wo im Winter *(Jan.–März)* oft Buckelwale vorbeiziehen.

Weiter oben am Osthang des Quill befindet sich das **Lynch Plantation Museum** *(Tel. 599/318-2338, nur nach Vereinbarung).* Hier ermöglicht die sehenswerte Sammlung der Familie Berkel einen Blick auf Statia vor einem Jahrhundert.

Der Blick von Fort de Windt

Strände & Tauchen

Auf Statia gibt es durchaus Strände, allerdings mit grauem Vulkansand. In der Nähe der Unterstadt erstreckt sich der bei Einheimischen beliebte **Oranje Beach,** weiter südlich liegt **Crooks Castle.** Wegen der gefährlichen Strömungen sollte man in den Buchten an der Atlantikküste lieber nicht schwimmen.
Der **St. Eustatius National Marine Park** *(www.statiapark.org)* schützt die Unterwasserlandschaft von Statia, die noch reizvoller ist als der mächtige Vulkan. Es gibt über 30 Tauchplätze, darunter Korallenriffe, Canyons und die sogenannten **Supermarkt-Wracks,** zwei an einem Riff gelegene Wracks, an denen man die seltenen Fliegenden Fische beobachten kann. Die leicht zugängliche **City Wall** direkt vor dem Hafen diente einst als Deich für das Lagerviertel der Unterstadt. ■

Saba

Aus der Entfernung betrachtet ragt das winzige Saba wie ein einzelner Fels aus dem Meer empor. Bei näherem Hinsehen stellt man jedoch fest, dass der mächtige Mount Scenery (870 m) auf dem 13 Quadratkilometer großen Eiland inmitten von niedrigeren Hügeln steht, die das Bild im rauen, grünen Landesinneren bestimmen. Die Klippen am Rand der Insel fallen steil ins Meer ab und setzen sich unter Wasser fort. Saba gehört daher zu den allerbesten Tauchzielen.

Die berühmte Treppe zur Ladder Bay auf Saba

Die 1500 Inselbewohner leben in hübschen Dörfern mit kleinen weißen Häuschen mit roten Dächern, die sich dicht an die steilen Felswände drängen. Hauptstadt der Insel ist The Bottom. Die meisten Urlauber fahren über The Road (siehe Kasten S. 185) nach Windwardside.

Kolumbus sichtete Saba 1493, aber erst über ein Jahrhundert später betraten die ersten Europäer nach einem Schiffbruch die Insel. Holländische Kolonisten aus Sint Eustatius gründeten um 1640 eine Siedlung. 1665 nahm der berüchtigte walisische Pirat Henry Morgan (1635–88) Saba ein und vertrieb alle Bewohner, die nicht Englisch sprachen. Danach wechselte die fast uneinnehmbare Insel die Besitzer weniger durch Invasion als vielmehr auf dem

Saba

175 A1

Besucher-information

Windwardside, Saba

599/416-2231

www.sabatourism.com

Saba Museum
✉ Windwardside
🕒 Geschl. Sa & So
$ $

Papier. Es gab einzelne kleine Zuckerrohrplantagen, und das Leben verlief ziemlich ruhig.

Unterwegs auf Saba

Sabas Hauptstadt, The Bottom, liegt in einer Senke und erhielt ihren Namen vermutlich von dem holländischen Wort *botte* (Schüssel). Die **Lieutenant-Governor's Residence**, ein hübsches altes Haus, ist ganz im typischen Dekor der Insel mit Balkons und Balustraden gehalten.

Etwa 1,5 Kilometer weiter südlich liegt **Fort Bay**, der wichtigste Hafen der Insel. Über rund 500 Stufen gelangt man zum Kai an der **Ladder Bay**. Bevor The Road gebaut wurde, war dies der einzige Weg, und alles wurde zu Fuß transportiert.

In den Bergen liegt **Windwardside,** das einen fantastischen Blick auf die Küste bietet. Kleine Häuser

INSIDERTIPP

Nehmen Sie den historischen Weg zum alten Piratenversteck in Mary's Point, abseits der Well's Bay Road nördlich von The Bottom. Die Dorfruinen versetzen Sie in die Zeit der Freibeuter.

KAI WULF
Parkmanager, Saba Conservation Foundation

säumen ein Netz von schmalen Gassen. Das **Saba Museum** mit Informationen zur Inselgeschichte befindet sich in einem Haus, im Stil einer Kapitänswohnung aus dem 19. Jahrhundert.

Die meisten Urlauber kommen nach Saba, um zu tauchen, doch auch Bergwanderungen haben ihren Reiz. Der 1064 Stufen umfassende

ERLEBNIS: Der Meerespark von Saba

1987 wurde das Küstengewässer rund um Saba unter Schutz gestellt. Bojen markieren die meisten Einstiegsstellen für Taucher an der Westküste.

Zahlreiche Fischarten bevölkern die erstaunlich vielfältige Unterwasserlandschaft. Im Winter kann man in bis zu 38 Metern Tiefe hervorragend sehen. Korallenhaine, große, mit Schwämmen bewachsene Felsen, Weich- und Hartkorallen sowie unterirdische Felsspalten, in denen imposante Barsche, Makrelen und Rochen leben, sorgen für Abwechslung beim Tauchen. Etwa 800 Meter vor der Küste fallen die Felsen bis zu 300 Meter tief ab. Suppenschildkröten suchen hier ihre Nahrung.

Eine geringe Gebühr für jeden Tauchgang hilft, den Meerespark zu erhalten. Informationen gibt es beim **Saba Marine Park**, Fort Bay Harbor *(The Bottom, Tel. 599/416-3295, www.sabapark.org/marine_park/)* oder bei Tauchbasen wie **Saba Deep Dive** *(Tel. 599/416-3347, www.sabadeep.com, $$$$$)*; **Saba Divers** *(Tel. 599/416-2740, www.sabadivers.com, $$$$$)* und **Sea Saba Dive Center** *(Tel 599/416-2246 www.seasaba.com, $$$$$).*

Eine Gruppe von Häusern am Hang oberhalb von Windwardside

Pfad zum Mount Scenery führt durch Regenwald und eine Nebelwelt aus knorrigen Bäumen, Moos und Farn. Die Touristeninformation und der **Saba Trail Shop** *(Tel. 599/416-2630; www.sabapark.org/hiking_trails/trail_shop/)* in Windwardside informieren über weitere Wanderwege und Führer.

Von Windwardside verläuft The Road in Serpentinen zum 1,5 Kilometer entfernten **Hell's Gate** und zum Flughafen in Flat Point. Wandern Sie von Flat Point über die Klippen und durch den Wald hinunter zu den Gezeitentümpeln. Bei ruhiger See füllen sie sich mit glasklarem Wasser sowie Meerestieren wie Seeigeln und kleinen bunten Fischen. ■

The Road

Von Fort Bay im Südwesten bis nach Flat Point im Nordosten der Insel führt The Road, eine Straße, die vom Geschick und der Durchsetzungskraft der Inselbewohner zeugt. Auf die Anfrage, ob es nicht möglich sei, die alten Fuß- und Saumpfade durch eine Straße zu ersetzen, erklärten noch in den 1930er Jahren niederländische Ingenieure dieses Projekt für undurchführbar. Daraufhin ließ sich Josephus Hassell kurzerhand zum Ingenieur ausbilden und stellte 1938 einen Arbeitstrupp zusammen. Nach fünf Jahren verband die Straße Fort Bay und The Bottom, 1951 erreichte sie Windwardside, und schließlich vollendete man die 31 Kilometer lange Serpentinenstrecke nach Flat Point.

Curaçao

Curaçao ist die größte der Niederländischen Inseln unter dem Winde. Sie gehört zu den Kleinen Antillen, die sich in einem weiten Bogen bis vor die Küste von Venezuela ziehen. Bekannt ist die abwechslungsreiche Insel für die hier hergestellten leuchtend bunten Likörsorten.

Ein Regierungsgebäude aus der Kolonialzeit in Willemstad, Curaçao

Curaçao
175 D1
Besucherinformation
Pietermaai 19, Willemstad
5999/434-8200

Curaçao ist mit 61 mal 14,5 Kilometern die größte der fünf niederländischen Antilleninseln und war ab dem 17. Jahrhundert zugleich die wichtigste holländische Besitzung in der Karibik. Sie liegt nur 56 Kilometer vom Nordrand Venezuelas entfernt. Die zerklüftete Küste mit Klippen und Buchten bietet schmale Sandstrände vor leuchtend blauem Meer. Das Landesinnere wirkt wegen der riesigen Kakteen wie eine Wildwestszenerie. Ansonsten bestimmt der mit 580 Millimeter Niederschlag pro Jahr äußerst regenarme *cunucu* mit niedrigem Strauchwerk das Bild.

1499 landeten die Spanier auf Curaçao, das sie wegen der hoch gewachsenen einheimischen Caquetio-Indianer zunächst Isla de los Gigantes (Insel der Riesen) tauften. Sie verschleppten die Inselbewohner als Zwangsarbeiter in die Goldminen von Hispaniola und erklärten die ABC-Inseln zu *islas inútiles* (nutzlosen Inseln). 1634 erkannte die Niederländische Westindische Kompanie die günstige Lage der Sint Annabaai, des größten natürlichen Hafens der Region und des siebtgrößten der Welt. Die Holländer verjagten eine Handvoll spanischer Siedler, befestigten die Hafeneinfahrt und sicherten Willemstad mit einer Stadtmauer.

Unter den Niederländern erlangte die Insel Reichtum. Zu den frühen Gouverneuren zählte Peter Stuyvesant (1592–1672), der 1644 im Kampf mit den Spaniern um Sint Maarten ein Bein verlor und später als Gouverneur Nieuw Amsterdam (New York) regierte. Im zollfreien Hafen von Willemstad wurden alle möglichen Güter von Zucker bis zu Goldbarren umgeschlagen. Auch

ERLEBNIS: Curaçao

Manche denken beim Namen Curaçao wohl an den leuchtend blauen, roten, orangefarbenen und grünen Likör, der in allen Cocktailbars der Welt zu finden ist. Hier wird er aus der Laraha-Bitterorange hergestellt. Die sonnengetrockneten Schalen werden mit Wasser und Zucker zu einer klaren Flüssigkeit destilliert, der geschmacksfreie Speisefarben zugesetzt werden. Die Senior Curaçao Liqueur Distillery ***(Mercuriusstraat, Salinja, Tel. 5999/461-3526, geschl. Sa, So)*** **heißt Besucher in ihrem Ausstellungsraum im Landhuis Chobolobo (19. Jh.) in den östlichen Vororten von Willemstad willkommen.**

befand sich hier der größte Sklavenmarkt der Karibik. Es gab einige Plantagen auf der Insel, doch das raue Klima und der unfruchtbare Boden bereiteten Schwierigkeiten. Im Hinterland erinnern noch einige hübsche *landhuizen* (Plantagenhäuser) im niederländischen Kolonialstil an diese Epoche.

Erst 1863 schafften die Holländer die Sklaverei ab;

Fortkerk Museum
187 C1
Fort Amsterdam Gouvernementsplein
5999/461-1139
Geschl.Sa, So
$

Mikvé Israël-Emanuel Synagogue & Jewish Museum
Hanchi Snoa 29
5999/461-1633
Geschl.Sa, So
$$

www.snoa.com

danach dämmerte Curaçao vor sich hin, bis 1918 der Bau der größten Ölraffinerie der Welt die Wirtschaft wiederbelebte. Aus der Karibik, Nord- und Südamerika strömten Arbeiter herbei. Heute lebt der größte Teil der 145 000 Inselbewohner rund um Willemstad und an der Südwestküste. Im Norden der Insel liegt der Christoffel National Park (siehe S. 190) in einem touristisch kaum erschlossenen Gebiet.

Willemstad

In Willemstad erinnert die dem Wasser zugewandte **Handelskade** an Amsterdam. Holländische Giebel und Terrakottaziegel schmücken die rosa und pistaziengrün gestrichenen Häuser, dazwischen leuchten zitronengelbe Farbtupfer und weißer Stuck. Auch wenn die Zahl der modernen Gebäude inzwischen überwiegt, wirkt das Ganze sehr malerisch. Willemstad gehört zum Weltkulturerbe.

Der Sint-Annabaai-Kanal, der zum Schottegat Harbor führt, teilt die Stadt. Westlich von ihm dehnt sich das **Viertel Otrabanda** aus, wo die Kreuzfahrtschiffe anlegen; im Osten liegt die Handelskade mit dem zentralen **Viertel Punda**, in dem sich Läden konzentrieren. Zu den Hauptattraktionen von Punda gehört der **Mercado Flotante** (Schwimmende Markt), der täglich auf dem Waaigat-Kanal bei der Handelskade stattfindet. An der **Sha Caprileskade** liegen venezolanische Schiffe vor Anker, und auf farbenprächtig arrangierten Ständen türmt sich Ware vom südamerikanischen Festland.

ERLEBNIS: Abenteuerliche Touren

Wer das *cunucu* kennenlernen will, wendet sich am besten an die Anbieter von Wanderungen, Mountainbike- und Allradertouren. Yellow Jeep Safaris *(Tel. 5999/462-6262, www.tourism-curacao.com, $$$$$)* bietet den Christoffel National Park abseits der Hauptwege an der rauen Nordküste und im Herzen des Parks mit einem Halt an der Brua Cave, früher Zuflucht entflohener Sklaven. Geführte Mountainbike-Touren sind die Spezialität von WannaBike Curaçao *(Tel. 5999/527-3720, www.wannabike.com, $$$$$)*. Teilnehmer müssen fit sein; Räder, Helme und Wasserflaschen werden gestellt. Bei Eric's ATV Adventures *(Tel. 5999 524 7418, www.curacao-atv.com, $$$$$)* können Sie ein Auto mit Allradantrieb mieten und mit einem Führer ins Hinterland aufbrechen. Etwas ganz anderes ist eine Straußensafari. Nördlich von Willemstad, an der Straße nach Santa Catarina lädt die Ostrich Farm *(Groot St. Joris, Tel. 5999/747-2777, www.ostrichfarm.net, $$$$)* zu näherer Bekanntschaft mit afrikanischen Straußenvögeln ein. Nach einer geführten Autotour können Sie ein riesiges Straußenei wiegen, im Zambezi Restaurant einen Ostrichburger genießen oder für einen hübschen Schnappschuss auf einem ausgewachsenen Strauß rittlings Platz nehmen.

Ein Bummel durch das historische Willemstad sollte an der Handelskade bei **Fort Amsterdam** beginnen. Im ehemaligen Hauptquartier der Niederländischen Westindischen Kompanie befinden sich heute Regierungsämter. Zugänglich sind der Hof und die 1769 erbaute Kirche der Festung mit dem kleinen **Fortkerk Museum**, das altes Silber und Karten zeigt. Die Regenwasserzisternen bestehen genau wie viele Gebäude der Stadt aus winzigen gelben und roten Ziegeln, altem Schiffsballast aus Holland.

Einige Jahre vor der Fertigstellung der Fortkerk feierte die jüdische Gemeinde von Willemstad bereits Gottesdienst in der **Mikvé-Israël-Emanuel-Synagoge**, der ältesten kontinuierlich benutzten Amerikas.

Mittlerweile restauriert man das alte jüdische Viertel **Scharloo** bei der Waaigat. Das **Maritime Museum** steht am Wasser und zeigt eine Sammlung von Schiffsmodellen, Karten und Miniaturen und bietet Hafenrundfahrten an. Einen Häuserblock hinter dem Kai liegen am **Scharlooweg** einige der am besten erhaltenen Stadthäuser Willemstads aus dem 18. bzw. 19. Jahrhundert

Über die **Koningin Emmabrug** (Königin-Emma-Brücke) gelangt man von der Handelskade nach Otrabanda. Der amerikanische Konsul Leonard B. Smith entwarf die 1888 erbaute Pontonbrücke, die sich für einfahrende Schiffe öffnet. Während dieser Zeit verkehrt gratis eine Fähre zwischen beiden Ufern. In Otrabanda befinden sich der Anleger für Kreuzfahrtschiffe und die Festung **Riffort**, die heute wie einst über den Hafen wacht. Hier steht auch das **Museum Kurá Hurlanda**, das ein Teil eines Komplexes mit niederländischen Kolonialbauten ist. Gezeigt wird eine der größten Sammlungen an afrikanischer Kunst und Artefakten aus dem karibischen Raum.

1,5 Kilometer nördlich des Stadtzentrums zeigt das **Curaçao Museum** in einem alten Seemannskrankenhaus präkolumbische Funde, Möbelstücke aus der Kolonialzeit und Werke einheimischer Künstler. ■

Maritime Museum
- ✉ Van der Brandhofstraat 7
- ☎ 5999/465-2327
- 🕒 Geschl. So, Mo
- $ $$$

Museum Kurá Hulanda
- ✉ Klipstraat 9
- ☎ 5999/434-7765
- $ $$

www.kurahulanda.com

Frische Ware auf dem Mercado Flotante von Punda

Curaçao Museum
- Karte 187 C1
- ✉ Van Leeuwenhoekstraat
- ☎ 5999/462-3873
- 🕒 Geschl. Sa

Unterwegs auf Curaçao

Ein Nationalpark an der Nordspitze der Insel verbindet Natur- und Kolonialgeschichte. Die Welt des Meeres bietet das Curaçao Sea Aquarium.

Christoffel National Park
187 B3
Savonet
5999/864-0363
$$$

Curaçao Sea Aquarium
187 C1
Bapor Kibra, südöstl. von Willemstad
5999/461-6666
$$$$
www.curacao-seaaquarium.com

Christoffel National Park

Der 1880 Hektar große Sint Christoffel National Park im Norden der Insel umfasst drei ehemalige Plantagen an den Hängen des **Mount Sint Christoffel** (372 m), der höchsten Erhebung der Niederländischen Antillen.

Zum Besucherzentrum der **Landhuis-Savonet-Plantage** gehört ein kleines Naturmuseum. Hier beginnt auch ein Netz von Wanderwegen, die durch den *cunucu* oder hinunter zur **Playa Grandi** führen. Außer täglichen Rundgängen *(telefonisch reservieren)* finden Abendtouren statt, auf denen man den seltenen Curaçao-Weißwedelhirsch beobachten kann. Das Besucherzentrum vermittelt auch Wander- und ornithologische Führer, organisiert Ausritte und verleiht Mountainbikes *(Tel. 5999/864-0535)*.

Landhuizen

Das interessanteste der *landhuizen* auf Curaçao wurde um das Jahr 1730 erbaut. Es hat Mahagoni-Himmelbetten, verzierte Schränke, hydraähnliche Hutständer und Schaukelstühle, die auf Papiamento ki-mi-ki-hasi (Was kann ich dafür?) heißen. Am schönsten ist die Wohnküche.

Etwa 300 Anwesen entstanden im Lauf des 19. Jahrhunderts im Inselinneren. Die meisten von ihnen verfügten über ein *landhuis* (Plantagenhaus) für die Familie des Besitzers. Einige wurden restauriert, vor allem das Landhuis Brievengat, Landhuis Jan Kok und Landhuis Knepa. Das blutrot gestrichene Landhuis Papaya und das Landhuis Daniel liegen alle an der Westpunt Road außerhalb von Willemstad. Das Letztere wurde in ein einfaches Hotel mit einem guten Restaurant umgewandelt *(Information für alle Häuser: Tel. 5999/434-8200)*.

Curaçao Sea Aquarium

Hier schwimmen in großen Freiluftbecken Seelöwen und Haie. Es gibt Streichelbecken, ein Unterwasser-Observatorium am Ufer und die Möglichkeit Stachelrochen, Meeresschildkröten, Makrelen, Tarpone und Haie im Riffbecken hautnah zu erleben *(nur auf Reservierung)*. Nach einem Einführungstauchgang dürfen die Teilnehmer zwischen den harmlosen Tieren tauchen und die Zitronen- und Ammenhaie auf der anderen Seite durch die dafür vorgesehenen Löcher in der Plexiglaswand füttern.

Der angrenzende **Sea Aquarium Beach** gehört zu den besten Stränden der Insel und bietet Zugang zum 19 Kilometer langen **Curaçao-Unterwasserpark**, einem Magneten für Schnorchler und Taucher. ■

Bonaire

Die Insel in Form eines Bumerangs liegt 48 Kilometer östlich von Curaçao und ist ein wahres Paradies für Taucher und Schnorchler. An der geschützten Westküste der Insel und rings um die Insel Klein Bonaire vermitteln über 80 Tauchplätze einen Eindruck von der außerordentlichen Vielfalt der karibischen Unterwasserwelt.

Schnorcheln vor Bonaire

Der Name Bonaire leitet sich vom Arawak-Wort *bojnaj* (flaches Land) ab und wurde 1499 von dem italienischen Seefahrer Amerigo Vespucci aufgegriffen. Als die Niederländer die Insel 1634 von den Spaniern übernahmen, führten sie Sklaven ein, um die Salzpfannen im flachen Südteil der Insel abzuernten. Im mit dichtem Buschwerk bewachsenen *cunucu* ließen sie Vieh weiden, das die wachsende Zahl der Inselbewohner versorgte.

Als die Sklaverei 1863 abgeschafft wurde, brach die Wirtschaft der Insel zusammen, doch nach einem Jahrhundert des ökonomischen Stillstands erlebte die Salzindustrie ab 1960 einen Aufschwung. In jener Zeit kamen auch die ersten Taucher. Wer nicht taucht, kann direkt vor der Küste wunderbar schnorcheln oder aber wandern, Mountainbike fahren, reiten und Vögel beobachten.

Die bescheidene Hauptstadt von Bonaire, **Kralendijk** (Korallendeich), wartet mit hübschen gelb-goldenen Häuschen im niederländischen Kolonialstil sowie Restaurants und Hotels mit Blick auf die Insel Klein Bonaire auf. Einen Blick auf die Geschichte von Bonaire ermöglicht das **Museo Boneriano**. In einem Plantagenhaus aus dem 19. Jahrhundert präsentiert es archäologische Funde, Antiquitäten, alte Fotos und eine Muschelsammlung. Von Kralendijk führt eine Straße in den Südteil der Insel, vorbei an weiß glitzernden Salzbergen, die auf den Abtransport warten. Hinter den Salzpfannen verbergen sich die Nistplätze der Flamingos. Östlich der Hauptstadt führt ein lohnender Umweg zum **Rooi Lamoenchi Kunuku Park**

Bonaire

175 E1

Besucherinformation

Kaya Grandi 2, Kralendijk

599/717-8322
Fax 599 717 8408

Washington-Slagbaai National Park

175 E1
599/717-8444
Nature Tag $$

www.washingtonparkbonaire.org

Bonaire Marine Park

175 E1
599/717-8444
Nature Tag $$ oder Tauchgebühr $$$

www.bmp.org

ANMERKUNG: Bonaires Naturschutzgebiete werden teilweise durch Gebühren, die von den Parkbesuchern erhoben werden, finanziert. Alle Schnorchler und Schwimmer müssen ein Nature Tag ($$) kaufen, das ein Jahr gilt und u. a. Zugang zum Washington Slagbaai National Park gewährt. Auch das Nature Tag für Taucher ($$$) gilt ein Jahr – beide sind in Geschäften für Tauchausrüstung und den Nationalparkbüros erhältlich.

(Tel. 599/717-8489, nur nach Vereinbarung, $$). Vereinbaren Sie telefonisch eine Führung durch das restaurierte Anwesen inmitten von Aloe-Vera-Feldern und *cunucu* mit Kakteen.

Nordwestlich von Kralendijk liegt an der Straße zum Nationalpark die älteste Siedlung, das verträumte Dorf **Rincon**. Einige Kilometer weiter sind in einer Höhle in Boca Onima an der Atlantikküste rote Kreidezeichnungen von Caquetio-Indianern zu sehen.

Hinter Rincon dehnt sich im Nordwestteil der Insel der **Washington-Slagbaai National Park** aus. Das 5463 Hektar große Gelände nimmt ein Fünftel der Insel ein. Es besteht seit den 1960er Jahren als Schutzgebiet. Allradpisten und Wanderpfade durchziehen den Park, einer der Wege führt zum Gipfel des Mount Brandaris (240 m) empor. Im Park leben die meisten der 190 auf Bonaire beheimateten Vögel, darunter eine Flamingokolonie am Goto-Meer. Vor der Küste gibt es eine Reihe von Tauch- und Schnorchelplätzen, zum Beispiel die **Boca Slagbaai** und die **Playa Funchi.** Die Strände im Park sind geschützte Legeplätze von Meeresschildkröten.

Seit 1971 existiert der **Bonaire Marine Park,** ein Naturschutzgebiet, das alle Gewässer rings um die Insel bis zu einer Tiefe von 60 Metern einschließt. Über 80 verschiedene Korallenarten, darunter Elchgeweih-, Hirschgeweih- und Gehirnkorallen, wurden bislang registriert. Auch Schnorchler können die faszinierende Unterwasserwelt beobachten. Sie müssen lediglich eine der gelben Einstiegsmarken für Taucher ansteuern und den Kopf ins Wasser halten. Zu den besten Schnorchelplätzen zählen **Windsock Steep** an der Ostküste beim Flughafensowie die Strände im **Washington-Slagbaai National Park**; **Small Wall** vor der Westküste wird am besten mit dem Boot angefahren. ■

ERLEBNIS: Unterwasserfotografie

Urlaubserinnerungen mit der Kamera einzufangen ist die beste Möglichkeit, die schönsten Momente festzuhalten, doch es gestaltet sich etwas schwieriger, wenn die Höhepunkte unter Wasser stattfinden. Doch da kommt Tim Peters von Fish-Eye Photo *(Kaya Gobernador N. Debrot 77B, Tel. 599/717-2001, www.fisheyephoto.com, $$$$$)* ins Spiel. Der frühere Studiofotograf und spätere Tauchlehrer bietet im Bonaire Marine Park Kurse in Unterwasserfotografie an. Halb- und eintägige Kurse für Anfänger, zwei- bis dreitägige Kurse für Fortgeschrittene und die Ausbildung zum PADI-DUP (Digital Underwater Photographer) kombinieren praktische Ratschläge zur Unterwasserfotografie mit der Gelegenheit spektakuläre Fotos vom Riff mit nach Hause zu bringen. Die Teilnehmer können eigene Kameras (Spiegelreflex oder Digital) mitbringen oder sich für die Dauer des Kurses kostenlos Fotoausrüstung leihen.

Aruba

Nur 24 Kilometer vor der Küste von Venezuela liegt das 32 mal zehn Kilometer kleine Eiland, auf dem 106 000 Menschen leben. Als erste niederländische Antilleninsel löste sich Aruba 1986 vom Mutterland und erhielt einen Sonderstatus. Nach dem Zusammenbruch der Ölindustrie konzentrierte sich die Insel auf den Tourismus und gehört heute zu den meistbesuchten Ferienzielen der Karibik.

Die spanischen Entdecker erklärten Aruba zur *isla inútil* (nutzlosen Insel), auf der man lediglich Vieh weiden ließ und Pferde züchtete. 1824 führten Goldfunde zu einem kleinen Goldrausch, doch bereits 1914 waren sämtliche Minen erschöpft. Zu Beginn des 20. Jahrhunderts kamen die ersten Aloe-vera-Plantagen auf, doch erst die ab 1925 erbauten Ölraffinerien kurbelten die Wirtschaft der Insel an.

Bis heute gehören die auf Aruba lebenden Menschen zu den eher wohlhabenden Karibikbewohnern. Ein 21-köpfiges demokratisches Parlament regiert unter dem Vorsitz eines Premierministers. Die Niederlande, die sich um Verteidigungsangelegenheiten und Außenpolitik kümmern, sind durch einen Gouverneur vertreten. Aruba besitzt ein eigenes Rechtssystem, eine eigene Währung und Schulen, in denen Fremdsprachen viel Bedeutung zukommt. Die Einwohner sprechen Englisch, Spanisch und Papiamento (siehe Kasten S. 196). Noch heute ist das südamerikanisch-indianische Erbe spürbar.

Ein Fischerboot vor der Küste von Aruba

Oranjestad

Die Hauptstadt der Insel trägt den Namen des niederländischen Königshauses der Oranier. Zwischen die alten Häuser im niederländischen Kolonialstil drängen sich neue Gebäude, die Läden und Restaurants Platz bieten. Ältestes Bauwerk der Insel ist **Fort Zoutman,** das 1796 direkt am Wasser entstand. Durch Landgewinnungsmaßnahmen liegt es heute nicht mehr am Ufer; dennoch eröffnet sich von hier aus ein guter Blick über den Yachthafen. 1868 ergänzte man die

Aruba

174 A2

Besucherinformation

L.G. Smith Blvd. 172, Eagle Beach

297/582-3777

Numismatic Museum

Weststraat 7 (an der Royal Plaza)
297/582-8831
Geschl. Fr & Sa Nachm., So.

Archaeological Museum

Schlepstraat 42
297/582-8979
Geschl. Sa, So.

Atlantis Submarines

Renaissance Marina
297/583-6090
$$$$$

www.atlantis submarines.com

Festung um einen nach Willem III. benannten Turm, der zugleich als Leucht- und erster Uhrturm der Insel diente. Das **Historische Museum** mit seiner bescheidenen Sammlungaus der spanischen und niederländischen Kolonialzeit ist hier untergebracht. Ganzjährig findet am Dienstagabend innerhalb der Mauern das Bom-Bini-Folklorefestival statt.

Das **Numismatische Museum** wartet mit einer Sammlung von 40000 historischen Münzen und Banknoten aus aller Welt auf. Im **Archäologischen Museum** gibt es indianische Werkzeuge, Tongefäße und 2000 Jahre alte Skelette zu sehen, die man auf der Insel fand.

INSIDERTIPP

Unternehmen Sie einen Ausflug im Geländewagen zu Arubas höchstem Berg, dem Mount Jamanota. Von 188 Metern Höhe überblickt man die ganze Insel.

JENNIFER ALLARD
National Geographic-Mitarbeiterin

Am Kai bietet **Atlantis Submarines** die beliebten Touren im Mini-U-Boot zum Bacadera-Riff an. Zunächst gelangt man mit der Fähre zum Tauchplatz. Von dort aus startet das mit Bullaugen ausgestattete U-Boot zu seiner spannenden Fahrt in 46 Meter Tiefe. Dort können die Teilnehmer einen Blick auf das Wrack der *Mi Dushi I* und das versunkene Flugzeug *Sonesta* werfen. ■

Unterwegs auf Aruba

An der Nord- und Südküste finden Besucher viele schöne Sandstrände. Das Inselinnere ist wüstenhaft und lockt mit alten Felsmalereien.

Der Hooiberg dominiert Arubas Landschaft; der Name bedeutet „Heuhaufen"

Arubas Strände

Nordwestlich von Oranjestad liegen die beiden Touristenmagneten der Insel, der herrliche **Eagle Beach** („niedriger Abschitt") und der schöne **Palm Beach** („hoher Abschnitt"). An beiden gibt es Hotels, Trubel und Wassersportmöglichkeiten.

Zwei kleinere Strände, der bei Windsurfern beliebte **Malmok Beach** und der **Arashi Beach**, erstrecken sich weiter nördlich.

Es gibt noch eine Gruppe von Stränden am Südostende der Insel, hinter Sint Nicolass, Arubas größter Stadt. **Grapefield Beach** ist ruhig, doch das Meer ist rau und der Strand wenig erschlossen. **Baby Beach** verdankt seinen Namen der ruhigen, flachen Bucht. Schwimmer lieben **Roger's Beach** trotz der nahen Raffinerie. An der Spitze der Insel liegen die windigen Abschnitte von **Bachelors Beach** und **Boca Grandi.** Auf der Fahrt im Geländewagen durch den Arikok National Park erreicht man die Sanddünen, Klippen und Brandung von **Boca Prins** bei der Fontein-Höhle.

Alto Vista Chapel

Die kleine Kapelle an der abgelegenen Nordwestküste

Arubas Strände

194 A3, B3, B1, C1

Alto Vista Chapel

194 B3

Arikok National Park
194 B2
297/5825-1234

Ayo Rock Formations
194 B2

The Hooiberg
194 B2

wurde an Stelle eines älteren spanischen Gotteshauses (18. Jh.) errichtet.

Arikok National Park

Dieser Nationalpark umfasst rund 20 Prozent des Inselinneren und der unerschlossenen Ostküste. Von Kakteen bestandene Hügel, bizarre Divi-Divi-Bäume, Aloen mit riesigen Blättern, Kalksteinplateaus, Sanddünen und Felsblöcke künden hier von Arubas ursprünglicher Natur. 32 Kilometer Wanderwege ziehen sich durch den Park und zu Stätten wie **Cunucu Arikok**, einem Farmhaus in Adobe-Bauweise. In der Ostecke des Parks erreichen die Wege Höhlen, u. a. die **Fontein Cave** mit Felsmalereien. Andere Wege führen auf den Jamanota (188 m), Arubas höchste Erhebung.

INSIDERTIPP

Jeden Dienstagabend erfüllt das Carubbian Festival die Straßen von Sint Nicolaas im Süden Arubas mit Musik und köstlichen Essensdüften.

SJEIDY F. FELICIANO
Tourismusbehörde Aruba

Felsformationen von Ayo

Landeinwärts liegen rund um das Dorf Ayo riesige Felsbrocken im staubigen *cunucu*. In der Nähe haben Ureinwohner der Insel Felsbilder hinterlassen. Die ungewöhnlichen glatten Felsbrocken, ebenso wie jene in Casibari, geben Geologen Rätsel auf:

Hooiberg

Im Zentrum der Insel erhebt sich als eines ihrer Wahrzeichen der Hooiberg (165 m). Stufen führen bis zum Gipfel, der tatsächlich an einen Heuhaufen erinnert. ■

Papiamento

Die Muttersprache der Niederländischen Inseln unter dem Wind, Papiamento (von span. *papia*, sprechen, quatschen), hat sich aus der Sprache entwickelt, mit der sich frühe Siedler und afrikanische Sklaven verständigten. Holländische Kaufleute, portugiesische Juden, spanische Missionare, südamerikanische Händler und zugewanderte Indianer brachten weitere Elemente ein. Heute wird auf den gesamten ABCs Papiamento gesprochen, allerdings mit geringfügigen Unterschieden. Papiamento ist auch Schulfach. Inselbewohner amüsieren sich meist köstlich, wenn Urlauber Papiamento zu sprechen versuchen.

Willkommen	*Bon bini*
Guten Tag	*Bon dia*
Guten Abend	*Bon nochi*
Wie geht's?	*Con ta bai?*
Gut, danke	*Mi ta bon*
Auf Wiedersehen	*Aye*
Vielen Dank	*Masha danki*
Schön	*Bunita*
Sehr gut	*Hopi bon*

Zwischen den Virgin Islands und den Inseln über dem Wind liegen sechs Inselchen, die für ihren lässigen Charme bekannt sind

Inseln unter dem Winde

Erster Überblick 198–199

Antigua 200–206

Erlebnis: Ökotouren auf Antigua 202

Erlebnis: Segelleidenschaft 207

Unterwegs auf Antigua 208–209

Barbuda 210–211

Anguilla 212–214

Erlebnis: „H Is for Heritage" 213

St. Kitts 215–219

Erlebnis: Wie Tarzan 218

Nevis 220–223

Montserrat 224–226

Erlebnis: Tagesausflüge zur grünen Insel 225

Hotels & Restaurants 371–375

Sandstrand an der Friar's Bay, St. Kitts

Inseln unter dem Winde

Die sechs englischsprachigen Inseln unter dem Winde bilden den oberen Abschluss der Kleinen Antillen und liegen zwischen den Niederländischen Antillen und den französischen Besitzungen St.-Martin und St.-Barthélemy (St. Barts). Seit die Briten im 18. Jahrhundert auf Antigua ihren wichtigsten karibischen Marinestützpunkt errichteten, bildet die Insel das Tor zu diesem Teil der Karibik.

Britische Elemente vermischen sich mit der karibischen Kultur, die sich in Karnevalsfeiern, Reggae, Rasta und einer entspannten Lebensweise äußert. Strände gibt es in Hülle und Fülle, dazu Wassersport- und Wandermöglichkeiten sowie familienfreundliche Anlagen und Luxushotels in Landsitzen aus der britischen Kolonialzeit.

Während der Urwald auf Antigua den Zuckerrohrfeldern zum Opfer fiel und die Siedler auch auf St. Kitts, Nevis und Montserrat an jedem freien Fleck Plantagen anlegten, bot das kahle, flache Anguilla Piraten und Schmugglern Zuflucht. Auf die Insel gebrachte Sklaven wurden bald freigelassen und erwarben sich einen guten Ruf als Zimmerleute und Bootsbauer. Dieser unabhängige Geist zeigte sich auch noch in den späten 1960er Jahren in der bizarren „Revolution" auf Anguilla (die Bewohner äußerten ihr eher reaktionäres Verlangen, britisch zu bleiben und nicht als Anhängsel von St. Kitts unabhängig zu werden).

1834 wurde die Sklaverei zwar im karibischen Raum abgeschafft, doch blieben die einstigen Sklaven durch einen Sondervertrag zunächst weiterhin ihren ehemaligen Herren verpflichtet. Mit dem Erliegen des Zuckerhandels beschleunigte sich jedoch um 1840 die Freilassung der Sklaven. 1981 erlangte der Zwillingsinselstaat Antigua und Barbuda die Unabhängigkeit, 1983 folgten St. Kitts und Nevis. Anguilla und Montserrat zogen es vor, britische Kronkolonien zu bleiben.

NICHT VERSÄUMEN

Die historische Nelson's Dockyard, Antigua 205–206

Vogelbeobachtung im Frigate Bird Sanctuary, Barbuda 211

Wasserspaß in der Shoal Bay, Anguilla 213

Die Aussicht von der Brimstone Hill Fortress, St. Kitts 218–219

Den Blick auf einen aktiven Vulkan vom Montserrat Volcano Observatory, Montserrat 226

Bis in die 1970er Jahre pflanzte man auf Antigua weiter Zucker an, und auf St. Kitts spielt die Produktion noch immer eine gewisse Rolle. Die meisten Bewohner der Inseln unter dem Winde halten sich jedoch dank finanzieller Zuwendungen über Wasser, die in Übersee arbeitende Verwandten ihnen zukommen lassen. In den vergangenen 50 Jahren kurbelte der Tourismus die Wirtschaft langsam wieder an, wovon wegen wunderbarer Strände vor allem Antigua und Anguilla profitieren.

Die Inseln unter dem Winde blicken zwar auf eine gemeinsame Geschichte zurück, betonen aber ihre jeweilige Identität. Wer vom entspannten Urlaub unter Palmen träumt, dürfte sich auf Anguilla am wohlsten fühlen, denn keine Insel pflegt das Image der strahlend weißen Strände mit exklusiven Luxusanlagen besser. Das ruhige und relativ spärlich erschlossene Barbuda bietet eine Auswahl schöner und häufig menschenleerer Strände.

Auf Antigua ist im Vergleich dazu entschieden mehr los. Angeblich gibt es für jeden Tag des Jahres einen Strand (eine liebenswerte Übertreibung). Darüber hinaus kann man aber auch Ausflüge zu historischen Stätten unternehmen und den Abend in einer netten Bar bei Reggae und zuweilen ausgelassenen Partys ausklingen lassen. St. Kitts und Nevis präsentieren sich auch nach der Unabhängigkeit noch im kolonialzeitlichen Charme und laden zu Wanderungen durch die Berge ein. Der Tourismus auf Montserrat erlitt einen Rückschlag als der Vulkan Soufrière im Jahr 1995 ausbrach, doch die geschäftstüchtigen Bewohner werben nun mit der Möglichkeit, einen Vulkan zu erkunden. ■

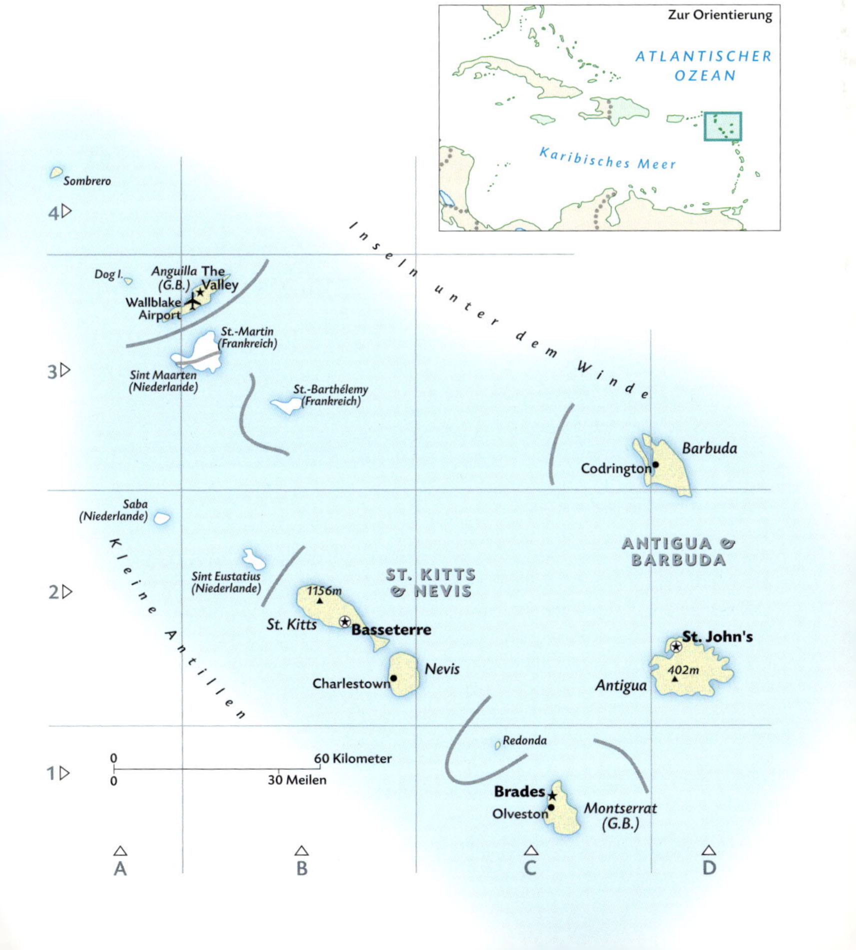

Antigua

Mit 280 Quadratkilometern ist Antigua die größte Insel unter dem Winde. Aus der Luft betrachtet wirkt sie wegen ihrer unregelmäßigen Form mit zahlreichen Buchten und Landzungen wie ein überdimensionaler Tintenklecks. Einheimische behaupten, es gäbe 365 Strände.

Blick von den Shirley Heights auf den Hafen

Antigua

199 D2

Besucherinformation

Government Complex, Queen Elizabeth Hwy, St. John's

268/462-0480

www.antigua-barbuda.org

Das Inselinnere ist hügelig und trocken. Wo sich einst wogende Zuckerrohrfelder erstreckten, dehnt sich heute gelbgraues Buschland aus, dazwischen stehen verlassene Windmühlen. In den kleinen Dörfern säumen leuchtend bunt bemalte Holzhütten und schicke Villen mit Blumengärten die Straßen. Auf den Anhöhen an der Küste errichteten die Briten einst Verteidigungsanlagen. Am interessantesten ist die Ruine von Shirley Heights (siehe Kasten S. 204) im Nelson's Dockyard National Park, die English Harbour überragt.

Die ältesten menschlichen Spuren auf Antigua stammen aus der Steinzeit. Um das Jahr 3000 v. Chr. wanderten

die Ciboney von Südamerika ein. Die friedlichen Arawak tauchten zu Beginn des 2. Jahrhunderts auf; die kriegerischen Kariben zogen Ende des 15. Jahrhunderts nordwärts von Insel zu Insel – zur gleichen Zeit, zu der Kolumbus die Insel sichtete. Nach einer wundertätigen Marienstatue in der Kathedrale von Sevilla taufte er das Eiland Santa Maria de la Antigua. Spanier und Franzosen interessierten sich wenig für die Insel, die kaum Süßwasserquellen bot, doch britische Kolonisten aus St. Kitts errichteten hier 1632 eine Basis. Ab 1650 führte man Zuckerrohr ein, und auf der Höhe des Zuckerhandels im 18. Jahrhundert standen auf Antigua über 200 Zuckermühlen. Zu jener Zeit bestand die Bevölkerung zu 93 Prozent aus afrikanischen Sklaven.

Wegen Antiguas geschützter Häfen (ein bedeutender Aspekt im karibischen Hurrikangürtel) und der strategisch günstigen Lage zwischen Großbritanniens wichtigsten Zuckerrohrkolonien, Barbados und Jamaika errichteten die Engländer hier ihren größten Marine- und Militärstützpunkt der Inseln unter dem Winde. Überall an der Küste entstanden Festungen, die Verteidigungsanlagen konzentrierten sich im Süden rund um English und Falmouth Harbour.

Nachdem die Briten 1834 die Sklaverei abgeschafft hatten, teilte Antigua das Schicksal anderer kolonialer Besitzungen. Die Werft schloss, die meisten Plantagen wurden aufgegeben, und die

Inselbewohner versuchten als Kleinbauern zu überleben.

1939 gründete sich angesichts der schlechten Arbeitsbedingungen eine erste Arbeiterbewegung, die während des Zweiten Weltkrieges an Einfluss gewann. In jenen Jahren hielten sich auf den Militärbasen der Insel auch viele amerikanische Soldaten auf. In der Nachkriegszeit führte die Arbeiterpartei unter Vere C. Bird Antigua und das benachbarte Barbuda auf dem Weg über die Autonomie als assoziierte Staaten Großbritanniens 1981 schließlich in die Unabhängigkeit.

Auf Antigua und Barbuda leben zusammen etwa 85 000 Menschen, 85 Prozent haben afrikanische Wurzeln. Die meisten Insulaner wohnen in der Doppel-Hauptstadt St. John's, einem quirligen Hafen für Kreuzfahrtschiffe an der Westküste. Urlaubern bieten sich viele Möglichkeiten. Im Nelson's Dockyard National Park (siehe S. 205) befindet

INSIDERTIPP

Nutzen Sie einen Freitag- oder Samstagmorgen, um auf dem Markt in der Market Street am Südrand von St. John's Kunsthandwerk und Spezialitäten zu kaufen.

LARRY PORGES
Redakteur,
NATIONAL GEOGRAPHIC BOOKS

ERLEBNIS: Ökotouren auf Antigua

Wer abseits der Touristenpfade auf Antigua wandern möchte, findet bei einer Reihe von Anbietern Touren, bei denen rücksichtsvoll und informativ die geschützten Landschaften und Ökosysteme der Insel erkundet werden.

Zu den örtlichen Ökotour-Anbietern zählt **Antigua Nature Tours** *(Seaton's Village, Tel. 268/720-1761, www.antiguanaturetours.com, $$$$$)*, an Antiguas Ostküste in der Mercers Creek Bay gelegen. Beginnen Sie Ihren Tag mit der Entdeckung der Schutzgebiete für einheimische Affen, Papageien, Braunpelikane und andere Tiere. Fahren Sie mit dem Schnellboot zum Kajakanleger der Firma und paddeln Sie von dort durch Mangrovebuchten zum North Sound Marine Park, einem Paradies der Flora und Fauna Antiguas. Von dort geht es weiter zur Great Bird Island, in deren Gewässern zwischen Hirnkorallen, Schwärmen von Blauen Doktorfischen, Seegurken und Schirmquallen geschnorchelt wird. Als Abschluss folgt eine Wanderung durch Kokospalmenhaine mit zahlreichen tropischen Vögeln oder eine Rast in der Sonne mit einem Glas Punsch in der Hand.

Auch **Adventure Antigua** *(Dickinson Bay, St. John's, Tel. 268/727-3261, www.adventureantigua.com, $$$$$)*, betrieben vom Kitesurfer Eli Fuller, bietet Ökotouren an. Wer eine Inseltour mit dem Jeep, auch in Kombination mit einer Kajaktour unternehmen möchte, wendet sich an **Tropical Adventures** *(Lower Redcliffe Street, St. John, Tel. 286/480-1225, www.tropicalad.com, $$$$$)*.

sich eine der am besten erhaltenen georgianischen Werften; im Zentrum der Insel dokumentiert eine Ausstellung in der Zuckermühle Betty's Hope Museum (siehe S. 208) die Geschichte der Zuckerindustrie.

An der Südostküste lohnt sich ein Abstecher nach Harmony Hall (siehe S. 209). Auf dem Anwesen mit alter Mühle haben eine kunsthandwerkliche Galerie und ein Ristorante eröffnet.

Am lebhaftesten geben sich die Einheimischen während der Regatten und Feierlichkeiten bei der jährlichen **Antigua Sailing Week**, welche die Bootssaison im April abschließt (siehe Kasten S. 207). Feuchtfröhlich geht es auch bei den spontanen Tanzpartys am Sonntagnachmittag in Shirley Heights zu.

St. John's & Umgebung

St. John's ist ein typisches Karibikstädtchen mit rechtwinklig angelegter Straßen und Gässchen hinter einer Uferpromenade. Alte Holzhäuser mit Balkonen schmiegen sich unterhalb der Kathedrale mit ihren silbernen Kuppeln an den Hügel. In der Stadt ist immer viel los. Vor allem während der Wintersaison schlendern Touristen von den Kreuzfahrtschiffen durch die Straßen und kaufen in den Dutyfree-Läden am modernen **Heritage Quay** unweit des Anlegers.

Die Kathedrale St. John the Divine von 1847 trotzte heftigen Erdbeben und Hurrikans

Im Hafenviertel schlägt noch immer das Herz der Stadt. Gleich beim Heritage Quay bieten Händler unter überdachten Ständen Souvenirs feil. Boutiquen, Galerien und Restaurants laden auch am **Redcliffe Quay** ein, einer hübschen Einkaufsstraße mit restaurierten Stadthäusern und alten Lagerhallen. Im da-

Museum of Antigua & Barbuda

Ecke Long & Market Sts., St. John's

268/462-1469

Geschl. So

Spende

www.antiguamuseum.org

hinter liegenden Bereich war einst ein großes Sklavenlager.

Von hier aus sind es nur wenige Schritte durch die Long Street zum **Museum of Antigua & Barbuda**, das im alten Gerichtsgebäude von 1750 untergebracht ist. Die etwas angestaubte Sammlung bietet eine Fülle von Informationen zur Geschichte und Geologie der Insel. Besonders interessant sind die archäologischen Funde, zu denen neolithische Werkzeuge der Ciboney ebenso gehören wie eine Arawak-Axt mit einem Loch, durch das Baumgeister entweichen konnten, oder eine Sammlung von *zemi,* kleinen Steinen oder Knochen, die gute Geister anzogen.

Oben auf dem Hügel steht die **Kathedrale St. John the Divine** mit den die Stadt überragenden Zwillingstürmen. Die Kirche wurde an der Stelle eines Gotteshauses errichtet, das 1843 einem Erdbeben zum Opfer fiel. Das Innere wurde mit Pechkiefer verkleidet, um die Kirche vor Beschädigungen durch Hurrikane und Erdbeben zu schützen. Nehmen Sie sich ein wenig Zeit für die großen Gedenktafeln mit Wappenbildern und Inschriften und den Friedhof.

Am Eingang zu St. John's Harbour bieten zwei historische Festungen einen schönen Ausblick. Über die Fort Road erreicht man **Fort James** auf der Nordseite. Die Festung entstand 1706 kurz nach dem Tod von König Jakob II. Wenn Sie der Küste folgen, gelangen Sie zur **Runaway Bay** mit einigen Hotels, die den Strand säumen. Hinter einer kleinen Landzunge liegt die **Dickenson Bay**, der am besten erschlossene Küstenabschnitt. Der 1,6 Kilometer lange Sandstreifen unterstreicht das Blau des Wassers. Hier befinden sich einige niedrige Hotelanlagen inmitten schöner Landschaftsgärten. Aktivurlauber können in den küstennahen Gewässern windsurfen und segeln.

An der Südseite von St. John's Harbour stehen die Überreste von **Fort Barrington** (17. Jh.), einer der ältesten und wichtigsten Festungen von Antigua. Die Anlage wurde erst nach ihrer Erbauung nach Admiral Barrington benannt, der den

Shirley Heights

Seit das Militär Shirley Heights um 1850 verließ, verschwanden viele Gebäude hinter einem Schutzschild aus Büschen. Wegweiser und Fußwege führen immer noch zu einer Reihe von baufälligen Kasernen, Zisternen, Pulvermagazinen und dem Militärfriedhof, auf dem viele Opfer tropischer Krankheiten begraben wurden. Vom Turm auf der höchsten Stelle des Areals (149 m) wurden mittels Flaggen Botschaften an Fort George auf dem Monk's Hill über Falmouth geschickt, die von dort über weitere Stationen nach St. John's weitergegeben wurden.

Spur einer vergangenen Zeit an der Straße durch Nelson's Dockyard

Franzosen 1665 die Insel St. Lucia abgenommen hatte. Die meisten heute noch sichtbaren Mauern entstanden 1779. Von den Ruinen der Festung reicht der Blick bis nach St. Kitts und Nevis.

Einige von Antiguas besten Stränden liegen in versteckten Buchten an der Südwestküste. Nahe Fort Barrington befinden sich **Deep Bay, Galley Bay** und die Hotelstrände der **Hawksbill Bay.** Der Name dieser Bucht bezieht sich auf einen der Küste vorgelagerten Felsen, der einer Karettschildkröte ähnelt. **Jolly Harbour** umfasst einen Yachthafen, Läden, Hotels und einen Strand an der Lignumvitae Bay. Weiter südlich erstreckt sich die **Dark Wood Bay** mit schönem Ausblick auf die Nachbarinsel Monserrat.

Nelson's Dockyard National Park

Der Nationalpark umschließt ein 31 Quadratkilometer großes Gebiet an der Südküste rings um Falmouth Harbour, die alte Hauptstadt von Antigua. Falmouth besitzt einen beliebten Yachthafen in einer geschützten Bucht und wird durch eine schmale Landzunge von English Harbour getrennt, das der Royal Navy im 17. und 18. Jahrhundert als Stützpunkt diente.

Rundgänge durch den Park beginnen am besten in **Shirley Heights**. Der Name des Militärstützpunktes aus dem 18. Jahrhundert erinnert an General Sir Thomas Shirley, der zwischen 1781 und 1791 als Gouverneur die Inseln unter dem Winde regierte. Der Komplex liegt erhöht über der Werft, die

Nelson's Dockyard National Park

201 B1

268/481-5021

$$$

www.nationalparksantigua.com

Horatio Nelson

Großbritanniens größter Seefahrer des 18. Jahrhunderts bekleidete zwischen 1784 und 1787 einen niederen Posten auf Antigua. Er kommandierte die 28-Kanonen-Fregatte H.M.S. *Boreas* und hatte die Aufgabe, die überaus unbeliebte Navigation Act durchzusetzen, die britischen Pflanzern und Kaufleuten den Handel mit den neu gegründeten Vereinigten Staaten von Amerika verbot. Eine Zeit lang war Nelson so verhasst, dass er nicht wagte, auf Antigua an Land zu gehen, sondern nach Nevis floh, wo er die reiche junge Witwe Fanny Nisbet traf und heiratete.

Als Nelson, »von Moskitos zerfleischt«, nach England abreiste, ließ er ein Fass Rum an Bord nehmen, in dem sein Leichnam aufbewahrt werden sollte, falls er während der Reise sterbe.

man von English Harbour aus über eine gut beschilderte Straße erreicht. Interessierte können eine Pause im **Dow Hill Interpretation Centre** einlegen und die 15-minütige Multimediaschau zur Geschichte Antiguas ansehen. Die Straße windet sich dann bergauf, vorbei an der eleganten Steinkolonnade des Offiziersquartiers, auf dessen Gelände heute Kakteen sprießen, bis zum **Shirley Heights Lookout**. Früher suchten die Wachen von hier aus den Horizont nach feindlichen Schiffen ab, damit die Briten im Falle eines Angriffes rechtzeitig gewarnt waren. Tatsächlich wagten es die Franzosen niemals, die Insel zu attackieren.

Auf Höhe des Meeresspiegels liegt **Nelson's Dockyard**, ein Hafenviertel, das sein berühmter Namensgeber, Admiral Lord Nelson (1758–1805), als »Höllenloch« bezeichnete. 1784 wurde der damalige Kapitän zusammen mit der Besatzung der H.M.S. Boreas für drei Jahre auf die Inseln unter dem Winde abkommandiert (siehe Kasten). Heute kann man hier wunderbar durch die beschilderten Läden und Lagerhäuser schlendern; Führungen beginnen regelmäßig am Eingang. Interessant ist das in einem alten Pech- und Teerlager untergebrachte **Admiral's Inn**. Neben dem Backsteingebäude des **Copper & Lumber Store Hotel** stehen Wasserzisternen; das **Dockyard Museum** befindet sich im ehemaligen Admiralssitz, der erst 1855 fertig gestellt wurde. Die älteste Verteidigungsanlage der Werft, **Fort Berkeley**, entstand 1704 auf einer Felsspitze. Der Weg dorthin beginnt am Dingianleger im Yachthafen und bietet schöne Ausblicke bis zum **Clarence House**. ■

INSIDERTIPP

Versuchen Sie Shirley Heights bei Sonnenauf- oder -untergang zu besuchen; der Blick ist dann fantastisch.

MATT PROPERT
NATIONAL GEOGRAPHIC-Fotograf

ERLEBNIS: Segelleidenschaft

Auf Antigua heißt es: »Segle schnell, lebe langsam«, und es gibt viele Gelegenheit genau das zu tun. Konstante Passatwinde, ein glitzerndes Meer und eine malerische Küste mit Dutzenden abgelegener Strände und Buchten, von denen viele nur per Boot erreichbar sind, bieten ein hinreißendes Segelerlebnis, egal ob es um einen entspannten Ausflug oder eine ernsthafte Regatta geht.

Die wichtigsten Häfen für Segelboote auf Antigua sind English Harbour und Falmouth Harbour an der Südküste und Jolly Harbour an der Westküste.

Tagesausflüge mit Barbecue haben **Treasure Island Cruises** *(Tel. 268/461-8875, www.treasureislandcruises.ag, $$$$$)* und **Wadadli Cats** *(Tel. 268/462-4792, www.wadadlicats.com, $$$$$)* im Programm. Beide Anbieter führen auch Schnorcheltouren zum Cades Reef oder der Great Bird Island (beliebt bei Kindern) durch.

Wer etwas mehr möchte, wählt die Tagestour von 96 Kilometer Länge rund um die Insel, mit Mittagessen und Stopps zum Schnorcheln. **Tropical Adventures** *(Tel. 268/480-1225, www.tropicalad.com, $$$$$)* bietet Tagestörns nach Barbuda; **Miramar Sailing** *(Tel. 268/721-3456, www.miramarsailingschool.com, $$$$$)* organisiert Übungskurse, private Tagestouren und Charter.

Wer mehr Erfahrung hat, kann auch allein segeln. Charterfirmen bieten Yachten aller Größen, mit und ohne Mannschaft, für einen Tag, eine Woche oder länger. Seit vielen Jahren gibt es **Nicholson Yacht Charters** *(Tel. 268/460-1530, www.nicholson-charters.com, $$$$$)*. Oder Sie mieten ein Dingi bei **Sunsail** *(Tel. 268/460-2615, www.sunsail.com, $$$$$)*.

Wer all das ein bisschen langweilig findet, sollte die **Antigua Sailing Week** *(www.sailingweek.com)* in Betracht ziehen, eine fünftägige Regatta von internationalem Rang, die Ende April stattfindet. In dieser Woche kämpfen mehr als 100 Schiffe von 10 Metern bis zu gewaltigen 30 Metern Länge um den oberen Platz auf dem Siegertreppchen in der historischen Nelson's Dockyard,

Eine Segelcrew kreuzt im karibischen Wind

Unterwegs auf Antigua

Im Ostteil von Antigua gibt es eine Reihe interessanter Ziele für Ausflüge von einem Tag oder länger. An einigen Stellen existieren Ruinen alter Zuckerplantagen. An der Nordostspitze der Insel bricht sich die Brandung des Atlantiks.

Eine der beiden Windmühlen auf der Zuckerplantage Betty's Hope funktioniert noch

Betty's Hope Museum
- 201 B2
- Südöstlich von Pares
- 268/462-1469
- Geschl. So, Mo

www.antiguamuseums.org/bettyshope.htm

Fig Tree Drive
- 201 A1
- St. Mary's Parish

Betty's Hope Museum

Antiguas älteste Plantage, Betty's Hope, entstand ab 1650. 1668 wurde sie von der Familie Codrington aus Barbados übernommen, die das Zuckerrohr auf der Insel einführte. Heute wuchern auf den Feldern dornige Akazien und Tamarindenbäume, doch eine der beiden Windmühlen wurde restauriert. Breite hölzerne Flügel treiben die Mahlsteine dieser einzigen noch funktionsfähigen Mühle der Karibik an.

Im kleinen **Besucherzentrum** dokumentieren verschiedene Exponate die Zuckerverarbeitung und das Leben der Sklaven. Auf Betty's Hope lebten etwa 310 westafrikanische Sklaven. Karten, Modelle und Zeichnungen erläutern die Geschichte der Plantage.

Fig Tree Drive

Im Südwesten der Insel führt der acht Kilometer lange Fig Tree Drive vom Dorf Swetes im Landesinnern durch üppige Vegetation bis nach Old Road an der Carlisle Bay. Die **Antigua Rainforest Canopy Tour** *(Tel. 268/562-6363, www.antiguarainforest.com)* bietet im nahen Wald eine Kombination aus Brücken, Seilen und Winden an, sodass Schwindelfreie einen Ausblick von den Baumkronen genießen können. Westlich davon erhebt sich der **Boggy Peak** (402 m), Antiguas höchster Punkt, aus den Sherkerley Mountains.

INSIDERTIPP

Der Strand in der Rendezvous Bay an der Südküste, westlich von Falmouth Harbour, ist der schönste von Antigua.

FEONA BAILEY
Managerin, Catamaran Hotel, Falmouth

Fort George

Eine leichte Wanderung führt Geschichtsinteressierte nach Fort George. Die Festung liegt auf dem Monk's Hill gleich hinter Falmouth Harbour. Um sie zu erreichen, müssen Sie in **Liberta**, einer der ersten von befreiten Sklaven gegründeten Siedlungen, von der Hauptstraße nach Table Hill Gordon abbiegen. Rechts zweigt ein 1,5 Kilometer langer Weg ab, den Sie zu Fuß oder mit dem Geländewagen zurücklegen können. In der Festung von 1689 sollten Frauen und Kinder bei einem Angriff auf Falmouth Zuflucht suchen. Teile der Verteidigungsmauern, Zisternen und Pulverkammern blieben auf dem drei Hektar großen Gelände erhalten.

Harmony Hall

Die ehemalige Plantage Brown's Bay Mill an der Ostküste lohnt einen Abstecher. Das einstige Herrenhaus des Anwesens wurde in eine Kunsthandwerksgalerie und in eine Pension mit sechs Zimmern umgewandelt. In der alten Windmühle befindet sich eine Bar mit Blick über die Nonsuch Bay; im Restaurant können Sie mittags essen. Auf Vorbestellung packt man Ihnen einen Picknickkorb und organisiert eine Bootsfahrt, die vom Anleger zu einem nahe gelegenen Strand führt. Besucher können sich auch im Pool vergnügen. Fünf Kilometer südöstlich von Harmony Hall liegt die **Half Moon Bay**.

Indian Town Point & Devils Bridge

An der Nordostspitze der Insel führt eine 1,6 Kilometer lange Nebenstraße zum Indian Town Point und zur Devils Brigde. An windigen Tagen schlagen hohe Antlantikwellen gegen die Küste. Hier haben sie einen Natursteinbogen ausgewaschen und ergießen sich nun durch Löcher im Fels, sodass Salzfontänen in die Luft spritzen. Der archäologisch interessante Indian Town Point ist schon seit langem Nationalpark. Etwas weiter nördlich erstreckt sich die sandige **Long Bay**. ■

Fort George
- 201 B1
- Monk's Hill, bei Liberta

Harmony Hall
- 201 C2
- Brown's Bay (nördlich von Freetown)
- 268/460-4120
- Geschl. Mai–Okt.

www.harmonyhallantigua.com

Indian Town Point & Devils Bridge
- 201 C2
- Östlich von Willikies

Barbuda

Nur 45 Kilometer von Antigua entfernt liegt das sonnenverwöhnte Barbuda. Das 22,5 mal 13 Kilometer große Korallenatoll ist um ein gutes Drittel kleiner als die besser erschlossene Schwesterinsel Antigua. Auf Barbuda leben 1500 Menschen, die sich überwiegend von Fischfang, Ackerbau und Jagd ernähren.

Der Fregattvogel ist der Nationalvogel von Barbuda und Antigua

Barbuda
199 D3
Besucherinformation
Codrington, Barbuda
268/562-7066
www.antigua-barbuda.org

Atemberaubende, rötlich-weiße Strände und wunderbare Schnorchelmöglichkeiten stellen die Hauptattraktion Barbudas dar. Es gibt jedoch nur wenige Unterkünfte: einige kleine Luxushotels am Strand und ein paar einfache Pensionen in Codrington.

Barbudas einziger größerer Ort, **Codrington**, besteht aus einer Hand voll Straßen hinter der gleichnamigen Salzwasserlagune. Christopher Codrington regierte im 17. Jahrhundert als Generalgouverneur über die Inseln unter dem Winde, nachdem er Barbuda 1691 von der britischen Krone erworben hatte. Seine Familie behielt die karge Insel bis 1872.

Rings um die Insel ziehen sich Strände. Ein knapp 23 Kilometer langer Abschnitt beginnt am **Cocoa Point**, der Südspitze der Insel, und verläuft an der Westküste über den weithin sichtbaren **Martello Tower** bis zum **Palmetto Point**. Hier macht er einen scharfen Knick, führt um eine Landzunge und setzt sich am Rand der **Codrington-Lagune** fort.

Im Süden kann man an der **Gravenor Bay** und

am drei Kilometer langen **Palaster Reef**, einem Wasserschutzgebiet vor Cocoa Point, schnorcheln. Das Goat Reef im Norden zieht Wracktaucher an.

Ganz besonders lohnt sich eine Bootsfahrt durch das mangrovengesäumte **Frigate Bird Sanctuary** am Nordende der Codrington Lagoon. *(Die Verwaltung des Nationalparks, Tel. 268/460-0217, organisiert Touren zur Vogelbeobachtung. Tagesausflüge von Antigua sind möglich).* Die größte Fregattvogelkolonie der Erde wird auf etwa 2500 Brutpaare geschätzt. Die schwarzen Vögel besitzen eine Flügelspannweite von 2,5 Metern und fliegen bis zu 600 Meter hoch. Während der Paarungszeit (Aug.– Nov.) versuchen die Männchen, die Weibchen anzulocken, indem sie ihren scharlachroten Kehlsack aufblasen, mit den Flügeln schlagen und seltsame Trommellaute ausstoßen. Die unbeholfenen, zunächst völlig weißen Küken schlüpfen im Winter (Dez.–Feb.). In der Lagune leben insgesamt rund 400 Vogelarten.

Östlich von Codrington gibt es in der **Dark Cave** und der **Darby Sink Cave** seltene blinde Garnelen und überraschenden Pflanzenwuchs. ■

Redonda

Fast 50 Kilometer südwestlich von Antigua ragt der unbewohnte Vulkanfelsen Redonda aus dem Meer. Er blickt auf eine kuriose Geschichte zurück.

Mitte des 19. Jahrhunderts erkannten einige schlaue Unternehmer, dass sich aus den in dicken Schichten abgelagerten Guanovorräten des Felsens Kapital schlagen ließ.

Tausende Tonnen Vogelkot wurden von der Insel entfernt und als Dünger verkauft. In der Folge schlugen die Briten Redonda ihren Besitzungen in der Karibik zu. Ein Ire aus Montserrat erklärte sich zum König von Redonda, und seitdem wird der Titel an schillernde Personen weitergegeben, die nicht auf der Insel residieren, jedoch auf sich oder die Insel aufmerksam machen wollen. Zu ihnen gehörten etwa der walisische Schriftsteller Dylan Thomas oder die Schauspielerin Diana Dors.

Anguilla

Lange bevor Touristen die herrlichen Sandstrände entdeckten, warfen die Spanier einen Blick auf die nördlichste der Inseln unter dem Winde, tauften sie Anguilla (Aal), befanden sie für zu trocken und flach und segelten weiter nach Süden. Das 25 Kilometer lange und fünf Kilometer breite Eiland bietet immerhin 33 strahlend weiße Strände mit feinem, tiefem Sand, in dem man eher waten als laufen kann.

Ein stiller Moment an der Shoal Bay, einem der beliebtesten Strände von Anguilla

Anguilla
199 B3
Besucherinformation
The Valley
Anguilla
264/497-2759
Geschl. Sa, So.
http://ivisitanguilla.com/

Auf Anguilla sollten Sie einfach ihre Strandmatte ausbreiten. Die Insel bietet zwar wenig Abwechslung, dafür aber einige der luxuriösesten und architektonisch ausgefallensten Hotels der Karibik sowie ausgezeichnete Hotelküchen und gute Restaurants an wunderschönen Plätzen mit Blick aufs Meer. Die meisten größeren Hotels verfügen über Tennisplätze und Fitnesscenter. Es gibt sechs Wasserschutzgebiete, neun Wracktauchplätze und wunderbare Schnorchelmöglichkeiten. Der von Greg Norman entworfene CuisinArt Golf

Course liegt spektakulär direkt am Meer. Fahrräder (in vielen Hotels besteht die Möglichkeit zum Leihen) sind bestens für die Erkundung der Insel geeignet.

INSIDERTIPP

Rumliebhaber sollten eine der vielen Varianten der lokalen Alkoholspezialität kosten: Pyrat-Rum, ein Mix von bis zu neun verschiedenen Zutaten.

JENNIFER ALLARD
NATIONAL GEOGRAPHIC-Mitarbeiterin

ERLEBNIS: »H Is for Heritage«

Die Touristeninformation von Anguilla gibt eine Broschüre heraus, die auch an Hotelrezeptionen erhältlich ist und mit der Touristen die Insel erkunden können. Unter dem Titel »H Is for Heritage« (H steht für Erbe) beschreibt sie zehn historisch interessante Stätten auf der ganzen Insel. Wer sich dafür interessiert, schließt sich einer Anguilla Culture Tour von Anguilla Access *(Tel. 264/772-9827, www.anguillaaccess.com, $$$$$)* an. Zweimal täglich startet eine Tour (Abholung am Hotel möglich) und führt u. a. zu einem Besenbinder, zu Höhlen mit Felsmalereien der Arawak, zu einem Bootsbauer und einer Rastafari-Gemeinde. Den Abschluss bildet ein Barbecue.

The Valley

Anguilla erkunden Sie bequem innerhalb eines Tages, wobei die meisten Besucher nur möglichst viele der Strände ausprobieren wollen. Im Zentrum der Insel liegt The Valley, Anguillas Hauptstadt und Verwaltungssitz. Der Ort hat keinen echten Mittelpunkt, bietet aber einige schöne und leuchtend bunt gestrichene traditionelle Häuser.

Gleich hinter der Hauptstraße zeigt das **Anguilla National Museum** *(geschl. Sa, So, Spenden)* Wechselausstellungen zu regionalen Themen. Im Museum sitzt auch der **Anguilla National Trust** *(Tel. 264/497-5297)*, der Vogelbeobachtungen und Besuche präkolumbischer Stätten sowie Touren zu Schildkröten-Legeplätzen organisiert. In der Nähe des Flughafens steht das 1787 erbaute **Wallblake House,** eine Abteilung des Museums, zu der auch Stallungen und eine Bäckerei gehören *(Besichtigungen Mo, Mi und Fr 10–14 Uhr, $$)*.

Unterwegs auf der Insel

Nordöstlich von The Valley liegt **Shoal Bay**. Einige Bars, Hotels und kleine Läden, die Schnorchel- und Surfausrüstungen sowie Schlauchboote verleihen, säumen den breiten Strand.

Wenn Sie weitere acht Kilometer fahren, sehen Sie dem Fischerdorf Island Harbour gegenüber eine kleine Insel, **Gorgeous Scilly Cay**. Dort finden sich ein

St. Gerard's Church gegenüber von Wallblake House, dem einzigen noch existierenden Plantagenhaus der Insel

Restaurant mit Palmstrohdach und gute Schnorchelmöglichkeiten. Sie können hinüberschwimmen oder ein Wassertaxi herbeiwinken.

Am Südosteck der Insel lohnt die **Heritage Collection** *(East End bei Pond Ground, Tel. 264/497-4092, geschl. So)* einen Besuch. Die Privatsammlung zeigt Exponate zur „Revolution" (siehe Kasten). Außerdem gibt es verzierte indianische Tongefäße und aus Korallen gearbeitete Küchengeräte.

Weitere Attraktionen liegen westlich von The Valley. Der Tiefwasserhafen der Insel findet sich an der Nordküste bei **Sandy Ground**, welche die Salzpfannen vom Meer trennt. Hier gibt es Restaurants, Sie können auch mit der Fähre hinüber nach **Sandy Island** zu einem weiteren, der Küste vorgelagerten Strand übersetzen. Weiter westlich werden in den Restaurants an der **Mead's Bay** und der **Barnes Bay** kulinarische Köstlichkeiten serviert.

An der Südküste überragen die futuristischen Apartments von Cove Castles die **Lower Shoal Bay**; die Anlage Cap Juluca liegt der **Maunday's Bay** gegenüber. Anguillas längster Strand an der Rendezvous Bay zieht sich gegenüber von St-Martin am Meer entlang ■

»God Save the Queen«

Das träge Anguilla wirkt gar nicht revolutionär, und doch wehrten sich die Inselbewohner in den 1960er Jahren als Erste erfolgreich *gegen* die Unabhängigkeit. 1967 wollte England Anguilla mit St. Kitts und Nevis zwangsvereinigen. Daraufhin erhoben sich die Insulaner, vertrieben ein von St. Kitts entsandtes Polizeikommando, rollten eine alte Kanone an den Strand und baten Großbritannien um den Fortbestand des kolonialen Status. Zwei Jahre dauerte die Rebellion, dann schickte die britische Regierung bewaffnete Fallschirmjäger zur Wiederherstellung der Ordnung. Sie staunten nicht schlecht, als sie von begeisterten Inselbewohnern empfangen wurden, die britische Fähnchen schwenkten und die Nationalhymne sangen. Mehr Information liefert Donald E. Westlakes Buch *Under an English Heaven* (auf der Insel erhältlich).

St. Kitts

Die Zwillingsinselnation St. Kitts und Nevis liegt unweit der Nordspitze eines 800 Kilometer langen Bogens von Vulkangipfeln. Zwischen Saba und Grenada folgt dieser einem unterseeischen Graben, der den Atlantik vom Karibischen Meer trennt. Mit 176 Quadratkilometern Fläche ist St. Kitts die größere der beiden Inseln. Drei markante Gebirgsketten ragen aus der Tropenlandschaft. Am südlichen, nach Nevis weisenden Ende dominieren karge Hügel.

Zum Berkeley Monument in Basseterre, errichtet zu Ehren eines Plantagenbesitzers, gehören eine Uhr und ein Trinkbrunnen

Das größte Touristenareal von St. Kitts, Frigate Bay, liegt am oberen Rand des schwanzartigen Anhängsels unweit der quirligen Hauptstadt Basseterre (siehe S. 217). Die besten Strände finden sich an der Landenge bei The Narrows, der Wasserstraße, die St. Kitts von Nevis trennt. Nach Norden hin bedecken Zuckerrohrfelder die Ausläufer der Berge, die im 1156 Meter hohen Mount Liamuiga gipfeln. Eine einzige, ringförmige Straße verbindet die stillen Dörfer an der Küste.

Der indianische Name von St. Kitts lautete Liamuiga („fruchtbares Land"), doch Christoph Kolumbus nannte das Eiland 1493 zunächst nach seinem Namensheiligen und dem Schutzpatron der Reisenden Christophorus. Knapp ein Jahrhundert später ließen sich die ersten Siedler auf St. Kitts nieder und begannen Tabak anzu-

St. Kitts

199 B2

Besucher-information

Pelican Mall, Bay Rd., Basseterre

869/465-2620

Geschl. Sa, So

www.stkittstourism.kn

pflanzen. 1626 töteten sie bei Bloody Point die letzten Kariben, dann verjagten sie französische Kolonisten, die im Süden unweit von Basseterre Fuß gefasst hatten, und eroberten von St. Christopher aus die übrigen Inseln unter dem Winde sowie Tortola, eine der Jungferninseln. Sie anglisierten und verkürzten den spanischen Namen, und bald schon galt St. Kitts als Musterkolonie der britischen Karibik.

Die Franzosen gaben natürlich nicht einfach klein bei, zumal St. Kitts und das benachbarte Nevis als Zuckerproduzenten eine wichtige Rolle spielten. So wechselten Teile von St. Kitts trotz der mächtigen Festung, welche die Briten bei Brimstone Hill (siehe S. 218) errichteten und großspurig als westindisches Gibraltar bezeichneten, immer wieder die Besitzer. Erst der Vertrag von Versailles (1783) gewährte den Engländern die volle Souveränität über die Inseln. Als rund 50 Jahre später der Zuckerhandel zum Erliegen kam, kehrten die weißen Plantagenbesitzer nach Europa zurück und überließen St. Kitts und Nevis ihrem Schicksal.

Als die Briten die Inseln unter dem Winde in den 1960er Jahren loszuwerden trachteten, beschlossen sie zunächst, eine Dreiernation aus St. Kitts, Nevis und Anguilla zu bilden. Die Bewohner von Anguilla erhoben sich daraufhin, denn sie fürchteten, dass das größere und bevölkerungsreichere St. Kitts (siehe Kasten S. 214) sie völlig vereinnahmen würde. Nevis willigte unter der Bedingung ein, dass es aus dem Bund austreten dürfe, falls seine Einwohner dies wünschten.

Etwa zwei Drittel der rund 35 000 Bewohner von St. Kitts leben in und um Basseterre, einem Städtchen mit lebhaften Straßen, Märkten, Restaurants in hübschen Höfen und mit einem Anleger für Kreuzfahrtschiffe. Wer Stadt und Strände erkundet hat, interessiert sich vielleicht für eine Tageswanderung.

Basseterre

Der Name Basseterre („flaches Land") erinnert noch daran, dass Franzosen die Siedlung in der breiten Bucht am Fuß der südöstlichen Gebirgskette gründeten. 1727 verlegten die Briten ihre Hauptstadt von Old Road hierher. Die meisten Rock-und-Blusen-Häuser, wie die Gebäude wegen ihres steinernen Unterbaus und hölzernen Obergeschosses genannt werden, entstanden nach dem Brand von 1867.

Das Herz der Stadt schlägt am **Circus**, einem Kreisel mit einem viktorianischen Uhrturm, und am **Independence Square**, einem ehemaligen Sklavenmarkt. In dem kleinen Park auf dem Platz steht eine Poinciana, der Wappenbaum von St. Kitts, der im Sommer leuchtend rot blüht. Am Ostrand des Areals erhebt sich die katholische Kirche von 1670, die schon mehrere Um- und Wiederaufbauten erlebt hat. Hinter einer Reihe von Metallbrüstungen am Südrand wirkt das **Old Georgian House**, als habe man es aus einem mittelalterlichen Marktflecken aus Großbritannien hierher verlegt.

Die Uferpromenade von Basseterre wird zurzeit neu gestaltet. Auf dem Gelände, das sich bis zum Anleger **Port Zante** zieht, sollen ein neuer Yachthafen, eine Ladenzeile und Bürohäuser entstehen. Das Old Treasury Building wurde restauriert und beherbergt nun das **National Museum**. Wenn Sie der Bay Road in westlicher Richtung an den Fischerbooten und alten Lagerhäusern

Affengeschichten

Einige Ortsnamen wie Basseterre oder der alte Zuckerhafen Dieppe Bay erinnern noch an die französischen Siedler von St. Kitts. Die Poinciana mit ihren leuchtend roten Blüten trägt den Namen des ersten französischen Gouverneurs der Insel, Philippe de Poincy. Dieser führte auch Grüne Meerkatzen ein, die als Haustiere gehalten wurden. Heute leben 50 000 Nachfahren dieser Affen in großen Kolonien in den Bergen. Sie ernähren sich von Insekten, Beeren und Früchten, überfallen im Sommer, wenn das Futter rar wird, aber auch Bauernhöfe an den Ortsrändern und gelten heute daher als Schädlinge.

National Museum
✉ Bay Rd., Basseterre
☎ 869/465-5584
🕒 Geschl. Mo Nachm., Sa Nachm. & So

Romney Manor
216 B3
Old Road Town
869/465-6253
Geschl. Sa Nachm. & So

vorbei folgen, gelangen Sie zum Fähranleger. Hinter der Bushaltestelle starten die Fähren nach Nevis.

Brimstone Hill Fortress & der Norden

Den landschaftlich reizvollen Norden von St. Kitts mit historischen Stätten und alten Herrensitzen können Sie im Rahmen einer Tagestour erkunden. Sie nehmen entweder den Zug der **St. Kitts Scenic Railway** *(Tel. 869/465-7263, www.stkittsscenicrailway.com)* entlang der Zuckerrohrlinie oder sie fahren in einem Mietwagen von Basseterre auf der Küstenstraße nach Nordwesten entlang der Küste des Karibischen Meeres.

Erster Halt, drei Kilometer außerhalb der Hauptstadt ist **Fairview Great House** *(Tel. 869/465-3141, www.nirvanafairview.com)*, einst Sitz des französischen Militärkommandanten.

Südlich von Challengers liegt **Bloody Point**, wo die europäischen Siedler die letzten Kariben besiegten. **Old Road Town** war die älteste britische Siedlung und über ein Jahrhundert lang Hauptstadt der Insel. Ein Felsen mit **indianischen Zeichnungen** erinnert an der Straße zum **Romney Manor** an die Ureinwohner der Insel.

In Middle Island befindet sich auf dem alten Friedhof der St**. Thomas' Parish Church** das Grab von Sir Thomas Warner. Hinter dem Dorf ragt der Vulkankegel des **Brimstone Hill** auf, von dem aus man bis zu den Niederländischen Antilleninseln Sint Eustatius und Saba blickt.

Der **Brimstone Hill Fortress National Park** liegt auf einem 15 Hektar großen Areal, 240 Meter hoch über der Küste und ist Weltkulturerbe der UNESCO. Das Fort wurde 1690 von den Engländern gegründet und auch als „Gibraltar Westindiens" bezeichnet. Es besteht aus schwarzem Vulkanstein und galt als uneinnehmbar, bis die Franzosen es 1782 mit 8000 Soldaten belagerten. 1794 erlangten die Engländer die Kontrolle über die Festung zurück, bauten die Mauern wieder auf und errichteten die mit neuen Kanonen bewehrte **Fort-George-Zitadelle**. Im Innern können Besucher heute Exponate zur

ERLEBNIS: Wie Tarzan

Übertreffen Sie die Grünen Meerkatzen der Insel und begeben Sie sich auf eine Sky Safari durch den Regenwald im Wingfield Estate, Old Road Village ***(Tel. 869/466-4259, www.skysafaristkitts.com, $$$$$).*** **Nach einer Einführung an der Trainingsseilrutsche ist nur der Himmel die Grenze für vier weitere Touren. The Boss, ein 411 Meter langer „Flug" in 76 Metern Höhe geht über das Valley of the Giants, das nach seinen riesigen Bäumen benannt ist. Wieder auf festem Boden gibt es Führungen, auch zu den Ruinen des früheren Plantagenhauses.**

Militärgeschichte von St. Kitts anschauen. Die Hauptstraße umrundet das nördliche Ende der Insel und führt durch das Dorf St. Paul's. Über eine holprige Straße gelangen Sie von dort aus zur **Rawlins Plantation**.

An der Ostküste sollten Sie bei **Black Rocks** eine Pause einlegen und die interessanten Felsformationen betrachten.

Frigate Bay & der Süden

Südlich von Basseterre liegt die **Frigate Bay**, St. Kitts größte Hotelzone mit einem 18-Loch-Golfplatz und Stränden auf beiden Seiten der Landenge. Auf der Atlantikseite können Sie in der Brandung baden. An der **North Friar's Bay** sollten Sie dagegen wegen der starken Strömung besser nicht ins Wasser gehen. Die **South Friar's Bay** auf der gegenüberliegenden Seite verwöhnt mit weißem Sand unter Palmen und kristallklarem, warmem Wasser

Eine 15 Kilometer lange Straße führt zur Südspitze der Insel. Auf ihrem Weg umrundet sie Salzpfannen, in denen Watvögel leben und Reiher auf dem Rücken von weidenden Kühen sitzen.

An der Südspitze liegen mit Blick auf Nevis die schmalen, unberührten Strände der **Major's Bay** und **Banana Bay**. An der **Cockleshell Bay** und der **Turtle Bay** können Sie dagegen in einer gemütlichen Strandbar rasten. Hier gibt es auch eine Tauchschule und einen Verleih für Surfbretter und Kajaks. ■

Brimstone Hill Fortress
- 216 B3
- Brimstone Hill
- 869/465-2609
- $$$

www.brimstonehillfortress.org

Die Mauern der Brimstone Hill Fortress waren einst zwei Meter dick

Nevis

Ein drei Kilometer breiter Kanal, The Narrows genannt, trennt St. Kitts von Nevis, einer runden Insel mit mächtigem Vulkankegel im Zentrum. Kolumbus nannte das Eiland Nuestra Señora de las Nieves („Unsere Herrin vom Schnee"), denn der Gipfel des 985 Meter hohen Nevis Peak ist fast immer schneebedeckt. Die Briten verkürzten den Namen einfach zu Nevis (gesprochen „Nivis").

Nevis Peak ist fast immer von Wolken umgeben

Nevis
199 B2
Besucher-information
Main St., Charlestown
869/469-7550
www.nevisisland.com

1627 gründeten Kolonisten auf der Insel eine erste Siedlung, die sich so gut entwickelte, dass Nevis Mitte des 18. Jahrhunderts wegen seiner imposanten Herrenhäuser, fantastischen Feste und der Heilquelle im Bath Hotel von Charlestown als Königin der Karibik galt. Mehrfach attackierten französische Plünderer St. Kitts und fielen im gleichen Zug auch über Nevis her, wo sie Häuser zerstörten und Felder verwüsteten. Außerdem verschleppten sie Sklaven, für die sie einen Sonderbonus erhielten, nach Guadeloupe und Martinique. Eineinhalb Jahrhunderte nach Abschaffung der Sklaverei akzeptierte Nevis eher unwillig die Unabhängigkeit von Großbritannien und den Staatenbund mit St. Kitts.

Auf der mit 93 Quadratkilometern kleineren und ruhigeren der beiden Inseln erinnern zu Hotels umfunktionierte Herrenhäuser auf dem Land und imposante Stadtpaläste in Charlestown bis heute an die koloniale Vergangenheit.

INSIDERTIPP

Wenn Sie den Namen der Insel korrekt Nivis und nicht Nevis aussprechen, werden Sie nicht gleich als Tourist erkannt.

LARRY PORGES
Redakteur,
NATIONAL GEOGRAPHIC BOOKS

In den letzten Jahren übertraf Nevis durch seine günstigen Steuergesetze St. Kitts wirtschaftlich.

Die 10 000 Bewohner von Nevis gelten als besonders gastfreundlich. Die locker-lässige Lebensart steht in deutlichem Kontrast zu der für viele Großstädter typischen hektischen Betriebsamkeit.

Urlaub auf Nevis bedeutet in der Regel Entspannung in reizvoller Umgebung. Es gibt keine Kasinos oder klimatisierten Ladengalerien, ja nicht einmal eine wirklich bedeutende historische Stätte, obwohl Lord Nelson in Anwesenheit des späteren britischen Königs auf der Insel heiratete. Dafür können die Gäste der Plantagenhotels sich an den herrlichen Stränden der karibischen Westküste vergnügen, Ausritte und Wanderungen durch den Regenwald unternehmen oder im Rahmen einer halbtägigen Exkursion die Insel erkunden.

Charlestown

Im unteren Drittel der karibischen Westküste liegt

Museum of Nevis
221 B2
Low St., Charlestown
869/469-5786
Geschl. Sa Nachm. & So
\$\$

Charlestown, Hauptstadt von Nevis und quirligster Ort der Insel. Zentrum der 1660 gegründeten Stadt ist ein begrüntes Dreieck, an dem auch die Minibusse abfahren. Es liegt wenige Gehminuten vom Anleger entfernt. Traditionelle zweistöckige Gebäude aus Stein und Holz mit hübsch verzierten Balustraden säumen die Straße; in den Gässchen, die zum Hafen hinunterführen, finden sich Läden und Cafés.

Am Nordende der Hauptstraße befindet sich das **Museum of Nevis** im Alexander Hamilton House, dem Geburtshaus jenes amerikanischen Staatsmannes (1757–1804), dessen Konterfei auf der Zehndollarnote verewigt wurde (siehe Kasten S. 223). Die kleine Sammlung gibt Auskunft über die Geschichte und Kultur der Insel von den Ureinwohnern bis zur Unabhängigkeit.

Zu den frühesten europäischen Besuchern gehörten Kapitän John Smith und seine 144 britischen Begleiter. 1607 verbrachten sie sechs Tage auf Nevis, ehe sie weiterreisten und Jamestown in Virginia, eine Kolonie, gründeten. Auf der Insel erholten sie sich mit einem Bad in der heißen Quelle, über der im 18. Jahrhundert das **Bath Hotel** am Südende der Stadt entstand.

Unweit des Hotels präsentiert das **Nelson Museum** allerlei Wissenswertes über das Leben und die Zeit des großen britischen Admirals. Nelson hatte sich nach Nevis zurückgezogen, als seine Po-

Auswerfen der Netze am Pinney's Beach

Nelson Museum
221 B2
Bath Rd., Charlestown
869/469-5786
Geschl. Sa Nachm. & So
\$\$

INSIDERTIPP

Pinney's Beach besitzt die großartige Atmosphäre karibischer Inseln. Und der Blick zum Nevis Peak ist einfach grandios.

MATT PROPERT
National Geographic-Fotograf

sition auf Antigua sich als unhaltbar erwies (siehe S. 206). Zu den Ausstellungsstücken gehören unter anderem ein Teller des Hochzeitsservices.

Unterwegs auf Nevis

Nördlich von Charlestown verläuft parallel zur Küstenstraße **Pinney's Beach,** ein 6,5 Kilometer langer, von Palmen gesäumter goldgelber Sandstreifen. Direkt am Weg liegt auf einer kleinen Anhöhe die anglikanische Kirche **St. Thomas.** Vom Kirchhof aus blickt man zur Küste und weiter bis nach St. Kitts. Die 1643 gegründete Kirche ist gilt als die älteste der Insel.

Etwas weiter nördlich erstreckt sich der **Qualie Beach** mit guten Schnorchel- und Wassersportmöglichkeiten. Hinter dem Flughafen befindet sich in einem kleinen Haus an der Straße die **Newcastle Pottery,** eine Töpferei, die schlichte Schüsseln, Leuchter und Krüge aus der typischen roten Erde fertigt. Die Straße folgt weiter der Atlantikküste zu den Schnorchelplätzen im Riff vor **Nisbet Beach.**

Vier der fünf in Herrenhäusern untergebrachten Hotels von Nevis liegen unweit des **Nevis Peak** zwischen Gingerland und Fig Tree mit Blick auf die Südküste der Insel. Zum Gelände des Montpelier Estate gehört ein schöner **Botanischer Garten** (3 ha). Blumenliebhaber können durch den Rosen- und Blumengarten schlendern, daneben gibt es einen Regenwaldpfad und einen Orchideengarten. Wenn Sie von hier aus zurück nach Charlestown fahren, passieren Sie Fig Tree. In der **St. John's Church** erinnert eine Kopie des Eintrags ins Heiratsregister an die Hochzeit von Admiral Nelson und Fanny Nisbet. ■

Botanical Garden
- 221 B1
- Montpelier Estate, St. John's Parish
- 869/469-3509
- Geschl. So
- $$$

Alexander Hamilton

Alexander Hamilton wurde am 11. Januar 1757 auf Nevis geboren. Während des amerikanischen Unabhängigkeitskrieges diente er General George Washington als Adjutant. Weil er nur 1,70 Meter groß, dafür aber ziemlich jähzornig war, erhielt er den Spitznamen „Kleiner Löwe". Hamilton ließ sich zum Anwalt ausbilden und arbeitete später unter Washington als erster Finanzminister der USA. Er hatte Anteil an der Verfassung. Hamilton starb 1804 bei einem Duell mit seinem politischen Rivalen, dem Vizepräsidenten Aaron Burr (1756–1836).

Montserrat

Die südlichste der britischen Inseln unter dem Wind galt lange Zeit als Oase der Ruhe. Schöne Strände und Hotels im Kolonialstil harmonierten perfekt mit dem üppig grünen, gebirgigen Landesinnern. Doch die Idylle wurde 1995 durch einen verheerenden Ausbruch des Vulkans Soufrière zerstört.

Das Tal des Tar auf Montserrat, bevor der Vulkan Soufrière 1995 ausbrach

Montserrat
199 C1

Besucher-information

Montserrat Tourist Board, 7 Farara Plaza, Brades

664/491-2230

www.visitmontserrat.com

Montserrat gehört zu einer vulkanischen Kette, die am Rand zweier tektonischer Platten liegt. Kolumbus benannte die Insel nach der berühmten Abtei Montserrate in den Bergen unweit von Barcelona. Im 17. Jahrhundert flohen irische Protestanten, die von Katholiken auf St. Kitts verfolgt wurden, nach Montserrat. Grüne Insel nennt man das Eiland seitdem auch wegen des Bezugs zu Irland, und alljährlich feiert die britische Kronkolonie nicht nur den Geburtstag der Königin, sondern auch St. Patrick's Day (siehe Kasten S. 226).

Die Fischer, Bauern und Besitzer einfacher Hotels lebten ruhig auf der Insel, bis im Sommer 1995 plötzlich der Vulkan Soufrière zu rumoren begann. Alle größeren Inseln unter und über dem Winde besitzen einen Vulkan, der meist *soufrière* heißt, nach dem französischen Wort für Schwefel. Die meisten sind harmlos, verantwortlich für heiße Quellen und Schlammtöpfe (vor allem auf Dominica und St. Lucia), doch tief unter Montserrat stießen die zwei tektonischen Platten aufeinander und brachten so den Vulkan zum Ausbruch, der den Südteil der Insel mit Asche, Felsen und Lava bedeckte. Das Gebiet wurde evakuiert, im Norden eine Sicherheitszone eingerichtet. Verstärkte vulkanische Aktivität führte 1997 zur Zerstörung der verlassenen Hauptstadt **Plymouth**. Die Bevölkerung der Insel schrumpfte von 10 000 auf 4000. Bis jetzt können die Vulkanologen kein Ende der Tätigkeit des Soufrière vorhersagen.

Nichtsdestotrotz begannen die Inselbewohner, ihre Heimat wieder zu einem touristischen Ziel auszubauen, wenn auch anders als zuvor: Vulkanbeobachtung ist nun statt Strandurlaub angesagt. Von Antigua aus werden Helikopterflüge veranstaltet, alternativ können Unerschrockene ein paar Tage in einem der Hotels verbringen. Plymouth bekam schon den Beinamen „modernes Pompeji". Die Drei-Kilometer-Sicherheitszone um die Insel führte zu einem Schutzgebiet unter Wasser mit unberührten Tauchplätzen, vielen Meeresbewohnern und fantastischen neuen Landschaften, entstanden durch den Lavafluss.

Nach mehr als einem Jahrzehnt entsteht mit **Little Bay** Montserrats neue Hauptstadt, und zwar an der Nordwestküste bei Brades, das vorübergehend Regierungssitz war. In Olveston bietet der **Montserrat National Trust** *(Tel. 664/491-*

INSIDERTIPP

Die Dominospiele vor den Rumläden von Montserrat geben einen unterhaltsamen Einblick in die Traditionen der Insel.

CAROLINE HICKEY
Redakteurin,
National Geographic Books

ERLEBNIS: Tagesausflüge zur grünen Insel

Alle Besuche Montserrats starten vom benachbarten Antigua (Informationen zu Flügen und Fähren, siehe Reiseinformationen S. 343). Anbieter auf beiden Inseln haben Tagestouren mit Vulkanerkundung, Mittagessen und Strandbesuch im Programm.

Näheres erfahren Sie bei **Carib World Travel**, Antigua *(Tel. 268/480-2999, www.carib-world.com, $$$$$)*, **Jenny's Tours**, Antigua *(Tel. 268/722-8188, www.jennytours.webs.com, $$$$$)* oder **RTT Travel & Tours**, Montserrat *(Tel. 664/491-4788, wwwrtt travelandtours.com, $$$$$)*. Ein unvergessliches Segelerlebnis bietet **Ondeck Ocean Racing** *(Tel. 268/562-6696, www.ondeck oceanracing.com, $$$$$)*, das ab Falmouth Harbour auf Antigua acht- bis neunstündige Törns auf einer Rennyacht anbietet. Die Tagestour lässt nur Zeit für eine Stunde auf Montserrat; daher empfiehlt sich eine Übernachtung auf der Insel.

Der Vulkan Soufrière ist noch aktiv. Heute lockt Inselbesucher die Chance, Aschewolken oder glühende Lava zu sehen

3086, www.montserratnational trust.ms) gutes Informationsmaterial.

Keinesfalls versäumen sollten Sie einen Besuch im **Montserrat Volcano Observatory** *(Tel. 664/491-5647, www.mvo.ms, geschl. Fr–So, $$$)*, das in einem modernen Gebäude mit Panoramablick auf den Vulkan untergebracht ist. Das MVO beobachtet die Berge ständig und stellt auch Real-Time-Bilder ins Netz. Das Interpretation Center zeigt einen Dokumentarfilm über den Ausbruch und bietet außerdem interaktive Exponate. Gut beobachten lässt sich der Vulkan auch vom **Garibaldi Hill** (dort steht die Webcam des MVO) und von der eigens gebauten Aussichtsplattform am **Jack Boy Hill** mit Teleskop, Picknickplatz und kurzem Wanderweg.

Im Zentrum der Insel bieten die **Centre Hills** verlockende Wandermöglichkeiten. Im üppigen Regenwald leben viele tropische Tiere, unter anderem der endemische Montserrattrupial, Kolibris, Baumfrösche und die seltene Gallwespenschleiche. Das Gelände ist nicht einfach, vor allem nach starkem Regen; Wanderer sollten einen einheimischen Führer mitnehmen *(beim Montserrat National Trust, siehe oben)*. Der **Blackwood Allen Trail** ist besonders beliebt, da er durch Bananenplantagen zu The Cot führt, einem früheren Sommerhaus 304 Meter über dem Meer gelegen.

Montserrat besitzt nur einen weißen Sandstrand, in der **Rendezvous Bay**, zugänglich per Boot von der Little Bay. Es gibt silbergraue vulkanische Strände. An der Westküste eignen sich besonders **Woodlands**, **Lime Kiln Bay** und die winzige **Bunkam Bay** für Schwimmer. ■

Irisches Erbe

Die Seelenverwandtschaft Montserrats mit dem fernen Irland wird jedem Besucher in Form eines Kleeblatts in den Pass gestempelt. Die Nationalflagge trägt die legendäre Irin Erin mit der Harfe neben dem britischen Union Jack. Die Nationalspeise, *goat water*, soll auf dem traditionellen Irish Stew basieren. St. Patrick's Day ist auf Montserrat in Wirklichkeit St. Patrick's Week und wird am und um den 17. März gefeiert. Das Datum steht auch für einen Sklavenaufstand 1786. Die Insel erbebt unter Livemusik, Festessen, Tanz, Maskenumzügen und verschiedenen anderen Events. Tragen Sie unbedingt grün.

Lebhafte kreolische Kultur auf Guadeloupe und Martinique und reicher europäischer Schick auf St.-Barthélemy

Französische Antillen

Erster Überblick 228–229

Guadeloupe 230–239

Erlebnis: Französisch lernen unter Palmen 233

Erlebnis: Per Schiff ins Naturschutzgebiet 237

Mit dem Auto durch den Norden von Basse-Terre 240–241

Die Inselgruppe von Guadeloupe 242–243

St.-Barthélemy 244–246

Martinique 247–253

Special: Sklaverei 250–251

Der Süden von Martinique 254–255

Mit dem Auto durch die Pitons du Carbet nach St-Pierre 256–257

Der Norden & Nordosten 258

Hotels & Restaurants 375–377

Regenwald an den Pitons du Carbet

Französische Antillen

Martinique und Guadeloupe sind neben Trinidad die zwei größten Inseln der Kleinen Antillen. Französische Einflüsse mischen sich mit kreolischen Elementen. 240 Kilometer weiter nördlich ragen jenseits der Niederländischen Antillen und der ehemals britischen Inseln unter dem Wind die kleineren französischen Territorien St-Barthélémy und St-Martin aus dem Meer.

1624 gründeten die Franzosen auf St. Kitts eine Kolonie – nur ein Jahr nachdem die Briten dort ihre erste Siedlung errichtet hatten. Ein Jahrzehnt später begannen einige Franzosen weitere Inseln zu erobern, zu denen 1635 und 1636 auch Guadeloupe und Martinique gehörten. Nach der Einführung von Zuckerrohr im späten 17. Jahrhundert brach auf Martinique das Zeitalter des weißen Goldes an. Zeitgleich dehnten die Franzosen ihren Einfluss auf weitere Inseln der östlichen Karibik aus und eroberten den Norden von Hispaniola, dem heutigen Haiti. Sklavenschiffe brachten Zehntausende von Schwarzafrikanern, die auf den Zuckerrohrfeldern arbeiteten.

NICHT VERSÄUMEN

Eine Fahrt auf der Route de la Traversée, Guadeloupe 240–241

Schiffsausflüge von Guadeloupe nach Les Saintes & Marie-Galante 242–243

Die Muscheln im Inter-Oceans Museum in Corossol, St-Barthélemy 246

Den weißen Sandstrand der Anse de Grande Saline, St-Barthélemy 246

Die tropischen Pflanzen des Jardin de Balata, Martinique 256

Die Erinnerungsstücke an verheerende Ausbrüche im Musée Vulcanologique, St.-Pierre, Martinique 256

St.-Pierre auf Martinique wurde eine der elegantesten Städte in der Karibik.

Natürlich lief auch für die Franzosen nicht immer alles glatt. Die Briten versuchten, die Macht ihrer Rivalen durch Verträge oder rohe Gewalt zu begrenzen, und zu unterschiedlichen Zeitpunkten gelangte jede der Inseln einmal in ihren Besitz. Genauso verfuhren die Franzosen umgekehrt.

Als im Zuge der Französischen Revolution auch die Sklaverei abgeschafft werden sollte, riefen die martinikanischen Anhänger des Ancien Régime ausgerechnet die Briten zu Hilfe, die daraufhin 20 Jahre lang auf Martinique herrschten, ohne einen einzigen Sklaven freizulassen. Napoleon, dessen Frau Joséphine aus einer martinikanischen Plantagenbesitzerfamilie stammte, führte die Sklaverei 1802 wieder ein. Darauf brachen auf Haiti und Guadeloupe Aufstände aus. Die Sklaverei fand erst 1848 ein Ende; fortan ersetzten indische Kontraktarbeiter die Afrikaner.

Im Unterschied zu Großbritannien, das seine Kolonien im 20. Jahrhundert nach und nach in die Unabhängigkeit entließ, banden die Franzosen ihre Besitzungen eher noch stärker an sich. Guadeloupe und Martinique haben heute den Status von Überseedepartements. Die Einheimischen verfügen über dieselben Rechte wie die Bewohner des Mutterlandes, sie entsenden Abgeordnete in die Nationalversammlung in Paris, nehmen an französischen Wahlen teil und erhalten Sub-

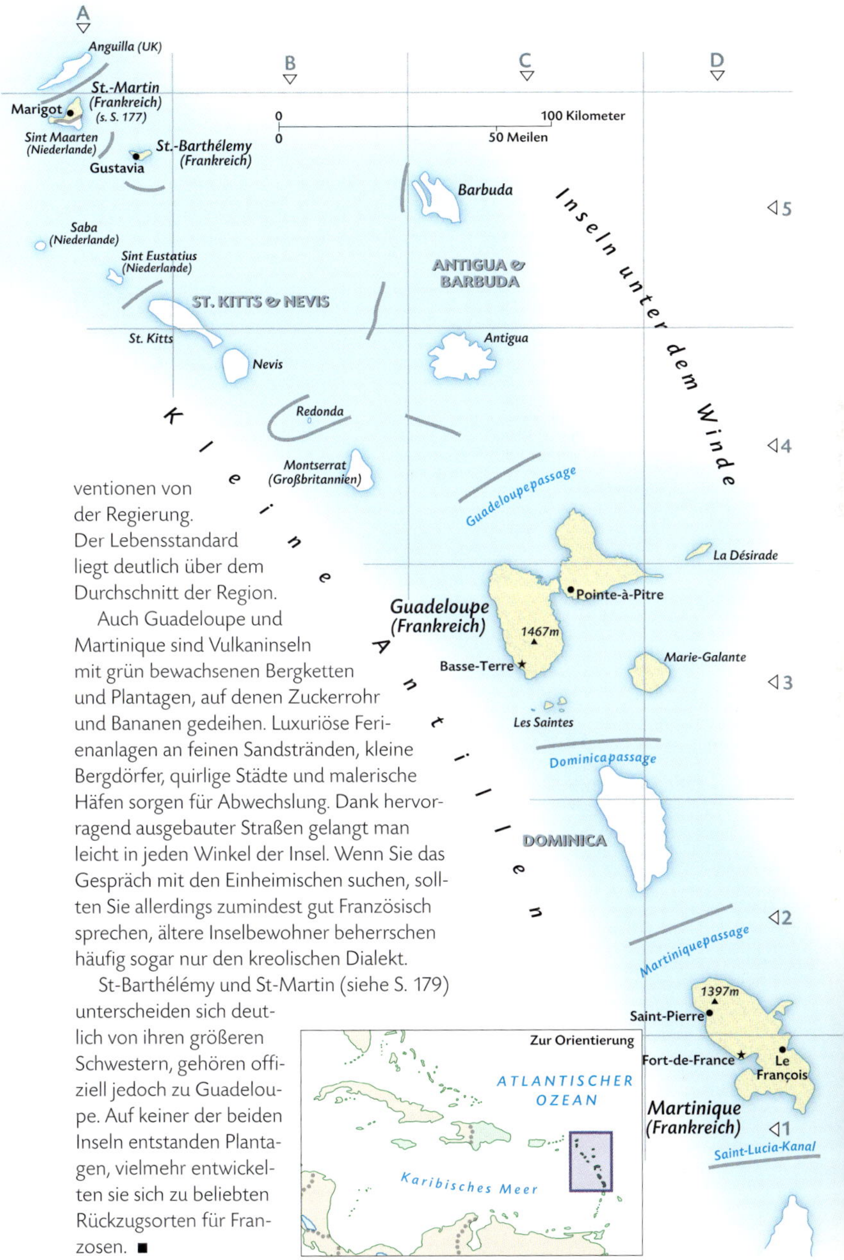

ventionen von der Regierung. Der Lebensstandard liegt deutlich über dem Durchschnitt der Region.

Auch Guadeloupe und Martinique sind Vulkaninseln mit grün bewachsenen Bergketten und Plantagen, auf denen Zuckerrohr und Bananen gedeihen. Luxuriöse Ferienanlagen an feinen Sandstränden, kleine Bergdörfer, quirlige Städte und malerische Häfen sorgen für Abwechslung. Dank hervorragend ausgebauter Straßen gelangt man leicht in jeden Winkel der Insel. Wenn Sie das Gespräch mit den Einheimischen suchen, sollten Sie allerdings zumindest gut Französisch sprechen, ältere Inselbewohner beherrschen häufig sogar nur den kreolischen Dialekt.

St-Barthélémy und St-Martin (siehe S. 179) unterscheiden sich deutlich von ihren größeren Schwestern, gehören offiziell jedoch zu Guadeloupe. Auf keiner der beiden Inseln entstanden Plantagen, vielmehr entwickelten sie sich zu beliebten Rückzugsorten für Franzosen. ■

Guadeloupe

Guadeloupe hat die Form eines Schmetterlings und besteht aus zwei Inseln, die heute durch eine Brücke über den Rivière Salée verbunden sind. Auf dem westlichen Flügel, Basse-Terre, dominieren Regenwald und Vulkanberge; im östlichen Flügel, Grande-Terre, ein trockenes Kalksteinplateau, gesäumt von Sandstränden. Vor der Küste liegen La Désirade, Marie-Galante und die Saintes.

Trommeln geben den Rhythmus beim Karneval in Guadeloupe

Guadeloupe
229 C3
Besucherinformation
5 Square de la Banque, Pointe-à-Pitre
0590/82 09 30
www.lesilesdeguadeloupe.com

Wohl wegen der vielen Flüsse und Wasserfälle im Regenwald von Basse-Terre nannten die Kariben die Insel Karukera (Insel des schönen Wassers). Als Kolumbus 1493 vorbeikam, taufte er die Insel nach einem berühmten spanischen Kloster Santa Maria de Guadelupe de Extremadura. 150 Jahre später kolonisierten die Franzosen das Eiland mit Hilfe von angeworbenen Siedlern, die drei Jahre unentgeltlich arbeiten mussten, um ihre Schiffspassage abzubezahlen. Da sie wenig über die Tropen wussten, versuchten sie sich zunächst relativ erfolglos als Bauern. Von 1759 bis 1763 herrschten die Briten, die Zuckerrohr einführten. Da Guadeloupe sich nur langsam entwickelte, wurde es zunächst vom erfolgreicheren Martinique mitverwaltet und musste seine Waren über St-Pierre verschiffen. Dort zahlten die Kaufleute künstlich niedrig gehaltene Preise für Zucker aus Guadeloupe. Als 1789 die Nachricht vom Ausbruch der Französischen Revolution die Karibik erreichte, fiel sie in Guadeloupe auf fruchtbaren Boden.

Viele Bewohner schlossen sich dem neuen Regime begeistert an. Banden bewaffneter Patrioten verjagten die Plantagenbesitzer und gründeten unter Victor Hugues (1770–1826) eine Revolutionsregierung. In Pointe-à-Pitre stellten sie die Guillotine auf, köpften über 300 Feinde der Revolution und ließen 1794 alle Sklaven frei. Das neue Zeitalter war nur von kurzer Dauer, denn bald kehrte man zur alten Ordnung zurück und führte die Sklaverei wieder ein. Viele ehemalige Sklaven begingen angesichts

INSIDERTIPP

Nehmen Sie zum Inselhopping leichtes Gepäck mit und lassen Sie schwere Koffer im Hotel auf dem „Festland".

LARRY PORGES
Redakteur,
NATIONAL GEOGRAPHIC BOOKS

INSIDERTIPP

Versuchen Sie im Frühling zum Karneval nach Gosier zu kommen. Die ganze Insel scheint sich bei den wilden Festen des Dorfs zu treffen.

MATT PROPERT
National Geographic-Fotograf

dieser Situation Selbstmord. Bevor Guadeloupe 1815 endgültig an Frankreich fiel, herrschten mehrmals die Briten. Heute wird auf der Insel immer wieder einmal der Ruf nach Unabhängigkeit laut, doch dann müssten die Menschen auch auf die französischen Subventionen verzichten, die zum Beispiel nach den Hurrikanschäden den Wiederaufbau ermöglichen.

Auf der 1372 Quadratkilometer großen Insel leben rund 420 000 Menschen. Auf jeder der beiden so unteschiedlichen Inselhälften entstand eine größere Stadt. An der Südwestküste von Basse-Terre liegt am Fuß des Soufrière die gleichnamige Ortschaft (siehe S. 238) mit den wichtigsten Verwaltungseinrichtungen. Eine Straße führt rund um diesen Teil der Insel und verbindet die Dörfer und Städtchen miteinander. Eine einzige Straße, La Traversée, durchquert das Gebirge. Über sie gelangt man auch zum Parc National de la Guadeloupe

Der Küstenort Gosier ist nach dem in der Karibik häufigen Braunpelikan benannt

(siehe Kasten S. 239), einem Naturschutzgebiet mit einigen der besten Wanderrouten der Karibik.

Im Südwesteck von Grande-Terre liegt die größte und geschäftigste Stadt von Guadeloupe, Pointe-à-Pitre (siehe unten). Der Ort ist gewiss weniger reizvoll als die Aushängeschilder anderer Karibikinseln, doch kann man neben einigen Sehenswürdigkeiten die Märkte erkunden und mit der Fähre zu einer der Inseln vor der Küste fahren. Weiter östlich schließen sich die kleinen Gemeinden Gosier, Ste-Anne und St-François an. Touristisch am besten erschlossen ist Gosier mit seinen großen modernen Hotels und den Stränden voller sonnenhungriger Touristen. Ste-Anne und St-François wirken demgegenüber wesentlich authentischer. Hier kann man die Einheimischen noch beim Boulespiel beobachten, am Pfarrfest teilnehmen und exquisit (und teuer) in einem der französisch-kreolischen Restaurants an der Uferpromenade speisen.

Pointe-à-Pitre

Immerhin 80 000 Menschen leben in der Stadt, die in einer geschützten Bucht am Südende der Rivière Salée liegt. Zwar entstand Pointe-à-Pitre im 17. Jahrhundert, doch fielen die meisten kolonialzeitlichen Gebäude Hurrikanen, Erdbeben und Feuersbrünsten zum Opfer, sodass heute moderne Betonbauten überwiegen.

Die Altstadt, **La Darse,** erstreckt sich am Ufer, wo sich auch der Anleger befindet und Straßenverkäufer stehen. Hinter dem Hafen liegt die **Place de la Victoire,** um die sich einige alte Häuser im Kolonialstil mit blumengeschmückten Balkonen ziehen. Von den Cafés am Platz blickt man auf einen kleinen Park. Westlich des Parks erstreckt sich ein Gewirr schmaler Gassen. Dort steht die Kathedrale St-Pierre et St-Paul *(place Gourbeyre)* aus dem frühen 19. Jahrhundert, die wegen der aufwendigen schmiedeeisernen Arbeiten auch Eiserne Kathedrale heißt.

In der **Rue Frébault,** der größten Einkaufsstraße der Stadt, können Sie in einer der zahlreichen Boutiquen importierte Mode aus Frankreich und Europa kaufen. An der

ERLEBNIS:

Französisch lernen unter Palmen

Auf Guadeloupe wird nur an den für Touristen wichtigsten Plätzen Englisch gesprochen; die Einheimischen sprechen Französisch oder das daraus entstandene Kreolisch. Wenn Sie die Sprache der Insel erlernen möchten, können Sie während Ihres Urlaubs einen Kurs besuchen. Sprachunterricht wird angeboten von CESA Languages Abroad in Ste-Anne *(Tel. 1209/21 18 00, www.cesalanguages.com/learn-french-in-guadeloupe, $$$$)*. Die nicht weit vom Strand gelegene Schule bietet sportlich Interessierten Teilnehmern auch Surfkurse an.

Pointe-à-Pitre
231 B2

Musée Schoelcher
24 rue Peynier
0590/82 08 04
Geschl. Sa, So
$

www.netgua.com.fr/museeSchoelcher

Kreuzung Rue Frébault/Rue Peynier befindet sich der **Marché Couvert** (Überdachter Markt), ein typisch kreolischer Markt. Die Marktfrauen schwatzen auf Créole durcheinander und feilschen energisch mit ihren Kundinnen um den besten Preis.

Folgt man der Rue Peynier nach Westen, so gelangt man zum **Musée Schoelcher**, das sich dem Leben und der Zeit von Victor Schoelcher (1804 bis 93) widmet. Im 19. Jahrhundert zählte er zu den bedeutendsten französischen Verfechtern der Sklavenbefreiung. Das Museum in einem hübschen rosa gestrichenen Stadthaus mit schmiedeeisernem Dekor präsentiert Objekte aus der Zeit der Plantagenwirtschaft, von Schoelcher verfasste Pamphlete, afrikanische Elfenbeinschnitzereien, Modellschiffe und andere Kuriositäten. Die Statue vor dem Haus stellt den Revolutionsführer Victor Hugues dar.

INSIDERTIPP

Ein besonders beliebtes Mitbringsel von Guadeloupe ist natürlich Rum. Fragen Sie beim Souvenirkauf nach dem besten, dem *rhum vieux*.

CAROLINE HICKEY
Redakteurin
NATIONAL GEOGRAPHIC BOOKS

Unterwegs auf Grande-Terre

Die Strände an der Südküste von Grande-Terre ziehen zwar viele Touristen an, doch sind

Kreolische Tracht

Bunt karierte Baumwollstoffe sieht man überall auf Guadeloupe, Martinique und den französischsprachigen Inseln unter dem Wind, zu denen Dominica und St. Lucia zählen. In den Souvenirshops gibt es jede Menge Tischwäsche, Trachtenpuppen und natürlich Kleider, die sich perfekt für ein Kostümfest zu Hause eignen.

Den Baumwollstoff brachten die indischen Arbeiter mit, die man im 19. Jahrhundert aus Indien holte. Der bunte, preiswerte Stoff wurde von den früheren Sklaven begeistert aufgenommen, deren Kleidung aus weggeworfenem Segeltuch oder sogar groben Getreidesäcken bestand. Die Frauen, die für ihren Stil bekannt waren, schufen aus dem einfachen Baumwollstoff herrliche Kleider für Feste und Feiertage.

Die fünfteilige Tracht besteht aus einer weißen mit Spitzen und Bändern verzierten Bluse, einem Baumwollrock, der über rüschenbesetzten Petticoats getragen wird; dazu ein Schal, über die Schulter geworfen und im Bund festgesteckt, sowie ein seidenes Kopftuch. Die Anzahl der Punkte auf dem Schal *(bouts)* signalisiert die Absicht der Trägerin.

***Tête à un bout* (ein Punkt) – mein Herz ist frei**
***Tête à deux bouts* (zwei Punkte) – mein Herz ist vergeben**
***Tête à trois bouts* (drei Punkte) – mein Herz ist vergeben, aber ...**

Das Renaissance-Theater in Pointe-à-Pitre

große Teile dieser Inselhälfte noch unerschlossen. Im Hinterland mit den welligen, Grands Fonds genannten Kalksteinhügeln ducken sich einige Weiler und natürlich Zuckerrohrfelder. Bis heute bringt man die Ernte hier mit Ochsenkarren zu den Mühlen.

Zwischen Pointe-à Pitre und Gosier liegt **Bas-du-Fort** mit dem Yachthafen, dem größten in der Karibik. Ganz in der Nähe befindet sich das **Aquarium de la Guadeloupe**. Neben tropischen Fischen bietet es interessante Informationen über Mangroven und ein Haibecken. Ein Tunnel mit Plexiglaswänden führt unter dem Becken hindurch.

Etwas erhöht steht oberhalb von Bas-du-Fort im Schatten rot blühender Flamboyant-Bäume die Ruine der im 18. Jahrhundert aus Korallenstein erbauten Festung **Fleur d'Epée**.

Hinter der Grande Baie erstreckt sich die Ortschaft **Gosier**, der bekannteste Urlaubsort von Guadeloupe. Die Gemeinde wurde nach dem Braunen Pelikan benannt. Boote bringen Urlauber hinüber zum kleinen **Îlet du Gosier**, einem Inselchen mit Leuchtturm und Strand (Nacktbaden erlaubt).

In der Mitte des Küstenabschnitts dehnt sich hinter **Ste-Anne** der lange Sandstrand Caravelle mit ebenfalls guten Wassersportmöglichkeiten aus. Nicht von ungefähr befindet sich hier eine Anlage des Club Méditerranée. Der Nachbarstrand, **Ste-Anne Plage**, vereint feinen weißen Sand und türkisblaues Wasser. Hier ist es oft überfüllt.

Aquarium de la Guadeloupe
- 231 B2
- Place Créole-Marina
- 0590/90 92 38
- $$$

www.aquariumdeguadeloupe.com

Fort Fleur d'Epée
- 231 B2
- 0590/90 94 61

Gosier
- 231 C2

Club Med
✉ Quart Caravelle, Ste.-Anne
☎ 0590/86 33 06
www.clubmed.us

In **St-François** riecht die Luft nach Salz. Fischer bauen traditionelle sechseckige Reusen aus Holzstäben. Am nächsten liegt die **Plage des Raisins Clairs**, östlich der Stadt führt eine elf Kilometer lange Straße an den Stränden der Südküste entlang. Die **Plage Tarare** an der Nordseite ist ein beliebter Nudistentreff. An der Spitze der Landzunge befindet sich die **Pointe des Châteaux** mit einem eigenen kleinen Strand. Surfer reiten hier auf den rauen Atlantikwellen, die Höhlen in den weichen Kalkstein gegraben haben. Ein Pfad steigt zu den Klippen hinauf, die wunderbare Blicke auf die Inseln vor der Küste und die Berge von Basse-Terre freigeben.

Von St-François aus führt die N5 nordwärts nach **Le Moule**, der alten Hauptstadt von Guadeloupe. An einer kleinen Straße westlich der Stadt liegt die Destillerie **Rhum Damoiseau** (für Besucher geöffnet), die einzige Rumfabrik von Grande-Terre.

Weiter geht es zur Nordspitze der Insel, vorbei am Aussichtspunkt bei der **Porte**

INSIDERTIPP

Der Club Med am Caravelle-Strand von Ste-Anne bietet Tageskarten für Nicht-Gäste; er umfasst Strand- und Ausrüstungsbenutzung sowie Mittagessen und Getränke.

JENNIFER ALLARD
NATIONAL GEOGRAPHIC-Mitarbeiterin

Spaß am Strand bei Ste-Anne

ERLEBNIS: Per Schiff ins Naturschutzgebiet

An der Westküste von Grande-Terre liegt die **Réserve Naturelle du Grand Cul-de-Sac Marin,** *(www.guadeloupe-parcnational.fr/Le-Grand-Cul-de-Sac-Marin)*, die zum Parc National de la Guadeloupe (siehe S. 239) gehört. Das 3600 Hektar große Gelände umfasst Mangrovensümpfe, Wattgebiete, Feuchtwiesen, Küstenwald und ein angrenzendes Meeresschutzgebiet, das für seine Biodiversität bekannt ist. Im Park studieren Forscher Flussmündungen, Korallenriffe, Flussfauna, das Ökosystem der Mangroven und mehr. Der Küstenbereich bietet Wasser- und Watvögeln wie Reihern, Seeschwalben und Eisvögeln reiche Nahrung.

Wer das Naturschutzgebiet, seine Vögel und Meerestiere sehen möchte, schließt sich einer der zweistündigen Mangrove-Touren auf dem Katamaran *King Papyrus* an, der zweimal wöchentlich an der **Marina de Pointe-à-Pitre** *(Tel. 0590/90 92 98, www.kingpapyrus.com, $$$$$)* ablegt.

d'Enfer (Höllentor) zur **Pointe de la Grande Vigie**. Früher waren hier französische Wachen postiert, die den Horizont nach feindlichen britischen Schiffen absuchten.

Zu den Stränden an der Westküste gehören die **Anse Laborde** (nördlich von Anse-Bertrand) und die Anse du Souffleur bei Port-Louis. Im Zentrum des Inselteils liegt **Morne-à-l'Eau**, ein wegen seines typisch karibischen Friedhofs bekannter Ort.

Der Süden von Basse-Terre

Von den sonnigen Stränden auf Grande-Terre aus betrachtet wirken die hohen, dunkelgrünen Berge von Basse-Terre wie ein riesiges Meerungeheuer, das aus den Tiefen auftaucht. Der unberührte Parc National de la Guadeloupe (siehe Kasten S. 239) nimmt zwei Drittel des Inselteils ein. Kurze, schlammige Pfade führen zu Wasserfällen im Dschungel; auf längeren und anstrengenderen Touren kann man den Soufrière erklimmen. Über die moderne N1, die von Pointe-à-Pitre aus an der Ostküste entlangführt, erreicht man in einer Stunde Basse-Terre, sofern man keinen Abstecher wählt.

Von Petit-Bourg weiter ins Landesinnere erreicht man den botanischen Garten der **Domaine de Valombreuse**. Südlich von Ste-Marie, einem kleinen Küstenort, wo angeblich Kolumbus 1493 dem ersten Kariben begegnete, zweigt eine Straße zur **Rhumerie Longueteau** und zur Bananenplantage **Plantation Grand Café** ab. Durch Zuckerrohrfelder fährt man bis zum Anwesen Longueteau. Hier steht die alte Dampfmühle in einer rostigen Halle, die sich während der Erntezeit von Januar bis Juli mit Lärm und dem stickigen Geruch von Melasse füllt. Führungen sind nur während dieser Zeit interessant. Nach der Besichtigung können Sie mit Früchten aromatisierten Rum probieren.

Ein Stück die Straße hinauf liegt die **Plantation Grand**

Rhum Damoiseau
- 231 C2
- D101, an der Straße von Le Moule nach Les Abymes
- 0590/23 55 55

Basse-Terre
- 231 B1

Besucher-information
- Maison du Port, beim Boulevard du Général de Gaulle
- 0590/81 24 83

Domaine de Valombreuse
- 231 B2
- Cabout
- 0590/95 50 50
- $$

Rhumerie Longueteau
- 231 B2
- 0590/86 07 91
- Geschl. Sa Nachm. & So; Dez.–April So Nachm. geöffnet

Café, eine große Bananenplantage. Der Garten präsentiert verschiedene Bananenpflanzen aus aller Welt, von Zwergbananen bis hin zu Faserbananen für die Textilindustrie. Besucher können an len, doch wählen die meisten Urlauber eine Nebenstraße, die nach 1,5 Kilometern von der N1 zu einem Parkplatz mit Grillmöglichkeit und wunderbarer Aussicht führt. Von hier aus erreicht man

Einer der vielen schönen Wasserfälle von Basse-Terre

Plantation Grand Café
- 231 B2
- 0590/86 33 06
- Geschl. Sa, So
- $$

einer dreißigminütigen Tour im offenen Geländewagen über die Plantage teilnehmen.

Am Südrand von Capesterre-Belle-Eau biegt eine Seitenstraße zu einem Pfad ab, über den man zum spektakulärsten der **Chutes du Carbet**, der drei Wasserfälle des Nationalparks, gelangt. Er wird vom Rivière Grand Carbe gespeist, der auf dem Soufrière entspringt. Das Wasser stürzt aus 20 Metern Höhe hinab, der Weg durch den Regenwald dauert 45 Minuten. Der Pfad setzt sich fort bis zu den beiden oberen Fällen, doch wählen die meisten Urlauber eine Nebenstraße, die nach 1,5 Kilometern von der N1 zu einem Parkplatz mit Grillmöglichkeit und wunderbarer Aussicht führt. Von hier aus erreicht man den 110 Meter hoch gelegenen zweiten Fall innerhalb von 20 Minuten. Zwei Stunden dauert die Wanderung zum 125 Meter hohen oberen Wasserfall, eine weitere bis zum Gipfel des **Soufrière**.

Basse-Terre (Stadt)

An der Südspitze der Insel liegt die **Stadt Basse-Terre**, die den typischen Charme eines karibischen Provinzstädtchens ausstrahlt. An der palmengesäumten Uferpromenade bieten Verkäufer an Ständen Obst und Gemüse feil. Zwischen dem Rathaus und der katholischen Kathedrale aus grauem Stein erstreckt sich ein kleines Viertel mit Einkaufsstraßen. Weiter südlich wacht **Fort Delgrès** über den Hafen. Die Festung beherbergt ein kleines Museum zur Geschichte der Insel und die **Maison du Volcan**, die über die Geologie von Vulkanen und die Geschichte des Soufrière informiert. Hinter dem Stadtzentrum ziehen sich Wohnviertel bis nach St-Claude, wo sich einige alte kreolische Häuser an den Hang schmiegen. Einen Stopp lohnt hier **La Bonifièrie**, eine Kaffeefabrik, wo exzellente Schokolade hergestellt wird, die man im Café vor Ort auch kosten kann.

Dann windet sich die D11 hinauf zur 305 Meter unterhalb des Gipfels gelegenen **Savane à Mulets.** Von hier aus dauert der gut beschilderte Weg zum Gipfel, der erkaltete Lavaströme passiert, gut zweieinhalb Stunden. Wanderer sollten warme Kleidung und Regenjacken einpacken, denn in höheren Lagen nieselt es häufig. Es weht ein kühler Wind und bisweilen kommt Nebel auf. Auf der Spitze kann man einen Blick in die Krater werfen.

Um die Tour durch den Süden von Basse-Terre abzuschließen, nehmen Sie am besten die Westküstenstraße (N2) am Meer entlang; sie führt durch Vieux-Habitants, wo das **Musée du Café** (*Tel. 0509/98 54 96*) über die Produktion von Kaffee auf einer Plantage informiert, nach Mahaut. Von hier bringt die Traversée (siehe S. 240) Sie wieder zur Ostküste und nach Pointe-à-Pitre. ■

Fort Delgrès
231 B1
0590/81 37 48

Parc National de la Guadeloupe

Das von der Unesco zum Biosphärenreservat ernannte Gebiet von 30 000 Hektar liegt im zentralen südlichen Basse-Terre und umfasst den oft wolkenverhangenen Gipfel von La Soufrière (1467 m), den höchsten Punkt der Kleinen Antillen.

In das grüne Herz des Parks an den von Flüssen und Wasserfällen durchzogenen Hängen von La Soufrière vorzudringen, erfordert etwas Mut. Oft ist es nass und kalt, die Wege sind verschlammt; Wanderer sollten Regenschutz und festes Schuhwerk mit sich führen.

Dutzende von Pfaden überziehen die Hänge: diese ermöglichen einfache Spaziergänge vom Parkplatz an der Route de la Traversée (siehe S. 240) oder auch mehrtägige Treks, für die gute Kondition, die richtige Ausrüstung und ein erfahrener Führer gebraucht werden. Die Hauptzugangsstellen zum Wegenetz des Parks liegen an der Route de la Traversée und im Süden um La Soufrière.

Die Parkverwaltung in der **Habitation Beausoleil** (*Montéran 97120, St.-Claude, Tel. 0590 80 86 00, www.guadeloupe-parcnational.fr*) bietet ausgezeichnetes Informationsmaterial, u. a. Wanderführer, die nach Schwierigkeitsgrad geordnet sind. Geführte Wanderungen in den Regenwald oder Canyoning-Touren organisieren **Vert Intense** (*Tel. 0590/99 34 73, www.vert-intense.com, $$$$$*) und **Les Heures Saines** (*Tel. 0590/98 86 63, www.heures-saines.gp, $$$$$*).

Mit dem Auto durch den Norden von Basse-Terre

Die Tour verläuft im Uhrzeigersinn rund um den Norden von Basse-Terre. Sie beginnt mit einer Fahrt über die Traversée durch den Regenwald und führt dann in die obere Inselhälfte. Es bieten sich verschiedene Abstecher an, etwa eine Fahrt mit dem Glasbodenboot oder ein Besuch der Kakao-, Wald- und Rum-Museen.

Folgen Sie von **Pointe-à-Pitre** ❶ (siehe S. 233) den Schildern nach Basse-Terre westlich des Rivière Salée. Fahren Sie auf der N1 südwärts, bis die Traversée (D23) abzweigt. Diese Straße führt westwärts durchs Landesinnere zum Parc National de la Guadeloupe (siehe Kasten S. 239).

Gleich am Beginn des Parks kommt die **Cascade aux Ecrevisses** (Flusskrebswasserfall) ❷, ein beliebter Picknickplatz am Fuß eines Wasserfalls.

Nach 1,6 Kilometern erreichen Sie die **Maison de la Forêt**, in der – leider nur auf Französisch – über die Geologie, Flora und Fauna des 29 950 Hektar großen Parks informiert wird. Hier erhalten Sie auch Wanderkarten mit Details zum 306 Kilometer langen Netz von Wanderpfaden. Direkt am Gebäude beginnen mehrere Rundwege. Zu den schwierigeren Routen inner-

NICHT VERSÄUMEN:

Maison de la Forêt • Col des Mamelles • Musée du Rhum

halb des Parks gehört die **Trace des Crêtes**, die dem Gebirgskamm oberhalb der Westküste folgt und die Traversée am **Col des Mamelles** ❸, einem 586 Meter hohen Pass zwischen zwei Vulkangipfeln, kreuzt. Er ist der höchste Punkt der Straße und gibt an den wenigen klaren Tagen fantastische Blicke frei.

In Haarnadelkurven windet sich der Weg zum Küstenort **Mahaut** hinab. Ein kurzer Abstecher (5 km) führt zur **Plage de Malendure** ❹, an der Glasbodenboote Touristen das Wasserschutzgebiet rings um das winzige Îlet de Pigeon näher bringen. Die **Réserve du Commandant Cousteau** trägt den Namen des bedeutenden französischen Meeresforschers (1910–97), denn er sorgte dafür, dass Fischen hier verboten wurde, und erklärte das Revier rings um die Insel zu einem der zehn besten Tauchplätze der Welt. Viele Taucher und Boote tummeln sich am Korallenriff, an manchen Tagen reicht die Sicht sogar 30 m weit.

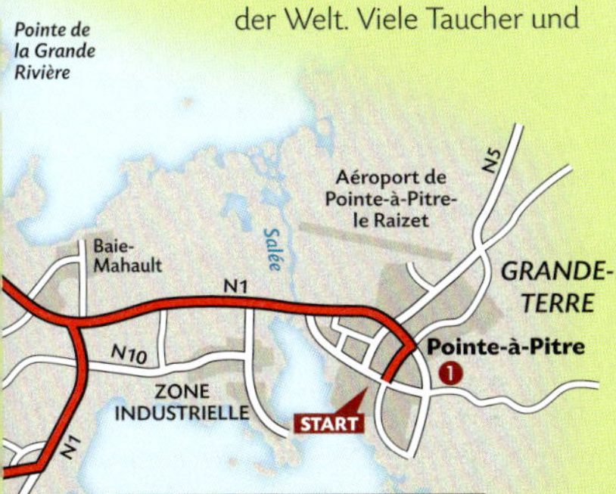

- Siehe Karte S. 231
- Pointe-à-Pitre
- Ein Tag mit Pausen
- 88 km
- Pointe-à-Pitre

2,5 Kilometer nördlich von Mahaut, an der N2, veranschaulicht die **Maison du Cacao** ❺ *(Tel. 0590/98 25 23)* Geschichte, Anbau und Verarbeitung von Kakao, den bereits die Arawak auf Guadeloupe eingeführt haben sollen. Auf der Plantage können Sie Tafeln aus hundert Prozent natürlichem Kakao kaufen.

Einen Besuch lohnt auch die **Maison du Bois** *(Tel. 0590/981690)* etwas weiter nördlich an der Küste. Das „Haus des Holzes" präsentiert eine Sammlung alter Holzwerkzeuge und -geräte sowie Schautafeln, die erläutern, wie man Boote baute und Möbel herstellte.

Die Straße passiert nun das hübsche Fischerdorf **Deshaies** ❻ mit dem hübschen Jardin Botanique *(Tel. 0590/ 28 43 02, $$$)* und die breite Bucht von Grande Anse mit einem von Guadeloupes schönsten Stränden. Palmen säumen den drei Kilometer langen, rötlich goldenen Sandstreifen, an dem mehrere Strandcafés und Restaurants mittags Meeresfrüchte und Salat servieren.

Die N2 umrundet die Spitze der Insel und führt weiter nach **Ste-Rose.** Folgen Sie hier den Schildern zum **Musée du Rhum** ❼ *(Tel. 0590/28 70 04, geschl. So)* im nahe gelegenen Bellevue. Tafeln geben detailliert Auskunft über die 300-jährige Geschichte der Rumproduktion in der Karibik; Ausstellungsstücke wie ein aus einem riesigen Baumstamm gehauener Melassetank veranschaulichen die Erläuterungen. Eine Insektengalerie zeigt über 5000 Exemplare aus aller Welt. Nach einem Dokumentarfilm bietet sich ein Rundgang durch die Distillerie Reimonenq an.

Wenn Sie anschließend auf die N2 zurückkehren, erreichen Sie innerhalb kurzer Zeit wieder Pointe-à-Pitre.

Die Inselgruppe von Guadeloupe

Ein Bogen aus Inseln trennt Guadeloupe von Dominica. Diese Inselgruppe setzt dem schnelleren Tempo der Hauptinsel die Ruhe schlichter Fischerdörfer und von Zuckerrohrfarmen mit Windmühlen entgegen.

Eine Hutverkäuferin zeigt (und trägt) ihre Ware in Grand-Bourg auf Marie-Galante

La Désirade
231 D2

Marie-Galante
231 C1

Les Saintes
231 B1

La Désirade

Der karge, flache Tafelberg, zehn Kilometer vor der Ostspitze von Guadeloupe, war das erste Stück Land, das Kolumbus auf seiner zweiten Reise sichtete. Auf dem 13 Kilometer langen, schmalen breiten Eiland leben etwa 1700 Bauern und Fischer. Die größte Siedlung der Insel ist **Grande-Anse** an der geschützten Südküste. Nördlich des goldenen Sandstrandes von Grande-Anse liegen die Ortschaft **Le Souffleur** und die Ruinen der alten Leprakolonie **Baie-Mahault**.

Die Fähren *(Le Colibri Tel. 0590/21 23 73)* starten täglich von St-François auf Guadeloupe (1 Std.). Es gibt auch Charterflüge (15 Min.). Auf der Insel können Sie bei Jo Scooters *(Tel. 0590/20 07 41)* Autos, Scooter und Räder mieten. Es gibt einige einfache Unterkünfte.

Marie-Galante

32 Kilometer südlich von Grande-Terre liegt die flache Kalksteininsel Marie-Galante. Dutzende von Windmühlen sind noch immer in Betrieb und vermahlen die Ernte, aus welcher der berühmte Rum der Insel gewonnen wird. Wichtigste Ortschaft ist **Grand-Bourg** *(Besucherinformation, Tel. 0590/97 56 51, www.ot-mariegalante.com)*.

Südlich davon erhebt sich das **Château Murat** *(Tel. 0590/ 97 94 41)*, ein Herrenhaus aus dem 18. Jahrhundert. Im Süden bietet die **Petite Anse** gute Möglichkeiten zum Schwimmen; für Wassersportler eignet sich die **Pointe de la Feuillère** bei Capesterre. Touristen besuchen auch gern die Höhle **Trou à Diable** (Teufelsloch).

An der Nordwestküste liegen zwischen Vieux Fort und **St-Louis** schöne Strände. Fähren *(Express des Iles, Tel. 0825 35 90 00, www.express-des-iles.com oder Brudey, Tel. 0590 90 04 48, www.brudey-freres.fr)* setzen täglich von Pointe-à-Pitre nach Grand-Bourg und St-Louis über. Die Fahrt dauert eine Stunde. **Auto Moto** *(St-Louis, Tel. 0590/97 19 42, www.automoto-location.com)* vermietet Autos und Motorroller. Infos über Hotels gibt die Touristeninformation *(Tel. 0590/97 56 51)*.

Die Schlacht um Les Saintes

Die Schlacht um die Saintes-Inseln gehört zu den wichtigsten Seeschlachten des 18. Jahrhunderts und trug wesentlich zur Vorherrschaft der Briten in der Karibik bei. Im Frühjahr 1782 ankerte die französische Flotte vor Martinique und bereitete sich darauf vor, Jamaika anzugreifen, um die Briten zu schwächen. Von seinem Stützpunkt auf Pigeon Island, St. Lucia, beobachtete Admiral George Rodney (1718–92), wie die Franzosen sich rüsteten. Am 7. April setzten 33 französische Schiffe unter Admiral François de Grasse die Segel. Rodney verfolgte sie und stellte sie am Morgen des 12. April bei den Saintes. Günstige Witterungsverhältnisse erlaubten ein Überraschungsmanöver – Rodney durchbrach die feindliche Linie an drei Stellen und siegte. Später wandte Nelson bei der Schlacht von Trafalgar die gleiche Strategie an.

Les Saintes

Nur zwei der Vulkaneilande 11 Kilometer südlich von Basse-Terre sind bewohnt. Die ruhigere davon ist **Terre-de-Bas**, eine verträumte Plantageninsel mit guten Stränden, einem Hotel und einigen Pensionen. Auf **Terre-de-Haut** hat sich dagegen **Le Bourg** auf den Strom von Tagesbesuchern eingestellt. Das Fischerdorf liegt an einer Bucht, die durch das **Îlet à Cabrit** (Ziegeninselchen) geschützt wird. Sie können zum **Fort Napoléon** *(Tel. 0590/61 01 51, geschl. nachmittags)* hinaufklettern. Die Festung hat ein Heimatmuseum mit einer Abteilung zur Schlacht um Les Saintes (siehe oben). Der schönste Strand, die **Plage Pont Pierre**, liegt im Osten. Ruhiger geht es an der **Petite Anse Pain de Sucre** westlich von Le Bourg und an der **Anse du Figuier** im Süden zu. Fähren (*Express des Iles Tel. 0825/35 90 00 oder Brudey Tel. 0590/90 04 48)* fahren täglich von Pointe-à-Pitre (1 Std.) und Trois-Rivières (30 Min.) nach Terre-de-Haut und Terre-de-Bas. Zwischen Le Bourg und Terre-de-Bas verkehren Segelboote; von Guadeloupe aus starten auch Flugzeuge. ■

St.-Barthélemy

Experten nennen die Vulkaninsel, die selbst in der Karibik zu den exklusivsten und teuersten Ferienzielen gehört, auch Manhattan-sur-Mer. Im Winter trifft sich hier die Crème de la Crème, man kauft Champagner und Mode von Chanel in den Boutiquen und trifft sich abends betont lässig zum Diner.

Kakteen ragen vor dem leuchtend blauen Wasser der Bucht von St-Jean, St.-Barthélemy, auf

St-Barthélemy
229 A5
Besucher-information
Quai du Général de Gaulle, Gustavia
0590/27 87 2
www.saintbarth-tourisme.com

Besucher, die zum ersten Mal nach St.-Barthélémy kommen, wundern sich darüber, dass fast alle 6000 Einwohner weiße Haut haben. Sie stammen aus Frankreich, und die französische Kultur bestimmt auch jedes Detail vom einfachen Baguette über die ausgezeichnete Haute Cuisine bis zu Designermarken. Die traditionelle weibliche Kopfbedeckung, die *calèche,* die mit den ersten Siedlern aus der Normandie und Bretagne auf die Insel gelangte, sieht man nur noch an hohen Feiertagen.

St.-Barthélemy war nicht immer so reich. Kolumbus taufte die Insel (21 km^2) nach seinem Bruder San Bartolomé. 1648 ließen sich 60 Franzosen aus St. Kitts hier nieder. Die Kariben machten die erste Siedlung dem Erdboden gleich, doch die strategisch günstige

Position des Eilandes zwischen den britischen Inseln unter dem Winde führte dazu, dass 1674 Hugenotten dort sesshaft wurden. Während man auf anderen Inseln Zuckerrohr und Baumwolle anpflanzte, verschanzten sich in den zahlreichen geschützten Buchten von St.-Barthélemy Piraten.

1784 wurde die Insel für etwa hundert Jahre schwedisch, weil der französische König Ludwig XVI. sie gegen Handelsrechte im Baltikum tauschte. Als Freihafen profitierte die Insel von den Gewinnen, die der Handel mit den noch jungen Vereinigten Staaten von Amerika abwarf. Als die Geschäfte schlechter gingen, verkaufte Schweden St.-Barthélemy wieder an Frankreich. Im 19. Jahrhundert geriet die Insel in Vergessenheit, doch ab 1980 erlebte sie eine neuerliche Blüte als Ferienziel des Jetset.

Gustavia

Der Name des hübschen Städtchens erinnert an den schwedischen König Gustav III. Vier Hügelfestungen bewachen den Ort, der sich an drei Seiten um den geschützten Hafen zieht. Während der Hochsaison im Winter liegen schicke Yachten vor Anker, und die Boutiquen, Juweliergeschäfte und Terrassencafés füllen sich mit eleganten Urlaubern und Tagestouristen aus Sint Maarten. Wahrzeichen der Stadt ist der schwedische Wachturm mit dem spitzen Dach. Auf der Westseite des Hafens befindet sich das **Wall House Museum,** das einen Überblick über Geschichte und Traditionen der Insel gibt. Die Sammlung umfasst indianische Votivgegenstände, Dokumente aus der Kolonialzeit, Fischfallen, steife Calèche-Hauben, die auch *quichenottes* (Küss mich nicht)

Wall House Museum

- ✉ La Pointe
- ☎ 0590/29 71 55
- 🕒 Geschl. So
- $ $

Inter-Oceans Museum
Corossol
0590/27 62 97
Geschl. Mo
$$

Le Sélect
rue du Centenaire
0590/27 86 87

heißen und einst als beste Verteidigung gegen Angriffe liebeshungriger Nordeuropäer galten. An der **Anse de Grand Galet** im Süden der Stadt liegt der **Muschelstrand**, den man zu Fuß in zehn Minuten erreicht.

St.-Barthélemy erhebt sich nur 300 Meter aus dem Wasser, doch dank der grünen, steilen Hügel wirkt die Insel viel höher. Prachtvoll angelegte Gärten vermitteln ein Bild üppiger tropischer Fülle. Das Fischerdorf **Corossol** markiert das Ende einer besonders kurvenreichen Strecke nördlich von Gustavia. Wenn Sie bis zum Wasser laufen und sich dann links halten, gelangen Sie zum **Inter-Oceans Museum** mit der angeblich zweitgrößten Muschelsammlung der Welt.

An der Nordküste liegt der wichtigste Urlaubsort, **St-Jean**, mit Hotels, Restaurants und Läden an der Durchgangsstraße und mit Blick auf einen traumhaften Strand.

INSIDERTIPP

Besuchen Sie in Gustavia Le Sélect, das Jimmy Buffets Song »Cheeseburger in Paradise« inspirierte und wo schickes Kleid und bloße Füße gut zusammenpassen.

BARBARA A. NOE
Redakteurin,
NATIONAL GEOGRAPHIC BOOKS

Eine Straße umrundet den Ostteil der Insel und führt an der Anse du Grand Cul-de-Sac vorbei rings um den **Morne du Vitet** (281 m). Die beiden besten Strände liegen an der Südküste: **Anse de Grande Saline** bei St-Jean und **Anse du Gouverneur** bei Lurin. Von den beiden weißen Sandstreifen blickt man bis nach Saba, Sint Eustatius und St. Kitts. ■

Rennfieber

Segeln ist auf St.-Barthélemy nicht nur ein Sport, sondern eine Leidenschaft, die von idealen Bedingungen gefördert wird. Der sportliche Kalender der Insel ist randvoll mit Regatten und Rennen, zu denen die verschiedensten Schiffe kommen, von der viele Millionen teuren Superyacht bis zu altmodischen hölzernen Schiffen, die vor Ort hergestellt werden.

Eröffnet wird die karibische Rennsaison vom renommierten St. Barth Cata Cup. Als eine der Top-Regatten der Region bringt sie ein Weltklassefeld von Rennkatamaranen in die Baie de St-Jean. Zu Neujahr paradieren vielfarbige Segel rund um die Insel. Hunderte großer und kleiner Schiffe versammeln sich im März bei der Bucket Regatta zu drei Tagen Wettkampf auf See und Partys an der Küste. Die Saison endet im April mit dem einwöchigen Event Les Voiles de Saint-Barth. Diese erst vor Kurzem ins Leben gerufene Veranstaltung eroberte sich rasch einen Platz unter den fünf bedeutendsten Segelevents der Karibik. An sechs Tagen konkurrieren Maxi-Yachten, Rennyachten und Mehrrumpfboote auf einem Kurs um die vorgelagerten Inselchen.

Martinique

Martinique gilt als eine der schönsten Karibikinseln. Die Ureinwohner nannten sie Madinina, Blumeninsel, und noch heute erfreuen sich die Besucher an Gärten und bewaldeten Hügeln. Martinique wird auch wegen seiner freundlichen Bewohner mit kreolischer Kultur gerühmt. Die 80 Kilometer lange und 35,5 Kilometer breite Insel liegt zwischen Dominica im Norden und St. Lucia im Süden.

Farbenprächtiger Karneval in Grand Asne auf Martinique

Im Norden Martiniques bedeckt dichter Regenwald die Berge, die im einzigen aktiven Vulkan der Insel, dem Mont Pelée, gipfeln. An den etwas niedrigeren Pitons du Carbet weicht der Urwald allmählich Bananenplantagen. Im Zentrum erstreckt sich eine Ebene, die östlich von Fort-de-France, der Hauptstadt an der Westküste, beginnt. Hier liegen die Zuckerrohrfelder, während man durch die trockenen, hügeligen Mornes im Süden zu weiteren kleinen Ferienorten und Stränden gelangt.

Kolumbus entdeckte und taufte die Insel bereits auf seiner zweiten Reise, doch erst während der vierten Fahrt im Jahre 1502 ging er hier an Land. Lang und breit ließ er sich über die Schönheit der Insel und der indianischen Frauen aus, die ihm bei seiner

Martinique
229 D1
Besucherinformation
76 rue Lazarre Carnot
0596/60 27 73
www.tourismefdf.com

Ankunft »Madinina« zuriefen. Man weiß nicht, ob Martinique eine Abwandlung dieses Wortes darstellt oder an den hl. Martin erinnert. Als die ersten französischen Siedler 1635 bei Le Carbet an der Westküste landeten, lebten auf der Insel noch Kariben. Es folgten 25Jahre blutiger Kämpfe.

1681 gründeten die Franzosen einen Verwaltungssitz in Fort Royal, dem heutigen Fort-de-France, doch dieser konnte St-Pierre im Norden der Insel nicht den Rang ablaufen. Die Hafenstadt am Fuß des Mont Pelée bildete den ökonomischen und kulturellen Mittelpunkt der Region. 1762 eroberten die Briten die Insel, doch bereits ein Jahr später tauschten sie Martinique und Guadeloupe gegen Dominica, Grenada, St. Vincent und Tobago ein und erhielten als Zugabe französische Besitzungen im Senegal und in Nordamerika. 1793 erreichte die Französische Revolution Martinique, und zu-

Herrscherruhm

Rund 7000 Kilometer trennen Martinique von Paris, doch die Insel war nicht ohne Einfluss in königlichen Kreisen. Wenige Jahre nach Gründung der Kolonie verließ die junge Françoise d'Aubigné ihr Vaterhaus in Le Prêcheur im Norden von Martinique und fuhr auf der Suche nach dem Reichtum nach Frankreich. Als Madame de Maintenon errang sie die Aufmerksamkeit von Ludwig XIV., der sie im Jahr 1684 heimlich heiratete.

Mehr als ein Jahrhundert später begegneten zwei Kusinen bei einem Spaziergang einer Wahrsagerin. Sie las ihnen aus der Hand und sagte der ersten: »Du wirst Kaiserin sein.« Zur zweiten meinte sie: »Und du wirst mehr als Kaiserin sein.« Die Kusinen waren Marie-Rose Joséphine Tascher de la Pagerie (siehe S. 254), die später als Gemahlin Napoleons Kaiserin wurde. Ihre Begleitung, Aimée Dubuc de Rivery, soll von Piraten gefangen genommen worden und in Algier als Sklavin verkauft worden sein. Nachdem sie dem osmanischen Sultan in Konstantinopel geschenkt wurde, soll sie es bis zu dessen Lieblingsfrau und Mutter seines Sohnes und Nachfolgers Mahmud II. gebracht haben.

nächst sah es aus, als würden die Republikaner auch hier die Oberhand gewinnen. Innerhalb eines Jahres stellten die Plantagenbesitzer mithilfe der Briten jedoch die alte Ordnung wieder her.

Auch Martinique erfuhr mehrere Sklavenaufstände, bevor die Sklaverei 1848 abgeschafft wurde. Wie in der übrigen Karibik brach daraufhin die Wirtschaft zusammen, und die Insel verlor an Bedeutung. Ihren schwärzesten Tag erlebte sie, als 54 Jahre später, am 8. Mai 1902, der Mont Pelée ausbrach, die Stadt St-Pierre zerstörte und bis auf einen Überlebenden alle 30 000 Einwohner tötete.

St-Pierre erholte sich nie ganz und ist heute ein unbedeutendes Dorf. Fort-de-France blühte dagegen auf. Über 100 000 Menschen leben in der quirligen Hafen- und Hauptstadt, die sich an den Hügeln hinter der Baie des Flamands emporzieht und sich nach Osten bis zum Industrieviertel Le Lamentin und zum Flughafen ausdehnt. Jenseits der Baie de Fort-de-France liegt mit Blick auf die Hauptstadt der gut erschlossene Küstenabschnitt mit den Hotels der Pointe du Bout und der Anse à l'Ane. Viele Touristen verbringen ihre Ferien auch im Yachtzentrum Le Marin oder in Ste-Anne auf der südöstlichen Halbinsel unweit der Grande Anse des Salines, dem besten Strand von Martinique.

Die Atlantikküste ist rau und steinig. Auf halber Höhe zweigt eine weitere Halbinsel, die Presqu'île de la Caravelle, nach Osten ab. Hier gibt es einige Hotels, dazu alte Zuckermühlen und ein Naturschutzgebiet.

Üppiger Regenwald bedeckt den Norden der Insel, den der schlummernde Mont Pelée dominiert. Lohnender als eine Besteigung des Bergs

(Fortsetzung Seite 252)

Sklaverei

Zucker und Sklaverei, die beiden wichtigsten Wirtschaftsfaktoren der westindischen Kolonialzeit, erreichten die Neue Welt schon mit Kolumbus. Die Spanier versklavten die Ureinwohner von Hispaniola. Krankheiten und schlechte Behandlung dezimierten die Zahl der Indianer innerhalb von 20 Jahren so stark, dass die Spanier ab 1511 afrikanische Sklaven importierten.

Sklaven auf den Antillen bei der Herstellung von Maniokmehl

Der Dreieckshandel

Um 1450 brachten portugiesische Kaufleute erstmals afrikanische Sklaven an die Königshöfe Europas. Die Stämme der afrikanischen Westküste pflegten gefangene Feinde zu versklaven und tauschten sie bei Händlern gegen europäische Stoffe, Glas und Waffen. Die Kolonisierung Südamerikas brachte in diesen Handel eine neue Dimension, und ab dem 16. Jahrhundert trat ein stetiger Strom schwarzer Sklaven die Reise über den Atlantik ins Ungewisse an.

Die Arbeit in den britischen und französischen Kolonien der Karibik ruhte zunächst auf den Schultern weißer Siedler. Drei Viertel von ihnen starben jedoch rasch an Tropenkrankheiten oder weil sie das Klima nicht vertrugen. Als der Anbau von Zuckerrohr Mitte des 17. Jahrhunderts immer mehr billige Arbeitskräfte erforderte, erlebte der Dreieckshandel seine Blütezeit. Voll beladene Schiffe reisten nach Afrika, wo sie Waren aus europäischen Manufakturen gegen afrikanische Sklaven tauschten. Dann brachten sie die lebende Fracht in die Neue Welt, nahmen an ihrer Stelle Rohstoffe wie Zucker, Tabak, Baumwolle oder Rum auf und segelten zurück.

Von Afrika in die Neue Welt

Der Albtraum der gefangenen Afrikaner begann häufig Monate, bevor Sie tatsächlich in die Neue Welt reisten. In den Sklavenfestungen, welche die westafrikanische Küste von den Kapverden bis zur Bucht von Biafra säumten, wählten die Sklavenhändler die kräftigsten Männer und Frauen aus. Sie fuhren mit ihnen von Hafen zu Hafen, bis ihr Schiff gefüllt war. Dann nahmen sie Trinkwasser und Vorräte für die fünf- bis achtwöchige Reise an Bord und verteilten ihre Fracht auf die Sklavendecks. In den häufig nur 75 Zentimeter breiten Verschlägen lagen die Sklaven flach auf dem Boden; die Männer waren an Händen und Füßen an ihre Nachbarn gekettet. Krankheiten, Seuchen und Hoffnungslosigkeit breiteten sich aus, und jeder achte Sklave starb bereits während der Überfahrt. Die Überlebenden rieb man mit Öl ein, damit sie gesünder wirkten, und versteigerte sie auf den Sklavenmärkten von Curaçao, Martinique, Nevis und Sint Eustatius oder direkt an den Kais verschiedener Hafenstädte.

Rund vier Millionen afrikanischer Sklaven überlebten die Reise in die Kolonien. Zwischen 1690 und 1807 brachten britische Sklavenhändler rund 2,5 Millionen Afrikaner nach Westindien, die Franzosen verschleppten eine weitere Million. Um 1750 stellten schwarze Sklaven auf den Zucker produzierenden Inseln bereits 90 Prozent der Bevölkerung. Auf den Bahamas, den Caymans und den Niederländischen Antillen, wo kein Zuckerrohr gedieh, lag der Prozentsatz niedriger. Die Schwarzen waren so deutlich in der Überzahl, dass die weißen Pflanzer in stetiger Angst vor Aufständen lebten und auf ihren Besitzungen mit eiserner Faust regierten. Mit Peitschen bewaffnete Sklaventreiber beaufsichtigten die Arbeiter.

Aufstände & Befreiung

Trotz der Unterdrückung kam es im 18. Jahrhundert in den Kolonien immer wieder zu Sklavenaufständen. Auf Hispaniola führte die Revolte in der französischen Kolonie 1804 zur Gründung der schwarzen Republik Haiti. Ab 1780 forderten europäische Intellektuelle zusammen mit der Kirche immer lauter die Abschaffung der Sklaverei, und allmählich bildeten die Abolitionisten eine tragfähige Mehrheit. 1808 verboten die Briten in ihren Kolonien den Sklavenhandel, 1834 schafften sie die Sklaverei ab. Schweden (1846), Frankreich und Dänemark (1848) sowie Holland (1863) folgten; Puerto Rico schloss sich dem neuen Gesetz erst 1873 an.

Arbeitsformen

Die westindischen Plantagenbesitzer ließen ihre Sklaven auf zwei Weisen arbeiten. Am unmenschlichsten war das System auf den großen Zuckerrohrplantagen. Hierzu teilte man die Sklaven je nach Stärke in Gruppen, sodass die Kräftigsten die schwerste Arbeit erledigen mussten. Junge und Alte traten in der zweiten Gruppe für leichtere Arbeiten an, in der dritten Gruppe mussten die Kinder Unkraut jäten und die Reste des Zuckerrohrs auflesen. Jede Gruppe arbeitete zehn bis zwölf Stunden pro Tag, während der Ernte manchmal auch 18 Stunden, und das an sechs Tagen pro Woche. Auf kleineren Anwesen teilte man den Sklaven bestimmte Aufgaben zu, die sie in einem festgelegten Zeitraum zu erfüllen hatten.

Fort-de-France
248 B2
www.tourismefdf.com

sind Wanderungen auf den Wegen ab Ajoupa-Bouillon und eine Fahrt von Fort-de-France nordwärts durch die Pitons du Carbet (siehe S. 256). Über die gut ausgebauten Straßen erreicht man jeden Punkt der Insel innerhalb kurzer Zeit.

Fähren

Von den Ferienanlagen auf der gegenüberliegenden Seite der Bucht gelangt man problemlos mit einer der Fähren nach Fort-de-France und zurück. Sie fahren häufig, sind preisgünstig, werden von Vedettes Madinina ***(Tel. 0596/ 63 06 46, www.vedettesmadinina.com, $$)*** **betrieben und verbinden den Kai am Fort St-Louis mit Les Trois-Îlets, Pointe du Bout, Anse Mitan und Anse à l'Ane. Von sechs Uhr früh bis Mitternacht wird die Pointe du Bout angefahren, die einfache Strecke dauert 20 Minuten.**

Musée Départemental d'Archéologie et de Préhistoire
9 rue de la Liberté
0596/71 57 05
Geschl. Mo vorm., Sa nachm. & So
$

Bibliothèque Schoelcher
Ecke Rue de la Liberté & Rue Perrinon
0596/70 26 67
Geschl. Mo vorm., Sa nachm. & So

Fort-de-France

Die attraktive und lebendige Hauptstadt liegt vor dunkelgrünen Hügeln an der Küste des Karibischen Meeres. Das Zentrum, ein Netz schmaler Straßen mit zahlreichen Läden und Boutiquen in bunten Häusern mit schmiedeeisernen Balkonen, können Sie bequem zu Fuß erkunden.

Der älteste Teil der Siedlung entstand rund um das Fort St-Louis, das die Franzosen 1639 gründeten. Die imposante Festung wurde im Lauf der Zeit vergrößert und überwacht heute von einem Felsvorsprung direkt am Wasser die **Baie des Flamands** sowie den weiter östlich gelegenen Yachthafen. Am Pier, wo die Kreuzfahrtschiffe anlegen, Fähren zu den Stränden auf der anderen Seite der **Baie de Fort-de-France** (siehe Kasten) starten und Kinder von den Felsen ins Wasser springen, ist immer viel los.

Hinter dem Kai findet am Rand von **La Savane** ein farbenprächtiger Kunsthandwerks- und Souvenirmarkt statt. Der 4,5 Hektar große Park liegt im Schatten mächtiger Königspalmen. Am Park entlang verläuft die Rue de la Liberté, an der das **Musée Départemental d'Archéologie et de Préhistoire** seinen Sitz hat. Das Museum zeigt Tongefäße und weitere indianische Funde und illustriert die Geschichte der Sklaverei sowie der Kolonialzeit anhand zeittypischer Kleider, Möbel und Werkzeuge.

Auf der Westseite des Parks steht die berühmte **Bibliothèque Schoelcher**, die an den bedeutenden französischen Abolitionisten Victor Schoelcher erinnert. Das originelle Gebäude wurde für die Pariser Weltausstellung von 1889 entworfen. Nach der Ausstellung zerlegte man es in Einzelteile, verschiffte es nach Martinique und baute dort alles wieder zusammen. Der Bibliothek gegenüber steht die kopflose Statue von Kaiserin Joséphine (1763–1814). Die Skulptur wurde vom Zentrum an den Rand von La Savane versetzt und 1991 ge-

INSIDERTIPP

Fort-de-France besitzt eine quirlige Innenstadt. Kosten Sie unbedingt ein *pain au chocolat* in einem der Cafés im Pariser Stil.

MATT PROPERT
National Geographic-Fotograf

köpft, nachdem bekannt geworden war, dass Joséphine Napoléon 1802 zur Wiedereinführung der Sklaverei ermutigt hatte.

In einer Villa aus dem 19. Jahrhundert befindet sich das **Musée Regional d'Histoire et d'Ethnographie**, das einen Einblick in die Bräuche von Martinique gibt. Die Rue Victor Sévère bildet den oberen Abschluss des Einkaufsviertels, das von der Rue de la Liberté, der Rue Victor Hugo und der Rue de la République begrenzt wird. Die **Préfecture** (Verwaltung des Départements) ist in einem eindrucksvollen kolonialzeitlichen Gebäude an der zuletzt genannten Straße untergebracht. Im Herzen der Einkaufsstraßen mit Modeboutiquen, Bäckereien und Läden voller Luxusartikel steht an der Rue Victor Schoelcher die **Cathédrale St-Louis.** 1878 entstand die cremefarbene Kirche mit spitzem Uhrturm und schmiedeeisernen Verzierungen. ■

Musée Régional d'Histoire et d'Ethnographie

✉ 10 blvd. Général-de-Gaulle
☎ 0596/72 81 87
🕒 Geschl. Di vorm., Sa nachm. & So
$ $$

Die Bibliothèque Schoelcher wurde nach der Pariser Weltausstellung 1889 nach Martinique gebracht

Der Süden von Martinique

Von Fort-de-France blickt man über die Bucht auf die Ferienorte an der Pointe du Bout und der angrenzenden Anse Mitan. Hinter den Stränden reihen sich Hotels und Restaurants aneinander. Urlauber nutzen die Wassersportmöglichkeiten, und viele Tagesausflügler kommen mit der Fähre.

Wunderschöner Sonnenuntergang bei Les Trois-Îlets

Les Trois-Îlets
248 B2
Besucherinformation
Place Gabriel Hayot
0596/68 47 63
www.trois-ilets.com

Musée de la Pagerie
248 B2
Les Trois-Îlets
0596/68 38 34
Geschl. Mo
$$

Das benachbarte Dorf **Les Trois-Îlets** liegt direkt am Meer. Auf dem Platz vor der Kirche, in der Napoleons Frau 1763 auf den Namen Marie-Rose Joséphine Tascher de la Pagerie getauft wurde, findet samstags der Wochenmarkt statt. Das Anwesen der Familie befindet sich etwas außerhalb. In einer schlichten Steinhütte neben den Ruinen einer Zuckermühle präsentiert das **Musée de la Pagerie** Haushaltsgeräte, Stiche und persönliche Habseligkeiten der Kaiserin sowie Briefe, die Napoleon ihr schrieb.

An der Hauptstraße (D7) östlich des Dorfes informiert in einer weiteren restaurierten Zuckermühle die **Maison de la Canne** über die Geschichte der ersten Plantagen und den Sklavenhandel und präsentiert zudem allerlei Krimskrams aus der damaligen Zeit.

Wenn Sie dem Uhrzeigersinn entgegen an der Küste entlangfahren, erreichen Sie zunächst den schmalen Sandstrand der **Anse à l'Ane**. Zum nahe gelegenen Dorf **Les Anses d'Arlets** gehören dagegen Strände mit dunklem Sand, etwa an der **Petite**

Anse du Diamant, wo Dutzende traditioneller Fischerboote in leuchtend bunten Farben liegen. Nur wenig später bietet sich ein schöner Blick auf den **Rocher du Diamant**, einen der Küste vorgelagerten großen Felsblock. Im Jahre 1804 eroberten britische Soldaten aus St. Lucia die Insel, um den französischen Schiffsverkehr zu stören. Das Eiland wurde der britischen Navy unterstellt, mit Kanonen ausgestattet und erhielt den Spitznamen H.M.S. *Diamond Rock*. 18 Monate blieben die Engländer auf der Insel, Essen erhielten sie in dieser Zeit nur von Versorgungsschiffen. Dann beschossen die Franzosen die Insel so lange, bis die Briten sich aus dem Staub machten.

Östlich von Ste-Luce gibt jenseits des Rivière Pilote das **Ecomusée de Martinique** Auskunft über die Geschichte der Insel, leider ausschließlich in französischer Sprache. Die ausgezeichnete Abteilung zu Gesellschaft und Kultur der Ureinwohner umfasst nicht nur Funde und Modelle, sondern listet auch Wörter auf, die wie Alligator, Barbecue und Tabak in den heutigen Sprachschatz eingegangen sind.

Weiter östlich liegen im Yachthafen **Le Marin** am Fuß einer tiefen, geschützten Bucht zahlreiche elegante Schiffe vor Anker. Direkt am Wasser servieren mehrere Restaurants den Tagesfang. Auf der anderen Seite der Bucht ragt die Landzunge der **Pointe du Marin** ins Wasser. Palmen säumen die schönen Sandstrände. Durch Hügel geht es weiter ins hübsche Ferienstädtchen **Ste-Anne**. Südlich des Ortes führt die Straße durch die trockene, heiße Halbinsel, vorbei an Salzpfannen bis zur **Grande Anse des Salines**, einem hellen Sandstreifen. Ein Restaurant sowie Stände mit Snacks und frischen Früchten sorgen für das leibliche Wohl.

Von Le Marin aus verläuft die N6 durch den Küstenort **Le François.** Im welligen Hinterland südlich der Stadt lädt die **Habitation Clément,** eine alte Zuckerrohrplantage, Besucher zur Besichtigung ein. Seit 1988 wird hier kein Rum mehr gebrannt, doch die Maschinenhalle ist genauso zugänglich wie die *chais* (Lagerhallen), in denen noch rund 1400 aus Frankreich importierte Eichenfässer mit Inhalt lagern. Besonders sehenswert ist das **Herrenhaus** aus dem 19. Jahrhundert. ■

INSIDERTIPP

Wer Martinique besucht, sollte die örtliche Spezialität *matoutou des crabs*, einen Eintopf mit Krebsen, Gemüse und Gewürzen versuchen.

GALEN SMITH
Illustrator,
NATIONAL GEOGRAPHIC BOOKS

Maison de la Canne
248 B2
Les Trois-Îlets
0596/68 32 04
Geschl. Mo
$

Ecomusée de Martinique
248 C1
Anse Figuier
0596/62 79 14
Geschl. Mo
$

Habitation Clément
248 C2
Le François (3 km von St.-François über die D18)
0596/54 75 51
$$
www.habitation-clement.fr

Mit dem Auto durch die Pitons du Carbet nach St-Pierre

Der erste Abschnitt folgt der alten Route de la Trace. Die Straße wurde im 17. Jahrhundert durch die Berge im Landesinneren nach St-Pierre gebaut. Im Jardin de Balata und im unberührten Urwald entfaltet die Natur ihre üppige Pracht. In St-Pierre erinnern von Lava bedeckte Gemäuer an den schrecklichen Vulkanausbruch.

Von der Ringstraße in **Fort-de-France** ❶ (siehe S. 252), dem Boulevard du Général de Gaulle, zweigt die N3 ab. Sie folgt dem Rivière Madame nordwärts in Richtung Morne Rouge durch die Vororte der Hauptstadt. Halten Sie bei der Kirche **Sacré-Cœur** ❷, um den fantastischen Ausblick genießen. Der Kuppelbau entstand 1923 zu Ehren der im Ersten Weltkrieg gefallenen Soldaten.

Von hier aus geht es in deutlich kühlerer Höhenlage weiter zum **Jardin de Balata** ❸ *(Rte. De Balata, Tel. 0596/ 64 48 73)*, einem wundervollen tropischen Garten, der sich 450 Meter über der Küste um ein kreolisches Anwesen schließt. Pfade durchziehen den Park. Die Straße wird auf ihrem Weg durch die Pitons deutlich kurvenreicher. Farnwälder und mächtige, mit Lianen bewachsene Urwaldbäume säumen den Weg.

St-Pierre im Film

Landeskundlich Interessierte sollten die Maison Régionale des Volcans *(Tel. 0596/52 45 45, geschl. Sa nachm., So nachm. & Mo vorm.)* in Morne Rouge besuchen. Das kleine Museum an der Hauptstraße bietet Informationen über Vulkanismus (nur auf Französisch) sowie einen 45-minütigen Film, der St-Pierre vor und nach dem Ausbruch des Mont Pelée 1902 zeigt. Die Schwarz-weiß-Bilder veranschaulichen die Eleganz des „Paris der Antillen" und die Auswirkungen des Ausbruchs.

NICHT VERSÄUMEN

Jardin de Balata • St-Pierre • Musée Gauguin

Im Ort **Deux Choux** zweigt die D1 nach **St-Pierre** ❹ ab. Von hier aus sind es noch 13 Kilometer durch Bananenplantagen bis zur Küste des Karibischen Meeres (im Kasten S. 258 ist ein möglicher Abstecher beschrieben). Im Schatten des Mont Pelée liegt St-Pierre an einer kleinen Bucht. Das einstige Paris der Antillen war früher eine Kolonialstadt. 1902 begann der Vulkan nach jahrhundertelanger Ruhe erneut zu rumoren. Am 7. Mai erfolgte eine späte Warnung, woraufhin 1000 Bewohner ihre Sachen packten und nach Fort-de-France flohen. Am 8. Mai um acht Uhr früh stieß der Mont Pelée eine riesige, über 2040 °C heiße Aschewolke. Sie senkte sich auf die Stadt, tötete alles Leben und brachte das Meer zum Kochen.

Heute leben in Häusern zwischen den Ruinen etwa 6000 Menschen. Der nach dem einzigen Überlebenden benannte **Cyparis-Express** *(Place des Ruines du Figuier, Tel. 0596/55 50 92)*, ein kleiner Touristenzug, fährt durch die Stadt. Besucher können auch durch die Ruinen des Theaters streifen oder die Gefängniszelle besichtigen, die Cyparis das Leben rettete. Das **Musée Vulcanologique** *(Rue Victor Hugo, Tel. 0596/78 15 16)*

zeigt Fotos der alten Stadt, geschmolzene Glasflaschen und Ähnliches.

Südlich von St-Pierre beginnt die Küstenstraße N2. Sie führt zunächst nach **Anse Turin** ❺, wo 1887 Paul Gauguin (1848–1903) fünf Monate verbrachte. Kopien von Gauguins Gemälden sowie Wechselausstellungen einheimischer Künstler präsentiert das **Musée Gauguin** *(Anse Turin, Tel. 0596/78 22 66, $)*.

Auf dem Rückweg nach Fort-de-France durchquert die N2 das Dorf **Le Carbet** ❻, in dem Pierre Belain d'Esnambuc 1636 mit normannischen Kolonisten landete und die Insel für Frankreich in Besitz nahm.

Der Norden & Nordosten

Die nördlichen und nordöstlichen Regionen von Martinique bieten üppigen Regenwald und einen Blick auf die Landwirtschaft: Zucker, Rum und Bananen.

Ajoupa-Bouillon
248 B4
Immeuble Boulon, Quartier Racine
0596/53 32 87

Caravelle Peninsula
248 C3

Ajoupa-Bouillon

Die selbst ernannte „Blumenstadt" schmückt sich mit wilden Begonien, Krotons und anderen Tropenpflanzen. In Ajoupa befindet sich auch **Les Ombrages** *(Tel. 0596/53 31 90, $$)*, ein üppiger botanischer Garten an den Hängen einer Urwaldschlucht. Außerdem beginnt westlich der Stadt der Wanderweg zu den **Gorges de la Falaise** *(Tel. 0596/52 55 09)*. Die 30-minütige Tour führt durch den Regenwald zu einem natürlichen Becken unterhalb eines Wasserfalls.

Plantation Leyritz – Maison de la Poupée

Das alte Herrenhaus wurde in ein attraktives Hotelrestaurant umgewandelt und bietet sich während der Rundfahrt für die Mittagspause an. Im kleinen Museum stehen historisch gekleidete Figuren, die aus Blättern, Körnern, Gräsern und anderen Pflanzen gefertigt wurden.

Plantation Leyritz – Maison de la Poupée
248 B4
Le Lorrain (D21 ab Basse-Pointe)
0596/53 78 50
$$

Ste-Marie
248 C3

Caravelle Peninsula

Folgen Sie von der Hauptstraße aus den Schildern nach **Tartane** (D2). Der Ort liegt an der Nordküste der bewaldeten Halbinsel. Am Ende der Straße führt ein Pfad zu den Ruinen des **Château Dubuc** aus dem 17. Jahrhundert *(Tel. 0596/64 42 59, $$)*, das auf einem Hügel über der Bucht thront. Ein kleines Museum zeigt alte Gürtelschnallen und Pfeifenköpfe aus Ton. Vom Parkplatz führen Fußwege in ein Naturschutzgebiet und zu den Klippen.

Ste-Marie

Zwei Museen westlich und nördlich der Stadt stellen die beiden wichtigsten Produkte der Insel vor. Das **Musée de la Banane** *(Rte. de Bézaudin, Tel. 0596/76 27 09, $$$)* steht im Zentrum einer noch bewirtschafteten Bananenplantage. Sie erfahren allerlei über die köstliche Frucht (zum Beispiel, dass jeder Deutsche pro Jahr über 15 Kilo davon isst). Außer dem Bananenpfad sollte man an Werktagen die Verpackungsstation besichtigen.

Im **Musée du Rhum** *(Tel. 0596/69 30 02, geschl. Sa, So, www.fondsaintjacques.com)* machen Führungen durch die Distillerie Saint-James während der Erntezeit (März–Juni) die Besucher mit den verschiedenen Stationen der Produktion bekannt. Das Museum im alten Herrenhaus zeigt Werkzeug und Erinnerungsstücke. Es gibt auch eine 20-minütige Fahrt mit einer Touristenbahn *($$)* durch die Zuckerrohrfelder und Bananenplantagen der Umgebung des Museums. ■

Üppig bewaldet sind die Inseln Dominica, St. Lucia, St. Vincent und die Grenadinen sowie Grenada

Inseln über dem Winde

Erster Überblick 260–261

Dominica 262–269

Erlebnis: Sozialverträglicher Tourismus 267

Erlebnis: Walbeobachtung 268

St. Lucia 270–276

Erlebnis: Ausgefallene Touren 273

Erlebnis: Regenwald Light 274

Erlebnis: Regenwald & Naturschutzgebiete 276

Rund um Soufrière 277

St. Vincent & die Grenadinen 278–287

Erlebnis: Wissen vor Ort 283

Grenada 288–294

Carriacou 295–296

Hotels & Restaurants 377–381

Muskatnuss ist auf Grenada ein wichtiges landwirtschaftliches Erzeugnis

Inseln über dem Winde

Die majestätischen Inseln über dem Winde ragen am unteren Ende der Kleinen Antillen aus dem Meer empor. Sie sind die Gipfel einer Kette von Vulkanbergen, die dort entstanden, wo Amerikanische und Karibische Platte aufeinandertreffen. Auf drei der vier Hauptinseln erheben sich Vulkane, *soufrières* genannt, die in der Vergangenheit etwa alle einhundert Jahre ausbrachen. In Grenada gibt es nur heiße, blubbernde Schwefelquellen.

Die Inseln über dem Winde sind so hoch, dass die Atlantikwinde sich über ihnen in Regenwolken verwandeln können. Das spezielle Mikroklima sorgt für außergewöhnliche Fruchtbarkeit.

Heute sind Dominica, St. Lucia, St. Vincent (mit den Grenadinen) und Grenada unabhängige Staaten, doch bildeten sie zunächst eine Einheit, weil sie auf der dem Winde zugewandten Seite der britischen Handelsrouten zwischen Europa und der Karibik lagen. Im 19. Jahrhundert griffen britische Verwaltungsbeamte die Bezeichnung auf, um die „Windwards" besser von den Inseln unter dem Winde, der anderen Gruppe englischer Kolonien in der Karibik, unterscheiden zu können.

Ureinwohner der Inseln waren die Arawak, ein friedliches indianisches Volk. Es wurde um das 11. Jahrhundert von den kriegerischen Kariben (auf Dominica auch Kalinago) ausgerottet, die von Süden her vordrangen. Die Spanier machten einen weiten Bogen um jene Inseln; sie wurden deshalb zum Zentrum des Widerstands der Kariben. Erst als um 1650 Franzosen und Engländer ins Geschehen eingriffen, änderte sich die Lage. Zunächst überließ man Dominica und St. Vincent, die beiden am schwersten zugänglichen Inseln, den Kariben, zu denen sich bald entlaufene Sklaven gesellten. Ein Jahrhundert später hatten die weißen Siedler jedoch auf Dominica die letzten Kariben an die Atlantikküste vertrieben; auf St. Vincent suchte die karibisch-afrikanische Mischbevölkerung Zuflucht in den Bergen.

Unentwegt kämpften Briten und Franzosen um die Inseln über dem Winde, die sie sich alle paar Jahre gegenseitig abjagten. Deshalb tragen die Ortschaften teils englische, teils französische Namen, und auf Dominica und St. Lucia spricht man nach wie vor das

NICHT VERSÄUMEN

Eine Wanderung im Morne Trois Pitons National Park, Dominica 266–267

Die Walbeobachtung in Dominica 268

Den Panoramablick auf die Pitons, St. Lucia 272

Die tropischen Pflanzen in den Diamond Botanical Gardens von St. Lucia 277

Eine Bootstour zu den Falls of Baleine auf St. Vincent 285

Schnorcheln auf den Tobago Cays, Grenadinen 287

Den Genuss der Gewürze der Dougaldston Estate & Grenada Nutmeg Cooperative & der Schokolade des Belmont Estate, Grenada 292, 294

Eine Wanderung im Grand Étang National Park, Grenada 294

französisch beeinflusste Patois, obgleich Englisch bereits seit 200 Jahren offizielle Sprache ist. Als 1834 die Sklaverei abgeschafft wurde, begannen die Freigelassenen den fruchtbaren Boden zu bewirtschaften. Von Grenada aus regierte ein britischer Gouverneur die Inseln, die ihre Bedeutung rasch einbüßten. Versuche, die karibischen Besitzungen der Briten zu vereinigen, scheiterten. In den 1960er Jahren gestand man den einzelnen Inseln zunächst die Autonomie zu, in den 1970er Jahren folgte ihre Unabhängigkeit. Heute gehören sie zum Commonwealth.

Der Charme der Windwards beruht auf der harmonischen Verbindung von Tourismus und traditioneller Lebensweise. Dies gilt in besonderem Maße für Dominica, wo es noch große Regenwaldflächen gibt und Fischfang und Ackerbau die Wirtschaft bestimmt. Obgleich St. Vincent als Garten der Karibik bezeichnet wird, gehen Segler hier nur kurz vor Anker.

Die Grenadinen sind ein Segelparadies, eine Reihe winziger Inseln mit herrlichen Stränden und exklusiven Ferienanlagen. Den südlichen Abschluss der Windwards bildet Grenada. Die Gewürzinsel beeindruckt durch ihre natürliche Schönheit, bietet daneben aber auch Strandleben. St. Lucia, die am besten erschlossene Insel dieser Gruppe, ermöglicht Exkursionen in die Berge oder in kleine Dörfer im Regenwald. ■

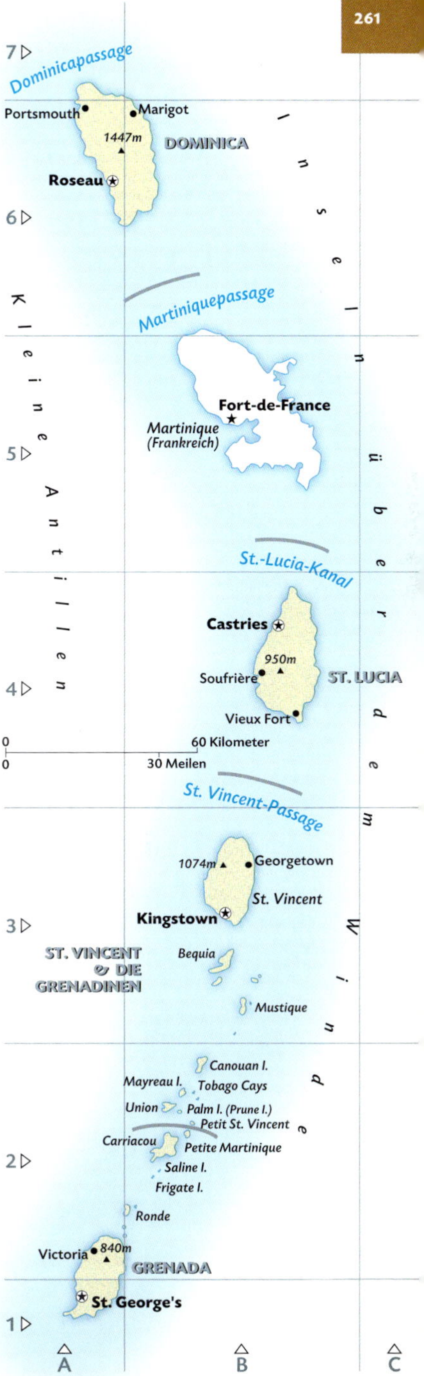

Dominica

Die Kariben nannten die 47 mal 26 Kilometer große Insel Wai'tukubuli (großer Körper). Eine durchschnittlich 900 Meter hohe Bergkette zieht sich von Süden nach Norden, wo sie im nur acht Kilometer von der Küste entfernten, 1447 Meter hohen Morne Diablotin gipfelt. Dominica birgt eines der letzten unberührten Regenwaldgebiete und einen See mit kochend heißem Wasser.

Boote liegen aufgereiht beim Fischerdorf Scotts Head auf Dominica

Dominica
261 B6
Besucher-information
Discover Dominica Authority, 1. Stock, Financial Centre, Roseau
767/448-2045
www.discover dominica.com

Die Insel hat 72 000, zu 98 Prozent schwarze und überwiegend katholische Einwohner. Dominica gehört zwar unbestreitbar zu den schönsten, leider jedoch auch zu den ärmsten Inseln der Karibik. Die letzten Nachfahren der Kariben, die im Carib Territory im Nordosten von Dominica leben, halten sich mit Fischfang, Ackerbau und traditionellem Handwerk mehr schlecht als recht über Wasser. Der Tourismus steckt noch in den Kinderschuhen, zumal die Insel lediglich mit schmalen Stränden aus dunklem Vulkansand aufwarten kann. Eine aufregende neue Errungenschaft ist der 200 Kilometer lange Wai'tukubuli National Trail, der erste Fernwanderweg der Region, der in 14 Etappen, die Insel durchquert.

Zwischen den französischen Inseln Guadeloupe und Martinique gelegen, wird Dominica zuweilen mit der Dominikanischen Republik (siehe S. 97 ff.) verwechselt. Auf seiner zweiten Reise in die Neue Welt erreichte

Kolumbus die Insel im November 1493. Weil die Ankunft auf einen Sonntag fiel, taufte er sie Dominica und vermerkte in seinem Bordbuch, die Insel sei »so außergewöhnlich schön, dass nur der es glaubt, der sie selbst gesehen hat ...«. Um 1750 nahmen französische Siedler das Eiland in Besitz, mussten es jedoch 1763 nach dem Pariser Vertrag an die Briten abtreten. Ab Mitte des 19. Jahrhunderts verwalteten sie Dominica gemeinsam mit den Inseln unter dem Winde, 1939 schlugen sie es den Inseln über dem Winde zu. 1978 folgte die Unabhängigkeit. Zwei Jahre später wählten die Bewohner von Dominica Dame Eugenia Charles zum ersten weiblichen Staatsoberhaupt der Karibik.

In der Hauptstadt Roseau (siehe S. 264), einem Küstenort mit Anleger für Kreuzfahrtschiffe, leben rund 20 000 Menschen. Die Stadt liegt an der Mündung des gleichnamigen Flusses an der Südwestküste. Folgt man dem Strom landeinwärts, so gelangt man zu den Trafalgar Falls (siehe S. 265), einer der touristischen Hauptattraktionen der Insel. Im nahe gelegenen Dorf Laudat beginnen mehrere Wanderwege durch den Nationalpark Morne Trois Pitons (siehe S. 266). Südlich von Roseau reihen sich bei Castle Comfort mehrere Hotels und Tauchbasen

aneinander, schmale Küstenstraßen führen zur Südspitze der Insel, wo der Scotts Head/Soufrière Marine Park (siehe S. 269) liegt.

Dominicas zweitgrößte Siedlung ist Portsmouth. Weiter nördlich leben im **Morne Diablotin National Park** an den Hängen des Morne Diablotin endemische Papageienarten. Eine Straße führt zur Atlantikküste vorbei an hübschenStränden bei **Hampstead Estate** und

Dominica Museum
✉ Dame Eugenia Charles Blvd., Roseau
☎ 767/448-8932
🕒 Geschl. Sa, So in der Nebensaison
$ $$

Hodges Bay. Strandbars und Restaurants findet man in **Calibishe**. Die Straße verläuft von hier aus durch Kokosplantagen zum Melville Hall Airport. Südlich des Flughafens gelangt man über die Transinsular Road durch das Central Forest Reserve und das Bergdorf Bells zurück nach Roseau. Die Fahrt dauert etwa 90 Minuten und bietet fantastische Blicke auf nebelverhangene Berggipfel und den Regenwald. Wer auf der Atlantikseite bleibt, kann der Küstenstraße durch das Carib Territory folgen. In Castle Bruce zweigt eine weitere Straße ab. Durch die Berge fährt man vorbei am Wasserfall von Emerald Pool (siehe S. 267) zurück nach Roseau.

Jean Rhys (1894–1979)

Die Schriftstellerin wurde 1894 in Roseau geboren. Ihre Mutter stammte von einer Familie weißer Plantagenbesitzer ab. Als 16-Jährige reiste Jean Rhys nach Europa, wo sie als Revuegirl arbeitete, Modell stand und dann einen Dichter heiratete. Ihre Erfahrungen als Frau am Rande der Bohemegesellschaft verarbeitete sie in einer Sammlung von Kurzgeschichten, „The Left Bank" (1927). Sie verfasste mehrere Werke, ehe sie mit „Wide Sargasso Sea" (1966) zu ihren karibischen Wurzeln zurückkehrte. Das Buch erzählt die Geschichte von Mrs. Rochester, der weißen Erbin einer kreolischen Familie. Der Roman spielt zu Beginn des 19. Jahrhunderts auf Jamaika und Dominica und beschreibt den Verfall der dekadent gewordenen Kolonialgesellschaft.

Roseau & das Roseau Valley

Im ausgehenden 18. Jahrhundert verlegten die Briten Dominicas Hauptstadt von Portsmouth nach Roseau, wo sie sich heute zwischen den Ufern des Roseau River und Fort Young erstreckt. Einige steinerne Gebäude aus der Kolonialzeit erinnern noch an die alte Zeit, die Partie am Wasser wurde durch eine Reihe neuer Bauten verschönert. Besucher können die kleinen Galerien und Cafés rund um die Cork Street bequem zu Fuß erkunden.

Am lebhaftesten geht es auf dem **Bauernmarkt** zu, der nicht nur die für ihn bestimmte Halle, sondern auch den Bürgersteig an der Mündung des Flusses einnimmt.

Während der Kolonialzeit bildete der Old Market Place am **Dawbiney Square** bei der King George V Street das Zentrum. Auf dem schattigen Kopfsteinpflasterplatz fand einst der Sklavenmarkt statt. Heute drängen sich hier Souvenirstände und ein Café. Auf der ans Ufer grenzenden Seite des Platzes steht unweit des Kreuzfahrtschiffanlegers das **Dominica Museum**, das über Geschichte und Kultur der Insel informiert. Zu den Exponaten zählen Werkzeuge der Kariben, eine Strohhütte *(carbet)*, Dokumente zu Schriftstellern aus Dominica, unter ihnen Jean Rhys (siehe Kasten links), und Stiche von Agostino Brunias (18. Jh.).

INSIDERTIPP

Bringen Sie beim Besuch der Trafalgar Falls Badezeug mit – am Fuß der Fälle gibt es links einige heiße Quellen.

BARBARA A. NOE
Redakteurin,
NATIONAL GEOGRAPHIC BOOKS

Fort Young steht nicht weit vom Wasser. 1775 wurde es aus schwarzem Vulkanstein errichtet. Dort erinnert – von einigen Messingkanonen und Schießscharten im Speisesaal abgesehen – nur noch wenig an die militärische Vergangenheit.

Der Festung gegenüber erhebt sich die **anglikanische Kirche** mit schönen Buntglasfenstern hinter dem Altar und Gedenktafeln für britische Kolonialbeamte des 19. Jahrhunderts. Die **römisch-katholische Kathedrale** an der Turkey Lane wurde zwischen 1800 und 1916 aus dunklem Flussgestein errichtet. Weiter östlich erstrecken sich die **Botanischen Gärten** *(Karte S. 263 B2, bei der King George V St.)* auf einem 16 Hektar großen ehemaligen Zuckerrohrfeld an den Ausläufern des Morne Bruce. In dem üppig grünen Park spielen Kricketteams; in einer Voliere leben Blaukopf- und Kaiseramazonen. Neben dem Kanonenkugelbaum stehen Teakbäume, Flamboyant-Bäume und Kassien. Die Forestry, Wildlife and Parks Division Offices *(Tel. 767/266-3817)* sind eine gute Informationsquelle für Wanderungen in den Nationalparks.

Die **Trafalgar Falls** befinden sich acht Kilometer östlich der Stadt am Ende des Roseau Valley *(Karte 263 B2; nehmen Sie die King George V*

Eine der Hauptkaskaden der Trafalgar Falls

Street aus Roseau heraus, überqueren dann den Roseau River in Richtung Laudat, und folgen der Ausschilderung). Die Steilwände des Tals bilden eine eindrucksvolle Bresche im grünen Hochland um den Morne Trois Pitons. Auf der holprigen Straße passieren Sie das **Papillote Wilderness Retreat** *(Karte 263 B2; Tel. 767/448-2287)*, ein kleines Hotel mit Restaurant inmitten von Gärten. Hier warten Führer, die Besucher über einen anstrengenden, etwa zehnmi-

Morne Trois Pitons National Park
- 263 B2
- Forestry Division, Roseau
- 767/448-2401 oder -3431
- 1 Sehenswürdigkeit ($); Tageskarte ($$); Wochenkarte ($$$)

nütigen Pfad zu den „Mutter" und „Vater" genannten Wasserfällen bringen.

Morne Trois Pitons National Park

Die touristischen Attraktionen von Dominica liegen überwiegend im Gebiet des 6880 Hektar großen Nationalparks, der zum Unesco Weltnaturerbe zählt, südlich des 1387 Meter hohen Morne Trois Pitons. Gebirgsseen, Fumarolen und Schwefelquellen machen den Park, in dem pro Jahr rund 7600 Millimeter Niederschlag fallen, für Wanderer so attraktiv. Zusammen mit dem Morne Diablotin National Park präsentiert der Park zahlreiche Facetten des Regenwaldes, vom 30 Meter hohen Tieflandregenwald bis hin zum tropischen Bergregenwald. Allein 74 verschiedene Orchideen- und 22 Farnarten gedeihen in diesem Gebiet.

Bester Ausgangspunkt für den Park ist das Dorf **Laudat**, östlich von Roseau. Eine Fahrt in die luftigen Höhen des Regenwaldes bietet die **Rain Forest Aerial Tram** *(Tel. 767 448 8775, www.rainforestaerialtram.com)*, die Baumspitzen, Schluchten und Wasserfälle überfliegt. 760 Meter über dem Meeresspiegel liegt der **Freshwater Lake**, den man mit dem Auto erreichen kann. Von hier aus sind es noch einmal 40 Minuten zu Fuß an einem Vulkankraterrand bis zum Boeri Lake.

Am bekanntesten ist wohl die Strecke zum **Boiling Lake**, einem 60 Meter breiten, überfluteten Vulkan-

Am Ende eines Schultags in Roseau, Dominica

krater. Die Wassertemperatur liegt bei 82 bis 93 °C. An die anstrengende sieben- bis achtstündige Rundstrecke sollten Sie sich nur mit einem Führer wagen. Am Beginn des Weges warten Begleiter. Die Route zum Boiling Lake kreuzt das **Valley of Desolation**, eine karge, wüste Landschaft, in der große Felsbrocken liegen, während aus Spalten Schwefel entweicht und grauer Schlamm in Löchern blubbert.

Am Westrand des Parks führen die **Middleham Trails**, ein dreistündiger Rundweg, von Cochrane oder Laudat über die **Stinking-Hole-Fledermaushöhlen** zu den 150 Meter hohen **Middleham Falls**.

Ein anspruchsvoller vier- bis fünfstündiger Rundparcours ermöglicht den Aufstieg von Pont Cassé zum **Morne Trois Pitons**.

Einige Kilometer weiter östlich liegt an der Straße nach Castle Bruce außerhalb des Parks der **Emerald Pool**. Dieser kleine Teich, gespeist von einem Wasserfall lädt mitten im Regenwald zwischen Lianen und Elefantenohren zum Baden.

Morne Diablotin National Park & Northern Forest Reserve

Mit 8900 Hektar Fläche ist der Morne Diablotin National Park *(Karte 263 B3; Tel. 767/448-2733)* an den Hängen des Morne Diablotin größer als der benachbarte Morne Trois Pitons National Park. Er bietet den bedrohten Papageienarten Dominicas, der Kaiser- und der Blaukopfamazone, Zuflucht. Seltener ist die grün-braune Kaiseramazone, das Wappentier der Insel. Dank des Aufzuchtprograms stieg die Zahl der seltenen Tiere auf rund 300.

Von Dublanc, südlich von Portsmouth, windet sich eine Straße hinauf zum Syndicate Estate. Auf der ehemaligen Zitrus- und Bananenplantage 550 Meter über dem Meeresspiegel beginnt ein kurzer Wanderpfad, der gute Möglichkeiten zur Vogelbeobachtung eröffnet. Die meisten Vögel erspähen Sie im Rahmen einer geführten Tour.

ERLEBNIS: Sozialverträglicher Tourismus

Elf kleine Gemeinden, über die ganze Insel verstreut, bieten ein warmes Willkommen und einen einzigartigen Einblick ins Leben von Dominica, dank Community Tourism Dominica *(Tel. 767 266 3005, www.communitytourism.dm)*. Fahren Sie in die Hügel zu den Bellevue Organic Farmers und informieren Sie sich über den Anbau von Gewürzen und Heilkräutern. Oder buchen Sie eintägige Gartentouren, Kurse im Blumenstecken oder in kreolischer Küche in Eggleston, dem „Blumenkorb von Dominica". Weitere ungewöhnliche Angebote sind Kajaktouren auf dem Layou River *($$$$$)*, eine Paddeltour durch die Mangroven und ein Spa-Erlebnis der besonderen Art in den dampfenden Schlammlöchern und Mineralquellen von Wotten Waven.

Carib Territory
263 C3

Ein Führer ist auch empfehlenswert für den anstrengenden, sechs- bis siebenstündigen Rundweg zum **Morne Diablotin**.

Unterwegs auf Dominica

Das Carib Territory auf Dominica bietet einen ungewöhnlichen Einblick in die präkoloniale Kultur.

Carib Territory: Seit 1903 existiert das 1500 Hektar große Carib Territory, das acht kleine Dörfer zwischen Atkinson und Castle Bruce an der Atlantikküste umfasst. Heute leben hier 2200 Kalinago (früher Kariben).

Mittlerweile wohnen die Kariben nicht mehr in den traditionellen strohgedeckten Hütten, sondern in komfortableren Pfahlbauten aus Holz mit Blick aufs Meer. An Ständen entlang der Straße bieten sie Körbe, Modellboote und Schnitzarbeiten an. In der katholischen Kirche **St. Marie of the Caribs** in Salybia weist der Altar die Form eines Einbaums auf.

Nach wie vor gelten sie als geschickte Bootskonstrukteure. Einen Einblick in den Bootsbau und die Traditionen der Kariben bietet die 45-minütige Führung durch das **Kalinago Barana Autê** oder Carib Cultural Village *(Tel. 767/445-7979, www.kalinagobaranaaute.com, $$$)* an der Atlantikküste bei Salybia. Ein Stück die Küste hinunter, südlich von Sineku mündet ein erkalteter Lavafluss, genannt **Escalier Tête de Chien**, im Meer.

ERLEBNIS: Walbeobachtung

Als Tauchziel hat sich Dominica etabliert, weniger bekannt ist, dass die Insel das einzige Land der Welt ist, wo man das ganze Jahr lang Wale sichten kann; etwa 90 Prozent der Walbeobachtungstouren sind von Erfolg gekrönt. 22 Walarten kommen in den Gewässern um Dominica vor, aber Höhepunkt ist es, einen Pottwal aus der Nähe zu sehen. Während des Winters (Nov.–März) paaren sich diese Riesen des Meeres in den flachen geschützten Buchten der Westküste und bringen dort auch ihre Jungen zur Welt. In dieser Zeit stehen die Chancen gut, Buckel-, Grind-, Zwerg- und Kleine Schwertwale zu sehen. Während die Besucher auf das Erscheinen der Wale warten, sorgen Tümmler, Ostpazifische und Zügeldelfine mit ihren Schwimmspielen für Unterhaltung.

Im Sommer (Ende März–Okt.) befindet sich die wichtigste Tierkinderstube von Dominica an den Stränden, wo die großen Weibchen der Lederschildkröte ihre Eier ablegen.

Nächtliche Schildkrötentouren arrangiert die **Dominica Sea Turtle Conservation Organization** *(Schildkrötenhotline: Tel. 767/616-8684, $$)*. Walbeobachtungsexpeditionen des **Anchorage Hotel, Whale Watch & Dive Centre** *(Tel. 767/448-2638, www.anchoragehotel.dm, $$$$$)* und von **Dive Dominica** *(Tel. 767/448-2188, www.divedominica.com, $$$$$)* starten ab Castle Comfort.

Portsmouth & Cabrits National Park: Malariamücken aus den Sümpfen zwangen die Briten, ihre Hauptstadt von Portsmouth nach Roseau zu verlegen.

Am Südrand des Ortes können Sie zu einer Bootstour auf dem **Indian River** starten. Paddeln Sie stromaufwärts durch einen Tunnel aus Pflanzen.

Nur 1,5 Kilometer weiter nördlich beginnt der **Cabrits National Park** *(Karte 263 A4, Tel. 767/448-2401)*, der mit der bewaldeten Halbinsel an der Spitze der Bucht, Feuchtgebieten und einer Schutzzone im Meer 900 Hektar umfasst. 1765 gründeten die Briten **Fort Shirley**. Die Überreste der Festung liegen, durch Fußwege verbunden, über den Hügel verstreut. Einige der alten Gebäude sind unter einem grünen Teppich verschwunden, andere wurden restauriert; die ehemalige **Pulverkammer** birgt ein Museum.

Dunkle Sandstrände säumen die Prince Rupert Bay. Am **Picard Beach** gibt es mehrere Hotels und einen Laden mit Taucherausrüstung. Die besten Schnorchel- und Tauchplätze bietet das Korallenriff in der **Douglas Bay** nördlich der Halbinsel.

Scotts Head und der Süden

Eine halbe Stunde dauert die Fahrt von Roseau aus an der Soufrière Bay entlang bis zur schmalen Landzunge der Scotts Head Peninsula an der Südspitze der Insel mit Blick auf das Karibische Meer. Von den Ruinen von **Fort Cashacrou** schaut man auf die nur 32 Kilometer entfernte Insel Martinique im Süden, auf die Küste von Dominica und auf die Berge.

Ein improvisierter Fischmarkt im Dorf Soufrière

Unter der Bucht liegt ein 1,6 Kilometer breiter und rund 300 Meter tiefer, überfluteter Vulkankessel. Er bildet das Zentrum des **Scotts Head/Soufrière Bay Marine Park** *(Karte 263 B1)*, des besten Tauchgebietes der Insel. Für Schnorchler besonders interessant ist eine **Champagne** genannte Stelle, an der aus einer unterseeischen Vulkanspalte kleine Blasen aufsteigen.

Das Fischerdorf **Soufrière** wurde nach den heißen Schwefelquellen benannt. Ebenfalls zu den Quellen führt die Tête Morne Road oberhalb von Berekua am Ufer der Grand Bay. ■

St. Lucia

Dichter grüner Regenwald, steile Berggipfel, goldene Sandstrände, seltene Papageien und eine Fülle exotischer Pflanzen zeichnen St. Lucia, eine der schönsten Karibikinseln, aus. Die 43 mal 23 Kilometer große, birnenförmige Insel liegt zwischen Martinique im Norden und St. Vincent im Süden.

St. Lucia ist die am besten erschlossene und am dichtesten besiedelte Insel der Windwards. An der Küste liegen kleine Fischerdörfer, winzige Bergdörfer liegen oberhalb dunkelgrüner Tälern, doch mehr als ein Drittel der 170 000 Bewohner von St. Lucia lebt in der Hauptstadt Castries (siehe S. 272). Die wichtigsten Urlaubsorte befinden sich im Nordwestteil der Insel.

Die hoch aufragenden Pitons lassen den Ort Soufrière winzig erscheinen

Der erste Europäer, der St. Lucia betreten haben soll, war wohl der Pirat François Le Clerc, der im 16. Jahrhundert sein Lager auf Pigeon Island aufschlug und von dort aus auf Kaperfahrt ging, bevorzugt griff er spanische Galeonen an. St. Lucia gehörte zu den meistumkämpften Inseln in der östlichen Karibik und erhielt angesichts der vielen Schiffe, die dafür in den Kampf zogen, den Beinamen „Schöne Helena von Westindien". Sie lag strategisch günstig direkt neben der blühenden französischen Zuckerkolonie Martinique, bot dieselben Bedingungen zum Anbau des „weißen Goldes" und wechselte deshalb stolze 14-mal von französischen in britische Hände und zurück. Nach der siegreichen Schlacht an den Hängen des Morne Fortune (siehe S. 273) oberhalb von Castries zogen die Engländer 1796 einen Schlussstrich und ließen sich

St. Lucia auch von französischen Guerillakämpfern nicht mehr abjagen, die noch eine Zeit lang ihr Unwesen trieben. Der Pariser Friede von 1814 regelte endgültig die Besitzverhältnisse zugunsten von Großbritannien. Im Jahr 1979 wurde St. Lucia in die Unabhängigkeit entlassen, blieb jedoch Mitglied des Commonwealth.

Obgleich die Briten fast zwei Jahrhunderte über die Insel herrschten, ist das französische Erbe noch überall deutlich spürbar. Viele Ortschaften tragen französische Namen, und die Bewohner sprechen Créole, wie auf Martinique. Die kreolische Küche und die inseltypische

St. Lucia
263 B4
Besucherinformation
Top Floor
Sureline Bldg.,
Vide Bouteille,
Castries
758/452-4094
www.stlucianow.org

Castries
271 B4
Besucherinformation
La Place
Carenage
758/452-7577

Architektur mit Holzverzierungen sowie die Vorliebe für groß karierte Baumwollstoffe tun ihr Übriges, um St. Lucia von den anderen Inseln über dem Winde abzuheben. Die Einheimischen gelten als spontan und feierwütig. Der sommerliche Karneval ist ein Rausch bunter Kostüme, fröhlicher Musik und köstlicher Speisen; das Straßenfest von Gros Islet (siehe S. 274) ist ein Fixpunkt im Veranstaltungskalender der Insel. Das ganze Jahr über finden Musikfeste statt, darunter auch ein international bekanntes Jazz-Festival im Sommer. Darüber hinaus bietet St. Lucia weitere Events, u. a. das Anse-la-Raye's Friday Seafood Cookout, das bei Einheimischen und Gästen gleichermaßen beliebt ist.

Auch afrikanische Traditionen werden weiterhin gepflegt. Die meisten Bewohner sind zwar katholisch, doch die Folklore spielt auf der Insel eine wichtige Rolle. Mit Trommeln versucht man, böse Geister zu verjagen, und an fast jedem Haus hängen magische Kränze aus Kräutern und Akazienblättern.

Das Touristenzentrum von St. Lucia liegt im Nordwesten, an der bei Seglern so beliebten Rodney Bay. Die wichtigsten Sehenswürdigkeiten der Insel befinden sich südlich von Castries an der karibischen Küste und im üppigen Regenwald. Vor Kurzem öffneten einige Luxushotels ihre Pforten, in Marigot, Soufrière und an der bislang touristisch eher weniger erschlossenen Atlantikküste.

Bei Soufrière erheben sich die Pitons („Gipfel"), die bekanntesten Wahrzeichen von St. Lucia, die, in stilisierter Form, die Nationalflagge des Inselstaats zieren. Die beiden Vulkankegel ragen an der Küste empor und stehlen dem nur wenige Kilometer landeinwärts gelegenen höchsten Berg der Insel, dem Mount Gimie (950 m), die Schau. In der Nähe befinden sich ein Wasserschutzgebiet, ein „Drive-in-Vulkan", die Gärten in Diamond, eine Kakaoplantage und Regenwald. Soufrière eignet sich als Ausgangspunkt für Wanderungen und Tauchausflüge.

Panoramablick

Wer von Castries Richtung Süden fährt, muss sich über eine serpentinenreiche Straße quälen, die bei Canaries wieder Meereshöhe erreicht. Von dem kleinen Fischerdorf aus führt der kurvenreiche Weg durch den Urwald, aus dem er oberhalb von Soufrière wieder auftaucht. Hier gibt es den schönsten Blick auf die Pitons: Im Vordergrund erhebt sich der Petit Piton (743 m), nur 2,5 Kilometer dahinter der Gros Piton (789 m).

Castries

Die wenig spektakuläre Hauptstadt von St. Lucia liegt an einer geschützten Bucht, umgeben von steilen, bewal-

ERLEBNIS: Ausgefallene Touren

Sich abseits der ausgetretenen Pfade umzusehen, ist in der Karibik nicht immer einfach, doch eine gute Möglichkeit dafür ist eine Tour mit der **Heritage Tourism Association of St. Lucia** (HERITAS; *Tel. 758/458-1454, www.heritagetours stlucia.org, $$$$$).* Eine vielfältige Auswahl an halb- und ganztägigen Touren im gesamten Inselgebiet wird angeboten.

Zu den Aktivitäten gehören Touren zu Pferd, Schildkrötenbeobachtungen und Wanderungen. Einen interessanten Einblick in das Leben der Einheimischen bietet eine Tour zu den **Mamiku Gardens** (siehe S. 277) oberhalb der Atlantikküste. Oder wählen Sie die Lushan Country Life Tour zur herrlichen **Anthony's Farm,** wo Sie durch Wälder und Gärten streifen und dabei viel Wissenswertes über traditionelle Imkerei und Heilkräuter erfahren können. Kosten Sie die frischen Farmerzeugnisse, etwa reife Mangos oder goldene Äpfel.

Wer sich für die lokale Küche interessiert, sollte einen Abend beim **Fish Friday** in Anse la Raye mit köstlichem gegrillten Fisch und Meeresfrüchten verbringen.

deten Bergen. Um 1760 gründeten Franzosen die Stadt und benannten sie nach dem französischen Minister der Kriegsmarine, Maréchal de Castries. Leider brannte der Ort mehrfach ab; die meisten der heutigen Betonbauten entstanden nach der letzten Feuersbrunst 1948. St. Lucia ist ein beliebtes Ziel für Kreuzfahrtschiffe. Wenn die Ozeanriesen in den Hafen einlaufen, passieren sie die alte französische Geschützstellung in Vigie Point, bevor sie an der Pointe Seraphine oder direkt am Anleger im Stadtzentrum vor Anker gehen.

Ein Stück vom Ufer entfernt, verläuft die verkehrsreiche **Jeremie Street** mit vielen Verkaufsständen. Jenseits der Straße steht die alte Markthalle, in der heute Holzschnitzereien, Körbe und Strandtaschen zum Verkauf stehen. Obst und Gemüse bekommt man dagegen in einem Betonbau mit orangefarbenen, pyramidenförmigen Dächern. Doch natürlich gibt es hier noch immer ein farbenfrohes Gemisch aus Zitrusfrüchten, Bananen, Chayote, Maniok, Ingwerwurzeln und Pfeffer.

Einige Häuserblöcke weiter erhebt sich hinter dem Parlament und dem Gerichtsgebäude die **Kathedrale der Unbefleckten Empfängnis** (19. Jh.). Großflächige Wandgemälde mit biblischen Figuren, afrikanischen Priestern und Ananasmotiven (dem karibischen Symbol für Gastfreundschaft) zieren die Wände des Innenraums. Unweit der Kathedrale liegt der **Derek Walcott Square**. Der Name des Platzes erinnert an den einheimischen Dichter und Dramatiker, der 1992 den Literaturnobelpreis erhielt. Einige Häuser im Kolonialstil säumen den Platz,

Einheimische beim Plausch im Küstendorf Gros Islet

Pigeon Island National Park
- 271 B5
- Pigeon Point
- 758/452-5005
- $$

auf dem ein mächtiger Baum Schatten spendet.

Südlich des Stadtzentrums führt die Government House Road an der Residenz des Generalgouverneurs vorbei zur **Morne Fortune Historic Area**. 1796 kämpften sich britische Soldaten des 27. Inniskilling-Regiments zwei Tage lang bis zum Gipfel vor, bis die Franzosen schließlich aufgaben. An die siegreiche Schlacht erinnert das Inniskilling Memorial auf dem Gelände von **Fort Charlotte**. Die alten Militärgebäude wurden renoviert und werden heute als Schule genutzt.

ERLEBNIS: Regenwald Light

Wer den Regenwald erleben möchte, ohne die Wanderstiefel anzuziehen, ist bei Rain Forest Adventures St. Lucia *(östlich von Rodney Bay in Babonneau, Tel. 866/759-8720, www.rainforestadventures.com, $$$$$)* **an der richtigen Stelle. Es gibt zweistündige Touren mit der Seilbahn oder einer Gleitrutsche durch das Dach des Regenwalds. Botaniker erläutern den Wald und seine Tierwelt, während die offenen Gondeln der Seilbahn durch die Bäume gleiten. Es gibt zudem Wanderwege und Touren zur Vogelbeobachtung.**

Rodney Bay & der Norden

Von Castries führt die Hauptstraße in nördlicher Richtung am Flughafen und am drei Kilometer langen **Vigie Beach** entlang, vorbei an der Gablewoods Mall und den Hotels an der Choc Bay zur Rodney Bay, dem bekanntesten Urlaubsziel auf St. Lucia. An der Südseite der Bucht säumen Hotels den feinsandigen **Reduit Beach**. Am Ende des Strandes bietet ein schmaler Kanal Zugang zum Yachthafen und zur Rodney Bay Marina. An dieses Segelzentrum schließt sich im Norden das Dorf **Gros Islet** an, in dem die bekannte Freitagnacht-Party stattfindet.

Das Nordufer der Rodney Bay biegt zum **Pigeon Island** ab, jener Halbinsel, der das benachbarte Dorf seinen Namen verdankt. Das Piratennest des berüchtigten Seeräubers Jambe de Bois befand sich im heutigen **Pigeon Island National Historic Park**, den eine sandige Zufahrtsstraße mit dem Festland verbindet. 1778 errichtete der britische Admiral George Rodney einen Marinestützpunkt mit Beobachtungsposten in der später nach ihm benannten Gros Islet Bay. Angeblich schickten die Wachen auf dem Hügel von Fort Rodney Brieftauben (frz. *pigeons*), die Kunde von vorbeifahrenden Schiffen und Aktivitäten auf der nur 32 Kilometer entfernten Nachbarinsel Martinique brachten. Vielleicht heißt die Insel aber auch so, weil hier vor der Rodung des Urwaldes Antillentauben lebten. Von den Ruinen der Festung blickt man auf Martinique. Ein Naturlehrpfad windet sich durch die 16 Hektar große Halbinsel, auf der man weitere kolonialzeitliche Ruinen erkunden kann.

Die Offiziersquartiere von 1824 wurden restauriert und beherbergen ein Besucherzentrum mit einer Ausstellung über Admiral Rodneys Sieg bei der Schlacht um die Saintes-Inseln im Jahr 1782 (siehe Kasten S. 243).

Östlich der Rodney Bay erstreckt sich das vornehme Wohnviertel **Cap Estate** auf den Hügeln im äußersten Norden der Insel. Hier stehen wunderschöne Villen, es gibt einen Golfplatz, und wer gerne schick speisen möchte, kommt in einem alten Herrenhaus auf seine Kosten.

Regenwaldvögel

Im Regenwald von St. Lucia leben mindestens 43 Vogelarten, davon 33 endemische, wie zum Beispiel seltene Weißbrustspottdrosseln, Santa-Lucia-Trupiale und die bedrohten Blaumaskenamazonen. Seit den 1970er Jahren bemüht man sich erfolgreich um die Erhaltung dieser seltenen Art. Der 40 bis 45 Zentimeter große Papagei, den die Einheimischen *jacquot* nennen, gehört zu den farbenprächtigsten Bewohnern des Regenwaldes. Sein Rücken ist grün, seine Kopfbefiederung blau, er trägt einen roten Kehlfleck und gelbe und rote Partien unter den Flügeln.

Die stark bedrohte Papageienart hält sich gern auf den mächtigen Santinaybäumen auf, dort bauen sie ihre Nester und fressen deren kleine rosafarbenen Früchte. Man kann auch versuchen, ihrem rauen Krächzen zu folgen.

Tour nach Soufrière

Urlauber, die im Norden der Insel untergebracht sind, sollten einen ganzen Tag für das Gebiet um Soufrière veranschlagen. Besonders attraktiv ist die Fahrt mit dem Segelboot ab Castries oder Rodney Bay, die eine Tour zu den wichtigsten Sehenswürdigkeiten um Soufrière einschließt. Auf diese Weise kann man auch die gesamte Insel umrunden.

Die Straße nach Soufrière hat ihren Ausgangspunkt in Morne Fortune, südlich von Castries, und verläuft zunächst in weiten Kurven durch die Bananenplantagen und Zuckerrohrfelder des Cul de Sac Valley. Hinter der Steigung am Ende des Tals zweigt ein Weg nach rechts zur **Marigot Bay** ab. Entlang der Bucht entstanden in jüngerer Zeit Villen und Luxushotels sowie eine moderne Marina mit Einkaufsmöglichkeiten und Restaurants. Auf der einen Seite der Bucht befindet sich ein Strand.

Etwas weiter südlich erreicht man die **Anse la Raye** mit dem gleichnamigen malerischen Fischerdorf. Holzhäuschen säumen die Straßen. Am Freitagabend erwacht der Ort zum Leben, wenn man sich hier zum großen Fischessen versammelt (ab 18.30 Uhr).

Umgeben vom Morne Gimie und den Pitons liegt **Soufrière**, die erste Hauptstadt St. Lucias. 1746 von Franzosen gegründet, wurde der prosperierende Hafen von den Revolutionswirren erfasst; auf dem Marktplatz wurde eine Guillotine errichtet. Soufrière Niedergang begann, als die Briten Castries zur neuen Hauptstadt erklärten.

Heute ist der Elizabeth Square das Zentrum der Stadte, hier stehen noch einige schön verzierte, kreolische Häuser; die Markthalle ist mit farbenprächtigen Friesen dekoriert. Kreuzfahrtschiffe setzen ihre Passagiere für kurze Besuche im Süden der Insel ab. Wichtige Sehenswürdigkeiten sind das Soufrière Estate, Heimat der Diamond Botanical Gardens und die intensive riechenden Schwefelquellen, die vom Vulkan Soufrière gespeist werden (siehe S. 277). ■

ERLEBNIS: Regenwald & Naturschutzgebiete

Mehrere Wege verlaufen durch den etwa 7700 Hektar großen **National Rain Forest** von St. Lucia. Von den üppig grünen Hängen führen Wanderungen hinauf in den Nebelwald und den niedrigen Bergwald. Die Genehmigung für Wanderungen im Regenwald erteilt das Forest and Lands Department *(Tel. 758/450-2078)*, das über Infomaterial verfügt und auch Führer empfiehlt.

Die kurze geführte Tour durch den **Barre de l'Isle Forest Reserve** bietet einen guten Einblick ins unberührte Hinterland von St. Lucia. Zugänglich von der Straße von Castries nach Dennery umfasst das Schutzgebiet den Nadelwald der Insel, der unvergleichliche Blicke aufs Meer bietet. Eine anspruchsvollere Wanderung führt in das Edmund Forest Reserve oberhalb des Soufrière oder auf die Pitons.

An der Atlantikküste, bei Praslin, unterhält der St. Lucia National Trust *(Reservierungen Tel. 758/453-7656, www.slunatrust.org)* das **Frégate Island Nature Reserve.** Von einem Weg entlang der Klippen geht der Blick über die Inseln vor der Küste, wo Fregattvögel von Mai bis Juli ihre Brutgebieten haben (ein Fernglas ist sehr nützlich). Der National Trust organisiert auch Ausflüge zum südlichen **Maria Islands Nature Reserve,** wo Echsen, Seevögel und die harmlose Kouwes-Schlange heimisch sind.

Rund um Soufrière

Eine Fahrt entlang der Atlantikküste führt zu einigen schönen Naturschutzgebieten, Ausblicken und Plätzen zur Vogelbeobachtung. Der Vulkankrater von La Soufrière bietet ein besonderes Geruchserlebnis.

Entlang der Atlantikküste

Kurz hinter Soufrière wandelt sich das Bild: Statt des grünen Regenwaldes erstrecken sich sich weite Felder. An der Choiseul Bay laden die Fischer am Strand den Fang aus ihren buntgestrichenen Booten.

Vom Städtchen **Vieux Fort** an der Moule à Chique, St. Lucias südlichstem Punkt, kann man nach St. Vincent hinüberblicken. An der Ostküste liegt das **Maria Islands Nature Reserve** (siehe Kasten S. 276). Am Rand von Vieux Fort befindet sich der **Mankote Mangrove Swamp**, wo es auch einen Aussichtsturm gibt, der sich hervorragend für die Vogelbeobachtung eignet.

Der Rückweg nach Castries führt durch den Weiler Micoud, zu den **Mamiku Gardens** bei Praslin *(Tel. 758/455-3729)* und an einem Aussichtspunkt vorbei, von dem man das **Frégate Island Nature Reserve** (siehe Kasten S. 276) überblicken kann. In Dennery biegt man ins Inselinnere ab. Über den Barre de l'Isle Ridge geht es zurück zur Hauptstadt.

INSIDERTIPP

Fantastische Blicke aufs Meer bietet der Leuchtturm von Moule à Chique an der Südspitze von St. Lucia in Vieux Fort.

NICK PINNOCK
Eigentümer, Ti-Kaye Village Resort & Spa, St. Lucia

Diamond Botanical Gardens, Mineral Baths & Waterfalls

In den Bergen oberhalb von Soufrière winden sich schmale Pfade durch einen botanischen Garten mit einem Wasserfall. Die Bäder wurden im Auftrag von Louis XVI gebaut.

Die Schwefelquellen von La Soufrière

Der Vulkankrater, dem man sich bis auf wenige Meter mit dem Auto nähern kann, gilt als „einziger Drive-in-Vulkan der Welt". In dem Gebiet gibt es dampfende Schwefelquellen und kochend heiße Schlammlöcher.

Fond Doux Estate

Das Fond Doux Estate zählt zu den ältesten Landgütern der Insel und war heftig von Franzosen und Briten umkämpft. Im Garten wachsen u. a. Zitrus- und Kakaobäume sowie Kaffeesträucher. ■

Diamond Botanical Gardens, Mineral Baths & Waterfalls

- Karte: 271 A2
- Adresse: östlich von Soufrière
- Preis: $$

Schwefelquellen von La Soufrière

- Karte: 271 A2
- Adresse: südöstlich von Soufrière
- Preis: $

Fond Doux Estate

- Karte: 271 A2
- Adresse: südlich von Soufrière
- Tel.: 758/459-7545

www.fonddoux estate.com

St. Vincent & die Grenadinen

Wie der Kopf eines smaragdgrünen Drachens liegt St. Vincent oberhalb der Grenadinen, die eine 120 Kilometer lange Reihe bis hinunter nach Grenada bilden. Die 29 mal 18 Kilometer große Insel wurde vermutlich als letzte der Windwards entdeckt. 200 Jahre lang vertrieben die im dichten Urwald lebenden Kariben sämtliche Europäer, die sich hier niederlassen wollten.

Ein einsamer Strand auf der Grenadineninsel Bequia

St. Vincent
261 B3
Besucherinformation
Cruise Ship Terminal, Kingstown
784/457-1502
www.svgtourism.com

St. Vincent

Bis auf den heutigen Tag segeln viele Schiffe an St. Vincent vorbei direkt zu den goldenen Stränden und wunderbaren Yachthäfen der Grenadinen (siehe S. 285 ff.). Zu Unrecht geben auch viele Touristen St. Lucia oder Barbados den Vorzug. St. Vincent bietet zwar nicht die klassische Karibik-Idylle mit palmengesäumten Sandstränden und Rum, dafür aber unberührtes Hinterland und Hotels, die vor allem unkonventionelle Urlauber reizen dürften.

Nacheinander paddelten Ciboney, Arawak und Kariben von Südamerika aus nach Hairoun, wie St. Vincent vor Ankunft der Europäer bei den Ureinwohnern hieß. Die Ureinwohner, die nach und nach von den anderen Inseln

INSIDERTIPP

Wer gern taucht und kleine, eigenartige Meereslebewesen fotografiert, wird St. Vincent und die Grenadinen lieben. Ein Makroobjektiv ist ein Muss.

BILL TEWES
Profi-Taucher/-Fotograf

vertrieben wurden, suchten auf St. Vincent Zuflucht. Zu ihnen gesellten sich afrikanische Sklaven, die sich teils von einem gekenterten Schiff hatten retten können, teils auf Flößen von Barbados kamen. Bald schon gab es mehr schwarze Afrokariben als Gelbe Kariben. Letztere gestatteten 1719 einer kleinen Gruppe von Franzosen, eine Siedlung auf der Insel zu errichten. Die Schwarzen Kariben zogen sich in die Berge zurück und überlebten den Ersten Karibenkrieg, den Engländer und Franzosen 1763 um die Insel führten.

1779 eroberten die Franzosen St. Vincent im Handstreich. Als die Briten die Insel 1783 durch den Frieden von Versailles zurückerhielten, verbündeten sich die Franzosen mit den Schwarzen Kariben und leisteten den Engländern im Zweiten Karibenkrieg (1795–97) Widerstand. Plantagen wurden geplündert und gebrandschatzt, bis die Armee schließlich die Oberhand gewann. Sie verbannte die 5000 überlebenden Schwarzen Kariben nach Britisch-Honduras (das heutige Belize) und siedelte die friedfertigen Gelben Kariben im äußersten Norden von St. Vincent an, wo sie bis heute leben. Die Pflanzer bauten nun Zuckerrohr, Baumwolle und Pfeilwurz an. 1979 erhielt die Insel die Unabhängigkeit, blieb aber Mitglied des Commonwealth

Bis heute bildet die Landwirtschaft das wichtigste ökonomische Standbein,

Kingstown
279 B1
Besucherinformation
784/457-1502

denn die Insel ist überaus fruchtbar. Dichter Regenwald bedeckt die Berggipfel, dazwischen liegen an den Steilhängen Obst- und Gemüsegärten. Über den Gipfeln hängen meist dichte Wolken und erwecken den Eindruck, dass es irgendwo auf der Insel immer gerade regnet. Von Zeit zu Zeit stößt der Soufrière, einer der aktivsten Vulkane der Karibik, eine Wolke aus, die sich auf die rumorende rote Erde niedersenkt.

Kingstown, die Hauptstadt, liegt an der Südküste der Insel, 20 Minuten vom größten Urlaubsort Villa entfernt. Kingstown ist ein lebendiges Hafenstädtchen, von dem aus regelmäßig Fähren und kleine Flugzeuge zu den Grenadinen starten. Kingstown eignet sich gut als Ausgangspunkt zur Erkundung der Insel. Nach Westen hin erstrecken sich ruhige Vulkansandstrände und geschützte Buchten, die man nur per Boot erreicht. Segeln gehört hier zu den beliebtesten Freizeitbeschäftigungen, und viele Anbieter organisieren Tagestörns mit Tauchen und Schnorcheln. Wanderer können wunderbare Touren rund um den Soufrière oder im Buccament River Valley unternehmen, wo die schöne, seltene Königsamazone zu Hause ist.

Kingstown: Vor einer imposanten Kulisse aus steilen, bewaldeten Bergen zieht sich die Hauptstadt von St. Vincent und den Grenadinen an der 1,5 Kilometer langen Kingstown Bay entlang und an den Hängen empor. Am Wasser ist immer viel los, denn hier legen Frachter, Fähren und Fischerboote an. Ein brandneuer Anleger für Kreuzfahrtschiffe und Yachten liegt hübsch am Ostende des Hafens. Hinter den

Kleingetierhauptort der Welt

Einige Touristenziele wären sicherlich entsetzt über den Beinamen „Kleingetierhauptort der Welt", aber für St. Vincent ist es ein Zeichen, dass die Korallenriffe in großartigem Zustand sind, und man ist stolz auf dieses Prädikat. Das Magazin Scuba Diving hat St. Vincent eben diesen Beinamen wegen seines Reichtums an maritimem winzigem Kleingetier verliehen. Sie brauchen scharfe Augen, um Tierchen wie Knallkrebse, Putzergarnelen, zarte Seesterne, kleine Seepferdchen und scheue Kraken zu sehen. Dazwischen schießen pink- und orangefarbene Feenbarsche, bizarre gefleckte Skorpionfische und Anglerfische mit hervortretenden Augen.

Die besten Tauchplätze liegen meist unmittelbar vor der leewärts gewandten Küste, wo der dichte vulkanische Granitsand schnell wieder zur Ruhe kommt – so ist die Sicht dort bestens. Eifrige Fotografen sollten sich mit einem Makroobjektiv bewaffnen und Kontakt mit dem einheimischen Tierexperten und Fotografen Bill Tewes von Dive St. Vincent *(Tel. 784 457 4928, www.divestvincent.com, $$$$$)* aufnehmen.

St. Vincent ist eine grüne Insel; es heißt, dass selbst ein Bleistift hier wurzeln könnte

Docks liegt das gut überschaubare Stadtzentrum mit einigen alten Kopfsteinpflasterstraßen und Läden, die unter Arkaden vor Hitze und Regengüssen geschützt sind.

Schlendern Sie auf der Halifax Street nach Westen, und biegen Sie am Kenotaph in die Hillsboro Street, um zum **Markt** zu gelangen. Freitags und samstags, wenn die Bauern von überall her in die Stadt kommen, blüht das Geschäft. Auf der gegenüberliegenden Seite der Halifax Street steht hinter einem schmiedeeisernen Zaun das **Gerichtsgebäude** aus grauem Stein, in welchem das Parlament tagt. Die pastellfarbene anglikanische **Kathedrale St. George** (1820) ist nur wenige Schritte entfernt.

In der Nähe der Kathedrale steht das eigentümlichste Bauwerk der Stadt, die **römisch-katholische Kirche St. Mary** (19. Jh.), die unterschiedlichste Stilrichtungen in sich vereint.

Touristen, die sich für die Inselgeschichte interessieren, sollten den **SVG National Trust** *(Old Carnegie Public Library, Heritage Square, Tel. 784/451-2921, geschl. Sa, So)*, besuchen, der im Erdgeschoss eine kleine, aber faszinierende Sammlung indianischer Artefakte präsentiert.

Im Westen der Stadt liegt auf dem Berkshire Hill Fort Charlotte. Von der Festung (180 m), die den Namen der Gemahlin Georgs III. trägt, blickt man über die Bucht auf die Grenadinen. Von dem 1806 erbauten Fort wurde nie ein Schuss abgefeuert.

Kingstowns ganzer Stolz ist der **Botanische Garten**

SVG National Trust
279 B1

Fort Charlotte
✉ 10 Fahrminuten westlich von Kingstown

Botanical Gardens
279 B1
✉ Off Leeward Hwy.
☎ 784/457-1003
$ $$ für einen Führer

auf den Hügeln oberhalb des Stadtzentrums. Der 1763 zur Erforschung und Zucht tropischer Nutzpflanzen gegründete Park ist der älteste seiner Art in der westlichen Hemisphäre und wird oft mit den Londoner Kew Gardens verglichen. Jeder Führer erzählt die Geschichte des großen Brotfruchtbaumes, der einst aus dem Pazifik zur billigen, aber nahrhaften Versorgung der Sklaven in die Karibik gelangte. Die ersten Setzlinge brachte Kapitän William Bligh 1787 auf seinem Schiff *Bounty*, doch kam es unterwegs zu der berühmten Meuterei, sodass die Pflanzen St. Vincent erst 1793 erreichten. Die Sklaven weigerten sich zunächst, die seltsamen Früchte zu essen, doch heute stehen sie auf beinahe jeder Speisekarte der Insel.

Die Vogelvoliere müssen Sie nicht lange suchen: Folgen Sie einfach dem durchdringenden Kreischen der Königsamazonen. Der gelbgoldene Vogel mit violettem Kopf wird in Gefangenschaft gezüchtet.

Der geschäftige Hafen von Kingstown auf St. Vincent

Villa & die Ostküste: Die meisten Urlauber verbringen die Ferien in einem der Hotels im Örtchen Villa südöstlich von Kingstown. Von hier aus kann man die Ostküste von St. Vincent und das angrenzende fruchtbare Hinterland sehr gut erkunden.

Direkt vor dem schmalen Strand von Villa liegt das **Young Island Resort**, das man mit dem Wassertaxi erreicht. Einer Legende zufolge schenkte ein Karibenhäuptling die Insel dem Gouverneur von St. Vincent, William Young, als Dank für ein Pferd. Hinter Young Island liegen auf einem Eiland die Ruinen von **Fort Duvernette**. Eine Felsentreppe führt zu der 60 Meter hohen Anhöhe.

ERLEBNIS: Wissen vor Ort

Selbst kurze Wanderungen wie auf den Vermont Nature Trails werden durch das Wissen einheimischer Führer über den Regenwald interessanter. Und für Wanderungen zum Vulkan empfiehlt sich ein Führer. Wer La Soufrière besteigen möchte, kann sich ans **Fremdenverkehrsamt in Kingstown** *(Tel. 784/457-1502)* oder an örtliche Touranbieter wenden. Clint und Millie Hazell von **HazECO Tours** *(Tel. 784/457-8634)* bieten eine breite Palette an Wanderungen Sightseeing und historischen Touren. Trevor „Sailor" Bailey von **Sailor's Wilderness Tours** *(Tel. 784/457-1721, www.sailorswildernesstours.com, $$$$$)* hat Wanderungen und Mountainbike-Touren im Angebot. Tragen Sie festes Schuhwerk und rüsten Sie sich mit Insekten- und Regenschutz aus.

Sam's Taxi Tours *(Tel. 784/456-4338, $$$$$)* fahren Sie zwar auch herum, doch die Firma organisiert auch Führer für Wanderungen, Naturspaziergänge und Ausflüge nach Bequia.

Genaueres zu Bootstouren zu den Falls of Baleine, siehe S. 399.

Wenn Sie von Villa aus über den Vigie Highway nach Norden fahren, können Sie von einem Aussichtspunkt auf dem messerscharfen Berggrat des **Ayri Hill** auf Kingstown, die Grenadinen und die landeinwärts gelegenen Berge schauen. Die Straße durchquert dann das fruchtbare Marriaqua (oder Mesopotamia) Valley. Eine Seitenstraße zweigt zu den reizvollen **Montreal Estate Gardens** ab, die inmitten wolkenverhangener Gipfel liegen und gleich mehrere Wasserfälle einschließen. Riesige Tulpenbäume spenden den Orchideen und übrigen Tropenblumen Schatten, die in Terrassengärten auf Felsen über dem Fluss wachsen.

Der Yambou River fließt vom Dorf Mesopotamia an Felsbildern der Arawak vorbei durch die Yambou Gorge zum Atlantik. Hier folgt der Windward Highway der Küste bis Georgetown, vorbei an Bananen- und Kokosplantagen und weiter durch den Norden der Insel, den der mächtige Vulkan La Soufrière (1234 m) beherrscht.

Am **Rabacca Dry River** nördlich von Georgetown beginnt die Geländewagenpiste zum 5,5 Kilometer langen Wanderweg an der Ostseite des Vulkans. Schwieriger ist der Weg ab Chateaubelair an der karibischen Küste; besonders ausdauernde Wanderer können beide Touren miteinander verbinden (siehe Kasten S. 283).

Westküste & Falls of Baleine: Der Leeward Highway führt von Kingstown aus nach Norden an der Küste entlang durch eine Reihe kleiner Fischerdörfer zu den Stränden bei Barrouallie und Richmond. Die Strecke lohnt nicht nur ihrer landschaftlichen Schönheit wegen, sondern bietet auch archäologische Stätten und Möglichkei-

Villa & Young Island Resort
- Karte: 279 B1

Montreal Estate Gardens
- Karte: 279 B2
- Adresse: Nördlich von Mesopotamia
- Tel.: 784/458-1198
- Geschl. Sept.–Nov. & Sa, So
- $: $$

ten zur Vogelbeobachtung. Etwa acht Kilometer hinter Kingstown beginnt die Route durch das Buccament River Valley. Eine Seitenstraße biegt hier zu den **Vermont Nature Trails** ab. Die beiden miteinander verbundenen Wanderwege sind gut beschildert und führen in 300 bis 600 Metern Höhe durch den Regenwald des Grand Bonhomme Mountain und des **St. Vincent Parrot Reserve** (Karte 279 B2). Einer der Pfade folgt dem Dalaway River, der fast die Hälfte des Trinkwassers von St. Vincent liefert, und steigt dann zu einem Stand von dicht mit Epiphyten bewachsenen Karibikkiefern an. Von hier aus geht es tiefer in den Regenwald hinein, wo riesige Santinaybäume den hier beheimateten Papageien einen optimalen Lebensraum bieten.

Zwischen 500 und 700 Papageien bevölkern in Kolonien den Naturpark. Am ehesten bekommt man Sie spätnachmittags am **Parrot Lookout** zu Gesicht, der am Rand eines bewaldeten Tals steht. Auch die nur auf St. Vincent und Grenada beheimateten prächtig gefärbten Schwarzkappentangare sind hier zu sehen, ebenso verschiedene Kolibriarten.

Kehren Sie anschließend zurück auf den Highway, und fahren Sie nach **Layou**, um die 1300 Jahre alten Arawak-Zeichnungen auf einem sechs Meter hohen Felsen zu bewundern. *(Die Stätte liegt auf Privatgelände, rufen Sie vorher beim Kingstown Tourist Office, Tel. 784/457-1502, an, oder fragen Sie vor Ort um Erlaubnis).*

Peter's Hope Bay und **Keartons Beach** liegen zu beiden Seiten des Fischerdorfes Barrouallie und eignen sich besonders gut zum Baden. Szenen aus dem Film „Fluch der Karibik" („Pirates of the Caribbean") wurden in der schönen **Wallilabou Bay** gedreht. Bei Richmond am Ende des Highways gibt es einen weiteren Strand. In 45 Minuten können Sie von hier zu den **Trinity Falls** (Karte 279 B3) wandern. Der Weg beginnt einige Kilometer nördlich der Stadt. Die hübsche Route durch den Regenwald endet bei einem Wasserfall, der in ein natürliches Badebecken stürzt.

Palm Island & Petit St. Vincent

Zu den Grenadinen gehören drei Minifereninseln, nämlich Young Island vor der Südküste von St. Vincent und noch zwei winzige Sandstreifen im Bereich der südlichen Grenadinen. Eine Meile vor Union Island liegt Palm Island *(www.palmislandresort grenadines.com)*, das Prune Island hieß, bevor die Besitzer John und Mary Caldwell in ihrer Ferienanlage Hunderte von Palmen pflanzten. Drei Meilen weiter südlich liegt Petit St. Vincent (meist PSV genannt, *Karte 285 B2, www.petitstvincent.com*), ein weiteres Inselparadies für Segler.

Die **Falls of Baleine** im Norden der Insel erreichen Sie nur per Boot. Der Wasserfall ergießt sich vom Soufrière in einen 18 Meter tiefer gelegenen Felsenpool. Ein eintägiger Segeltörn zu den Fällen mit Lunch, Schnorcheln und einem Bad im Becken unterhalb des Wasserfalls ist ein herrliches Erlebnis.

Die Grenadinen

Von St. Vincent aus zieht sich eine Kette kleiner Inseln, Korallenatolle, Riffe und Sandbänke 120 Kilometer südwärts bis nach Grenada, Carriacou und Petit Martinique (siehe S. 295).

Nicht einmal ein Viertel der Inseln sind bewohnt. Einige Inseln bieten schlichte Unterkünfte für Segler und Taucher, andere wurden in kleine Oasen mit Luxusanlagen verwandelt.

Das Postschiff M/V *Barracuda (Tel. 784/455-9835)* fährt montags und donnerstags von St. Vincent nach Bequia und Canouan, Mayreau und zu den Union Islands, dienstags und freitags in umgekehrter Richtung und bietet samstags Rundfahrten an (ohne Bequia). Die M/V *Gem Star (Tel. 784/526-1158)* fährt dienstags und freitags und kehrt am folgenden Tag zurück. Die Strecke St. Vincent–Bequia bedienen die M/V *Admiral I* und *Admiral II (Tel. 784/458-3348)* und *Bequia Express (Tel. 784/458-3539)* mehrmals täglich. Schneller, aber auch teurer sind Sie mit der neuen *Jaden Sun Fast Ferry (Tel. 784/451-2192, http://jadeninc.com)* zwischen den Grenadinen unterwegs.

Bequia: Eine Stunde dauert die Fahrt mit der Fähre

The Grenadines

261 B2

Besucherinformation

Cruise Ship Terminal, Kingstown, St. Vincent

784/457-1502

www.svgtourism.com

Ein Wassertaxi in Port Elizabeth auf Bequia wartet auf einen Fahrgast

von St. Vincent nach Bequia („BECK-way", Karte 285 C3), der größten (15 km²) der St.-Vincent-Grenadinen. An der Admiralty Bay liegt der wichtigste Ort, Port Elizabeth *(Tel. 784/458-3286, www.bequiatourism.com).* Beim Fähranleger befinden sich ein paar Läden und Restaurants, bewacht von der Hamilton Battery, einer Geschützstellung aus dem 18. Jahrhundert. Wassertaxis pendeln zwischen der Bucht und den palmengesäumten Stränden Princess Margaret Beach und Lower Bay.

Sie können die Insel zu Fuß oder per Taxi erkunden oder mit dem Motorroller zum Mount Pleasant hinauffahren, von wo aus man an klaren Tagen bis Grenada sieht. Auf der dem Wind zugewandten Seite erlaubt die **Industry Bay** sicheres Schwimmen und Schnorcheln. Am Ende der Straße zum Park Beach lohnt das **Old Hegg Turtle Sanctuary** *(Tel. 473/458-3245)* einen Besuch.

Canouan Island: In der Mitte der Grenadinen liegt das trockene, hügelige Canouan Island (Karte 285 B2) mit schönen Sandstränden rund um das Hafenstädtchen **Charlestown** in der Biegung der Grand Bay, einem beliebten Anlegeplatz für Yachten mit dem äußerst luxuriösen

Canouan Resort *(Tel. 784/ 458-8000, www.canouan.com)*.

Mayreau Island: Zwei fantastische Strände rahmen die vier Quadratkilometer große Insel Mayreau (Karte 285 B1) ein. Ein steiler Pfad führt vom improvisierten Anleger zum Dorf **Station Hill** mit kaum 200 Einwohnern. Segler können in einem der einfachen Restaurants essen oder eine schlichte Unterkunft in der Anlage an der **Salt Whistle Bay** mieten.

Tobago Cays: Die fünf unbewohnten Tobago Cays (Karte 285 B1) liegen östlich von Mayreau rund um das **Horseshoe Reef.** Für Schnorchler ist es ein Highlight der Grenadinen: In den flachen Lagunen können Sie tropische Fische sehen und mit riesigen Schildkröten schwimmen. Kein Wunder, dass hier Szenen von „Fluch der Karibik" („Pirates of the Caribbean") gedreht wurden. Den **Tobago Cays National Marine Park** erreichen Sie nur per Schiff, der beliebte Platz wird dafür mehrmals täglich von Segelyachten angesteuert.

Mustique: Das schicke Mustique (Karte 285 C2) bietet Luxusunterkünfte in rund 60 privaten Villen, ein Hotel mit 20 Zimmern und ein Boutique-Hotel der gehobenen Klasse *(www.mustique-island.com)*.

Segelyachten gehen in der **Britannia Bay** vor Anker, und Tagesbesucher (keine Fähren) dürfen den weißen Strand der **Macaroni Bay** mitbenutzen. Auf der 546 Hektar großen Insel kann man gut spazieren gehen; zum Baden und Schnorcheln bieten sich die geschützte **Gallicaux Bay** und der Hotelstrand an der **Endeavour Bay** an.

Union Island: Dank einer Reihe von Bergen – am höchsten ist der Mount Parnassus (305 m) – ist Union Island zwar nicht die beliebteste, aber wenigstens die am leichtesten erkennbare Insel der Grenadinen. Unweit des Anlegers und des Yachthafens gibt es im Hauptort **Clifton** *(Tel. 784/485-8082, www.unionisland.com)* einige Hotels.

Die besten Strände befinden sich an der **Chatham Bay** an der Westküste und der **Bloody Bay** im Norden, beide sind jedoch nur zu Fuß oder per Boot erreichbar. ■

INSIDERTIPP

Salt Whistle Bay ist perfekt zum Leutebeobachten. Segler aus aller Welt ziehen in endloser Reihe hier vorbei.

JENNIFER ALLARD
NATIONAL GEOGRAPHIC-Mitarbeiter

Grenada

Grenada ist die südlichste der Inseln über dem Winde und liegt nur 150 Kilometer von der südamerikanischen Küste entfernt. Die kleineren Schwesterinseln Carriacou und Petit Martinique gehören zu den Grenadinen, die sich bis nach St. Vincent hinaufziehen. Regenwald bedeckt das Landesinnere, während weiße Sandstrände die Küste säumen. Urlauber können auf der 34 mal 19 Kilometer großen Insel wandern und tauchen oder unter Wasserfällen baden.

Die Hauptstadt St. George's wurde nach dem englischen König George III benannt

Grenada
261 A1

Besucherinformation
Südseite von Carenage (Burns Point), St. George's
473/440-2001 oder 473/440-2279

www.grenadagrenadines.com

Kolumbus nannte die Insel 1498 Concepción, doch spanische Seeleute voller Heimweh tauften sie später nach der berühmten Stadt im Süden ihres Landes. Französische Siedler aus Martinique erwarben die Insel 1650 im Tausch gegen Perlen und Werkzeuge, doch der Friede währte nur kurze Zeit, dann rebellierten die Kariben. Die letzten Indianer stürzten sich 1651 am Morne de Sauteurs (Hügel der Springer) von den Klippen in den Tod. Franzosen und Engländer kämpften um die Plantagen der Insel, die 1783 den Briten zufiel. Während der Französischen Revolution brach auf Grenada ein Sklavenaufstand aus, den der französische Pflanzer Julien Fédon von seiner Kaffee- und Kakaoplantage in Belvidere aus organisierte. Von Guadeloupe aus schmuggelte man Waffen ein, dann plünderten und brandschatzten die Sklaven 15 Monate lang die gesamte Insel und töteten britische Siedler. Als die Briten im Juni 1796 die Kontrolle zurückerlangten, verschwand Fédon und ließ ein Bild der Verwüstung zurück.

Grenada erholte sich wirtschaftlich erst wieder, als man 1830 Muskatnüsse anzubauen begann. Eine beliebte Legende berichtet, dass ein Arzt mit einigen Muskatnussbäumen im Gepäck von Ostindien auf die Insel kam und seinen Rumpunsch mit Muskat würzte. Etwa ab 1850 blühte der Muskatnusshandel. Gleichzeitig führte man andere Gewürze auf Grenada ein, und so kam Westindien 400 Jahre nach Kolumbus' vergeblicher Suche doch noch zu seiner Gewürzinsel. 1974 erlangte Grenada die

Unabhängigkeit. Als das neue Regime jedoch zunehmend despotische Züge annahm, kam durch einen Staatsstreich die Opposition an die Macht. Ihr Führer Maurice Bishop initiierte ein sozialistisches Reformprogramm, das die Wirtschaft belebte, doch bald regierte auch er wie ein Diktator und verhinderte demokratischen Wahlen. Im Oktober 1983 wurde Bishop von der eigenen Partei entmachtet und in Fort George hingerichtet. Vier Tage später marschierten US-Truppen in Grenada ein, um die Ordnung wiederherzustellen. (Einige Jahrzehnte später wurde Bishop posthum rehabilitiert und heute trägt der internationale Flughafen von Grenada seinen Namen.)

Doch das ist Vergangenheit und vor allem der Süden der Insel ist touristisch gut erschlossen. Am 7. September 2004 richtete der Hurrikan Ivan gewaltige Schäden an, die Schadenshöhe wurde auf etwa eine Milliarde US-Dollar geschätzt. Aber die Grenadiner ließen sich nicht entmutigen und bauten binnen eines Jahres einen Großteil der Insel wieder auf.

Gewürze aus Grenada

Auf Grenada duftet es allerorten verführerisch nach Muskatnuss, Nelken und süßlichem Zimt. Der wichtigste Exportartikel ist Muskat, der überall an den Straßenrändern und an den Berghängen wächst. Der Muskatbaum *(Myristica fragrans)* bringt eine aprikosengroße gelbliche Frucht hervor, die aufplatzt, wenn sie reif ist. Im Innern liegt die von der wachsartigen, rötlichen Muskatblüte umhüllte Nuss. Die nicht essbare Schale wird zu Baumaterial verarbeitet, das Fruchtfleisch dient zum Konservieren von Speisen, die Blüte ist ein eigenes Gewürz, die Nuss wird zum Kochen und als Medizin gebraucht.

Auch der Zimtbaum stammt ursprünglich aus Indien. Die Rinde ist ein beliebtes Küchengewürz.

Piment *(Pimenta officinale)* kommt aus Jamaika. Es schmeckt wie eine Mischung aus Muskat, Zimt und Nelken.

Die Grenadiner sind unbekümmerte und herzliche Gastgeber. Auf der Insel gibt es viel zu sehen und zu unternehmen. Muskatnuss- und Kakaoplantagen locken ebenso wie die Kunsthandwerksläden und Galerien von St. George's. Es gibt einsame Strände, Naturlehrpfade, herrliche Gärten und ausgefallene Tauchplätze wie den Unterwasser-Skulpturenpark am Moliniere Reef.

St. George's

Den besten Eindruck erhält man von der Insel, wenn man mit dem Segelboot in den Hafen von St. George's einläuft. Er gehört zu den malerischsten Häfen der Karibik, liegt er doch direkt zwischen den steilen Hängen eines erloschenen Vulkans und wird von mehreren Festungen bewacht.

Eine Anhöhe gliedert die Stadt in zwei Teile; die ein viktorianischer Tunnel seit 1895 verbindet. Auf der Hafenseite liegt der hufeisenförmige **Carenage**, dahinter erstreckt sich die Uferpromenade mit Läden und Restaurants. Die Werften, in denen man einst die Schiffskiele reinigte, gaben dem Hafen den Namen und dienen heute als Anleger für Frachter, Fähren und Fischerboote aus dem nahe gelegenen Carriacou.

Im Schatten der Anhöhe steht das **Grenada National Museum,** das seine Sammlung in der ehemaligen französischen Kaserne von 1704 präsentiert. Präkolumbische Funde und Objekte aus der Kolonialzeit vermitteln die Geschichte der Insel; auch die Intervention von 1983 ist ausführlich dokumentiert.

In der Nähe des Museums befindet sich der 107 Meter lange **Sendall Tunnel**, der durch den Berg zur **Esplanade** an der Bucht von St. George's führt. **Fort George**, die heutige Polizeiwache, überragt die Hafeneinfahrt.

Der **Marktplatz** ist nur einen Häuserblock vom Minibusdepot am Ufer entfernt. Am meisten Trubel herrscht am Samstagvormittag, wenn Frauen mit Kopftüchern und leuchtend bunten Kleidern frisches Obst und Gemüse sowie Gewürze auf ihren Matten ausbreiten.

Wer den steilen Market Hill hinaufsteigt, gelangt zur **Church Street**, in der sich einige von St. George's schönsten alten Häusern an den Berghang schmiegen. 2004 wurden das **York House** (18. Jh.), Sitz des Parlaments und Obersten Gerichtshofs, sowie die **St. George's Anglican Church** (1825) durch Hurrikan Ivan stark beschädigt. Beide befinden sich im Wiederaufbau. Die Lucas Street führt am **Government House** vorbei zum stark verfallenen **Fort Matthew** und dem besser erhaltenen **Fort Frederick**.

INSIDERTIPP

Wenn Sie den Skulpturenpark am Molinière Reef am frühen Morgen besuchen, spiegeln sich die leuchtenden Farben der Korallen und Schwämme auf den Statuen.

JASON DECAIRES TAYLOR
Unterwasserbildhauer und -fotograf

Grand Anse & die Südküste

Nur drei Kilometer südlich von St. George's liegt Grand Anse, der wichtigste Urlaubs-

Grenada National Museum
- Monckton St. (bei der Long St.)
- 473/440-3725
- Geschl. Sa nachm., So
- $

Fort George
- Church St.

ort der Insel. Einige Hotels säumen den drei Kilometer langen weißen Strand mit Blick auf das Karibische Meer. Schwimmer können sich ohne Gefahr ins Meer wagen, das Gleiche gilt für Windsurfer, Kajaks und Schlauchboote. Wasserski und Parasailing stehen bei einigen Anbietern auf dem Programm, und Tauchschulen veranstalten Fahrten zu den Riffen vor Molinière Point nördlich von St. George's, dem unterseeischen Vulkan Kick'em Jenny und dem Wrack der *Bianca C.*

Westlich von Grand Anse liegt auf dem Weg zur Inselspitze bei Point Salines in einer geschützten Bucht der **Morne Rouge Beach**. Auch der **Dr. Grooms Beach**, der **Magazine Beach** und der **Pink Gin Beach** unterhalb eines bekannten Badehotels ziehen viele Urlauber an. Direkt bei den Felsen am Rande des **Tamarind Beach** vermietet eine freundliche Bar mit Restaurant auch Kajaks und Schnorchelausrüstungen. Am Südufer der Halbinsel liegen weitere Hotels und Apartments, während in der geschützten **Prickly Bay** und am schmalen Strand der **Anse aux Epines** Privathäuser überwiegen.

Die Hauptstraße verläuft von St. George's und den Stränden aus weiter nach Osten und biegt dann ins Landesinnere mit seinen Zuckerrohrfeldern und steilen, bewaldeten Bergen ab. Einen Abstecher lohnen die **Bay Gardens,** in denen über 5000 tropische Pflanzenarten gedeihen. An der Straße

Das neue schwarze Gold

Jahrhundertelang bauten Pflanzer auf den karibischen Inseln auf dem reichen vulkanischen Boden kleine Mengen Kaffee für den Eigenbedarf an (mit Ausnahme von Jamaika, dessen Blue-Mountain-Kaffee in alle Welt exportiert wird). In jüngster Zeit wird nun auf den Windwards auch Kakao angebaut. Schokoladenliebhaber werden sich auf dem Belmont Estate *(Tel. 473/442-9524, Sa geschl.)* wie im Himmel fühlen. Die 400 Jahre alte Plantage liegt 20 Kilometer nördlich von St. George's. Die hier kultivierten Trinitario-Kakaobohnen geben einen geringen Ertrag, sind aber fantastisch im Geschmack.

Führungen folgen dem Prozess der Kakaoherstellung vom Feld bis zur Trocknungsanlage. Es gibt auch ein kleines Museum, und das kreolische Mittagsbüfett im Herrenhaus sollten Sie keinesfalls versäumen.

Nach der Trocknung werden die Kakaobohnen zur nahen **Grenada Chocolate Company,** Hermitage *(Tel. 473/442-0050, geschl. Sa, So, www.grenadachocolate.com)* gebracht, einem eigenwilligen, aber erfolgreichen Unternehmen, dass 1999 von Mott Green gegründet wurde. Hier werden die Bohnen geröstet, gemahlen, gemischt und zu dunklen Schokoladentafeln verarbeitet oder als Kakaopulver verpackt. Die preisgekrönten Produkte werden auf der Insel verkauft und in alle Welt exportiert.

Ein Führer erklärt die traditionelle Muskatnussverarbeitung – Grenada zählt zu den weltweit wichtigsten Produzenten dieses Gewürzes

nach Windsor Castle liegt der **Laura Herb & Spice Garden**, in dem hochwertige Kräuter und Gewürze für den Export angepflanzt werden. In der **Westerhall Rum Distillery** können Sie wochentags an einer Führung durch die Fabrik teilnehmen und einige alte Geräte zur Rumfabrikation bestaunen.

Auf halber Höhe der Küste zweigt eine Straße zum **La Sagesse Nature Centre** ab. Folgen Sie dem holprigen Weg zum Strand, vorbei an sorgfältig gepflegten Gemüsegärten. Das Naturzentrum besteht in erster Linie aus einer netten Pension und einem Restaurant im Freien, die an einem hübschen Strand neben einem kleinen rosafarbenen Herrenhaus auf Gäste warten.

Der Norden & das Zentrum

Wenn Sie die Insel genauer erkunden möchten, bietet sich eine Rundfahrt im Uhrzeigersinn durch den Norden und zurück durch die Berge im Landesinnern nach St. George's an. Besonders beeindruckend ist die Vielfalt der Landschaft, mit Mangrovensümpfen, Bergregenwäldern, kleinen Dörfern und Gewürzplantagen mit Muskatnussfabriken.

In Concord weisen Schilder den Weg zu den **Concord Falls** im Landesinnern. Hinter Gewürz- und Kakaoplantagen taucht der untere der drei Fälle auf. 30 Minuten dauert die anstrengende Wanderung von hier zum zweiten Fall, eineinhalb Stunden zum obersten Fall. Bei

Bay Gardens
289 B2
Morne Delice, St. Paul's
473/435-4544

Laura Herb & Spice Garden
289 C2
Perdmontemps, St. David's
473/443-2604
Geschl. Sa, So
$

Grenada Nutmeg Cooperative
- 289 B4
- Gouyave
- Sa & So geschl.
- $

Grand Étang National Park Center
- 289 C3
- Grand Étang
- 473/440-6160
- $

beiden besteht die Möglichkeit zu baden. Der Pfad (4,5 Std.) soll bis zum Grand Etang (siehe Kasten S. 294) verlängert werden.

Zurück auf der Hauptstraße, sollten Sie südlich des Fischerdorfs Gouyave rechts Ausschau nach dem **Dougaldston Estate** halten. In einer Scheune erfahren Sie allerlei über den Anbau von Muskat. In Gouyave sitzt die **Grenada Nutmeg Cooperative**, die Besucher ebenfalls über das Hauptexportprodukt der Insel informiert.

Wandern im Grand Étang National Park

Der Nationalpark im Zentrum der Insel bietet die besten Wandermöglichkeiten auf Grenada. Der **Mount Qua Qua Trail,** ein dreistündiger Rundweg vom Parkzentrum durch Waldgebiete zum felsigen Gipfel des Mount Qua Qua, erfordert mittlere Kondition. Anstrengender ist der **Concord Trail,** der vom Mount Qua Qua weitere drei Stunden bis zu den Concord Falls führt.

Die beliebten **Honeymoon Falls** und die **Seven Sisters Falls** sollten Sie in Begleitung eines Führers aufsuchen. Wenden Sie sich an **Henry's Safari Tours** *(Tel. 473/444-5313, www.henrysafari.com, $$$$$)* oder **Telfor Bedeau** *(Tel. 473/442-6200, $$$$$)*, der seit einem halben Jahrhundert im Regenwald von Grenada wandert.

Die Rundstraße durchquert nun die St. Mark's Mountains mit dem **Mount St. Catherine**, Grenadas höchstem Gipfel (840 m). Die unter dem Namen **Morne des Sauteurs** (Springerberg) bekannte Klippe an der Nordküste schrieb traurige Geschichte: Hier stürzten sich 1651 die letzten Kariben der Insel in den Tod (siehe S. 288). Das **Morne Fendue Plantation House** *(Reservierung erforderlich, Tel. 473/442-9330)* südlich der Klippe eignet sich hervorragend zum Mittagessen.

Der **Levera National Park** *(Karte 289 D4)* im Nordosten der Insel umfasst Mangrovensümpfe und goldgelbe Sandstrände, an denen Karettschildkröten im Sommer (April–Juni) ihre Eier ablegen. Besser schwimmen können Sie jedoch am nahen **Bathway Beach**. Der **Levera Pond** eignet sich zur Vogelbeobachtung.

Oberhalb der Atlantiküste biegt die Hauptstraße ins Inselinnere ab und passiert nun zunächst die Landstädtchen Mt. Rose, Tivoli und Paradise. Hinter **Grenville,** dem zweitgrößten Ort Grenadas, steigt der Weg allmählich an bis zum Regenwald des **Grand Étang National Park**. Jenseits der Straße gelangt man nach 90 Minuten Wanderung zum Kratersee **Grand Etang**. Längere Touren zum Mount Qua Qua und zu den Concord Falls beginnen ein Stück westlich des Parkzentrums.

Auf dem Rückweg nach St. George's laden die **Annadale Falls**, ein neun Meter hoher Wasserfall, zum Baden. ■

Carriacou

Auf der größten Insel der Grenadinen können Besucher beim traditionellen Bootsbau zusehen, die fantasievolle einheimische Kunst kennenlernen oder einfach die abgelegenen weißen Sandstrände genießen.

Ein Einheimischer kümmert sich um seine Ziegen

Rund 37 Kilometer nördlich von Grenada (3 Std. mit der Fähre oder etwa 90 Min. mit dem Katamaran) liegt Carriacou, die größte Grenadineninsel (13 mal 8 Kilometer), mit 7000 Bewohnern.

Die Kariben tauften das hügelige, trockene Eiland mit den schönen Stränden „Land der Riffe" – und in der Tat kommen Schnorchler und Taucher vor der Küste auf ihre Kosten. Auf Carriacou wuchsen einst Zuckerrohr und Baumwolle, doch nach dem Niedergang der Plantagenwirtschaft im 19. Jahrhundert betätigten sich die Inselbewohner als Fischer, Bootsbauer und Schmuggler. Die winzige Hauptstadt **Hills-**

INSIDERTIPP

Während der Schulferien gibt es improvisierte Bootsbauschulen, die vom Kulturministerium für Jugendliche eingerichtet werden.

LARRY PORGES
Redakteur,
NATIONAL GEOGRAPHIC BOOKS

Carriacou
261 B2
Besucherinformation
Main St., Hillsborough
473/443-7948
www.carriacoupetitemartinique.com

Petite Martinique

Martiniques kleine Schwester besteht aus einem Vulkankegel, der vier Kilometer nordöstlich von Carriacou aus dem Meer emporragt. Fähren pendeln in 20 Minuten von Hillsborough zur Insel, am Wochenende häufiger als an Werktagen.

Die rund 900 Einwohner von Petite Martinique leben in und um die einzige Siedlung, Paradise. Die meisten verdienen ihr Geld mit Fischfang und Bootsbau. Für Touristen gibt es ein oder zwei kleine Pensionen. Außer zur Karnevalszeit im Frühling können Touristen eigentlich nur mit dem Taxi die drei Kilometer lange Hauptstraße entlangfahren oder vor einem der schönen Strände schnorcheln.

borough mit Restaurants und einigen Läden liegt direkt am Wasser. Das **Carriacou Museum** *(Paterson St., geschl. Sa, So)* präsentiert indianische Funde und Überbleibsel aus der Kolonialzeit. Außerdem zeigt es eine Ausstellung mit Werken des Künstlers Canute Calliste (1914-2005). Seine humorvollen, lebendigen Inseldarstellungen – Bootsbauer, Karnevalsbesucher, Fischerboote und die für ihn typischen Nixen – malte er mit Acrylfarbe auf Hartfaserplatten.

Eine Hütte im Küstenort Windward. Vor der Küste liegt die Insel Petite Martinique

Direkt nördlich des Ortes bei Bogles betreibt die **KIDO Foundation** *(Tel. 473/443-7936, www.kido-projects.org)* ein Tierrettungsprojekt. Besucher sind willkommen und können gerettete Schildkröten, verletzte Vögel und Reptilien sehen, die hier gepflegt und dann wieder ausgewildert werden. Während der Legezeit von März bis Oktober können Besucher sich nächtlichen Strandpatrouillen anschließen, die für die Sicherheit der Karettschildkrötenweibchen sorgen.

In der **Anse la Roche** weiter nördlich verbirgt sich ein kleiner geschützter Strand. An der Ostküste bietet das Dorf **Windward** Gelegenheit, den Bootsbauern zuschauen, die das weiße Zedernholz der Insel verarbeiten.

Südlich von Hillsborough liegt der palmengesäumte **Paradise Beach,** der seinem Namen alle Ehre macht.

An der Südwestküste befindet sich der Yachthafen **Tyrrel Bay,** an dem es mehrere schlichte Restaurants gibt. ■

Fantastische Strände, luxuriöse Unterkünfte und interessante Sehenswürdigkeiten bietet das Tor zu Westindien

Barbados

Erster Überblick 298–300

Bridgetown 301–303

Special: Zucker 304–305

Herrenhäuser & Gärten 306–308

Die Südküste 309

Weitere Sehenswürdigkeiten auf Barbados 310–312

Erlebnis: Tauchen 311

Hotels & Restaurants 381–382

Ein palmenbestandener Strand in Bathsheba auf Barbados

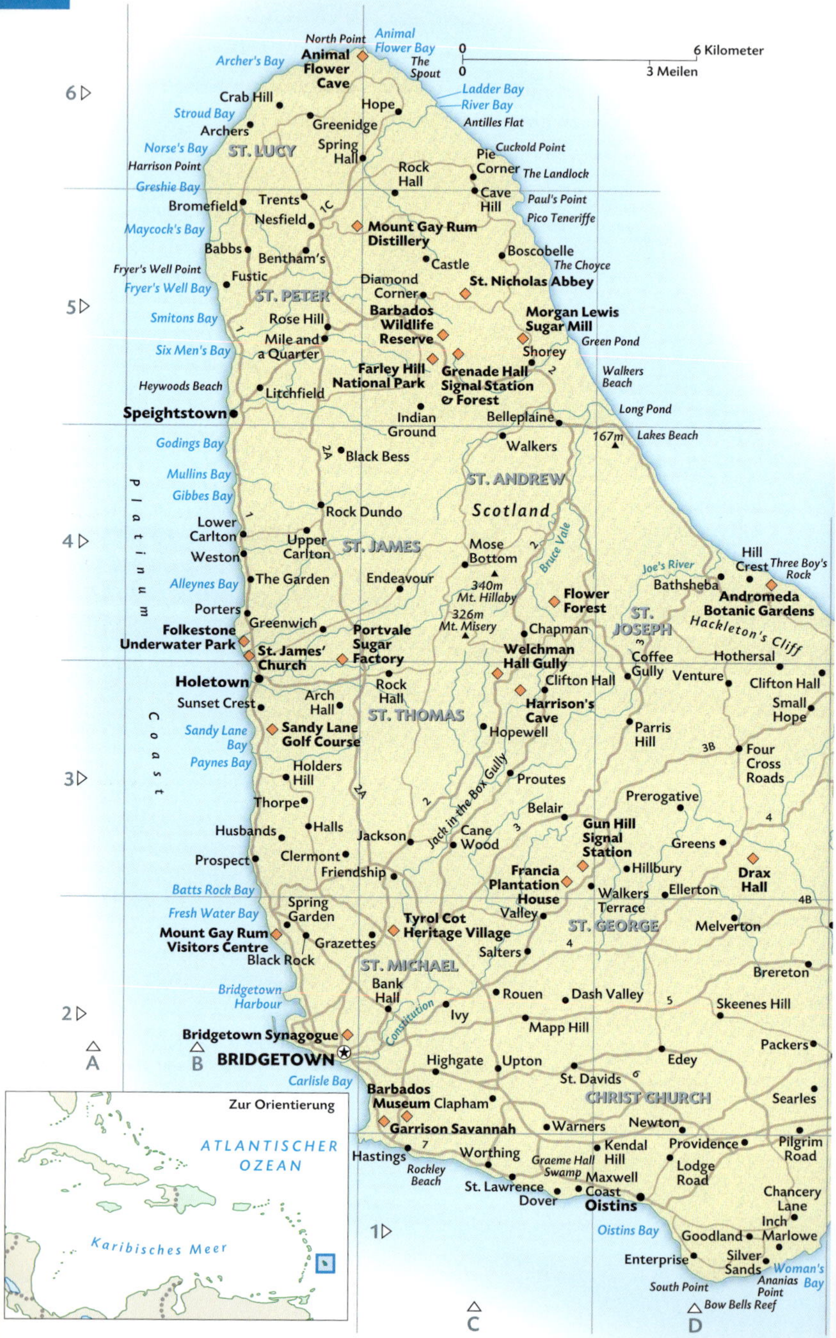
North Point
Animal Flower Bay
Animal Flower Cave
The Spout
0 6 Kilometer
0 3 Meilen
Archer's Bay
Crab Hill
Hope
Ladder Bay
River Bay
Antilles Flat
Stroud Bay
Greenidge
Archers
Norse's Bay
ST. LUCY
Spring Hall
Harrison Point
Pie Corner
Cuckold Point
Rock Hall
The Landlock
Greshie Bay
Cave Hill
Paul's Point
Trents
Bromefield
1C
Pico Teneriffe
Nesfield
Mount Gay Rum Distillery
Maycock's Bay
Babbs
Boscobelle
Bentham's
Castle
The Choyce
Fryer's Well Point
Fustic
Diamond Corner
St. Nicholas Abbey
Fryer's Well Bay
ST. PETER
Barbados Wildlife Reserve
Morgan Lewis Sugar Mill
Smitons Bay
Rose Hill
Green Pond
Mile and a Quarter
Six Men's Bay
Shorey
Farley Hill National Park
Grenade Hall Signal Station & Forest
Walkers Beach
Heywoods Beach
Litchfield
Long Pond
Speightstown
Indian Ground
Belleplaine
167m
Lakes Beach
Godings Bay
Walkers
Black Bess
2A
Mullins Bay
ST. ANDREW
Platinum Coast
Gibbes Bay
Scotland
Rock Dundo
Lower Carlton
Upper Carlton
ST. JAMES
Mose Bottom
Bruce Vale
Weston
Joe's River
Hill Crest
Three Boy's Rock
Alleynes Bay
The Garden
Endeavour
340m Mt. Hillaby
Bathsheba
Flower Forest
Andromeda Botanic Gardens
Porters
326m Mt. Misery
ST. JOSEPH
Hackleton's Cliff
Greenwich
Folkestone Underwater Park
Portvale Sugar Factory
Chapman
St. James' Church
Welchman Hall Gully
Coffee Gully
Hothersal
Holetown
Rock Hall
Clifton Hall
Venture
Clifton Hall
Sunset Crest
Arch Hall
Harrison's Cave
Small Hope
ST. THOMAS
Sandy Lane Bay
Sandy Lane Golf Course
Hopewell
Parris Hill
3B
Four Cross Roads
Paynes Bay
Holders Hill
Jack in the Box Gully
Proutes
Thorpe
Prerogative
Belair
Husbands
Halls
Gun Hill Signal Station
Jackson
Cane Wood
Greens
Prospect
Clermont
Friendship
Francia Plantation House
Hillbury
Drax Hall
Batts Rock Bay
Walkers Terrace
Ellerton
Spring Garden
Valley
Fresh Water Bay
Tyrol Cot Heritage Village
ST. GEORGE
Melverton
Mount Gay Rum Visitors Centre
Grazettes
Black Rock
Salters
ST. MICHAEL
Brereton
Bridgetown Harbour
Bank Hall
Rouen
Dash Valley
Skeenes Hill
Ivy
Constitution
Mapp Hill
Bridgetown Synagogue
Packers
BRIDGETOWN
Highgate
Upton
Edey
Carlisle Bay
St. Davids
Barbados Museum
Clapham
CHRIST CHURCH
Searles
Garrison Savannah
Warners
Newton
Hastings
Rockley Beach
Worthing
Graeme Hall Swamp
Kendal Hill
Providence
Pilgrim Road
Lodge Road
Maxwell
St. Lawrence
Dover
Coast
Oistins
Chancery Lane
Oistins Bay
Inch Marlowe
Goodland
Enterprise
Silver Sands
Woman's Bay
South Point
Anarias Point
Bow Bells Reef
A
B
C
D
Zur Orientierung
ATLANTISCHER OZEAN
Karibisches Meer

Barbados

Barbados liegt 160 Kilometer östlich von den Inseln über dem Wind mitten im Atlantik. Im Unterschied zu seinen vulkanischen Nachbarn besteht das Eiland aus einem hügeligen Kalksteinmassiv. Aus Ablagerungen unterseeischer Korallenfelsen entstanden die Strände der Platinum Coast, an die es die meisten Touristen zieht. Lässiger und preisgünstiger sind die Ferienorte an der Südküste.

Die Briten regierten auf Barbados 340 Jahre lang ohne Unterbrechung bis zur Unabhängigkeit und hinterließen in der einstigen Zuckerkolonie ihre Spuren. Die Abgeordneten im Parlament geben sich britisch. Auch die Begeisterung für Kricket und den Fünfuhrtee verdankt Barbados dem ehemaligen Mutterland.

Der Name der Insel bezieht sich auf den Feigenbaum mit seinen Luftwurzeln, die an hängende Bärte erinnern. Die Einheimischen nennen die Pflanzen Banyans, portugiesische Seefahrer bezeichneten sie wegen ihres Aussehens als *barbados* (Bärtige). Vor rund 4000 Jahren entdeckten Indianer die Insel, doch als britische Siedler 1627 unweit der heutigen Stadt Holetown an der Westküste vor Anker gingen, war Barbados unbewohnt. Niederländer legten die ersten Plantagen an und führten 1637 Zuckerrohr aus Brasilien ein. Als die Kolonie sich zu entwickeln begann, beschäftigte man zunächst britische Kontraktarbeiter, die jedoch mit dem Klima Probleme hatten, danach folgten

NICHT VERSÄUMEN

Eine Einführung in die Inselgeschichte im Museum, Bridgetown **303**

Den Fünfuhrtee im St. Philip's Sunbury Plantation House **306**

Einen Spaziergang inmitten tropischer Pflanzen im St. Joseph's Flower Forest **307**

Einen Besuch der auf den Klippen liegenden Andromeda Botanic Gardens, St. Joseph **308**

Die feine koloniale Atmosphäre der St. Nicholas Abbey in St. Peter **308**

Die Beobachtung der Affen im St. Peter's Barbados Wildlife Reserve **310** afrikanische Sklaven. Wie überall erlebte die Zuckerindustrie nach der Abschaffung der Sklaverei 1834 ihren Niedergang; und Barbados erlangte schließlich die Unabhängigkeit von Großbritannien.

Das koloniale Herz der Insel schlägt in Bridgetown und im alten britischen Militärhauptquartier, der Garrison Savannah, direkt südlich der Stadt. Geschichtsinteressierte kommen auf Barbados auf ihre Kosten: schöne Beispiele georgianischer Architektur, das historische Holetown (die erste britische Siedlung), restaurierte Plantagenhäuser und Ruinen von Zuckerrohrmühlen.

Ein typischer Tag in Worthing, einem Ferienort auf Barbados

INSIDERTIPP

Weil in den 1930er Jahren den Schwarzen nicht erlaubt wurde, in den Weißen vorbehaltenen Tennisclubs zu spielen, erfanden sie ihr eigenes Spiel: Straßentennis. Die Einheimischen spielen es am Sonntagnachmittag.

CHARLES KULANDER
National Geographic-Autor

Abgesehen von der Hauptstadt Bridgetown und den verschiedenen Ferienorten gibt sich Barbados überwiegend ländlich. Die Insel gliedert sich in elf Bezirke (Christchurch und zehn nach Heiligen benannte). Zuckerrohrfelder und einige Wälder beherrschen das Hinterland der Westküste, Dutzende von kleinen (nicht ausgeschilderten) Landstraßen führen ins Inselinnere. Ein Mietwagen ist perfekt für die Erkundung der Insel, doch nehmen Sie sich genug Zeit, denn das Risiko, sich zu verfahren, ist hoch. Weniger abenteuerlustige Reisende finden ein reiches Angebot an organisierten Sightseeing-Touren; auch eine Rundfahrt mit dem Taxi ist möglich.

Im Nordosten liegt mit dem Mount Hillaby (340 m) der höchste Punkt der Insel; an der Atlantikküste im Osten ragt Hackleton's Cliff (300 m) empor. Die von der Brandung gepeitschte Küste bildet einen starken Kontrast zu den Stränden der Ferienorte. Es gibt kaum touristische Infrastruktur, doch wer die Stille sucht,findet kleine Pensionen.

Dank seiner Höhe bietet der Mount Hillaby den besten Panoramablick auf Barbados, vor allem über die Ost-, West- und Nordküste der Insel. ■

Bridgetown

Die lebhafte Hauptstadt mit rund 100 000 Einwohnern gehört zu den bedeutenden Wirtschaftszentren der Karibik. Das Herz der Stadt schlägt rund um die Careenage, einem kleinen Hafen an der Mündung des Constitution River. Im Jahr 1625 entdeckten die Briten hier eine indianische Brücke. In den Cafés an der Careenage kann man eine Pause einlegen und das bunte Treiben beobachten.

Buntes Treiben an Bridgetowns Careenage mit zahlreichen Cafés

Am Nordufer der Bucht befindet sich der **National Heroes Square**, das koloniale Zentrum der Stadt. Zu den Häusern am Platz, die überwiegend aus Korallenstein erbaut wurden, gehört das Parlamentsgebäude. 1639 trat das Parlament erstmals zusammen, das Bauwerk stammt jedoch aus dem 19. Jahrhundert.

Crop-Over Festival

Der Bajan Summer Carnival geht auf das späte 17. Jahrhundert zurück, als Barbados der größte Zuckerproduzent der Welt war und die Insel ihre erfolgreiche Zuckerernte feierte. Heute beginnen die Vorbereitungen schon Monate vorher mit dem Nähen der farbenprächtigen Kostüme und den Proben für die Calypso-Aufführungen *(den Zeitplan finden Sie auf Webseiten wie www.barbadoscropoverfestival.com oder www.cropoverbarbados.com)*. Ganzjährige Karnevalsstimmung vermittelt die Dinner-Show **Bajan Roots & Rhythms** im Plantation Theatre, St. Lawrence *(Tel. 246/428-5048, www.plantationtheatre.com, $$$$$).*

Hier hat George Washington geschlafen!

Ein verfallenes Plantagenhaus am Garrison Savannah, früher Bush Hill House, jetzt George Washington House *(Tel. 246 228 5461, geschl. So, $$$)*, wurde sorgfältig restauriert, als man feststellte, dass der spätere amerikanische Präsident George Washington in jungen Jahren hier zusammen mit seinem Halbbruder Lawrence zwei Monate verbrachte. Lawrence litt an Tuberkulose und hoffte in den Tropen auf Heilung. Die Reise war die einzige von George Washington, bei der er das amerikanische Festland verließ. Die Küche und die Salons sind im Stil der Zeit ausgestattet, während im Obergeschoss ein Museum Exponate zur Geschichte von Barbados zeigt.

Bridgetown
298 B2
Besucher-information
Bridgetown Harbour
246/427-2623
Geschl. Sa, So
www.visitbarbados.org

Bridgetown Synagogue
Magazine Lane
Geschl. Sa, So
$

Etwas weiter östlich führt die St. Michael's Row zur **St. Michaels Cathedral**, die mehrfach (zuletzt 1831) an der Stelle einer 1625 geweihten Kirche wiedererrichtet wurde. Angeblich suchte George Washington (1732 bis 99) im Verlauf der Reise einen der Vorgängerbauten auf. Washington war gerade einmal 19 Jahre alt, als er am 3. November 1751 in die Carlisle Bay segelte. Damals war Bridgetown die größte englischsprachige Stadt außerhalb Großbritanniens. George und sein Bruder Lawrence wohnten im Bush Hill House in Garrison Savannah (siehe Kasten auf dieser Seite), das der Barbados National Trust restaurierte.

Westlich des National Heroes Square liegt die **Broad Street**, die Haupteinkaufsmeile der Stadt. Zwischen modernen Bürogebäuden und Geschäften finden sich schöne Häuser im Kolonialstil mit schmiedeeisernen Balkonen. Einige Straßen weiter steht an der Magazine Lane die rosa-weiße **Bridgetown-Synagoge**. 1654 errichteten jüdische Immigranten aus Brasilien diese Synagoge. Die jüdische Gemeinde von Bridgetown förderte die Entwicklung der jungen Kolonie und vergrößerte sich bis Mitte des 17. Jahrhunderts beträchtlich. Zu diesem Zeitpunkt gestand Oliver Cromwell (1599–1658) allen in britischen Kolonien lebenden Menschen Religionsfreiheit zu. 1831 wurde die Synagoge von einem Hurrikan zerstört, in ihrer heutigen Gestalt geht die Synagoge auf das Jahr 1833 zurück, viele Gräber auf dem Friedhof sind jedoch deutlich älter

INSIDERTIPP

An Renntagen baden die Stallknechte von der nahe gelegenen Garrison-Savannah-Rennbahn am Pebbles Beach (nördlich von Hilton) ihre Pferde im Meer.

MATT PROPERT
National Geographic-Fotograf

Vom Zentrum aus verläuft der Princess Alice Highway nach Westen zum **Hafen** mit dem Anleger für Kreuzfahrtschiffe.

Im Süden folgt die Bay Street hinter der Chamberlain Bridge und der Careenage (ihr Name kommt daher, dass Schiffe hier zur Reinigung des Kiels auf die Seite gelegt – *careened* – wurden) der Carlisle Bay bis nach **Bayville**, wo in palmengesäumten Straßen hübsche Stadthäuser aus dem 19. Jahrhundert mit typischen Holzschnitzereien die Zeiten überdauert haben.

1,6 Kilometer südlich von Bridgetown liegt die **Garrison Savannah**, ein ehemaliger Paradeplatz. Heute tummeln sich hier Jogger, und an Wochenenden veranstaltet der Barbados Turf Club Pferderennen (Tel. 246/426-3980, www.barbados turfclub.org). In der Nähe der Rennbahn stehen gut erhaltene Gebäude (19. Jh.), u. a. die rote **Main Guard** (Hauptwache). Aus dem 17. Jahrhundert stammt Fort Charles; St. Anne's Fort (1704) wurde niemals fertiggestellt.

Bridgetown an einem strahlend sonnigen Tag

Barbados Museum

Im alten Militärgefängnis befindet sich das Barbados Museum. Der Rundgang beginnt mit einem Überblick über die Naturgeschichte der Insel und die indianischen Ureinwohner. In der Abteilung zur Kolonialgeschichte zeigt die Aall Gallery Landkarten, darunter die zweite Ausgabe einer Karte von Barbados, die Richard Ligon 1657 herausgab.

Die Chancellor Gallery zeigt militärische Memorabilien. In der Cunard Gallery beeindruckt die Sammlung von Stichen (17./18. Jh.). Ansichten der Insel und der bedeutendsten Herrenhäuser hängen neben Porträts von Plantagenbesitzern und jenem von Rachel Pringle, Barbados' berühmtester Puffmutter des 18. Jahrhunderts. ■

Barbados Museum

- 298 C2
- St. Anne's Garrison, St. Michael
- 246/427-0201
- Geschl. So Nachm.
- $$

www.barbmuse.org.bb

Zucker

Auf dem Höhepunkt des Zuckerbooms im 17. und 18. Jahrhundert gehörte Barbados zu den einflussreichsten Inseln der Karibik. Zwei Jahrhunderte lang bestimmte der Zucker das Leben in Westindien; füllte die Geldtruhen der Plantagenbesitzer, beeinflusste die Außenpolitik europäischer Nationen und war Anlass für die Verschleppung zahlloser Menschen aus ihrer Heimat.

Die Ernte des bis zu sechs Meter hohen Zuckerrohrs ist sehr anstrengend

Die Anfänge des Zuckerrohranbaus

Im 16. Jahrhundert eroberten die Spanier auf der Suche nach Gold und Edelsteinen die Neue Welt. Derartige Reichtümer boten die Karibikinseln natürlich nicht. Es galt daher Anbauprodukte zu finden, die innerhalb von Europa nicht gediehen, jedoch die Reise über den Atlantik gut überstanden. Baumwolle, Indigo und Kaffee machten den Beginn, dann warf Tabak gute Gewinne ab, bis neue Plantagen in Virginia den Markt mit hochwertigeren Erzeugnissen sättigten und die karibischen Pflanzer nach einer Alternative suchen mussten.

Christoph Kolumbus hatte Zuckerrohr bereits 1493 zusammen mit anderen Pflanzen versuchsweise auf Hispaniola eingeführt. Obwohl es gut gedieh, brachten niederländische Kolonisten es erst 1630 aus Brasilien nach Barbados.

Anbau & Verarbeitung

Der Anbau von Zuckerrohr erforderte große Flächen, viel Kapital sowie Gebäude und Material zur Verarbeitung. Am wichtigsten waren jedoch die Arbeitskräfte, weshalb man Sklaven aus Westafrika zu importieren begann. Sie mussten zunächst das Land urbar machen, dann galt es, Felder rund um eine Mühle und weitere Verarbeitungseinrichtungen anzulegen. Nach frühestens 18 Monaten konnte man die erste Ernte einbringen. Die Niederländer führten jedoch das *ratooning* ein, eine billigere, schnellere Methode: Sie verwendeten Schösslinge, die aus den Wurzeln des Zuckerrohrs der vorangegangenen Saison sprossen, und konnten auf diese Weise bereits nach einem Jahr ernten.

Während der Trockenzeit (Jan.–Mai) schnitten die Sklaven das Zuckerrohr von Hand und brachten es zur Mühle, die mit Wind- oder Wasserkraft, von Tieren oder Menschen angetrieben wurde. Schwere Walzen zerkleinerten das Zuckerrohr; das Abfallprodukt, die Bagasse, wurde entfernt, während der Zuckerrohrsaft in Kupferkessel strömte. Nach und nach floss er in immer kleinere Behälter mit jeweils höherer Temperatur, wobei man Verunreinigungen herausfilterte. Aus dem letzten Kessel schöpfte man den flüssigen Sirup schließlich in hölzerne Kühlfässer, wo sich die Zuckerkristalle von der Melasse absetzten. Letztere bildete den Grundstoff für die Rumproduktion, den Rohzucker hingegen füllte man in große Fässer für den Transport nach Übersee.

Boom & Crash

Zu Beginn des 18. Jahrhunderts profitierten Briten und Franzosen im gleichen Maß vom Zuckerhandel. Beide Nationen kämpften erbittert um eine Vorrangstellung auf dem Markt. Der Pariser Friede von 1814 schlug Großbritannien eine Reihe ehemals französischer Besitzungen in Westindien zu. Der plötzliche Überschuss an Zucker führte jedoch zu einem drastischen Preisverfall in England. Die Franzosen bauten dagegen verstärkt im eigenen Land die bereits seit der Römerzeit bekannte Zuckerrübe an und produzierten nach der Entdeckung einer neuen Verarbeitungsmethode ab 1812 wesentlich billigeren Zucker als zuvor. Die Zuckerrübe verbreitete sich in ganz Europa, gleichzeitig wurde der Ruf nach Abschaffung der Sklaverei immer lauter. Ab 1840 erlebte die Zuckerproduktion in Westindien ihren Niedergang. Nur große Inseln wie Barbados, Jamaika und Trinidad überlebten den Zusammenbruch und beschäftigten fortan Kontraktarbeiter.

INSIDERTIPP

Die Nachkommen irischer und englischer „Redlegs" – weißer Sklaven, die auf den Zuckerplantagen arbeiteten – leben noch in den Hügeln des östlichen Barbados.

LARRY PORGES
Redakteur, National Geographic Books

Die Herkunft des Zuckers

Ursprünglich stammt das Zuckerrohr aus Indien, eine noch frühere Herkunft aus Polynesien ließ sich nicht nachweisen. Persische Eroberer entdeckten das Zuckerrohr und das Geheimnis des „Honigs ohne Bienen" um 510 v. Chr. und führten es im Nahen Osten ein. Einige Jahrhunderte später priesen Griechen und Römer es als Luxusgut und Medizin. Im Mittelalter gedieh es in kleinen Mengen im Mittelmeerraum. Als die Kreuzfahrer es 1099 aus Syrien nach England brachten, galt es noch als seltene und teure Alternative zu Honig.

Herrenhäuser & Gärten

Wunderschöne Herrenhäuser und üppige tropische Gärten kennzeichnen das koloniale Erbe von Barbados. Die Plantagenbesitzer bauten herrliche Villen und Residenzen, die ihren sozialen Status und Reichtum widerspiegeln sollten. Mit ihren Nachbarn rivalisierten sie um die erlesensten Stilelemente und teuersten Ausstattungsstücke.

Das Sunbury Plantation House entstand in den 1660er Jahren

Sunbury Plantation House
299 E2
St. Philip
246/423-6270
$$
www.barbadosgreathouse.com

Das südliche Kernland

Das hügelige Landesinnere im Süden von Barbados beginnt östlich von Bridgetown und endet nördlich des Grantley Adams Airport. Zuckerrohr und Rum, die beiden ökonomischen Eckpfeiler der Insel, prägen hier die Atmosphäre. Sehenswerte Anwesen erinnern an drei Jahrhunderte Plantagenwirtschaft. Eines davon ist das **Sunbury Plantation House**. Das 350 Jahre alte Gebäude war bis zu den 1980er Jahren in Privatbesitz und strahlt dank der täglich frisch geschnittenen Blumen und der Pflanzenkübel zwischen den mächtigen Mahagonimöbeln noch immer eine entspannte Gemütlichkeit aus. Beeindruckend sind auch das alte Porzellan und Silber. Im Obergeschoss kann man einen Blick in die Schlafzimmer werfen, wo viktorianische Kleider ausgebreitet auf den Himmelbetten liegen. Im ehemaligen Vorratskeller präsentiert eine kleine Sammlung altes Werkzeug und Haushaltsgerät. Das Gartenrestaurant lädt zum Mittagessen oder Nachmittagstee ein. Im Herrenhaus selbst finden nach Vereinbarung Plantagendinner bei Kerzenschein statt.

Etwas weiter westlich steht das älteste Anwesen der Region, die Drax Hall aus dem 17. Jahrhundert. Sie öffnet ihre Tore für Besucher unter der Schirmherrschaft des Barbados National Trust's Open House Programme (siehe rechts).

Das Hochland

Das zentrale Hochland von Barbados erstreckt sich östlich der Platinum Coast. Da die hügelige Landschaft keine großflächigen Plantagen zuließ, wirkt die Gegend deutlich unberührter.

Wenn Sie von Holetown aus acht Kilometer an der Westküste entlangfahren, gelangen sie zum **Welchman Hall Gully**. Die um 1860 als botanischer Lehrpfad angelegte, dicht bewaldete Schlucht entstand durch den Einbruch einer Kalksteinhöhle, die zum verzweigten Netz der unterirdischen Kammern von Harrison's Cave gehört (siehe S. 311). Inmitten der faszinierenden Felsformationen wachsen unter riesigen Bäumen und mächtigen Bambuswäldern über 200 Arten exotischer Pflanzen und Blumen.

Eine üppige Fülle tropischer Pflanzen bietet auch der 20 Hektar große **Flower Forest** nur drei Kilometer nordöstlich des Welchman Hall Gully. Er gehört zum Bezirk Scotland und gibt schöne Blicke über die Hügel auf den weiten blauen Atlantik frei. Steile Pfade führen zu einem grasbewachsenen Aussichtspunkt.

Wer Orchideen mag, sollte die rund 2,6 Hektar große **Orchid World** bei Gun Hill nicht verpassen. Etwa 20 000 Orchideen zeigen die Vielfalt und Farbenpracht dieser Pflanzenfamilie.

Barbados Open House

Zahlreiche, für Barbados historisch bedeutende Häuser befinden sich im Privatbesitz. Damit trotzdem möglichst viele historische Stätten von einem breiten Publikum besucht werden können, gibt es das alljährlich stattfindende Open House Programme (Jan.–April). Es bietet verschiedene Anreize für Privatbesitzer ihre Häuser für einige Stunden zu öffnen. In jüngster Zeit waren auch die Residenz des Premierministers sowie moderne Bauten in der exklusiven Sandy Lane zugänglich. Auskünfte beim Barbados National Trust ***(Wildey House, Wildey, St. Michael, Tel. 246/426-2421 oder www.thebarbadosnationaltrust.com, $$$$$).***

Welchman Hall Gully
- 298 C3
- Welchman Hall, St. Thomas
- 246/438-6671
- $$$

Flower Forest
- 298 C4
- St. Joseph
- 246/433-8152
- $$$

Orchid World
- 298 D3
- Groves, St. George
- 246/433-0306
- $$$ (reduziertes Kombiticket mit dem Flower Forest)

Andromeda Botanic Gardens
- 298 D4
- Bathsheba, St. Joseph
- 246/433-9261
- $$$

St. Nicholas Abbey
- 298 C5
- Cherry Tree Hill, St. Peter
- 246/422-8725
- Geschl. Sa
- $$$

Von der nahe gelegenen Gun Hill Signal Station (siehe S. 311) reicht der Blick bis zur Küste. An die Station grenzt das Francia Plantation House (frühes 20. Jh.).

Die Nordostküste

Das hügelige Bergland endet abrupt an den steilen Klippen der Ostküste.

Die beeindruckenden **Andromeda Botanic Gardens** liegen 6,5 Kilometer östlich des Flower Forest und sind für ihre einzigartige Sammlung tropischer Blumen international bekannt. 1954 bepflanzte Mrs. Iris Bannochie das 2,5 Hektar große Anwesen mit Orchideen, Helikonien, Hibiskus und Bougainvilleen. Dazwischen legte sie Lauben, Teiche und schattige Fleckchen mit Farn und Zierblättern an.

Eine schmale Straße verläuft an der dünn besiedelten, von langen Stränden gesäumten Ostküste nach Norden. 14,5 Kilometer nördlich der Andromeda Botanic Gardens steht die **St. Nicholas Abbey**. In der Karibik gibt es nur wenige Baudenkmäler aus der Zeit um 1650, weshalb Sie das Gebäude, das übrigens nie sakralen Zwecken diente, unbedingt besichtigen sollten. Ein Führer begleitet die Gäste durch die mit dunklem Holz vertäfelten und mit antiken Möbeln ausgestatteten Räume. Ein Film, der Bridgetown und das Leben auf den Plantagen in den 1930er Jahren zeigt, rundet den Besuch ab. Man kann durch die Gärten bummeln, eine Allee von 250 Jahre alten Mahagonibäumen entdecken und Schluchten erkunden. Auf dem Anwesen wird wieder Rum hergestellt, eine Dampfmühle ist zur Erntezeit (Feb.–Mai) in Betrieb. ■

INSIDERTIPP

Achten Sie auf den giftigen Manchinelbaum (viele sind mit einem roten „X" gekennzeichnet) – wer bei Regen unter einem solchen Baum steht, kann davon schon Hautausschlag bekommen.

CHARLES KULANDER
NATIONAL GEOGRAPHIC-Autor

Blütenpracht in den Andromeda Botanic Gardens

Die Südküste

Hinter der Garrison Savannah (siehe S. 303) an der Südwestspitze von Barbados durchquert die Straße die Region Christchurch mit ihren Ferienorten.

Zwischen Hastings und Worthing an der Südküste

Hastings, Worthing und **Dover** säumen die reizvollen Strände der Südküste. **St. Lawrence** auf halbem Weg zwischen Worthing und Dover ist für gutes Essen und ein interessantes Nachtleben bekannt. In Worthing führt ein Holzsteg über den Sumpf des **Graeme Hall Bird Sanctuary** mit schönen Ausblicken auf die größte Binnenwasserfläche der Insel. Hinter dem Fischerhafen **Oistins** erstreckt sich der **Silver Sands Beach**, besonders beliebt bei Windsurfern. Weiter östlich liegen die geschützten Strände von Foul Bay, Crane Bay und Long Bay, die von **Sam Lord's Castle**, einem Hotel, überragt wird.

Die meisten Besucher verzeichnet der touristische **Heritage Park & Foursquare Rum Destillery** in Six Cross Roads. Die Südküste endet am Ragged Point, wo die Atlantikwellen an die Felsen unterhalb des East Point Lighthouse schlagen. ■

Heritage Park & Foursquare Rum Distillery

299 E2

Foursquare Plantation, St. Philip

246/420-1977

Rumpunsch

Auf den französischen Inseln beschäftigt sich ein ganzer Erwerbszweig damit, Rum zu lagern und zu veredeln. Die größten Hersteller datieren ihre Produkte ähnlich wie Wein nach Jahrgängen. Die Pflanzer tranken am liebsten Rumpunsch, der dem Alkohol die Schärfe, nicht aber den Geschmack nahm. Das traditionelle Rezept besteht aus einem Teil Zitronen- oder Limonensaft, zwei Teilen Zuckerrohrsirup, drei Teilen Rum und vier Teilen Wasser.

Weitere Sehenswürdigkeiten auf Barbados

Es gibt keinen Grund, sich auf Barbados zu langweilen: Dutzende historischer Sehenswürdigkeiten und faszinierender Naturphänomene locken. Kein Weg ist weit, egal ob zur regionalen Architektur im Tyrol Cot Heritage Village, zum Erbe von Zucker und Rum oder zu Agutis und Seeanemonen.

Auf 213 Meter Höhe liegt die Gun Hill Signal Station

Animal Flower Cave
- 298 B6
- St. Lucy
- 246/439-8797
- $$

Barbados Wildlife Reserve & Grenade Hall Signal Station & Forest
- 298 C5
- Farley Hill, St. Peter
- 246/422-8826
- $$$

Codrington College
- 299 E3
- St. John
- 246/423-1140
- $

Animal Flower Cave

An der Nordspitze der Insel haben die Wellen eine unterirdische Höhle aus dem Stein gewaschen, in der Dutzende farbiger Seeanemonen in Felsenbecken leben. Die Besucher können hier – schwimmend – beobachten, wie die Nesseltiere ihre winzigen Tentakel ausstrecken.

Barbados Wildlife Reserve, Grenade Hall Signal Station & Forest

Bei der ersten der drei Sehenswürdigkeiten, dem Barbados Wildlife Reserve, handelt es sich um einen Tierpark in einem 1,5 Hektar großen Mahagoniwald. Nicht nur Kinder freuen sich, wenn sie Meerkatzen, Hirsche, Stachelschweine oder Agutis (hasenähnliches Nagetier) erspähen. Außerdem gibt es ein Leguangehege, eine begehbare Voliere, ein Kaimanbecken und ein Vivarium mit einem Python.

Jenseits des Parkplatzes steht die Grenade Hall Signal Station, einer von sechs Wachtposten, die zu Beginn des 19. Jahrhunderts zur Überwachung der Sklaven erbaut wurden. Wenn sich eine Revolte anbahnte oder feindliche Schiffe anrückten, gaben die Posten mit der Signallampe Zeichen.

Im angrenzenden Grenade Hall Forest vermitteln Naturlehrpfade einen Eindruck davon, wie Barbados bei Ankunft der ersten europäischen Siedler aussah. Die am Wegesrand gepflanzten einheimischen Arten sind an Schildern zu erkennen

Der nahe gelegene **Farley Hill Park** mit Arboretum auf dem Areal einer ehemaligen Plantage eignet sich gut für ein Picknick.

Codrington College

Am Ende einer von Palmettopalmen gesäumten Allee erhebt sich die imposante Fassade des anglikanischen Kollegs, das 1743 mit Geldern aus dem Nachlass von Christopher Codrington (1668–1710) gegründet wurde. Der Generalgouverneur der Inseln unter dem Winde stammte von einer der ältesten Siedlerfamilien auf Barbados ab. Besucher können Teile des Kollegs besichtigen, um das Wohnhaus des Leiters herumgehen, in dem Codrington im 17. Jahrhundert aufwuchs, und durch die Gärten schlendern, die sich bis zur Consett Bay hinunterziehen. Auf dem Rückweg führt ein kurzer Pfad durch ein kleines Gehölz und an einem hübschen Teich mit Seerosen vorbei.

Gun Hill Signal Station

Von diesem Beobachtungsposten in strategisch günstiger Lage, 213 Meter über dem Meer, blickt man weit über die Insel. Ab dem Jahr 1697 diente er als Ausguck, später wegen der kühlen Brise, die hier stets weht, auch als Erholungsort für Genesende. Am Fuß des Hügels steht die Skulptur eines weißen Löwen, das Symbol des britischen Militärs.

Harrison's Cave

Zu den beliebtesten Attraktionen der Insel gehört eine Fahrt im Minizug durch ein Höhlensystem, das ein unterirdischer Fluss in den Kalkstein gegraben hat. Die Passagiere müssen Schutzhelme aufsetzen und fahren anschließend durch eine Reihe von geheimnisvoll beleuchteten Tropfsteinhöhlen mit Stalaktiten und Stalagmiten. Es dauert etwa 100 Jahre, bis die Tropfen einen einzigen Kubikzentimeter festen Kalkstein gebildet haben, und doch sieht man hier mächtige, miteinander verwachsene Pfeiler, die vom Boden bis zur Decke reichen. Aus zwölf Metern Höhe stürzt an anderer Stelle ein Wasserfall in einen unterirdischen See.

ERLEBNIS: Tauchen

Sie können die Unterwasserwelt bei einem Tauchgang oder im Rahmen einer geführten Tour mit Atlantis Submarines *(Tel. 246/436-8929, www.barbados.atlantissubmarines.com, $$$$$)* kennenlernen. Eine kurze Bootsfahrt bringt Sie zum Mini-U-Boot Atlantis mit 48 Plätzen. Es taucht ab zu Riffen und Wracks in 46 Metern Tiefe. Die Tauchgänge (Tages- und Nachtfahrten) dauern 45 Minuten.

Die Höhle liegt am Ende des Welchman Hall Gully Botanic Walk (siehe S. 307).

Morgan Lewis Sugar Mill

Einst standen auf Barbados Hunderte von Zuckermühlen, und noch heute sieht man viele verlassene oder verfallene Exemplare.

Die 250 Jahre alte Morgan-Lewis-Mühle war noch bis 1944 in Betrieb. Die älteste Mühle im karibischen Raum gehört heute zu den 100 am meisten gefährdeten historischen Stätten der

Gun Hill Signal Station
- 298 C3
- Gun Hill, St. George
- 246/429-1358
- Geschl. So
- $$

Harrison's Cave
- 298 C3
- Welchman Hall, St. Thomas
- 246/438-6640
- $$$$

Morgan Lewis Sugar Mill
- 298 C5
- Cherry Tree Hill, St. Andrew
- 246/422-7429
- $$

Mount Gay Rum Visitors Centre
- 298 B2
- Spring Garden Hwy., Bridgetown
- 246/425-8757
- Führungen alle 30 Min. (geschl. Sa, So)
- $$

www.mountgay.com

Portvale Sugar Factory
- 298 B4
- St. James
- 246/425-1941
- Geschl. So
- Museum $$, einschl. Fabrikführung $$$

Tyrol Cot Heritage Village
- 298 C2
- Codrington Hill, St. Michael
- 246/424-2074
- Geschl. Sa, So
- $$$

Welt. Alle Teile sind intakt, und mittlerweile wurden die alten Segel repariert und die Holzbohlen durch südamerikanisches Hartholz ersetzt. Klettern Sie hinauf, und genießen Sie die Aussicht.

Mount Gay Rum Visitors Centre

Seit 1640 wird auf Barbados Rum gebrannt. Die Mount Gay Distillery liegt im Norden der Insel bei St. Lucy, doch wenn Sie mehr über die Reifung und das Veredeln des Getränks erfahren möchten und am Ende der Tour ein

Bunt angestrichene Läden in Holetowns Chattel Village

Glas kosten wollen, sollten Sie das Besucherzentrum bei Bridgetown Harbour (Brandons, St. Michael) aufsuchen.

Platinum Coast

Den Hauptanziehungspunkt der Platinum Coast bildet Holetown (11 km nördl. von Bridgetown an der Rte. 1, Karte 298 B3). Hier gingen 1627 die ersten britischen Siedler an Land und gründeten ein Dorf, das sie zu Ehren von König Jakob I. Jamestown tauften. Später nannte man den Ort nach einem Gezeitenloch unweit des Strandes Holetown. Die 1629 gegründete Pfarrkirche St. James erinnert noch an die alte Ortsbezeichnung. Hier befinden sich viele Hotels und Privatvillen der Insel. Besonders lebhaft geht es am Strand der Paynes Bay zu. Nördlich von Holetown erstreckt sich der Folkestone Underwater Park (Karte 298 B4, *Tel. 246/422-2314*). An der Heyward's Bay nördlich von Speightstown schließt sich ein weiterer Strand an.

Portvale Sugar Factory

Die Fabrik produziert pro Jahr etwa 14 500 Tonnen Zucker. Am interessantesten ist die Besichtigung während der Erntezeit (Feb.–Mai), wenn eine süßliche Dampfwolke über dem Gelände hängt.

Das Sir Frank Hutson Sugar Machinery Museum bei der Fabrik stellt die Geschichte der Zuckerindustrie dar.

Tyrol Cot Heritage Village

Ein einstöckiges Haus in Weiß und Orange, Tyrol Cot (1854) war das Wohnhaus des Premierministers Sir Grantley Adams (1898–1971). Im Garten illustriert ein Freilichtmuseum, wie sich die Architektur der Insel entwickelte. ■

Die Zwillingsinseln leben in unterschiedlichem Tempo: im Rhythmus von Steel Drums und Calypso auf Trinidad, ruhiger auf Tobago

Trinidad & Tobago

Erster Überblick 314–315

Port of Spain 316–317

Special: Kricket in der Karibik 318–319

Erlebnis: Besuch eines Spiels 319

Der Norden 320–323

Der Osten & der Süden 324

Erlebnis: Vogelbeobachtung auf Trinidad 325

Tobago 326–327

Sehenswürdigkeiten auf Tobago 328–330

Erlebnis: Wanderung im Tobago Forest Reserve 329

Hotels & Restaurants 382–383

Ein Junge fischt an der Nordküste von Tobago

Trinidad

Die Zwillingsinselnation am südlichen Ende der Kleinen Antillen bildet ein ungleiches Paar. Zum ausgelassenen Trinidad gehört die Hauptstadt Port of Spain. Mit 80 mal 61 Kilometern Fläche ist Trinidad die größte der ostkaribischen Inseln und liegt nur elf Kilometer von der Küste Venezuelas entfernt. Bis vor Kurzem war der Tourismus auf Trinidad kein wesentlicher Wirtschaftsfaktor. Auf diesem Gebiet kann Trinidad viel von ihrer Schwester Tobago lernen, die typisch karibisch gastfreundlich ist.

Als Christoph Kolumbus 1498 zum dritten Mal in die Neue Welt segelte, sichtete er eine Insel mit drei Bergen im Südosten. Bei den Arawak hieß das Eiland Iere (Land der Kolibris), Kolumbus taufte es Trinidad und nahm es für die Spanier in Besitz. Gleichwohl gelang es den Indianern bis 1592, sich die Europäer vom Leib zu halten. Dann fassten die Spanier Fuß, begannen Tabak anzubauen und kontrollierten die Flotten. Französische Pflanzer führten dort Zucker und Kakao ein. 1797 eroberten die Briten die Insel, 1814 nahmen sie auch vom benachbarten Tobago Besitz.

Nach der Sklavenbefreiung 1838 drohte der wirtschaftliche Niedergang, deshalb holten die Briten indische Kontraktarbeiter in die Karibik. Viele blieben nach ihrer fünfjährigen Dienstzeit, weshalb 40 Prozent der 1,3 Millionen Inselbewohner indischer Herkunft sind. Weitere 40 Prozent haben afrikanische Vorfahren.

Im Zweiten Weltkrieg waren Amerikaner auf 225 Basen stationiert. Zu jener Zeit kam die Steel-Drum-Musik im Hafen von Port of Spain auf, wo einfallsreiche Jugendliche alte Ölfässer zum Klingen brachten.

1962 entließ Großbritannien Trinidad und Tobago in die Unabhängigkeit; seit 1976 gehören beide Staaten zum Commonwealth. Trinidads Ölvorkommen verhinderten, dass die Insel an der touristischen Erschließung der Karibik in den 1960er und 1970er Jahren partizipierte, doch da die Quellen allmählich versiegen, schließt sich Trinidad dem Trend an. ■

NICHT VERSÄUMEN

Die ausgelassenen Karnevalsfeste auf Trinidad 317

Den Paarungstanz der Schnurrvögel (Pipras) im Asa Wright Nature Centre, Trinidad 321

Schildkrötenbeobachtung am Grande Rivière & Matelot Beach, Trinidad 324

Wanderungen im Regenwald des Tobago Forest Reserve 329

Tauchen (und Relaxen) in Charlotteville, Tobago 330

Port of Spain

Trinidads lebendige Hauptstadt spiegelt das multikulturelle Erbe der Insel wider. Marktstände und Einkäufer drängen sich in den engen Gassen, pompöse britische Kolonialzeitbauten stehen neben muslimischen Moscheen, westindischen Holzgiebelvillen und modernen Stahlglasbauten.

Eine belebte Einkaufsstraße in Port of Spain. Die Stadt ist mehr als 200 Jahre alt

Port of Spain
314 C4
Besucherinformation
Trinidad & Tobago Tourism Development Company, Maritime Centre, 29 Tenth Ave., oder Stand am Piarco Airport
868/638-7962
www.gotrinidadandtobago.com

Die wichtigste Durchgangsstraße der Stadt, die **Frederick Street**, verbindet die nach einem berühmten Kricketspieler aus Trinidad benannte Brian Lara Promenade mit der begrünten Queen's Park Savannah. Das südliche Ende der Frederick Street wirkt mit seinen indischen Läden wie ein Basar.

Auf halber Höhe der Straße liegt der **Woodford Square**, ein kleiner, von Spazierwegen durchzogener Park mit Bänken unter schattigen Bäumen. Das mächtige **Red House**, der Sitz des Parlaments von Trinidad und Tobago, nimmt die gesamte Westflanke des Parks ein. An der Südseite steht die steinerne **Trinity Cathedral** aus dem frühen 19. Jahrhundert mit interessanter Holzdecke und schönen Bleiglasfenstern (Eingang an der Queen Street).

Ein 15-minütiger Spaziergang durch die Frederick Street führt zur **National Museum & Art Gallery** mit sehenswerten Exponaten zum Karneval. Zur Kunstsammlung zählen Arbeiten von Michel Jean Cazabon

INSIDERTIPP

In Port of Spain gibt es Probleme mit Kriminalität. Achten Sie auf Kameras, Schmuck und andere Wertgegenstände und tragen Sie sie nicht öffentlich zur Schau.

MATT PROPERT
NATIONAL GEOGRAPHIC-Fotograf

sowie Jackie Hinksons Ansichten vom Port of Spain der 1940er Jahre.

Die Frederick Street endet an der **Queen's Park Savannah,** einem großen offenen Platz, den die Einheimischen stolz den größten Kreisel der Welt nennen. Die Savannah spielt während der Karnevalsfeierlichkeiten eine wichtige Rolle und dient während des übrigen Jahres als Platz für Sportveranstaltungen.

Auf der Nordwestseite stehen sieben große alte Kolonialzeitbauten, die den Spitznamen **„Die Glorreichen Sieben"** tragen und in verschiedenen Stilen um 1900 gebaut wurden.

Der **Emperor Valley Zoo** *(Queen's Park Savannah, Tel. 868/622-3530, $)* etwas weiter nördlich hält einige südamerikanische Säuger, aber auch Hirsche, Agutis und Baumstachler aus Trinidads Wäldern.

Neben dem Zoo befindet sich der 1820 von Sir Ralph Woodford angelegte **Botanische Garten** *(Queen's Park Savannah).* Leider tragen die Tropenbäume nur Nummern, keine Namen. Im äußersten Eck des Gartens steht die Residenz des Ministerpräsidenten.

Südwestlich der Savannah schließt sich das **Woodbrook-Viertel** mit Gingerbread-Villen an. Hier gibt es gute Restaurants.

Noch weiter westlich verläuft die **Western Main Road** durch das Viertel St. James, mit seinen zahlreichen Bars, Eiscafés, Nachtclubs und Straßenverkäufern. ■

National Museum & Art Gallery

117 Frederick St.
868/623-5941
Geschl. So Nachm. & Mo

Karneval

Katholische Siedler aus Frankreich brachten im ausgehenden 18. Jahrhundert den Karneval aus ihrer Heimat nach Trinidad. Sie feierten die Tage vor der Fastenzeit mit ausgedehnten Festessen, Umzügen und Maskeraden (nach wie vor heißt der Karneval auf Trinidad kurz „mas"). Die Vorbereitungen beginnen gleich nach Neujahr mit Calypso- und Steel-Band-Wettbewerben überall auf der Insel. Der Höhepunkt der Festlichkeiten setzt am Freitag vor Aschermittwoch in Port of Spain ein. Für Calypso-Fans ist der Dimanche Gras (Sonntag) der große Tag, während der wichtigste Umzug, J'Ouvert am Montagmorgen um vier losgeht (er heißt nicht umsonst „Morgendämmerung" oder J'ouvert). Höhepunkt ist am Faschingsdienstag die Parade der Bands auf der Queen's Park Savannah. Jeder kann am Karneval teilnehmen, ausgelassen durch die Straßen tanzen, eine Maske tragen oder ein Kostüm ausleihen. Die Touristeninformation bietet nähere Informationen unter *www.gotrinidadandtobago.com.*

Kricket in der Karibik

In der englischsprachigen Karibik ist Kricket die beliebteste Sportart. In einigen Ländern wie Jamaika, Barbados, Antigua und Trinidad hat das Spiel denselben Stellenwert wie etwa in Deutschland der Fußball. Und während es auf anderen Gebieten mit dem Zusammenspiel zwischen den karibischen Staaten hapert, funktioniert es beim Kricket reibungslos.

Schlagmann während eines Kricketspiels auf Barbados

Ursprung im 19. Jahrhundert

Die Geschichte des Kricketspiels in Westindien ist faszinierend und von politischer Brisanz. Warum sonst hätte ausgerechnet der ehemalige Premierminister von Jamaika, Michael Manley, eines der wichtigsten Bücher über die Entwicklung des Spiels, *A History of West Indian Cricket* (1988), geschrieben?

Zunächst spielten vor allem britische Kolonialbeamte und Plantagenbesitzer Kricket, wobei sie den Ball wegen der starken Hitze lieber schlugen und den Sklaven oder deren Söhnen die schweißtreibende Arbeit des Werfens überließen. Nach der Befreiung der Sklaven entstanden überall Kricketclubs, und bald erwiesen sich die Nachfahren afrikanischer Sklaven mit ihrer Bewegungsfreude als äußerst talentierte Sportler. 1895 reiste das erste britische Team in die Karibik, und bereits 1897 gelang es, eine westindische Nationalmannschaft aufzustellen, die gegen ein englisches Team antrat. 1900 fuhren die Spieler nach Großbritannien, doch sollten noch weitere 20 Jahre vergehen, bis das Team aus der Karibik an einer internationalen Kricketmeisterschaft teilnehmen durfte.

Die Spieler aus der Neuen Welt galten schon bald als besonders elegant und einsatzfreudig, außerdem brachten sie stets gute Laune ins Match, weshalb sie den Spitznamen „Calypso-Kricketers" erhielten.

In den 1930er Jahren bestimmte George Headley, der berühmteste karibische und einer der sechs besten

Schlagmänner aller Zeiten, das Geschehen. In einer von Weißen dominierten Sportart stach der schwarze Spieler hervor und diente den farbigen Zuschauern als willkommenes Idol. In der Nachkriegszeit glänzten drei Spieler aus Barbados – Frank Worrell, Everton Weekes und Clive Walcott. Ihnen folgte einer der berühmtesten westindischen Kricketspieler überhaupt, der legendäre Garfield (Gary) Sobers. Seine Bestform erreichte er zwischen 1960 und 1974, jener bis heute herausragenden Ära, in der das westindische Team 21 von 67 Länderspielen gewann.

Goldenes Zeitalter & neue Herausforderungen

Das Goldene Zeitalter des westindischen Kricketspiels stand allerdings erst noch bevor: In den Jahren zwischen 1976 und 1986 galt das karibische Team als das beste der Welt. Von 17 Testspielen gewann es 15, spielte einmal unentschieden und verlor einmal, ein bemerkenswerter Rekord. Es erreichte eine so hohe Überlegenheit, dass der Gegner schon vor Beginn des Spiels geschlagen schien.

Seitdem versucht die westindische Mannschaft wieder Fuß zu fassen in einer Kricketwelt, in der England und die Mannschaften von der südlichen Erdhalbkugel dominieren.

Die meisten Sportreporter glauben, dass die Spieler wieder zur alten Form zurückfinden können und die Region weiterhin großartige Sportler wie Vivian Richards (Antigua), Clive Lloyd (Guyana) oder in jüngerer Zeit Brian Lara aus Trinidad hervorbringen wird. Andere Fachleute fürchten, Sportarten wie Fußball, Basketball oder Leichtathletik könnten die Kricketbegeisterung dauerhaft beeinträchtigen. Baseball gilt in Kuba, der Dominikanischen Republik und Puerto Rico als Nationalsport.

Auf den meisten ehemals britischen Karibikinseln wird Kricket so lange weiterleben, wie Kinder einen Stock als Schläger und einen alten Tennisball auftreiben, um am Strand oder im Hinterhof damit zu trainieren. Die Hoffnungen von Generationen verdichten sich in dem Spiel, das die karibischen Nachbarn zumindest kurzfristig zusammenschweißt, wie 2007 beim World Cup auf den Inseln.

ERLEBNIS: Besuch eines Spiels

Egal ob Sie eingefleischter Kricketfan sind oder sich aus Spaß einmal ein karibisches Spiel ansehen möchten, sie werden das ganze Jahr auf den Inseln Spiele zu vernünftigen Eintrittspreisen finden.

Im **Queen's Park Oval** *(94 Tragarete Road, Port of Spain, Tel. 868/622-3787, www.qpcc.com)* auf Trinidad finden Spiele auf regionaler, nationaler und internationaler Ebene statt. Das Gleiche gilt für das „Mekka des Krickets", das **Kensington Oval** in Bridgetown *(Fontabelle, Tel. 246/274-1200, http://kensingtonoval.org)* auf Barbados, wo auch Spiele von Frauen- und Jugendmannschaften stattfinden. Der **Antigua Recreation Ground** in St. John's auf Antigua *(Factory Road, Tel 268/462-9090)* lockt mit seinen regionalen und internationalen Spielen und seiner tollen Atmosphäre Kricketfans ebenso wie neugierige Touristen.

Wer mehr über die Geschichte des Spiels auf den Inseln erfahren möchte, sollte das **West Indies Cricket Heritage Museum** beim Grenada National Stadium *(Queen's Park, St. George's, Tel. 473/437-2007, http://grenada stadium.com, $)* besuchen.

Der Norden

Trinidads Flora, Fauna und Strandleben lassen sich im nördlichen Drittel der Insel erkunden. Vogelbeobachter zieht es ins Asa Wright Nature Centre und Caroni Bird Sanctuary, Heimat der Scharlachsichler. Zeitgeschichte bietet Chaguaramas mit Trinidads Rolle im Zweiten Weltkrieg.

Im Asa Wright Nature Centre sehen Besucher Hunderte von Pflanzen-, Insekten- und Vogelarten

Die Berge der Northern Range durchziehen den gesamten Norden von Trinidad und trennen dadurch die Küste von der zentralen Ebene. Die beiden höchsten Gipfel sind der **Cerro del Aripo** (940 m) und der **Tucuche** (936 m). Dichter Regenwald bedeckt die Region, in der die meisten von Trinidads 430 Vogel-, 630 Schmetterlings- und 2300 Blütenpflanzenarten beheimatet sind. Zwei Straßen kreuzen die Berge, die **Saddle Road,** die Port of Spain mit dem Strand an der Maracas Bay verbindet, und die **Blanchisseuse Road.** (auch über Lopinot erreichbar). Eine empfehlenswerte eintägige Rundtour beginnt in Port of Spain. Von dort fahren Sie zunächst gegen den Uhrzeigersinn nach Arima, dann zum Asa Wright Nature Centre, nordwärts nach Blanchisseuse, dann entlang der Küste nach Maracas und von dort auf der Saddle Road zurück nach Port of Spain.

Westlich von Port of Spain liegt die **Chaguaramas-**

Halbinsel *(Karte 314 C4)*, bevorzugtes Wochenendziel der Hauptstadtbewohner. Die Strände sind nicht besonders verlockend, trotz des aufgeschütteten Sandstrandes in **Chagville** und der Wander- und Radwege am **Macqueripe Beach**.

Asa Wright Nature Centre

Vogel- und Pflanzenliebhaber können in diesem Park die Artenvielfalt der Insel näher kennenlernen.

Zahlreiche Wege durchziehen das 80 Hektar große Gelände im Arima Valley (geführte Wanderungen sind möglich). Sie vermitteln einen Eindruck vom Artenreichtum des Urwaldes. Mit etwas Glück lassen sich Säbelpipras beim Balztanz beobachten. An explodierende Feuerwerkskörper erinnert das Geräusch, mit dem die Männchen ihre Flügel entfalten. Nehmen Sie auf der Veranda des Informationsgebäudes Platz und beobachten Sie, wie Kolibris, Zuckervögel, Tangaren und Trogone sich auf Zuckerwasser und frische Früchte stürzen.

Besucher, die mindestens drei Nächte im Gästehaus des Parks verbringen, dürfen an einer Führung zur am besten zugänglichen Fettschwalm-Kolonie der Welt teilnehmen. Die auch unter ihrem indianischen Namen Guacharo (Schreihals) bekannten Vögel leben in Höhlen und ernähren ihre Jungen mit ölhaltigen Früchten von Palmen, Lorbeer und Kampferbäumen. Früher fingen die Inselbewohner sie wegen ihres Fetts, das sich zur Speisebereitung eignet; heute sind sie geschützt.

Bringen Sie gutes Schuhwerk mit, da die Pfade oft schlammig sind. Im Wasserloch des Parks können Sie baden. Mückenschutz nicht vergessen!

Caroni Bird Sanctuary

Ein Besuch des 16 Hektar großen Feuchtgebietes im Caroni-Sumpf lohnt sich besonders am Abend, wenn die Scharlachsichler zu ihren Nestern in den Mangroven zurückkehren. Am Anleger beginnen um ca. 16.30 Uhr Bootstouren, die durch dicht bewachsene Kanäle ins Zentrum des Sumpfes führen. In dem Sumpf leben 186 Vogelarten, darunter Reiher,

Kriegserinnerungen

Das Chaguaramas Military History & Aviation Museum *(Western Main Road, Chaguaramas, Tel. 868/634-4391, geschl. So, $)* **20 Autominuten westlich von Port of Spain lockt alle, die sich für Militärgeschichte interessieren. Viele Ausstellungs- und Erinnerungsstücke stammen aus dem Zweiten Weltkrieg, doch einige Abteilungen behandeln auch die Kämpfe zwischen den indianischen Ureinwohnern und frühen Siedlern sowie den Staatsstreich, mit dem muslimische Extremisten Trinidad 1990 kurzzeitig in Atem hielten.**

Asa Wright Nature Centre

- 314 D4
- Arima Valley
- 868/667-5162
- Führungen tägl., nach Vereinbarung, 10.30 & 13.30 Uhr
- $$$

www.asawright.org

Caroni Bird Sanctuary

- 314 C4
- Uriah Butler Hwy.
- $$$

Lopinot Complex

Eine kurvenreiche Panoramastraße führt durch kleine Dörfer mit üppig bepflanzten Gärten und wehenden indischen Gebetsfahnen hinauf in die Northern Range. Dort gründete der französische Kakaopflanzer Charles Joseph Comte de Lopinot 1806 das nach ihm benannte Anwesen. Auf dem Gelände stehen mächtige Bäume, ein Lagerschuppen für Kakao und alte Sklavenhütten.

Lopinot gehört zu den wichtigsten Zentren des *parang*. Die ursprünglich in Spanien beheimatete weihnachtliche Volksmusik, die mit kleinen viersaitigen Gitarren *(cuatros)* gespielt wird, gelangte über Venezuela nach Trinidad.

Lopinot Complex
314 D4
Lopinot Valley

Löffler und Schlammtreter. Wesentlich schlechter stehen die Chancen, den Urutau, einen seltenen Nachtvogel, vor die Linse zu bekommen.

Zwischen März und September nisten rund 10 000 Scharlachsichler in den Mangroven. Die Jungen leuchten erst nach zwei bis drei Jahren so grellrot wie ihre Eltern. Früher waren die Scharlachsichler wegen ihrer Federn sehr begehrt. Heute stehen sie unter Naturschutz.

Etwa eine halbe Stunde vor Sonnenuntergang finden sich die Vögel ein. Nach und nach lassen sie sich im dunklen Grün der Mangroven nieder, bis diese im Licht der untergehenden Sonne leuchten wie ein Christbaum mit roten Kerzen.

Maracas Bay & die Nordwestküste

Die Maracas Bay *(Karte 314 D4)*, Trinidads beliebtester Strand, liegt geschützt zwischen steilen bewaldeten Bergen hinter einem breiten Palmenstreifen. Zahlreiche Imbissstände bieten hier Shark-and-Bake-Sandwiches an. Die Fischbrötchen werden mit Chili- und Tamarindensoße serviert.

Acht Kilometer östlich von Maracas dehnt sich bei **Las Cuevas** ein weiterer Sandstrand aus. Sein Name bezieht sich auf die Höhlen (spanisch *cuevas*) am Ufer. Ferienhäuser säumen die Straße bis zum Fischerdorf **Blanchisseuse**. Der benachbarte **Damier Beach** zieht vor allem Windsurfer an.

INSIDERTIPP

Östlich von Maracas Bay liegt Blanchisseuse, ein kleines Fischerdorf, in dem sich alles um die Gezeiten und den Fisch dreht. Hier lässt sich die westindische Kultur aus erster Hand erfahren.

JENNIFER ALLARD
National Geographic-Mitarbeiterin

Nordostküste

Die raue, windumtoste Nordostküste liegt abseits der touristischen Pfade, doch sie hat vieles zu bieten. Fahren Sie entlang der Ostküste auf der Toco Main Road Richtung Norden, vorbei am Strand von **Salybia** (sicher für Schwimmer) und der **Balandra Bay**, wo sich die Bodysurfer treffen. In Toco geht es nach rechts zum **Point Galera Lighthouse**; an Trinidads östlichstem Punkt öffnen sich tolle Ausblicke auf das benachbarte Tobago.

Im Fischerdorf **Grande Rivière** mit seiner lockeren Atmosphäre gibt es einige einfach Hotels, Pensionen und Restaurants. Mit einer speziellen Erlaubnis können von März bis August die legenden Schildkröten am Strand beobachtet werden (siehe Kasten S. 324).

Gasparee Caves

Fünf kleine Insel liegen vor der Spitze der Chaguaramas-Halbinsel, bestückt mit Ferienhäusern. Nach **Gasparee Grande Island**, 15 Minuten Bootsfahrt von der Hauptinsel gelegen, kommen Besucher, um zu picknicken; alte Befestigungen laden zur Erkundung ein. Preiswerte Wassertaxis fahren von verschiedenen Jachthäfen an der Western Main Road (20 Min. von Port of Spain) ab. Die Erlaubnis zum Besuch der Höhlen erteilt die Chaguaramas Development Authority *(Tel. 868/634-4227)*. ■

Ein abgelegener Strand beim Fischerdorf Blanchisseuse

Der Osten & der Süden

Eine Reise zu Trinidads Ost- und Südküste führt zu einer Reihe schöner Strände und zu Plätzen, wo man gut Tiere beobachten kann, etwa zum Pointe-à-Pierre Wildfowl Trust. Im Südosten liegt der Pitch Lake, ein tiefschwarzer Asphaltsee.

Die Eastern Main Road führt von der Stadt Arima zur Atlantikküste. An der **Manzanilla Bay**, die nach einem hier wachsenden, giftigen Baum benannt ist, beginnt ein langer, palmengesäumter Sandstreifen, der sich bis zur Südspitze der Insel am Galeota Point hinunterzieht. Gut baden können Sie auch an der **Cocos Bay** und der **Mayaro Bay.**

Im 1554 Hektar großen **Nariva-Sumpf** weiter landeinwärts lebt eine Vielzahl von Tierarten. Für den Besuch von Narivas **Bush Bush Wildlife Sanctuary** benötigen Sie eine Erlaubnis der Forstverwaltung *(Tel. 868/622-5114)*.

An der Westküste, nördlich von Trinidads zweitgrößter Stadt San Fernando, bietet der **Pointe-à-Pierre Wildfowl Trust** *(Karte 314 C2, Tel. 868/628-4145, $)* mit Feuchtgebieten und Waldpfaden trotz seiner Lage im Schatten einer großen Raffinerie gute Möglichkeiten zur Vogelbeobachtung.

Pitch Lake

Von San Fernando führt eine Straße an der Otaheite Bay entlang zum Pitch Lake bei La Brea *(Karte 314 C2)*. Das weltgrößte natürliche Bitumenreservoir zählt zu den bekanntesten Sehenswürdigkeiten Trinidads. Der 40 Hektar große „See" wirkt wie ein riesiger asphaltierter Parkplatz. Überall warten Führer. Einst bestrichen die Konquistadoren ihre Schiffsrümpfe mit dem flüssigen schwarzen Teer. Im 19. Jahrhundert diente Bitumen als Brennstoff für Straßenlaternen. Ein kleines Museum *(Tel. 868/651-1232)* dokumentiert die Geschichte dieses Sees. ■

Schildkröten

In Mondnächten von März bis August legen gefährdete Karettschildkröten ihre Eier an den Stränden der Nord- und Ostküste von Trinidad ab. Hinter Arima und Valencia beginnt die Toco Main Road, die zu den Schildkrötenstränden an der Matura Bay führt und dann an der Spitze der Insel vorbei zu den schönen unerschlossenen Stränden der Nordküste bei Grande Rivière und Matelot verläuft. Die Schildkrötenstrände werden streng überwacht und die Forstverwaltung *(Tel. 868/668-2518)* stellt jeden Tag nur eine begrenzte Anzahl Besuchserlaubnisse aus. Geführte Touren werden von **Nature Seekers**, Matura *(Tel. 868/668-7337, www.natureseekers.org, donations)* und der **Nature Tour Guides Association**, Grande Rivière *(Tel. 868 670 4257)* organisiert.

ERLEBNIS: Vogelbeobachtung auf Trinidad

Als Erstes kommt ein Kappennaschvogel, gefolgt von einem Schwarm aufdringlicher Zuckervögel. Rote Haube und gelbe Brust kündigen den Besuch eines Topaskolibris an, gleich darauf erscheint eine Sägeracke. Frühstückszeit für die Vögel in 365 Meter Höhe im Arima Valley bedeutet einen gedeckten Tisch voller tropischer Früchte für die Stars des Asa Wright Center und den Beginn eines faszinierenden Tages im Regenwald für die mit Ferngläsern und Bestimmungsbüchern bewaffneten Besucher auf der Veranda.

Die Arawak nannten Trinidad nicht umsonst „Das Land des Kolibris". 16 verschiedene Arten dieser kleinen Juwelen schwirren durch die Wälder und Gärten der Insel. Insgesamt findet man in und um Trinidad 443 Vogelarten in verschiedenen Lebensräumen, vom Regen- über den Küstenwald bis zum Watt und zu Mangrovesümpfen. Noch viel mehr Arten statten Trinidad und Tobago einen Besuch ab, weil die Inseln an einem Kreuzungspunkt von Zugwegen liegen.

Plätze zur Vogelbeobachtung

Eine frühere Kakao- und Kaffeeplantage in der üppig grünen Northern Range ist als **Asa Wright Nature Centre** (siehe S. 321) legendär unter Vogelbeobachtern. Die New York Zoological Society richtete hier 1949 eine Forschungsstaton ein und Besucher sind immer wieder begeistert von der Vogelwelt des Waldes.

Einige Meilen entlang der Northern Range nach Westen liegt das **Pax Guest House,** Tunapuna *(Tel. 868 662 4084, www.paxguesthouse.com)*, ein weiteres beliebtes Ziel von Vogelbeobachtern. Pax bildet eine ausgezeichnete Ausgangsbasis für Waldwanderungen; die Gärten ziehen Trogone,Tangaren und die Schmuckelfe an, einen Kolibri von der Größe eines Nachtfalters, der drittkleinste Vogel der Welt.

Kaum eine Stunde Fahrt von Port of Spain befindet sich das Mangrovengewirr des **Caroni Swamp** (siehe S. 321), das nur per Boot zu besuchen ist. Das nährstoffreiche, schlammige Wasser stammt vom Orinoco-Delta in Venezuela und bietet vielen Wasser- und Watvögeln Nahrung, darunter Trinidads Nationalvogel, der Scharlachsichler. Ideale Besuchszeit ist der späte Nachmittag, wenn die Sichler auf ihren Schlafplatz zurückkehren. Reservieren Sie Ihre Bootstour mit dem Caroni-Experten Winston Nanan von **Nanan's Eco Tours** *(Tel. 868/645-1305, www.nananecotours.com, $$)*.

Weiter südlich an der Westküste zählt man im **Pointe-à-Pierre Wildfowl Trust** (siehe gegenüberliegende Seite) 120 Vogelarten. Seine Seen bewohnen Pfeifgänse, Kormorane und Teichrallen. Das Ramsar-Schutzgebiet erfasste **Nariva Swamp** an der Atlantikküste ist Trinidads größter Sumpf, unterbrochen von Küstenwald und Mangroven. **Limeland Tours** *(Tel. 868/668-1356, www.limeland-tours.com, $$$$$)* organisiert Kajaktouren durch die Wasserläufe, wo Kaimane und Manatis zu sehen sind. Höher liegt das **Bush Bush Willdlife Sanctuary** mit Rotbaucharas, Amazonassittichen und Pipras sowie Roten Brüllaffen und Anakondas.

Wo immer Sie auf Trinidad Vögel beobachten, Fernglas und Mückenschutz sind unerlässlich; Richard Frenchs Handbuch *A Guide to the Birds of Trinidad and Tobago* lohnt sich sehr.

Ein Männchen des Kappennaschvogels in der Northern Range von Trinidad

Tobago

Trinidads kleine Schwesterinsel Tobago löste sich vor einigen Millionen Jahren von Südamerika, passt jedoch besser zu den Inseln über dem Winde im Norden. Nur 32 Kilometer liegt das Eiland von Trinidad entfernt, weshalb die Nachbarn die Insel gern aufsuchen. Tobago ist eine bergige, grüne Oase der Ruhe und ein Naturparadies; die Bewohner gelten als besonders gastfreundlich.

Reggae erklingt im Dorf Charlotteville

Als Kolumbus 1498 Trinidad entdeckte, sichtete er auch Tobago. Er taufte die Insel Bellaforma, doch der bereits existierende Name, der sich vom indianischen Wort für Tabak ableitete, hielt sich hartnäckig. Tobago wurde zu einer der reichsten Zuckerkolonien der Region. Ab 1814 gehörte es den Engländern, die es zusammen mit den Windward Islands verwalteten. Nach der Sklavenbefreiung um 1830 ging es bergab. Im Jahr 1888 wurde die Insel für bankrott erklärt und Trinidad angeschlossen. Ein Jahrhundert lang war Tobago die arme Nachbarin, dann begann sich der Tourismus zaghaft zu entwickeln. Heute konzentriert er sich auf den Bereich zwischen

INSIDERTIPP

Die Tradition einander zu helfen „Len' Hand" gibt es noch immer. Wenn Sie also sehen, dass Dorfbewohner Netze zum Strand ziehen, legen Sie mit Hand an.

CHARLES KULANDER
National Geographic Traveler-Magazin-Autor

ANR Robinson International Airport und Plymouth an der Nordwestküste.

Das nur 32 mal neun Kilometer große Eiland hat viel zu bieten. Im Osten erhebt sich eine bewaldete Bergkette, die steil zu den Buchten der südlichen Atlantikküste und dem geschützten Nordufer hin abfällt. Hölzerne Einbäume bringen Taucher von den Dörfern Speyside und Charlotteville zu Tobagos Korallenriffen.

Die 44 Korallenarten leben von den Nährstoffen, die der vom mächtigen Orinoco in Venezuela gespeiste Guyanastrom mit sich führt. Eine Kolonie riesiger Mantarochen, Hammerhaie, Schwarzflossenhaie und mächtige, Plankton fressende Walhaie bevölkern das Riff.

Im flachen Westteil der Insel stehen Kokospalmenhaine; weitere Korallenriffe vor der Küste haben zahlreiche strahlend weiße Sandstrände geschaffen. ■

Sehenswürdigkeiten auf Tobago

Wenn Sie unbekannte Gegenden gern in Ruhe erkunden, liegen Sie mit Tobago genau richtig. Die einzelnen Exkursionen dauern dank der kompakten Form der Insel nicht übermäßig lange, sodass Sie entspannt hier die Aussicht genießen oder dort eine Badepause einlegen und mit Fischern plaudern können.

Scarborough

Die Mehrzahl der 54 000 Inselbewohner lebt an der Südküste in der winzigen Hauptstadt Scarborough *(Karte 327 B1, Besucherinformation, Doretta's Court, 5126 Mt. Marie, Tel. 868/639-2125, www.gotrinidadandtobago.com).*

Einer der schönen Strände von Crown Point

Das Städtchen zieht sich von der Rocky Bay an Hügeln empor, auf denen die Festung **Fort George** thront. Besuchen Sie den **Botanischen Garten** *(Greenside St.)* mit seinen Indischen Mandelbäumen und einem Kapokbaum.

Die wenigen erhaltenen Kolonialbauten von Scarborough stehen alle in der Oberstadt. Auf dem Weg zum Fort George sollten Sie einen Blick auf die **Gun Bridge** werfen, deren schwarze Metallgeländer aus alten Gewehrläufen bestehen. Die imposante Festung entstand um 1780. Das **Tobago-Museum** *(84 Fort St., Tel. 868/639 3970, geschl. am Wochenende)* befindet sich gleich daneben. Besonders interessant sind die indianischen Funde wie Werkzeuge, religiöse Objekte und Tonwaren mit Tiermotiven.

Crown Point

An der Westspitze der Insel liegt Crown Point mit

INSIDERTIPP

Wenn Sie Charlotteville an der Nordküste besuchen, sollten sie über die Landzunge zur Pirate's Bay spazieren, einem der malerischsten Strände der Insel.

HEATHER BRADY
NATIONAL GEOGRAPHIC-Mitarbeiterin

dem Flughafen und einigen Hotels und Pensionen an der Store Bay. Hinter dem Strand, auf den die Fischer ihre Boote ziehen, verkaufen Händler an kleinen Ständen Kunsthandwerk und Souvenirs. Ein paar Bars laden zum Imbiss ein. Am Sandy Point stehen die Überreste des aus Korallenstein erbauten **Fort Milford** aus dem 18. Jahrhundert. Vom Garten aus blickt man auf den Pigeon Point, einen typisch karibischen Strand mit Palmen. Vor der Küste befindet sich das **Buccoo Reef**, die bekannteste Unterwasserattraktion der Insel; es wird häufig von Glasbodenbooten befahren.

An der Nordküste

Strandhotels säumen die Straße nach **Plymouth** *(Karte 327 B2)*, wo eine alte Kanone an die militärische Bedeutung des verfallenen Fort James erinnert. Eine reizvolle Route führt durch die Hügel hinter der Küste nach **Parlatuvier**. Über holprige Pisten gelangt man von hier aus zu Peter's Bay, Eglishman's Bay und Bloody Bay. Die Hauptstraße erreicht wenig später den Regenwald (siehe Kasten) und windet sich dann hinab zur Antlantiküste bis nach **Roxborough**.

ERLEBNIS: Wanderung im Tobago Forest Reserve

Das östliche Hochland von Tobago ist überzogen von herrlich unberührtem Regenwald. Die **Main Ridge Forest Reserve** wurde schon 1764 eingerichtet, um ein Stück Urwald vor den gierigen Zuckerpflanzern zu schützen. Es ist der am längsten unter Schutz stehende Wald der westlichen Welt, daher kann es nicht verwundern, dass es nur wenige Wege gibt, denen man ohne einen Führer folgen kann.

Eine Ausnahme ist der drei Kilometer lange Gilpin Trace, der von der Kreuzung der Straße Roxburgh-Parlatuvier abzweigt. Wer am Anfang des Weges parkt, folgt dem Weg hinunter zu The Hut und hat einen einfachen Weg zurück.

Oder Sie gehen mit einem erfahrenen Führer von **Harris' Jungle Tours** *(Tel. 868/639-0513, www.harris-jungle-tours.com, $$$$$)* oder mit Peter Cox von **Tobago Nature Tours** *(Tel. 868/751-5822, www.tobagonaturetours.com, $$$$$)* ins Innere des Schutzgebiets. Cox bietet auch Nachtsafaris in den Regenwald an, wenn Gürteltiere, Opossums, Fledermäuse, Eulen und andere Nachttiere zu sehen und vor allem zu hören sind.

Blick über die Man O' War Bay an Tobagos Nordküste

Bei diesem Dorf zweigt ein Weg zum **Argyle Waterfall** *(Karte 327 C2)* ab. Vom Parkplatz auf der alten Kakaoplantage läuft man 15 Minuten bergauf zu einem Wasserfall.

Die Orte **Speyside** und Charlotteville markieren das nordöstliche Ende der Insel. Speyside grenzt an die Tyrrel's Bay an der Atlantikküste und blickt auf **Little Tobago** *(Karte 327 D2)* und Goat Island. Im Vogelschutzgebiet Little Tobago brüten Fregattvögel und Tölpel. Vom Fähranleger legen Ausflugsschiffe und Glasbodenboote zu den Riffen ab.

Das verträumte Fischerdorf **Charlotteville** liegt an der weitläufigen **Man O'War Bay** am Karibischen Meer. Taucher nutzen den Ort gern als Basis.

Wenn Sie vom Dorf aus 15 Minuten nach Osten laufen, gelangen Sie zur **Pirate's Bay** mit einem hübschen Strand. ■

Hommage an Tobago

Seit 1979 lebt die deutsche Bildhauerin Luise Kimme auf Tobago und lässt sich von der Insel und ihren Bewohnern inspirieren. Ihre lebensgroßen Statuen schnitzt sie aus Baumstämmen oder gießt sie in Bronze. Sie hat das Kimme Museum *(Tel. 868/639-0257, geöffnet So 10–14 oder nach Vereinbarung., $)* geschaffen, um ihre Werke in den Hügeln oberhalb des Mount Irvine Hotels zu präsentieren. Neben ihren Skulpturen schmücken Kimmes Wandbilder The Castle, ein fantasievolles Atelierhaus aus Terrakotta und weißem Stuck, das gewisse Ähnlichkeit mit einem Hindutempel besitzt. Weitere Werke von ihr können Sie in der Church of Transfiguration in Black Rock sehen.

Reise-informationen

Allgemeine Informationen 332

Inselspezifische Informationen 332–351

Hotels & Restaurants 352–383

Einkaufen 384–389

Sport & Aktivitäten 390–400

Mit dem Mofa durch Bridgetown, Barbados

REISEINFORMATIONEN

ALLGEMEINE INFORMATIONEN

Fluglinien

Natürlich spielt der Preis bei der Wahl der Fluggesellschaft eine wichtige Rolle, Sie sollten aber auch Faktoren wie Sicherheit und Häufigkeit der Flüge berücksichtigen. Bei Last-Minute-Angeboten müssen Sie den jeweils angebotenen Flug nehmen und haben keine Möglichkeit umzubuchen.

Große Fluggesellschaften: Air France (www.airfrance.de), Lufthansa (www.lufthansa.com), United Airlines (www.united.com), British Airways (www.britishairways.de), Swiss (www.swiss.com), Austrian Airlines (www.aua.com).

Weitere Fluglinien: Condor (www.condor.de), LTU (www.airberlin.com), Air Caraïbes (www.aircaraibes.com), Air Antilles Express (www.airantilles.com) und LIAT (www.liatairline.com) sowie Caribbean Airlines (www. Caribbean-airlines.com).

Klima

Die Durchschnittstemperaturen liegen ganzjährig bei 25°–30° C. Meist weht ein leichter Nordostwind, der für etwas Abkühlung sorgt. Zwischen November und Januar sind die Temperaturen angenehmer, besonders in den nördlicheren Breitengraden. Von Mai bis Oktober ist es besonders feucht, zwischen Juli und Oktober droht die Gefahr von Hurrikanen. Aktuelle Wetterhinweise finden Sie unter www.wetter.com.

Unterwegs

Die Verkehrsregeln weichen voneinander ab, schauen Sie deshalb unter den jeweiligen Inseln nach. Auf den ehemals britischen Inseln herrscht Linksverkehr, auf den französischen und niederländischen Inseln Rechtsverkehr. Auf einigen Inseln müssen Sie einen für die Dauer der Reise gültigen Führerschein erwerben, um einen Mietwagen zu fahren. Erkundigen Sie sich bei der örtlichen Polizei, den Mietwagenfirmen oder im Touristenbüro. Hauptstraßen sind meist in gutem Zustand, Nebenstraßen dagegen sehr oft holprig.

Elektrizität

110 und 120 V sind auf den meisten Inseln die Regel. Besorgen Sie sich einen Adapter, und erkundigen Sie sich beim Reiseveranstalter nach den Gegebenheiten vor Ort. Manche Hotels stellen Adapter zur Verfügung.

Feste & Feiertage

Die einzelnen Feiertage finden Sie unter der jeweiligen Insel/Inselgruppe. Weitere Auskünfte erteilen die Touristeninformationen.

Versicherung

Schließen Sie vor Reiseantritt eine Reiserücktrittsversicherung ab, die die Stornokosten übernimmt, falls Sie aus schwerwiegenden Gründen nicht reisen können. Schließen Sie auch unbedingt eine Auslandskrankenversicherung ab, die notfalls die Betreuung vor Ort oder den Heimtransport übernimmt.

Zeitzonen

Für die meisten Inseln gilt die Atlantic Standard Time (AST), was der Mitteleuropäischen Zeit minus vier Stunden entspricht. Die AST ist unabhängig von der Sommerzeit. Auf Jamaika und den Cayman Islands gilt Mitteleuropäische Zeit minus drei Stunden, jedoch keine Sommerzeit, auf den Turks and Caicos Islands gilt Mitteleuropäische Zeit minus drei Stunden sowie Sommerzeit.

Trinkgeld

Es bestehen unterschiedliche Regeln. Überprüfen Sie Ihre Rechnung, bevor Sie Trinkgeld geben. Wenn der Service nicht eingeschlossen ist, sollten Sie 10–15 Prozent veranschlagen. Für das Servicepersonal bildet Trinkgeld eine Haupteinnahmequelle.

Behinderte Reisende

Die Situation für behinderte Reisende in der Karibik bessert sich allmählich. Viele neue Hotelkomplexe berücksichtigen bei ihren Einrichtungen die Bedürfnisse von Behinderten. Allerdings sind nur wenige Sehenswürdigkeiten für Rollstuhlfahrer zugänglich. Erkundigen Sie sich vor Reiseantritt genau nach den örtlichen Gegebenheiten. Einige Touristenbüros haben Listen von behindertengerecht eingerichteten Hotels zusammengestellt und bieten weitere Informationen. Bundesverband Selbsthilfe Körperbehinderter e.V. http://www.bsk-ev.org

JAMAIKA

REISEPLANUNG

Ankunft/Abreise

Die meisten Touristen, die ihren Urlaub in einer der Anlagen an der Nordküste verbringen, kommen am Sangster International Airport drei Kilometer östlich von Montego Bay an. Wer in den Süden reist, ist mit dem Norman Manley International Airport, 21 Kilometer von Kingston entfernt, besser bedient. Kleine Flugzeuge landen auch auf dem neuen Ian Fleming Airport in Ocho Rios.

Jamaikas nationale Fluggesellschaft ist Air Jamaica (Tel.

800/523-5585). Von Frankfurt aus fliegt Lufthansa über Miami. British Airways fliegt von deutschen Flughäfen, von Zürich und Wien via London nach Jamaika. Condor startet von deutschen Flughäfen nach Montego Bay. Cayman Airways und Caribbean Airlines (Fluglinien BWIA) verbinden die karibischen Inseln untereinander. In Negril, Port Antonio und Tinson Pen (nahe dem Zentrum von Kingston) gibt es kleine Landebahnen. Sie werden vom Shuttle-Service von Jamaica Air angeflogen (Tel. 876/906-9026, www.jamaicaairshuttle.com). Die Fluggastgebühr liegt bei 27 US$ (100 J$).

Einreisebestimmungen

Sie benötigen einen gültigen Reisepass sowie Ihr Rückreise- oder Weiterreiseticket.

Feste & Feiertage

Januar Accompong Maroon Festival; Jamaica Jazz and Blues Festival (Montego Bay)
Februar Bob Marley Week
März–April Karneval in Kingston, Montego Bay und Ocho Rios
Mai Calabash International Literary Festival
Juni Ocho Rios International Jazz Festival
Juli Reggae Sumfest (Montego Bay), Portland Jerk Festival
Oktober International Marlin Tournament (Port Antonio)

Feiertage: Neujahr (1. Jan.), Aschermittwoch, Karfreitag, Ostermontag, Tag der Arbeit (4. Mo im Mai), Tag der Sklavenbefreiung (1. Aug.), Unabhängigkeitstag (6. Aug.), Heldengedenktag (3. Mo im Okt.), 1. und 2. Weihnachtstag.

UNTERWEGS AUF JAMAIKA

Autovermietung

Zu den großen Autovermietungen zählen Avis, Tel. 876/952-0762, www.avis.com; Budget, Tel. 876/924-8762, www.budget.com; Island Car Rentals, Tel. 876/926-8012, www.islandcarrentals.com und Thrifty, Tel. 876/952-1126, www.thrifty.com. Um ein Auto zu mieten, müssen Sie mindestens 25 Jahre alt sein, einen gültigen Führerschein und eine gängige Kreditkarte besitzen. Auf Jamaika herrscht Linksverkehr.

Die Straßen sind zwar überwiegend in gutem Zustand, doch müssen Sie mit streunenden Ziegen, Hunden, Hühnern, Radfahrern, Fußgängern und Schlaglöchern rechnen. An Kreuzungen gilt rechts vor links, verlassen Sie sich aber besser nicht darauf. Hupen Sie beim Überholen stets, da Fahrer oft plötzlich ausscheren, um Schlaglöchern auszuweichen. In der Regel gibt es nur Wegweiser zu den wichtigsten Städten und Urlaubsresorts. Achten Sie in Städten auf Schilder „Keine Einfahrt", sie sind oft viel zu tief angebracht.

Öffentliche Verkehrsmittel

Busfahrpläne sind unzuverlässig, die Busse selbst meist überfüllt. Auf vielen Strecken verkehren Minibusse, die etwas schneller, aber genauso voll sind. Sie können Busse und Minibusse überall an der Straße anhalten. Die Fahrpreise sind niedrig.

Taxis gibt es überall, die meisten besitzen kein Taxameter. Handeln Sie den Preis vor Fahrtantritt aus (erkundigen Sie sich im Hotel). Lizensierte Taxen tragen rote PPV-Schilder (Public Passenger Vehicle). Meiden Sie Anbieter ohne Lizenz. Gemeinschaftstaxen bedienen feste Strecken in größeren Städten oder zwischen zwei Orten. Die Jamaican Union of Travellers Association (JUTA) besitzt zahlreiche Touristenbusse und Taxen, die im Nahverkehr eingesetzt werden.

PRAKTISCHE TIPPS

Im Notfall

Krankenwagen/Feuerwehr: Tel. 110.
Polizei: Tel. 119.

Telefonieren

Die Vorwahl lautet 876.

Auskunft

Kingston: 64 Knutsford Blvd., Tel. 876/929-9200, Fax 876/929-9375, www.visitjamaica.com.

In Europa
Jamaica Tourist Board, c/o Fast Forward-Marketing, Schwarzbachstr. 32, 40822 Mettmann, Tel. 02104/832974, Fax 02104/912673, www.visitjamaica.com
Das Büro ist auch für Österreich und die Schweiz zuständig.

CAYMAN ISLANDS

REISEPLANUNG

Ankunft/Abreise

Der wichtigste Flughafen ist der Owen Roberts international Airport auf Grand Cayman. Die nationale Fluggesellschaft ist Cayman Airways, die Direktflüge von Miami und Tampas (Florida), Kingston und Montego Bay (Jamaika) anbietet. British Airways fliegt von Großbritannien viermal wöchentlich über Nassau (Bahamas) zu den Caymans.
Cayman Airways Express bietet täglich Flüge nach Cayman Brac und Little Cayman an. Island Air (Tel. 343/949-5252, www.islandaircayman.com) fliegt von Grand Cayman aus ebenfalls beide Inseln an.

Einreisebestimmungen

Sie benötigen einen gültigen Reisepass sowie Ihr Rückreise- oder Weiterreiseticket.

Feste & Feiertage

Januar Taste of Cayman Food & Wine Festival; Cayman Cookout (Ritz Carlton Hotel)
April Cayman Batabano Carnival
November Pirates Week
Dezember Jazz Fest

Feiertage: Neujahr (1. Jan.), Aschermittwoch (Februar oder März), Karfreitag, Ostermontag (März oder April), Entdeckungstag (Mitte Mai), Geburtstag der Königin (Mitte Juni), Verfassungstag (1. Mo im Juli), 1. und 2. Weihnachtsfeiertag.

UNTERWEGS AUF DEN CAYMANS

Mietwagen

Mietwagenfirmen und Polizeibehörden stellen für 7,50 US$ eine Fahrerlaubnis aus, wenn Sie einen gültigen Führerschein vorlegen. Vertrauenswürdige Mietwagenfirmen sind Avis (Tel. 345/949-2468, www.aviscayman.com), Budget Rent-a-Car (Tel. 345/949-5605, www.budgetcayman.com), Coconut Car Rentals (Tel. 345/949-4037, www.coconutcarrentals.com), Dollar-Rent-A-Car (Tel. 345/949-4790, www.dollarrac.com) und Thrifty Car Rental (Tel. 345/949-6640, www.cayman.com/ky/com/thrifty).

Es herrscht Linksverkehr. Geschwindigkeitsüberschreitungen (Höchstgeschw. 30 und 80 km/h) werden streng geahndet. Schnallen Sie sich an, und meiden Sie George Town im Berufsverkehr.

Auf Little Cayman gibt es in den Hotels kostenlose Fahrräder für die Gäste, mit denen Sie den gesamten Westteil der Insel bequem erkunden können. Mietwagen bei McLaughlin Rentals, Tel. 345/948-1000, in Blossom Village, falls Sie entlegenere Strände und Schnorchelgebiete wie Point of Sands im Osten ansteuern möchten.

Auf Cayman Brac vermietet Brac Rent-a-Car, Tel. 345/948-1515, Autos und Jeeps; B & S Motor Ventures, Tel. 345/ 948-1646, www.bandsmv.com, bietet Autos, Jeeps, Motorroller und Fahrräder.

Öffentliche Verkehrsmittel

Grand Cayman: Minibusse fahren vom Busbahnhof bei der Public Library im Zentrum vom George Town ab und fahren u. a. zum Seven Mile Beach. Taxis warten am Flughafen, vor größeren Hotels und am Pier der Kreuzfahrtschiffe in George Town.

Little Cayman und Cayman Brac bieten keinen Busservice; für Ausflüge und Transfers gibt es jedoch Taxis.

PRAKTISCHE TIPPS

Im Notfall

Grand Cayman
Polizei, Feuerwehr, Krankenwagen: Tel. 911.
Royal Cayman Islands Police: Tel. 345/949-4222. George Town Hospital: Tel. 345/949-8600.
Little Cayman
Polizei: Tel. 345/926-0639. Krankenhaus: Tel. 345/948-0072.
Cayman Brac
Notfälle: Tel. 911. Krankenhaus: Tel. 345/948-2225.

Telefonieren

Die Vorwahl lautet 345.

Auskunft

Cayman Islands Department of Tourism, Regatta Office Park, Windward 3, West Bay Road, P.O. Box 67 GT, George Town, Grand Cayman, Tel. 345/949-0623, www.caymanislands.ky

In Europa:
Cayman Islands Department of Tourism, c/o Marketing Services International, Johanna-Melber-Weg 12, 60599 Frankfurt/M., Tel. 069-6032094, Fax 069-629264, www.caymanislands.ky

TURKS & CAICOS

REISEPLANUNG

Ankunft/Abreise

Internationale Flughäfen gibt es auf Providenciales, Grand Turk, North und South Caicos. Die meisten Touristen kommen über Providenciales, wo täglich Maschinen aus Miami landen.

Es gibt regelmäßig Flüge in die USA, nach Jamaika, Haiti, in die Dominikanische Republik und auf die Bahamas. Die besten Verbindungen von Europa laufen über Miami sowie von London über Nassau/Bahamas. Air Turks & Caicos, Tel. 649/946-4999, www.airturksandcaicos.com, bietet Flüge zwischen den Inseln an.

Die Abflugsteuer beträgt 40 US$.

Einreisebestimmungen

Sie benötigen einen gültigen Reisepass sowie Ihr Rückreise- oder Weiterreiseticket

Feste & Feiertage

Januar Junkaroo Jump-up (1. Jan., auf den meisten Inseln)
Mai Big South Regatta Festival (letztes Wochenende; auf South Caicos)
Juni Heineken Game Fishing Tournament (Grand Turk)
Juli Sommerfestival (Providenciales)
November Turks & Caicos Conch Festival (Providenciales)

Feiertage: Neujahr (1. Jan.), Karfreitag, Ostermontag, Commonwealth Day (Frühling), Heldengedenktag (Ende Mai), Geburtstag der Königin (Mitte Juni), Tag der Sklavenbefreiung (1. Mo im Aug.),

Tag der Jugend (Ende Sept.), Columbus Day (Oktober), Internationaler Menschenrechtstag (25. Okt.), 1. und 2. Weihnachtstag.

UNTERWEGS AUF DEN TURKS & CAICOS ISLANDS

Mietwagen

Mietwagenfirmen auf Providenciales: Avis, Tel. 649/946-4705, Budget, Tel. 649/946-4079 und Tropical Auto Rental, Tel, 649/946-5300. Ausländische Führerscheine sind gültig; es herrscht Linksverkehr.

Öffentliche Verkehrsmittel

Taxis gibt es auf vielen der Inseln (Preis für Ausflüge vor der Fahrt aushandeln). Eine Fähre verbindet täglich Providenciales und North Caicos, Infos bei Caribbean Cruisin', Walkin Marina, Leeward, Providenciales, Tel. 649/946-5406. Zweimal pro Woche verkehrt auch eine Fähre zwischen Grand Turk und Salt Cay, Infos bei Salt Cay Ferry, Tel. 649/946-6909.

PRAKTISCHE TIPPS

Im Notfall

Rufen Sie 999 oder 911 an.

Telefonieren

Die Vorwahl lautet 649.
Auskunft
Grand Turk: Turks & Caicos Islands Tourist Board, Front St., Grand Turk, Tel. 649/946-2321, Fax 649/946-2733, www.turksandcaicostourism.com.
Providenciales: Stubbs Diamond Plaza, Tel. 649/946-4970, Fax 649/941-5494.

In Europa:
Turks & Caicos Tourist Information Office, Mitre House, Abbey Road, GB-Enfield/Middlesex EN1 2RQ, Tel: 020/8350-1017, www.turksandcaicostourism.com
Das Fremdenverkehrsamt ist auch für Deutschland, Österreich und die Schweiz zuständig.

DOMINIKANISCHE REPUBLIK

REISEPLANUNG

Ankunft/Abreise

Die meisten Flüge landen am Las Américas International Airport, 29 Kilometer östlich von Santo Domingo. Weitere internationale Airports sind Barahona (Maria Montez), Puerto Plata (Gregorio Luperon), Punta Cana, La Romana/Casa de Campo, Samaná und Santiago.
Flüge innerhalb der Insel werden von Air Santo Domingo, Tel. 809/683-8006; www.airsantodomingo.com, und Caribair, Tel. 809/826-4441; www.caribair.com.do angeboten.

Die Abflugsteuer beträgt 20 US$.

Einreisebestimmungen

Bei der Einreise (Flughafen) muss eine Touristenkarte für 10 US$ gekauft werden. Bei der Ausreise wird bei einem Aufenthalt von bis zu 30 Tagen eine Gebühr von 20 U$$ pro Person verlangt. Für die Einreise reicht ein mindestens noch sechs Monate gültiger Reisepass; außerdem ist ein gültiges Rückreiseticket notwendig.

Feste & Feiertage

Januar Fest der dominikanischen Schutzheiligen, Unserer Lieben Frau von Altagracia wird mit Nachtwachen, Familienfeiern, Gesang und Tanz begangen.
Juli Merengue-Festival (Santo Domingo)
November Jazz Festival (Cabarete)

Feiertage: Neujahr, Epiphanias (6. Jan.), Geburtstag von Juan P. Duarte (26. Jan.), Unabhängigkeitstag (27. Feb.), Karfreitag, Tag der Arbeit (1. Mai), Restaurationstag (16. Aug.), Kolumbustag (12. Okt.) und Weihnachten.

Jedes Dorf feiert seinen Schutzheiligen mit einer *fiesta patronal*.

UNTERWEGS IN DER DOMINIKANISCHEN REPUBLIK

Mietwagen

Vertretungen in Santo Domingo: Avis, Tel. 809/ 535-7191, Budget Tel. 809/566-6666, Dollar, Tel. 809/221-7368, National Alamo, Tel. 809/562-1444. Sie müssen einen gültigen Führerschein Ihres Landes oder einen internationalen Führerschein sowie eine Kreditkarte vorlegen. Es herrscht Rechtsverkehr. Höchstgeschwindigkeit auf Schnellstraßen 80–100 km/h und 40 km/h in geschlossenen Ortschaften, soweit nicht anders angegeben.

Öffentliche Verkehrsmittel

In den Touristenzentren, an Hotels und an den Flughäfen stehen Taxis. Sie sind in der Regel cremefarben und tragen den Schriftzug Taxi Turístico. Achten Sie auf die Tarifinformation im Auto und handeln Sie vor der Fahrt einen Preis aus.

Im ganzen Land verkehren öffentliche Busse, die besseren sind auf längeren Strecken mit Klimaanlagen, Miniküche und Videogeräten ausgestattet. Reservieren Sie rechtzeitig. Auf kürzeren Strecken (zwischen Dörfern und Städten) pendeln Minibusse *(guaguas)*, die häufig zwischen den Haltestellen stehen bleiben, um Passagiere ein- oder aussteigen zu lassen.

PRAKTISCHE TIPPS

Im Notfall

Polizei, Feuerwehr, Krankenwagen: Tel. 911. Touristenpolizei, Tel.

809/686-8639 oder gebührenfrei auf der Insel, Tel. 809/200-3500.

Telefonieren
Die Vorwahl lautet 809.

Auskunft
Santo Domingo: Ministry of Tourism, Ave. Luperón, Ecke Cayetano Germose, Tel. 809/537-6169, Fax 809/682-3806, www.godominicanrepublic.com.

In Europa: Dominikanisches Fremdenverkehrsamt, Hochstraße 54, 60311 Frankfurt/M., Tel: 069/91397878, Fax: 069/283430, www.dominicana.com.do oder www.dominicanrepublic.com

PUERTO RICO

REISEPLANUNG
Ankunft/Abreise
Die meisten Flüge landen auf dem Luis Muñoz Marin International Airport in San Juan. Flugverbindungen bestehen von Frankfurt direkt sowie täglich mit Umsteigen in New York oder Atlanta/USA nach San Juan, zum Luis Munoz Marin International Airport, ca. 14 Kilometer von der Stadt entfernt. Die Fluggesellschaften American Eagle und LIAT fliegen Ziele in der Region an. Viele kürzere Flüge, u. a. zu den Inseln Vieques und Culebra, starten am Ribas Dominicci Airport im Viertel Isla Grande von San Juan, der zentraler liegt als der internationale Flughafen.

Einreisebestimmungen
Staatsbürger aus Deutschland, Österreich und der Schweiz (mit Reisepass, der nach dem 1. Januar 2003 ausgestellt wurde) können als Touristen visumsfrei bis zu 90 Tagen in die USA einreisen. Voraussetzungen sind ein gültiges Weiter- bzw. Rückflugticket, ausreichende Geldmittel für den Aufenthalt sowie ein gültiger, maschinenlesbarer Reisepass mit biometrischen Daten (Fingerabdrücke, Iris-Scan).

Seit dem 26. Oktober 2006 benötigen auch Kinder unter 16 Jahren diesen normalen Reisepass, ausgenommen sind noch gültige, maschinenlesbare Kinderreisepässe, die vor diesem Datum erstellt wurden. Reisende müssen vor der Abreise ihre erste Adresse in den USA angeben.

Ferner muss online eine elektronische Einreiseerlaubnis (ESTA = Electronic System for Travel Authorization) beantragt werden, https://esta.cbp.dhs.gov. Die US-Behörden empfehlen, diese Erlaubnis wenigstens 72 Stunden vor dem geplanten Reisetermin zu beantragen.

Feste & Feiertage
März/April Karneval mit Partys, Umzügen und Musik auf der ganzen Insel. Eine der farbprächtigsten Feiern findet in Ponce statt.
April Saborea Food & Wine Festival, Escambrón Beach, San Juan
Mai Heineken Jazz Festival
Juni Johannistag (23. Juni)
Dezember Die Weihnachtszeit von Anfang Dezember bis zum Dreikönigstag (6. Jan.).

Feiertage: Neujahr (1. Jan.), Martin Luther King Day (3. Mo im Jan.), President's Day (3. Mo im Feb.), Independence Day (4. Juli), Tag der Arbeit (1. Mo im Sept.), Columbus Day (2. Mo im Okt.), Thanksgiving (4. Do im Nov.), 25. Dez., zusätzlich neun Feiertage zu Ehren bedeutender puertoricanischer Persönlichkeiten oder Ereignisse.

UNTERWEGS AUF PUERTO RICO
Mietwagen
Avis, Tel. 787/253-5927, 800/331-1212; Budget, Tel. 787/791-0600, 800/527-0700; und Dollar, Tel. 787/253-7074. Das Preis-Leistungs-Verhältnis ist bei lokalen Anbietern besser, besonders günstig sind Charlie Car Rental, Tel. 787/728-2418; Vias, Tel. 787/ 791-4120; oder Target, Tel. 787/728-1447, 800/934-6457.

Öffentliche Verkehrsmittel
Alle Taxis fahren mit eingeschalteten Taxametern (Ausnahme: Langstreckenfahrt). In San Juan fahren *taxis turísticos* (weiße Farbe und mit Logo auf der Tür), die zu festen Preisen zwischen dem Flughafen, den Häfen und den Touristenorten pendeln. Die Citybusse sind ein gutes Verkehrsmittel für Fahrten durch San Juan

Es gibt keine regelmäßigen Busverbindungen zwischen den Städten, doch es verkehren Sammeltaxis (*publicos* mit einem gelben Nummernschild und den Buchstaben P oder PD am Ende) zu den meisten Gegenden der Insel.

PRAKTISCHE TIPPS
Im Notfall
Polizei, Feuerwehr, Krankenwagen: Tel. 911. Ärztlicher Notdienst: Tel. 787/754-2550.
Touristenpolizei (Condado): Tel. 787/343-2020.

Telefonieren
Die Vorwahl lautet 787.

Auskunft
San Juan: Ochoa Building, 550 Calle Tanca, Old San Juan, Tel. 787/721-2400 oder 800/866-7827, Fax 787/722-5208;
Luis Muñoz Marín Airport, Tel. 787/791-1014; www.seepuertorico.com.

In Europa:
Fremdenverkehrsamt Puerto Rico, Eifelstraße 14 a, 60529

Frankfurt Tel. 069/350047, Fax 069/350040, www.gotopuertorico.com, www.travelandsports.com

JUNGFERNINSELN

AMERIKANISCHE JUNGFERNINSELN

Einreisebestimmungen

Für die Amerikanischen Jungferninseln gelten die Einreisebestimmungen der USA (siehe S. 336).

Telefonieren

Die Vorwahl lautet 340.

Feiertage

Neujahr (1. Jan.), Martin Luther King Jr. Day (3. Mo im Jan.), President's Day (3. Mo im Feb.), Karfreitag, Ostermontag, Abschaffung der Sklaverei (3. Juli), Unabhängigkeitstag (4. Juli), Tag der Arbeit (1. Mo. im Sept.), Columbus Day (2. Mo im Okt.), Thanksgiving (4. Do im Nov.), 25. u. 26. Dez.

ST. CROIX

REISEPLANUNG

Ankunft/Abreise

Verschiedene Fluggesellschaften fliegen täglich von den USA nach St. Croix, so American Airlines (von Miami) und Delta (von Atlanta) Zudem gibt es einige Flüge von American Eagle über Puerto Rico (siehe S. 336) und St. Thomas (siehe unten). Seaborne Airlines, Tel. 340/773-6442 oder 888/359-8687, www.seaborne-airlines.com, verkehrt täglich zwischen St. Croix und St. Thomas, ebenso Cape Air, Tel. 508/771-6944 oder 866/227-3247, www.capeair.net, zwischen St. Thomas, St. Croix und Puerto Rico.

Feste & Feiertage

Dezember–Januar Die Weihnachtszeit in St. Croix entspricht dem karibischen Karneval; sie dauert etwa einen Monat und gipfelt im Umzug am Dreikönigstag (6. Jan.).
Mai St. Croix Ironman (Internationaler Triathlon)
Juli Feiern zum Tag der Sklavenbefreiung
September Grand Crucian Quadrille. Inseltypische Folklore erleben Sie im Rahmen einer Vorstellung von Quadrilletänzern aus St. Croix.

UNTERWEGS AUF ST. CROIX

Mietwagen

Avis, Tel. 340/778-9355, Budget Rent a Car, Tel. 888/264-8894, www.budgetstcroix.com, Judi of Croy, Tel. 340/773-2123 oder 877/903-2123, www.judiofcroix.com und Olympic Rent-a-Car Ace, Tel. 340/718-3000 oder 888/878-4227, www.olympicstcroix.com. Alle genannten Firmen organisieren Bring- und Abholdienste vom und zum Flughafen und liefern die Wagen ans Hotel. Der deutsche, österreichische oder Schweizer Führerschein ist gültig. Es herrscht Linksverkehr.

Öffentliche Verkehrsmittel

Mit dem Bus gelangen Sie bequem von Christiansted nach Frederiksted. Die Busse fahren zwischen 5.30 und 21.30 Uhr im 40-Minuten-Takt (So stündl.). Am Flughafen, vor den Hotels und an Taxiständen an der King Street sowie am Market Square in Christiansted oder bei Fort Frederik in Frederiksted warten Taxis. Taxis fahren ohne Taxameter, aber nach einem offiziellen, von den Taxifahrern erstellten Tarifsystem. Taxi-Vans bieten ihre Fahrten vom Flughafen zu den Hotels rund um die Insel zu reduzierten Preisen an.

PRAKTISCHE TIPPS

Im Notfall

Polizei, Feuerwehr und Krankenwagen: Tel. 911. Das Governor Juan F. Lewis Hospital & Medical Center, Tel. 340/778-6311, verfügt über eine rund um die Uhr besetzte Notfallambulanz. Alle Hotels rufen bei Bedarf einen Notarzt. Unter Tel. 340/772-0357 erreichen Sie die Notrufstelle der Tourismusbehörde.

Auskunft

Christiansted: P.O. Box 4538, 1105 Kings Street, Christiansted, VI 00820, Tel. 340/773-1404, fax 340/712-8101, www.visitusvi.com.

In Europa

U. S. Virgin Islands Department of Tourism, c/o Destination Marketing, Power Road Studios, 114 Power Road, Chiswick, London W4 5PY, Tel: 020/ 89940978, Fax: 020/89940962, www.usvitourism.vi (ist für ganz Europa zuständig).

ST. THOMAS & ST. JOHN

REISEPLANUNG

Ankunft/Abreise

Die großen US-Fluglinien bieten täglich Direktflüge nach St. Thomas und American Airlines bietet von zahlreichen US-Städten aus Flüge über Puerto Rico. Von St Thomas verkehrt eine Fähre nach St. John, das keinen eigenen Flughafen hat. Regelmäßig legen täglich Fähren von Charlotte Amalie (45 Minuten) oder Red Hook (20 Minuten) auf St. Thomas ab. Die Hotels der Westin und Caneel Bay bieten ihren Gästen einen privaten Bootsdienst an.

Feste & Feiertage

März St. John Blues Festival
März–April International Rolex Regatta (viertes Wochenende, St. Thomas), mit dem Pillsbury-Sound-Langstreckenrennen

April Virgin Islands Carnival (St. Thomas)
Juni St. John Festival (ganzer Monat)
August Open/Atlantic Blue Marlin Tournament

UNTERWEGS AUF ST. THOMAS & ST. JOHN

Mietwagen

Avis, Tel. 340/774-1468 und Budget, Tel. 340/776-5774. Lokale Mietwagenfirmen, unter anderem Dependable, Tel. 340/774-2253 oder 800/522-3076, www.dependablecar.com, auf St. Thomas und St. John Car Rental, Tel./Fax 340/776-6103, www.stjohncarrental.com, auf St. John bieten meist günstigere Preise. Deutsche, österreichische und Schweizer Führerscheine sind gültig. Es herrscht Linksverkehr.

Öffentliche Verkehrsmittel

Auf St. Thomas fahren Busse. Auf St. John pendeln tagsüber Busse zwischen den Anlegern in Cruz Bay und Coral Bay an der Ostküste. Am Flughafen von St. Thomas und am Anleger der Cruz Bay auf St. John warten Taxis., ebenso bei Hotels und einigen Taxiständen in den Touristenzentren. Es gilt ein einheitlicher Tarif, den Sie vor Fahrtantritt erfragen sollten. Großraumtaxis bieten einen preisgünstigen Transfer vom Flughafen zu Hotels auf der gesamten Insel.

PRAKTISCHE TIPPS

Im Notfall

Polizei, Feuerwehr und Krankenwagen: Tel. 911. Das Roy Schneider Hospital, Tel. 340/776-8311, verfügt über eine rund um die Uhr besetzte Notfallambulanz. In St. John gibt es Kliniken, Notfälle werden jedoch nach St. Thomas gebracht. Die Hotels rufen bei Bedarf einen Notarzt, der rund um die Uhr arbeitet.

Auskunft

Charlotte Amalie: U.S. Virgin Island Department of Tourism, P.O. Box 6400, St. Thomas, USVI 00804, Tel. 340/774-8784, www.visitusvi.com
In Europa
Siehe St. Croix, S. 337.

BRITISCHE JUNGFERNINSELN

REISEPLANUNG

Ankunft/Abreise

British Airways fliegt mit einem Zwischenstopp auf Antigua nach Beef Island. Von Nordamerika zu den Britischen Jungferninseln geht auch kein Direktflug, aber American Eagle bietet einen short-hop von Puerto Rico und St. Thomas nach Tortola an. Air St. Thomas fliegt von Puerto Rico nach St. Thomas. Von Tortola nach Virgin Gorda oder Anegada verkehren nur private Charterflugzeuge. Mit der Ausnahme von Anegada sind die Britischen Jungferninseln untereinander durch regelmäßigen Fährservice verbunden, ebenso mit den Amerikanischen Jungferninseln St. Thomas und St. John. Fähren von Tortola nach Anegada starten dreimal pro Woche nach Road Town.

Die Abflugsteuer beträgt 20 US$, Schiffsreisende zahlen jedoch nur 5 US$.

Einreisebestimmungen

Reisende aus der Bundesrepublik Deutschland und aus EU-Staaten und der Schweiz benötigen einen mindestens sechs Monate gültigen Reisepass und ein Rück- oder Weiterflugticket.

Festivals & Feiertage

April–Mai BVI Spring Regatta, ein einwöchiges Fest mit Segeln, Rennen und Partys auf Nanny Cay, Tortola
Mai BVI Music Fest, einheimische und internationale Musiker sammeln sich am Strand der Cane Garden Bay, Tortola.
Juni–Juli HIHO Surfmeisterschaft und Regatta
August BVI Festival (Tortola, 1. Mo, Di und Mi.)
Dezember Foxy's famous New Year's Party (Jost van Dyke's Great Harbour, 31. Dez.)

Feiertage: Neujahr, Commonwealth-Tag (2. Mo im März), Karfreitag, Ostermontag, Pfingstmontag, Geburtstag der Königin (2. Mo im Juni), Territory Day (1. Juli), St. Ursula's Day (21. Okt.), Geburtstag von Prinz Charles (14. Nov.), Weihnachten.

UNTERWEGS AUF DEN BRITISCHEN JUNGFERNINSELN

Mietwagen

Auf Tortola bieten Avis, Tel. 284/494-3322, www.avis.com, Dollar, Tel. 284/ 494-6093, www.dollar.com, Hertz, Tel. 284/495-4405 und www.hertz.com, Mietwagen (auch Geländewagen) an.

Auf Virgin Gorda gehören L & S Jeep Rental, Tel. 284/495-5297, www.landsjeeprentals.com und Mahogany, Tel. 284/495-5469, http://mahogany.nfshost.com, zu den größten Anbietern.

Auf Anegada fahren Sie sicher mit Anegada Reef Hotel, Tel. 284/ 495-8002, www.anegadareef.com, und DW Jeep Rentals, Tel. 284/495-9677. Besucher müssen für die Mietdauer einen Führerschein erwerben (10 US$), den sie gegen Vorlage ihres gültigen Führerscheins erhalten. Der Zustand der Straßen lässt zu wünschen übrig, Geländewagen können unterwegs an einigen kritischen Stellen hilfreich sein. Es herrscht Linksverkehr.

Öffentliche Verkehrsmittel

Auf Tortola verkehren außerhalb von Road Town Busse entlang der Südküste, die meisten Urlauber ziehen es jedoch vor, mit dem Taxi zu fahren. Es gibt Taxistände am Flughafen und an den Fähranlegern.

Von Tortola starten täglich zahlreiche Fähren nach Virgin Gorda, Jost van Dyke und zu den amerikanischen Jungferninseln St. John und St. Thomas. Fähren verbinden auch mehrmals pro Woche Tortola, Anegada und Virgin Gorda mit St. Thomas/St. John.

PRAKTISCHE TIPPS

Im Notfall

Polizei, Feuerwehr und Krankenwagen: Tel. 999 oder 911. Peebles Hospital: Road Town, Tortola, Tel. 284/494-3497.

Hotels rufen bei Bedarf einen Notarzt. Komplizierte Fälle werden zur Behandlung nach St. Thomas (Amerikanische Jungferninseln) oder nach San Juan, Puerto Rico, geflogen.

Telefonieren

Die Vorwahl lautet 284.

Auskunft

Tortola: BVI Tourist Board, Akara Bldg., 2nd floor, DeCastro Street, Road Town, Tel. 284/494-3134, Fax 284/494-3866, www.bvitourism.com. Die Touristeninformation unterhält eine Niederlassung am Yachthafen von Virgin Gorda, Tel. 284/495-5181, Fax 284/495-6517.

In Europa

Fremdenverkehrsamt für die British Virgin Islands, BVI Tourist Board, Schwarzbachstr. 32, 40822 Mettmann, Tel. 02104/286671, www.britishvirginislands.de

KARIBISCHE NIEDERLANDE

Einreisebestimmungen

Die Karibischen Niederlande gehören zu den Niederlanden, doch gelten andere Einreisebestimmungen als fürs Mutterland. Deutsche, Österreicher und Schweizer benötigen einen Reisepass, der zum Zeitpunkt der geplanten Rückreise noch sechs Monate gültig ist.

Feiertage

Neujahr, Karfreitag, Ostermontag, Geburtstag der Königin (30. April), Tag der Arbeit (1. Mai), Himmelfahrt (Mai), Weihnachten. Nur auf St-Martin: Pfingstmontag und Allerheiligen (1. Nov.).

ARUBA

REISEPLANUNG

Ankunft/Abreise

Am leichtesten gelangen Sie mit der KLM via Amsterdam zum Queen Beatrix International Airport. Zur Insel gibt es Direktflüge von Frankfurt, Zürich und Wien mit der KLM und der Lufthansa in Kooperation mit anderen Gesellschaften.

Feste & Feiertage

Januar Neujahrsfeiern
Januar–Februar Karneval
Juni Windsurfing Festival
Oktober Aruba Music Festival
Dezember Nikolaus (5. Dez.)

UNTERWEGS AUF ARUBA

Mietwagen

Avis, Tel. 297/582-7202, www.avis.com, Budget, Tel. 297/582-8600, www.budget.com, Econo Car Rental, Tel. 877/461-9913; und Value Car Rental, Tel. 297/586-4188, www.valuearuba.com, haben Büros am Flughafen und in großen Orten. Auf Aruba muss man einen mindestens zwei Jahre alten Führerschein besitzen.

Öffentliche Verkehrsmittel

Aruba besitzt ein gut ausgebautes Busnetz, das die Hotelanlagen mit Oranjestad, dem Flughafen und San Nicolas verbindet; flexibler sind die privaten Minibusse. Taxis warten am Flughafen und vor Hotels, in Oranjestad kann man sie unter Tel. 297/582-2116 rufen.

PRAKTISCHE TIPPS

Im Notfall

Generell: Tel. 911, Polizei: Tel. 911. Krankenhaus: Tel. 297/587-4300. Alle Hotels rufen bei Bedarf einen Notarzt.

Telefonieren

Die Vorwahl lautet 297.

Auskunft

Aruba Tourism Authority, L. G. Smith Blvd., 172, Oranjestad, Tel. 297/582-3777, Fax 297/583-4702, www.aruba.com.

In Europa

Aruba Tourism Authority, Postfach 1204, 64333 Seeheim, Tel. 06257/96 29 21, Fax 06257/ 96 29 19, www.aruba.com oder www.aruba.de

BONAIRE

REISEPLANUNG

Ankunft/Abreise

Zum Flamingo Airport (4 km südlich von Kralendijk) auf Bonaire fliegt KLM von Frankfurt, Zürich und Wien via Amsterdam. Zwischen den einzelnen Inseln der Niederländischen Antillen bieten Dutch Antilles Express, www.flydae.com, Insel Air und Divi-Divi, www.flydivi.com Flugverbindungen an. Die Abfluggebühr liegt bei 35 US$

für internationale Flüge und 5,75 US$ innerhalb der Karibischen Niederlande.

Feste & Feiertage

Februar Karneval
April Rincon Day
September Bonaire Day (6. Sept.)
Oktober Jährliche Segelregatta

UNTERWEGS AUF BONAIR

Mietwagen

Avis, Tel. 599/717-5795, www.avis.com, Budget, Tel. 599/717-4700, www.budget.com, und Hertz, Tel. 599/717-7221, www.hertz.com, unterhalten Büros am Flughafen. Lokale Anbieter sind Caribe Car Rental, Tel. 599/717-6711, und Island Rentals, Tel. 599/717-2100, www.islandrentalsbonaire.com. Ausländische Führerscheine sind gültig. Es herrscht Rechtsverkehr.

Öffentliche Verkehrsmittel

Taxis warten am Flughafen und kommen auf Bestellung zum Hotel. Sie können auch Taxi Despatch, Tel. 599/717-8100 anrufen. Die Tarife sind festgelegt.

PRAKTISCHE TIPPS

Im Notfall

Krankenwagen, Tel. 717-8900. Polizei und Feuerwehr: Tel. 717-8000. Im St. Francis Hospital in Kralendijk, Tel. 599/717-8900, gibt es eine Dekompressionskammer.

Telefonieren

Die Vorwahl lautet 599.

Auskunft

Bonaire: Kaya Grandi 2, Kralendijk, Tel. 599/717-8322, www.tourism bonaire.com.
In Europa
Tourism Corporation Bonaire, c/o Basis Communicatie BV, Wagenweg 252, 2000 AL Haarlem, Tel. 023/5430705, Fax 023/5430730, www.infobonaire.com

CURAÇAO

REISEPLANUNG

Ankunft/Abreise

Zum Hato International Airport fliegt KLM von Frankfurt, Zürich und Wien über Amsterdam. Es gibt regelmäßige Verbindungen ab Aruba. Dutch Caribbean Express verbindet Curaçao mit Kingston, Jamaika, und mit Sint Maarten. Air Jamaica fliegt nach Montego Bay, außerdem bietet es regelmäßige Verbindungen nach Aruba. Die Abflugsteuer liegt bei 32,50 US$ für internationale Flüge und 8 US$ bei Verbindungen zu anderen Inseln der Karibischen Niederlande.

Feste und Feiertage

Februar/März Karneval
März Angelwettbewerbe
April Geburtstag der Königin (30. April); Segelregatta
Juli Flaggentag (2. Juli)
August Salsa Festival
Oktober Jazz Festival

UNTERWEGS AUF CURAÇAO

Mietwagen

Avis, Tel. 5999/461-1255, www.avis.com, Budget, Tel. 5999/868-3466, www.budget.com, National, Tel. 5999/869-4433, www.national.com, und Thrifty, Tel. 5999/461-3089, www.thrifty.com. Ausländische Führerscheine sind gültig; es herrscht allgemein Rechtsverkehr.

Öffentliche Verkehrsmittel

Öffentliche Busse fahren die wichtigsten Routen rund um die Insel ab Willemstad an. Die Taxipreise sind festgelegt.

PRAKTISCHE TIPPS

Im Notfall

Polizei und Feuerwehr: Tel. 911. Krankenwagen: Tel. 912. St. Elisabeth Hospital, Willemstad, Tel. 5999/462-4900. Notruf: Tel. 910.

Telefonieren

Die Vorwahl lautet 599.

Auskunft

Willemstad: Curaçao Tourist Board, P.O. Box 3266, Pietermaai 19, Tel. 5999/434-8200, www.curacao.com.

In Europa
Curaçao Tourist Board, c/o Inter-Connect Marketing GmbH, Arnulfstr. 31, 80636 München, Tel. 089/5170-3298, Fax 089/5170-3120, www.curacao.de (Das Büro ist sowohl für Deutschland, Österreich als auch für die Schweiz zuständig).

SABA

REISEPLANUNG

Ankunft/Abreise

Es gibt keine Direktflüge nach Saba. KLM bietet Flugdienste nach St. Maarten. Von dort fliegen Maschinen von Winair (Tel. 599/545-4237 oder 800/634-4907, www.fly-winair.com) mehrmals am Tag nach Saba zum J. E. Yrausquin Airport. Die Flugzeit liegt bei 15 Minuten. Die auf Saba beheimatete Fähre *Dawn II* (Tel. 5999/416-2299, www.sabatransport.com) verkehrt Di, Do und Sa; *The Edge*, auf Sint Maarten (Tel. 599/544-2640, www.stmaarten-activities.com) zu Hause, fährt Mi–So zwischen der Pelican Marina in Philipsburg und der Fort Bay auf Saba. Die Überfahrt dauert zwischen 75 und 90 Minuten.

Die Abflugsteuern betragen 20 US$ bei internationalen Flügen, 6 US$ bei Flügen zwischen den sechs großen Inseln der Niederländischen Antillen.

Feste & Feiertage

April Geburtstag der Königin (30. April)
Juli–August Karneval
Dezember Saba-Tag (1. Wochenende im Dez.)

UNTERWEGS AUF SABA

Mietwagen

Die Insel hat nur eine Mietwagenfirma: Caja's Car Rental, The Bottom, Tel. 599/416-2388 oder mobil 522-7755, Fax 599/416-3513.

Öffentliche Verkehrsmittel

Am Flughafen stehen Taxis oder Hotels bestellen ein Taxi.

PRAKTISCHE TIPPS

Im Notfall

Polizei: Tel. 599/416-3237. Medical Centre, The Bottom: Tel. 599/416-3288. Medizinische Notfälle werden in der Regel nach Sint Maarten geflogen.

Telefonieren

Die Vorwahl lautet 599.

Auskunft

Windwardside: Saba Tourist Office, P.O. Box 527, Tel. 599/416-2231, Fax 599/416-2350, www.sabatourism.com.

SINT EUSTATIUS

REISEPLANUNG

Ankunft/Abreise

Es gibt keine Direktflüge von Europa nach St. Eustatius, aber mehrmals täglich fliegt Winair von Sint Maarten aus zum F. D. Roosevelt Airport. Der Flug dauert 20 Minuten. Weitere Verbindungen bestehen nach St. Kitts. Die Abflugsteuern liegen bei 20 US$ (internationale Flüge) und 5,65 US$ bei Flügen über die Niederländischen Antillen.

Feste & Feiertage

April Geburtstag der Königin (30. April)
Juli Karneval
Oktober Antillentag (21. Okt.)
November Statia/America Day (16. Nov.)

UNTERWEGS AUF STATIA

Mietwagen

Browns, Tel. 599/318-2266, und Reddy Car Rental, Tel. 599/318-5564, außerdem rund ein Dutzend weiterer lokaler Vermieter. Ausländische Führerscheine sind gültig; es herrscht Rechtsverkehr.

Öffentliche Verkehrsmittel

Auf Statia fahren keine Busse, Urlauber gehen zu Fuß oder fahren Rad. Taxis bekommen Sie am Flughafen oder über Ihr Hotel.

PRAKTISCHE TIPPS

Im Notfall

Polizei: Tel. 911. Feuerwehr: Tel. 912. Krankenwagen: Tel. 913. Queen Beatrix Medical Center, Tel. 599/318-2211. Medizinische Notfälle werden in der Regel nach Sint Maarten geflogen.

Telefonieren

Die Vorwahl lautet 599.

Auskunft

Oranjestad: Sint Eustatius Tourism Development Foundation, Fort Oranje, 3 Fort Oranjestraat, Tel./Fax 599/318-2433, www.statiatourism.com

SINT MAARTEN/ ST-MARTIN

REISEPLANUNG

Ankunft/Abreise

KLM, Air France und Corsair fliegen nach St. Maarten. St. Maarten wird auch von United Airlines, Continental und Delta angeflogen. Die Insel ist Drehscheibe für einige regionale Fluggesellschaften (Caribbean Airlines, LIAT und Winair), die Verbindungen nach Saba, Statia, St. Barts, Tortola und Puerto Rico anbieten. Insel Air, www.fly-inselair.com, fliegt zu den ABC-Inseln, während Air Antilles Express, www.airantilles.com und Air Caraïbes, www.aircaraibes.com, die Französischen Antillen und St. Lucia mit kleineren Flugzeugen vom Regionalflughafen L'Espérance-Grand-Case auf St-Martin aus bedienen.

Die Abflugsteuer beträgt 30 US$ für internationale Flüge und 10 US$ für Flüge innerhalb der Niederländischen Antillen.

Feste & Feiertage

Januar Dreikönigstag (6. Jan., St-Martin)
Februar/März Karneval (St-Martin)
März Heineken Regatta
April Geburtstag der Königin (Sint Maarten, 30. April), Karneval (Sint Maarten)
Juni Kulturtage im Juni
Juli Nationalfeiertag (St-Martin, 14. Juli); Schoelcher-Tag mit Bootsregatten in Grand Case (St-Martin, 21. Juli)
November Discovery Day am St. Martinstag (11. Nov.)

UNTERWEGS AUF SINT MAARTEN/ST-MARTIN

Mietwagen

Avis, Tel. 721/545-2847, www.avis.com, Budget, Tel. 721/545-4030, www.budget.com, und Hertz, Tel. 721/545-4541, www.hertz.com, sind am Princess Juliana Airport und auf St-Martin vertreten. Ausländische Führerscheine sind gültig; es herrscht Rechtsverkehr.

Öffentliche Verkehrsmittel

Minibusse zwischen Philipsburg und Marigot und nach Grand Case verkehren häufig. Es gibt viele Taxis.

PRAKTISCHE TIPPS

Im Notfall

Sint Maarten Generell: Tel. 911. Krankenwagen: Tel. 912. Ärztliche Rufbereitschaft: Tel. 5111. Klinik: Tel. 721/543-1111.
St.-Martin Polizei: Tel. 17. Feuerwehr: Tel. 18. S.A.M.U. (Krankenwagen): Tel. 15. Klinik: Tel. 590/52 25 52.

Telefonieren

Die Vorwahl für das französische St-Martin lautet 590, während Sint Maarten ins nordamerikanische Nummernsystem einbezogen ist und die Vorwahl 721 hat. Ein Anruf vom holländischen in den französischen Teil der Insel ist ein internationales Gespräch. Wenn Sie von Sint Maarten nach St-Martin anrufen, müssen Sie 011+590590 + die sechsstellige Teilnehmernummer wählen; in umgekehrter Richtung wählen Sie 001+721+ die Teilnehmernummer.

Auskunft

Sint Maarten

Philipsburg: W.G. Buncamper Rd. 33, Tel. 721/542-2337, Fax 721/542-2734, www.vacationstmaarten.com. Informationskiosk am Pier in Philipsburg.

St.-Martin

Marigot: Office de Tourisme de St.-Martin, Route de Sandy Ground, Marigot, 97150 St.-Martin, Tel. 0590/87 57 21, Fax 0590/87 56 43, www.iledesaintmartin.org.

INSELN UNTER DEM WINDE

Einreisebestimmungen

Sie benötigen einen sechs Monate gültigen Reisepass sowie ein Rück- oder Weiterflugticket.

Feiertage

Feiertage aller Inseln: Neujahrstag (1. Jan.), Karfreitag, Ostermontag, Tag der Arbeit (1. Mo im Mai), Weihnachten.

ANGUILLA

REISEPLANUNG

Ankunft/Abreise

Die in Antigua ansässige Fluggesellschaft LIAT (www.liatairline.com) fliegt Anguilla regelmäßig an. Von Europa fliegen Air France über Paris und Condor und LTU über die Dominikanische Republik nach Anguilla. Windward Island fliegt von St. Maarten aus.

Zwischen 7.30 und 18.15 Uhr verkehrt alle 45 Minuten eine preisgünstige Fähre (Fahrtdauer 20 Min.) zwischen Blowing Point, Anguilla und Marigot, der Hauptstadt von St-Martin, Tel. 264/497-2231.

Die Abflugsteuer beträgt 20 US$ oder 5 US$ für die Fähren nach St-Martin.

Feste & Feiertage

März Moonsplash Music Festival
April Festival Del Mar
Mai Anguilla Day
Juni Geburtstag der Königin
August Karneval
November Tranquility Jazz Festival

Feiertage: Anguilla Day (30. Mai), Pfingstmontag und Verfassungstag (6. Aug.).

UNTERWEGS AUF ANGUILLA

Mietwagen

Apex/Avis, Tel. 264/497-2642, www.avis.com, Island Car Rentals, Tel. 264/497-2723, www.islandcar.ai, Thrifty, Tel. 264/497-2656, www.thrifty.com, und Triple K/Hertz, Tel. 264/497-5934, www.hertz.com.

Besucher können gegen eine geringe Gebühr (20 US$) einen inselsüezifischen Führerschein erwerben, wenn sie ihre eigene gültige Fahrerlaubnis vorlegen. Auf der Insel herrscht grundsätzlich Linksverkehr.

Öffentliche Verkehrsmittel

Auf Anguilla fahren keine öffentlichen Busse. Taxis gibt es sowohl am Flughafen, Tel. 264/497-5054, als auch am Fähranleger, Tel. 264/497-6089 oder auf Vorbestellung.

PRAKTISCHE TIPPS

Im Notfall

Alle Notfälle: Tel. 911. Polizei: Tel 264/497-2333. Princess Alexandra Hospital, Stoney Ground: Tel. 264/497-2551. Schwere Fälle werden nach Puerto Rico geflogen.

Telefonieren

Die Vorwahl lautet 264.

Auskunft

The Valley: Anguilla Tourist Board, Coronation Ave., Tel. 264/497-2759 oder 800/553-4939, Fax 264/497-2710, www.ivisit anguilla.com.

In Europa

Anguilla Tourist Board, c/o Exclusive und Different, Haidenauplatz 1, 81667 München, Tel. 089/54348736, Fax 089/5439765, www.anguillavacation.com.

ANTIGUA & BARBUDA

REISEPLANUNG

Ankunft/Abreise

Der Flughafen VC Bird International liegt 8 km nordöstlich der Hauptstadt St. John's und wird von den größeren internationalen Flughäfen angeflogen. Die Inseln werden u. a. Lufthansa, British Airways, Swiss und Air France. LIAT und Caribbean Star Airlines (www. flycaribbeanstar.com) angeflogen und bieten Flüge von Antigua zu über 20 Destinationen in der Karibik an.

Barbuda ist täglich von Antigua aus mit SVG Air, Tel 268/562-7181 (Flugzeit 10 Min.) oder der Barbuda-Express-Fähre, Tel. 268/560-7989, www.antiguaferries.com (Fahrzeit 90 Min.) zu erreichen.

Die Abfluggebühren ab Antigua liegen bei 25 US$. Bei Flügen zwischen Antigua und Barbuda entfällt diese Gebühr, doch muss ein Pass mitgeführt werden.

Feste & Feiertage

April Antigua Sailing Week; Antigua & Barbuda International Kite Festival

Juli Karneval

Feiertage: Karfreitag, Ostermontag, Tag der Arbeit (1. Mo im Mai) und Unabhängigkeitstag (1. Nov.).

UNTERWEGS AUF ANTIGUA & BARBUDA

Mietwagen

Avis, Tel. 268/462-2840, www.avis.com, Dollar Rent-A-Car, Tel. 268/462-0362, www.dollarantigua.com, und Hertz, Tel. 268/462-4114 sind am Flughafen von Antigua und mit weiteren Büros auf der Insel vertreten. Besucher erhalten gegen Vorlage ihrer Fahrerlaubnis einen Führerschein (20 US$).

Auf Barbuda gibt es keine Mietwagen. Inseltouren können von Barbuda Shorelines Tours (www.visit-barbuda.com) und Crystal Bay Tours (Tel. 268/561-5558) organisiert werden.

Öffentliche Verkehrsmittel

Auf Antigua fahren täglich Busse nach St. John's. Die Busse fahren jedoch erst ab, wenn sie voll besetzt sind. Der Fahrpreis ist sehr gering. Taxis können Sie vom Hotel aus bestellen, es gibt keine Taxameter, aber von der Regierung festgesetzte Richtwerte. Handeln Sie den Preis vorher aus. Auf Barbuda gibt es keine öffentlichen Verkehrsmittel.

PRAKTISCHE TIPPS

Im Notfall

Polizeipräsidium in St. John's: Tel. 268/462-0125. Mount St. John Medical Centre: Queen Elizabeth Hwy, St. John's, Tel. 268/462-0251. Schwere Fälle werden nach Puerto Rico oder Miami geflogen. Die meisten Hotels haben einen Arzt in Rufbereitschaft.

Telefonieren

Die Vorwahl für Antigua und Barbuda lautet 268.

Auskunft

St. John's: Antigua and Barbuda Department of Tourism, Government Bldg., Queen Elizabeth Hwy., Tel. 268/462-0480, Fax 268/462-2483, www.antigua-barbuda.com

In Europa

Antigua und Barbuda Department of Tourism, Thomasstraße 11, 61348 Bad Homburg, Tel. 06172/21504, Fax 06172/21513, www.karibik.de/antigua-barbuda.

MONTSERRAT

REISEPLANUNG

Ankunft/Abreise

Der Weg nach Montserrat führt über die benachbarte Insel Antigua. Es gibt regelmäßige Flugverbindungen zum Gerald's Airport mit Winair (www.fly-winair.com) und Fly Montserrat (www.flymontserrat.com). Über den Fahrplan der Fähren informiert sie das Montserrat Tourist Board (Tel. 664/491-2230 oder www.visitmontserrat.com). Siehe auch Tagesausflüge zur Smaragdinsel, S. 225.

Die Abflugsteuer beträgt rund 21 US$.

Feste & Feiertage

März St Patrick's Week celebrations, die Feierlichkeiten zu Ehren des frühchristlichen Missionars dauern eine Woche und erinnern an das irische Erbe.

Juli Calabash Festival

Dezember–Neujahr Karneval

UNTERWEGS AUF MONTSERRAT

Mietwagen

Jefferson Car Rental, Palm Loop (Tel. 664/491-2126), Montserrat Enterprises, Brades (Tel. 664/491-2431) und Neville Bradshaw Agencies, St. Peters (Tel. 664/491-5270) vermieten Autos und Jeeps.Es gibt zwei Küstenstraßen, die unmittelbar vor der Sperrzone enden. Achten Sie auf die Grenzen der Zone. Besucher brauchen einen örtlichen FÜhrerschein (rd. 20 US$), den es im Polizeipräsidium in Brades gibt.

Öffentliche Verkehrsmittel

Taxis und Minibusse tragen ein grünes Nummernschild, das mit einem „H" beginnt. Sie können überall angehalten werden. In Taxis gibt es keine Taxameter, doch die Tarife sind festgelegt. Die meisten

Fahrer sind auch kenntnisreiche Führer und bieten feste Tarife für Touren, je nach Dauer.

PRAKTISCHE TIPPS

Im Notfall

Polizei: Tel. 999. Feuerwehr: Tel. 911. Telefonvermittlung: Tel. 411. Kleinere Notfälle werden im Glendon Hospital in St. John sofort behandelt, Tel. 664/491-2552; schwerere Notfälle werden nach Antigua zur Untersuchung und weiteren Behandlung geflogen.

Telefonieren

Die Vorwahl lautet 664.

Auskunft

Brades: Montserrat Tourist Board, 7 Farara Plaza, Buildings B&C, Tel. 664/491-2230, Fax 664/491-7430, www.visitmontserrat.com.

ST. KITTS & NEVIS

REISEPLANUNG

Ankunft/Abreise

American Airlines fliegt von New York direkt den Robert L. Bradshaw International Airport auf St. Kitts an. Einige europäische Fluglinien bieten Verbindungen in die Nähe, z. B. nach St. Maarten, Antigua und Puerto Rico. St. Kitts und Nevis sind gut mit Regionalfliegern aus Puerto Rico (American Eagle), Antigua (LIAT, www.liat.com) oder Sint Maarten (Winair, www.fly-winair.com) erreichbar. Regelmäßig fliegen Maschinen zwischen St. Kitts und dem Flughafen Newcastle Airport auf Nevis.

Fähren verkehren mehrmals am Tag zwischen den Inselhauptstädten Basseterre und Charlestown. Die Abflugsteuern liegen bei 22 US$ von St. Kitts und bei 20,50 US$ vom Flughafen auf Nevis.

Feste & Feiertage

Juni St. Kitts Music Festival
August Culturama, rund um die Abschaffung der Sklaverei (1. Mo im Aug. Nevis)
September Heritage Festival am Unabhängigkeitstag (St. Kitts and Nevis, 19. Sept.)
Dezember–Januar Der Karneval beginnt am 26. Dez. Und dauert bis Neujahr (St. Kitts).

Feiertage: Pfingstmontag, Geburtstag der Königin (2. Sa im Juni) und Nationaler Heldengedenktag (16. Sept.).

UNTERWEGS AUF ST. KITTS & NEVIS

Mietwagen

Mietwagen und Jeeps bei Avis: St. Kitts, Tel. 869/465-6507, www.avis.com, und bei den lokalen Anbietern Thrifty/TDC Rentals: St. Kitts, Tel. 869/ 465-2991, Nevis, Tel. 869/469-5430. TDC bietet auch Mietwagen für St. Kitts und Nevis zusammen (Minimum drei Tage). Gegen Vorlage der Fahrerlaubnis erhalten Besucher für 24 US$ einen Führerschein. Linksverkehr!

Öffentliche Verkehrsmittel

Minibusse fahren am Anleger in Basseterre und an der Hauptstraße von Charlestown ab, wenn sie voll sind und der Fahrer Lust hat. Taxis sind leicht zu bekommen, der Preis ist einheitlich.

PRAKTISCHE TIPPS

Im Notfall

Polizei: Tel. 911. Feuerwehr: Tel. 333 St. Kitts oder Tel. 469-3444 Nevis. Im Krankheitsfall ruft die Rezeption einen Arzt. Das Joseph N. France Hospital in Basseterre (Tel. 869/465-2551) und das Alexandra Hospital in Nevis (Tel. 869/469-5473) behandeln leichtere Fälle, schwere Fälle werden nach Puerto Rico geflogen.

Telefonieren

Die Vorwahl lautet 869.

Ankunft

St. Kitts: St. Kitts Tourism Authority, Pelican Mall, Bay Rd., Basseterre, Tel. 869/465-4040, Fax 869/465-8794, www.stkittstourism.kn.
Nevis: Nevis Tourism Authority, Main St., Charlestown, Tel. 869/469-7550, Fax 869/469-7551, www.nevisisland.com

In Europa
High Commission for St. Kitts & Nevis, 10 Kensington Court, GB-London W8 5DL, Tel: 020/73760881, Fax: 020/79376742 (Das Büro ist auch für die Bundesrepublik Deutschland, Österreich und die Schweiz zuständig).

FRANZÖSISCHE ANTILLEN

Feiertage

Für alle Inseln gelten folgende Feiertage: Neujahrstag (1. Jan.), Karnevalsdienstag, Aschermittwoch, Karfreitag, Ostermontag, Tag der Arbeit (1. Mai), Siegestag 1945 (8. Mai), Himmelfahrt (Mai), Tag der Sklavenbefreiiung (22. Mai), Pfingstmontag, Nationalfeiertag (14. Juli), Mariä Himmelfahrt (15. Aug.), Allerheiligen (1. Nov.), Allerseelen (2. Nov.) und Weihnachten.

GUADELOUPE

REISEPLANUNG

Ankunft/Abreise

Air France fliegt Guadeloupe mehrmals wöchentlich ab Paris an. American Airlines fliegt täglich ab Puerto Rico (siehe S. 336). Der

Pôle Caraïbes Airport liegt östlich von Pointe-à-Pitre; vom Flughafen gelangt man bequem nach Gosier und in andere Küstenorte auf Grande-Terre. Es bestehen regelmäßige Verbindungen nach Antigua (siehe S. 343) und St-Martin/Sint Maarten (siehe S. 341) mit LIAT, www.liat.com, und Air Antilles Express, www.airantilles.com.

Günstige Fähren verbinden Guadeloupe mit Martinique (Die Fahrtzeit beträgt 3 Stunden 45 Min.) und den Inseln vor der Küste. Mehrmals pro Woche starten Fähren nach Dominica und St. Lucia. Informationen bei L'Express des Îles, Tel. 0825/35 90 00, www.express-des-iles.com. Der kurze Flug ist weniger anstrengend als die Überfahrt bei oft rauer See.

Einreisebestimmungen

EU-Bürger benötigen nur den Personalausweis, denn Martinique und Guadeloupe sind Überseedepartements von Frankreich. Es schadet aber nichts, wenn Sie zusätzlich einen Reisepass dabeihaben.

Feste & Feiertage

Januar Kurz nach Neujahr beginnen die Vorbereitungen zum Karneval, die in einem rauschenden Fest an den drei Tagen vor Aschermittwoch gipfeln.
Juli Kreolisches Kunstfestival (Ste-Anne)
August Fête des Cuisinières, eine gastronomische Demonstration

UNTERWEGS AUF GUADELOUPE

Mietwagen

Avis, Tel. 0590/82 33 47, www.avis.com, Budget, Tel. 0590/90 26 37, www.budget.com, Europcar, Tel. 0590/82 59 51, www.europcar.com, zählen zu den großen Verleihfirmen. Sie können auch Motorroller mieten. Europäische Führerscheine haben Gültigkeit. Es herrscht Rechtsverkehr.

Öffentliche Verkehrsmittel

Öffentliche Busse fahren zwischen dem frühen Morgen und dem späten Nachmittag die meisten Orte auf der Insel an. Besonders gut funktioniert die Verbindung von Pointe-à-Pitre (Endstation bei La Darse) an der Südküste entlang. Sie benötigen Kleingeld. Wenn Sie aussteigen möchten, rufen Sie „arrêt!" oder drücken auf den vorgesehenen Knopf.

Die Taxis fahren zu festgelegten Tarifen, fragen Sie vor der Abfahrt nach.

PRAKTISCHE TIPPS

Im Notfall

Polizei: Tel. 17. Feuerwehr: Tel. 18. Krankenwagen: Tel. 15 oder SAMU 0590/89 11 00. Krankenhäuser gibt es in allen größeren Orten, die Hotels rufen Notärzte.

Telefonieren

Die Vorwahl lautet 590. Telefonnummern auf Guadeloupe sind grundsätzlich zehnstellig. Festnetznummern beginnen mit 0590, Handynummern mit 0690. Bei Anrufen innerhalb Guadeloupes oder zu den anderen französischen Karibikinseln wählen Sie die zehnstellige Nummer. Für Telefonate von Telefonzellen aus brauchen Sie eine *télécarte*.

Ankunft

Pointe-à-Pitre: Comité du Tourisme des Îles de Guadeloupe, 5 Square de la Banque, 97166, Tel. 0590/82 09 30, Fax 0590/83 89 22, www.lesilesdeguadeloupe.com.

In Europa
Fremdenverkehrsbüro von Guadeloupe, Postfach 140212, 70072 Stuttgart, Tel. 0711/ 5053511, Fax 0711/5053512, www.karibik.de

ST-BARTHÉLEMY

REISEPLANUNG

Ankunft/Abreise

Der Gustave III Airport von St. Bart ist winzig, weshalb hier nur kleine Maschinen starten und landen können. Europäer steigen in St. Maarten (siehe S. 341) um, wo Direktflüge aus Paris ankommen. Von hier aus sind es mit einer Minimaschine noch 10 Minuten Flug. St. Barth Commuter, www.stbarthcommuter.com, Air Caraïbes, www.aircaraibes.com, und Winair, www.fly-winair.com, fliegen mehrmals täglich von St. Maarten nach St-Barthélemy, weitere Flüge führen über St. Maarten auf andere ostkaribische Inseln. Air Caraïbes fliegt Guadeloupe an (45 Min.). Express-Fähren pendeln täglich zwischen Sint Maarten (45 Min.)/St-Martin (75 Min.) und St-Barthélemy. Für Fahrten ab Philipsburg wenden Sie sich an The Edge, Tel. 721/544-2640, www.stmaarten-activities.com, oder Great Bay Express, Tel. 721/542-0032, www.greatbayferry.com; ab Marigot sind Babou One, Tel. 0590/29 81 25 www.westindiesferry.com, oder Voyager, Tel. 0590/87 10 68, www.voy12.com, die Kontaktadressen. Voyager hat auch einen Startpunkt in Oyster Pond. Die See ist oft rau, die 90-minütige Fahrt anstrengend. Katamaranfähren sind langsamer, aber angenehmer.

Einreisebestimmungen

EU-Bürger benötigen nur den Personalausweis, denn die Insel Guadeloupe, zu der St-Barthélemy gehört, ist ein Überseedepartement von Frankreich. Es schadet aber nichts, wenn Sie zusätzlich einen Reisepass dabeihaben.
Die Abflugsteuer liegt bei 4,50 €.

Feste & Feiertage

Januar Festival de Musique
März–Mai In diesen Monaten ist

die Saison der Segelregatten
April Festival du Cinéma Caraïbe
Juli Deep Sea Fishing Tournament
Dezember Silvesterregatta

UNTERWEGS AUF ST BARTHÉLEMY

Mietwagen

Avis, Tel. 590/27 71 43, Budget, Tel. 590/27 66 30, und Hertz, Tel. 590/27 71 14. Barth'loc, Tel. 590/27 52 81, und Chez Béranger, Tel. 0590/27 89 00, vermieten Mofas und Motorroller. Ausländische Führerscheine sind gültig; es herrscht Rechtsverkehr. Die Tankstelle in St. Jean ist sonntags und in der Nebensaison (April–Nov.) auch am Dienstagnachmittag geschlossen, die zweite Tankstelle in Lorient ist sonntags, Samstag- und Donnerstagnachmittag geschlossen.

Öffentliche Verkehrsmittel

Auf der Insel gibt es keine Busse. Taxis stehen am Flughafen und am Taxistand am Quai du Général de Gaulle in Gustavia, Tel. 0590/27 66 31. Kurzfahrten (unter fünf Minuten Fahrzeit) sind billig, danach erhöht sich der Preis im Dreiminutentakt.

PRAKTISCHE TIPPS

Im Notfall

Polizei: Tel. 17. Krankenwagen und Feuerwehr: Tel. 18. Das Hôpital de Bruyn in Gustavia, Tel 0590/27 60 35, behandelt die meisten Fälle; die Hotels rufen einen Notarzt. Notfälle kommen nach Sint Maarten oder Puerto Rico.

Telefonieren

Die Vorwahl lautet 590. Bei einem Anruf innerhalb der Insel oder von einer anderen Insel der französischen Antillen wählen Sie 0590 und dann die sechsstellige Nummer.

Auskunft

Gustavia: Office du Tourisme, Quai du Général de Gaulle, 97133, Tel. 0590/27 87 27, Fax 0590/27 74 47, www.saintbarth-tourisme.com.

In Europa
Siehe Guadeloupe, S. 230.

MARTINIQUE

REISEPLANUNG

Ankunft/Abreise

Der internationale Aimé Césaire Airport liegt in Lamentin außerhalb von Fort-de-France. Air France, Nouvelles Frontières/Corsair und Air Caraïbes fliegen Martinique mehrmals die Woche an. Regionale Fluggesellschaften bieten Verbindungen zu anderen Verkehrszentren der Region wie Antigua (siehe S. 343), Barbados (siehe S. 350) und Sint Maarten (siehe S. 341).

Preisgünstige Fähren verbinden Martinique mit Guadeloupe (3 Std. 45 Min.), Dominica (1 Std. 45 Min.) und St. Lucia (80 Min.). Fahrplaninformationen bietet der Fährterminal in Fort-de-France, Tel. 0596/59 00 00. Wegen der oft rauen See kann jedoch ein Flug angenehmer als eine Seefahrt sein.

Einreisebestimmungen

EU-Bürger benötigen nur den Personalausweis, denn Martinique ist ein Überseedepartement von Frankreich. Es ist nützlich, wenn Sie zusätzlich einen Reisepass dabeihaben.

Feste & Feiertage

Januar Im Januar beginnen die Vorbereitungen zum Karneval, der am Aschermittwoch endet.
April Gastronomie-Festival von Martinique
Juli Kulturfestival in Fort-de-France
August La Yole Rond (Regatta rund um die Insel)
Dezember Wintermusikfestival

UNTERWEGS AUF MARTINIQUE

Mietwagen

Avis, Tel. 0596/42 11 00, www.avis.com; Budget, Tel. 0596/42 04 04, www.budget.com; Europcar, Tel. 0596/42 42 42 und Jumbo Car, Tel. 0596/42 22 22. Der europäische Führerschein ist gültig, es herrscht Rechtsverkehr.

Öffentliche Verkehrsmittel

Vom frühen Morgen bis ca. 19 Uhr verkehren in Fort-de-France Busse. Sie fahren festgelegte Stationen an und halten auf Zuruf („arrêt!"). Fähren verbinden Fort-de-France und Ste-Anne. Die Taxis fahren zu festgelegten Tarifen.

PRAKTISCHE TIPPS

Im Notfall

Polizei: Tel. 17. Feuerwehr: Tel. 18. Medizinische Notfälle und Krankenwagen: Tel. 15 oder SOS Médècins (ärztlicher Notdienst rund um die Uhr), Tel. 0596/63 33 33. Es gibt mehrere Krankenhäuser und ambulante Kliniken. Hotels oder die Touristeninformation kennen und vermitteln Ärzte, die englisch sprechen.

Telefonieren

Die Vorwahl lautet 596. Telefonnummern auf Martinique sind zehnstellig und beginnen mit 0596 oder mobil mit 0696. Bei einem Telefonat innerhalb der Insel oder zu einer anderen Insel der französischen Antillen wählen Sie 0596 und dann die sechsstellige Nummer.

Auskunft

Fort-de-France: Comité Martiniquais du Tourisme, Beaupré, Pointe de Jaham, 97233 Schoelcher, Tel.

0596/61 61 77, Fax 0596/61 22 72, www.martiniquetourisme.com

In Europa
Fremdenverkehrsamt Martinique c/o Maison de la France, Westendstr. 47, 60325 Frankfurt, Tel. 069/975 904 97, Fax: 069/975 904 99, http://de.franceguide.com

INSELN ÜBER DEM WINDE

Feiertage
Für alle Inseln gelten Neujahrstag, Karfreitag, Ostermontag, Pfingstmontag, Tag der Arbeit (1. Mo im Mai), Maifeiertag, Dominica (1.Mai), Weihnachten.

DOMINICA

REISEPLANUNG
Ankunft/Abreise
Es gibt keine Direktverbindungen von Europa. Die meisten Flüge aus Europa führen über Antigua, Barbados, Guadeloupe, Martinique oder Puerto Rico mit anschließendem Regionalflug nach Dominica. American Eagle bietet tägliche Flüge von Puerto Rico (siehe S. 336) zu Dominicas Melville Hall Airport, der im Norden der Insel liegt (80 Min. von Roseau). Lokale Gesellschaften wie LIAT, www.liat.com, bieten von Antigua (siehe S. 343), Barbados (siehe S. 350), Sint Maarten (siehe S. 341) und den Französischen Antillen Flüge nach Dominica an. Kleinere Maschinen landen auf dem Canefield Airport, am Stadtrand von Roseau.

Expressfähren fahren von Guadeloupe (1 Std. 45 Min.), Martinique (1 Std. 30 Min.) und St. Lucia (3 Std. 20 Min.) nach Dominica, Fahrpläne und Tarife sind bei L'Express des Îles in Roseau (Tel. 767/448-2181), www.express-des-iles.com abzufragen. Die Überfahrt mit der Fähre kann bei stürmischer See rau sein.

Einreisebestimmungen
Deutsche, Österreicher und Schweizer benötigen einen sechs Monate über die Reise hinaus gültigen Reisepass.

Feste & Feiertage
Februar–März Karneval (Mo & Di vor Aschermittwoch)
Juli Dive Fest
Oktober World Creole Music Festival
November Unabhängigkeitstag (3. Nov.)

Weitere Feiertage am 1. Mo im Aug. und am 4. Nov.

UNTERWEGS AUF DOMINICA
Mietwagen
Bonus, Tel. 767/448-2650, Garraway, Tel. 767/448-2891, Island Car Rentals, Tel. 767/255-6844, und Valley Rent-A-Car, Tel. 767/448-3233. Autofahrer müssen einen Führerschein (12 US$) erwerben und dazu ihren gültigen nationalen Führerschein vorlegen. Es herrscht Linksverkehr.

Öffentliche Verkehrsmittel
Minibusse verkehren in unregelmäßigen Abständen, jedoch häufig zwischen allen größeren Orten der Insel und Roseau. Taxis warten tagsüber an den Flughäfen und in Roseau; sie werden auch vom Hotel bestellt. Für abendliche Ausflüge sollten sie ein Taxi vorbestellen.

PRAKTISCHE TIPPS
Im Notfall
Polizei, Feuerwehr und Notfälle: Tel. 999. Das Princess Margaret Hospital in Roseau, Tel. 767/448-2231, und das Portsmouth Hospital, Tel. 767/445-5237, sind die wichtigsten medizinischen Einrichtungen. Komplizierte Fälle kommen nach Puerto Rico.

Telefonieren
Die Vorwahl lautet 767.

Auskunft
Roseau: Discover Dominica Authority, Financial Centre Bldg., P.O. Box 293, Commonwealth of Dominica, Tel. 767/448-2045.
In Europa
Fremdenverkehrsbüro Dominica, Postfach 140223, 70072 Stuttgart, Tel. 0711/26346624, Fax: 0711/5053534 (ist auch für Österreich und die Schweiz zuständig). Tel 866/522-4057.

GRENADA, CARRIACOU & PETIT MARTINIQUE

REISEPLANUNG
Ankunft/Abreise
Grenadas Maurice Bishop International Airport liegt elf Kilometer südlich der Hauptstadt. Condor fliegt von Frankfurt nach Grenada. Von anderen deutschen Flughäfen geht die Verbindung meist über London. Von Wien bestehen Verbindungen mit Austrian Airlines, British Airways, von Zürich mit Swiss und British Airways. Regionalfluggesellschaften wie LIAT, www.liat.com, fliegen von Drehkreuzen wie Antigua (siehe S. 343), Barbados (S. 350) und St. Lucia und Trinidad (siehe S. 350) nach Grenada und ihren Nachbarinseln.

Lauriston Airport auf Carriacou wird von kleinen Maschinen der Fluglinie SVG Air, www.svgair.com von Grenada aus angeflogen.

Eine Fähre der Osprey Lines, Tel. 473/440-8126, www.ospreylines.com verbindet die Inseln regelmäßig an Werktagen; am Wochenende finden die Fahrten seltener statt.

Petit Martinique wird von Wassertaxis angefahren, die von Windward an der Nordostküste von Carriacou abfahren.

Einreisebestimmungen

Urlauber benötigen einen noch sechs Monate gültigen Reisepass und ein Rückreiseticket.

Die Fluggastgebühr ab Grenada beträgt 20 US$.

Feste & Feiertage

Februar–März Karneval (Carriacou, vor Beginn der Fastenzeit); einwöchige Feiern zum St. Patrick's Day (Sauteurs, Grenada)
Juni Fisherman's Birthday (Patronatsfest des hl. Petrus) in Gouyave (Ende Juni)
Juli–August Carriacou Regatta; Karneval auf Grenada (St. George's)
Dezember Carriacou Parang Festival

Feiertage: Unabhängigkeitstag (7. Feb.), Fronleichnam (Juni), Abschaffung der Sklaverei (1. Mo & Di im Aug.) und Thanksgiving Day (25. Okt.).

UNTERWEGS AUF GRENADA, CARRIACOU & PETIT MARTINIQUE

Mietwagen

Archie Auto Rentals, Tel. 473/439-0086, www.archierentals.com, und David's Car Rental, Tel. 473/444-3399, www.davidscars.com, betreiben Büros auf Grenada. Auf Carriacou erhalten Sie Mietwagen über Barba's Jeep Rentals, Tel. 473/443-7454, oder Sunkey's Auto Rentals, Tel. 473/443-8382. Sie benötigen einen inselsüezifischen Führerschein, den Sie gegen eine Gebühr von 12 US$ und Vorlage Ihres gültigen Führerscheines erhalten. Es herrscht Linksverkehr.

Öffentliche Verkehrsmittel

Private Minibusse fahren vom frühen Morgen bis zum späten Abend häufig, jedoch unregelmäßig bis in den hintersten Winkel von Grenada und Carriacou. Sie halten auf Handzeichen. Wenn Sie aussteigen möchten, müssen Sie laut gegen das Dach klopfen.

Taxis stehen am Flughafen und an Taxiständen an der Careenage in St. George's sowie am Fähranleger in Hillsborough. Oder das Hotel bestellt sie für Sie. Vereinbaren Sie den Preis immer im Voraus.

Für Fährverbindungen zwischen den Inseln siehe Ankunft/Abreise.

PRAKTISCHE TIPPS

Im Notfall

Polizei und Feuerwehr: Tel. 911. Krankenwagen, St. George's: Tel. 473/440-2113. Das St. George's Hospital in Grenada, Tel. 473/440-2050, behandelt die meisten Patienten, komplizierte Fälle werden nach Puerto Rico geflogen. Die Hotels rufen bei Bedarf einen Notarzt. Auf Carriacou wenden Sie sich an das Princess Royal Hospital, Tel. 473/443-7400 oder an die Ambulanz, Tel. 774.

Telefonieren

Die Vorwahl für Grenada, Carriacou und Petite Martinique lautet 473.

Auskunft

Grenada: Grenada Board of Tourism, P.O. Box 293, St. George's, Tel. 473/440-2279, Fax 473/440-6637, www.grenadagrenadines.com.
Carriacou: Main St., Hillsborough, Tel. 473/443-7948.

In Europa

Grenada Board of Tourism, Schenkendorfstr. 1, 65187 Wiesbaden, Tel. 0611/2676720, Fax 0611/267 67 60

ST. LUCIA

REISEPLANUNG

Ankunft/Abreise

Der internationale Flughafen Hewanorra Airport liegt im Süden der Insel. Zu den Hotels im Inselnorden sind es 1,5 Stunden Fahrt. Der George Charles Airport in Castries kann nur von kleineren Maschinen angeflogen werden, u. a. von American Eagle (täglich von Puerto Rico) und LIAT (mehrmals täglich von Antigua und Barbados). St. Lucia wird von British Airways, BWIA West Indies Airways und Virgin Atlantic direkt ab London angeflogen. Von Zürich kann man mit BWIA über Antigua fliegen, mit Lufthansa nach Puerto Rico mit Umstieg nach St. Lucia. LIAT fliegt ebenfalls St. Lucia an.

Expressfähren verbinden St. Lucia mit Martinique (1 Std 20 Min.), Informationen bei Cox & Co., Castries, Tel. 758/452-2211.

Einreisebestimmungen

Urlauber benötigen einen bei Ankunft noch mindestens sechs Monate gültigen Reisepass und ein Rückflugticket.

Feste & Feiertage

Mai St. Lucia Jazz Festival (Pigeon Island & Castries)
Juli Karneval
September–Oktober St. Lucia Billfishing Tournament (jeder darf teilnehmen); Jounen Kweyol Entenasyonnal (Internationaler kreolischer Tag)
November–Dezember Atlantic Rally for Cruisers (Rodney Bay Marina)

Feiertage: Unabhängigkeitstag (22. Feb.), Fronleichnam (Juni), Tag der Sklavenbefreiung (1.Mo im Aug.), Thanksgiving Day (4. Okt.) und Nationalfeiertag (13. Dez.).

UNTERWEGS AUF ST. LUCIA

Mietwagen

Avis, Tel. 758/452-2700, www.avisstlucia.com, Budget, Tel. 758/452-8673, www.budgetstlucia.com, Hertz, Tel. 758/452-0679, and West Coast Jeeps, Tel. 758/459-5457, www.westcoastjeeps.com. Gegen Vorlage des nationalen Führerscheins und einer Gebühr (20 US$) wird ein vor Ort gültiger Führerschein ausgestellt. Auf der Insel herrscht Linksverkehr.

Öffentliche Verkehrsmittel

Preiswerte Minibusse verkehren auf der Strecke zwischen Castries, Rodney Bay und dem Norden (freitags bringen die Busse sogar die Gäste bis spätnachts zur Party auf Gros Islet). Weitaus weniger Busse fahren von der Bridge Street nach Soufrière und in den Süden.

Die Taxitarife werden von der Regierung festgelegt; vereinbaren Sie immer im Voraus einen Festpreis.

PRAKTISCHE TIPPS

Im Notfall

Polizei, Feuerwehr und Krankenwagen: Tel. 911. Das Victoria Hospital in Castries, Tel. 758/452-2421, und das St. Jude's in Vieux Fort, Tel. 758/454-6041, sind die beiden wichtigsten Krankenhäuser der Insel. Alle Hotels rufen bei Bedarf einen Notarzt.

Telefonieren

Die Vorwahl lautet 758.

Auskunft

Castries: St. Lucia Tourist Board, Sureline Building, Vide Bouteille, P.O. Box 221, Castries, Tel. 758/452-4094, Fax 758/453-1121, www.stlucia.org.

In Europa
St. Lucia Tourist Board, c/o A. R. T. Marketing, Eckenheimer Landstraße 483, 60435 Frankfurt, Tel. 069/89009081, Fax 069/89009082.

ST. VINCENT & DIE GRENADINEN

REISEPLANUNG

Ankunft/Abreise

St. Vincent und die Grenadinen werden hauptsächlich von LIAT angeflogen. Mustique Airways und SVG Air verbinden die Inseln mit Barbados; CTA Air Martinique fliegt zu den französischen Karibikinseln (u. a. Martinique) und American Eagle bietet Direktflüge von Puerto Rico. Weitere Verbindungen bestehen nach Grenada, Antigua, St. Lucia und Trinidad. Vom E. T. Joshua Airport bei Kingstown starten kleine Maschinen zu den Grenadinen.

Gäste erreichen die Inseln natürlich auch per Boot ab Kingstown.

Einreisebestimmungen

EU-Bürger benötigen einen gültigen Reisepass sowie die Vorlage eines Rückflug- oder Weiterflugtickets.

Feste & Feiertage

März–April Bequia Easter Regatta
Juni–Juli Bunter Karneval oder Vincy Mas (Kingstown, St. Vincent)
Dezember Die Weihnachtszeit beginnt bereits neun Tage vor Heiligabend mit verschiedenen Kunsthandwerksausstellungen, Umzügen und Partys.

Feiertage: St. Vincent and the Grenadines Day (22. Jan.), Caricom Day (5. Juli), Tag der Sklavenbefreiung (2. Aug.) und Unabhängigkeitstag (27. Okt.).

UNTERWEGS AUF ST. VINCENT & DEN GRENADINEN

Mietwagen

Auf St. Vincent hat Avis (Tel. 784/456-6861) ein Büro am Flughafen. Andere Anbieter wie Ben's Auto Rental, Tel. 784/456-2907, David's Auto Clinic, Tel. 784/457-1116 und Rent and Drive Tel. 784/457-5601, holen ihre Kunden am Flughafen ab. Ein temporärer Führerschein kostet rund 22 US$. Auch auf den Grenadinen werden Mietwägen angeboten. Es herrscht Linksverkehr.

Öffentliche Verkehrsmittel

Private Minibusse (sogenannte „dollar buses") fahren tagsüber die Südküstenstraße zwischen Kingstown und Villa/Calliaqua ab (abends seltener). Die Busse halten überall auf Winkzeichen an; wenn Sie aussteigen möchten, müssen Sie kräftig gegen das Dach klopfen oder laut „driver, stop!s" rufen, um die Musik zu übertönen. An der Uferpromenade von Kingstown starten auch Busse nach Layou und zur Westküste. Taxis stehen am Flughafen und in Kingstown; die Hotels sind bei der Reservierung behilflich.

PRAKTISCHE TIPPS

Im Notfall

Polizei, Feuerwehr, Küstenwache: Tel. 911. Polizeipräsidium: Tel. 784/457-1211. Kingstown General Hospital, A&E: Tel. 784/456-1955. Notfälle werden nach Barbados oder Puerto Rico geflogen. Hotels rufen einen Notarzt.

Telefonieren

Die Vorwahl für St. Vincent und die Grenadinen lautet 784.

Auskunft

Kingstown: St. Vincent and the

Grenadines Tourism Authority, P. O. Box 834, NIS Bldg., Upper Bay Street, Tel. 784/456-6222, Fax 784/485-6020, www.discoversvg.com

In Europa
St. Vincent and the Grenadines, Tourist Office, 10 Kensington Court, GB-London W8 5DL, Tel. 020/79376570, Fax 020/79373611, www.svgtourism.com (auch für Deutschland, Österreich und die Schweiz zuständig).

BARBADOS

REISEPLANUNG

Ankunft/Abreise

Der internationale Flughafen Grantley Adams International liegt 18 km außerhalb von Bridgetown. Direktflüge bieten Condor und Lufthansa ab Frankfurt/Main. Von Zürich fliegen Swiss und Air France, ab Wien Austrian Airlines. British Airways bietet Flüge ab allen größeren deutschen Flughäfen sowie ab Zürich, Genf und Wien an. LIAT und andere regionale Gesellschaften fliegen von Barbados zu den Inseln unter und über dem Winde, den Französischen Antillen, Sint Maarten, Trinidad und Tobago

Einreisebestimmungen

Benötigt wird ein noch mindestens sechs Monate über den Aufenthalt hinaus gültiger Reisepass sowie ein Rückreise- oder Weiterreiseticket.

Feste & Feiertage

Januar Barbados Jazz Festival
Februar Holetown Festival, einwöchige Feiern zu Ehren der ersten Siedler
Juli–August Crop Over Festival, der Karneval von Barbados.

Feiertage: Neujahrstag, Karfreitag, Ostermontag, Tag der Arbeit (1. Mai), Pfingstmontag, Tag der Sklavenbefreiung (31. Juli), U. N. Day (6. Okt.), Weihnachten.

UNTERWEGS AUF BARBADOS

Mietwagen

Lokale Anbieter sind Coconut Cars, Tel. 246/437-0297, www.coco nutcars.com, Courtesy Rent-A-Car, Tel. 246/431-4160, www.courtesycars.com, Stoutes Car Rental, Tel. 246/416-4456, www.stoutescar.com, und Top Class, Tel. 246/228-7368, www.topclass rentals.com. Gegen Vorlage Ihres Führerscheins und eine Gebühr von 5 US$ erhalten Sie einen vor Ort gültigen Führerschein. Es herrscht Linksverkehr.

Öffentliche Verkehrsmittel

Preisgünstige Busse und Minibusse fahren vom frühen Morgen bis Mitternacht regelmäßig die Küstenorte und Bridgetown an. Taxis haben keine Taxameter, daher unbedingt den Preis vorab vereinbaren.

PRAKTISCHE TIPPS

Im Notfall

Polizei: Tel. 211. Feuerwehr: Tel. 311. Krankenwagen: Tel 511. Queen Elizabeth Hospital, Bridgetown North: Tel. 246/436-5446. Hotels rufen einen Notarzt.

Telefonieren

Die Vorwahl lautet 246.

Auskunft

Bridgetown: Barbados Tourism Authority, P.O. Box 242, Harbour Rd., Tel. 246/427-2623, Fax 246/426-4080, www.barbados.org

In Europa
Fremdenverkehrsamt Barbados, c/o Mangum Group, Sonnenstraße 9, 80331 München, Tel. 089/23662152, Fax 089/23662199, www.barbados-karibik.de (auch für Österreich und die Schweiz zuständig).

TRINIDAD & TOBAGO

REISEPLANUNG

Ankunft/Abreise

Trinidads internationaler Flughafen ist der Piarco Airport, der 48 Kilometer östlich von Port of Prince liegt. Caribbean Airlines bietet Flüge von London nach Port of Spain an. Condor fliegt von Frankfurt/M. nach Tobago, mit Zubringerflügen von zahlreichen anderen Großstädten. Virgin Atlantic Airways fliegt von London Gatwick nach Tobago mit Zubringerflügen von deutschen Flughäfen. Lauda Air verbindet Wien mit Tobago, Zubringerflüge bietet Austrian Airlines ab Basel, Genf und Zürich. LIAT und BWIA bieten innerkaribische Flüge von Barbados, Grenada und St. Lucia. Die meisten Urlauber fliegen nach Trinidad und machen von dort aus einen Tagesausflug beispielsweise mit Caribbean Airlines nach Tobago (Flugzeit 25 Min.).
Eine günstige, aber langsame Fähre (5 Std.) fährt von Port of Spain nach Scarborough. Informationen bei der Port Authority of Trinidad & Tobago, www.patnt.com.
Die Abflugsteuer beträgt 100 TT$ (16 US$); sie muss in der Landeswährung bezahlt werden.

Feste & Feiertage

Januar–März Vorbereitungen für den berühmten Karneval
März Phagwa (hinduistisches Neujahrsfest)
Juni Dreitägiges muslimisches Hosay-Fest
Juli Tobago Heritage Festival
August Steelband Week (Trinidad)

September Tobago Festival
Oktober–November Divali (hinduistisches Fest des Lichts)

Feiertage Neujahrstag, Karfreitag, Ostermontag, Tag der Arbeit (19. Juni), Tag der Sklavenbefreiung (1. Aug.), Unabhängigkeitstag (31. Aug.), Weihnachten.

UNTERWEGS AUF TRINIDAD & TOBAGO

Mietwagen

Mietwagen gibt es am Piarco Airport auf Trinidad bei Auto Rentals, Tel. 868/669-227; Budget, Tel. 868/669-1635, www.budget.com, und Econo Car Rentals, Tel. 868/669-1119, www.econocarrentalstt.com. Alle drei Firmen besitzen Büros auf Tobago: Auto Rentals, Tel. 868/639-0644; Budget, Tel. 868/631-8456, und Econo Cars, Tel. 868/660-8728.

Ausländische Führerscheine sind gültig. Es herrscht Linksverkehr. Es gibt nur wenige Tankstellen, achten Sie auf die Benzinuhr.

Öffentliche Verkehrsmittel

Mit den preisgünstigen öffentlichen Bussen erreichen Sie auf Trinidad die meisten Orte. Der zentrale Busbahnhof befindet sich am South Quay in Port of Spain. Fahrkarten müssen Sie vor Fahrtantritt erwerben.

Private Minibusse, sogenannte Maxi-Taxis kommen schneller voran. Die Farbe der Maxis richtet sich nach dem Fahrtziel: Taxis mit gelben Streifen verkehren in Port of Spain, rote Taxis fahren nach Osten, grüne nach Süden. Taxis stehen am Flughafen (Festpreis nach Port of Spain und anderen Zielen).

Auf Tobago gibt es öffentliche und private Busse. Die öffentlichen Busse starten in der Gardenside Road, Scarborough, und fahren nach Crown Point und zu anderen Orten. Maxi-Taxis sind meist schneller und können an der Straße angehalten werden.

Taxis stehen am Flughafen und vor größeren Hotels. Vom Flughafen zu den Hotels gelten feste Tarife.

PRAKTISCHE TIPPS

Im Notfall

Polizei: Tel. 999. Feuerwehr und Krankenwagen: Tel. 990. Port of Spain General Hospital: Tel. 868/623-2951. In Tobago behandelt das Scarborough Hospital, Tel. 868/ 639-2551, leichtere Fälle; Notfälle kommen nach Trinidad.

Telefonieren

Die Vorwahl für Trinidad und Tobago lautet 868.

Auskunft

Port of Spain: Trinidad and Tobago Tourism Development Company, Level 1, Maritime Centre, 29 10th Ave., Barataria, Tel. 868/675-7034, Fax 868/638-7962, www.gotrinidadandtobago.

In Europa

Trinidad and Tobago Tourist Office, Bahnhofplatz 4, 55116 Mainz, Tel. 06131/73337, Fax 06131/73307, www.visittnt.de (ist auch für Österreich und die Schweiz zuständig).

Hotels & Restaurants

Unterkünfte sind in der Karibik gewöhnlich extrem teuer, es gibt aber natürlich Ausnahmen. Weiterhin sinken die Preise außerhalb der Saison um etwa die Hälfte, weil das Wetter dann nicht immer mitspielt. All-inclusive-Anlagen bieten meist ein gutes Preis-Leistungs-Verhältnis, verleiten aber dazu, den Urlaub abgeschirmt vom eigentlichen Inselgeschehen zu verbringen. Beim Essen gibt es ungezählte Möglichkeiten vom Jerk-Hühnchen bis zur französischen Haute Cuisine. In den Restaurants geht es eher locker zu, Sitzordnung und Schließungszeiten werden meist flexibel gehandhabt. Erkundigen Sie sich vorab telefonisch.Die Auflistung der Hotels und Restaurants erfolgt zunächst nach Region, dann nach Preis, dann in alphabetischer Reihenfolge.

JAMAIKA

KINGSTON & THE BLUE MOUNTAINS

DER BESONDERE TIPP

STRAWBERRY HILL

Das preisgekrönte Anwesen, das der vorbildlichen Outpost Hotelgruppe gehört, liegt 900 Meter oberhalb von Kingston in den Blue Mountains und bietet herrliche Blicke über die Stadt. Alle Cottages besitzen private Veranden und sind mit Küche, handgefertigtem Mobiliar im Kolonialstil und Mahagoni-Himmelbetten mit Moskitonetzen ausgestattet. Zum Hotel gehört auch ein Spa, ein Multimedia-Center und ein ausgezeichnetes Restaurant, dass für seine neue jamaikanische Küche und den Sonntagsbrunch bekannt ist.

$$$$$

IRISH TOWN
TEL. 876/944-8400 ODER 800/688-7678
FAX 876/944-8408
www.islandoutpost.com

12 Cottages, Alle gängigen Karten

HILTON KINGSTON

$$$–$$$$

77 KNUTSFORD BOULEVARD
TEL. 876/926-5430
FAX 876/929-7439
www.hilton.com

Das zentral gelegene Hotel in New Kingston liegt in einem 2,8 Hektar großen tropischen Garten. Zum Hotel gehören ein Pool mit olympischen Maßen, ein Fitnessclub, Tennisplätze, ein Konferenzzentrum und einige Bars und Restaurants.

290, 13 Suiten
Alle gängigen Karten

LIME TREE FARM

$$–$$$

TOWER HILL, MAVIS BANK
TEL. 876/881-8788
www.limetreefarm.com

Diese hübsche Zuflucht in den Blue Mountains befindet sich auf einer Kaffeeplantage. Schon auf der Veranda kann man Vögel beobachten. Geräumige Cottages mit herrlichem Blick, freundliches Personal, köstliches, vor Ort gewachsenes Essen (Vollpension inklusive) sowie Spaziergänge und Wanderungen in der Natur.

3

NORMA'S ON THE TERRACE

$$$

DEVON HOUSE
TEL. 876/968-5488

Eines von Kingstons Top-Restaurants, das viel Wert auf ein gepflegtes Ambiente und eine kreative Küche legt.

Alle gängigen Karten

GLORIA'S RENDEZVOUS

$$

5 QUEEN STREET, PORT ROYAL
TEL. 876/967-8066

Schlichtes Ambiente, aber herausragend zubereitete Meeresfrüchte wie Jerk-Hummer oder Knoblauch-Shrimps, dazu ein eiskaltes Red-Stripe-Bier.

Keine Kreditkarten

MANDEVILLE

BLOOMFIELD GREAT HOUSE

$$

8 PERTH ROAD
TEL. 876/962-7130

Eine luftige Veranda am Hügel mit Blick auf Palmen, freundlicher Service und ein Angebot aus traditionellen jamaikanischen und europäischen Gerichten. Zu empfehlen: gut gewürzter Fisch und Mee-

PREISE

HOTELS

Hinweise auf den Preis eines Doppelzimmers in der Hauptsaison werden durch $-Zeichen gegeben:

$$$$$	Über 400 $
$$$$	300–400 $
$$$	200–300 $
$$	100–200 $
$	Unter 100 $

RESTAURANTS

Hinweise auf den Preis eines Drei-Gänge-Menüs ohne Getränke geben die $-Zeichen:

$$$$$	Über 80 $
$$$$	50–80 $
$$$	35–50 $
$$	20–35 $
$	Unter 20 $

Hotel Restaurant Zimmer Sitzplätze Parking Öffnungszeiten

resfrüchte, Filet mignon oder gebratener Ochsenschwanz. Alle gängigen Karten

MONTEGO BAY

ROUND HILL HOTEL & VILLAS
$$$$$
P.O. BOX 64, MONTEGO BAY
TEL. 876/956-7050 ODER 800/972-2159
FAX 876/956-7505
www.roundhilljamaica.com
Eine der schönsten Anlagen Jamaikas auf einem Felsvorsprung 16 Kilometer westlich von Mo'Bay. Zeitloser Stil, einwandfreier Service. Die Cottages haben alle Küchen, in denen das Personal Frühstück zubereitet, und viele verfügen über eigene Pools.
36 plus 27 Cottages Alle gängigen Karten

HALF MOON GOLF, TENNIS & BEACH CLUB
$$$$–$$$$$
TEL. 877/956-7628 OR 888/830-5974
FAX 876/953-2731
www.halfmoon.rockresorts.com
Das 162 Hektar große Gelände dieser Anlage im Kolonialstil liegt zwölf Kilometer östlich von Mo'Bay und bietet eine Auswahl an Zimmern, Suiten und Cottages. Dazu einen 18-Loch-Golfplatz, Tennisplätze sowie Ausritte und Wassersport.
197 plus 33 Cottages Alle gängigen Karten

EL GRECO ALL SUITES RESORT
$$
11 QUEEN'S DRIVE
TEL. 876/940-6116
FAX 876/940-6115
www.elgrecojamaica.com
Eine günstig gelegene Unterkunft für Familien und Freunde nahe beim Doctor's Cave Beach (kostenlose Tageskarte). Suiten mit einem oder zwei Schlafzimmern, Küche und Balkon. Restaurant, Tennis, Laden.
93

THE NATIVE
$$–$$$
29 GLOUCESTER AVENUE
TEL. 876/979-2769
Der ideale Platz, um im touristischen Mo'Bay jamaikanische Spezialitäten zu kosten. Zu einer *boonoonoonoos*-Platte für mehrere Personen gehören Jerk-Hähnchen, gesalzener Fisch und Akeefrüchte. Außerdem gibt es leckere vegetarische Gerichte, Fisch in Kokoskruste und das alles auf einer schattigen Terrasse.
Alle gängigen Karten

PORK PIT
$
27 GLOUCESTER AVENUE
TEL. 876/940-3008
Das Lokal für Jerk-Gerichte am Hip Strip. Hier werden die Speisen ohne Rücksicht auf zarte touristische Geschmacksknospen sehr scharf serviert. Trotzdem köstlich und preisgünstig. Tische am Gehsteig und Gerichte zum Mitnehmen.

NEGRIL

DER BESONDERE TIPP

THE CAVES
Dieses schöne Anwesen liegt hoch auf den Klippen am westlichen Ende von Negril und umfasst strohgedeckte Holz-Cottages inmitten tropischer Gärten. Stufen führen zu Sonnenterrassen und versteckten Grotten in Wasserhöhe. Alle Räume sind mit CD-Playern und riesigen Betten ausgestattet, außerdem gibt es ein Wellness-Center.
$$$$$
LIGHTHOUSE ROAD, WEST END
TEL. 876/957-0270 ODER 800/688-7678
FAX 876/957-4930
www.islandoutpost.com
12 Cottages Alle gängigen Karten

TENSING PEN
$$–$$$
P.O. BOX 3013
LIGHTHOUSE ROAD
TEL. 876/957-0387
FAX 876/957-0161
www.tensingpen.com
In einem hübschen Garten oberhalb der Felsen liegen einige elegante, individuell gestaltete Cottages aus Bambus und Holz. Ein wunderschöner Ort für alle, die Ruhe suchen!
Alle gängigen Karten

ROCKHOUSE HOTEL
$$
LIGHTHOUSE ROAD
TEL. 876/957-4373
FAX 876/957-0557
www.rockhousehotel.com
Die strohgedeckten, bienenkorbartigen Hütten liegen am felsigen Westrand von Negril mit Blick auf die Pristine Cove. Holzstege verbinden die mit Himmelbetten und Deckenventilatoren ausgestatteten Hütten. An der Küste gibt es einen Pool.
28

LE VENDÔME
$$$$
CHARELA INN, NEGRIL BEACH
TEL. 876/957-4648
Pikante jamaikanische Küche mit französischem Touch bestimmt die Speisekarte. Dazu gibt es eine gute Auswahl an französischen Weinen. Am Donnerstag und am Samstag finden hier Folkloredarbietungen statt. Ein zu Recht beliebtes Lokal mit Terrasse, das mittags Pizza, Pasta und Salat serviert. Am Abend gibt es französische Küche mit einem jamaikanischen Touch à la carte und als fünfgängiges Gourmet-Menü.

Live-Unterhaltung.
Alle gängigen Karten

NORMA'S
$$–$$$
SEA SPLASH HOTEL, NORMAN MANLEY BLVD.
TEL. 876/957-4041
Lassen Sie sich vom schlichten Aussehen des Gebäudes nicht täuschen. Denn drinnen serviert Ihnen Jamaikas Starköchin Norma Shirley traditionelle Küche vom Allerfeinsten.
Alle gängigen Karten

RICK'S CAFÉ
$$
WEST END ROAD
TEL 876/957-4335
Rick's Café mit einer beliebten Terrasse ist eine Institution in Negril. Meeresfrüchte, Nudeln, Hummer und leckere Desserts gehören zu den Standards.
Alle gängigen Karten

OCHO RIOS/ORACABESSA

DER BESONDERE TIPP

GOLDENEYE
Die Umgestaltung des Ferienhauses von James-Bond-Erfinder Ian Fleming ist ein Meisterwerk. Luxuriös und doch von unaufdringlicher Eleganz kombinieren die Villen und Strand-Cottages das Beste an lokalem (Jalousien, Bäder im Freien) und modernem Design. Fantastisches Essen, Privatstrände, Wassersport, Kinderbetreuung und Aktivitäten von Reiten bis Hochseefischen.
$$$$$
ORACABESSA
TEL. 876/975-3354 OR 800/688-7678
FAX 876/975-3620
www.goldeneyehotel.com
4 Villen, 11 Cottages, 6 Suiten Alle gängigen Karten

HIBISCUS LODGE
$$–$$$
87 MAIN STREET
TEL 876/974-2676
FAX 876/974-1874
www.hibiscusjamaica.com
Kleines, freundliches Hotel in einem hübschen Garten an den Klippen, mit Pool und Tennisplätzen. Hübsche Zimmer.
26 Alle gängigen Karten

EVITA'S
$$–$$$
EDEN BOWER ROAD
TEL 876/974-2333
In den Hügeln über der Stadt serviert dieses sympathische italienische Restaurant hausgemachte Pasta, Salate, Suppen und Desserts in elegantem Ambiente mit Blick auf die Bucht.
Alle gängigen Karten

SCOTCHIES TOO
$
NORTH COAST HIGHWAY., DRAX HALL
TEL. 876/794-9457
Zehn Minuten Fahrt westlich von Ochi liegt diese Filiale des ursprünglichen Scotchies in Mo'Bay. Saftiges Jerk-Hühnchen auf Bambusspießen, Klößchen und geröstete Brotfrüchte, scharfe Soße, kaltes Bier und Tische in kleinen Lauben, die im Garten verteilt sind.
MC, V

PORT ANTONIO

MOCKING BIRD HILL
$$$–$$$$
SAN SAN
TEL 876/993-7267
FAX 876/993-7133
www.hotelmockingbirdhill.com
Liebenswertes und komfortables kleines Öko-Resort in den Hügeln oberhalb von San San. Die hellen luftigen Räume mit Bambusmöbeln bieten vom Balkon Blick auf den Ozean. Überall in der Anlage hängen Werke des künstlerisch tätigen Besitzers..
10 Alle gängigen Karten

NORMA'S AT THE MARINA
$$
ERROL FLYNN MARINA
TEL. 876/993-9510
Norma Shirley zeigt ihr kulinarisches Können auch in diesem Lokal am Wasser beim neuen Yachthafen. Genießen Sie den Blick und den geräucherten Speerfisch, die scharfen Krebse oder die gegrillten Shrimps mit Mangosoße.
Geschl. So MC, V

BLUE LAGOON
$–$$
FAIRY HILL
TEL. 876/993-8491
Diese bekannte Strandbar in wunderbarer Lage direkt an der Blauen Lagune serviert leckeres Jerk-Hühnchen und Fisch sowie Meeresfrüchte und Pizza. Mittags und abends ist es hier gleichermaßen schön. An Wochenenden Livemusik.
Alle gängigen Karten

SÜDKÜSTE

JAKE'S
$$
TREASURE BEACH, CALABASH BAY, ST. ELIZABETH
TEL. 876/965-0635
FAX 876/965-0552
www.islandoutpost.com
Wunderbare Cottages im jamaikanischen, mexikanischen oder katalanischen Stil. Schlichtheit ist hier Programm: Statt Klimaanlage gibt es Deckenventilatoren, vor der Tür eine Dusche im Freien, keine Telefone oder Fernseher. Spa, Bar und Restaurant.
14 Cottages Alle gängigen Karten

JACK SPRATT
$$
CALABASH BAY, TREASURE BEACH
TEL. 876/965-3583
Buntes Diner mit Blechdach und hölzerner Ausstattung. Tische auf einer schattigen Terrasse am Strand. Im Angebot sind Pizza (Spezialität mit Hummer) und Meeresfrüchte, die mit Scheiben von gebratenem, in Kokosmilch getränktem Guavenbrot serviert werden. Livemusik.
Alle gängigen Karten

CAYMAN ISLANDS

CAYMAN BRAC

BRAC REEF RESORT
$$
WEST END
TEL. 345/948-1323 ODER 800/594-0843
FAX 345/948-1207
www.bracreef.com
Ruhige Anlage an einem weißen Strand. Alle Räume verfügen über einen Balkon oder Patio. Zum Hotel gehören ein schöner Strand, ein Tauchladen, ein Spa und Tennisplätze.
40 Alle gängigen Karten

CAYMAN BREAKERS
$$
EAST END
TEL./FAX 345/948-1463
www.caymancondosonline.com
Eine Reihe niedriger rosafarbener Mehrfamilienhäuser erstreckt sich am Sandstrand unterhalb der Klippe, in denen es Zweibetteinheiten mit zwei Bädern und voll ausgestatteten Küchen gibt.
18 MC, V

WALTON'S MANGO MANOR
$
STAKE BAY
TEL/FAX 345/948-0518
www.waltonsmangomanor.com
Älteres Haus mit Bed & Breakfast sowie Zugang zum Strand sowie Obstbäumen und Papageien im Garten. Sieben saubere Zimmer und eine Villa ($$).
8 Alle gängigen Karten

GRAND CAYMAN

CARIBBEAN CLUB
$$$$$
871 WEST BAY ROAD, SEVEN MILE BEACH
TEL. 345/623-4500 ODER 800/941-1126
FAX 345/946-9954
www.caribclub.com
Superluxuriöses Boutique-Hotel mit 37 Suiten mit drei Schlafzimmern und drei Bädern sowie Villen am Strand. Jedes Apartment ist mit modernster Technologie ausgestattet. Pool, Kinderbetreuung, Concierge.
37 Alle gängigen Karten

WESTIN CASUARINA RESORT & SPA
$$$$–$$$$$
WEST BAY ROAD, SEVEN MILE BEACH
TEL. 345/945-3800 ODER 800/WESTIN-1
FAX 345/949-5825
www.westincasurina.net
Eine der eleganteren Anlagen am Seven Mile Beach und sehr gut für Familien geeignet. Programm für Kinder (4–12 Jahre), Wassersport, Tauchen. 24-Stunden-Zimmerservice und eine Poolbar.
347 Alle gängigen Karten

DER BESONDERE TIPP

RITZ-CARLTON GRAND CAYMAN
In der Region setzt das Ritz-Carlton einen neuen goldenen Standard für Luxushotels. Zu den Topangeboten des Hauses gehören z. B. das La Prairie Wellnessbad, die Nick Bolletieri Tennisschule, die Golfanlage, entworfen von Greg Norman, sowie das Gourmetrestaurant.
$$$–$$$$$
SEVEN MILE BEACH
TEL. 345/815-6851
FAX 345/815-6855
www.ritzcarlton.com
365 Alle gängigen Karten

COBALT COAST
$$$–$$$$
18-A SEA FAN DRIVE, WEST BAY
TEL. 345/946-5656 ODER 888/946-5656
FAX 345/946-5657
www.cobaltcoast.com
Das komfortable und einladende Cobalt wurde im Stil eines karibischen Herrenhauses gebaut. Es hat einen 37 Meter langen Steg ins Meer, der Zugang zu hervorragenden Tauchspots bietet.
18 Alle gängigen Karten

THE REEF RESORT
$$–$$$
EAST END, P.O. BOX 30865 SMB
TEL. 345/947-3100 ODER 888/232-0541
FAX 345/947-9920
www.thereef.com.ky
Das Strandhotel liegt 32 Kilometer von George Town entfernt am ruhigen Ostende der Insel. Es ist ideal für Familien. Erstklassige Tauch- und Schnorchelreviere in der Nähe.
152 Alle gängigen Karten

TURTLE NEST INN
$$–$$$
BODDEN TOWN
TEL. 345/947-8665
FAX 345/947-6379
www.turtlenestinn.net
Freundliches, an ruhiger Küste gelegenes Gästehaus (etwa 16 Kilometer von George Town)

mit geräumigen Einzimmer-Apartments.
26 Alle gängigen Karten

SUNSET HOUSE
$–$$
S. CHURCH STREET, GEORGE TOWN
TEL. 345/949-7111 ODER 800/854-4767
FAX 345/949-7101
www.sunsethouse.com
Beliebte Wahl für Taucher, denn zum Sunset House gehören eine Tauchschule und eine Unterwasserfotoschule. Zimmer mit Meerblick sind teurer.
54 Alle gängigen Karten

LIGHTHOUSE RESTAURANT
$$$
BREAKERS, EAST END
TEL. 345/947-2047
Seit 30 Jahren Wahrzeichen von Grand Cayman. Von der Terrasse des beliebten Restaurants mit maritimem Thema überblickt man die Südküste der Insel. Auf der Karte stehen Meeresfrüchte, Pasta und Fisch auf italienisch-karibische Weise zubereitet.
Alle gängigen Karten

CRACKED CONCH BY THE SEA
$–$$$
WEST BAY
TEL. 345/945-5217
Das Cracked Conch gilt als Institution und hat sich auf gehobene karibische Küche spezialisiert: Muschelsuppe, jerk-gewürzter Thunfisch. Karibischer Brunch am Sonntag. Tische im Patio und eine Bar mit Blick aufs Wasser.
Alle gängigen Karten

CIMBOCO
$$
MARQUEE PLAZA, SEVEN MILE BEACH
TEL. 345/947-2782
Karibisches Café im Inselstil mit offener Küche und Holzofen. Hausgemachtes Brot und Pizzas, Pasta, Salate, Jerk-Grillgerichte, gebratener Schnapper, gefolgt von herrlichen Desserts. Am Wochenende Brunch.
Alle gängigen Karten

LITTLE CAYMAN

PIRATES POINT RESORT
$–$$$
PRESTON BAY
TEL. 345/948-1010
FAX 345/948-1011
www.piratespointresort.com
Eine der älteren Anlagen der Insel mit Bungalows an einem schmalen Strand. Die Küche von Gladys Howard ist berühmt (wer nicht Gast im Hotel ist, muss im Voraus reservieren). Das Personal bietet Tauchausflüge an.
11 Alle gängigen Karten

LITTLE CAYMAN BEACH RESORT
$$
BLOSSOM VILLAGE
TEL. 345/948-1033 ODER 800/327-3835
FAX 345/948-0124
www.littlecayman.com
Moderne Anlage mit gutem Service. Die Zimmer liegen rund um einen kleinen Pool mit toller Unterwasserbeleuchtung. Tennis, Spa, Wassersport, Tauchzentrum.
40 Alle gängigen Karten

SOUTHERN CROSS CLUB
$$
SOUTH HOLE SOUND
TEL. 345/948-1099 ODER 800/899-2582
FAX 345/948-1098
www.southerncrossclub.com
Die Chalets liegen auf einem weißen Sandstrand. Ausgezeichnetes Essen und hervorragender Service, Sportfischen, Kajaks und Tauchzentrum.
12 Chalets Alle gängigen Karten

HUNGRY IGUANA
$$
SOUTH HOLE SOUND
TEL. 345/948-0007
Das Lokal liegt gleich am Flughafen bei der Anlage Paradise Villas und ist ein beliebter Treffpunkt. Regionale und internationale Küche.
Alle gängigen Karten

TURKS & CAICOS

GRAND TURK

ISLAND HOUSE
$$–$$$
COCKBURN TOWN
TEL. 649/946-1519
FAX 649/946-2646
www.islandhouse.tc
Das neue Hotel mit großen, gut ausgestatteten Suiten liegt etwas außerhalb der Stadt mit Blick auf North Creek.
8 Alle gängigen Karten

OSPREY BEACH HOTEL
$$
DUKE STREET, COCKBURN TOWN
TEL 649/946-2666
FAX 649/946-2817
www.ospreybeachhotel.com
Zimmer mit Meeresblick und minimalistischer Ausstattung. Patio, Bar, Restaurant und Tauchprogramme.
27 Alle gängigen Kartens

SALT RAKER INN
$–$$
DUKE STREET, COCKBURN TOWN
TEL. 649/946-2260
FAX 649/946-2263

www.hotelsaltraker.com
Dieses ehemalige Haus eines Bootsbauers von 1840 bietet eine gastliche Atmosphäre und einen schattigen Garten.
13 Alle gängigen Karten

BIRDCAGE RESTAURANT
$$–$$$
OSPREY BEACH HOTEL
DUKE STREET, COCKBURN TOWN
TEL. 649/946-2666
Salate und Fisch-Sandwiches zum Mittagessen, Steaks und Meeresfrüchte zum Abendessen, doch die Attraktion sind die Barbecue-Abende (Mi und So). Livemusik.
MC, V

THE SAND BAR
$$
DUKE STREET, COCKBURN TOWN
TEL. 649/946-1111
Für einen Dämmerschoppen bei Einheimischen und Besuchern beliebt. Leckere Auswahl an Fisch-Sandwiches, Muscheln, Quesadillas und Burgers. Mit Blick auf den Strand.
MC, V

MIDDLE CAICOS

BLUE HORIZON RESORT
$$–$$$
CONCH BAR
TEL. 649/946-6141
FAX 649/946-6139
www.bhresort.com
Einfache Cottages und Villen am Strand mit leuchtend blauen Dächern. Fahrräder erhältlich. Großartige Aussicht, aber ziemlich abgelegen.
7 Alle gängigen Karten

NORTH CAICOS

CAICOS BEACH CONDOMINIUMS
$$–$$$$
DRAKE COURT, WHITBY
TEL. 649/241-4778
FAX 649/946-7339
www.caicosbeachcondos.com
Im ruhigen tropischen Garten am Strand gibt es Zimmer und Ein-, Zwei- und Dreibett-Suiten mit Küche und Wohnzimmer. Familien sind willkommen.
10 P Alle gängigen Karten

PELICAN BEACH HOTEL
$–$$
WHITBY
TEL. 649/946-7112
FAX 649/946-7139
www.pelicanbeach.tc
Dieses Anwesen ist das älteste von Einheimischen betriebene Hotel der Insel und strahlt eine betagt freundliche, entspannte Atmosphäre aus.
14 Alle gängigen Karten

PROVIDENCIALES

GANSEVOORT TURKS + CAICOS
$$$$
LOWER BIGHT ROAD, GRACE BAY
TEL. 649/941-7555
FAX 309/210-9091
www.gansevoortturksandcaicos.com
Als eines der neuesten Luxushotels an der Grace Bay ist dieses Boutique-Hotel absolut angesagt. Städtischer Schick in cremefarben und blau, fantastischer Pool luxuriöses Spa und moderne Bistro-Bar.
91 (darunter 4 Penthouse-Suiten) P Alle gängigen Karten

GRACE BAY CLUB & VILLAS
$$$$
GRACE BAY ROAD
TEL. 649/946-5050 ODER 800/946-5757
FAX 649/946-5758
www.gracebayclub.com
Gemütliches Hotel. Suiten mit Küchen und Terrassen, die zum Meer ausgerichtet sind. Für Familien mit Kindern unter 12 Jahren bietet sich der neue Villenkomplex an, mit Health Club, Wellnessbad und Kids Club.
59 Suiten Alle gängigen Karten

SIBONNÉ BEACH HOTEL
$$
GRACE BAY
TEL. 649/946-5547 oder 888/570-2861
FAX 649/946-5770
www.sibonne.com
Klein, lässig und direkt am Strand, ist das Sibonné die älteste Anlage an der Bay, aber auch eine der freundlichsten. Attraktive Zimmer mit Blick aufs Meer (dazu ein luftiges Apartment), Bar und Essen auf der Veranda. Nahe bei den Tauchplätzen.
30

O'SOLEIL
$$$$$
THE SOMERSET, PRINCESS DRIVE, GRACE BAY
TEL. 649/946-5900
Weiße minimalistische Ausstattung unter Kristalllüstern und eine raffinierte Speisekarte mit Fusionsküche: Cäsarsalat mit Bananencroûtons; Jerk-Lachs mit Polenta, australisches Lammcarré gewürzt mit Harissa. Reservierung empfohlen.
Alle gängigen Karten

DER BESONDERE TIPP

ANACAONA
Dieses Gourmetrestaurant ist eines der besten auf der Insel. Sie speisen in romantischer Atmosphäre am Wasser unter einem Strohdach. Karibisch-mediterrane Küche. Elegante Kleidung erwünscht, keine Kinder unter 12 Jahren. Unbedingt reservieren.
$$$$
GRACE BAY CLUB

TEL. 649/946-5050
Alle gängigen Karten

CAICOS CAFÉ

$$$

GRACE BAY ROAD, GRACE BAY

TEL. 649/946-5278

Hübsches westindisches Cottage mit einer schattigen Terrasse, ideal für einen romantischen Abend. Perfekt gegrillte Steaks, Hummer und Shrimps, mediterrane Spezialitäten, eindrucksvolle Weinkarte.

Geschl. So

DA BUGALOO'S CONCH SHACK

$–$$

BLUE HILLS BEACH

TEL. 649/946-8877

Die besten frischen Meeresschnecken der Insel. Versuchen Sie diese Köstlichkeit scharf gewürzt oder in einem Sud gegart, frittiert oder einfach als Salat. Dazu einen Punsch in einer hübschen Strandhütte.

Keine Kreditkarten

SALT CAY

PORTER'S ISLAND THYME

$$

TEL. 649/946-6977

www.islandthyme.tc

Beginnen Sie den Tag mit einem hausgemachten Zimtdoughnut; nehmen Sie als Lunch ein Hähnchen-Sandwich und kommen Sie abends für Cocktails und köstliche karibisch-asiatische Küche. Auch Unterkunft in Cottages am Strand.

MC, V

DOMINIKANISCHE REPUBLIK

ZENTRALES HOCHLAND

RANCHO BAIGUATE

$–$$

JARABACOA

TEL. 809/574-6890

www.ranchobaiguate.com

Das einzige Abenteuersportzentrum der Insel liegt außerhalb von Jarabacoa auf einem großen Grundstück an den Flüssen Baiguate und Jimenoa. Sie können hier wandern, Mountainbike, Floß und Kanu fahren, klettern, paragliden und Ausflüge zum Pico Duarte unternehmen. Zum Hotel gehören außerdem ein großer Swimmingpool, ein Restaurant und eine Bar. Die Zimmer sind sauber und einfach.

27 Alle gängigen Karten

NORDKÜSTE

CABARETE

NATURA CABAÑAS

$$

PLAYA PERLA MARINA

TEL/FAX 809/571-1507

www.naturacabana.com

Anlage etwas außerhalb von Cabarete mit Strohdachhütten und rustikalen Bungalows, in Strandnähe und gesäumt von Palmen und Mandelbäumen. Entspannen Sie sich im Wellnessbad oder beim Yoga. Ideal für Familien mit Kindern.

11 Alle gängigen Karten

WINDSURF RESORT

$$

TEL. 809/571-0718

FAX 809/571-0710

www.windsurfcabarete.com

Eine preisgünstige Übernachtungsmöglichkeit in einer internationalen Ferienanlage. Die Apartments (einige mit Klimaanlage) liegen in einem Komplex mit Restaurant.

60 Alle gängigen Karten

PUERTO PLATA

CASA COLONIAL BEACH & SPA

$$$–$$$$$

PUERTO PLATA

TEL. 809/320-3232 oder 866/376-7831

FAX 809/320-3131

www.casacolonialhotel.com

Ein reizendes Boutique-Hotel, geschmackvoll vom Pool auf dem Dach bis zum Weinkeller. Geräumige Suiten mit großen Wannen im Bad. Asiatisch-mediterrane Küche und Spa.

50 Alle gängigen Karten

BLUE BAY VILLAS DORADAS

$$$

CALLE PRINCIPAL 538, PLAYA DORADA, PUERTO PLATA

TEL. 809/320-3000 oder 877/305-8229

FAX 809/320-4790

www.bluebayresorts.com

Ruhige All-inklusive-Anlage nur für Erwachsene, am Strand beim Playa-Dorada-Golfplatz gelegen. Zimmer von schlichter Eleganz und eine gepflegte Anlage, gutes Essen, Tennis, Spa und Unterhaltung.

245 Alle gängigen Karten

VH VICTORIA RESORT GOLF & BEACH

$$$

PLAYA DORADA, PUERTO PLATA

TEL. 809/320-1200

FAX 809/320-4862

www.vhhr.com

Kleinere All-inclusive-Anlage, vorwiegend mit Golf- und Flitterwochenangeboten. Gemütliche Zimmer mit Balkon oder Terrasse (die meisten mit Blick auf den Golfplatz), Strandclub mit Wassersport; gutes Essen, Zigarrenbar.

190 Alle gängigen Karten

SOSÚA

PIERGIORGIO PALACE HOTEL

$$–$$$
CALLE LA PUNTILLA 1, EL BATEY
TEL. 809/571-2626
FAX 809/571-2786
www.piergiorgiopalacehotel.com
Das Hotel ist auf den Klippen von Sosúa gelegen und bietet einen herrlichen Ausblick auf den Atlantik. Sie wohnen in viktorianischen Zimmern mit Balkon und Meerblick oder im Penthouse mit Zweibettzimmer, Küche und Terrasse. Zwar gibt es keinen Strand, aber etwas abseits von der Steilküste können Sie Wassersport treiben oder Tauchen. Italienisches Restaurant.
51 Zimmer/Suiten P Alle gängigen Karten

PENINSULA DE SAMANÁ

VILLA SERENA
$$
LAS GALERAS
TEL. 809/538-0000
FAX 809/538-0009
www.villaserena.com
Schönes Hotel im Kolonialstil, gelegen im tropischen Garten beim Strand. Geräumige Zimmer mit großzügigen Veranden und Meerblick. Restaurant im Wintergarten, Spa, Yoga, Ausflüge können arrangiert werden, kostenlose Kajak- und Fahrradausleihe.
21 P Alle gängigen Karten

MI CORAZON
$$$–$$$$
CALLE DUARTE 7, LAS TERRENAS
TEL. 809/240-5329
Traditionelles Stadthaus an der Hauptstraße mit Speisesaal im ersten Stock um einen offenen Innenhof. Großartige *mojitos* an der Bar, ambitionierte Küche mit regionalem und orientalischem Touch, Gebäck aus der hauseigenen Bäckerei.
Geschl. Mittags und Okt., Nov.–April, Mo, Mai–Sept. So, Mo

SANTIAGO

PEZ DORADO
$
CALLE DEL SOL 43
PARQUE COLÓN
TEL. 809/582-2518
Fisch und asiatische Gerichte stehen auf der Karte des alteingesessenen Restaurants im Stadtzentrum.

SANTO DOMINGO

SOFITEL NICOLAS OVANDO
$$$–$$$$$
CALLE LAS DAMAS
TEL. 809/685-9955
FAX 809/686-6590
www.sofitel.com
Das Luxushotel wurde in einem Stadthaus aus dem 16. Jahrhundert im kolonialen Viertel eingerichtet. Im Inneren wechseln moderner Chic und Kolonialstil einander ab; geräumige Zimmer mit Himmelbetten und Rattanmöbeln. Gutes Essen, Zigarrenclub.
104 P Alle gängigen Karten

RENAISSANCE JARAGUA HOTEL & CASINO
$$–$$$$$
AVE. GEORGE WASHINGTON 367
TEL. 809/221-2222
FAX 809/686-0528
www.renaissancehotels.com
Das gut geführte Haus auf dem Malecón besitzt ein Fitnessstudio, Tennisplätze, einen Swimmingpool, Konferenzräume und vier Restaurants.
300 Alle gängigen Karten

HOTEL DOÑA ELVIRA
$
PADRE BILLINI 207, COLONIAL CITY
TEL. 809/221-7415
FAX 809/221-7369
www.dona-elvira.com
Hinter einem schlichten Eingang liegt die liebevoll restaurierte Pension in einem Stadthaus aus dem 16. Jahrhundert. Einfache Zimmer, bequeme Betten, hübscher Patio mit Pool.
15 Alle gängigen Karten

MESÓN DE BARI
$$$$
EUGENIA MARIA DE HOSTOS 302, COLONIAL CITY
TEL. 809/687-4091
Reservierungen empfehlen sich für dieses Künstlerlokal. Fantastische *cochina criolla* von leckeren Krebs-Empanadas bis zu ausgezeichnetem gegrillten Hähnchen. Kunst an allen Wänden, familienfreundlich und toller Service.
Alle gängigen Karten

VESUVIO TIRADENTES
$$$$
AVE. TIRADENTES 17
TEL. 809/562-6060
Das Restaurant gilt als eines der besten der Stadt. Genießen Sie internationale und karibische Küche sowie frische Pasta.
Alle gängigen Karten

CANTÁBRICO
$$$
AVE. INDEPENDENCIA 54
TEL. 809/687-5101
Spanisches Restaurant mit holzgetäfelter Gaststube. Auf der Karte stehen Paella und Meeresfrüchte sowie Spanferkel nach Art von Segovia.
Alle gängigen Karten

MESÓN DE LA CAVA
$$$
AVE. MIRADOR DEL SUR 1
TEL. 809/533-2818
Eine Wendeltreppe führt in eine natürliche Höhle 15 Meter unter dem Erdboden. Hier kommen Steaks und Meeresfrüchte auf den Tisch, dazu gibt es abends Livemusik und Tanz.
Alle gängigen Karten

SCHEHEREZADE
$$–$$$
AVE. ROBERTO PASTORIZA 226, ENSANCHE NACHO
TEL. 809/227-2323
Das Restaurant im maurischen Stil ist wegen seiner schönen Atmosphäre beliebt. Die Gerichte stammen aus dem Mittelmeerraum und dem Mittleren Osten.
Alle gängigen Karten

EL CONUCO
$–$$
CALLE CASIMIRO DE MOYA 152
TEL. 809/686-0129
Hier speisen Sie in wunderschöner, rustikaler Atmosphäre. Mittags gibt es ein beliebtes Büfett. Wenn das Personal mit der Arbeit fertig ist, wird manchmal noch gesungen und getanzt.
Alle gängigen Karten

SÜDOSTKÜSTE

CASA DE CAMPO
$$$$$
LA ROMANA
TEL 809/523-3333 oder 1-800/877-3643
FAX 809/523-8548
www.casadecampo.com
Die einzige Hotelanlage der Region mit eigenem Flughafen (täglich landet eine Maschine der American Airlines aus den USA) bietet allen erdenklichen Luxus. Die Einzelhäuser und geräumigen Zimmer sind wunderbar eingerichtet, die vier Golfplätze international bekannt. Ein Schießstand, Ställe mit Polopferden, ein Privatstrand, ein Yachthafen, 20 Restaurants, ein Tauchladen und 13 Tennisplätze.
265 plus 150 Villen
Alle gängigen Karten

IBEROSTAR BÁVARO
$$$
PLAYA BÁVARO, HIGÜEY
TEL. 809/221-6500
FAX 809/688-6186
www.iberostar.com
Große, komfortable All-inclusive-Anlage an einem schönen Abschnitt des Punta Cana Beach. Tauch- und andere Wassersportmöglichkeiten, Golf.
596 Alle gängigen Karten

PUNTACANA RESORT & CLUB
$$–$$$$$
PUNTA CANA, HIGÜEY
TEL. 809/959-2262 ODER 888/442-2262
www.puntacana.com
Am Strand oder im großen Garten (42 ha) verteilen sich attraktive Suiten oder kleine Einzelhäuser im Landhausstil mit Zwei- und Dreibettzimmern. Für sportliche Aktivitäten stehen Tennis, Tauchen, Wassersport oder Reiten zur Auswahl.
240 Alle gängigen Karten

PUERTO RICO

ZENTRALES HOCHLAND

CASA GRANDE MOUNTAIN RETREAT
$
RTE. 612, KM 0.3, UTUADO
TEL. 787/894-3939
FAX 787/894-3900
www.hotelcasagrande.com
Hoch in den Bergen der Cordillera Central liegt das kleine Hotel mit herrlichem Blick über ein unberührtes Tal. Alle Zimmer haben mit Hängematten ausgestattete Balkone. Zum Haus gehört das Gelände einer ehemaligen Kaffeeplantage. Sie können in der Umgebung wandern. Es gibt auch ein Restaurant.
20 Alle gängigen Karten

CULEBRA

CLUB SEABOURNE
$$–$$$
RTE. 252, PLAYA SARDINAS II
TEL. 787/742-3169
www.clubseabourne.com
Reizendes Boutique-Hotel mit einfachen, aber schicken Zimmern und Villen an einem Hügel unter Bäumen oberhalb der Fulladoza Bay gelegen. Holzfußböden und Naturstoffe. Privater Anleger, Wassersport und ein gutes Nuevo-Latino-Restaurant mit Veranda.
12 Alle gängigen Karten

DORADO

EMBASSY SUITES HOTEL DORADO DEL MAR
$$–$$$$
201 DORADO DEL MAR BLVD.
TEL 787/796-6125 ODER 800/362-2779
FAX 787/796-6145
www.embassysuitesdorado.com
Das Hotel am Dorado Beach, etwa 40 Kilometer von San Juan entfernt, ist gut für Familien geeignet. Wassersport, Tennis, Wellness, Shoppingmeile sowie Restaurants mit Meerblick und ein Golfplatz.
251 Alle gängigen Karten

FAJARDO

WALDORF ASTORIA EL CONQUISTADOR RESORT & GOLDEN DOOR SPA
$$$$$
AVE. EL CONQUISTADOR
TEL. 787/863-1000 oder 888/543-1282
FAX 787/863-6500
www.elconresort.com
Die imposante Anlage liegt hoch auf den Klippen, dort, wo

Atlantik und Karibisches Meer ineinander übergehen. Geräumige Zimmer; außerdem Las Casitas, Villen mit einem, zwei oder drei Schlafzimmern. Es gibt zwar keinen Strand, doch zur Anlage gehört eine kleine Insel, zu der regelmäßig Boote fahren. 18-Loch-Platz (Arthur Hills), 20 Restaurants, Pools und Tennisplätze.

910 Alle gängigen Karten

GUANICA

COPAMARINA BEACH RESORT

$$$–$$$$

KM 6.5, RTE. 333, CANA GORDA
TEL. 787/821-0505 ODER 800/468-4553
FAX 787/821-0070
www.copamarina.com

Inmitten eines üppigen, acht Hektar großen Gartens direkt am Wasser liegt diese Anlage mit Wassersportmöglichkeiten, Tauchschule, Tennisplätzen und Leihrädern. Auf dem Programm stehen Besuche des benachbarten Guanica Biosphere Reserve. Zwei Pools, zwei Restaurants, ein Spa und ein Fitnesscenter runden das Angebot ab. Die Zimmer sind mit allen Annehmlichkeiten ausgestattet.

106 Alle gängigen Karten

PONCE

HOLIDAY INN & EL TROPICAL CASINO

$$

PLAYA PONCE
TEL 787/844-1200 oder 800/465-4329
FAX 787/841-8683
www.holidayinn.com/ponce

Gut geführtes Hotel außerhalb von Ponce mit Blick auf die Stadt und das Meer. Alle Zimmer haben Balkone und Kabelfernsehen. In das Kasino und in den Nachtclub kommen am Wochenende auch Einheimische.

116 Alle gängigen Karten

PITO'S SEAFOOD

$$$

LAS CUCHARAS
TEL 787/841-4977

Auf der großen Terrasse mit herrlichem Blick auf den Ozean sollten Sie sich etwas Zeit für ein Mittagessen nehmen: mit Garnelen und Hummer gefüllte Bananen, Muscheln und Red Snapper in kreolischer Soße.

Alle gängigen Karten

RINCÓN

DER BESONDERE TIPP

HORNED DORSET PRIMAVERA

Das schickste und exklusivste Hotel der Insel präsentiert sich im mediterranen Stil und verwöhnt seine Gäste mit unaufdringlichem Service. Ruhe ist oberstes Gebot, weshalb es hier keine Fernseher, Radios oder Telefone gibt. Die Zimmer des mehrfach preisgekrönten Hotels sind mit Antiquitäten eingerichtet. Es gehört zur Gruppe Relais & Châteaux und besitzt zwei Restaurant, darunter das Gourmetrestaurant Aaron (siehe unten).

$$$$$

KM 3, STRASSE 429
TEL. 787/823-4030 oder 800/633-1857
FAX 787/823-5580
www.horneddorset.com

52 Alle gängigen Karten

RESTAURANT AARON

$$$$$

KM 3, STRASSE 429
TEL. 787/823-4030

Das Restaurant vor den Toren der Hauptstadt gehört zu den besten der Insel und serviert fantasievolle Gerichte: Garnelen-Fenchel-Suppe, gegrillter Thunfisch mit Mangosalat oder gegrillter Speerfisch mit Kräutern und Zitrone.

Geschl. M & Mo–Mi außerhalb der Saison Alle gängigen Karten

RIO GRANDE

WYNDHAM RIO MAR BEACH RESORT & SPA

$$$–$$$$$

6000 RIO MAR BLVD.
TEL. 787/888-6000 ODER 887/636-0636
FAX 787/888-6320
www.wyndhamriomar.com

Schönes Hotel mit Privatstrand unweit des El Yunque National Park. Zum Angebot gehören ein Spa und ein Fitnesscenter, ein Tenniscenter, Restaurants, ein Kasino, Läden, Swimmingpools und viele Wassersportmöglichkeiten. Auf dem Gelände befinden sich auch zwei international renommierte Golfplätze (River Course und Ocean Course).

600, 72 Suiten, 59 Villen Alle gängigen Karten

PALIO AT THE WYNDHAM RIO MAR

$$$$

6000 RIO MAR BLVD.
TEL. 787/888-6000

Das beste Restaurant der Anlage bietet Küche mit italienischem Flair. Zu den Spezialitäten zählt in Bananenblättern gedünsteter Fisch mit Tomaten, frischen Pfefferschoten und Zwiebeln.

Alle gängigen Karten

SAN JUAN

HOTEL EL CONVENTO

$$$$–$$$$$

100 CALLE CRISTO, OLD SAN JUAN
TEL. 787/723-9020 ODER 800/468-2779
FAX 787/723-9944

www.elconvento.com
Das kleine Luxushotel im oberen Teil eines ehemaligen Klosters liegt im Herzen der Altstadt. Cafés, Restaurants, Galerien und Boutiquen bringen Leben in den Innenhof. Alle Zimmer blicken auf San Juan und das Meer. Zugang zum Beach Club des Schwesterhotels auf der Isla Verde.
54 Zimmer, 4 Suiten Alle gängigen Karten

GALLERY INN
$$–$$$$
NORZAGARAY 204, OLD SAN JUAN
TEL. 787/722-1808 ODER 866/572-2783
FAX 787/977-3929
www.thegalleryinn.com
Die Räume des netten, originellen Hotels hoch über der Stadt sind mit Kunstwerken und Krimskrams voll gestopft.
13 Zimmer, 10 Suiten
Alle gängigen Karten

CASA LOLA
$$$$
1006 ASHFORD AVE., CONDADO
TEL. 787/725-9195
Die Casa Lola spezialisiert sich auf die einheimische Küche. Die Gäste nehmen zunächst eine Auswahl an Frittiertem (Kürbis, Yams und Käse, Kochbanane, Hähnchen und Mais) und dann klassische Grillgerichte wie Schwein, Hähnchen, Rind oder Schwertfisch.
Alle gängigen Karten

PIKAYO
$$$$
CONRAD CONDADO PLAZA HOTEL, 999 ASHFORD AVE., CONDADO
TEL. 787/721-6194
Küchenchef Wilo Benet gehört zu den aufstrebenden Jungköchen der Insel, und sein Restaurant gilt als eines der besten der Stadt. Jedes der köstlichen Gerichte wird perfekt präsentiert.
Geschl. mittags Alle gängigen Karten

PAMELA'S CARIBBEAN CUISINE
$$$
NUMERO UNO GUESTHOUSE, CALLE SANTA ANA 1, OCEAN PARK
TEL. 787/726-5010
Das Restaurant liegt am Strand, die Gäste haben die Wahl, ob sie drinnen oder draußen essen wollen. Neben der entspannten Atmosphäre sprechen die erstklassige Bedienung sowie die Kreationen von Küchenchef Esteban Torres für einen Besuch. Vor allem frische Meeresfrüchte stehen zur Auswahl, dazu eine hervorragende Weinkarte und köstliche Desserts.
Alle gängigen Karten

DRAGONFLY
$–$$
364 FORTALEZA STREET
TEL. 787/977-3886
Das Restaurant liegt im Herzen des derzeit angesagten SOFO (South Fortaleza)-Viertels der Altstadt von San Juan. Das Dragonfly ist für seine abwechslungsreiche Küche bekannt: Auf der Karte stehen Schweine- oder Amarillo-Klößchen und Nachos mit Pekingente.
Geschl. mittags & So
Alle gängigen Karten

LA BOMBONERA
$
CALLE SAN FRANCISCO 259, OLD SAN JUAN
TEL. 787/722-0658
In der bei Einheimischen beliebten Bäckerei mit Café kann man gut frühstücken oder einen Stopp bei einer Tour durch die Altstadt einlegen (schließt um 20 Uhr). Riesige Sandwiches, Gebäck und einige Hauptgerichte.
Keine Kreditkarten

VIEQUES

W RETREAT & SPA
$$$$$
RTE. 200, KM 3.2
TEL. 787/741-4100 OR 877/946-8357
www.wvieques.com
Beliebte Unterkunft am Strand mit fantastischen Pools, Palmen und Schaukeln in den Bäumen. Zwei Privatstrände, Spa, Tennis und karibisch inspirierte Gerichte von Alain Ducasse im Strandrestaurant.
138
Alle gängigen Karten

CARAMBOLA
$$$
INN ON THE BLUE HORIZON, RTE. 996, ESPERANZA
TEL. 787/741-3318
Hübsches Lokal im Inselstil mit einer Terrasse unter freiem Himmel. Gute Mischung aus Fisch und Meeresfrüchten (Ceviche, Grillgerichte), Spareribs sowie köstliche Hähnchen-*pinchos* mit Tamarinden und Koriander gewürzt.
Alle gängigen Kreditkarten

JUNGFERNINSELN

AMERIKANISCHE JUNGFERNINSELN

ST. CROIX

BUCCANEER HOTEL
$$$$–$$$$$
GALLOWS BAY
TEL. 340/712-2100 OR 800/255-3881
FAX 340-712-2104
www.thebucaneer.com
Luxusanlage in Familienbesitz mit geschützten Stränden, Wassersportmöglichkeiten, Golfplatz, Tennisplätzen sowie Kinder- und Ökoprogrammen. Große Zimmer mit Balkon im Hauptgebäude auf dem Hügel oder Einzelhäuser und Luxussuiten in Strandnähe.

138 Alle gängigen Karten

RENAISSANCE ST. CROIX CARAMBOLA BEACH RESORT & SPA
$$$
KINGSHILL
TEL. 340/778-3800 ODER 888/236-2427
FAX 340/718-1682
www.carambolabeach.com
Elegante Anlage auf einem zwölf Hektar großen Gelände mit Trent-Jones-Golfplatz und exzellenten Sportmöglichkeiten. Große, suitenartige Zimmer mit Veranden und voll ausgestatteten Kochnischen.

151 Alle gängigen Karten

HIBISCUS BEACH RESORT
$$$
4131 LA GRANDE PRINCESSE
TEL. 340/718-4042 ODER 800/442-0121
FAX 340/718-7668
www.hibiscusbeachresort.com
Kleine Anlage drei Kilometer von Christiansted mit zweistöckigen Häusern bei einem schönen Strand. Gut ausgestattete Zimmer mit Balkon oder Patio.

38 Alle gängigen Karten

WAVES AT CANE BAY
$$
CANE BAY
TEL. 340/718-1815 ODER 800/545-0603
FAX 340/718-4945
www.canebaystcroix.com
Elf luftige und recht komfortabel eingerichtete Studios sowie ein Einzelhaus am Wasser, nur wenige Gehminuten vom Strand entfernt, gehören zu diesem preisgünstigen Hotel mit einer angeschlossenen Tauchschule.

11 Studios, 1 Villa einige Zimmer Alle gängigen Karten

MT. VICTORY CAMP
$
CREQUE DAM ROAD
P.O. BOX 696
FREDERIKSTED
TEL. 340/772-1651 ODER 866/772-1651
FAX 340/772-1651
www.mtvictorycamp.com
Kleines, friedliches Öko-Camp in einem Tal inmitten der grünen Hügel westlich von Frederiksted. Drei mit Zelten bestückte Plattformen und zwei zweistöckige Bungalows (sechs Schlafplätze) wurden aus Hartholz gestaltet. Alle sind mit einer Küchenzeile, Bettwäsche und Kaltwasseranschluss ausgestattet, dazu kommt ein Badehaus mit Heißwasser. Stellplätze für Zelte erhältlich.

5 Einheiten Keine Kreditkarten

BLUE MOON
$$$
17 STRAND STREET, FREDERIKSTED
TEL. 340/772-2222
Bistro mit Livejazz am Freitagabend und Brunch am Sonntag. Im Patio am Wasser können Sie Cajun-Shrimps, Luna Pie (Blätterteigtorte mit Käse und Gemüse) oder besonders scharfes kreolisches Hühnchen probieren.

Geschl. Mo Alle gängigen Karten

LE ST. TROPEZ
$$$
67 KING STREET, FREDERIKSTED
TEL. 340/772-3000
Ein typisch französisches Restaurant. Zum Mittagessen wird beispielsweise Salade Niçoise und Croque Monsieur (getoastete Käsesandwiches) serviert; Pâtés, Froschschenkel und Hummer gibt es am Abend.

Geschl. So & Sa Mittag Alle gängigen Karten

TUTTO BENE
$$$
BOARDWALK BUILDING, HOSPITAL STREET, CHRISTIANSTED
TEL. 340/773-5229
Italienisches Bistro mit großartiger Atmosphäre und gutem Essen. Eine nette Adresse für ein Huhn-Pesto-Sandwich zur Mittagszeit oder einen Drink. Abends stehen herzhafte Meeresfrüchtegerichte und unschlagbar gute Pastagerichte zur Auswahl. Reservierung empfehlenswert.

Alle gängigen Karten

KENDRICKS
$$–$$$
21–32 COMPANY STREET, CHRISTIANSTED
TEL. 340/773-9199
Nehmen Sie Platz in einem der beliebtesten Speiselokale der Innenstadt. Eine Spezialität des Hauses ist Schweinelende in Pekankruste.

CGeschl. mittags & So, Mo

RUM RUNNERS
$$–$$$
HOTEL CARAVELLE, BOARDWALK, CHRISTIANSTED
TEL. 340/773-6585
In dem beliebten Hafenlokal im Herzen der Stadt kann man sehr gut Burgers, Ribs und Steaks essen. Köstlich ist auch der Hummersalat vom Bufett.

Alle gängigen Karten

OFF THE WALL
$–$$
NORTH SHORE (RTE. 80)
TEL. 340/778-4771
Eine ganztägig geöffnete Strandbar mit Restaurant. Hier bekommen die Gäste ein Ei Benedict zum Frühstück, kostenlose spektakuläre Sonnenuntergänge und eine Hängematte für das Schläfchen nach dem Mittagessen. Burger, Pizzas, Nachos und Meeresfrüchte. Am Wochen-

ende wird Jazz gespielt.
Alle gängigen Karten

ST. JOHN

DER BESONDERE TIPP

CANEEL BAY RESORT
Die klassische Laurance-Rockefeller-Anlage auf der 68 Hektar großen Halbinsel umfasst sieben Strände. Die Zimmer liegen in zweistöckigen Häusern oder Steinhütten am Wasser. Kein Telefon und TV, keine Klimaanlage, Wassersport und Kinderprogramm.
$$$$$
CANEEL BAY
TEL. 340/776-6111 ODER 888/ROSEWOOD
FAX 340/693-8280
www.caneelbay.com
166 P Alle gängigen Karten

GALLOWS POINT SUITE RESORT
$$$$–$$$$$
CRUZ BAY
TEL. 340/776-6434 ODER 800/323-7339
FAX 340/776-6520
www.gallowspointresort.com
Sehr komfortable Suiten in zweistöckigen Gebäuden inmitten eines Gartens. Sie können schwimmen, schnorcheln oder nach Cruz Bay bummeln.
52 P Alle gängigen Karten

MAHO BAY CAMPS
$–$$
MAHO BAY
TEL. 340/715-0501 ODER 800/392-9004
FAX 340/776-6504
www.maho.org
Zeltartige Cottages an einem steilen bewaldeten Hügel im Nationalpark über der Maho Bay mit Gemeinschaftsbädern, Kochnischen – gerade richtig für umweltbewusste Naturfreunde. Aus recycletem Material wurden die mit Sonnenenergie versorgten Harmony Studios errichtet.
114 P Alle gängigen Karten

ASOLARE
$$$$
NORTH SHORE ROAD
TEL. 340/779-4747
Von diesem Restaurant blicken Sie auf die Cruz Bay und St. Thomas. Die asiatisch-pazifisch inspirierten Gerichte kitzeln den Gaumen; wer es weniger scharf liebt, findet auch einige französische Klassiker. Reservierung empfohlen.
Geschl. mittags Alle gängigen Karten

FISH TRAP
$$$
RAINTREE COURT, CRUZ BAY
TEL. 340/693-9994
Einheimische empfehlen das Restaurant gern wegen seiner Fischspezialitäten, der Steaks und Pastagerichte und natürlich wegen der köstlichen Desserts.
Geschl. mittags Alle gängigen Karten

SWEET PLANTAINS
$$$
16118 LITTLE PLANTATION, CORAL BAY
TEL 340/777-4653
Würzige karibisch-kreolische Küche und Rum in einem bunten kleinen Speisesaal, der sich auf einen Hof zur See öffnet. *Ropa-vieja*-Eintöpfe kubanischer Art, großartige Meeresfrüchte, Curry-Abende und üppige Desserts.
Alle gängigen Karten

MORGAN'S MANGO
$$
CRUZ BAY
TEL. 340/693-8141
Genießen Sie karibische, südamerikanische und asiatische Spezialitäten, schlürfen Sie einen Cocktail oder kommen Sie Donnerstags zur Livemusik in dieses hübsche Restaurant im Nationalpark gleich gegenüber dem Anleger.
Geschl. mittags Alle gängigen Karten

ST. THOMAS

RITZ-CARLTON
$$$$$
6900 GREAT BAY
TEL. 340/775-3333 ODER 800/241-3333
FAX 340/775-4444
www.ritzcarlton.com
Superelegante Anlage im italienischen Stil inmitten eines Gartens mit Springbrunnen. Alle Zimmer haben Balkone mit Blick aufs Meer. Es ist viel geboten: gutes Essen, Tennis, Bootstouren, Wassersport und ein Strand. Sie können hier auch wundervoll essen.
228 P Alle gängigen Karten

BOLONGO BAY BEACH RESORT
$$$$
7150 BOLONGO BAY
TEL 340/775-1800 ODER 800/524-4746
www.bolongobay.com
Wenn Sie Wassersport, Tennis, Beach-Volleyball oder Basketball mögen, sind Sie in dieser Anlage in Familienbesitz genau richtig.
65 P Alle gängigen Karten

SECRET HARBOUR BEACH RESORT
$$$–$$$$
6280 ESTATE NAZARETH
TEL. 340/775-6550 ODER 800/524-2250
FAX 340/775-1501
www.secretharbourvi.com
Geräumige Studios sowie Ein- und Zweibettzimmer mit tropischem Dekor. Von Palmen gesäumter Strand, Wassersportzentrum und Tennisplatz.

64 Alle gängigen Karten

POINT PLEASANT RESORT
$$$
ESTATE SMITH BAY
TEL. 340/775-7200 ODER 800/524-2300
FAX 340/7789-4009
www.antillesresorts.com
Mehrere Einzelhäuser mit großzügigen Suiten (Kabel-TV, Küche, Balkon) verteilen sich auf dem hügeligen Gelände. Auf dem sechs Hektar großen Areal mit Garten gibt es Tennisplätze. Möglichkeiten zum Schnorcheln und Tauchen.
128 suites Alle gängigen Karten

HOTEL 1829
$$–$$$
30–31 KONGENSGADE, CHARLOTTE AMALIE
TEL. 340/776-1829 ODER 800/524-2002
www.hotel1829.com
Das Gebäude, das zum nationalen Kulturerbe erklärt wurde, ist mit Antiquitäten, bemalten Kacheln und Tiffany-Glas ausgestattet. Die Räume sind unterschiedlich groß (die schönsten im Hauptgebäude). Im Hof gibt es einen kleinen Pool; tolle Bar.
14 Alle gängigen Karten

OLD STONE FARM HOUSE
$$$$$
MAHOGANY RUN GOLF COURSE
TEL. 340/777-6277
Genießen Sie exklusive Küche im Ambiente einer alten Zuckerplantage. Beginnen Sie mit Gemüsestrudel oder karibischem Krebskuchen, und kosten Sie gegrillten Thunfisch oder die Schweinelende mit Kartoffelkruste in Calvadossoße.
Geschl. mittags & Mo
Alle gängigen Karten

AGAVÉ TERRACE
$$$–$$$$
POINT PLEASANT RESORT
ESTATE SMITH BAY
TEL. 340/775-4142
Am östlichen Ortsende liegt dieses gute Fischrestaurant. Spezialitäten des Hauses sind Hummer- und Pastagerichte sowie Steaks. Jeden Abend Live-Entertainment.
Geschl. mittags Alle gängigen Karten

GRANDE CRU
$$$–$$$$
YACHT HAVEN GRANDE
TEL. 340/774-7263
Die Veranda des Grande Cru liegt direkt am Wasser in diesem riesigen Yachthafen. Ausgezeichnete Burgers, Club-Sandwiches, Tapas zur Mittagszeit. Abends sind Pastagerichte und scharfe Shrimps empfehlenswert. Lange Weinkarte.
Alle gängigen Karten

CUZZIN'S CARIBBEAN RESTAURANT & BAR
$$
7 BACK STREET, CHARLOTTE AMALIE
TEL. 340/777-4711
Köstliche Küche in einer Backsteingaststube, die mit Karnevalsutensilien und Werken einheimischer Künstler dekoriert ist. Chickencurry und kreolische Garnelen.
Geschl. So & Di abends
Alle gängigen Karten

DUFFY'S LOVE SHACK
$–$$
RED HOOK PLAZA, EAST END
TEL. 340/779-2080
Es ist laut und lustig – das gilt für die Einrichtung, die Bedienung, die Musik und die unschlagbar guten Cocktails. Für die Hungrigen kommen klassische Burger und Chicken Wings, in Kokosnuss geräuchertes Roastbeef und Tamarindenhonig-Rippchen auf die Teller.
Keine Kreditkarten

BRITISCHE JUNGFERNINSELN

ANEGADA

ANEGADA REEF HOTEL
$$–$$$
SETTING POINT
TEL 284/495-8002
FAX 284/495-9362
www.anegadareef.com
Schlichte, aber hübsche Zimmer gehen zum Garten oder zum Wasser. Die Preise schließen Vollpension ein. Vom hoteleigenen Boot aus können Sie angeln oder tauchen, auch Geländewagen sind im Angebot.
20 Alle gängigen Karten

TORTOLA

FRENCHMANS HOTEL
$$$$–$$$$$
FRENCHMANS CAY, WEST END
TEL. 284/494-8811
www.frenchmansbvi.com
Tropisches Refugium auf einer einsamen Halbinsel bei Soper's Hole Marina. Attraktive Cottages auf einem Hügel oberhalb des Strands. Großartiger Blick von einer Schaukel auf der Veranda; Tennis, Kajaktouren und Schnorchelausrürstung. Gutes Essen im Clubhaus (Frühstück im Preis inbegriffen).
9 Cottages
Alle gängigen Karten

LONG BAY RESORT
$$$$–$$$$$
LONG BAY
TEL. 284/495-4252 ODER 866/237-3491
FAX 284/495-4677
www.longbay.com
Sehr komfortable, gut

ausgestattete Zimmer, Studios und Ein- bis Dreibetthäuser am Hang sowie Hütten am Strand. Dazu gibt es familienfreundliche Swimmingpools und einige Tennisplätze.
155 Alle gängigen Karten

SUGAR MILL HOTEL
$$$–$$$$$
APPLE BAY
TEL. 284/495-4355
FAX 284/495-4696
www.sugarmillhotel.com
Elegantes Hotel, dem ein bekanntes Restaurant angeschlossen ist. Moderne Zimmer und Suiten sowie ein kleines Zweibetthaus und zwei schlichte Unterkünfte in einem Holzcottage im Garten.
23 Einige Zimmer Alle gängigen Karten

BRANDYWINE BAY
$$$$
BRANDYWINE BAY
TEL. 284/495-2301
Tortolas elegantestes Restaurant mit einer Terrasse, von der aus Sie über den Sir Francis Drake Channel blicken. Florentinische Spezialitäten vom Holzkohlengrill, hausgemachte Pasta und Soßen mit frischen Gartenkräutern, dazu wunderbare Weine. Das Personal hat einen Blick fürs Detail.
Geschl. mittags, Mo Alle gängigen Karten

THE DOVE
$$$$
67 MAIN STREET, ROAD TOWN
TEL. 284/494-0313
Es ist schwierig, hier einen Platz zu bekommen. Kleine Karte mit französisch-asiatischen Kreationen und perfekt gebratenen Steaks, köstliche Sorbets und Schokoladensoufflé. Im Obergeschoss gibt es in der preiswerteren Bar Fly Cocktails und Tapas bei Jazzmusik.
Geschl. Mittags, So, Mo
Alle gängigen Karten

DER BESONDERE TIPP

MRS. SCATLIFFE'S
Wenn Sie bei Una Scatliffe zu Hause westindische Köstlichkeiten probieren möchten, müssen Sie rechtzeitig reservieren. Das Viergangmenü mit traditionellen Suppen, hausgebackenem Brot, Braten, Früchten und Gemüse aus dem eigenen Garten findet auf der Veranda statt.
$$$
CARROT BAY
TEL. 284/495-4556
Alle gängigen Karten

SUGAR MILL
$$$
APPLE BAY
TEL. 284/495-4355
Wunderbar im Kesselhaus einer alten Zuckermühle gelegenes Restaurant. Die beiden Kochbuchautoren Jinx und Jefferson Morgan bieten eine kleine, aber köstliche Auswahl an Gerichten, darunter Süßkartoffelsuppe mit Ingwergarnelen, tropisches Wildhuhn in Orangencurrybutter und frisches Gartengemüse.
Alle gängigen Karten

QUITO'S GAZEBO
$–$$
CANE GARDEN BAY
TEL. 284/495-4837
Überdachte Bar und Restaurant direkt am Strand. Burger und Sandwiches, Nudeln und gegrillter Fisch vertreiben den Hunger. Zum Nachtisch gibt es hausgemachten Kuchen. Freitags und samstags Livemusik mit dem Inhaber.
Alle gängigen Karten

VIRGIN GORDA

BITTER END YACHT CLUB
$$$$$
NORTH SOUND
TEL. 284/494-2745 ODER 800/872-2392
FAX 284/494-4756
www.beyc.com
Angenehme Yachtclubatmosphäre, ausgezeichnete Segelschule und eine Auswahl an Kajaks, Dingis, Windsurfbrettern und Yachten. Am Hang stehen für Familien geeignete Häuschen, es gibt aber auch romantische Pfahlbauten mit Strohdach.
85 Alle gängigen Karten

LITTLE DIX BAY
$$$$$
LITTLE DIX BAY
TEL. 284/495-5555 ODER 888/767-3966
FAX 284/495-5661
www.littledixbay.com
Das Hotel, eine Schwester des eleganten Caneel Bay auf St. John, trägt Merkmale der Rockefeller-Kette. Eine kühle Brise durchweht die sechseckigen Unterkünfte (auf Wunsch mit Telefon). Tennis, Wassersport, Wandern und Bootsfahrten stehen auf dem Programm; Extraangebote für Kinder.
98, plus 4 Villen Alle gängigen Karten

LEVERICK BAY HOTEL
$$
LEVERICK BAY
TEL. 284/495-7421 ODER 800/848-7081
FAX 284/495-7367
www.leverickbay.com
Wählen Sie zwischen leuchtend bunt gestrichenen Bungalows mit Blick aufs Meer und erstaunlich preisgünstigen Zimmern mit Kochnische. Tennis, Spa, Wassersport und ein Tauchladen.
18 Alle gängigen Karten

THE RESTAURANT AT LEVERICK BAY
$$–$$$$

LEVERICK BAY MARINA
TEL. 284/495-7154
Am oberen Ende der Insel gelegen, ist die Strandbar mittags wunderbar für einen Stopp bei Salaten, Burgers und Pasta. Am Abend werden auf der Terrasse im oberen Stock Steaks, Meeresfrüchte und Lammkoteletts mit Blick auf den North Sound serviert.
Alle gängigen Karten

TOP OF THE BATHS
$$
THE BATHS
TEL 284/495-5497
Das gute Restaurant liegt traumhaft oberhalb The Baths; das hervorragende Essen wird noch von den wahrhaft sagenhaften Ausblicken über den Sir Francis Drake Channel aufgewertet. Zu Mittag haben die Gäste die Wahl zwischen Salaten, Sandwiches und Burgern, das Abendessen könnte mit einem Filet Mignon oder einem frischen Hummer beginnen.
Alle gängigen Karten

KARIBISCHE NIEDERLANDE

ARUBA

HYATT REGENCY RESORT & CASINO
$$$$–$$$$$
J.E. IRAUSQUIN BLVD. 85
PALM BEACH
TEL. 297/586-1234 ODER 800/554-9288
FAX 297/586-1682
www.aruba.hyatt.com
Luxuriöse Anlage auf einem fünf Hektar großem Gelände, direkt am Meer gelegen. Schöne, gut ausgestattete Zimmer und Suiten, toller Pool, Tennis, Golf, Wassersportmöglichkeiten und Kinderprogramm.
357 Alle gängigen Karten

PLAYA LINDA BEACH RESORT
$$$–$$$$
J.E. IRAUSQUIN BLVD. 87
PALM BEACH
TEL. 297/586-1000 ODER 800/992-2015
FAX 297/586-3479
www.playalinda.com
Gut ausgestattete Ein- und Zweibettapartments mit Balkon in eleganter Anlage dicht am Wasser. Tennis, Wassersportmöglichkeiten, Läden und Kinderprogramm.
213 Alle gängigen Karten

AMSTERDAM MANOR BEACH RESORT
$$
J.E. IRAUSQUIN BLVD. 252
EAGLE BEACH
TEL. 297/527-1100 ODER 800/969-2310
FAX 297/527-1112
www.amsterdammanor.com
Hübsche Anlage im niederländischen Kolonialstil. Studios und Zweibettapartments mit Küche und Blick auf Strand und Meer. Supermarkt und Wassersportmöglichkeiten in der direkten Nachbarschaft.
72 Alle gängigen Karten

PAPIAMENTO
$$$$
WASHINGTON 61
NOORD
TEL. 297/586-4544
Sehr netter Familienbetrieb im Garten eines 150 Jahre alten Landsitzes. Die Eltern leben im vorderen Teil des Hauses, hinten servieren die Kinder preisgekrönte Gerichte mit Meeresfrüchten, Steaks und leckere vegetarische Gerichte.
Geschl. mittags & Mo
Alle gängigen Karten

CUBA'S COOKIN'
$$$
RENAISSANCE MARKETPLACE, L.G. SMITH BLVD. 30, ORANJESTAD
TEL. 297/588-0627
Cocktails, Livemusik, kubanische Kunst und traditionelle kubanische Gerichte, serviert in einem liebevoll nachempfundenen Restaurant mit Bar im Stil der 1960er Jahre in Havanna. Mittags üppige kubanische Sandwiches, abends Schweinebraten, Grillhähnchen oder Steaks.
Geschl. So All gängigen Karten

DRIFTWOOD
$$$
KLIPSTRAAT 12, ORANJESTAD
TEL. 297/583-2515
Rustikaler Speisesaal, auf dessen Speisekarte Fisch und Meeresfrüchte dominieren, oft vom Besitzer selbst gefangen. Ausgezeichnete Fischsuppe, Hummer, Knoblauch-Shrimps und hausgemachtes Maismehlbrot.
Geschl. Di Alle gängigen Karten

GASPARITO
$$$
GASPARITO 3, NOORD
TEL. 297/586-7044
Das Galerie-Restaurant hat sich auf regionale Küche und internationale Gerichte spezialisiert. Probieren Sie die Barrakuda-Ravioli, die Shrimps in Kokosmilch und Brandy oder den typischen *stoba* (Eintopf).
Geschl. mittags & So Alle gängigen Karten

BONAIRE

HARBOUR VILLAGE BEACH CLUB
$$$$–$$$$$
KAYA GOB. N. DEBROT 73
TEL. 599/717-7500 ODER 800/424-0004
FAX 599/717-7507
www.harbourvillage.com
Bonaires Tophotel liegt an einem palmengesäumten

Strand und bietet schöne Zimmer oder Apartments in mediterran gestalteten Einzelhäusern. Tennis, Tauchen, ein Yachthafen und Boutiquen.
40 Alle gängigen Karten

CAPTAIN DON'S HABITAT
$$$
KAYA GOB. N. DEBROT 103
TEL. 599/717-8290 ODER 800/327-6709
FAX 599/717-8240
www.habitatbonaire.com
Captain Don ist Bonaires beste Anlage für Taucher mit schön eingerichteten, bequemen Suiten, Einzelhäusern und Zweibett-Cottages. Das Angebot umfasst neben Tauchen und Wassersport einen kleinen Strand.
93 Alle gängigen Karten

SAND DOLLAR CONDOMINIUM RESORT
$$–$$$
KAYA GOB. N. DEBROT 79
TEL. 599/717-8738 ODER 800/288-4773
FAX 599/717-8760
www.divesanddollar.com
Die Studios und die Ein-, Zwei- und Dreibettapartments sind mit Küchen ausgestattet; vom Balkon blickt man aufs Meer. Hervorragende Tauchbasis, Tennisplatz, Lebensmittelgeschäft und Kinderprogramm.
68 Alle gängigen Karten

DIVI FLAMINGO BEACH RESORT
$$
J. A. ABRAHAM BLVD. 40
TEL. 599/717-8285 ODER 800/367-3484
FAX 599/717-8238
www.diviflamingo.com
Einfaches Hotel und einige bunt gestrichene Studiosuiten im Garten am Wasser. Freundliche Atmosphäre, Tennis, Kasino und Unterhaltungsprogramm. Tauchangebote auch für Behinderte.
129 Alle gängigen Karten

LA GUERNICA
$$$
KAYA BONAIRE 4C, KRALENDIJK
TEL. 599/717-5022
Im gemütlichen Lokal ist an der Uferpromenade mit Blick auf den Hafen können sie zwischen köstlichen Tapas, Fisch und einigen japanischen Gerichten wählen.
Alle gängigen Karten

PATAGONIA ARGENTINEAN STEAKHOUSE
$$$
HARBOUR VILLAGE MARINA, KRALENDIJK
TEL. 599/717-7725
Beliebtes Grillrestaurant beim Leuchtturm. Riesige Portionen – die Grillplatte mit Steaks, Rippchen, Hähnchen, Schweinelende, Wurst und Fisch reicht bequem für eine ganze Familie.
Geschl. So mittags & Mo
Alle gängigen Karten

RICHARD'S WATERFRONT
$$$
J.A. ABRAHAM BLVD. 60
TEL. 599/717-5263
Der Besitzer, Richard Beaty aus Boston, sorgt in seinem romantischen Lokal am Wasser für entspannte Atmosphäre. Auf der Karte stehen frische Meeresfrüchte, Filetsteaks, Hähnchen, gefüllt mit Spinat und holländischem Käse.
Geschl. mittags & Mo
Alle gängigen Karten

MONA LISA BAR & RESTAURANT
$$–$$$
KAYA GRANDI 15, KRALENDIJK
TEL. 599/717-8718
Dieser beliebter Diner abseits des Strands serviert französisch-niederländisch inspirierte internationale Gerichte. Thunfisch-Sashimi, den Fang des Tages, ausgezeichnet zubereitet, und Klassiker vom Steak bis zum Schnitzel. Gute Weinkarte; lange geöffnet.
Geschl. mittags & Sa, So
Alle gängigen Karten

CURAÇAO

CURAÇAO MARRIOTT BEACH RESORT & EMERALD CASINO
$$$$
PISCADERA BAAI
TEL. 5999/736-8800 ODER 800/223-6388
FAX 5999/462-7502
www.curacaomarriott.com
Anlage im modernen Kolonialstil. Gemütliche Räume mit Balkon in einem Landschaftsgarten gelegen. Wassersportmöglichkeiten, Tennisplätze, Kinderprogramm, Tauchladen und Kasino.
247 Alle gängigen Karten

LODGE KURÁ HULANDA & BEACH CLUB
$$$–$$$$$
WESTPUNT
TEL. 5999/839-3600 ODER 877/264-3106
FAX 5999/839-3601
www.kurahulanda.com
Traumhaftes Strandhotel mit großzügigen Zimmern und Suiten und einem tropisch-schicken Interieur. Wassersportmöglichkeiten, ein Tauchladen, Tennisplätze, Spa und ein Restaurant.
74 Alle gängigen Karten

AVILA BEACH HOTEL
$$$–$$$$
PENSTRAAT 130–134,

WILLEMSTAD
TEL. 5999/461-4377 ODER
800/747-8162
FAX 5999/461-1493
www.avilahotel.com
Reizendes historisches Hotel ($$), umgeben von Gärten direkt am Wasser, ergänzt durch moderne Anbauten. Im neuesten, dem Octagon Wing, gibt es ein Spa und einen Pool.
165 P Alle gängigen Karten

ALL WEST APARTMENTS & DIVING
$
BANDA ABAO, WESTPUNT
TEL. 5999/461-2310
FAX 5999/461-2315
www.allwestcuracao.com
Einfache, helle und schön ausgestattete Studios und Apartments (4 Betten) mit Kochzeile, Balkon/Terrasse und Blick aufs Meer. Sehr ruhige Anlage, gute Tauchangebote und PADI-Kurse.
7 P Alle gängigen Karten

DER BESONDERE TIPP

BISTRO LE CLOCHARD
Hübsche Gaststube im ehemaligen Festungsgefängnis mit zum Meer gelegener Terrasse. Französisch-Schweizer Küche mit Fondues, Rindfleisch und Garnelen auf dem Heißen Stein und Schokoladendesserts.
$$$$$
RIFFORT, WILLEMSTAD
TEL. 5999/462-5666
Alle gängigen Karten

ASTROLAB
$$$– $$$$
KURÁ HULANDA, LANGESTRAAT 8, OTROBANDA, WILLEMSTAD
TEL. 5999/434-7700
Eines von mehreren Restaurants in diesem attraktiven Hotel-/Museumskomplex. Der Innenhof mit Skulpturen und Pflanzen ist ideal für ein romantisches Abendessen. Köstliche Fisch- und Rindfleischgerichte, gute Tipps für Weine, perfekter Service.
Geschl. mittags, So, Mo
Alle gängigen Karten

JAANCHIE'S
$$–$$$
WESTPUNT 15
TEL. 5999/864-0126
Die Tische im Freien stehen unter schattigen Bäumen. Mittags gibt es Meeresfrüchte und regionale Gerichte wie Ziegeneintopf, Mutige können Leguanfleisch probieren.
Geschl. abends Alle gängigen Karten

LANDHUIS DANIEL
$$
WEG NAAR WESTPUNT
TEL. 5999/864-8400
Großartige Lage: Die Tische stehen auf der schattigen, durch Meeresbrisen gekühlten Veranda eines Plantagen-Herrenhauses, etwas abseits der Küste. Die einfallsreiche Küche besticht mit ungewöhnlichen Ideen. Auf der Karte finden sich u. a. holländische Pfannkuchen und saisonale Wildgerichte. Französisch-italienisch-mediterrane Gerichte mit einem karibischen Touch.
Alle gängigen Karten

SABA

JULIANA'S
$$–$$$
WINDWARDSIDE
TEL. 599/416-2269 ODER
866/783-3319
FAX 599/416-2389
www.julianas-hotel.com
Ein gemütliches Hotel in einem Garten, der vor tropischen Pflanzen nur so überquillt. Es gibt studioähnliche Zimmer und drei moderne Cottages mit einem oder zwei Schlafzimmern. Alle sind einfach, aber bequem eingerichtet
12 P Alle gängigen Karten

SHEARWATER RESORT
$$–$$$
BOOBY HILL
TEL. 599/416-2498
FAX 599/416-2482
www.shearwater-resort.com
Kleine luxuriöse Anlage in wunderbarer Lage in den Hügeln südlich von Windwardside. Gemeinschaftseinrichtungen im Hauptgebäude. Große geräumige Bungalows mit Balkon, gutes Restaurant, Tennis. Nicht für Kinder unter 14 Jahren.
7 P Alle gängigen Karten

SCOUT'S PLACE
$$$
WINDWARDSIDE
TEL. 599/416-2740
Dieses Landhotel oberhalb des Dorfes ist seit Jahren eine Institution. In der Bar treffen sich die Einheimischen, im Terrassenrestaurant können Sie frische Meeresfrüchte und Regionalküche genießen.
Alle gängigen Karten

BRIGADOON
$$
WINDWARDSIDE
TEL. 599/416-2380
Spaliere grenzen den Essbereich ab, auf der Karte stehen zahlreiche Gerichte mit Meeresfrüchten. Besonders lecker sind Fischsuppe, kreolische Garnelen und frischer Hummer.
Geschl. mittags Alle gängigen Karten

SINT EUSTATIUS

OLD GIN HOUSE
$$–$$$
ORANJE BAAI
TEL. 599/318-2319 ODER
800/634-4907
FAX 599/318-2135

www.oldginhouse.com
Das historische Gasthaus am Wasser zählt zu den ungewöhnlichsten Adressen auf der Insel. Die Zimmer im Kolonialstil schauen auf den Pool im Hof. Gut speisen lässt es sich im Restaurant mit Grill.
18 Alle gängigen Karten

BLUE BEAD BAR & RESTAURANT
$$–$$$
GALLOWS BAY
TEL. 599/318-2873
Bei Einheimischen und bei Besuchern beliebt, für einen Drink und einen Snack bei Sonnenuntergang. Frischer Fisch, Garnelen in Kokosmilch und andere Meeresfrüchte, dazu gute Pizzas, Pasta und Burger.
Geschl. Di Alle gängigen Karten

SINT MAARTEN

DIVI LITTLE BAY BEACH RESORT
$$$
LITTLE BAY, PHILIPSBURG
TEL. 721/542-2333 ODER 800/367-3484
FAX 721/542-4336
www.divilittlebay.com
Eine hübsche Ansammlung von weißen Häusern mit roten Dächern unter Palmen auf einer kleinen Halbinsel außerhalb von Philipsburg gelegen. Das Resort verfügt über große Zimmer und Suiten mit Blumendekor. Wasssersport, Tennis, Tauchen, Spa und Kinderprogramm.
265 Alle gängigen Karten

MARY'S BOON BEACH PLANTATION
$$–$$$
SIMSON BAAI 117
TEL. 721/545-7000 or 877/260-7483
FAX 721/545-3403
www.marysboon.com
Gemütliches, freundliches Gasthaus an einem langen Sandstrand. Shops und Restaurants sind in der Nähe. Die farbenfrohen Studios sind mit indonesischen Möbeln eingerichtet. Sehr freundliches Personal. Restaurant und Bar.
32 Alle gängigen Karten

PASANGGRAHAN ROYAL GUESTHOUSE
$$
FRONT ST. 19, PHILIPSBURG
TEL. 721/542-3588
FAX 721/542-2885
www.pasanroyalinn.com
Historisches Hotel in einer Gouverneursresidenz aus dem 19. Jahrhundert direkt am Wasser. Einst wohnte hier die Prominenz, u. a. die niederländische Königin Wilhelmina. Heute spiegelt sich der altmodische Charme beim Nachmittagstee wider. Gute Lage im Zentrum, dennoch ruhig. Schön im Kolonialstil möblierte Zimmer.
30 Alle gängigen Karten

ANTOINE'S
$$$–$$$$
119 FRONT ST., PHILIPSBURG
TEL. 721/542-2964
Schönes Terrassenrestaurant mit Blick über die Bucht. Klassische französische Karte mit Jakobsmuscheln à la Nantaise, Kalbfleisch in Senfsauce, einige Pasta- und kreolische Gerichte.
Alle gängigen Karten

THE GREENHOUSE
$$$
BOBBY'S MARINA, PHILIPSBURG
TEL. 721/542-2941
Restaurant, Bar und Nachtclub in einem seit 1986. Die Happy Hour dauert zweieinhalb Stunden und schließt auch günstige Appetizer ein. Auf der Speisekarte stehen Steaks, Rippchen, Hummer und Fisch.
Alle gängigen Karten

ZEE BEST
$
PLAZA DEL LAGO, SIMSON BAAI
TEL. 721/544-2477
Das beste Frühstück in Simpson Bay. Knusprige Mandelhörnchen, Apfelküchlein, dänisches Gebäck. Reich belegte Baguettes, Hähnchensalat-Wraps und Pizzas zum Lunch.
Keine Kreditkarten

ST.-MARTIN

DER BESONDERE TIPP

LA SAMANNA
Super-Luxus-Anlage im maurisch-mediterranen Stil inmitten tropischer Gärten direkt am Strand. Elegante Zimmer, Suiten und Einzelhäuser. Gourmetrestaurant, perfekter Service, Wassersport und Tennisplätze.
$$$$$
BAIE LONGUE
TEL. 0590/87 64 00 ODER 800/957-6128
FAX 590/87 87 86
www.lasamanna.com
82 Alle gängigen Karten

LE PETIT HOTEL
$$$$–$$$$$
BLVD. DE GRAND CASE 248, GRAND CASE
TEL. 590/29 09 65
FAX 590/87 09 19
www.lepetithotel.com
Intimes, romantisches Boutique-Hotel in einer Stuckvilla in der Reihe der Restaurants am Strand. Geräumige Studios und Suiten mit dunklen balinesischen Möbeln und Balkon mit Meerblick. Hilfsbereites Personal.
10 Alle gängigen Karten

CAPTAIN OLIVER'S
$$$$
OYSTER POND
TEL. 590/87 40 26
FAX 590/87 40 84
www.captainolivers.com
Komfortable Bungalows in Pastelltönen inmitten von Landschaftsgärten neben der Lagune. Zum Anwesen gehören ein Yachthafen, ein Tauchladen und eine Bar. Wassertaxis zum Dawn Beach.
50 Alle gängigen Karten

LE PRESSOIR
$$$$$
BLVD. DE GRAND CASE 30, GRAND CASE
TEL. 590/87 76 62
Eine lokale Institution in einem kreolischen Haus aus dem 19. Jahrhundert, das gegenüber der namengebenden Salzpresse liegt. Sehr gute Meeresfrüchte, etwa Hummerravioli (es gibt eine spezielle Hummerkarte) und Scholle mit Kurkuma, Gute Weine und freundlicher Service.
Geschl. mittags Alle gängigen Karten

LE TASTEVIN
$$$$$
BLVD. DE GRAND CASE 86, GRAND CASE
TEL. 590/87 55 45
Köstliches französisch-karibisches Essen und aufmerksamer Service in lässig-elegantem Ambiente mit Blick auf den Strand. Garnelen mit Minze und Ingwer als Vorspeise, geräucherte Entenbrust in Chinatee oder Lamm marokkanische Art als Hauptgericht. Als Nachtisch herausragende Crème Brûlée. Reservierung empfohlen.
Alle gängigen Karten

BISTRO NU
$$–$$$
ALLÉE DE L'ANCIENNE GEÔLE, MARIGOT
TEL. 590/87 97 09
Gemütliches Bistro in einer kleinen Straße abseits der Rue de Hollande. Auf der Speisekarte stehen Bistro-Gerichte, wie Schnecken, Steak mit Pommes frites.
Geschl. mittags, So MC, V

CLAUDE MINI-CLUB
$$–$$$
BLVD. DE FRANCE 49, MARIGOT
TEL. 590/87 50 69
Die Spezialitäten stammen aus der kreolisch-französischen Küche, darunter viele Fisch- oder Meeresfrüchtegerichte. Am Mittwoch- und Samstagabend erwartet Sie ein Barbecue-Büfett. Vom Club hat man einen Ausblick auf den Hafen von Marigot.
Geschl. So abends Alle gängigen Karten

INSELN UNTER DEM WINDE

ANGUILLA

CAP JULUCA
$$$$$
MAUNDAY'S BAY
TEL. 264/497-6666 ODER 888/852-5822
FAX 264/497-6617
www.capjuluca.com
Anlage im maurischen Stil an einem weißen Sandstrand inmitten üppiger Gärten. Große Zimmer in hellen Farben, riesige Badewannen in den Suiten, außerdem ein gutes Restaurant, Kinderbetreuung und ausgezeichnete Sportmöglichkeiten.
79 Zimmer/Suiten, 6 Pool-Suiten Alle gängigen Karten

CUISINART GOLF RESORT & SPA
$$$$$
RENDEZVOUS BAY
TEL. 264/498-2000 ODER 800/943-3210
www.cuisinartresort.com
In den weißen Häusern mit blauen Verzierungen spiegeln sich Sand und Himmel wider. Helle große Räume, hübsche Villen und viele Aktivitäten: Wassersport, Tennis, Fitnessraum, 18-Loch-Golfplatz (von Greg Norman entworfen), und Spa. Eine Hydrokultur-Farm versorgt die Restaurants mit frischem Gemüse und Salat.
93, 6 Villen Alle gängigen Karten

ANGUILLA GREAT HOUSE
$$$
RENDEZVOUS BAY
TEL. 264/497-6061 ODER 800/583-9247
FAX 264/497-6019
www.anguillagreathouse.com
Freundliche Atmosphäre zeichnet die Anlage mit einfachen, aber geräumigen Hütten an einem tollen Strand aus. Ein Restaurant und eine Strandbar ergänzen das Angebot.
31 Einige Alle gängigen Karten

BLANCHARD'S
$$$$$
MEAD'S BAY
TEL. 264/497-6100
Tropische Eleganz an der Mead's Bay. Melinda Blanchard verbindet amerikanische und asiatische Nouvelle Cuisine mit Spezialitäten wie zitronenglasiertem Hummer oder japanischem Thunfisch. Preisgekrönte Weinkarte. Reservierung empfohlen.
Geschl. mittags & So Alle gängigen Karten

MANGO'S SEASIDE GRILL
$$$$
BARNES BAY
TEL. 264/497-6479

Das nette Restaurant mit Holzplanken und Segeltuchdach serviert selbst gemachte Hummertarte, Red-Snapper-Filet mit Sesamkruste in Sojasoße, köstliche Desserts und guten Wein.

Geschl. mittags & Di
Alle gängigen Karten

TASTY'S
$$–$$$
SOUTH HILL
TEL. 264/497-2737
Beim im Malliouhana ausgebildeten Küchenchef Dale Carty erwartet Sie die große Cuisine der Insel, wie Johnny Cakes zum Frühstück oder köstlicher Hummersalat zu Mittag und hinreißende Abendessen.

Geschl. Do Alle gängigen Karten

JACQUIE'S RIPPLES
$$
SANDY GROUND
TEL. 264/497-3380
Drinnen und draußen auf der Veranda (reservieren!) sitzt man gleichermaßen gut. Auf der umfangreichen Karte stehen gegrillter Fisch, asiatische Salate, Pasta, Kokosnusshühnchen und vieles mehr. Abends wird es voll.

Alle gängigen Karten

ANTIGUA

CURTAIN BLUFF
$$$$$
MORRIS BAY
TEL. 268/462-8400 ODER 888/289-9898
FAX 268/462-8409
www.curtainbluff.com
Antiguas bekanntestes und elegantestes Hotel liegt auf einer steilen Klippe über dem Strand und bietet exzellente Wassersportmöglichkeiten sowie Gourmetküche auf der Terrasse oder am Strand.

🛏 72 [P] Alle gängigen Karten

HAWKSBILL BY REX RESORTS
$$$$
FIVE ISLANDS
TEL. 268/462-0301
FAX 268/462-1515
www.rexresorts.com
Komfortable Zimmer und Cottages mit Zugang zu vier Stränden (ein FKK-Strand). Luxus-Cottages für Flitterwochen und Strandhütten für Familien. Wassersport, Tennis und Kinderprogramm inklusive.

🛏 111 [P] Alle gängigen Karten

CATAMARAN HOTEL
$$–$$$
FALMOUTH HARBOUR
TEL. 268/460-1036
FAX 268/460-1339
www.catamaran-antigua.com
Freundlich, intim und direct an der Bay, im Cat Club kommt wirklich Club-Feeling auf. Freundliches Personal hilft beim Organisieren von Aktivitäten. Blitzsaubere Bilder mit Meerblick, einige mit großer Veranda und Küchenzeile. Familienfreundliches Haus.

🛏 14 Zimmer/Suiten
[P]

SIBONEY BEACH CLUB
$$–$$$
DICKENSON BAY
TEL. 268/462-0806 ODER 800/533-0234
FAX 268/462-3356
www.siboneybeachclub.com
Schönes Anwesen am beliebtesten Strand von Antigua. Von den Balkonen der zwölf Ein-Bett-Suiten mit Kochnische blickt man auf den tropischen Garten. Tolles Restaurant (siehe Coconut Grove); Wassersportmöglichkeiten in der Nähe.

🛏 12 [P] Alle gängigen Karten

ADMIRAL'S INN
$$
ENGLISH HARBOUR
TEL. 268/460-1027
FAX 268/460-1534
www.admiralsantigua.com
Das historische Gebäude mit Garten im Nelson-Dockyard-Park bietet einfache Zimmer mit antiken Möbeln im Hauptgebäude und im eher düsteren Anbau.

🛏 14 [P] Alle gängigen Karten

COCONUT GROVE
$$$$
SIBONEY BEACH CLUB, DICKENSON BAY
TEL. 268/462-1538
Zu Laternenschein und romantischer Musik serviert dieses Restaurant frischen Schwertfisch und Lachscarpaccio, Mahi-Mahi mit Gewürzen aus Antigua oder Jerk-Hühnchen mit Bananen-Guaven-Confit, dazu einen guten Wein oder Brandy.

Alle gängigen Karten

LA BUSSOLA
$$$–$$$$
RUNAWAY BEACH
TEL. 268/562-1545
Folgen Sie der holprigen Straße zu ausgezeichneter italienischer Küche an der Bucht. Klassische Gerichte mit einem modernen Touch von frischer Pasta bis zu grandiosem Hummer. Die Lage am Strand ist herrlich.

Geschl. Di Alle gängigen Karten

RUSSELL'S
$$$
FORT JAMES
TEL 268/462-5479
Allein der tolle Blick über St. John's Harbour ist Grund genug, um hierher zu kommen. Sonnenuntergänge sind die Spezialität, dazu eine Speisekarte voller Meeresfrüchte-Köstlichkeiten wie gedämpfte Muscheln in Weißwein oder gegrillter Hummer. Traditionelles Insel-Büfett am Samstag, Jazz am Sonntag.

Geschl. So mittags MC, V

PAPA ZOUK
$$–$$$
HILDA DAVIS DRIVE, GAMBLES
TEL. 268/464-6044
Nehmen Sie ein Taxi zu diesem außergewöhnlichen Restaurant im kreolischen Stil in einem nördlichen Wohnviertel von St. John's. Auf der Tafel steht „Fisch und Rum" und genau das bekommen Sie: mehr als 200 Rumsorten an der Bar und perfekt zubereitete Spezialitäten wie Fischsuppe, gegrillter Schnapper, Hummer, Shrimps.
Geschl. So Keine Kreditkarten

BIG BANANA PIZZAS IN PARADISE
$$
REDCLIFFE QUAY, ST. JOHN'S
TEL. 268/480-6985
Mitten im Einkaufszentrum liegt dieser Imbiss in einem alten Lagerhaus aus Backstein. Hier gibt es Pizzas, Sandwiches, Salate, Espresso, Cappuccino und kalte Getränke.
Geschl. So. Alle gängigen Karten

CATHERINE'S CAFÉ
$$
ENGLISH HARBOUR
TEL. 268/460-5050
Kleines Cafe am Hafen mit gallischem Flair und französischer Küche. Mittags z. B. Crêpe, Quiche oder Salat und abends Moules mariniéres (eingelegte Miesmuscheln).
Geschl. abends Sa–Mo, Di, Do MC, V

BARBUDA

LIGHTHOUSE BAY RESORT
$$$$$
LOW BAY (NUR PER BOOT ZUGÄNGLICH)
TEL. 268/562-1481
www.lighthousebayresort.com
An einem rosa-weißen Strand zwischen der Codrington Lagoon und dem Karibischen Meer liegt dieses Erholungsparadies. Rustikale Suiten mit Marmorbädern, WLAN auf dem Zimmer und Espressomaschinen. Essen am Strand, Wellnessangebote, Tennis, Kajakfahren, Tauchen und Angeln.
9 Alle gängigen Karten

MONTSERRAT

OLVESTON HOUSE
$$–$$$
OLVESTON
TEL. 664/491-5210
www.olvestonhouse.com
Einst gehörte diese attraktive Pension dem Produzenten der Beatles, Sir George Martin. Es verfügt über einen Pool mit Aussicht, geräumige, bequeme Zimmer, eine breite Veranda, auf der man im Schatten relaxen kann. Das beliebte Restaurant serviert englisch-karibische Küche.
6 P MC, V

GINGERBREAD HILL
$
ST. PETER'S
TEL. 664/491-5812
www.volcano-island.com
In den Hügeln mit fantastischem Blick aufs Meer liegt dieses familiengeführte Öko-Refugium. Schlichte Unterkünfte für Selbstversorger in einem üppigen Garten; Autovermietung, Verleih von Mountainbikes, Tauchtouren und Ausflüge zum Vulkan.
6 Zimmer/Cottages
P Alle gängigen Karten

TINA'S
$–$$
MAIN ROAD, BRADES
TEL. 664/491-3538
Freundliches Speiselokal in einem traditionellen Bau mit Tischen auf der Veranda. Genießen Sie einen Hummerburger, Hähnchen- oder Fischcurry, Sandwiches als Lunch und versäumen Sie keinesfalls den Kokoscremekuchen.
Geschl. So Keine Kreditkarten

ST. KITTS

Zur Zeit der Drucklegung war die Hotelszene auf St. Kitts ungewöhnlich stark in Bewegung. Zwei klassische Hotels in Plantagenhäusern, das Golden Lemon (www.goldenlemon.com) und das Rawlins Plantation (www.rawlingsplantation.com) wechseln im Moment den Besitzer. Einige neue Luxusunterkünfte auf der südlichen Halbinsel, die 2012 den Betrieb aufnehmen sollten, sind noch nicht eröffnet. Gegenwärtig ist das riesige, etwas unpersönliche St. Kitts Marriott Resort & Casino (www.marriott.com) das wichtigste Strandhotel.

OTTLEY'S PLANTATION INN
$$$–$$$$$
OTTLEY'S
TEL. 869/465-7234 ODER 800/772-3039
FAX 869/465-4760
www.ottleys.com
Das Herrenhaus aus dem 18. Jahrhundert liegt in einem großen Garten inmitten von Zuckerrohrfeldern. Die geräumigen Zimmer mit Veranda im Haupthaus sind mit Antiquitäten bestückt. Auf dem Gelände verstreut finden sich Cottages mit zwei oder drei Zimmern. Transfer zum Strand.
23 P Alle gängigen Karten

TIMOTHY BEACH RESORT
$$–$$$
FRIGATE BAY
TEL. 869/465-8597
FAX 869/466-7085
www.timothybeach.com
Die Ferienanlage ist die einzige am Strand der Frigate Bay. Alle

günstigen Zimmer haben Balkone oder Patios. Die gesamte Anlage ist abwechslungsreich gestaltet und ideal für Gruppen oder Familien. Läden und Tennisplätze liegen in der Nähe.
60 Alle gängigen Karten

ROCK HAVEN BED & BREAKFAST
$$
FRIGATE BAY
TEL. 869/465-5573
FAX 869/466-6130
E-MAIL judith4jc@hotmail.com
Buchen Sie früh, um eines der beiden Zimmer in dieser freundlichen Pension an der Frigate Bay zu bekommen. Die herzliche Gastfreundschaft von Judith Blake ist inzwischen weithin bekannt. Abholung am Flughafen, Abendessen, Ratschläge fürs Sightseeing und ein gewaltiges Frühstück.
2 MC, V

THE BEACH HOUSE
$$$$
CHRISTOPHE HARBOR, TURTLE BEACH
TEL. 869/469-5299
Am Strand gelegen mit schönem Blick auf Nevis und einer mediterran-karibischen Speisekarte, die viele Gerichte mit Meeresfrüchten und gute Steaks bietet. Ausgezeichneter Weinkeller.
Geschl. mittags, So, Mo
Alle gängigen Karten

FISHERMAN'S WHARF
$$$
FORTLANDS, BASSETERRE
TEL. 869/465-2754
Das Fisherman's ist so etwas wie eine Institution auf der Insel: Der Blick vom Holzdeck fällt auf den Hafen. Auf der Speisekarte stehen Steak und Meeresfrüchte, die auf dem Holzkohlengrill zubereitet werden. Die kulinarischen Alternativen sind ein gut mariniertes gegrilltes Huhn oder die Suppenkreationen.
Alle gängigen Karten

BALLAHOO
$$
THE CIRCUS, BASSETERRE
TEL. 869/465-4197
Der beliebte Treff in der Stadt serviert mittags Thunfischbaguette, Sandwiches und Burger, abends Chiligarnelen, Makrelen-Steaks mit Kräuterbutter und vegetarische Gerichte.
Geschl. So Alle gängigen Karten

STONEWALLS
$–$$
5 PRINCES ST., BASSETERRE
TEL. 869/465-5248
Durch einen Garten geht es zum freundlichen Restaurant mit Bar, das sich in einem von einer Mauer umrahmten Hof befindet. Die wechselnden Speisen reichen vom superscharfen Huhn über Roastbeef bis hin zu Yorkshire Pudding.
Geschl. mittags, So Alle gängigen Karten

NEVIS

FOUR SEASONS RESORT
$$$$$
PINNEY'S BEACH
TEL. 869/469-1111 OR 800/819-5053
FAX 869/469-1040
www.fourseasons.com
Die Anlage am beliebtesten Strand von Nevis bietet große Zimmer und Suiten mit riesigen Betten und kleinen Innenhöfen am Wasser oder am Golfplatz. Gutes Sportangebot und Kinderprogramm, freundlicher Service.
237 Alle gängigen Karten

MONTPELIER PLANTATION INN
$$$$$
FIG TREE
TEL. 869/469-3462
FAX 869/469-2932
www.montpeliernevis.com
Rund um das prachtvolle alte Herrenhaus auf der ehemaligen Zuckerplantage erwarten die Gäste luftige, elegante Zimmer in kleinen Cottages. Die Mahlzeiten werden in Landhausatmosphäre im Haupthaus serviert. Tennis und Transfer zum Strand inklusive.
17 Alle gängigen Karten

DER BESONDERE TIPP

HERMITAGE
Reizvolles Plantagenhotel mit Zimmern in Gingerbreadhäuschen, die im Garten rings um das älteste Holzhaus der Karibik (1680–1740) liegen. Zur Ausstattung gehören Himmelbetten sowie Hängematten auf der Veranda. Hier können Sie reiten und wunderbar die Ruhe genießen.
$$$$–$$$$$
GINGERLAND
TEL. 869/469-3477 ODER 800/682-4025
FAX 869/469-2481
www.hermitagenevis.com
15 Alle gängigen Karten

OUALIE BEACH HOTEL
$$$
OUALIE BEACH
TEL. 869/469-9735 ODER 800/682-5431
FAX 869/469-9176
www.oualiebeach.com
Kleines und legeres Anwesen am Strand mit preisgünstigen Zimmern und Studios in Holzhütten mit Blick aufs Meer. Programme für Taucher und Surfer werden hier angeboten.
32 Alle gängigen Karten

MISS JUNE'S
$$$$$
JONES BAY

TEL. 869/469-5330
Miss June Meister gehört zu den Institutionen auf der Insel. Dreimal pro Woche serviert sie bei sich zu Hause ein köstliches Büfett mit karibischen, asiatischen und europäischen Gerichten (nur auf Reservierung). Um 19.30 Uhr treffen sich die Gäste zum Cocktail, dann wählen sie aus zwei Dutzend Angeboten.
Nach Terminabsprache
Alle gängigen Karten

DOUBLE DEUCE
$$$
PINNEY'S BEACH
TEL. 869/469-2222
Klassisches Strandrestaurant mit Bar, in dem Küchenchef Mark Roberts Fisch und Meeresfrüchte zuzubereiten weiß: gegrillter Hummer, Riesen-Shrimps mit Knoblauch, Fischsuppe, würzige Steaks und eiskaltes Bier. Donnerstagabend Karaoke.
Geschl. Mo Keine Kreditkarten

FRANZÖSISCHE ANTILLEN

GUADELOUPE

LE JARDIN MALANGA
$$$–$$$$
LES TROIS RIVIÈRES, BASSE-TERRE
TEL 590/92 67 57
FAX 590/92 67 58
www.jardinmalanga.com
Tolles Hotel am Hügel mit Blick von der Terrasse auf die Saintes. Minimalistisch eingerichtete Zimmer im ehemaligen Herrenhaus einer Plantage aus den 1920er Jahren oder in eleganten Holzcottages.
9 Alle gängigen Karten

LA TOUBANA
$$$
STE.-ANNE, GRANDE-TERRE
TEL. 590/88 25 78
FAX 590/88 38 90
www.toubana.com
Von den Ein- und Zweibetthäuschen *(toubanas)* mit Kochnische blickt man aufs Meer. Ein Pfad führt zu einer Bucht mit Strand und Wassersportmöglichkeiten. Tennis, oft abends Unterhaltung.
32 Alle gängigen Karten

AUBERGE LES PETITS SAINTS AUX ANARCADIERS
$$–$$$
TERRE-DE-HAUT, LES SAINTES
TEL. 590/99 50 99
FAX 590/99 54 51
www.petitssaints.com
Hübsches kreolisches Hotel reichlich mit Antiquitäten und allerlei Kitsch ausgestattet. Zehn gemütliche Zimmer liegen nur etwa fünf Minuten vom Stadtzentrum entfernt. Gutes Restaurant.
11 Alle gängigen Karten

HÔTEL-RÉSIDENCE CANELLA BEACH
$$–$$$
POINTE DE LA VERDURE, GOSIER, GRANDE-TERRE
TEL 590/90 44 00
FAX 590/90 44 44
www.canellabeach.fr
Die Anlage in der Region um Gosier liegt am Strand und hat Studios und Maisonnette-Apartments. Eine gute Adresse für Familien: Es gibt einen Kinderpool und viele Wassersportmöglichkeiten.
143 units Alle gängigen Karten

LE VERGER DE STE.-ANNE
$
5 LOT. MARGUERITE
STE.-ANNE, GRANDE-TERRE
TEL. 590/88 27 56
FAX 590/88 21 45
www.guadeloupe-hebergement.com
Sechs hübsche kreolische Cottages liegen verstreut in einem Garten. Von den Veranden freier Blick aufs Meer, die Häuschen sind alle mit Küchenzeile, Rattanmöbeln und Innen- und Außenduschen ausgestattet. Die nette Danièle Vic kann Mietwagen und Wanderungen organisieren und serviert einen echten Ti-Punch (Cocktail).
6 Alle gängigen Karten

LA VIEILLE TOUR
$$$$
AUBERGE DE LA VIEILLE TOUR
GOSIER, GRANDE-TERRE
TEL. 590/84 23 23
Dieses elegante Hotel-Restaurant mit Blick aufs Meer bietet klassische französisch-karibische Gerichte wie Langusten-Tatar, frischen Fisch mit Hummerbutter, kreolisches Rindfleisch und köstliche Desserts.
Geschl. mittags Alle gängigen Karten

LA PORTE DES INDES
$$$–$$$$
DEVARIEUX, SAINT-FRANÇOIS, GRANDE-TERRE
TEL. 590/21 30 87
Indische Köstlichkeiten vom Allerfeinsten. Eine Statue des Elefantengottes Ganesha steht gegenüber dem Speisepavillion, wo man Ihnen klassische oder kreative indische Gerichte serviert. Exzellente Weinkarte
Geschl. So, Mo abends V

IGUANE CAFÉ
$$$
RTE. DE LA POINTE DES CHÂTEAUX, ST.-FRANÇOIS GRANDE-TERRE
TEL. 590/88 61 37
Großes, lässiges Strandcafé mit innovativen Gerichten auf der Basis lokaler Zutaten. Dazu zählen etwa Gänseleber und Hummer mit Rum, Safranmuscheln, Christophinegratin und Fisch mit fünf Gewürzen.

Geschl. Di, mittags, außer sonntags Alle gängigen Karten

LES TORTUES
$$
ANSE DUCHÉ, BOUILLANTE, BASSE-TERRE
TEL. 0590/98 82 83
Sie könnten beinahe Ihr Lunch von der großen hölzernen Terrasse in der Bucht fangen. Doch einheimische Fischer übernehmen diese Aufgabe. Kreolische Meeresfrüchtezubereitungen, wie gebratene Meeresschnecken oder Krebse, und der Fang des Tages.
Alle gängigen Karten

LE TOULOULOU
$$
PETITE-ANSE, CAPESTERRE-MARIE-GALANTE
TEL. 0590/97 32 63
Direkt am Strand serviert diese Institution fangfrischen Fisch und Meeresfrüchte, einen ausgezeichneten Ti-Punch und die regionale Spezialität *bébélé,* einen Eintopf aus Innereien. Livemusik, abends Disko; außerdem eine Reihe einfache Bungalows am Strand.
Geschl. So abends, Mo
MC, V

MARTINIQUE

CAP EST LAGOON RESORT & SPA
$$$$$
LE FRANÇOIS
TEL. 0596/54 80 80 ODER 800/735-2478
FAX 0596/54 96 00
www.capest.com
Ein Hauch von Zen umweht diese ruhige Anlage unter Palmen am Rand der Lagune an der Ostküste. Kreolische Farben stehen asiatischer Schlichtheit gegenüber; luxuriöse Suiten, ein herrlicher Pool, Gärten, ausgezeichnete Küche, wie sich das für ein Haus von Relais & Château gehört.
50 Alle gängigen Karten

DOMAINE ST. AUBIN
$$$
PETITE RIVIÈRE SALÉE, LA TRINITÉ
TEL. 0596/69 34 77
FAX 0596/69 41 14
www.ledomainesaintaubin.com
Tolle Ausblicke und liebenswürdige Gastgeber locken in dieses eher abgelegene Herrenhaus. Der im hügeligen Garten gelegene Bau im Kolonialstil ist mit Antiquitäten ausgestattet. Joelle Rosemains französisch-karibische Küche ist hinreißend.
36 MC, V

HOTEL BAKOUA
$$$
POINTE DU BOUT, TROIS ILETS
TEL 0596/66 02 02
FAX 0596/66 00 41
www.mgallery.com
Attraktives und gut ausgestattetes Resort auf einer Klippe über einem Privatstrand gelegen. Bequeme Räume mit weitem Ausblick. Tennis, Wasserrsport, Tourenangebot, Golf in der Nähe.
138 Alle gängigen Karten

FRÉGATE BLEUE
$$
LE FRANÇOIS
TEL. 0596/54 54 66
FAX 0596/54 78 48
www.fregatebleue.com
Eine ruhige kleine Unterkunft mit Zimmern, Suiten und einer hübschen kreolischen Cottage auf einem Hügel mit Meerblick. Einfache antike Möbel mit kreolischen Farbtupfern, Küchenzeile und Balkon; Frühstück am Pool, Abendessen nach Absprache.
10 MC, V

FLEUR DE SEL
$$$$
27 AVE. DE LA IMPÉRATRICE JOSÉPHINE, BOURG DE TROIS-ILETS
TEL. 0596/68 42 11
Gutes französisches Essen in einem hübschen Backstein-Stadthaus mit einer begrünten Terrasse. Suppe aus Steinpilzen und Muscheln mit Trüffelschaum, sanft gewürztes Lamm-Tajine und klassische Entenbrust.
Geschl. mittags & So MC, V

LA TABLE DE MAMY NOUNOU
$$$–$$$$
HOTEL LA CARAVELLE, TARTANE
TEL. 0596/58 07 32
Malerisches Hotel-Restaurant, das – an einen Hügel geschmiegt – fantastische Ausblicke bietet. Kreative kreolisch beeinflusste Küche wie Meeresfrüchte-Teller mit Cidre-Zimt-Sahnesauce und hinreißende Soufflés. Abends unbedingt reservieren.
Geschl. Di MC, V

LE ZANZIBAR
$$$
11 BLVD. ALLÉGRE, LE MARIN
TEL. 0596/74 08 46
Restaurant und Bar im kreolisch-marokkanischen Stil mit schönem Blick über Bucht und Yachthafen. Die Küche ist ebenfalls international, Thunfisch-Tatar, Hähnchen-Tajine und *moules frites* (Muscheln und Pommes frites); Auswahl an belgischem Bier.
Geschl. So abends MC, V

LE TOULOULOU
$$–$$$
POINTE MARIN, SAINTE-ANNE
TEL. 0596/76 73 27
Perfekter Ort für ein echt französisch-kreolisches Gourmet-Erlebnis. Üppige *plateaux de fruits de mer* (Meeresfrüchte-Teller) mit Hummer, Muscheln und Shrimps; klassische *tarte aux pommes* zum Abschluss.
Geschl So & Mo abends

AU POISSON D'OR
$$

ANSE MITAN, TROIS ILETS
TEL. 0596/66 01 80
Das beliebte kreolische Restaurant liegt an der Straße zur Pointe du Bout. In traditioneller Kleidung servieren die Kellnerinnen Muscheln in Limonensoße, scharf gewürzten Haifisch und gegrillten Hummer.
Geschl So abends, Mo Alle gängigen Karten

ST.-BARTHÉLEMY

EDEN ROCK
$$$$$
ST. JEAN
TEL. 0590/29 79 99
FAX 0590/27 88 37
www.edenrockhotel.com
Das beste Hotel von St. Barthélémy wurde stilvoll wiedererrichtet. Es liegt auf den Felsklippen über dem Strand. Die Suiten sind mit Naturholz oder farbenfroher Seide ausgestattet, ebenso die romantischen Boudoirs. Es gibt einige bezaubernde Cottages. Gute Restaurants.
36 Alle gängigen Karten

LE TOINY
$$$$$
ANSE DE TOINY
TEL. 0590/27 88 88 ODER 800/680-0832
FAX 0590/27 89 30
www.letoiny.com
Anwesen der Kette Relais & Châteaux mit einem Dutzend großer und wunderschön verzierter Häuschen, zu denen Privatpools, Kochnischen und eine Fitnessausstattung gehören. Ausgezeichnetes Restaurant (siehe Le Gaïac, unten).
15 Alle gängigen Karten

NORMANDIE HOTEL
$$
ROUTE DE SALINE, LORIENT
TEL. 0590/27 61 99
FAX 0590/27 98 83
www.normandiehotelstbarts.com
Kleine freundliche Pension zwei Minuten Fußweg vom Strand, von den Restaurants und Läden entfernt. Die nautische Ausstattung des Hauses erinnert an die SS *Normandie*, den Luxusliner der 1930er Jahre. Kühlschrank und WLAN im Zimmer; Pool im tropischen Garten.
8 Alle gängigen Karten

LE GAÏAC
$$$$$
LE TOINY, ANSE DE TOINY
TEL. 0590/27 88 88
Das kleine, schicke Restaurant mit Meerblick bietet fantastische europäisch-karibische Gerichte wie Gazpacho aus roten Beten und Himbeeren, Krabben-Curry mit dem Schaum grüner Äpfel, Meeresschnecken-Ravioli. Reservierung empfohlen.
Geschl. Mo, Sept–Okt.
Alle gängigen Karten

EDDY'S
$$$$
RUE DU CENTENAIRE, GUSTAVIA
TEL. 0590/27 54 17
Teakholz aus Bali, Bambus und zahlreiche Grünpflanzen verleihen dem Restaurant eine südostasiatische Note, die sich auf der französisch-kreolisch-asiatischen Speisekarte wieder findet. Wunderbar schmecken das grüne Garnelencurry und der gegrillte Fisch.
Geschl. mittags & So
Alle gängigen Karten

LE SÉLECT
$
RUE DE LA FRANCE, GUSTAVIA
TEL. 0590/27 86 87
Sehr beliebte Bar im Stadtzentrum mit Gartenpatio und Livemusik (Zouk, Reggae) am Abend im alten Lagerhaus. Am besten schmecken die Cocktails und die leckeren Cheeseburger.
Alle gängigen Karten

INSELN ÜBER DEM WINDE

CARRIACOU

GREEN ROOF INN
$–$$
HILLSBOROUGH
TEL./FAX 473/443-6399
www.greenroofinn.com
Dieses im Besitz von Skandinaviern befindliche Gasthaus bietet einen herrlichen Ausblick in die Umgebung, Zugang zum Strand, eine freundliche Bar und ein Restaurant mit Veranda. Pastellfarbene Zimmer und ein weißes schindelverkleidetes Cottage mit eigener Kochnische.
5 Zimmer, 1 Cottage
MC, V

DOMINICA

FORT YOUNG
$$–$$$
ROSEAU
TEL. 767/448-5000
FAX 767/448-5006
www.fortyounghotel.com
Attraktive Zimmer und große Suiten gruppieren sich um einen Swimminpool, der in den Überresten der historischen Festung liegt. Am Wasser gibt es noch ein elegantes modernes Gebäude. Günstige Lage.
73 Alle gängigen Karten

ANCHORAGE HOTEL & DIVE CENTRE
$$
CASTLE COMFORT
TEL. 767/448-2638
FAX 767/440-2639
www.anchoragehotel.com
Kleiner Block mit modernen Wohneinheiten, die in Karibikfarben gehalten sind. Von den Balkonen Blick auf die Küste südlich von Roseau. Eine gute Adresse für alle Sportlichen, denn es gibt eine Tauchbasis, Wandermöglichkeiten, Squashplätze und freundliche Mitarbeiter.

32 Alle gängigen Karten

PICARD BEACH COTTAGE RESORT
$$
PICARD BEACH, PORTSMOUTH
TEL 767/445-5131
FAX 767/445-5599
www.picardbeachcottages.com
Schlichte Zimmer in ruhigen kreolischen Häuschen an einem der schöneren schwarzen Strände von Dominica. Private Veranden und Kochnischen; Garten der alten Kokosplantage..
18 Alle gängigen Karten

DER BESONDERE TIPP

ZANDOLI INN
Der kleine nette Gasthof mit fantastischem Blick liegt auf den 24 Meter hoch aus dem Meer ragenden Klippen im Süden der Insel. Hübscher Garten mit Pool, in ruhigen Blau- und Grüntönen gehaltene Gästezimmer. Das Restaurant serviert leckeres Essen; in der Nähe liegen einige Wanderwege. Keine Kinder unter 12 Jahren.
$$
ROCHE CASSÉE-STOWE
TEL. 767/446-3161
FAX 767/446-3344
www.zandoli.com
5 MC, V

LE BISTRO
$$$
19 CASTLE STREET, ROSEAU
TEL. 767/440-8117
Küchenchef Vincent Binet verwendet mit großem Talent lokale Zutaten für Köstlichkeiten wie Wassermelonensalat, Shrimp-Curry oder Steak mit Buttersoße. Gegessen wird bei Kerzenlicht im Speisesaal eines Baus aus der Kolonialzeit.
Geschl. mittags, Sa, So
MC, V

PAPILLOTE WILDERNESS RETREAT
$$$
TRAFALGAR VALLEY
TEL. 767/448-2287
Zu dem kleinen Hotel im Regenwald (8 schlichte Zimmer) gehören auch ein paar Tische auf der Terrasse inmitten des üppigen Grüns. Die Karte umfasst karibische Gerichte, Gemüse und frisches Obst. Abends sollten Sie reservieren.
Alle gängigen Karten

WATERFRONT
$$$
FORT YOUNG HOTEL, ROSEAU
TEL. 767/448-5000
Das eleganteste Restaurant der Insel bietet von der Veranda den Blick auf die Roseau Bay. Gebackene Krebse mit Parmesan, gegrillter Thunfisch mit einer cremigen Kressesoße oder Meeresschnecken mit Wurzelgemüse.
Alle gängigen Karten

COCORICO CAFÉ
$–$$
BAYFRONT (AN DER KENNEDY AVE.), ROSEAU
TEL. 767/449-8686
Das französische Café liegt in einem hübsch angemalten kreolischen Haus – ideal, um gegenüber vom Fährterminal den vorbeiziehenden Urlaubern zuzuschauen. Zum Frühstück Croissants und Kuchen zum Kaffee, mittags belegte Baguettes, Salate, Crêpes und Jerk-Hähnchen.
Geschl. abends, So (nicht, wenn ein Kreuzfahrtschiff vor Anker liegt) MC, V

GRENADA

SPICE ISLAND BEACH RESORT
$$$$$
GRAND ANSE
TEL. 473/444-4258
FAX 473/444-4807
www.spicebeachresort.com
Attraktives All-inclusive-Strandhotel, das Gastfreundschaft und perfekten Service verbindet. Geräumige Suiten, einige mit Whirlpool und Fitnessgeräten. Tennis und nichtmotorisierter Wassersport runden das Angebot ab.
66 Alle gängigen Karten

CALABASH HOTEL & VILLAS
$$$$
L'ANSE AUX EPINES
TEL 473/444-4334
FAX 473/444-5050
www.calabashhotel.com
Reizvolles Hotel am Wasser mit gemütlichen Suiten (einige mit kleinen Privatpools) in zweistöckigen Gartencottages. Das Frühstück wird vom Personal im Zimmer angerichtet. Zum Angebot gehören neben gutem Essen Tennis und nichtmotorisierter Wassersport. Westlich liegen einige architektonisch interessante Villen.
30 Zimmer, 5 Villen Alle gängigen Karten

LA SOURCE
$$$–$$$$
PINK GIN BEACH
TEL. 473/444-2556 ODER 888/527-0044
FAX 473/444-2561
www.lasourceresort.com
Luxuriöse All-inclusive-Anlage mit Spa, Yoga, Pilates, Tennis, Wassersportmöglichkeiten u. a. Schicke Unterkünfte mit Marmorboden und Mahagonibetten.
100 Alle gängigen Karten

FLAMBOYANT
$$–$$$
GRAND ANSE
TEL. 473/444-4247
FAX 473/444-1234
www.flamboyant.com
Hoch über dem Strand liegt dieses Hotel mit Blick über St.

George's und mit komfortablen Zimmern, Selbstversorgereinheiten sowie einigen Suiten und Apartements. Alle Unterkünfte mit Balkon.

67 P Alle gängigen Karten

LA SAGESSE NATURE CENTRE

$$–$$$

LA SAGESSE, ST. DAVID'S

TEL./FAX 473/444-6458

www.lasagesse.com

Das Hotel liegt an einem wenig besuchten Strand und bietet einfache, aber geräumige Unterkünfte in einem Herrenhaus aus den 1920er Jahren. Dazu kommt ein Anbau am Strand (einschließlich Suite und zwei Maisonnette-Wohnungen) und zwei Zimmer in einem kleinen Cottage. Deckenventilatoren, Veranden und Restaurant.

12 P MC, V

RHODES RESTAURANT

$$$$

CALABASH HOTEL, L'ANSE AUX EPINES, GRENADA

TEL. 473/444-4334

Das elegante, hübsche Terrassen-Restaurant ist der karibische Außenposten des britischen Starkochs Gary Rhodes. Die saisonal inspirierte Karte betont regionale Zutaten, u. a. gibt es mariniertes Huhn mit süßem Paw-Paw-Salat oder grenadischen Fischeintopf. Unbedingt reservieren.

Geschl. mittags Alle gängigen Karten

COCONUT BEACH RESTAURANT

$$$

GRAND ANSE

TEL. 473/444-4644

Sie können direkt am Strand oder im alten Holzhaus essen. Auf der Karte stehen kreolische Spezialitäten wie Muschelcurry, Hummer und fangfrischer Fisch mit verschiedenen Soßen.

Geschl. Di Alle gängigen Karten

AQUARIUM BEACH CLUB & RESTAURANT

$$

TAMARIND BEACH

POINT SALINES

TEL. 473/444-1410

Lässig-lockeres Strandrestaurant mit internationalen Spezialitäten vom Satay über Kürbis- und Ingwersuppe bis hin zu Schnapper mit Koriander-Kräuter-Kruste, neuseeländischem Lamm und leckeren Steaks. Sonntags Barbecue.

Alle gängigen Karten

MORNE FENDUE

$

BEI SAUTEURS, ST. PATRICK'S DISTRICT

TEL. 473/442-9330

Das kleine Herrenhaus ist für sein westindisches Mittagsbüfett bekannt. Der Tisch biegt sich unter frischen Fischgerichten, Fleisch, Reis mit Erbsen und Gemüse, darunter auch der berühmte Pfefferschoteneintopf.

Geschl. abends Alle gängigen Karten

THE NUTMEG

$

THE CARENAGE, ST. GEORGE'S

TEL. 473/440-2539

Auch Einheimische sitzen gern in dem Restaurant mit Blick auf den Hafen, das einfache Gerichte wie Suppen, Sandwiches, Braten und Frucht- oder Rumpunsch mit Muskathaube serviert.

Geschl. So vormittags & mittags Alle gängigen Karten

ST. LUCIA

ANSE CHASTANET RESORT

$$$$$

SOUFRIÈRE

TEL. 758/459-7000 ODER 800/223-1108

FAX 758/459-7700

www.ansechastanet.com

Die kleine Anlage befindet sich in einer abgelegenen Bucht am Ende eines recht holprigen Weges und bietet den Gästen optimale Entspannung in achteckigen Hütten oder Suiten am Strand. Wenn Sie nicht gerade tauchen, können Sie die herrliche Aussicht genießen oder Tennis spielen.

49 P Alle gängigen Karten

TI KAYE VILLAGE

$$$–$$$$

ANSE COCHON

TEL. 758/456-8101

FAX 758/456-8105

www.tikaye.com

Die zauberhaften Cottages und Doppelhäuser (für Familien geeignet) liegen in der malerischen Landschaft an einem bewaldeten Steilhang über dem Strand zwischen Castries und Soufrière. Hängematten auf den Balkonen und vereinzelt kleinere Pools. Restaurant, Strandbar und -grill, Tauchmöglichkeiten.

33 Alle gängigen Karten

MARIGOT BEACH CLUB & DIVE RESORT

$$–$$$

MARIGOT BAY

TEL. 758/451-4974

FAX 758/451-4973

www.marigotbeachclub.com

Ein reizendes Hotel mit mehreren Studios sowie einigen Zwei- bis Dreibetthäusern, oberhalb der Marigot Bay gelegen. Kleiner Strand, Wassersportmöglichkeiten. Außerdem gibt es einen Laden für Tauchzubehör und verschiedene Segelangebote.

25 P Alle gängigen Karten

HARMONY SUITES
$$
RODNEY BAY
TEL. 758/452-8756
FAX 758/452-8677
www.harmonysuites.com
Freundliche kleine Anlage nahe des Reduit Beach. Gut ausgestattete Suiten und Luxusunterkünfte, einige mit Kochnische. Zur Anlage gehören außerdem ein Bistro und The Edge (siehe unten).
30 Alle gängigen Karten

THE EDGE
$$$$–$$$$$
HARMONY SUITES, RODNEY BAY VILLAGE
TEL. 758/451-4745
Kreative europäisch-karibische Fusionsküche des preisgekrönten Küchenchefs Bobo Bergström. Köstliche Aromen von der Sushibar bis zu den Hauptgerichten wie Hummer mit Rosmarin und Rum. Fackelerleuchtete Strandveranda, aufmerksamer Service.
Alle gängigen Karten

DER BESONDERE TIPP

RAINFOREST HIDEAWAY
Tische inmitten einer Hafenszene, eine Champagnerbar zwischen Mangroven und dazu sanfte Jazzmusik. Die Küche kombiniert karibische, asiatische und orientalische Aromen, wie etwa Ravioli gefüllt mit Ingwer und Fleisch vom Palmendieb, einer kletternden Krabbe. Auch leichte und einfache Gerichte.
$$$$–$$$$$
MARIGOT BAY
TEL. 758/451-4485
Geschl. mittags & Di Alle gängigen Karten

JACQUES' WATERFRONT DINING
$$$–$$$$
RODNEY BAY MARINA
TEL. 758/458-1900
In schönen neuen Räumen am Yachthafen serviert der französische Besitzer und Koch Jacky Rioux Fisch und Meeresfrüchte, z. B. Tintenfisch oder Muscheln in einer Kokossauce. Ausgezeichneter Sonntagsbrunch.
Alle gängigen Karten

HUMMINGBIRD
$$
HUMMINGBIRD BEACH RESORT, SOUFRIÈRE
TEL. 758/459-7232
Hübsches Gartenrestaurant mit Blick auf die Pitons und eine viel gelobte Adresse für Freunde der kreolischen Küche. Das Vorzeige-Meeresfrüchtegericht ist die marinierte und mit heimischen Kräutern gefüllte Dorade – serviert mit selbst gezogenem Gemüse.
Alle gängigen Karten

THE LIME
$$
RODNEY BAY
TEL. 758/452-0761
Seit Langem ein Favorit der Einheimischen und Urlauber. Gegessen wird drinnen und draußen, es gibt Frühstück und später am Tag karibische und internationale Gerichte, die vom Steak über Meeresfrüchte bis hin zum Jamaika-Jerk reichen.
Alle gängigen Karten

ST. VINCENT UND DIE GRENADINEN

BEQUIA

FIREFLY PLANTATION
$$$$–$$$$$
SPRING BAY
TEL. 784/458-3414
FAX 784/457-3305
www.fireflybequia.com
Idyllisches, ländliches Haus auf einer Plantage in den Hügeln oberhalb der Spring Bay. Romantische Zimmer mit Steinböden und Himmelbetten, Blick über Zitrusbäume und Kokospalmenhaine bis zum Meer. Hängematten, Tennis, Führungen über die Plantage, Speisesaal in einem Pavillon aus dem 18. Jahrhundert.
4 Zimmer, 1 Cottage

BEQUIA BEACH HOTEL
$$$–$$$$$
FRIENDSHIP BEACH
TEL. 784/458-1600
FAX 784/458-1700
www.bequiabeach.com
Elegante Anlage mit netten Zimmern und Cottages an einem der hübschesten Strände von Bequia. Schöner Garten, Spa, gutes Essen, freundliches Personal.
41 Zimmer/Suiten/Villen

GINGERBREAD
$–$$
PORT ELIZABETH
TEL. 784/458-3800
Zum Gingerbread gehören das Gingerbread Café, das tagsüber Kaffeespezialitäten, Säfte und hausgemachten Kuchen serviert, das Gingerbread BBQ mit frischem Meeresfrüchte-Kebab und Hühnchen zur Mittagszeit sowie das Gingerbread Restaurant, das mittags Pasta, Salate und Omeletts bietet und abends auf der Veranda zu Callalloo, Krabbensuppe und Currys einlädt.
Alle gängigen Karten

CANOUAN

CANOUAN RESORT & GRENADINES ESTATE VILLAS
$$$$$
TEL. 784/458-8000
FAX 784/458-8885
www.canouan.com
Dieses Luxus-Resort liegt wie ein Amphitheater direkt an einer bis dahin unberührten Bucht. Eine große, elegante

Anlage mit ein- und zweigeschossigen Einzelhäusern, dazu alle möglichen Freizeiteinrichtungen, ein Golfplatz entworfen von Fazio, ein Spa und ein Kinderclub.
156 Alle gängigen Karten

MUSTIQUE

MUSTIQUE VILLA RENTALS
$$$$$
TEL. 784/488-8000
FAX 784/488-9000
www.mustique-island.com
Auf der Insel sind rund 70 hervorragend eingerichtete Häuser für zwei bis neun Personen zu vermieten. Zu jedem gehören ein Koch und ein Zimmermädchen. Mahlzeiten können im Cotton House Hotel (17 Zimmer) eingenommen werden. Angebote für Ausritte, Tennis und Tauchen.
74 Villen Alle gängigen Karten

ST. VINCENT

YOUNG ISLAND
$$$–$$$$$
OPPOSITE VILLA
TEL. 784/458-4826
FAX 784/457-4567
www.youngisland.com
Die Anlage auf der Privatinsel umfasst hübsche Stein- und Holzhäuschen, die inmitten eines tropischen Gartens liegen. Patios und einige kleine Pools. Tennis, Wassersport, Segeltörns, Spa-Behandlungen.
30 P Alle gängigen Karten

GRAND VIEW BEACH HOTEL
$$
VILLA POINT
TEL. 784/458-4811
FAX 784/457-4174
www.grandviewhotel.com
Das um die Wende zum 20. Jahrhundert errichtete Herrenhaus mit einem hellen luftigen Anbau steht hoch auf einem Felsvorsprung. Eine Treppe führt zum Strand. Tennis, Squash, freundliches, hilfsbereites Personal.
19 P Alle gängigen Karten

FRENCH VERANDAH RESTAURANT
$$$$
MARINERS HOTEL, VILLA BEACH
TEL. 784/457-4000
Nettes Hotelrestaurant am Wasser, abends ist der Blick auf die Lichter der Nachbarinsel bezaubernd. Zu empfehlen sind Menüs mit Fisch oder Meeresfrüchten, wie etwa *calaloo*, Muschelsuppe oder gefüllte Krabbenpanzer. Auch französische Küche wie Schnecken in Knoblauchsoße oder Steak frîtes. Gute aus Frankreich stammende Weine.
Alle gängigen Karten

LIME 'N' PUB
$$
VILLA
TEL. 784/458-4227
Das Pub umfasst eine Gaststube, eine Terrasse und eine mit Fischernetzen und bunten Glühbirnchen geschmückte Bar. Es gibt Kleinigkeiten wie Sandwiches und Burger; abends auch anspruchsvollere Gerichte, vor allem Fisch und Meeresfrüchte.
Alle gängigen Karten

BARBADOS

COBBLERS COVE
$$$$$
SPEIGHTSTOWN, ST. PETER
TEL. 246/422-2291
FAX 246/422-1460
www.cobblerscove.com
Kleines, elegantes Suitenhotel mit zwei Luxussuiten. Von den Balkonen oder Terrassen der Unterkünfte blickt man auf den wunderschönen tropischen Garten. Tennis, Wassersport, beachtliches Restaurant.
40 P Alle gängigen Karten

CORAL REEF CLUB
$$$$$
PORTERS, ST. JAMES
TEL. 246/422-2372
FAX 246/422-1776
www.coralreefbarbados.com
Das Hotel mit Häuschen im wunderschön angelegten Garten und einigen Luxussuiten darf sich über zahlreiche Stammgäste freuen. Es gibt Tennisplätze, Wassersportmöglichkeiten und gutes Essen.
88 P Alle gängigen Karten

ALMOND BEACH VILLAGE
$$$$
HEYWOODS, ST. PETER
TEL. 246/422-4900
FAX 246/422-0617
www.almondresorts.com
Große, attraktiv gestaltete All-inklusive-Anlage an einem wunderschönen Strand mit zahlreichen Aktivitäten wie Golf, Wassersport, Tennis und Squash. Die Anlage bietet zudem ein gut durchdachtes Kinderprogramm.
403 P Alle gängigen Karten

BOUGAINVILLEA BEACH RESORT
$$$–$$$$
MAXWELL, CHRIST CHURCH
TEL. 246/418-0990
FAX 246/428-2524
www.bougainvillearesort.com
Geräumige und komfortable Studios und Suiten mit ein oder zwei Räumen, Küchenzeile und Balkonen oder Terrassen. Restaurant, Tennisplätze und Wassersportmöglichkeiten.
138 P Alle gängigen Karten

SEA U GUEST HOUSE
$$$
TENT BAY, BATHSHEBA, ST. JOSEPH
TEL. 246/433-9450
FAX 246/433-9210
www.seaubarbados.com
Hübsche Pension in einem schindelverkleideten Haus hoch über der Atlantikküste. Romantische Zimmer/Suiten mit Holzböden, Mahagoni- oder Bambusbetten. Köstliches im Haus gebackenes Brot zum Frühstück. Abendessen im Gartenlauben-Restaurant.
9 MC, V

PEACH AND QUIET
$$
INCH MARLOW, CHRIST CHURCH
TEL. 246/428-5682
FAX 246/428-2467
www.peachandquiet.com
Kleines Gasthaus am Meer – und vor allem sehr ruhig (keine Kinder unter 12 Jahren). Das Haus verfügt ausschließlich über Suiten mit Balkon oder Terrasse. Zum Haus gehört außerdem ein Restaurant. Verschiedene Möglichkeiten zum Wandern und Schnorcheln.
22 MC, V

THE CLIFF
$$$$$
DERRICKS, ST. JAMES
TEL. 246/432-1922
Die Terrassen, die für dieses Restaurant in den Kalkstein der Klippe geschlagen wurden, erinnern an ein Freilichttheater. Dazu passt das Publikum, das sich gern von den besten Köchen der Region verwöhnen lässt. Eine eindrucksvolle Weinkarte rundet die innovativen Gerichte ab. Unbedingt reservieren!
Geschl. mittags Alle gängigen Karten

DAPHNE'S
$$$$$
PAYNE'S BAY, ST. JAMES
TEL. 264/432-2731
Der karibische Außenposten eines der besten Londoner Restaurants: Im Hof stehen brennende Fackeln und am Strand die Tische. Gekocht wird moderne und elegante italienische Küche, die hervorragend schmeckt und wunderschön präsentiert wird. Reservierung empfohlen.
Alle gängigen Karten

PISCES
$$$
ST. LAWRENCE GAP, CHRIST CHURCH
TEL. 246/435-6564
Diese Gaststube mit versetzten Geschossen, Kletterpflanzen und Terrakottadekor wirkt sehr originell. Probieren Sie mit Garnelen und Tomaten gefüllten Red Snapper in Petersilien-Limetten-Soße. Auch die Hühnchen und Nudelgerichte schmecken ausgesprochen lecker.
Geschl. mittags Alle gängigen Karten

RAGAMUFFINS
$$$
1ST ST., HOLETOWN, ST. JAMES
TEL. 246/432-1295
In dem grünblauen Häuschen mit hübscher Bar herrscht eine locker-lässige Atmosphäre. Am besten schmecken karibische Currys, gegrillter Fisch, T-Bone-Steaks und die verschiedenen Gemüsegerichte.
Geschl. mittags Alle gängigen Karten

ATLANTIS HOTEL
$$
BATHSHEBA, ST. JOSEPH
TEL. 246/433-9445
Die Terrasse mit dem tollen Blick ist ein perfekter Mittagessensstopp während einer Inseltour. Das Festpreismittagsmenü am Mittwoch ist eigentlich ein Muss für jeden Touristen, mindestens den Sonntagsbrunch (Eine rechtzeitige Reservierung ist nötig) sollten Sie einplanen.
Geschl. So abends Alle gängigen Karten

TRINIDAD & TOBAGO

TRINIDAD

TRINIDAD HILTON
$$$
LADY YOUNG RD., PORT OF SPAIN
TEL. 868/624-3211
FAX 868/624-4485
www.hiltoncaribbean.com/trinidad
Das Hilton auf der Queen's Park Savannah zieht Gäste aus aller Welt an. Die Zimmer sind gut eingerichtet, hinzu kommen Tennisplätze und verschiedene Unterhaltungsprogramme.
412 Alle gängigen Karten

ASA WRIGHT NATURE CENTRE & LODGE
$$
ARIMA
TEL. 868/667-4655
FAX 868/667-4540
www.asawright.org
Einfache Unterkünfte in dem berühmten Naturpark. Zur Auswahl stehen Zimmer mit abgeschirmten Veranden in Garten-Cottages, ein Cottage mit zwei Schlafräumen oder zwei riesige, luftige Zimmer im Haupthaus. Vollpension, Ausflüge werden extra berechnet.
25 Alle gängigen Karten

MT. PLAISIR ESTATE
$$
GRANDE RIVIÈRE
TEL. 818/670-1868
FAX 868/670-1015
www.mtplaisir.com
Rückzugsmöglichkeit am Strand mit einfachen Zimmern

(für 4 bis 6 Personen) und dem Regenwald im Rücken. Schildkrötenbeobachtung, Öko-Exkursionen. Das Restaurant serviert einheimische Küche wie Hummer, Gemüse und Früchte sowie selbst gebackenes Brot.

13 Alle gängigen Karten

APSARA
$$$–$$$$

LEVEL 1, 13 QUEEN'S PARK EAST, BELMONT, PORT OF SPAIN
TEL. 868/623-7959

Sorgfältig restauriertes Haus im Kolonialstil. Gerichte aus dem Tandoor-Ofen (nordindisch) wie etwa Hummerschwänze.

Geschl. Sa mittags, So Alle gängigen Karten

TIKI VILLAGE
$$$

KAPOK HOTEL (8TH FLOOR) 16–18 COTTON HILL, PORT OF SPAIN
TEL. 868/622-5765

Das chinesisch-polynesische Restaurant liegt oberhalb des Queen's Park Savannah mit abendlichem Panoramablick über das Lichtermeer der Stadt. Mittags gibt es ein Dim-Sum-Büffet, eine abendliche Spezialität ist der Walnuss-Shrimps-Feuertopf.

Alle gängigen Karten

VENI MANGÉ
$–$$

67A ARIAPITA AVE., WOODBROOK, PORT OF SPAIN
TEL. 868/624-4597

Nettes Lunch-Lokal, das von der einheimischen TV-Moderatorin Allyson Hennessy und ihrer Schwester Roses geführt wird. Neue Karibik-Küche mit leckeren Suppenkreationen, Fischgerichten und vegetarischen Speisen.

Geschl. Mo mittags, Di, Do & Sa, So Alle gängigen Karten

TOBAGO

COCO REEF RESORT
$$$$

COCONUT BAY
TEL. 868/639-8571
FAX 868/639-8574
www.cocoreef.com

Elegant im historischen Plantagenstil eingerichtetes Hotel mit einem großen Foyer. Zimmer, Suiten und Einzelhäuser mit Terrakottafliesen und weißen Rattanmöbeln. Es gibt Tennisplätze, zahlreiche Wassersportmöglichkeiten und einen Golfplatz.

135 P Alle gängigen Karten

DER BESONDERE TIPP

FOOTPRINTS ECO RESORT

Einladende Hängematten und mit Sonnenenergie beheizte Jacuzzis, einfache Zimmer, Suiten und Zweitbettunterkünfte in baumhausartigen Gebäuden aus Holz mit Strohdach. Sie können wandern, schnorcheln und im Restaurant biodynamisch essen.

$$–$$$

CULLODEN BAY
TEL. 868/660-0118
FAX 868/660-0416
www.footprints-resort.com

15 P Alle gängigen Karten

KARIWAK VILLAGE
$$

CROWN POINT
TEL. 868/639-8442
FAX 868/639-8441
www.kariwak.com

Das „ganzheitliche Hotel" verwöhnt esoterisch angehauchte Gäste mit einem Angebot aus Yoga, autogenem Training, Massage und einer Vollwertküche. Es gibt Unterkünfte in Hütten am Pool oder im Garten. Zum Strand läuft man nur zehn Minuten. Es existiert zudem ein täglicher Shuttle-Service zur Pigeon Point.

24 P Alle gängigen Karten

LA TARTARUGA
$$$$

BUCCOO BAY ROAD, BUCCOO
TEL. 868/639-0940

Man speist innen oder auf der Terrasse, hausgemachte Pasta, knusprige Pizza und köstliche Antipasti. Ferner gibt es Fischgerichte, Hummer und Desserts. Im hauseigenen Weinkeller lagern über 200 edle Tropfen, da wird jeder Weinkenner für seinen persönlichen Geschmack etwas finden.

Geschl. So Alle gängigen Karten

KARIWAK VILLAGE
$$

KARIWAK VILLAGE, CROWN POINT
TEL. 868/639-8442

Hier diniert man in einfachen Hütten, die mit Palmwedeln gedeckt sind. Leckere Speisen von Fischsuppe mit Kreuzkümmel und Basilikum bis zu Muskateis stehen auf der Karte. Freitags und Samstags gibt es ein Büfett, begleitet von den Klängen einer Musikband.

Alle gängigen Karten

CIAO CAFÉ
$

20 BURNETT STREET, SCARBOROUGH
TEL. 868/639-3001

Ein italienisches Café mit Gelateria. Trinken Sie einen Espresso oder auch einen Capuccino, dazu vielleicht ein Stück Käsekuchen oder ein Eis: Es gibt etwa 20 verschiedene Geschmackssorten. Wer es deftiger mag, dem ist beispielsweise die Lasagne al Forno oder eine frisch zubereitete Pizza zu empfehlen.

Geschl. So mittags Keine Kreditkarten

Einkaufen

Wenn für Sie zum perfekten Urlaub auch der eine oder andere gemütliche Einkaufsbummel gehört, sind Sie in der Karibik genau richtig. Mit wenigen Ausnahmen gibt es auf den Inseln eine Vielzahl von Läden, u. a. mit Kunsthandwerk, Schmuck, farbenfroher Kleidung und den berühmten Gewürzen, Kaffees und dem Rum der Region.

JAMAIKA

Jamaika bietet für jeden etwas, von handgerollten Zigarren über schöne Holzschnitzereien bis hin zu den üblichen zollfreien Waren. Viele Touristen kaufen Holzobjekte, T-Shirts, Hängematten, Muschelkunstwerke, Strohhüte, Bambusgegenstände oder Alabasterskulpturen an einem der zahlreichen Straßenstände.

Fast jede Stadt hat einen Markt, doch das mit Abstand größte Angebot an Kunsthandwerk gibt es auf der **Market Street** in Montego Bay, dem **Rutland Point** Market in Negril und dem **Craft Market** in Kingston (Ocean Boulevard, Mo–Sa). Handeln gehört zum Geschäft, zahlen Sie niemals den zuerst genannten Preis. Kaufen Sie keine Gegenstände aus Schildkrötenpanzern, die Karettschildkröte ist vom Aussterben bedroht. Schwarze Korallen und Objekte aus Krokodilleder sollten Sie aus Gründen des Artenschutzes ebenfalls meiden. Das Auswärtige Amt informiert, was eingeführt werden darf: www.auswaertiges-amt.de.

Ein anderes gutes Souvenir ist Reggae-Musik: Gute Musikläden finden sich in jeder Stadt und fast allen Ferienanlagen. Die besten Läden hat Kingston und der **Island Village Complex** in Ocho Rios. In Island Village gibt es auch einige gute Boutiquen, doch die edleren Läden sind in **Half Moon Village** und **Shoppes at Rose Hall.**

Ätherische Öle und Körperpflegeprodukte sind ebenfalls schöne Mitbringsel. Lokale Gewürze gibt es günstig, vor allem saisonale Spezialitäten wie Pickapeppa-Soße oder „Jerk"-Soßen zum Marinieren von Fleisch. Blue-Mountain-Kaffee (gemahlen oder als Bohne) ist ebenfalls ein beliebtes Souvenir. Auch Premium-Jamaika-Rum ist überall erhältlich, gleiches gilt für den lokalen Tia-Maria-Kaffeelikör.

Zollfreie Ware wie Tafelsilber, Kristallgläser, Porzellan, Uhren, Schmuck, Tischwäsche und Parfüm erhalten Sie in sogenannten In-bond-Läden. Manchmal ist ein Schnäppchen drin, doch sollten Sie sich zu Hause nach dem dort üblichen Preis erkundigen. Zollfreie Ware müssen Sie in US-Dollar bezahlen, Sie benötigen Ihre Reisedokumente (Ticket und Pass). Alkohol und Tabakwaren werden vor der Abreise an den Flughafen oder aufs Schiff geliefert. Zollfreie Waren gibt es auch in den gut bestückten Duty-free-Läden am Sangster International Airport.

CAYMAN ISLANDS

Die zollfreien Läden auf Grand Cayman versprechen sehr günstige Preise, insbesondere bei Stoffen, Lederwaren, Designerkleidung, Glas, Porzellan, Parfüm, Uhren und Kameraausrüstungen. In George Town gehören das **Anchorage Shopping Center,** das **Landmark** und die **Kirk Freeport Plaza** zu den besten Einkaufsmöglichkeiten. Meiden Sie Freitag und Samstag, wenn die Urlauber von Kreuzfahrtschiffen die Läden stürmen. Doch auch an der West Bay Road gibt es inzwischen Einkaufszentren, etwa das **West Shore Center,** die **Galleria Plaza,** den **Coconut Place**, **The Strand** und **The Falls**. Jüngste Errungenschaft ist das **Camana Bay,** ein Einkaufszentrum der gehobenen Klasse mit Restaurants, dem einzigen Kino der Insel, Livemusik und Kinderprogramm.

Kunsthandwerk finden Sie in Galerien wie **Pure Art** (S. Church St., Tel. 345/949-9133) und **Cayman Craft Market** (Hog Sty Bay, Tel. 345/949-0049). Bei **Mitzi's Fine Jewelry** (Bay Harbour Centre, Tel. 345/945-5014) oder **24 K-Mon Jewelers** (mehrere Filialen, unter anderem The Falls, Tel. 345/ 949-1499) können Sie aus spanischen oder niederländischen Wracks geborgene Münzen und ähnliche Artefakte erwerben. Wenn Sie nach einem ausgefallenen Unterwassersouvenir suchen, ist ein Druck der berühmten Unterwasserfotografin Cathy Church (Sunset House Hotel, Tel. 345/ 949-7415) das Richtige.

Rumkuchen ist und bleibt der Exportschlager der Insel. Das Gebäck wird nach einem über hundert Jahre alten Rezept hergestellt und enthält als eine der Hauptzutaten fünf Jahre alten Tortuga-Gold-Rum. Kuchen und Rum bekommen Sie in jeder der 14 Zweigstellen der **Tortuga Rum Company**.

TURKS & CAICOS ISLANDS

Die meisten Läden befinden sich in den kleinen Einkaufszentren am Leeward Highway auf Providenciales, zum Beispiel **Ports of Call, Arch Plaza, Central Square, Market Place, Salt Mills Plaza** oder **Regent Village.**

Da bei Einkäufen auf den Inseln die Mehrwertsteuer entfällt, lohnen sich zollfreie Waren wie Schmuck, Uhren, Parfüm, Glas, Kameras, Zigarren und Spirituosen. Zu den bekanntesten Galerien der Insel zählt die **Bamboo Gallery** (Market Place), die Bilder einheimischer und haitianischer Künstler, Schmuck, Keramiken sowie Skulpturen führt.

Auch bei **Anna's Art Gallery & Studio** (Salt Mills), **Greensleeves** (Central Sq.) und Maison Creole (nahe Ports of Call) bekommen Sie Kunst und Kunsthandwerk. **Flavours of the Turks & Caicos Islands**, Regent Village, bietet Rum, Tee und Gewürze. Kunsthandwerk, etwa handgeflochtene Körbe der Middle Caicos Co-operative verkaufen die Läden des National Trust in den Touristenzentren auf Providenciales und Grand Turk.

DOMINIKANISCHE REPUBLIK

In Santo Domingo gibt es mehrere exklusive Einkaufszentren wie **Acrópolis, Plaza Central** und **Malecón Center.** Haupteinkaufsstraßen sind die **Calle Duarte** und die **Calle El Conde** (Fußgängerzone). In den meisten großen Ferienanlagen gibt es Boutiquen, die T-Shirts und Badekleidung anbieten. Nach Kunsthandwerk sollten Sie auf einem der zahlreichen Märkte stöbern, die in jeder Stadt stattfinden; am größten ist der **Mercado Modelo** (Ave. Esquina Santomé in Santo Domingo). Schmuck aus Bernstein ist auch sehr beliebt. Der Juwelier **Harrisons** hat Filialen in den meisten Strandorten. Die Dominikanische Republik produziert preisgünstigen Rum und Zigarren.

PUERTO RICO

Puerto Rico ist zwar keine zollfreie Insel, doch beträgt die Umsatzsteuer hier nur 5,5 Prozent. Alle Preise sind in US-Dollar ausgezeichnet. In Old San Juan reihen sich zahlreiche Läden mit Schmuck, Lederaccessoires und Kleidung. Besuchen Sie auch den Outlet Store an der Calle Cristo.

Es gibt auch einige schöne Kunstgalerien. Exklusive Boutiquen und Designerläden befinden sich an der Avenida Ashford in **Condado.** Im Zentrum von San Juan liegt die **Plaza Las Américas,** das größte Einkaufszentrum der Karibik mit 300 Läden.

Die Altstadt von San Juan hat eine ganze Anzahl interessanter Kunsthandwerksläden. Wer sich für lokale Kunst und Kunsthandwerk interessiert, sollte einen Blick in das hervorragende **Centro Nacional de Artes Populares y Artesanias** (Calle Cristo 253) werfen.

Viele Urlauber kaufen *santos* (kleine Heiligenfiguren aus Holz), Karnevalsmasken oder *mundillo* (handgeklöppelte Spitzen) als Souvenirs. Auch Hängematten sowie natürlich Rum und Zigarren erfreuen sich großer Beliebtheit.

JUNGFERNINSELN

AMERIKANISCHE JUNGFERNINSELN

ST. CROIX

Am besten können Sie in **Christiansted** einkaufen, und zwar in der Strand, der King und der Company Street oder am King's Alley Walk. Hier befinden sich zahlreiche Boutiquen und Galerien, Stände mit Kokosnussschnitzereien und Schmuckläden. Dort wird der türkisfarbene Schmuckstein Larimar (der nur in der Karibik gefunden wird) zu Ohrringen, Ringen und Armbändern verarbeitet. Sonya Hough (**Sonya's**, 1 Company St.) hat sich auf Flirt-Armbänder spezialisiert: Sind Sie vergeben, müssen Sie den Haken am Armband in Richtung ihres Herzens drehen, sind Sie frei, zeigt er zur anderen Seite.

Die bekannteste Einkaufsmeile von **Frederiksted** zieht sich unweit des Kreuzschiffanlegers entlang und bietet eine Auswahl an Läden und Galerien mit Werken einheimischer Künstler. Wenn Sie Künstlern bei der Arbeit zusehen möchten und Gegenstände aus dem heimischen Hartholz kaufen wollen, sollten Sie das **St. Croix LEAP** an der Mahogany Road (Rte 76) nördlich von Frederiksted aufsuchen. Der kleine Laden des **Whim Museum** bietet ebenfalls Kunsthandwerk, außerdem Gewürze, Bücher und Landkarten.

ST. JOHN

Auf St. John gibt es nicht besonders viele Einkaufsmöglichkeiten. In **Wharfside Village** unweit des Fähranlegers befinden sich einige kleine Boutiquen und Juweliere. Etwas mehr Auswahl bietet **Mongoose Junction** (North Shore Rd.), ein offenes Einkaufszentrum im Kolonialstil. **R. & I. Patton Goldsmithing** verkauft Schmuck aus Gold (14 bis 18 Karat) und Sterlingsilber sowie gefasste alte spanische Münzen.

Bei **Big Planet Adventurer Outfitters** finden Sie Wanderausrüstung sowie Bade- und Freizeitkleidung. **Fabric Mill** hat sich auf Tisch- und Bettwäsche, Batikstoffe und handbemalte Baumwoll-T-Shirts sowie Pullover des einheimischen Designers Sloop Jones spezialisiert, der einen Laden im East End hat (bei der Rte. 10).

ST. THOMAS

Auf St. Thomas können vor allem Urlauber aus den Vereinigten Staaten so manches Schnäppchen machen. In großen Läden an der Dronningens Gade/Main Street und der Havensight Mall in Charlotte Amalie türmen sich preisgünstige Glas- und Porzellanwaren, Elektronikartikel, Schmuck und Parfüm. Die Läden haben generell Montag bis Samstag von 9 bis 17 Uhr geöffnet. Wenn Kreuzfahrtschiffe für einen Sonntag angekündigt sind, öffnen manche Läden zumindest einen Teil des Tages.

In Charlotte Amalie gibt es eine Reihe von Boutiquen in den kleinen Gässchen, die zum Waterfront Highway führen. Hier verkauft **Local Color** eine gute Auswahl hübscher Freizeit- und Badekleidung, Stohhüte, handbemalte T-Shirts und Silberschmuck.

Die **Native Arts and Crafts Cooperative** am Ende der Tolbod Gade verkauft Holzschnitzereien, Puppen sowie Soßen und Gelees. Ähnliches wird auch am **Caribbean Marketplace** in der Havensight Mall geboten Die Dutyfreeläden haben Schmuck, Kameras und Elektronikwaren, Likör und Tabak im Sortiment.

Außerhalb von Charlotte Amalie liegt die Künstlerkolonie **Tillett Gardens** mit Galerien, Ateliers, einem Restaurant und zahmen Leguanen, die sich hier sonnen.

BRITISCHE JUNGFERNINSELN

TORTOLA

Als bester Souvenirladen von Road Town gilt **Sunny Caribbee Spice Co.** an der Main Street (auch in Soper's Hole). In den Auslagen stapeln sich Gewürze, exotische Früchtetees und Guave-, Papaya- oder Passionsfrucht-Konfitüren. Auch Tamarindenchutney, Jerkmischungen sowie Tränke und Kuren aus tropischen Pflanzen sind nicht zu verachten. Die benachbarte Kunstgalerie bietet karibische Gemälde zu erschwinglichen Preisen, haitianisches Voodoozubehör und Keramiken.

In **Pusser's Company Store** finden Sie Rum und Freizeitkleidung im Marine-Look; an der Uferpromenade verkaufen kleine Stände T-Shirts und preiswerte Andenken.

An **Soper's Hole Marina** (West End) warten weitere Boutiquen und Souvenirläden auf nimmermüde Schnäppchenjäger.

KARIBISCHE NIEDERLANDE

ARUBA

Wenn Sie nach zollfreier Ware suchen, werden Sie in **Oranjestad** in erster Linie in den Läden am **Ports of Call Marketplace**, des **Renaissance Marketplace & Mall**, an der **Royal Plaza** sowie an der Hauptstraße bei **Caya G. F. Betico Croes** fündig. Bei Porzellan, Stoffen, Elektronikartikeln, Parfüm und Designermarken sind durchaus Schnäppchen drin. In Palm Beach ist das neue Einkaufszentrum **Paseo Herencia** ein Anziehungspunkt.

Eine gute Adresse für Kunst und Kunsthandwerk ist **Art & Tradition Handicrafts** (Caya G.F. Betico Croes 30 and Royal Plaza Mall). Kunsthandwerk können Sie auf dem **Bonbini Festival** erwerben, das dienstags abends in Fort Zoutman stattfindet.

CURAÇAO

Die bekanntesten Läden von **Willemstad** liegen im Viertel Punda rund um die Breedestraat. Wenn Sie Parfüm, Schmuck, Porzellan, Kameras oder Elektronikartikel kaufen möchten, finden Sie hier bestimmt das Richtige. **Kas Di Alma Blou** (Blue House) ist eine beliebte Adresse für Kunstliebhaber. Die Galerie verkauft lokales Kunsthandwerk, Fotografien, alte Karten und Stiche.

Im Hinterland finden sich in einigen der alten Landsitze, z. B. **Landhuis Jan Kok, Landhuis Groot Santa Martha** und **Landhuis Bloemhof** weitere Kunst- und Kunsthandwerksgalerien.

SABA

1870 führte Mary Gertrude Johnson die Kunst des Saumstickens auf Saba ein. Mit Saumstickerei verzierte Tischdecken und Sets können Sie in Läden der Kette **Windwardside** kaufen. Viele Urlauber nehmen auch Saba Spice mit nach Hause, ein 75,5-prozentiges, mit Zimt, Nelken, Muskat, Orangenschale und braunem Zucker aromatisiertes Rumgetränk. Einheimisches Kunsthandwerk wie Keramiken, Holzschnitzereien und Malereien bietet die **Peanut Gallery** von Judy Stewart am Lambee Plaza.

SINT MAARTEN/ ST- MARTIN

Auf der niederländischen und auf der französischen Seite der Insel lohnt sich das Dutyfreeshopping bei Parfüm, Elektronikartikeln, Schmuck, Porzellan, Glas, Stoffen und Modeartikeln, denn die Preise sind deutlich billiger als in Europa.

Im Einkaufsviertel um die **Front Street** in Philipsburg finden Sie die größte Auswahl.

Auf dem **Philipsburg Market Place** in der Back Street kann man auf dem Open-Air-Markt so manches Souvenir für zu Hause ergattern. Die benachbarte Old Street lockt mit Boutiquen, Läden und Cafes.

Marigot ist das Modezentrum der Insel. In der kleinen **Marina Royale** drängen sich die Boutiquen mit Designerwaren. **Gingerbread Mahogany** zählt zu den besten Galerien für haitianische Kunst.

In einer kleinen Gasse beim Hafen hat eine Filiale des bekannten Pariser Delikatessengeschäfts **Hédiard** eröffnet, mit Gänseleber, edlem Wein, Kaviar und Entenconfit.

INSELN UNTER DEM WINDE

ANGUILLA

Wenn Shoppen zu Ihren Lieblingsbeschäftigungen gehört,

bekommen Sie auf Anguilla vielleicht Entzugserscheinungen. Immerhin gibt es Galerien und Kunsthandwerksläden. Die **Savannah Gallery** in The Valley hat sich auf haitianische Gemälde, Zinnfiguren und Voodoostoffe spezialisiert. Auch Werke lokaler Fotografen kann man erwerben.

Westlich von The Valley liegt an der Hauptstraße **Cheddie's Carving Studio,** in dem die Besitzerin Cheddie Richardson ihre Holzskulpturen und Bronzen ausstellt. Die Boutique **Why Knot** von Fabiana Liburd verkauft leichte und vielseitige Fashion aus Baumwolle.

ANTIGUA

Die größten Läden der Insel befinden sich im Stadtzentrum von **St. John's.** Am **Heritage Quay** reihen sich Dutyfreeläden mit Schmuck, Designerkleidung, Parfüm und Geschenkartikeln aneinander. Am **Redcliffe Quay** verkaufen Boutiquen Kleidung von der Insel; Hans Smit bietet in seinem Laden **Goldsmitty** ausgefallenen und doch erschwinglichen Schmuck an. Das **Pottery Studio** von Sarah Fuller zeigt Keramikarbeiten aus einheimischem Ton.

Wenn Sie Kunst und oder Kunsthandwerk erwerben möchten, lohnt **Harmony Hall** an der Ostküste einen Besuch. Gleiches gilt für **Rhythm of Blue** im English Harbour: Hier zeigen u. a. die Keramikerin Nancy Nicholson und der Schnitzer Michael Strzalkowski ihre Werke (geöffnet Dez.–Mai; Atelierbesuche Mai–Nov.). In Nelson's Dockyard, zeigt **Things Local** Arbeiten von Carl Henry, einem der besten Holzschnitzer Antiguas, der mit einheimischem Holz arbeitet.

MONTSERRAT

Es überrascht nicht, dass auf Montserrat vulkanische Souvenirs beliebt sind. Die **Woolcock's Craft & Photo Gallery,** Brades;verkauft faszinierende Fotos aus der aktiven Phase des Soufrière. Auf seiner DVD *The Price of Paradise* zeigt David Lea (Lea ist Eigentümer von Gingerbread Hill, S. 373) die Auswirkung eines Ausbruchs auf die Insel und ihre Menschen. Der **Oriole Gift Shop,** National Trust Building, Salem, ist eine gute Quelle für Kunsthandwerk der Insel; im benachbarten **Montserrat Philatelic Bureau** finden Sie ungewöhnliche, schöne Briefmarken. In letzter Minute können Sie bei **Jus Lookin** am Gerald's Airport Kunsthandwerk und Rum kaufen.

ST. KITTS

Passagiere von Kreuzfahrtschiffen sehen als Erstes das **Port-Zante-**Einkaufszentrum mit zollfreiem Schmuck und Spirituosenläden. Die meisten Touristen besuchen die **Caribelle Batik Factory** in Old Road Town; die bequemen Hemden und Kleider von Caribelle werden gern gekauft. Bei Island Hopper am Circus im Zentrum von Basseterre bekommen Sie farbenfrohe Strandkleidung und Andenken.

Bei **Glass Island** (4–5 Princes St.) bestücken Glasteller, Bilderrahmen, Christbaumschmuck und farbige Glasohrringe mit Silberfassung die Auslagen.

NEVIS

Die neu gestaltete Uferpromenade in **Charlestown** wartet mit einigen kleineren Boutiquen und Souvenirläden auf. Gleiches gilt für die nahe gelegene Cotton Ginnery, wo **The Craft House** Töpferwaren, Schmuck aus Kokosnuss und Muscheln sowie Ledersandalen anbietet. Bei **Island Hopper** an der Main Street gibt es Caribelle-Batik und lässige Freizeitkleidung aus St. Kitts.

Briefmarkensammler können im **Nevis Philatelic Bureau** in der Lower Happy Hill Alley (zwischen dem Fähranleger und der Main St.) etwas lokale Philatelistenluft schnuppern.

Östlich von Charlestown gelegen, ist **Bocane Ceramics**, Stoney Grove, Atelier und Laden von Cheryl Liburd. Farbenfrohe Teller und Schüsselnzeigen traditionelle Inselszenen, exotische Blumen und Ähnliches.

FRANZÖSISCHE ANTILLEN

GUADELOUPE

Guadeloupe bietet so viele Freizeitmöglichkeiten, dass Sie vermutlich nicht übermäßig viel Zeit mit Einkaufen verbringen möchten. Einige Läden in **Pointe-à-Pitre** gewähren einen 20-prozentigen Nachlass bei Kauf mit Kreditkarte oder Dollar-Reiseschecks.

Das Einkaufsviertel umfasst die **Rue Frébault,** die **Rue Schoelcher** und die **Rue de Noziers.** Im **Centre St-John Perse** am Kreuzschiffterminal gibt es einige kleine, überwiegend teure Boutiquen.

Rum können Sie in Supermärkten, in den Dutyfreeläden am Flughafen sowie im **Musée du Rhum** in Bellevue kaufen.

Die Nachbarstadt Gosier (Ste-Anne) und das weiter entfernte St-François haben alle auch Kunsthandwerksläden und Stände, die auf karibische Kunst und Kunsthandwerk spezialisiert sind.

MARTINIQUE

Fort-de-France ist die schickere der beiden Antillenhauptstädte. Französische Luxuswaren füllen die Auslagen. Einige Läden gewähren 20-prozentige

Preisnachlässe, wenn Sie mit bestimmten Kreditkarten bezahlen.

In der **Rue Victor Hugo** und in den Straßen zwischen der **Rue de la République** und der **Rue de la Liberté** findet sich die beste Auswahl an Läden und Boutiquen. In den Juweliergeschäften in der Rue Lamartine und der Rue Isambert bekommen Sie Baccarat-Glas, Porzellan aus Limoges und Schmuck, unter anderem auch traditionelle goldene „Sklavenketten" *(chaînes forçat)*.

Außerhalb der Hauptstadt finden sich im beliebten Urlaubsort Les Trois-Ilets Kunstgalerien und Boutiquen mit Mode und Strandkleidung. Oder besuchen Sie die **Domaine Château Gaillard** an der Straße nach Trois-Ilets, die Kunsthandwerksateliers mit der größten Gärtnerei und einem Restaurant kombiniert.

Martinikanischer Rum gilt als einer der besten im karibischen Raum. Ihn sowie handgeflochtene Körbe, Tongefäße, Muschelkunstwerke und Patchwork gibt es in Souvenirläden.

ST- BARTHÉLÉMY

Die Dutyfreeläden auf St-Barthélémy verführen dazu, Luxusartikel von Cartier, Gucci und Hermès einzukaufen. In **Gustavia** lohnt sich ein Besuch bei **Carat** an der Rue de la République. Das elegante Einkaufszentrum **Le Carré d'Or**, Quai de la République, ist ein beliebtes Ziel für einen Einkaufsbummel. Französische Parfums und Kosmetika, Schmuck, Uhren und Kristallglas werden gern gekauft.

Französische Weine finden Sie im **Cellier du Gouverneur** am Quai de la République.

In der Rue de la République bietet **Stéphane & Bernard** (Gallerie Gréaux) französische und italienische Mode. Das **Einkaufszentrum Villa Créole** in St. Jean umfasst eine Reihe von Läden; **La Boutique Made in St.-Barth** verkauft T-Shirts und Kunsthandwerk.

INSELN ÜBER DEM WINDE

DOMINICA

Die auf der Insel lebenden Kariben stellen Körbe aus Binsen mit interessanten braun-schwarzen Mustern her. Sie können Korbwaren an Verkaufsständen entlang der Straße im **Carib Territory** oder in den Kunsthandwerksläden in Roseau erwerben. Die **Talipot Gallery** (Ecke Victoria und High St.) präsentiert Werke von einheimischen Künstlern und organisiert regelmäßige Ausstellungen in einem historischen Gebäude mit einem ausgezeichneten Terrassenrestaurant. Eine gute Kunstgalerie ist die **Butterfly Boutique** im Papillote Wilderness Retreat.

Hinter dem Dominican Museum liegt der **Kunsthandwerksmarkt**, der sowohl Kunsthandwerk als auch Souvenirs anbietet. Bei **Louis Desiré Wood Carvings** stehen die Werke eines der besten Künstler der Insel im Mittelpunkt. Lohnenswerte Souvenirs aus Dominica sind der Arabica-Kaffee (100%), Café Sisserou, Bay-Rum und Eau-de-Colognes der Firma Dominica Essential Oils & Spices sowie die Soßen, Sirupe und Marmeladen von Bello's.

GRENADA

Auf Grenada sollten Sie sich mit Gewürzen eindecken. Körbchen mit Muskat, Zimt und Nelken eignen sich als Mitbringsel.

An der **Carenage** gibt es ein paar kleine Galerien und Kunsthandwerksläden. In der Young Street bieten die **Yellow Poui Art Galleries** (Cross St.) einheimische Kunstwerke, Fotografien und Nachdrucke alter Karten. In der **Art Fabrik** können Sie zuschauen, wie Batikstoffe ihr Muster erhalten. Zum Laden der Art Fabrik (9 Young St.) gehört eine Fabrik im Hof, wo man beim Einwachsen und Färben von Batikstoffen zuschauen kann. Gegenüber liegt der Kunsthandwerksladen **Tikal**.

Das **Grand Anse Shopping Centre** hat eine gute Auswahl von Läden mit Geschenkartikeln, Galerien mit karibischem Kunsthandwerk und Boutiquen mit Fashion von der Insel. Ferner gibt es zwischen Hauptstraße und Strand einen Gewürzmarkt.

ST. LUCIA

Der **Kunsthandwerksmarkt** an der Uferpromenade von Castries ist weithin bekannt.

Ein gehobenes Einkaufserlebnis bietet das Einkaufszentrum am Anleger der Kreuzfahrtschiffe an der **Pointe Seraphine** mit einer Reihe von Duty-free-Läden, Boutiquen und Galerien, wie es sie auch an der **Place Carenage** auf der anderen Seite des Hafens gibt.

Am Ortsrand von Castries in La Toc an den Hängen der Morne Fortune gehört ein Fabrikverkauf zu den **Bagshaw Studios**. Man ist hier auf farbenfrohe handbedruckte Kleidung, T-Shirts von guter Qualität und hübsche Tischwäsche mit Papageien, Hibiskus und Poinsettien spezialisiert.

Weiter oben am Morne Fortune präsentiert **Eudovic's Studio & Gallery** Arbeiten des meisterhaften Holzschnitzers Victor Eudovic und weiterer Künstler, darunter sein Sohn Jallim. Die abstrakten Werke von Eudovic Senior stehen neben preiswerteren Souvenirs wie Masken im afrikanischen Stil und ananasförmigen Wanddekorationen, die für die karibische Gastfreundschaft stehen.

Im Norden der Insel finden sich in der **Gablewoods Mall**, Choc Bay, und der **J. Q. Rodney Bay Mall** Boutiquen, Geschenkläden und kleine Supermärkte.

ST. VINCENT & DIE GRENADINEN

Im neuen Kreuzfahrt-Terminal in **Kingstown** liegen auch ein Dutyfreeladen sowie einige Boutiquen und Souvenirläden.

Auf Bequia bietet **Noah's Arkade** im Frangipani Hotel Kunst, Kunsthandwerk und Souvenirs. Der Bootsbau hat auf Bequia Tradition. In Miniaturform zeigen dies **Sargeant Brothers Model Boats**. Die **Oasis Art Gallery** präsentiert Originalarbeiten und Reproduktionen von Kolibris, Nixen und ankernden Schiffen von der Kuratorin der Galerie L. D. Lucy sowie die Bootsmodelle ihres Ehemanns. Regelmäßige Ausstellungen zeigen auch das Talent anderer einheimischer Künstler.

Die Künstlerin **Julie Savage Lea** hat ihr Studio in Belmont (Termine unter Tel. 784/455-4677); die **Spring Pottery & Art Gallery** befindet sich in einer alten Zuckermühle in Spring.

BARBADOS

Bridgetown gehört zu den zollfreien Häfen der Karibik, weshalb die Preise 30 bis 50 Prozent niedriger sind als in Europa. Die besten Läden liegen entlang der Broad Street; zu ihnen zählen **Cave Shepherd,** das Kaufhaus Harrisons und die Einkaufsgalerie **DaCostas Mall** mit einer Auswahl an Schmuck und Uhren, Kameras, Elektronikartikeln, Porzellan, Glas, Parfüm und Kosmetika. Wenn Sie zollfrei einkaufen möchten, sollten Sie den Bogen mitnehmen, den Sie bei Ihrer Ankunft am Flughafen erhalten haben.

Karibisches Kunsthandwerk und inseltypische Kleidung finden Sie in den Einkaufszentren **Chattel Village** in Holetown und St. Lawrence Gap. In Holetown lohnt außerdem der Besuch der **West Coast Mall.** Speightstown hat zwei Kunstgalerien: **Mango's** und die **Gallery of Caribbean Art**.

Eine fantastische Auswahl an dekorativer Keramik bietet **Earthworks**, Edgehill Heights, St. Thomas, wo Besucher auch bei der Herstellung der Schüsseln, Teller, Tassen und Krüge zusehen können.

An der Südküste können Sie bei **Hastings Plaza** und im **Quayside Centre** in Rockley am besten einkaufen.

Best of Barbados unterhält Läden mit hochwertigem Kunsthandwerk und Andenken rund um die Insel.

TRINIDAD & TOBAGO

Das untere Ende der **Frederick Street** im Stadtzentrum von Port of Spain erinnert an einen Basar. Indische Sari-Läden breiten ihre wallenden Stoffe wie Auslagen auf dem Bürgersteig aus, Straßenverkäufer versuchen Schmuck, Lederwaren und Calypso-CDs loszuwerden.

Wenn Sie eine etwas gediegenere Atmosphäre mögen, sollten Sie Ihr Glück im **Ellerslie Court Shopping Center** in Maraval oder im **Market Shoppes**, einem kleinen Einkaufszentrum mit Boutiquen, Galerien und Kunsthandwerksläden beim Normandie Hotel an der Nook Avenue in St. Ann versuchen.

Auf Tobago gibt es nur wenige Shoppingmöglichkeiten, es besteht aber kein Mangel an Kunstwerken und Kunsthandwerk. Eine Ausnahme bildet das kleine Einkaufszentrum an der **Store Bay** mit Batikstoffen, Strandkleidung, T-Shirts, Strohhüten, Schmuck, Tongefäßen und inseltypischen Souvenirs.

Sport & Aktivitäten

Die Karibik ist eine der besten Regionen der Welt, um im Freien aktiv zu sein: Tauchen, Schnorcheln, Bootfahren und Angeln im türkisfarbenen Wasser, dazu Golfspielen und Wandern im Regenwald.

JAMAIKA

Abenteuer- & Sightseeing-Touren

Chukka Caribbean Adventures (Tel. 876/953-6699, www.chukkacaribbean.com), Jamaikas führender Anbieter für Abenteuertouren mit Filialen in Montego Bay/Negril (Tel. 876/953-5619) und Ocho Rios/Falmouth (Tel, 876/972-2506), hat Aktivitäten vom Kreuzen des Regenwalds auf Gleitrutschen bis zum Besuch des Bob Marley Centre im Programm.

Angeln

Halb- und ganztägige Charterfahrten zum Fischen gibt es an den Yachthäfen der Nordküste und in Port Antonio sowie bei **Glistening Waters Marina,** Falmouth (Tel. 876/954-3229, www.glisteningwaters.com).

Bootstouren

Eine Reihe von Anbietern haben Tagestörns im Programm, darunter **Dreamer Catamaran Cruises** (Tel. 876/979-0102, www.dreamercatamarans.com).

Golf

Golfer sammeln sich in den Strandorten der Nordküste. Westlich von Montego Bay lockt der Meisterschaftsplatz des **Tryall Club, Sandy Bay** (Tel. 876/956-5681, www.tryallclub.com), im Osten der **White Witch** Course im **Ritz-Carlton Golf & Spa Resort**, Rose Hall (Tel. 876/518-0174, www.ritzcarlton.com). Golfer vom Anfänger bis zum Könner profitieren von den Kursen auf dem von Trent-Jones Sr. entworfenen Meisterschaftsplatz **Golf at Half Moon, Montego Bay** (Tel. 876/953-2560, www.halfmoon.rockresorts.com) und im **SuperClubs Golf Club** in Runaway Bay, Breezes Runaway Bay (Tel. 876/973-7319, www.breezes.com).

Reiten

Chukka (siehe oben) und **Prospect Plantation**, am Ortsrand von Ocho Rios (Tel. 876/994-1058, www.prospectplantationtours.com) organisieren Ausritte. **The Half Moon Equestrian Centre** in Montego Bay (Tel. 876/953-2286, www.horsebackridingjamaica.com) bietet Reiten am Strand und Schwimmen mit Pferden.

Tauchen & Wassersport

Die besten Tauchplätze liegen vor der Nordküste am Rand des Kaimangrabens. Die von der PADI zertifizierte Tauchschule **Scuba Jamaica, Montego Bay** (Tel. 876/381-1113, www.scuba-jamaica.com) bietet ein umfangreiches Programm und holt Teilnehmer an der Küste bis Ocho Rios ab. In Negril umfasst das Angebot von **Sun Divers Watersports, Travellers Beach Resort** (Tel. 876/474-7002, www.sundiversnegril.com) außer Tauchen auch Kajakfahren, Parasailing und Schnorcheln.

CAYMAN ISLANDS

Angeln

Besucher kommen auf die Caymans, weil sie an Hochsee- oder Riffangeln interessiert sind. Der **Cayman Islands Angling Club** (Tel. 345/945-3131, www.fishcayman.com), eine nützliche Informationsquelle, ist Gastgeber des alljährlichen International Fishing Tournament (Mai). Halb- und ganztägige Angeltouren werden von Charterbootfirmen organisiert, etwa von **Bayside Watersports, Morgan's Harbor** (Grand Cayman, Tel. 345/949-3200, www.baysidewatersports.com) und **Captain Ron Ebanks, Fly Fish Grand Cayman**, Coconut Place, West Bay Road, Grand Cayman (Tel. 345/946-0214, www.flyfishgrandcayman.com).

Bootstouren

Wer nicht taucht und doch die Wunder der Tiefe kennenlernen möchte, findet die Lösung im U-Boot für 48 Passagiere, **Atlantis Submarine**, S. Church Street, George Town (Tel. 345/949-770, www.caymanislandssubmarines.com). **Cayman Kayaks** bietet Touren wie die nächtliche Bio Bay Tour zu einer Lagune mit Leuchtorganismen (Tel. 345/746-3249, www.caymankayaks.com).

Tauchen

Zahlreiche Firmen haben sich auf dieses Gebiet spezialisiert:

Cayman Brac: Indepth Watersports, South Side (Tel. 345/948-8037 oder 866/476-2195, www.indepthwatersports.com); **Reef Divers, West End** (Tel. 345/948-1642, www.bracreef.com).

Grand Cayman: DiveTech, Cobalt Coast Resort, Sea Fan Drive (Tel. 345/946-5658 or 888/946-5656, www.divetech.com); **Ocean Frontiers, 346 Austin Connelly Drive, East End** (Tel. 345/947-7500 oder 800/348-6096, www.oceanfrontiers.com).

Little Cayman: Reef Divers, Little Cayman Reef Beach

Resort (Tel. 345/948-1033 oder 800/327-3835, www.littlecayman.com); **Southern Cross Club** (Tel. 345/948-1099 oder 800/899-2582, www.SouthernCrossClub.com).

Wandern

Auf Grand Cayman gibt es regelmäßig geführte Wanderungen auf dem **Mastic Trail** des National Trust, einer 3 Kilometer durch ursprünglichen Wald führenden Strecke (Tel. 345/949-0121, www.nationaltrust.org.ky). Die Schmetterlings- und Pflanzenexpertin **Ann Stafford** (www.caymannature.ky) bietet ebenfalls geführte Wanderungen an. Auf der Schwesterinsel liefert **Nature Cayman** (Tel. 345/948-2222, www.itsyourstoexplore.com) kostenlose Tourinformationen.

TURKS & CAICOS

Abenteuertouren

Siehe „Im Herzen der Insel", S. 91.

Golf

Von Palmen gesäumt und mit Seen durchsetzt ist der 18-Loch-Meisterschaftsplatz des **Provo Golf & Country Club** (Grace Bay, Tel. 649/946-5991, www.provo golfclub.com).

Tauchen & Schnorcheln

Empfehlenswerte Tauchschulen:

Grand Turk: Blue Water Divers (Tel. 649/946-2432, www.grand turkscuba.com); **Oasis Divers** (Tel. 649/946-1128 oder 800/892-3995, www.oasisdivers.com).

Providenciales: Big Blue Unlimited (Tel. 649/946-5034 oder 649/231-6455, www.bigblueunlimited.com); **Dive Provo** (Tel. 649/946-5040 oder 800/234-7768, www.diveprovo.com); **Provo Turtle Divers** (Tel. 649/946-4232 oder 800/833-1341, www.provoturtle divers.com).

DOMINIKANISCHE REPUBLIK

Abenteuertouren & Wanderungen

Egal ob es um Wandern, Radfahren, Reiten oder Rafting geht, die zwei führenden Veranstalter der Insel können helfen. Wenden Sie sich an **Iguana Mama, Cabarete** (Tel. 809/571-0908, www.iguanamama.com) und **Rancho Baiguate, Jarabacoa** (Tel. 809/574-6890, www.rancho baiguate.com).

Angeln

Dutzende von Charterbootfirmen, die auch Törns zum Hochseeangeln anbieten, finden sich an der Ostküste. Halbtägige und ganztägige Ausflüge arrangiert das Wassersportzentrum im **PUNTACANA Resort,** Punta Cana (Tel. 809/959-2262, www.puntacana.com), ebenso die **Casa de Campo Marina,** La Romana (Tel. 809/523-8648, www.casa decampo.com.do).

Golf

Die Dominikanische Republik rühmt sich ihrer mehr als 40 Meisterschaftsplätze, die größtenteils an der östlichen Coconut Coast konzentriert sind: **Cocotal Golf & Country Club, Playa Bavaró, Punta Cana** (Tel. 809/687-4653, www.cocotalgolf.com) oder die direkt am Meer gelegenen **Corales- und La-Cana-Plätze** im **Puntacana Resort & Club** (Tel. 809/959-4653 oder 1-888/442-2262, www.puntacana.com.). An der Nordküste ist das **Playa Dorada Resort, Puerto Plata** (Tel. 809/320-3472, www.playado-radagolf.com) empfehlenswert. Südöstlich von Santo Domingo bietet **Casa de Campo** (Tel. 809/523-6898 oder 1-800/877-3643, www.casadecampo.co.do) drei von Pete Dye gestaltete Weltklasseplätze.

Tauchen

In jedem größeren Urlaubsort gibt es Tauschschulen, darunter **Dressel Divers, Iberostar, Punta Cana** (Tel. 809/221-6500, www.dresseldivers.com), **Las Terrenas Divers, Playa Bonita** (Tel. 809/889-2422, www.lt-divers.com), **Neptuno Dive Center, Juan Dolio** (Tel. 809/526-2005, www.neptuno dive.com), **North Coast Aqua-sports, Sosúa** (Tel. 809/571-1028, www.northern coastdiving.com).

Wassersport

Cabarete ist eines der Topziele für Windsurfen und Kiteboarden. Verleih von Ausrüstung und Unterricht bieten unter anderem der **Cabarete Windsports Club** (Tel. 809/571-0784, www.cabaretewindsportsclub.com), das **Carib Wind Center** (Tel. 809/571-0604, www.caribwind.com), **Kitexcite** (Tel. 809/962-4556, www.kitexcite.com) und **Laurel Eastman Kiteboarding** (Tel. 809/571-0564, www.laurel eastman.com).

PUERTO RICO

Abenteuertouren & Wanderungen

Puerto Ricos bergiger Regenwald ist ideal für solche Aktivitäten. Der **Toro Verde Nature Adventure Park,** Orocovis (Tel. 787/867-7020, www.toroverdepr.com) bietet Klettertouren, einen Mountainbike-Trail und Gleitrutschen. Wanderungen, Abseilen und Wasserfallklettern gibt es bei **Nature Adventure Tours** (Tel. 787/706-0695, www.acampapr.com) oder **Rocaliza** (Tel. 787/268-0101, www.rocaliza.com) im Angebot.

Angeln
Charterboote für Angeltouren gibt es ganzjährig in den Häfen von San Juan, Fajardo, Humacao und Mayagüez. Die beste Zeit fürs Fischen ist von Oktober bis Anfang März. Durch die „Blue Marlin Alley" vor der Nordküste ziehen auch im Sommer sehr viele Fische. Halb- oder ganztägige, auf Wunsch auch längere, Touren bietet **Bill Wraps Fishing Charters P.R.**, Fajardo (Tel. 787/364-4216, www.billwraps fishingpr.com) und östlich von San Juan, **Caribbean Outfitters**, Carolina (Tel. 787/396-8346, www.fishinginpu ertorico.com).

Golf
Die von Robert Trent Jones Jr. geschaffenen Plätze direkt am Meer liegen am schönsten, sie gehören zum **Ritz Carlton Reserve Dorado Beach**. Der 2008 von Trent Jones Jr. entworfene Platz des **Bahía Beach Golf Club**, Río Grande (Tel. 787/809-8920, www.bahiabeachpuertorico.com) ist preisgekrönt; die locale Golflegende Chi Chi Rodríguez schuf den **Dorado del Mar Golf Course,** Embassy Suites, Dorado (Tel. 787/796-3070, www.doradodelmargc.com). Zwischen Meer und El Yunque erstrecken sich zwei großartige Plätze im **Wyndham Río Mar Golf Club**, Río Grande (Tel. 787/888-7060, www.wyndhamriomar.com). Der **Arthur Hills Golf Course** beim Waldorf Astoria El Conquistador, Fajardo (Tel. 787/863-6784, www.elconresort.com) ist mit seinen rund 60 Metern Höhenunterschied atemberaubend.

Tauchen
Puerto Ricos Südküste verfügt über fantastische Tauchplätze, ab La Parguera und Guánica im Südwesten. Vor der Ostküste umrahmen Korallenriffe die idyllischen Inseln Vieques und Culebra, während die ruhigen Gewässer, die kleinen Riffe und Höhlen um das Tauchzentrum Fajardo auf der Hauptinsel perfekte Bedingungen für Anfänger schaffen. Wenden Sie sich an die örtlichen Anbieter **Culebra Divers** (Tel. 787/742-0803, www.culebradivers.com), **Island Scuba**, Guánica (Tel. 787/309-6556, www.sanjuandiver.com) oder **Sea Ventures Dive Center**, Fajardo (Tel. 800/739-3483, www.divepu erto rico.com).

JUNGFERNINSELN

AMERIKANISCHE JUNGFERNINSELN

ST. CROIX

Bootstouren
Viele örtliche Anbieter haben Tagestouren nach Buck Island inklusive Lunch und Schnorcheln im Programm. Die halb- oder ganztägigen Bootstouren von **Caribbean Sea Adventures** (Tel. 340/773-2628, www.carib beanseaadventures.com) starten in Christiansted. Oder Sie setzen mit Captain Dee von **Bilinda Charters** (Tel. 340/514-2270, www.sailbilinda.com) Segel und stechen in See.

Inseltouren
Erkunden Sie die Insel bei einer Minibustour mit **St. Croix Safari Tours** (Tel. 340/773-6700, www.gotostcroix.com/safaritours).

Golf
Zu den schönen Golfplätzen zählen der elegante von Trent Jones Sr. entworfene Platz des **Carambola Golf Club** (tel 340/778-5638, www.golfvi.com) und der malerisch gelegene 18-Loch-Platz des **Buccaneer Hotel** (Tel. 340/712-2144, www.thebuccaneer.com).

Reiten
Direkt nördlich von Frederiksted führen Ausritte zum Strand und Touren in die Hügel um die Sprat Hall Plantation – organisiert von **Paul and Jill's Equestrian Stables,** Creque Dam Rainforest Road/Rte. 58 (Tel. 340/772-2880, www.paulandjills.com).

Tauchen & Schnorcheln
Zu den Plätzen, die für Taucher jeden Könnens wunderbar sind, zählt die Cane Bay Wall, die nur ein kurzes Stück vom Strand der Cane Bay entfernt ist und wo der **Cane Bay Dive Shop** (Tel. 340/718-9913 oder 800/338-3843, www.canebayscuba.com) seinen Sitz hat, während das **Anchor Dive Center** (Tel. 340/778-1522 oder 800/532-3483, www.anchordivestcroix.com) am Salt River beheimatet ist, einem anderen Topplatz dieser Insel.

ST. JOHN

Bootstouren
Gehen Sie für einen Tag mit Schwimmen, Schnorcheln und Erkundung der Strände im Nationalpark an Bord der ***Fantasy*** (Tel. 340/775-5652, www.daysailfantasy.com) oder mieten Sie einen kleinen Katamaran mit Führer bei **Sail Safaris** (Tel. 340/626-8181 oder 866/820-6906, www.sailsafaris.net), und besuchen Sie die benachbarten Inseln.

Kajakfahren
St. Johns buchtenreiche Küste ist ideal für Kajaktouren. Bootsverleih und Führer für Touren bieten die **Arawak Expeditions,** Cruz Bay (Tel. 340/693-8312, www.arawak exped.com).

Reiten
Romantische 60- oder 90-Minuten-Ritte in den Hügeln oberhalb von East End, arrangiert vom **Carolina Corral** (Tel. 340/693-5778, www.carolinacorral.vi).

Tauchen & Schnorcheln
Schnorcheln vor St. John ist ganz einfach (siehe Kasten „Den Tauchschein machen“, S. 158). Taucher brauchen ein Transportmittel zu den besten Plätzen, die etwas weiter von der Küste entfernt oder zwischen den Britischen Jungferninseln liegen. Empfehlenswerte Anbieter sind **Cruz Bay Watersports** (Tel. 340/776-6234, www.divestjohn.com) und **Low Key Watersports** (Tel. 340/693-8999 oder 800/835-7718, www.divelowkey.com).

ST. THOMAS

Angeln
St. Thomas liegt rund 32 Kilometer vom North Drop entfernt, wo während der Saison von Juni bis September der Blaue Marlin gefischt wird. Am American Yacht Harber in Red Hook gibt es mehrere Tourveranstalter: **Marlin Prince** (Tel. 340/693-5929, www.marlinprince.com) oder **Reel Therapy Sportfishing,** Compass Point Marina (Tel. 340/715-0472, www.reel-therapy.com).

Bootstouren
Siehe „Inselhüpfen“, S. 153; dort finden Sie weitere hilfreiche Details für Segeltörns, die zu den Nachbarinseln führen. Sie können aber auch ein Motorboot bei **Nauti Nymph** (Tel. 340/775-5066, www.nautinymph.com) mieten.

Golf
Großartige Ausblicke von der Nordküste über die Britischen Jungferninseln und ein von Fazio entworfener schwieriger 18-Loch-Platz ziehen Golfer zum **Mahogany Run Golf Course,** Mahogany Run Road (Tel. 340/777-6250 oder 800/253-7103; die Buchung der Abschlagzeit erfolgt unter www.mahoganyrungolf.com).

Tauchen
Ruhige See, ausgezeichnete Sicht, ein großartiges Riff- und Wracktauchen verlocken zu einem Tauchurlaub auf den Inseln. Es gibt attraktive Hotel-plus-Tauchen-Angebote. Zu den unabhängigen Anbietern zählen **Coki Beach Dive Club** (Tel. 340/775-4220, www.cokidive.com) und **Red Hook Dive Center** (Tel. 340/777-3483, www.redhookdivecenter.com).

BRITISCHE JUNGFERNINSELN

Bootstouren
Sie können Ausflüge von Tortola nach Virgin Gorda oder Norman Island mit Lunch und Schnorcheln auf dem Schoner ***White Squall II*** (Tel. 284/541-2222, www.whitesquall2.com), dem Katamaran ***Aristocat*** (Tel. 284/499-1249, www.aristocatcharters.com) oder bei **Voyage Yacht Charters** (tel 284/494-0740, www.daysailbvi.com) buchen.

Tauchen & Schnorcheln
Im Sir Francis Drake Channel gibt es Tauch- und Schnorchelplätze im Überfluss. Zu den schönsten Plätzen gehört das Wrack der RMS *Rhone* vor Salt Island, während Schnorchler keinesfalls The Baths auf Virgin Gorda versäumen sollten. Tauchschulen: **Blue Water Divers** (Tel. 284/494-2847, www.bluewaterdiversbvi.com), **BVI Scuba Co.** (Tel. 284/540-2222, www.bviscubaco.com), **Sail Caribbean Divers** (Tel. 284/495-1675, www.sailcaribbeandivers.com) und **Jost van Dyke Scuba** (Tel. 284/495-0271, www.jostvandykescuba.com).

Windsurfen & Wassersport
Trellis Bay ist Tortolas Windsurfzentrum. **Boardsailing BVI Watersports** (Tel. 284/495-2447, www.windsurfing.vi) verleiht Surfbretter (auch Unterricht ist möglich) und Kajaks. Auf Virgin Gorda vermietet **Leverick Bay Watersports** (Tel. 284/495-7376, www.watersportsbvi.com) Dingis, Motorboote, Schnorchel- und Wasserskiausrüstung.

KARIBISCHE NIEDERLANDE

ARUBA

Angeln
Mahi Mahi, Seaport Marina, Oranjestad (Tel. 297/587-0538, www.aruba-mahimahi.com) hat eine kleine Flotte; auch **Red Sail Sports,** Oranjestad (Tel. 297/586-1603, www.redsailaruba.com) arrangiert Ausflüge.

Geführte Ausflüge
De Palm Tours (Tel. 297/582-4400, www.depalm.com) ist Arubas führender Veranstalter von Ausflügen, darunter Touren mit dem Minibus, eintägige Segeltörns, Tauchausflüge, Ausritte und Jeepsafaris. Jeeptouren bietet auch **Rancho Daimari** (siehe Reiten, unten) an.

Golf
Arubas schönster Golfplatz ist der malerisch gelegene, von Trent Jones Jr. entworfene **Tierra del Sol,** Tierra del Sol Resort (Tel. 297/586-0978 or 866/978-5158, www.tierradelsol.com).

Reiten
Ausritte sind ein großartiger Weg, um das raue *cunucu*-Land zu kennen. Steigen Sie bei **Rancho Daimari** (Tel. 297/586-6284, www.arubaranchodaimari.com), oder **Rancho Notorious** (Tel. 297/586-0508, www.ranchonotorious.com) aufs Pferd.

Tauchen & Schnorcheln

Die wichtigsten Tauchplätze liegen im ruhigen Wasser vor der geschützten West- und Südküste. Das 120 Meter lange Wrack der *Antilla* ist eines der größten in der Karibik. Kurse und Touren gibt es bei **Native Divers Aruba** (Tel. 297/586-4763, www.nativedivers.com) und **Red Sail Sports** (Tel. 297/586-1603, www.redsailaruba.com).

Wandern

Wandern heißt auf Aruba, einen Ausflug in den Arikok National Park zu machen (siehe S. 196). Kontaktieren Sie Jos Winterman von **Makuaku Hiking Tours** (Tel. 297/593-9873, www.makuaku-hiking-aruba.com). Die beste Zeit, um zu wandern, ist frühmorgens oder am späten Nachmittag.

Wassersport

Palm Beach ist die Wassersporthauptstadt von Aruba; es gibt jede Menge Angebote. **Aruba Active Vacations,** Hadikurai Beach (Tel. 297/586-0989, www.aruba-active-vacations.com) und **Vela Aruba,** Palm Beach (Tel. 297/586-9000, www.velawindsurf.com) bieten Windsurfen und Kitesurfen.

BONAIRE

Reiten

Erkunden Sie das Hinterland der Insel zu Pferd mit dem **Riding Academy Club**, Kunuku Warahama Ranch (Tel. 599/560-7949, www.horsebackridingbonaire.com). Der Weg führt am Pekelmeer-Flamingo-Habitat vorbei und endet mit einem gemeinsamen Bad von Pferd und Reiter in der Lac Bay.

Tauchen & Schnorcheln

Bonaire ist ohne Zweifel eines der spektakulärsten Ziele weltweit fürs Rifftauchen. Erfahrene Anbieter wie **Buddy Dive Resort** (Tel. 599/717-5080, www.buddydive.com) und **Captain Don's Dive Center** (Tel. 599/717-8290, www.habitatbonaire.com) haben Hotel-/Tauch-Angebote im Programm. Oder Sie wenden sich an **Bonaire Dive & Adventure** (Tel. 599/717-2227, www.bonairediveandadventure.com), die auch Kajak- und Mountainbike-Touren arrangieren, außerdem schnüren Sie auf Wunsch ein fünftägiges Inselerlebnis-Paket mit verschiedenen Aktivitäten und Touren.

Windsurfen & Kajakfahren

Die windige Insel Bonaire ist ein idealer Ort, um das Windsurfen zu lernen; wenden Sie sich an **Jibe City** (Tel. 599/717-5233, www.jibecity.com), wo auch Kajaks vermietet werden. Kajaktouren entlang der Küste organisiert das **Mangrove Info Center,** Kaminda Lac (Tel. 599/780-5353, www.mangrovecenter.com) und **Bonaire Dive & Adventure**.

CURAÇAO

Abenteuertouren & Wandern

Siehe S. 188.

Bootstouren & Angeln

Halb- oder ganztägige Schnorchel- und Tauchtouren, Törns zum Sonnenuntergang und Hochseeangeln können Sie bei **Bounty Adventures** (Tel. 5999/767-9998, www.bountyadventures.com) buchen. Die stattliche 37-Meter-Yacht ***Insulinde*** (Tel. 5999/560-1340, www.insulinde.com) von 1931 legt nachmittags zu Schnorchel- und Schwimmtouren vom historischen Hafen in Willemstad ab und unternimmt gelegentlich auch Wochenendtörns nach Bonaire und längere Törns zur Insel San Blas vor Panama.

Tauchen & Schnorcheln

Bequemerweise genau am Seaquarium Beach gelegen, bietet **Ocean Encounters**, Lions Dive & Beach Resort (Tel. 5999/461-8131, www.oceanencounters.com) Tauchausflüge zu allen Küsten der Insel, Kurse für den Tauchschein oder zur Unterwasserfotografie.

SABA

Tauchen & Schnorcheln

Siehe S. 184.

Wandern

Informationen zu Wegen, geführten Spaziergängen und Wanderungen zum Mount Scenery bietet der **Saba Trail Shop**, Windwardside (Tel. 599/416-2630).

SINT EUSTATIUS

Tauchen, Schnorcheln & Wandern

Tauchgänge finden auf der Insel vorwiegend in der Gallows Bay statt. Informationen erhalten Sie beim **Statia National Parks Office,** Bay Road, Lower Town (Tel. 599/318-2884, www.statiapark.org). Die drei Tauchläden der Insel liegen in der Bay Road: **Dive Statia** (Tel. 599/318-2435, www.divestatia.com), **Golden Rock Dive Center** (Tel. 599/318-2964, www.goldenrockdive.com) und **Scubaqua** (Tel. 599/318-5450, www.scubaqua.com).

SINT MAARTEN/ST-MARTIN

Bootstouren & Angeln

Ein Besuch aufden benachbarten Inseln St. Barts und Anguilla mit der Fähre oder als eintägiger Segeltörn ist eine Lieblingsbeschäftigung der Touristen. **Bluebeard Charters**, Simpson Bay (Tel. 721/587-5935, www.bluebeard charters.com) fährt mit einem 18-Meter-Katamaran zur Shoal Bay, nach Anguilla und zur Prickly Pear Island. Oder umrunden Sie mit **Eagle Tours**, Philipsburg (Tel. 721/542-3323, www.sailingsxm.com) die Insel. Angeltouren arrangiert **Rudy's Deep Sea Fishing**, Simpson Bay (Tel. 721/545-2177, www.rudys deepseafishing.com).

Rad- & Kajakfahren

Diese Insel ist nicht für ihre Sportmöglichkeiten bekannt, aber auf der niederländischen Seite organisiert **TriSport**, Simpson Bay (Tel. 721/545-4384, www.trisportsxm.com) Mountainbike- und Meereskajaktouren und bietet außerdem Fahrrad- und Kajakverleih.

Reiten

Spaziergänge auf Naturlehrpfaden, Ritte am Strand und Ponyreiten für Kinder gibt es auf Sint Maarten im **Seaside Nature Park**, Cay Bay (Tel. 721/544-5255, www.luckystables.com); auf St-Martin wenden Sie sich an den **Bayside Riding Club** (Rue de le Galion, Tel. 590/87 36 65).

Tauchen & Schnorcheln

In Simpson Bay, Sint Maarten, bieten einige Tauchläden Unterricht und Verleih von Ausrüstungen an, darunter **Dive Safaris**, La Palapa Marina (Tel. 721/545-3213, www.divest maarten.com). Auf der französischen Seite gibt es in der **Baie Orientale** sowohl ein Meeresschutzgebiet als auch Wassersportmöglichkeiten. Touren organisiert hier das **Neptune Dive Centre,** Plage d'Orient (Tel. 690/50 98 51, www.neptune-dive.com).

INSELN UNTER DEM WINDE

ANGUILLA

Angeln

Wer auf Anguilla Angeln möchte, geht zu Garfield Richardson von **Garfield's Sea Tours** (Tel. 264/497-2956, www.gotcha-garfields-sea-tours-anguilla.com).

Golf

Der 18-Loch-Platz des **CuisinArt Golf Club** (Tel. 264/498-5602, www.cuisinartresort.com) kombiniert fantastische Ausblicke mit dem umweltfreundlichen Entwurf von Greg Norman.

Radfahren

Auf der flachen Insel Anguilla gibt es wunderbare Wege abseits der Hauptstraßen im weitgehend unerschlossenen East End. Eine Reihe von Hotels und Villen stellt den Gästen kostenlos Räder zur Verfügung. Fahrräder werden aber auch von **Exotic Plus** (Tel. 264/497-8803) und **Premier Mountain Bike** (Tel. 264/235-8931) in The Valley verliehen.

Reiten

Reiter jeden Könnens sind auf der **El Rancho del Blues**, Blowing Point Road (Tel. 264/497-6164) und den **Seaside Stables,** Cove Bay (Tel. 264/497-3667, www.seaside-stables-anguilla.com) willkommen.

Tauchen & Schnorcheln

Ruhige See, außergewöhnlich klare Sicht, Riffe, Wracks und eine reiche Unterwassertierwelt machen Anguilla zu einem perfekten Ziel. Empfehlenswerte Tauchschulen: **Anguillian Divers,** Meads Bay (Tel. 264/497-4750, www.anguilliandiver.com) und **Shoal Bay Scuba,** Shoal Bay (Tel. 264/235-8438, www.shoal bayscuba.com).

ANTIGUA & BARBUDA

Angeln

Machen Sie sich mit **Nightwing Charters** (Tel. 268/464-4665, www.fishantigua.com) und **Overdraft** (Tel. 268/464-4954, www.antiguafishing.com) auf den Weg zu Antiguas Fischgründen im Atlantik.

Bootstouren

Siehe S. 207.

Golf

Hauptanziehungspunkt für Golfer auf Antigua ist der 18-Loch-Meisterschaftsgolfplatz des **Jolly Harbour Golf Club** (Tel. 268/562-6951 Nebenstelle 608, www.jollyharbourantigua.com). Nordöstlich von St. John's liegt ein weiterer 18-Loch-Platz im **Cedar Valley Golf Club** (Tel. 268/462-0161, www.cedarvalley golf.ag).

Öko- & Inseltouren

Die halbtägige Öko-Tour mit **Paddles,** Seaton's Village (Tel. 268/463-1944, www.antigua-paddles.com) umfasst eine Kajakfahrt über mangrovegesäumte Wasserwege, Vogelbeobachtung und Schnorcheln im North Sound Marine Park. Oder gehen Sie mit **Adventure Antigua** (Tel. 268/727-3261, www.adventu reantigua.com) auf Öko-Erkundungstour. Eine Fahrt im Jeep kombiniert mit einer Kajaktour bietet **Tropical Adventures** (Tel. 268/480-1225, www.tropical ad.com), außerdem Tagestouren nach Barbuda.

Reiten

Im **Spring Hill Riding Club**, Falmouth (Tel. 268/773-3139, www.springhillridingclub.com) finden Sie ein sanftes Pferd, dass Sie in die Hügel oberhalb von English Harbour trägt oder hinunter zum Strand, um zu schwimmen.

Schildkröten-beobachtung

Von März bis November kommen Karett-, Suppen-, Leder- und Unechte Karettschildkröten nachts an die Strände von Antigua, um ihre Eier abzulegen. Wenden Sie sich wegen der Beobachtung an die **Environmental Awareness Group** (Tel. 268/462-6236).

Tauchen & Schnorcheln

Die besten Rifftauchplätze von Antigua sind an der geschützten Süd- und Westküste. Zu den Tauchschulen um English Harbour zählen **Dockyard Divers** (Tel 268/460-1178, www.dockyarddivers.com) und die **Sea Wolf Diving School** (tel 268/783-3466, www.seawolfdivingschool.com). An der Westküste wenden Sie sich bei Interesse an **Indigo Divers**, Jolly Harbour (Tel. 268/562-3483, www.indigodivers.com). Schnorchelausflüge zum Cades Reef, der Green Island und der Bird Island bieten **Treasure Island Cruises** (Tel. 268/461-8675, www.treasureislandcruises.ag).

MONTSERRAT

Tauchen, Schnorcheln & Kajakfahren

Die wunderbaren Tauchplätze von Montserrat sind noch wenig bekannt. Der **Green Monkey Dive Shop** (Tel. 664/491-2628, www.divemontserrat.com) und **Scuba Montserrat** (Tel. 664/491-7807, www.scuba-montserrat.com) bieten beide Tauch- und Schnorcheltouren an, auch Unterricht, an.

Wandern & Vogelbeobachtung

Das **Montserrat Tourist Board** (Tel. 664/491-2230, www.visit-montserrat.com) und der **National Trust** (Tel. 664/491-3086) können Routen und geeignete Führer empfehlen. Oder wenden Sie sich an den Naturführer **James "Scriber" Daley** (Tel. 664/492-2943).

ST. KITTS & NEVIS

Bootstouren & Schnorcheln

In der **Reggae Beach Bar & Grille**, Cockleshell Bay (Tel. 869/762-5050, www.reggaebeachbar.com) liegt die **St. Kitts Sailing School**, die Kajaks und Schnorchelausrüstung verleiht. Segelcharter und Hochseeangeltouren werden vermittelt. **Leeward Island Charters** (Tel. 869/465-7474, www.stkittsleewardislandcharters.com) und **Blue Water Safaris** (Tel. 869/466-4933, www.bluewatersafaris.com) arrangieren Segeltörns und Schnorchelausflüge.

Golf

Flankiert von zwei Meeren bietet der 18-Loch-Platz des **Royal St. Kitts Golf Club** (Tel. 869/466-2700 oder 866/STK-GOLF, www.royalstkittsgolfclub.com) herrliche Ausblicke. Auf Nevis besitzt das **Four Seasons** (Tel. 869/469-1111, www.fourseasons.com) einen 18-Loch-Platz.

Mountainbiken

Radverleih und erstklassige Touren bietet der ehemalige Spitzenwindsurfer Winston Crooke bei **Wheel World/Windsurfing Nevis** (Tel. 869/469-9682, www.bikenevis.com).

Tauchen

Zu den von der PADI zertifizierten Anbietern zählen **Dive St. Kitts** (Tel. 869/465-1189, www.divest kitts.com) und **Pro-Divers** (Tel. 869/466-3483, www.prodiversstkitts.com). Auf Nevis befindet sich am Oualie Beach **Scuba Safaris** (Tel. 869/469-9518, www.scubanevis.com).

Wanderungen, Safaris & geführte Touren

Der erfahrene Veranstalter **Greg's Safaris** (Tel. 869/465-4121, www.gregsafaris.com) bietet auf Wanderungen im Regenwald und Touren durch den Nebenwald zum Kraterrand des Mt. Liamuiga. Bei Greg's Jeep-Safaris geht es zu den Ruinen von Plantagen und Zuckermühlen. In die Geschichte von Nevis tauchen die Touren von Lynnell Liburd bei **Sunrise Tours** (Tel. 869/469-2758, www.nevisnaturetours.com) ein, die Wanderungen im Regenwald, Dorfspaziergänge und Vogelbeobachtung umfassen. Michael Herbert von **Heb's Nature Tours** (Tel 869/469-3512) führt Besteigungen des Nevis Peak.

FRANZÖSISCHE ANTILLEN

GUADELOUPE

Angeln

Tagestouren vor der Westküste von Basse-Terre führt **Michel Pêche au Gros,** Bouillante (Tel. 0590/99 19 18, www.michelpecheaugros.com) durch.

Bootstouren & Walbeobachtung

In Guadeloupe ist **Sunsail** (Tel. 0590/90 92 02, www.sunsail.com) beheimatet, die Charteryachten anbietet. Tagestörns von St-François (Grande-Terre) nach Marie-Galante, Les Saintes und La Désirade stehen bei **Paradoxe Croisières**, Marina St.-François (Tel. 0590/88 41 73, www.im-caraibes.com) und **Tip Top Cruises** (Tel. 0590/84 66 36, www.tip-top-one.com) auf dem Programm. Im Winter (Dez.–März) organisiert **Les Heures Saines**, Plage de Malendure, Basse-Terre (Tel. 0590/98 86 63, www.heures-saines.gp) Touren zur Walbeobachtung.

Mountainbiken

Abenteuertouranbieter **Vert**

Intense (Tel. 0590/98 86 63, www.vert-intense.com) bietet geführte Touren in den Nationalpark (Reservierung erforderlich), ebenso die **Association Guadeloupéen de VTT** (Tel. 0590/82 82 67). Auf Grande-Terre lässt sich bequemer Rad fahren.

Tauchen

Das Cousteau Underwater Reserve liegt um Pigeon Island und ist der beste Tauchplatz der Insel. Der erfahrene Veranstalter **Les Heures Saines** (Tel. 0590/98 86 63, www.heures-saines.gp) in Bouillante bietet Tauchgänge, darunter auch nächtliche Ausflüge. **Plaisir Plongée Karukera** (Tel. 0590/98 82 43, www.plaisir-plongee-karukera.com) schickt Tauchboote zur Pigeon Island.

Wandern

Siehe Parc National de la Guadeloupe, S. 239.

ST-BARTHÉLÉMY

Bootstouren

St. Barts mit seinen zahlreichen geschützten Häfen ist ein Seglermekka. Oder Sie wenden sich an einen der folgenden Anbieter: **Jicky Marine Service** (Tel. 0590/27 70 34, www.st-barths.com/jicky-marine-service) und **Ocean Must** (Tel. 0590/27 62 25, www.oceanmust.com).

MARTINIQUE

Bootstouren

Verschiedene Ausflüge per Boot von der Pointe du Bout nach Norden nach St-Pierre oder die Küste entlang zum Diamond Rock, ein Lunch und ein Schnorchelstopp inbegriffen, sind ein populäres Angebot von **Kata Mambo** (Tel. 0596/66 11 83). Weitere Touren, etwa nach St. Lucia, unternimmt der Anbieter **Passion** (Tel. 0596/66 03 39, www.catamaranpassion.com).

Golf

Der Platz Impératrice Joséphine des **Golf Country Club de la Martinique**, Les Trois-Ilets (Tel. 0596/68 32 81), von Trent Jones Sr.geschaffen, ist eine 18-Loch-Herausforderung mit Par 71 direkt am Meer.

Mountainbiken

Radfahrer, die lieber in einer Gruppe unterwegs sind, können sich an **VT Tilt**, Les Trois-Ilets (Tel. 0596/66 01 01) wenden.

Reiten

Besichtigen Sie mit **Ranch de Trenelle,** Rivière Salée (Tel. 0596/48 07 20) zu Pferd eine Plantage oder unternehmen Sie eine Rundtour ins Landesinnere und zurück zum Strand auf einem Pferd der **Black Horse Ranch**, Les Trois-Ilets (Tel. 0596/68 37 80). Das Angebot der **Ranch des Caps**, Le Marin (Tel. 0596/74 70 65, www.ranchdescapes.com, geschl. Mo) bringt Sie zum Strand.

Tauchen & Schnorcheln

Martiniques beste Rifftauchplätze liegen vor der Südküste; zum Schnorcheln eignen sich die Anses d'Arlet. Wenden Sie sich an **Acqua Sud**, Le Diamant (Tel. 0596/76 51 01, www.acquasud.com) oder **Crazy Frog**, Anses d'Arlet (Tel. 0596/48 32 17, http://crazy.frog.free.fr/us/welcome). Im Norden der Insel findet sich **Papa d'Lo** (Tel. 0696/92 07 39, www.papadlo.net) in St.-Pierre, wo der Ausbruch des Mont Pelée 1902 einen einzigartigen Platz zum Wracktauchen geschaffen hat.

Wandern

Es gibt auf der Insel 31 ausgeschilderte Wanderwege mit einer Gesamtlänge von 161 Kilometern. Informationen bieten die Büros des **Parc Naturel Régional de la Martinique,** 9 blvd. Général de Gaulle, Fort-de-France (Tel. 0596/73 19 30) oder das **Bureau de la Randonée et du Canyoning** (Tel. 0596/55 04 79, www.bureau-rando-martinique.com).

Wassersport

Hotels und Veranstalter bieten an den Touristenstränden vielfältige Wassersportmöglichkeiten. Wind- und Kitesurfer sind bei **Alizé Fun,** Ste.-Anne (Tel. 0596/74 71 58, www.alizefun.com) richtig. Erfahrene Windsurfer finden am Atlantik anspruchsvollere Bedingungen; dort bietet die **Bliss École de Surf de Martinique**, Tartane (Tel. 0596/58 00 96, www.surf-martinique.com) Ausrüstungsverleih und Unterricht.

INSELN ÜBER DEM WINDE

DOMINICA

Tauchen & Schnorcheln

Die beiden wichtigsten Tauchreviere von Dominica, das zu den zehn besten Tauchzielen der Welt gehört, liegen vor der geschützten Westküste. Ein Muss ist das südlich gelegene Soufrière Scott's Head Marine Reserve, das einen unterseeischen Krater umfasst. Schnorchler gewinnen am Reserve's Champagne Reef einen Einblick in die Unterwassertierwelt. Wenden Sie sich an das **Anchorage Whale Watch & Dive Centre** (Tel. 767/448-2638, www.anchoragehotel.dm) oder an **Dive Dominica** (Tel. 767/448-2188, www.divedominica.com), beide in Castle Comfort. Im Norden finden sich im Cabrits Marine Park und an der Küste vor Mero einige gute Tauchplätze; kontaktieren Sie **Cabrits Dive,** Portsmouth (Tel. 767/445-3010, www.cabritsdive.com).

Wandern & Touren

Der 2011 fertiggestellte

Wai'tukubuli National Trail ist die Krönung der Wanderwege auf Dominica. Der 185 Kilometer lange Weg, der quer über die Insel führt, ist in 14 Teilstücke gegliedert, die einzeln oder gesamt (wenigstens eine Woche) bewältigt werden können. In Roseau vermitteln das **Forestry Department**, Botanical Gardens (Tel. 767/266-3817) und die Touristeninformation **Discover Dominica**, Valley Road (Tel. 767/448-2045, www.discoverdo minica.com) Führer.

Als Teil des **Anchorage Whale Watch & Dive Centre** (siehe Tauchen, S. 397) organisiert **Dominica Tours** (www.experi ence-dominica.com) eine Vielzahl an Inseltouren, Wanderungen sowie Ausflüge zur Vogel- oder Walbeobachtung. Oder wenden Sie sich an **Ken's Hinterland Adventure Tours** (Tel. 767/448-1660, www.khatts tours.com).

Walbeobachtung

Siehe S. 268.

GRENADA & CARRIACOU

Angeln

Die Hochseeangler von Grenada suchen auf dem Atlantik nach Marlin, Fächerfisch, Goldmakrele, Thunfisch und Wahoo. Wenden Sie sich an **First Impressions** (Tel. 473/440-3678, www.catamaran chartering.com) oder **True Blue Sportfishing** (Tel. 473/444-2048, www.yesaye.com).

Bootstouren

Grenada ist ein Zentrum für Charteryachten und Bootstouren. Inselumrundungen, Schnorcheln und Törns bei Sonnenuntergang bieten **Carib Cats** (Tel. 473/444-3222), **First Impressions** (Tel. 473/440-3678, www.catamaran chartering.com) und **Shadowfax** (Tel. 473/443-2535, www. bananaboattoursgrenada.com) an. Eine der führenden Firmen **Horizon Yacht Charters** (Tel. 473/439-1000, www.horizonyachtcharters.com) hat Yachten mit und ohne Mannschaft und Segelunterricht im Angebot.

Tauchen & Schnorcheln

Die 50 Tauchplätze Grenadas sind an der geschützten karibischen Küste aufgereiht; die schönste Unterwasserkulisse bietet die Marine Protected Area im Südwesten. Carriacou, dessen Name „Land der Riffe" bedeutet, besitzt auch herrliche Tauch- und Schnorchelplätze. Wenden Sie sich in Grenada an **Aquanauts** (Tel. 473/444-1126, www. aquanautsgrenada.com), **Dive Grenada** (Tel. 473/444-1092, www.divegrenada.com) und **Eco Dive** (Tel. 473/444-7777, www. ecodiveandtrek.com); auf Carriacou, an **Arawak Divers** (Tel. 473/443-6906, www.arawak.de), **Carriacou Silver Diving** (Tel. 473/443-7882, www.scubamax. com) und **Lumba Dive** (Tel. 473/443-8566, www .lumbadive.com).

Touren

Wanderungen im Regenwald, Segeltörns und Angelausflüge organisiert **Henry's Safari Tours** (Tel. 473/444-5313, www. spiceisle.com/safari). Jeeptouren, Mountainbiken und Rafting bietet **Adventure Tours** (Tel. 473/444-5337, www.adventuregrenada.com).

Walbeobachtung

First Impressions (Tel. 473/440-3678, www.catamaranchartering. com) hat ganzjährig Delfin- und Walbeobachtung im Programm. Im Winter (Dez.–April) werden die meisten Wale gesichtet.

Wandern

Siehe S. 294.

ST. LUCIA

Angeln

Halb- und ganztätige Angelausflüge auf gut ausgestatteten Schiffen starten von der Vigie Marina in Castries. Wenden Sie sich an **Captain Mike's** (Tel. 758/452-7044, www.captmikes.com), ein Familienbetrieb in der dritten Generation, oder **Hackshaw's Boat Charters** (Tel. 758/453-0553, www.hackshaws.com).

Bootstouren

Die malerischste Art von Castries die Küste entlang nach Soufrière zu reisen ist an Bord der großen ***Brig Unicorn*** (Tel. 758/452-9842). **Sea Spray Cruises** (Tel. 758/452-8644, www. seaspraycruises.com) organisiert Katamaran-Trips mit Landausflügen; besonders beliebt sind Törns zum Sonnenuntergang. Sea Spray betreibt auch ein nachgebautes Piratenschiff, die *Liana's Ransom*. In Soufrière bietet **Mystic Man Tours** (Tel. 758/459-7783, www.mysticmantours.com) das volle Programm mit Tages- und Abendtörns, Walbeobachtung, Angel- und Schnorchelausflügen. Viele Anbieter von Yachtchartern (mit und ohne Crew) haben ihren Sitz in Rodney Bay und Marigot Bay. Einer der größten Anbieter ist **The Moorings**, Marigot Bay (Tel. 758/451-4357, www. moorings.com).

Golf

Bislang besitzt St. Lucia nur einen 18-Loch-Golfplatz im **St. Lucia Golf & Country Club**, Rodney Bay (Tel. 758/450-8523, www. stluciagolf.com), der im privaten Cap Estate an der Nordspitze der Insel liegt. Einen weiteren recht attraktiven und anspruchsvollen 9-Loch-Platz gibt es im **Sandals La Toc Golf Resort & Spa,** Castries (Tel. 758/452-3081, www. sandals.com).

Reiten
Trotten Sie gemütlich durch das hügelige Farmland zum Pigeon Island National Park bei einem Ritt mit der **Trim's National Riding Academy,** Gros Islet (Tel. 758/450-8273, www.trimsridingstlucia.com).

Tauchen & Schnorcheln
Die Unterwasserwelt von St. Lucia ist so eindrucksvoll wie die Landschaft. Schnorchler finden direkt vor dem Strand der Anse Chastanet Zugang, wo **Scuba St. Lucia** (Tel. 758/459-7755 oder 888/GOLUCIA, www.scubastlucia.com) Unterricht und Tauchgänge vom Strand oder vom Schiff aus, und Schnorcheln im Soufrière Marine Park anbietet. Tauchabenteuer vor der Nordwestküste und Schnorcheln rund um Pigeon Island ist im Programm von **Scuba Steve's Diving,** Rodney Bay Marina (Tel. 758/452-9086, www.scubastevesdiving.com).

Wandern
Siehe S. 276.

ST. VINCENT & DIE GRENADINEN

Bootstouren
Keinesfalls versäumen sollten Sie auf St. Vincent einen Segeltörn um die Nordspitze der Insel zu den Falls of Baleine. Diesen Törn und Ausflüge zu den Tobago Cays und nach Mustique bieten die in Bequia beheimateten **Caribbean Schooner Cruises** (Tel. 784/495-0886, www.friendshiprose.com) und **Fantasea Tours** (Tel. 784/457-4477, www.fantaseatours.com). **Sea Breeze Nature Tours** (tel 784/458-4969, www.seabreezenaturetours.com) waren die Pioniere der Wal- und Delfinbeobachtung auf der Insel.

Die Grenadinen locken zahlreiche Segler an; viele Firmen bieten Charteryachten mit und ohne Crew. Die familiengeführte Firma **Barefoot Yacht Charters** (Tel. 784/456-9526, www.barefootyachts.com) betreibt auch eine Segelschule, während **Sunsail** (Tel. 784/458-4308, www.sunsail.com) Segelferien in der Gruppe ebenso anbietet wie individuelles Chartern von Yachten. Der Yachtvermittler **The Moorings** (Tel. 784/482-0653, www.moor ings.com) hat einen seiner fünf karibischen Stützpunkte in Canouan; er ermöglicht Touren ohne Rückreise nach St. Lucia, St-Martin oder sogar zu den Britischen Jungferninseln.

Golf
Es erstaunt, dass auf der winzigen Grenadinen-Insel Canouan der grandiose **Grenadines Estate Golf Club** (Tel. 784/458-8000, www.canouan.com) liegt, ein anspruchsvoller 18-Loch-Platz, den Jim Fazio absolut gekonnt der hügeligen Küstenlinie eingepasst hat.

Tauchen & Schnorcheln
Für eine Einführung in die Unterwasserwelt der Inseln gibt es keinen besseren Begleiter als Bill Tewes von **Dive St. Vincent** (Tel. 784/457-4928, www.divestvincent.com). **Indigo Dive** (Tel. 784/493-9494, www.indigodive.com) bietet Unterricht, Tauchgänge und Schnorcheltouren. Einige der besten Schnorchelplätze der Insel liegen in der Chateaubelair und der Buccament Bay. Oder Sie segeln (siehe Bootstouren oben) zu unzugänglicheren Plätzen.

Wer in Bequia tauchen oder schnorcheln will, wendet sich an **Dive Bequia** (Tel. 784/458-3504, www.bequiadive.com). Das **Canouan Dive Center,** Canouan (Tel. 784/528-8030, www.canouandivecenter.com) und **Grenadines Dive,** Union Island (Tel. 784/458-8138, www.grenadinesdive.com) organisieren auch Tauch- und Schnorcheltouren zu den Tobago Cays.

Wandern und Touren
Siehe S. 283.

BARBADOS

Angeln
Halb- und ganztägige Charterausflüge ab Bridgetowns Careenage bieten eine Auswahl an küstennahen und Hochseetouren. Die Saison für Speerfische ist von Dezember bis April. Wenden Sie sich an **Blue Marlin Barbados,** Durants, Christ Church (Tel. 246/234-1688, www.bluemarlinbarbados.com), **Billfisher II,** Bridgetown (Tel. 246/431-0741) oder **Cannon Charters,** Bridgetown (Tel. 246/424-6107, www.fishingbarbados.com).

Bootstouren
An der Westküste gibt es eine Reihe regelmäßiger Segeltörns mit Lunch, einem Schnorchelstopp und Schildkrötenbeobachtung. Die Touren von **Cool Runnings** (Tel. 246/436-0911, www.cool runningsbarbados.com), **El Tigre** (Tel. 246/417-7245, www.eltigrecruises.com) und **Tiami Catamarans** (Tel. 246/430-0900, www.tallships-cruises.com) starten täglich in Bridgetown. Reservieren Sie telefonisch; es gibt auch Fahrten bei Sonnenuntergang.

Golf
Der renommierteste Platz für Nichtmitglieder ist der Country-Club-Platz von **Sandy Lane,** Paynes Bay, St. James (Tel. 246/444-2500, www.sandylane.com/golf). Auch Sandy Lanes attraktiver Par-36-Platz **Old Nine** heißt Besucher willkommen.

Zwei außergewöhnliche Plätze für Gäste sind in St. James der **Apes Hill Club** (Tel. 246/432-4500, www.apeshillclub.com) und der **Royal Westmoreland** (Tel. 246/422-4653, www.royalwestmoreland.com). An der Südküste steht der **Barbados Golf Club**, Durants, Christ Church (Tel. 246/428-8463, www.barbadosgolfclub.com) auch Besuchern offen. Der beliebte **Rockley Golf Club**, Rockley, Christ Church (Tel. 246/435-7873, www.rockleygolfclub.com) besitzt einen erstaunlich anspruchsvollen 9-Loch-Platz.

Spaziergänge
Der **Barbados National Trust** (Tel. 246/426-2421, www.trust.funbarbados.com) organisiert die kostenlosen Sonntagsspaziergänge des Hike-Barbados-Programms. Die Führungen beginnen jeweils um 6 und um 15.30 Uhr (genauere Informationen telefonisch erfragen).

Tauchen & Schnorcheln
An der Westküste von der Maycocks Bay über die Platinum Coast bis zur Carlisle Bay südlich von Bridgetown ist das Meer in der Regel sehr ruhig und die Sicht hervorragend. Zu den gut eingeführten Tauchschulen, die einzelne Tauchgänge, Programme und Tauchscheinkurse anbieten zählen **Barbados Blue,** Carlisle Bay, St. Michael (Tel. 246/434-5764, www.divebarbadosblue.com), **High Tide Watersports,** Holetown, St. James (Tel. 246/432-0931 oder 800/970-0016, www.divehightide.com) und **The Dive Shop Ltd.**, Carlisle Bay, St. Michael (Tel. 246/426-9947, www.divebds.com).

Touren
Adventureland 4x4 Tours (Tel. 246/418-3687, www.adventurelandbarbados.com) und **Island Safari** (Tel. 246/429-5337, www.islandsafari.bb) führen zu allen Sehenswürdigkeiten der Insel, von den Klippen bis zu den schönen Stränden. Sie bieten den Gästen auch Motorbootausflüge mit Schnorcheln und Schildkrötenbeobachtung an.

Wassersport
An der Karibikküste gibt es im Umfeld der Hotels und an Stränden zahlreiche Wassersportmöglichkeiten. An der Südküste ist der Silver Sands Beach das Zentrum der Windsurfer- und Kiteboarderszene. Erfahrene Surfer suchen die großen Wellen, die von Dezember bis April hier gegen die Atlantikküste schlagen. **Barbados Surf Trips** (Tel. 246/262-1099, www.surfbarbados.com) bietet Unterricht, verleiht Surfbretter und organisiert auch Surf-Ausflüge.

TRINIDAD & TOBAGO

Golf
Trinidads schönster Golfplatz liegt in einem Wohnvorort von Port-of-Spain: der **St. Andrew's Golf Club**, Maraval (Tel. 868/629-0066). Auf Tobago besitzt der **Mt. Irvine Golf Club** (Tel. 868/639-8871, www.mtirvine.com) einen hübschen alten hügeligen Platz mit schönen Ausblicken aufs Meer; der Golfplatz des **Tobago Plantations Golf & Country Club** (Tel. 868/631-0875) erstreckt sich bis zur landschaftlich interessanten mangrovegesäumten Küste.

Führungen
Der Tierfotograf Stephen Broadbridge von **Caribbean Discovery Tours** (Tel. 868/624-7281, www.caribbeandiscoverytours.com) bietet vielfältige Öko- und Inselerkundungstouren. Bei **Kalloo's** (Tel. 868/622-9073, www.kalloos.com) stehen Touren mit dem Taxi und Fahrten nach Caroni, Asa Wright und Tobago auf dem Programm.

Auf Tobago organisiert **Peter Cox** (Tel. 868/751-5822, www.tobagonaturetours.com) Sightseeingtouren und Besuche des Markts von Scarborough. **Yes Tourism** (Tel. 868/631-0286, www.yes-tourism.com) zeigt die Insel, arrangiert aber auch Ausflüge nach Trinidad.

Schildkrötenbeobachtung
Zur Schildkrötenbeobachtung auf Trinidad siehe „Schildkröten", S. 324. Auf Tobago wenden Sie sich bei Interesse an organisierten Touren zur Schildkrötenbeobachtung an **Peter Cox Nature Tours** (Tel. 868/751-5822, www.tobagonaturetours.com).

Tauchen & Schnorcheln
Die Nähe des Orinoco-Deltas zu Trinidad verringert die Sichtweite unter Wasser. Die meisten Taucher bevorzugen deshalb Tobago mit seinen unberührten Riffen und der klaren Sicht unter Wasser. Schnorchler brauchen nur ein paar Schritte ins Wasser des karibischen Meers zu machen. Erfahrene Taucher finden weiter nördlich bei Charlotteville und Speyside aufregende Ziele, wie Japanese Gardens and Aquarium vor der Batteaux Bay – absolute Weltklasse-Tauchplätze. Zu den Tauchschulen in Speyside zählen **AquaMarine Dive** (Tel. 868/660-5445, www.aquamarinedive.com) und **Tobago Dive Experience** (Tel. 868/660-5445, www.tobagodiveexperience.com). Wer vor der Südküste tauchen will, kontaktiert **R & Sea Divers,** Crown Point (Tel. 868/639-8120, www.rseadivers.com).

REGISTER

Seitenzahlen in **Fettdruck** verweisen auf Abbildungen, **GROSSBUCHSTABEN** auf übergeordnete Rubriken.

A

Ajoupa-Bouillon 258
Alligator Hole 66
Alto Vista Chapel, Aruba 195
Altos de Chavón 110, **111**
Amber Coast 115
Andromeda Botanic Gardens 308, **308**
Anegada 170, **170**, 171
Angeln 10, 12, 94, 390, 391, 392, 393, 394, 395–396, 397, 398, 399, 400
Anglican Church, Roseau 265
Anguilla 212–214, **212**, **214**, 342–343, 387
Anguilla National Museum 213
Animal Flower Cave 310
Annandale Falls **14**, 294
Anse Turin 257
Antigua 11, 200–209, **200**, **203**, **205**, **208**, 342–343, 387
Appleton Estate 62, 66, **66**, 67
Arawak-Indianer
  Artefakte und Petroglyphen 103, 161, 204, 213, 283, 284
  Geschichte 20–21, 22, 41, 201, 260, 278 *siehe auch* Taíno-Indianer
Archäologisches Museum, Oranjestad 194
Arecibo, Observatorium 147
Arikok National Park 196
Aruba **173**, 193–196, **193**, **195**, 339, 386
Asa Wright Nature Centre **320**, 321
Autofahren 332
Ayo 196

B

Bachata 119
Balaclava 62
Bananen 258
Banyan 299
Barahona 111, 123
Barbados 11, 16, 25, **297**, 298–300, **300**, 310–312, **310**, **312**, 350
  Bridgetown 300, 301–303, **301**, **303**, **331**
  Einkaufen 389
  Hotels und Restaurants 381–382
  Kricket 318–319, **318**
  Plantagen 306–308, **306**, **308**
  Sport und Aktivitäten 399–400
  Südküste **300**, 309, **309**
  Zucker 304–305, **304**
Barbados Museum 303
Barbados Wildlife Reserve, Grenade Hall Signal Station and Forest 310
Barbuda 11, 210–211, **210**, 343
Barre de l'Isle Forest Reserve 276
Basilica de Nuestra Señora de la Merced, Higüey 112
Basseterre **215**, 217
Bathsheba **297**
Bequia 286, **286**, 389
Betty's Hope Museum 208, **208**
Bier 25
Bishop, Maurice 289–290
Black River 64–65
Blackbeard (Edward Teach) 153
Blackwell, Chris 45, 47
Blauer Leguan 75
Bloody Bay Marine Park 76–77
Bloomfield Great House and Art Gallery, Mandeville 61
Blue and John Crow Mountains National Park 38–39
Blue Hills 94
Blue Mountains 10, **29**, 31, 38–39, **38**
Bob Marley Centre und Mausoleum, Nine Mile 51
Bob Marley Museum, Kingston 34–35, 35, **35**
Bonaire 9, 18, **79**, 191–192, **191**, 339–340
Bonaire Marine Park 192
Bonney, Anne 37, 95
Booby Pond Nature Reserve 77
Boston Bay **42**, 43
Bottle Creek 92
Brac Parrot Reserve 82
Bridgetown 300, 301–303, **301**, **303**, **331**
Brimstone Hill Fortress, St. Kitts **15**, 216, 218–219, **219**
Britische Jungferninseln **149**, 166–172, **166**, **170**, 338–339, 386
Buck Island Reef National Monument 164–165
Bush Bush Wildlife Sanctuary 324

C

Cabarete 116–117
Cabo Rojo National Wildlife Refuge 143
Cabrits National Park 269
Caicos Nature Reserve 92
Calypso 27, 28, 301, 317
Canaries 272
Canouan Island 286
Caravelle Peninsula 258
Carib (Bier) 25
Carib Territory 268
Caroni Bird Sanctuary 321–322
Carriacou 295–296, **295**, **296**, 347–348
Casa de Campo 109–110
Castries 272–274
Catedral Basilica Santa María la Menor, Santo Domingo **97**, 106
Catedral de Nuestra Señora de Guadalupe, Ponce 140
Catedral de San Felipe, Puerto Plata 115
Catedral de San Juan Bautista, San Juan **131**, 133
Cathédrale de St.-Louis, Fort-de-France 253
Cayman Brac 11, 82
Cayman Brac Museum 82
Cayman Islands **69**, 70–71, **78**, 333–334
  Cayman Brac 82
  Einkaufen 384
  Grand Cayman **2–3**, 11, 72–75, **72**, **75**
  Hotels und Restaurants 73, 354–356
  Little Cayman 76–77, **76**
  Sport und Aktivitäten 9, 10, 390–391
Cayman Motor Museum 73
Caymanit 74
Centro Ceremonial Indígena de Tibes 142
Chaguaramas Military History and Aviation Museum 321
Chalk Sound National Park 93
Charlestown 221–223
Charlotte Amalie **154**, 155–157
Charlotteville **326**, 329, 330
Christ Church, Port Antonio 41
Christoffel National Park 190
Ciboney (archaische Indianer) 20, 200–201, 278
Cinchona Botanical Gardens 39
Cockburn Town 87
Codrington College 310–311
Colón, Diego de 101
Columbus Park 51
Conch Bar 91
Conch-World 94
Cooper Island 170–171
Coral World Ocean Park, St. Thomas 158
Coward, Noël 45
Coyaba River Garden and Museum 49
Cranbrook Flower Forest 49
Crown Point 329
Cruzan Rum Distillery 164
Culebra 139
Culebra National Wildlife Refuge 139
Curaçao 26, 186–189, **186**, **189**, 340, 386
Curaçao Museum, Willemstad 189

D

Delfine 48, **90**, 91, 112
Diamond Botanical Gardens, Mineral Baths and Waterfalls 277
Dockyard Museum, Antigua 206
Dolphin Cove 48
Dominica 9, 13, 22, **26–27**, 262–269, **262**, **265**, **266**, **269**, 347, 388
Dominica Museum 264
Dominikanische Republik 18, 24, 26, 98–99, 335–336
  Cordillera Central 121–122, **121**
  Einkaufen 385
  Hotels und Restaurants 358–360
  Nordküste 114–117, **114**, **116**
  Peninsula de Samaná 113, **113**
  Santiago de Los Caballeros 118–120, **118**, **120**
  Santo Domingo und Umgebung **97**, 100–107, **100**, **103**, **104**, **106**
  Sport und Aktivitäten 13, 391
  Südostküste 108–112, **108**, **111**
  Westlich von Santo Domingo 123–124, **123**
Dubuc de Rivery, Aimée 249
Dunn's River Falls 46, 47–48

E

East Bay Island National Park 92
Ecomusée de Martinique 255
Edmund Forest Reserve 276
Einkaufen 384–389
Elektrizität 332
Enriquillo, Lago 13, 18, 124
ERLEBNISSE
  Abenteuerliche Touren 188
  Auf Angeltour 94
  Ausgefallene Touren 273
  Begegnungen mit Einheimischen 47
  Besteigung des Pico Duarte 122
  Besuch eines Spiels 319
  Blaue Leguane 75
  Chartern einer Yacht 169
  Cockpit Country 54
  Curaçao 187

Den Tauchschein machen 158
Der Geschmack Puerto Ricos 130
Der Meerespark von Saba 184
Erkundung des Riffs 79
Expedition nach Mona 148
Französischlernen unter Palmen 233
H is for Heritage 213
Hart am Wind 117
Im Herzen der Insel 91
Klar wie Kristall 165
Kreuzfahrten mit Kindern 137
Küche der Caymans 73
Ökotouren auf Antigua 202
Per Schiff ins Naturschutzgebiet 237
Regenwald light 274
Regenwald und Naturschutzgebiete 276
Schnorcheln auf St. John 162
Segelleidenschaft 207
Showtime 110
Sozialverträglicher Tourismus 267
Tagesausflüge zur Grünen Insel 225
Tauchen 311
Tobago Forest Reserve 329
Unterwasserfotografie 192
Vogelbeobachtung auf Trinidad 325
Walbeobachtung 268
Wandern und Biken in den Blue Mountains 39
Wie Tarzan 218
Wissen vor Ort 283

Essen und Trinken 12, 24–25, 73, 130
Jerk-Gerichte 24, **24**, 43, **44**
Estate St. Peter Great House and Botanical Gardens, St. Thomas 158

F

Fähren 11, 252
Falmouth 50–51, **50**
Fédon, Julien 288–289
Ferme des Papillons (Schmetterlingsfarm) 179
Feste und Feiertage 12, 27, 333, 334–335, 336, 337–339, 340, 341, 342, 343, 344, 345, 346, 347, 348, 349, 350
Flamingo Pond Nature Reserve 92
Flamingos 18, 92, 124, 171
Fleming, Ian 45
Flora und Fauna 18–19, 78–81, 91
Fluglinien 332
Flynn, Errol 40, 41, 44
Fond Doux Estate 277
Fort-de-France **24**, 252–253
Fortkerk Museum, Willemstad 189
Französische Antillen **227**, 228–229, 345–347
Einkaufen 387–388
Guadeloupe **4**, 10, 13, 24, 25, 230–241, **230**, **232**, **235**, **236**, **238**, 345, 387
Hotels und Restaurants 375–377
Martinique 10, **16**–**17**, 18, 24, **24**, 25, **28**, 247–249, **247**, 252–258, **253**, **254**, 346–347, 388
Sport und Aktivitäten 396–397
St-Barthélemy 10, 244–246, **244**, 345–346, 388
Frauen 13
Frégate Island Nature Reserve 276
Fuerte San Cristóbal 130, 132, **132**

G

Garvey, Marcus 58
Gasparee Grande Island 323
Geographie 8
George Town 73, **75**
George Washington House 302
Geschichte und Kultur 16–17, 20–23, **21**, 26–27
Golf 12, 13, 390, 391, 392, 393, 395, 396, 397, 399, 400
Gosier **4**, 232, **232**, 233, 235
Grand Anse **28**, 292
Grand Cayman **2**–**3**, 11, 72–75, **72**, **75**
Grand Étang National Park **18**–**19**, 294
Grand Turk 86–87, **86**
Great Morass 56–57, 65
Great Pedro Bluff 66
Grenada 9, **14**, **18**–**19**, **259**, 288–294, **288**, **293**, 347–348, 388
Grenada National Museum 291
Grenadinen **278**, 283, 285–287, **286**, 349–350, 389
Guadeloupe **4**, 10, 13, 24, 25, 230–241, **230**, **235**, 345, 387
Guánica Bosque Seco 143, **143**
Gun Hill Signal Station 311
Gustavia 245–246

H

Hacienda Buena Vista 142
Haie 81
Hamilton, Alexander 223
Harrison's Cave 311
Hassell, Josephus 185
Helikonien **8**, 19, 158, 307, 308
Higüey 112
Histoisches Museum, Oranjestad 194
Hochseeangeln 94
Holetown 312
Hollywell National Recreational Park 39
Hooiberg 196
Hope Botanical Gardens, Kingston 35
Hurrikans 19

I

Iglesia de San José, San Juan 132–133
Iglesia Porta Coeli, San Germán 141
Inseln über dem Winde 26, 260–261, 347–350
Carriacou 295–296, **295**, **296**, 347–348
Dominica 9, 13, 22, **26**–**27**, 262–269, **262**, **265**, **266**, **269**, 347, 388
Einkaufen 388–389
Grenada 9, **14**, **18**–**19**, **259**, 288–294, **288**, **293**, 347–348, 388
Geschichte 21–22, 260–261
Hotels und Restaurants 377–381
Sport und Aktivitäten 9, 397–399
St. Lucia 9, 18, 270–277, **270**, **274**, 348–349, 388–389
St. Vincent and the Grenadines 278–287, **278**, **281**, **282**, **286**, 349–350, 389
Inseln unter dem Winde 26, 198–199, 342–344
Anguilla 212–214, **212**, **214**, 342–343, 387
Antigua 11, 200–209, **200**, **203**, **205**, **208**, 343, 387
Barbuda 11, 210–211, **210**, 343
Einkaufen 202, 387
Hotels und Restaurants 371–375
Montserrat 224–226, **224**, **226**, 343–344, 387
Nevis 11, 220–223, **220**, **222**, 344, 387
Sport und Aktivitäten 395–396
St. Kitts 11, **15**, **58**, **197**, 215–219, **215**, **219**, 344, 387
Irisches Erbe 226
Island Woman's Hot Sauce 139

J

J. R. O'Neal Botanic Gardens, Tortola 168
Jamaika 30–31, 332–333
Blue Mountains 10, **29**, 31, 38–39, **38**
Einkaufen 384
Essen und Trinken 24, 25
Falmouth und Umgebung 50–51, **50**
Geschichte 20, 22, 23, 30
Hotels und Restaurants 59, 352–354
Kingston 32–35, **32**
Mandeville 60–63, **60**, **63**
Montego Bay 52–54, **52**
Musik 27
Negril 55–57, **55**, **57**
Ocho Rios und Umgebung **24**, 46–49, **46**, **48**
Oracabessa 45, **45**
Port Antonio und Umgebung 40–44, **40**, **42**
Port Royal 32, 36–37, **36**
South Coast 64–67, **64**, **66**
Spanish Town 68, **68**
Sport und Aktivitäten 390
Jamaikas Reggae Sumfest 27, 52, 53, 333
Jarabacoa 121
Jeeps 188, 393
Josephine, Empress of the French 249, 254
Jost van Dyke 171
Jüdische Gemeinden 157, 181
Jungferninseln 11, 150–151, 337–339, 385–386
Amerikanische Jungferninseln 23, 152–165, **152**, **154**, **157**, **159**, **160**, **163**, 337–338
Britische Jungferninseln **149**, 166–172, **166**, **170**, 338–339, 386
Einkaufen 385–386
Geschichte 22
Hotels und Restaurants 362–367
Sport und Aktivitäten 392–393

K

Kaffee **29**, **38**, 39, 61, 142
Kajakfahren 165, 202, 393, 394, 396
Kannibalismus 21
Kariben 21–22, 198, 247–248, 260, 278–279
Karneval 28
Barbados 301, 350
Cayman Islands 334
Dominikanische Republik 101, 111, 119
Französische Antillen **4**, **28**, **230**, 232, **247**, 345, 346
Niederländische Antillen **173**, 339, 340, 341
Inseln über dem Winde 272, 296, 347, 348, 349

Inseln unter dem Winde 342, 343, 344
Jamaika 333
Jungferninseln 338
Puerto Rico 336
Trinidad und Tobago 28, 316–317, 351
Kathedrale der Unbefleckten Empfängnis, Castries 273
Kathedrale St. Jago de la Vega, Spanish Town 68
Kathedrale St. John the Divine, St. John's **203**, 204
Kidd, Captain 22, 110
Kimme Museum, Tobago 330
Kingston 32–35, **32**
Kingstown 280–283
KIRCHEN
Alto Vista Chapel, Aruba 195
Anglican Church, Roseau 265
Basilica de Nuestra Señora de la Merced, Higüey 112
Catedral Basilica Santa María la Menor, Santo Domingo **97**, 106
Catedral de Nuestra Señora de Guadalupe, Ponce 140
Catedral de San Felipe, Puerto Plata 115
Catedral de San Juan Bautista, San Juan **131**, 133
Cathédrale de St.-Louis, Fort-de-France 253
Christ Church, Port Antonio 41
Iglesia de San José, San Juan 132–133
Iglesia Porta Coeli, San Germán 141
Kathedrale St. Jago de la Vega, Spanish Town 68
Kathedrale St. John the Divine, St. John's **203**, 204
Kathedrale der Unbefleckten Empfängnis, Castries 273
Museo Arqueológico Regional, Altos de Chavón 110
Römisch-katholische Kathedrale, Roseau 265
Sacré-Cœur, Fort-de-France 256
San Pedro Apostol, San Pedro de Macorís 109
St. George's Anglican Church 291
St. James, Montego Bay 53
St. John's Church, Fig Tree 223
St. Mark, Mandeville 60
St. Michael's Cathedral, Bridgetown 302
St. Nicholas Abbey, St. Peter 308
St. Peter's Church, Port Royal 37
St. Thomas, anglikanische Kirche, Nevis 223
Kitesurfen 117, 391
Kleidung 11
Klima 10, 19, 332
Kolonialzeit 12, 22–23
Kolumbus, Bartoloméo 100
Kolumbus, Christoph 22, 70, 85, 104–105, 106, 115, 162, 237, 247–248, 263, 304
Korallenriffe 78–81, **78–81**
Kralendijk 191
Kreditkarten 13
Kreolische Küche 24, 25
Kreolische Kultur 10, 234
Kreuzfahrten 10–11, 136–137
Kricket 318–319, **318**, 319
Krocodile 65

L
La Désirade 242
La Isabela 115
La Morne des Sauteurs 288, 294
La Romana 109
La Soufrière Schwefelquellen 277
Landhuizen (Plantagenhäuser) 190
Las Cabezas de San Juan Nature Reserve 135
Las Terrenas 113, **113**
Le Clerc, François 270
Les Saintes 243
Les Trois-Îlets 254, **254**
Little Cayman 76–77, **76**
Little Cayman Museum 77
Little Water Cay 95
Lopinot Complex 322
Lover's Leap 66
Lucayan 20, 84, 88, 91
Lynch Plantation Museum 182

M
Maison Regionale des Volcans, Le Morne Rouge 256
Mamiku Gardens 277
Manatí Park Bávaro 112
Maria Islands Nature Reserve 276, 277
Marie-Galante 242–243
Marigot 178–179
Maritime Museum, Willemstad 189
Marley, Bob 27, 34–35, **35**, 51, 59
Maroons 43, 54, 263
Martinique 10, **16–17**, 18, 24, **24**, 25, **28**, 247–249, **247**, 252–258, **253**, **254**, 346–347, 388
Maunabo 144, **145**
Mavis Bank Coffee Factory 39
Mayreau Island 287
Meeresmuseum, Port Royal 37
Meeresschildkröten 10, 12, **69**, 81, 91, 268, 324, 396, 400
Merengue 101
Middle Caicos 90–91, **90**
Miriam C. Schmidt Botanical Garden 182
Mona Island 148
Monte Cristi 115
Montego Bay 52–54, **52**
Montreal Estate Gardens 283
Montserrat 11, 224–226, **224**, **226**, 343–344, 387
Morgan Lewis Sugar Mill 311–312
Morgan, Henry 37, 166, 183
Morne Diablotin National Park 264, 267
Morne Trois Pitons National Park 266–267
Mountainbiken 17, 188, 283, 396, 397
MUSEEN
Anguilla National Museum 213
Archäologisches Museum, Oranjestad 194
Barbados Museum 303
Betty's Hope Museum 208, **208**
Bloomfield Great House and Art Gallery, Mandeville 61
Bob Marley Centre and Mausoleum, Nine Mile 51
Bob Marley Museum, Kingston 34–35, 35, **35**
Cayman Brac Museum 82
Cayman Motor Museum 73
Chaguaramas Military History and Aviation Museum 321
Columbus Park 51
Coyaba River Garden und Museum 49
Curaçao Museum, Willemstad 189
Dockyard Museum, Antigua 206
Dominica Museum 264
Ecomusée de Martinique 255
Fortkerk Museum, Willemstad 189
Grenada National Museum 291
Historisches Museum, Oranjestad 194
Kimme Museum, Tobago 330
Little Cayman Museum 77
Lynch Plantation Museum 182
Maison Régionale des Volcans, Le Morne Rouge 256
Maritime Museum, Willemstad 189
Meeresmuseum Museum, Port Royal 37
Musée de la Banane, Ste.-Marie 258
Musée de la Pagerie, Les Trois-Îlets 254
Musée de Marigot 179
Musée Départemental d'Archéologie et de Préhistoire, Fort-de-France 252
Musée du Café, Guadeloupe 239
Musée du Rhum, Bellevue 241
Musée du Rhum, Ste.-Marie 258
Musée Gauguin, Anse Turin 257
Musée Régional d'Histoire et d'Ethnographie, Fort-de-France 253
Musée Schoelcher, Pointe-à-Pitre 234
Musée Vulcanologique, St.-Pierre 256
Museo Alcázar de Colón, Santo Domingo 101–102, 107
Museo Boneriano 191
Museo Casa Blanca, San Juan 130, 132
Museo Castillo Serrallés, Ponce 141
Museo de Arte Moderno, Santo Domingo **103**, 104
Museo de Arte, Ponce 141
Museo de Historia Natural, Santo Domingo 103–104
Museo de la Historia de Ponce 141
Museo de las Américas, San Juan 131
Museo de las Casas Reales, Santo Domingo 102, 107
Museo de San Juan 131, 132
Museo del Ambar Dominicano, Puerto Plata 115
Museo del Hombre Dominicano, Santo Domingo 102–103
Museo del Niño, San Juan 131
Museo Folklórico de Tomás Morel, Santiago de Los Caballeros 119
Museo Nacional de Historia y Geografía, Santo Domingo 102–103
Museo Pablo Casals, San Juan 133
Museum für Naturgeschichte, Kingston 34
Museum Kurá Hulanda, Willemstad 189
Museum of Antigua and Barbuda 204
Museum of Nevis 222
National Gallery, Kingston 34
National Museum and Art Gallery, Port of Spain 316–317

National Museum, Basseterre 217
National Museum, George Town 73, **75**
Nelson Museum, Charlestown 222–223
Nelson's Dockyard National Park 205–206, **205**
Numismatisches Museum, Oranjestad 194
Old Government House Museum, Tortola 168
People's Museum of Craft and Technology, Spanish Town 68
Reggae Xplosion, Ocho Rios 47
Saba Museum 184
Simon Doncker Museum, Oranjestad 181
Sint Maarten Museum 177–178
St. Croix Archaeology Museum 164
Tobago Museum, Scarborough 328
Turks and Caicos National Museum 84, 87
University Museum, San Juan 129
Virgin Islands Museum 156
Whim Plantation Museum 165
MusiK 27
Calypso 27, 28, 301, 317
Merengue 101
Reggae 27, 47, 52, 53, 59, **59**, 198, 199, **326**, 332
Steel Drums 27, 28, 315
Muskatnuss **259**, 289, 290, 293–294, **293**
Mustique 287
Mystic Mountain 48

N
Nachhaltiger Tourismus 16–17, 202, 283, 395
National Gallery, Kingston 34
National Museum and Art Gallery, Port of Spain 316–317
National Museum, Basseterre 217
National Museum, George Town 73, **75**
National Rain Forest, St. Lucia 276
Negril 55–57, **55**, **57**
Nelson Museum, Charlestown 222–223
Nelson, Horatio 206, 222–223
Nelson's Dockyard National Park 205–206, **205**
Nevis 11, 220–223, **220**, **222**, 344, 387
Niederländische Antillen 174–175, 339–342
Aruba **173**, 193–196, **193**, **195**, 339, 386
Bonaire 9, 18, **79**, 191–192, **191**, 339–340
Einkaufen 386–387
Hotels und Restaurants 367–371
Rund um Curaçao 26, 186–190, **186**, **189**, 340, 386
Saba 9, **11**, 13, 183–185, **183**, **185**, 340–341, 386
Sint Eustatius 9, 180–182, **180**, **182**, 341
Sint Maarten/St-Martin 176–179, **176**, **178**, 341–342, 386–387
Sport und Aktivitäten 9, 13, 393–395
Norman Island 171
North Caicos 92, **92**
Numismatisches Museum, Oranjestad 194

O
Ocean Hole 91
Ocho Rios **24**, 46–48, **46**, **48**
Old Government House Museum, Tortola 168
Oracabessa 45, **45**
Oranjestad, Aruba 193–194
Oranjestad, Sint Eustatius 181

P
Palm Island 284
Papageien 275
Papageifisch 79, **86**
Papiamento 196
Parang 322
PARKS UND GÄRTEN 19
Andromeda Botanic Gardens 308, **308**
Arikok National Park 196
Asa Wright Nature Centre **320**, 321
Barbados Wildlife Reserve, Grenade Hall Signal Station and Forest 310
Barre de l'Isle Forest Reserve 276
Bloody Bay Marine Park 76–77
Blue and John Crow Mountains National Park 38–39
Bonaire Marine Park 192
Booby Pond Nature Reserve 77
Brac Parrot Reserve 82
Buck Island Reef National Monument 164–165
Bush Bush Wildlife Sanctuary 324
Cabo Rojo National Wildlife Refuge 143
Cabrits National Park 269
Caicos Nature Reserve 92
Caroni Bird Sanctuary 321–322
Chalk Sound National Park 93
Christoffel National Park 190
Cinchona Botanical Gardens 39
Coral World Ocean Park, St. Thomas 158
Cranbrook Flower Forest 49
Culebra National Wildlife Refuge 139
Diamond Botanical Gardens, Mineral Baths und Waterfalls 277
East Bay Island National Park 92
Edmund Forest Reserve 276
Estate St. Peter Great House and Botanical Gardens, St. Thomas 158
Flamingo Pond Nature Reserve 92
Frégate Island Nature Reserve 276
Grand Étang National Park **18–19**, 294
Hollywell National Recreational Park 39
Hope Botanical Gardens, Kingston 35
J. R. O'Neal Botanic Gardens, Tortola 168
Las Cabezas de San Juan Nature Reserve 135
Mamiku Gardens 277
Manatí Park Bávaro 112
Maria Islands Nature Reserve 276, 277
Miriam C. Schmidt Botanical Garden 182
Montreal Estate Gardens 283
Morne Diablotin National Park 264
Morne Diablotin National Park und Northern Forest Reserve 267
Morne Trois Pitons National Park 266–267
National Rain Forest, St. Lucia 276
Parc National de la Guadeloupe 239
Parque Ceremonial Indigena Caguana 147
Parque de las Cavernas del Río Camuy 146–147, **146**
Parque Nacional Cabo Francés Viejo 117
Parque Nacional del Este 111
Parque Nacional Histórico La Isabela 115
Parque Nacional Jaragua 124
Parque Nacional Los Haitises 113
Parque Nacional Monte Cristi 115
Pigeon Island National Park 274–275
Princess Alexandra Marine Park 93
Prospect Plantation 49
Queen Elizabeth II Botanic Park 74–75
Quill/Boven National Park **180**
Reserva Forestal Carite 144
Reserva Forestal Toro Negro 145
Réserve Naturelle du Grand Cul-de-Sac Marin 237
Rooi Lamoenchi Kunuku Park 191–192
Sage Mountain National Park, Tortola 168, 170
Scotts Head/Soufrière Bay Marine Park 269
Shaw Park Gardens 49
Sint Maarten Park 178
St. Eustatius National Marine Park 182
St. George Village Botanical Garden 164, 165
St. Vincent Parrot Reserve 284
Three Mary Cays Sanctuary 92
Tobago Cays National Marine Park 287
Vieques National Wildlife Refuge 139
Virgin Islands National Park 161
Washington-Slagbaai National Park 192
Parrot Cay 95
People's Museum of Craft and Technology, Spanish Town 68
Peter Island 171
Petit St. Vincent (PSV) 284
Petite Martinique 296, **296**, 347–348
Philipsburg 177–178
Pickapeppa-Soßen 61
Pigeon Island National Park 274–275
Piment 290
Pinney's Beach 223
Piraten und Freibeuter 22, 30, 36, 37, 77, 82, 95, 153, 166, 183–184
Pitch Lake 324
Pitons 272
Plantation Leyritz–Maison de la Poupée 258
Poinciana tree 217

Pointe-à-Pitre 233–235, **235**
Ponce 140–142, **140**
Port Antonio 40–41, **40**
Port of Spain 316–317, **316**
Port Royal 32, 36–37, **36**
Portsmouth 268–269
Portvale Sugar Factory 312
Princess Alexandra Marine Park 93
Prospect Plantation 49
Providenciales (Provo) 93–94, **94**
Puerto Plata 114–115
Puerto Rico 11, 26, 126–127, 336–337
 Einkaufen 385
 Geschichte 20, 22, 23
 Hotels und Restaurants 360–362
 Mona Island 148
 Nordwesten 146–147, **146**
 Osten 134–135, **134**
 Ponce und Umgebung 140–143, 140–145, **140**, **143**, **145**
 San Juan **125**, 128–133, **128**, **131**, **132**
 Sport und Aktivitäten 391–392
 Vieques und Culebra 138–139, **138**

Q
Quedagh Merchant 22
Queen Elizabeth II Botanic Park 74–75
Quill/Boven National Park **180**

R
Rackham, »Calico Jack« 37, 95
Radfahren 39, 394, 395
Rafting 44, 51
Rastakult 58–59, **58**
Read, Mary 37
Redonda 211
Regenwald 12, 13, 18, 274, 275
Reggae 27, 47, 59, **59**, 198, 199, **326**
 Jamaikas Reggae Sumfest 27, 52, 53, 332
Reggae Xplosion, Ocho Rios 47
Reisende mit Behinderung 161, 332
Reiten 49, 390, 392, 393, 394, 395, 397, 399
Reserva Forestal Carite 144
Reserva Forestal Toro Negro 145
Réserve Naturelle du Grand Cul-de-Sac Marin 237
Rhys, Jean 264
Río San Juan 117
Rodney, George 243
Römisch-katholische Kathedrale, Roseau 265
Rooi Lamoenchi Kunuku Park 191–192
Roseau **26–27**, 263, 264–265
Rum 25, 164, 213, 241, 258, 292–293, 305, 309, 312

S
Saba 9, **11**, 13, 183–185, **183**, **185**, 340–341, 386
Saba Museum 184
Sacré-Cœur, Fort-de-France 256
Sage Mountain National Park, Tortola 168, 170
Salt Cay 88–89, **88**
Salt Island 171–172
Samaná 113, **113**
San Cristóbal 123, **123**
San Germán 141
San Juan **125**, 128–133, **128**, **131**, **132**
San Pedro Apostol, San Pedro de Macorís 109
San Pedro de Macorís 109
Santiago de Los Caballeros 118–120, **118**, **120**
Santo Domingo **97**, 100–107, **100**, **103**, **104**, **106**
Scarborough 328
Schmetterlinge 179
Schnorcheln 10, 162, **191**, 202, 391, 392, 393, 394, 395, 396, 397, 398–400
Schokolade 292
Scotts Head/Soufrière Bay Marine Park 269
Seekühe 66
Segeln 12, 207, **207**
Shaw Park Gardens 49
Sicherheit 13
Simon Doncker Museum, Oranjestad 181
Sint Eustatius 9, 180–182, **180**, **182**, 341
Sint Maarten Museum 177–178
Sint Maarten Park 178
Sint Maarten/St.-Martin 176–179, **176**, **178**, 341–342, 386–387
Sklaverei 22–23, 53, 187, 198, 220, 228, 231, 250–251, **250**, 260–261, 299, 304–305
Sosúa 116
Soufrière (Vulkan), Montserrat **226**
Soufrière, Dominica 269, **269**
Soufrière, St. Lucia **270**, 276
South Caicos 89
Sport und Aktivitäten 12
Sprache 10, 27, 196, 233
St. Croix 162–165, **163**, 337, 385
St. Croix Archaeology Museum 164
St. Eustatius 13
St. Eustatius National Marine Park 182
St. George Village Botanical Garden 164, 165
St. George's 290–291
St. James, Montego Bay 53
St. John **152**, 159–162, **160**, 337–338, 385
St. John's 202, 203
St. John's Church, Fig Tree 223
St. Kitts 11, **15**, **197**, 215–219, **215**, **219**, 344, 387
St. Kitts Music Festival 27, **58**, 344
St. Lucia 9, 18, 270–277, **270**, **274**, 348–349, 388–389
St. Mark, Mandeville 60
St. Michael's Cathedral, Bridgetown 302
St. Nicholas Abbey, St. Peter 308
St. Peter's Church, Port Royal 37
St. Thomas 10, **136**, 153–159, **154**, **157**, **159**, 337–338, 385–386
St. Vincent 13, 22, 278–285, **281**, **282**, 349–350, 389
St. Vincent Parrot Reserve 284
St-Barthélemy (St. Barts) 10, 244–246, **244**, 345–346, 388
Steelbands 27, 28, 315
Ste-Marie 258
Stingray City 10, 70, **72**, 81
St-Pierre 256
Stuyvesant, Peter 187

T
Taíno-Indianer 20, 30, 98, 103, 126–127, 142
Tauchen 9, 12, 13, 158, 184, 390, 391, 392, 393, 394, 395, 396, 397, 398–400
Teach, Edward (Blackbeard) 153
The Road 185
Three Mary Cays Sanctuary 92
Tobago 9, **313**, 315, 326–330, **326**, **328**, **330**
Tobago Cays 287
Tobago Cays National Marine Park 287
Tobago Museum, Scarborough 328
Tortola **149**, 167–168, 386
Touristeninformation 9
Treasure Beach 67
Trinidad and Tobago 28, 314–315, 350–351
 Einkaufen 389
 Hotels und Restaurants 382–383
 Kricket 318–319
 Sport und Aktivitäten 13, 400
 Tobago 9, **313**, 315, 326–330, **326**, **328**, **330**
 Trinidad 9, 10, 18, 24, 25, 27, 28, 316–317, **316**, 320–325, **320**, **323**, **325**
Trinkgeld 332
Turks and Caicos Islands **83**, 84–85, 334–335
 Einkaufen 384–385
 Hotels und Restaurants 356–358
 Inseln rund um Grand Turk 86–89, **86**, **88**
 Inseln rund um Providenciales (Provo) 93–96, **93**, **94**, **95**, **96**
 Middle Caicos 90–91, **90**
 North Caicos 92, **92**
 Sport und Aktivitäten 391
Turks and Caicos National Museum 84, 87
Tyrol Cot Heritage Village 312

U
U.S. Virgin Islands 23, 152–153, **154**, 385–386
 St. Croix 162–165, **163**, 337, 385
 St. John **152**, 159–162, **160**, 337–338, 385
 St. Thomas 10, **136**, 153–159, **154**, **157**, **159**, 337–338, 385–386
Union Island 287
University Museum, San Juan 129
Unterwasserfotografie 192
Ursula, St. 155

V
Verkehrsmittel 10–11
Versicherung 332
Vieques 11, 138–139, **138**
Vieques National Wildlife Refuge 139
Vieux Fort 277
Villa 283
Virgin Gorda **166**, 172
Virgin Islands Museum 156
Virgin Islands National Park 161
Vögel und Vogelbeobachtung 9, 12, 13, 18, 325
Vulkane 18

W
Wade's Green Plantation 92

Walbeobachtung 9, 12, 13, 268, 396, 398
Wandern 9, 11, 12, 13, 17, 39, 188, 276, 294, 329, 390, 391, 393–394, 397, 398
Washington, George 302
Washington-Slagbaai National Park 192
Wassersport 390, 391, 393, 394, 397, 400
West Caicos 95–96
Whim Plantation Museum 165
Willemstad 188–189
Windsurfen 117, 393, 394
Wirbelschwanzleguane 92, 96, **96**
Wirtschaft 17, 22–23
Worthing **300**

Y

Young Island 284
YS Falls 63, 65

Z

Zeitzonen 332
Zigarrenherstellung 109, 118, 120, **120**
Zimt 290
Zucker 22–23, 30, 198, 228, 250–251, 304–305, **304**

BILDNACHWEIS

Es werden folgende Abkürzungen verwendet: (o) oben; (u) unten; (l) links; (r) rechts; (m) Mitte.
Umschlagvorderseite: (o) Mlenny Photography | Alexander Hafemann/iStockphoto.com, (ul) Sprada/iStockphoto.com, (ur) Jacom Stephens/iStockphoto.com.
Buchrücken: Jeremy Edwards/iStockphoto.com
Innenklappe vorne (von oben nach unten): Ron Masessa/iStockphoto.com/AA Photolibrary/P Baker, photovideostock/iStockphoto.com

Alle Fotos stammen von Matt Propert, mit folgenden Ausnahmen:

Titel, Michael Grimm/Getty Images; 8, RoxyFer/Shutterstock; 20–21, Geography & Map Division, Library of Congress; 25, Pack-Shot/Shutterstock; 58, Bob Thomas/iStockphoto.com; 59, Diana Halstead/Shutterstock.com; 69, Gina Hanf/iStockphoto.com; 76, Mike Sutton Brown/National Geographic My Shot; 78, Ocean Image Photography/Shutterstock; 79, Michael Stubblefield/iStockphoto.com; 83, Jeremy Edwards/iStockphoto.com; 86, Michael Melford/National Geographic Stock; 88, Steve Geer/iStockphoto.com; 90, Els van der Gun/iStockphoto.com; 93, Chris A. Crumley/Alamy; 95, Luan Tran/iStockphoto.com; 96, cbarnesphotography/iStockphoto.com; 97-118 (alle), Gilles Mingasson/Reportage by Getty Images; 120, Raul Touzon/National Geographic Stock; 121, Gilles Mingasson/Reportage by Getty Images; 123, Gilles Mingasson/Reportage by Getty Images; 136, Ramunas Bruzas/National Geographic My Shot; 138, Victor Nieves/iStockphoto.com; 145, JHeinimann/Alamy; 163, Paul Strawn/iStockphoto.com; 170, Diego Pagani/Cutcaster.com; 173, Fotografie K.J. Schraa/iStockphoto.com; 176, Alysta/Shutterstock; 178, Michael Mattner/iStockphoto.com; 180, Frans Lemmens/Alamy; 182, RJ Lerich/Shutterstock; 186, Caramaria/Dreamstime.com; 189, Adrian Beesley/iStockphoto.com; 191, fotokik_dot_com/Shutterstock; 193, SlidePix/iStockphoto.com; 195, CarolineTolsma/Shutterstock; 208, Hemis/Alamy; 210, Temmuz Can Arsiray/iStockphoto.com; 212, Steve Geer/iStockphoto.com; 214, Steve Geer/iStockphoto.com; 224, Vincent J. Musi/ National Geographic Stock; 226, Michael Utech/iStockphoto.com; 238, Steve Geer/iStockphoto.com; 242, Hemis/Alamy; 244, Fred Friberg/Getty Images; 250, After Francois-Hippolyte Lalaisse/Bridgeman Art Gallery/Getty Images; 295, Sigrid Estrada/Getty Images; 296, htomas/iStockphoto.com; 304, Steve Raymer/ National Geographic Stock; 308, Melissa Bouyounan/Shutterstock; 312, Danita Delimont/Getty Images; 318, MAT/Shutterstock.com.

In der Reihe NATIONAL GEOGRAPHIC TRAVELER sind bisher folgende Titel erschienen:

ÄGYPTEN
ALASKA
ANGKOR
ARGENTINIEN
AUSTRALIEN
BARCELONA
BERLIN
BOSTON UND UMGEBUNG
CHINA
COSTA RICA
DEUTSCHE NATIONALPARKS
FLORENZ UND TOSKANA
FLORIDA
FRANKREICH
GRIECHENLAND
GROSSBRITANNIEN
HAWAII
HONGKONG
INDIEN
IRLAND
ISTANBUL
UND WESTLICHE TÜRKEI
ITALIEN
JAPAN
KALIFORNIEN
KAMBODSCHA
KANADA
KANADA-NATIONALPARKS
KARIBIK
KOLUMBIEN
KRETA
KROATIEN
KUBA
LONDON
MADRID
MAROKKO
MEXIKO
MIAMI UND DIE FLORIDA KEYS
NEUSEELAND
NEW YORK
PANAMA
PARIS
PEKING
PERU
PORTUGAL
PRAG UND TSCHECHIEN
PROVENCE UND CÔTE D'AZUR
ROM
RUMÄNIEN
SAN FRANCISCO
SANKT PETERSBURG
SCHOTTLAND
SCHWEIZ
SHANGHAI
SPANIEN
STATE PARKS – AMERIKAS
»KLEINE NATIONALPARKS«
SÜDAFRIKA
SYDNEY
TAIWAN
THAILAND
USA-NATIONALPARKS
VENEDIG
VIETNAM
WASHINGTON, D.C.
WIEN

Weitere Titel in Vorbereitung

Deutsche Ausgabe veröffentlicht von NATIONAL GEOGRAPHIC DEUTSCHLAND (G+J/RBA GmbH & Co KG), Hamburg 2001
6. aktualisierte Auflage, Hamburg 2013

Deutsche Übersetzung: Dr. Marion Pausch, Jürgen Scheunemann, Christiane Gsänger (Aktualisierung 2013)
Gesamtproducing: CLP Carlo Lauer & Partner
Satz: CDN MEDIA, Klaus Numberger
Druck und Verarbeitung: Offizin Andersen Nexö Leipzig GmbH

Printed in Germany
ISBN 978-3-86690-178-0

Titel der amerikanischen Originalausgabe:
National Geographic Traveler The Caribbean

Alle Angaben in diesem Buch wurden zum Zeitpunkt der Erarbeitung sorgfältig geprüft. Dennoch können sich natürlich Details ändern, und der Verlag kann für solche Änderungen, eventuelle Fehler oder Auslassungen keine Verantwortung oder Haftung übernehmen. Bewertungen von Hotels, Restaurants oder Sehenswürdigkeiten geben die Sicht der Autoren wieder.

Die National Geographic Society, eine der größten gemeinnützigen wissenschaftlichen Vereinigungen der Welt, wurde 1888 gegründet, um »die geographischen Kenntnisse zu mehren und zu verbreiten«. Sie unterstützt die Erforschung und Erhaltung von Lebensräumen sowie Forschungs- und Bildungsprogramme. Ihre weltweit mehr als neun Millionen Mitglieder erhalten monatlich das NATIONAL GEOGRAPHIC-Magazin, in dem die besten Fotografen der Welt berichten. Ihr Ziel: *inspiring people to care about the planet,* Menschen zu inspirieren, sich für ihren Planeten einzusetzen.

Die National Geographic Society informiert nicht nur durch das Magazin, sondern auch durch Bücher, Fernsehprogramme und DVDs.

Falls Sie mehr über NATIONAL GEOGRAPHIC wissen wollen, besuchen Sie unsere Website unter www.nationalgeographic.de